애덤 스미스
경제학의 아버지

애덤 스미스
경제학의 아버지

발행일 | 2024년 1월 25일 1쇄 발행
2025년 3월 20일 2쇄 발행

지은이 | Jesse Norman
옮긴이 | 이성규 · 임일섭
펴낸이 | 박기남
기획 · 영업 | 박정헌
펴낸곳 | **율곡출판사**

등록 | 1989.11.10. 제2014-000031호
주소 | 08590 서울시 금천구 가산디지털1로 84(에이스하이엔드 8차), 803호
전자우편 | yulgokbook@naver.com
홈페이지 | http://www.yulgokbooks.co.kr
전화 | (代) 02) 718-9872/3
팩스 | 02) 718-9874
ISBN 979-11-91812-60-2 93320

정가 33,000원

ADAM SMITH
FATHER OF ECONOMICS

애덤 스미스
경제학의 아버지

Jesse Norman 지음 | 이성규 · 임일섭 옮김

율곡출판사

| 감사의 글 |

일찍이 옥스퍼드의 역사가 로한 버틀러(Rohan Butler)는 '최슬 공작(Duc de Choiseul) 전기(傳記)'의 제1권 1,078페이지에서 다음과 같이 '불길한 말'로 마무리하며 기억에 남는 말을 남겼다: "최슬 공작의 외교 및 정치 '경력'이 시작되었다."

아쉽게도 버틀러는 예정된 제3권은 말할 것도 없고 제2권을 완성할 때까지 살지 못했기 때문에 우리는 그가 인상 깊게 언급한 '그 경력'에 대해 어떻게 생각했는지에 대해(또는 1764년 애덤 스미스(Adam Smith)와 부클루흐(Buccleuch) 공작에 대한 최슬 공작의 단 한 번의 도움도 없었다는 사실에 대해) 전혀 알 수가 없다. 그러나 그보다 길이가 훨씬 짧은 본서는 필연적으로 역사를 기술하는 데 위험이 내포되어 있을 것이다. 학문의 지혜는 우리에게 ① '시대착오'(anachronism ; 한 시대를 다른 시대에 투사(投射)하는 것), ② '예기적(豫期的) 서술'(prolepsis ; 나중에 일어날 사건들이 이미 예견되었다는 가정), ③ '목적론'(teleology ; 하나의 목표를 향해 역사를 전개하는 것)이라는 '세 명의 사악한 마녀'를 피하라고 가르친다. 그러나 어떤 종류의 짧은 전기라도 마녀의 주문에 빠질 위험은 항상 존재한다. 이는 사건의 순전한 불확실성과 우연성, 또는 그러한 우연성을 생생하게 살려주는 시대적 맥락과 언어를 탐구할 여지가 없기 때문이다. 주제 선택은 일반적으로 독자와의 관련성 및 현재 대중의 관심사와의 관련성을 전제로 한다. 특히 소설 형식으로 전달되는 삶은 '기승전결'(narrative arc)의 전개를 의미한다. 우리는 인생이 어떻게 흘러갈지, 어떻게 끝날지 미리 알고 있거나 알고 있다고 생각한다.

본 전기 역시 이러한 우려에서 자유로울 수 없지만, 그 구조는 그러한 우려를 방지하는 데 도움이 될 수 있다. 내가 2013년에 쓴 『에드먼드 버크: 철학자, 정치가, 예언자』에서 사용한 방식을 바탕으로 애덤 스미스의 '생애'에서 시작하여 그의 '사상과 영향'을 살펴보고자 한다. 이러한 접근 방식은 역사학, 경제학, 철학 등 다양한 분야에 걸쳐 일련의 '양식적 전환'(modal shift)을 내포하고 있다. '양식적 전환'은 애덤 스미스가 수사학과 미문학(美文學, belles lettres) 강의에서 언급한 바 있으며, 이는 서사(敍事)를 '교훈적이고 설득적인 양식'으로 전환하는 것을 의미한다. 따라서 나의 접근 방식은 양식적 전환을 내포하고 있으므로 세심하게 다루어야만 한다. 본서의 장점은 훨씬 더 광범위한 독자들에게 다가갈 수 있다는 점이다. 우선, ① 일반 독자들은 애덤 스미스의 짧고 생생한 전기를 원한다. ② 학생들은 애덤 스미스의 사상에 대한 흥미롭지만 폭넓고 권위 있는 소개를 원한다. ③ 사업이나 기업에 종사하는 사람들은 애덤 스미스가 오늘날 경제와 정치에 미친 영향을 알기를 원한다. ④ 관심 있는 시민들은 현대 자본주의와 사회에 대해 "우리가 어떻게 여기까지 왔는가?", 또는 "우리는 자본주의에 대해 무엇을 할 수 있는가?"라고 묻고 있다. 마지막으로, 어느 시대의 사상가든 애덤 스미스만큼 광범위한 독자들에게 지속적으로 관련성이 있고, 유용한 사상가는 거의 없을 것이다.

표준적인 전기들은 일반적으로 그 주제가 끝나는 것으로 자연스럽게 끝난다. 그러나 이 경우 애덤 스미스의 자연스러운 죽음은 그의 사후(死後) 세계를 분석하기 위한 '출발점'이 된다. 여기서도 역사 기록학의 사악한 마녀들은 적어도 어느 정도는 좌절할 수 있다. 우리는 사실과 가치를 완전히 구분할 수는 없다. 그러나 생애와 그에 대한 평가를 분리한다면 저자들은 ① 사실과 가치 간의 차이에 대해 더욱 자의식을 갖게 되고, ② 역사를 그 자체로 더 많이 서술할 수 있으며, ③ 현재를 과거의 기준으로 삼지 않고 현재가 과거의 유산과 연속성을 반영한다는 것을 알 수 있을 것이다.

애덤 스미스는 ① 수년에 걸쳐 그의 전기 작가들의 부단한 노력과 ② 그로부터 파생한 학술 문헌 면에서 매우 운이 좋았다. 나는 본서를 쓰는 데 이 두 가지로부터 커다란 도움을 받았다. 그러나 애덤 스미스 사상의 범위와 깊이와 그 생명력이 너무 크고 깊어서 많은 사람과 기관들의 지원과 놀라운 관대함이 없었다면 내가 애덤 스미스에 대해 글을 쓰는 것은 불가능했을 것이다. 무엇보다도 여러 단계에서 본문의 일부 또는 전부를 읽고 논평해 준 나의 위대한 영웅들에게 깊은 감사를 드린다. 이들은 앵거스 암스트롱(Angus Armstrong), 리 오스피츠(Lee Auspitz), 팀 베슬리(Tim Besley), 케이트 빙엄(Kate Bingham), 리처드 버크(Richard Bourke), 폴 콜리어(Paul Collier), 토니 커존-프라이스(Tony Curzon-Price), 아르망 당구르(Armand d'Angour), 클라우디아 데이번트리(Claudia Daventry), 크누드 하콘센(Knud Haakonssen), 밥 클리트가드(Bob Klitgaard), 존 루카스(John Lucas), 밥 몽크스(Bob Monks), 레오니다스 몬테스(Leonidas Montes), 줄리 넬슨(Julie Nelson), 케이시 노먼(Casey Norman), 크레이그 스미스(Craig Smith), 로메시 바이틸링엄(Romesh Vaitilingam), 에이미 울프슨(Amy Woolfson) 등이다.

또한 대런 애쓰모글루(Daron Acemoglu), 케이트 오스피츠(Kate Auspitz), 존 케언즈(John Cairns), 빈스 크로포드(Vince Crawford), 사이먼 그린(Simon Green), 앤디 할데인(Andy Haldane), 란 할레비(Ran Halévi), 이안 해리스(Ian Harris), 제임스 해리스(James Harris), 올리버 마크 하트위치(Oliver Marc Hartwich), 조 헨리치(Joe Henrich), 안야 헐버트(Anya Hurlbert), 존 케이(John Kay), 콜린 키드(Colin Kidd), 디어드레 맥클로스키(Deirdre McCloskey), 닐 맥그리거(Neil MacGregor), 넬 미노우(Nell Minow), 바비 몽크스(Bobby Monks), 메리 모건(Mary Morgan), 애브너 오퍼(Avner Offer), 고(故) 닉 필립슨(Nick Phillipson), 데이비드 랜드(David Rand), 맷 리들리(Matt Ridley), 대니 로드릭(Dani Rodrick), 이그나시오 브리오네스 로하스(Ignacio Briones Rojas), 마틴 샌드부(Martin Sandbu), 마이클 샌델(Michael Sandel), 루시아 산타 크루즈(Lucia Santa Cruz), 폴 시워드(Paul

Seaward), 아담 톰킨스(Adam Tomkins), 존 비커스(John Vickers), 리처드 왓모어(Richard Whatmore), 조 울프(Jo Wolff), 데이비드 워머슬리(David Womersley), 에이드리언 울드리지(Adrian Wooldridge), 데이비드 우튼(David Wootton) 등을 포함한 많은 사람이 최근 또는 수년 동안 대화 및/또는 이메일을 통해 자신의 아이디어와 통찰력을 매우 친절하게 공유해 왔다. 특히 크리스 왓킨스(Chris Watkins)는 초기 복원 기간 동안 '판뮤어 하우스'(Panmure House ; [역주] 애덤 스미스의 마지막 거주지) 주변을 매우 친절하게 안내해 주었고, 애덤 스미스 시대에 그 모습이 어땠는지에 대해 알려 주었다. 현대 정치학 및 정치경제학 세계 안팎에서도 이름을 거론해야만 하는 수많은 사람이 있다.

여러 기관에서 많은 도움을 주었다. 나는 2016~2017년 옥스퍼드대학 올 소울즈 칼리지(All Souls College)를 방문하여 초청 펠로우십(Visiting Fellowship) 자격으로 머무는 동안 본서를 집필할 수 있었으며, 이는 나에게 큰 행운이었다. 그때 나에게 아낌없는 지원을 해준 올 소울즈 칼리지 학장님과 동료 교수들에게 진심으로 감사를 드린다. 그 이후 나는 팀 베슬리(Tim Besley)와 함께 올 소울즈 칼리지에서 개최한 두 차례의 정치경제학 세미나를 통해 많은 것을 배웠다. 나는 또한 17~19세기 사상의 다양한 측면에 대해 리버티 펀드(Liberty Fund)가 주최한 매우 고무적인 세미나들에 여러 차례 참가하는 영광을 누렸다. 마지막으로, 나는 본서를 바탕으로 영국 국립경제사회연구원(NIESR), 영국 학술원, 더 넓게는 칠레 산티아고의 아돌포 이바녜즈 대학교(Universidad Adolfo Ibañez)와 시드니의 호주 가톨릭 대학교(Australian Catholic University)에서 강연을 했다. 다시 한 번 저에게 도움을 준 모든 분께 감사를 드린다.

본서를 만드는 데 중추적인 역할을 한 세 사람이 있다. 나에게 애덤 스미스에 관한 책을 쓰자고 처음 제안한 Basic Books사(社)의 라라 하이머트(Lara Heimert), 파란색 펜으로 놀라운 작업을 해준 Allen Lane사(社)의 편집자 스튜어트 프로핏(Stuart Proffitt), 그리고 영감과 지원을 아끼지 않은 나의 에이전트 캐롤

라인 미셸(Caroline Michel)이 바로 그들이다. 또한 Penguin사(社)의 훌륭한 팀과 탁월한 편집자인 피터 제임스(Peter James), 색인 담당자인 크리스토퍼 핍스(Christopher Phipps)에게도 감사를 드린다.

또한 나의 선거 지역구인 헤리퍼드(Hereford : 영국 헤리퍼드 우스터(Hereford and Worcester)주 서부의 도시)와 런던 사무실의 과거 및 현재 직원들에게도 깊은 감사를 표한다. 이들은 의회 및 선거구 업무와 저술 및 연구를 병행할 수 있도록 전문성을 발휘해 준 사람들로 톰 히론스(Tom Hirons), 톰 케네디(Tom Kennedy), 핀디 쿠즈빈즈와(Pindie Kuzvinzwa), 수지 맥클레드(Susie Macleod), 조지나 밀러(Georgina Miller), 프레디 미첼(Freddie Mitchell), 길 리버스(Gill Rivers), 웬디 로버트슨(Wendy Robertson), 제임스 시블리(James Sibley), 로지 터너(Rosie Turner), 에이미 울프슨(Amy Woolfson) 등이다.

나의 아내 케이트 빙엄(Kate Bingham)과 사랑스러운 자식들인 샘(Sam), 넬(Nell), 노아 노먼(Noah Norman)의 각별한 친절과 관용 덕분에 함께 살면서 본서를 집필할 수 있었다.

마지막으로, 나는 아버지 토킬 노먼(Torquil Norman)과 돌아가신 어머니 앤 노먼(Anne Norman)과 함께 경제학, 법학, 정치학, 역사학, 예술, 문학, 심리학 등 애덤 스미스에 관한 주제들에 관해 토론하며 자랐다. 따라서 나는 본서를 그 두 분께 바치고자 한다.

2018년 3월, 영국 헤리퍼드에서 씀.

이 책에 대한 찬사(讚辭)

"이 훌륭한 책에서 제시 노먼(Jesse Norman)은 **애덤 스미스(Adam Smith)의 생애(life)와 사상(ideas)을 일목요연(一目瞭然)하게 소개**하고 있을 뿐만 아니라, 240여 년 전에 『국부론』과 『도덕감정론』에서 제시한 **애덤 스미스의 통찰력(洞察力, insights)**이 현대 세계의 가장 어려운 사회적·경제적 문제들을 해결하는 데 왜, 그리고 어떻게 유용한지를 명쾌하게 설명해 주고 있다. 이는 곧 '**애덤 스미스의 실사구시적 정신과 사고**'를 반영한다. 애덤 스미스는 논리의 명료함과 실제적 관련성을 좋아했는데, 이를 바탕으로 쓴 제시 노먼의 이 책을 보았다면 매우 흡족해 했을 것으로 생각된다."

—**아마르티아 센**(Amartya Sen : 1998년 노벨 경제학상 수상자)

"제시 노먼은 한 권의 책으로 생애(life)와 사상(ideas)이라는 전기(傳記) 두 편을 탁월하게 서술하였다. 하나는 '**애덤 스미스의 생애(生涯)에 관한 이야기**'로 18세기 계몽주의의 획기적인 사건들을 바탕으로 아름답고 독창적으로 서술하였다. 다른 하나는 '**애덤 스미스의 주요 사상(思想)에 관한 이야기**'로 인간 사회를 형성하는 데 있어서 '**교환(exchange)의 중요한 역할**'에 초점을 두고 선구적이고 신선하게 서술하였다."

—**매트 리들리**(Matt Ridley : 『만물의 진화(The Evolution of Everything)』의 저자)

"제시 노먼(Jesse Norman)은 자신의 예리한 안목과 독특한 경험을 바탕으로 시도하기 매우 어려운 주제인 애덤 스미스를 깊이 연구한 결과, **'애덤 스미스에 대한 매우 통찰력 있고 새로운 길잡이'**를 제시하였다. 노먼이 이 책에서 훌륭하게 설명하고 있듯이, **'애덤 스미스의 경제학'**과 **'우리의 경제학'**은 모두 **'도덕 철학'의 연장 학문**임을 알게 될 것이다."

—**유발 레빈**(Yuval Levin : 『분열된 공화국(The Fractured Republic)』의 저자)

"애덤 스미스는 세계에서 가장 위대하면서도 그에 대한 이해가 가장 적게 된 사상가 중 한 사람이다. 오늘날 우리는 그 어느 때보다 **'애덤 스미스의 지혜'**를 필요로 한다. 제시 노먼의 훌륭한 이 책은 수많은 신선하고 귀중한 **통찰력(洞察力, insights)**과 함께 **유용하고 명료한 개요(槪要)**를 제시해 준다. 강력하게 추천하는 바이다!"

—**캐스 선스타인**(Cass Sunstein : 하버드대학교 교수)

"애덤 스미스는 흔히 현대 경제학의 기반이 된 시장의 **"보이지 않는 손"**(invisible hand)이라는 강력한 아이디어와 연관되곤 한다. 그러나 이 기발한 아이디어는 **애덤 스미스의 '광범위하고 심오한 생각'**을 올바르게 나타내는 데에는 크게 부족하다. 이 놀랍도록 읽기 쉬운 제시 노먼의 책은 **애덤 스미스의 '고상(高尙)하고 경이적인 철학'**을 현대 독자들에게 선사할 것이다."

—**대런 애쓰모글루**(Daron Acemoglu : 『왜 국가는 실패하는가 : 권력과 번영 및 빈곤의 원천(Why Nations Fail : The Origin of Power, Prosperity, and Poverty)』의 공동 저자).

| 역자 서문 1 |

'**혜고부지춘추**'(蟪蛄不知春秋 : 매미는 봄, 가을을 알지 못한다) —「장자」

'**일자입혼**'(一字入魂 : '한 자의 번역에도 영혼을 담는다')의 자세로 번역에 임했다.

—역자

영국 수상(首相)을 지낸 마거릿 대처(Margaret Thatcher) 여사는 애덤 스미스의 가장 유명한 저서인 『국부론』(1776년)을 그녀의 핸드백에 넣고 다녔다고 한다. 또한 영란은행은 애덤 스미스를 '경제학의 아버지'(Father of Economics)로 기리기 위해 20파운드 지폐를 발행하기도 했다. 게다가 애덤 스미스는 흔히 '보이지 않는 손'(invisible hand), '노동 분업'(division of labour), '이기심'(self-interest) 등이라는 몇 가지 주요 개념의 발명자로 알려져 있다. 그러나 실제로 애덤 스미스는 종종 사람들에게 '잘못 이해'되고 있다.

대학에서 철학을 공부했으며 영국 보수당 최고의 두뇌 중 한 사람인 제시 노먼(Jesse Norman) 하원의원(MP)은 애덤 스미스 생각에 대한 기존의 오해와 미신들을 바로잡고자 이 책을 저술하였다. 이 책에서 노먼은 천문학에서 식민주의에 이르기까지 다양한 주제를 다룬 애덤 스미스의 주요 저서들을 올바르게 설명할 뿐만 아니라 그들 저서가 오늘날에도 여전히 유효하다는 사실을 명쾌하게 보여준다. 이 책 이전에 노먼은 영국의 저명한 철학자인 에드먼드 버크(Edmund Burke) 전기도 썼다(이 책은 2019년 국내에도 번역되어 출간되었음) .

제시 노먼은 애덤 스미스의 업적에 대한 고차원적인 논의('사상과 영향')뿐만 아니라 그의 일상생활('생애')도 자세히 서술하였다. 노먼은 '애덤 스미스와 관련된 미신들'을 파헤쳐 설명하고자 했다. 일반적으로 생각되는 것과 달리 애덤 스미스는 '무자비한 이기심'을 옹호하지 않았다. 그 예로 애덤 스미스는 『도덕감정론』(1759년)의 첫 문장을 다음과 같이 시작하였다:

> "인간이 아무리 '이기적'(selfish)이라고 할지라도 그의 본성(nature)에는 분명히 어떤 [도덕적] 원리(principles)가 있기 마련이다. 인간의 [도덕적] 원리는 이기적인 사람이 다른 사람들의 행복(fortune)에 관심을 가지게 하고, 그들이 진정으로 행복해지기를 바란다. 그러나 그는 다른 사람들의 행복을 보는 즐거움 이외에는 아무것도 얻지 못한다".

애덤 스미스는 어떤 사람들에게는 "자유의 위대한 옹호자"이지만, 다른 사람들에게는 "부와 불평등, 인간 이기심에 대한 옹호자"로 인식되고 있다. 철학, 정치학, 사회학을 포괄하는 애덤 스미스 사상의 '영향력'은 지적으로 비옥하고, 다방면에 걸쳐 있으며, 인용할 가치가 있다. 이로 인해 모든 정치 지도자들은 애덤 스미스를 '자신의 지지자'로 끌어들여 '과도한 해석을 하거나 노골적으로 남용할 유혹'에 사로잡히게 되었다.

『국부론』을 읽어본 적이 없는 사람들도 애덤 스미스가 '개인 이기심(利己心)이 가져다주는 공공의 이익'과 '자유시장의 필요성'을 역설했으며, '경제 문제에 대한 정부 개입의 악영향'을 비판했다는 사실을 알고 있다. 또한 그들은 애덤 스미스가 말한 "보이지 않는 손"(invisible hand)이라는 은유에 익숙하며, 제빵사가 우리에게 일용할 양식을 제공하는 것은 다음과 같이 "그의 자비심에서 비롯된 것이 아니다"라는 주장을 잘 알고 있다:

> "우리가 우리의 저녁 식사를 기대하는(먹을 수 있는) 것은 푸줏간(정육점) 주인, 양조업자 또는 빵집 주인의 '자비심'(benevolence)에서 비롯되는 것이 아니라 그들 '자신의 이익'(own interest)에 대한 고려(헤아림)에서 비롯된다. 우리는 ① 그들의 '인간애'(humanity ; 자비심)가 아니라 그들의 '자기애'(self-love ; 이기심)에 대해 이야기하고, ② 그들에게 '우리 자신의 필요'가 아니라 반드시 '그들의 이익'에 대해 말해야 한다".

애덤 스미스는 영국의 마거릿 대처 수상과 미국의 로널드 레이건(Ronald Reagan) 대통령에게 큰 영감을 주었고, '경제적 자유주의'(economic liberalism)의 아이콘으로 자리 잡았다. 영국의 고든 브라운(Gordon Brown) 수상이 애덤 스미스가 태어나고 자신이 교육을 받은 스코틀랜드 커콜디(Kirkcaldy)에 미국의 Fed 의장이었던 앨런 그린스펀(Alan Greenspan)을 초대한 적이 있다. 그때 그린스펀은 공기 중에 떠도는 무언가가 한 세기 동안 그 마을을 뒤덮었던 리놀륨(건물 바닥재로 쓰이는 물질) 냄새가 아니라 전염성 있는 '경제 천재의 기운'(miasma of economic genius)이라고 묘사했다.[1]

애덤 스미스에 대해 조금 더 아는 사람들은 그가 『국부론』뿐만 아니라 『도덕감정론』의 저자라는 사실을 알고 있다. 『도덕감정론』에서 인간의 도덕적 감정의 핵심 특징은 "공감"(sympathy : 동정심)이다. 즉, 우리는 '공정한 관찰자'(impartial spectator)처럼 우리의 행동을 판단해야 하며, 다른 사람이 우리

1. 특히 그린스펀은 "고든 브라운 총리의 탁월한 경제 및 금융 수완이 애덤 스미스가 태어난 이 지역이 가진 '잠재의식적으로 지성을 뿜어내는(subliminal intellect-enhancing) 신비한 기운'에서 비롯된 결과"인지를 깊이 생각해 보았다고 말했다.

를 보는 것처럼 우리 자신을 볼 수 있는 능력을 습득해야 한다. 19세기 독일 철학자들은 "애덤 스미스 문제"(das Adam Smith Problem)를 공식화했다. 어떻게 한 사람이 '이타주의'(altruism)를 옹호하는 철학적 저서(『도덕감정론』)와 '개인주의(individualism)와 이기심'(self-interest)을 옹호하는 경제적 저서(『국부론』)의 저자가 될 수 있을까? 일부 사람들은 "진정한" 애덤 스미스는 『국부론』이 아니라 『도덕감정론』에서 찾을 수 있다고 주장한다.

이 책에서 제시 노먼은 다음과 같은 애덤 스미스에 대한 '다섯 가지 미신'을 타파하고자 했다:

미신 1: "애덤 스미스 문제"(Adam Smith Problem)

미신 2: 애덤 스미스는 이기심(self-interest)의 옹호자였다.

미신 3: 애덤 스미스는 친(親)부자(pro-rich)주의자였다.

미신 4: 애덤 스미스는 반(反)정부(anti-government)주의자였다.

미신 5: 애덤 스미스는 무엇보다도 '경제학자'였다.

애덤 스미스의 진짜 본 모습은 무엇인가? 진정한 애덤 스미스는 『도덕감정론』에서의 '이타주의'(altruism)에서 『국부론』에서의 '이기주의'(egoism)로 전환한 '지적 변절자'가 아니었다. 또한 애덤 스미스는 '시장 근본주의자'도, '경제 자유주의자'도, 심지어 '자유방임주의 경제학자'(laissez-faire economist)도 아니었다. 게다가 애덤 스미스는 이기주의(selfishness) 옹호자도, 친(親)부자(pro-rich)

주의자도, 여성 혐오주의자도, 호모 에코노미쿠스(homo economicus)의 창시자도, 약탈적 자본주의의 창시자도 아니었다. 그러나 애덤 스미스는 '놀라운 깊이와 힘(영향력)을 가진 사상가'였으며, 지금도 그렇고, 또 앞으로도 항상 그럴 것이다. 또한 애덤 스미스는 '경제학의 아버지'(Father of Economics)라고 불리는 것이 마땅하다. 이는 애덤 스미스가 개념적으로 '시장'을 경제사상의 중심에 정면으로 두었던 최초의 사람이었기 때문이며, 또한 실질적으로 마르크스와 케인즈를 포함하여 애덤 스미스 이후로 그에게 '지적인 빚'을 지고 있지 않은 경제학자들이 거의 없기 때문이다. 그러나 애덤 스미스의 '정치경제학'(Political Economy)은 경제학(Economics)보다 훨씬 광범위하며, 또한 애덤 스미스는 마땅히 '사회학(Sociology)의 창시자' 중 한 명으로 간주될 수 있다.

노먼은 영국 보수당 하원의원이며 철학자로서의 배경을 바탕으로 애덤 스미스 경제학과 18세기 에든버러 계몽주의(Enlightenment) 역사에 대한 폭넓은 지식을 보여주었다. 제시 노먼은 제1부에서 애덤 스미스의 '생애'와 '시대'에 관해 설명하였다. 애덤 스미스의 비인간적 회의주의는 사업가들("일반적으로 대중을 속이고 심지어 억압하는 데 관심을 갖는 사람들"), 부자들("부자들의 가장 큰 즐거움은 부(富)의 과시에 있다"), 제국("상점 주인들의 나라에는 전혀 적합하지 않지만, 정부가 상점 주인들의 영향을 받는 나라에는 매우 적합한 시스템"), 통계("나는 정치적 산술을 크게 믿지 않는다") 등에 이르기까지 광범위하게 확장되었다.

또한 노먼은 제2부와 3부에서 각각 애덤 스미스의 '사상'과 '영향력'을 서술하였다. 애덤 스미스는 경제학의 두 가지 기본 개념인 '노동 분업'과 '교환의 상호 이익'을 명확하게 공식화했다. 『국부론』은 생산적인 핀 공장에서 시작되어, 규모의 경제와 전문화를 설명하였다. 경제학이 인간의 본능이나 직감 이상의 것이라는 확신이 필요하다면 무역에 대한 오늘날 도널드 트럼프(Donald Trump)의 '순진한 생각'과 애덤 스미스의 '사려 깊은 견해'를 비교해 보는 것만으로도 충분할 것이다.

현대인은 특이하게도 협동 활동을 하기 때문에 생산성이 높다. 어떤 진화 인류학자는 "침팬지 두 마리가 함께 통나무를 나르는 모습은 상상할 수 없는 일"이라고 말했다. 비둘기는 날 수 있고 인간은 날 수 없지만, 인간은 에어버스를 만들 수 있다. 놀라운 점은 에어버스를 한 사람이 홀로 만들 수는 없지만, 수만 명의 사람들이 힘을 합치면 가능하다는 것이다. 노동 분업은 애덤 스미스가 생각했던 것 이상으로 발전했다. 애덤 스미스가 『국부론』을 저술한 이후 영국의 1인당 국내총생산(GDP)이 크게 증가한 이유는 영국이 더 개인주의적(more individualistic)이 되었기 때문이 아니라 더 협동적(more cooperative)이 되었기 때문이다.

"보이지 않는 손"이라는 은유의 힘은 '조정자가 필요하지 않으며, 그러한 조정은 자연발생적으로 이루어진다'라는 점을 인식하는 데 있다. 에어버스의 생산에는 시장과 계층적 조직이 복잡하게 얽혀 있다. 어떤 기업가도 에어버스 부품을 구매하기 위해 쇼핑하러 갈 필요가 없으며, 디자인은 고위 임원의 지시가 아니라 많은 사람들의 노력을 통해 탄생한다.

"오늘날 애덤 스미스는 왜 중요한가?" 산업화 이전 사회에 살았던 한 사상가가 21세기의 난제를 해결하는 데 어떤 기여를 할 수 있는가? 제시 노먼은 오늘날 정치적 좌파와 우파 모두 '일관된 경제적 내러티브'(economic narrative)가 부족하다는 점을 정확히 관찰하고, 애덤 스미스에게서 그 해결책을 찾을 수 있다고 주장하였다. 애덤 스미스는 오늘날 우리가 부르는 '자본주의'(capitalism)가 아니라 '시장경제'(market economy)에 대해 생각하고 책을 썼으며, 성공적인 시장경제를 위해서는 강력한 국가만이 제공할 수 있는 '법적·사회적·경제적 제도'가 필요하다는 점을 주장했다. 강력한 국가는 폭넓은 상호 신뢰에 의해 유지되는 다원주의(pluralism)와 민주주의(democracy)의 환경에서만 존속할 수 있다. 또한 애덤 스미스는 정실 자본주의(crony capitalism), 지대추구(rent-seeking), 사회생활의 지나친 상품화 등 시장이 잘 작동하지 못하는 여러 가지 유형을 밝혀냈다. 시장은 강력하고 지속 가능한 사회 제도 내에서만 잘 작동한다. 따라서 '도덕감정론'(Theory of Moral Sentiments)과 '국부론'(Wealth of Nations) 사이에는 아무런 충돌이나 모순이 없다.

이 책은 "애덤 스미스가 실제로 무엇을 생각했는지"와 "애덤 스미스가 생각한 것이 왜 여전히 중요한지"를 찾고자 했다. 이를 통해 애덤 스미스의 '생각(사상)과 영향력'은 오늘날에도 살아 숨 쉬고 있음을 보여준다. 애덤 스미스와 에드먼드 버크(Edmund Burke)는 인류에게 '세계 역사상 기념비적인 업적'을 이룩했다고 여겨진다. 이들은 근대에 이르러 처음으로 모습을 드러낸 '정치적 및 경제적 윤곽(輪廓)'을 심층적으로 분석하고, 공개적으로 설명한 '최초의' 사람들이기 때문이다. 정치적 윤곽의 경우, 에드먼드 버크는 근대 정당(政黨)과 대의제(代議制)를 '최초로' 연구한 위대한 이론가이다. 경제적 윤곽의 경우, 애덤 스미스는 시장(market)을 정치경제학 및 경제학의 중심에 두고, 규범(norms)을 오늘날 우리가 사회학이라고 생각하는 것의 중심에 둔 '최초의' 사상가이다. 따라서 에드먼드 버크가 인류의 '정치적 근대성(political modernity)의 경첩'(중세 봉건사회에서 근대 시민사회로 문을 열어준 사람)인 것처럼, 애덤 스미스는 인류의 '경제적 근대성(economic modernity)의 경첩'(중세 봉건사회에서 근대 상업사회로 문을 열어준 사람)이다.

'진짜 애덤 스미스'(real Adam Smith)는 누구인가? 진짜 애덤 스미스는 '경제학의 애덤 스미스'뿐만 아니라 '역사 · 철학 · 정치경제학의 애덤 스미스'로 아직도 우리에게 가르쳐 줄 교훈을 무한정으로 가지고 있다. 특히 '시장'뿐만 아니라 '정실 자본주의', '불평등', '우리 삶의 사회적 기반' 등에 이르기까지 광범위한 분야에서 "애덤 스미스의 생각"에서 끌어낼 수 있는 심오한 교훈들이 아직도 많이 남아 있다.

장석준 아주대병원 산부인과 교수는 자신의 연구실에 '일도입혼'(一刀入魂 : '한 번의 수술에 영혼을 담는다')이라고 쓴 족자를 걸어놓고 난소암 수술에 최선을 다한다고 한다. 본 역자도 이를 본받아 **'일자입혼'(一字入魂 : '한 자의 번역에도 영**

혼을 담는다')의 자세로 지난 2년간 이 책의 번역에 임해 왔다. 매일 '안갯속 여행자'가 되어 위대한 사상가인 애덤 스미스의 원대한 생각('지식 프로젝트')의 발자취를 파헤치려 노력했다. 본 번역서에서 제1부(제1~5장) 번역은 임일섭(전 충남대 교수) 박사님이 담당했고, 서문과 제2부(제6~8장), 제3부(제9~10장), 그리고 결론 부분은 이성규 교수가 수행했다. 임일섭 박사님의 각고의 노력과 정성에 감사를 드린다. 특히 본 번역서에는 독자들의 편의와 설명을 위해 '원문 각주'에 더해 **'500여 개에 이르는 역주(譯註)'**를 각주에 달아두었음을 밝힌다.

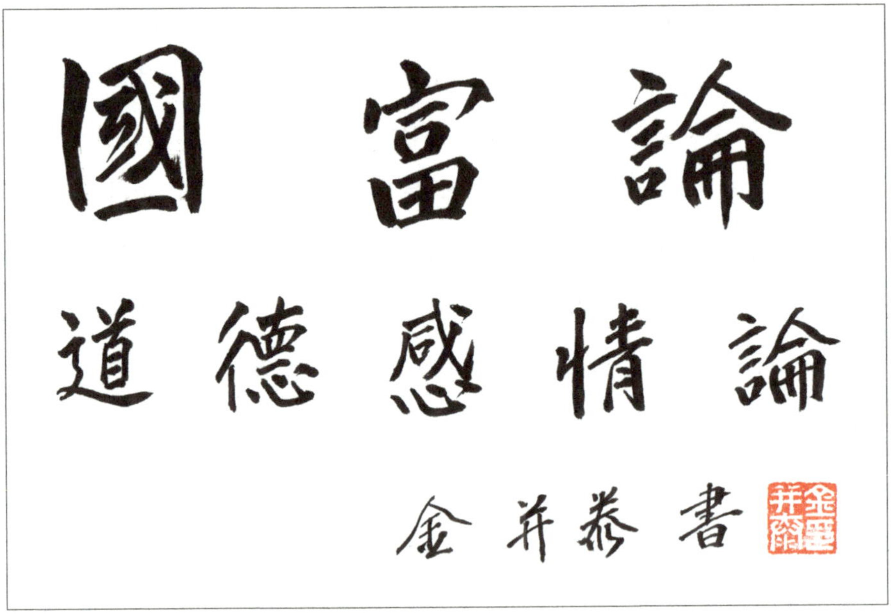

마지막으로, 이 책을 번역하면서 격려와 응원을 해주신 분들을 소개하고 "감사(感謝)합니다!"의 말을 드리고자 한다. 먼저, 좌승희(박정희학술원) 원장님, 장오현(동국대) 명예교수님, 강정모(경희대) 명예교수님, 이성섭(숭실대) 명예교수님, 민경국(강원대) 명예교수님, 이상학(국민대) 명예교수님, 안재욱(경희대) 명예교수님, 김승욱(중앙대) 명예교수님, 신도철(숙명여대) 명예교수님, 황해두(건국대) 명

예교수님, 심의섭(명지대) 명예교수님, 김정호(서강대) 교수님, 음선필(홍익대) 교수님, 송정석(중앙대) 교수님, 구영완(충북대) 교수님, 손지영(서울대) 교수님, 박종대(연세대) 교수님, 김대종(세종대) 교수님, 김진웅(동아대) 교수님, 박성훈(조선대) 교수님, 임병덕(법무법인 천고) 변호사님, 김이석(아시아투데이 논설실장) 박사님, 이종인(전 여의도연구원) 박사님, 이태규(한국경제연구원) 박사님, 정성호(한국재정정보원) 박사님, 신임철(GS커넥트 대표) 박사님, 송원섭(전 민주연구원) 박사님, 이호섭(기재부) 박사님, 이강구(KDI) 박사님, 송덕진(극동미래연구소) 박사님, 이용식(법경제개발원) 원장님 등 한국제도·경제학회 회원님들의 성원과 격려에 심심한 감사를 드린다. 조주복(강릉원주대) 교수님, 김수연(안양대) 교수님, 김승기(생능출판사) 대표님, 장기영(월드인턴) 대표님, 김무진(하리스코) 대표님, 노현철(해남출판사) 대표님, 김민정(사회문화사) 부장님, 김선중 부장님, 이찬규(전국한자교육추진총연합회 안동지부) 지부장님, 전정은(연세대) 박사님, 이영숙(미국 캘리포니아) 박사님, 이병길(지내교회) 목사님, 조상인(지내교회) 장로님 등 기타 많은 분들의 응원과 격려에도 깊이 감사를 드린다. 또한 안동대 무역학과 강효원 교수님과 정갑연 교수님께도 감사드린다. 국부론(國富論)과 도덕감정론(道德感情論)을 한문으로 써 주신 김병태 서예가님과 다면적 사상가의 얼굴을 가진 애덤 스미스를 창의적으로 그려준 김종희 화가님과 서경빈 군께도 감사를 드린다. 매일 '온전한 정신' 상태로 번역을 할 수 있게 배려해 준 사랑하는 아내(우미혜)와 무역학과 김새봄 조교 선생께도 진심으로 감사를 드린다. 무엇보다도, 나날이 어려워져 가는 출판환경에서도 본 번역서의 출간을 기꺼이 허락해 주시고 지원해 주신 율곡출판사 박기남 사장님께 무한한 감사의 말씀을 드린다. 또한 표지를 독창적으로 고안하고, 지난한 교정 과정에서 성실히 최고의 교정능력을 발휘해 주신 방조일 주간님께도 깊은 감사를 드린다.

갑진년(甲辰年, 2024년) 1월 1일

역자 **이성규** 씀

나의 명상

나의 명상은
나무가 꽃을 피우고
열매를 맺고
열매가 맛들어서
나의 몸에 자양이 되기까지다.

—**조오현**, 『마음 하나』, 시인생각, 2016년, 15쪽.

| 역자 서문 2 |

애덤 스미스에 관한 책은 많다. 특히 그의 탄생 300주년(2023년)을 전후하여 많은 책이 출판시장에 쏟아져 나왔고, 앞으로도 애덤 스미스에 관한 여러 책이 저술되거나 번역될 것으로 예상된다. 그러나 영국의 정치철학자이자 유력 정치인인 제시 노먼(Jesse Norman)이 쓴 이 책은 여러 면에서 지금까지 한국에서 출판된 애덤 스미스 소개서들과 구별된다.

우선, 이 책은 애덤 스미스의 생애를 다루면서 그의 학문적 여정뿐만 아니라 그가 살았던 18세기 서구 세계에서 일어났던 굵직굵직한 사건들이 그의 사상 체계가 형성되는 과정에 어떤 식으로 영향을 미쳤는지를 소개한다. 노먼은 잉글랜드와 스코틀랜드의 국가연합(1707년), 이에 저항하여 일어난 자코바이트 반란(1714~1715년), 7년 전쟁(1756~1763년), 미국 독립 전쟁(1775~1783년) 등이 어떤 식으로 애덤 스미스의 대표적 두 저작인 『국부론』과 『도덕감정론』의 문제의식과 통찰력의 근원이 되었는지를 밝힌다. 이로써 이 두 저작이 현실과 단절된 상아탑에서 쓰여진 것이 아니라, 애덤 스미스 자신이 처했던 역사적 현실을 이론적으로 성찰한 노력의 결과임을 이해하도록 돕는다. 또한 노먼은 애덤 스미스의 학문적 여정에서 남긴 여러 강연과 미발간 유작들을 통해 애덤 스미스의 사상이 자연과학, 언어학, 역사학, 사회학, 정치학, 경제학을 아우르는 융합 학문의 특성을 지닌다는 점을 설득력 있게 밝힌다. 특히 『도덕감정론』을 해설하는 대목에선 그의 영향을 받은 스코틀랜드 시인 로버트 번스(Robert Burns)의 시를 인용함으로써 애덤 스미스의 사상이 미친 광범위한 영향력을 생동감 있게 전달한다. 게다가 저자는 이제껏 애덤 스미스를 '멍하니 생각에 잠긴' 세상 물정에 어두운 사람으로 묘사해 온 기존의 소개서들과 달리 대학 행정가, 경영 및 정책 자문가, 세관위원 등 실천가로서의 애덤 스미스의 모습도 엿볼 수 있게 해준다.

그러나 이 책을 기존의 애덤 스미스 소개서들보다 매력적으로 만드는 것은, 무엇보다 애덤 스미스의 사상이 후대에 수용되었던 방식과 그의 사상이 오늘날 우리에게 던지는 시사점을 다루는 데 책의 3분의 2 정도 분량을 할애했다는 점이다. 우선 노먼은 19세기 이래 경제학이 고전학파, 신고전학파를 거치면서 애덤 스미스 경제이론의 윤리적 기초뿐 아니라 포괄적 시야와 역동성을 상실해 왔음을 밝힌다. 특히 애덤 스미스의 시장 및 경쟁 개념이 케네스 애로와 프랭크 한의 일반균형이론이나 일반경쟁 분석으로 대표되는 주류 경제학이 아니라 칼 멩거, 루트비히 폰 미제스, 프리드리히 하이에크 같은 오스트리아학파의 '역동적' 시장 및 경쟁 개념에 더 근접하는 것임을 밝힌다. 또한 애덤 스미스가 그린 '자연적 자유의 체계'로서의 시장경제가 19세기 산업혁명 이래 급속하게 발전해 온 자본주의 경제를 설명하는 데 어떤 한계가 있는지도 지적한다. 끝으로 노먼은 애덤 스미스의 사상이 시장경제의 도덕적 기초에 관해 진행되는 논의에 시사하는 바를 제시한다.

원래 어느 고전(古典)을 집필한 저자가 당시에 의도한 바가 무엇이었는지에 대한 해석부터 연구자들 사이에 논란의 대상이 된다. 그 고전에 담겨 있는 사상들에 영향을 미쳤던 당시 사회적·경제적·정치적 상황과 사건 중에 어떤 것들을 강조하느냐에 따라 해당 고전의 해석이 달라지기 때문이다. 더구나 그 고전이 시간적·공간적 거리를 위치한 현재에 주는 의미에 대한 해석은 더욱 논란이 있기 마련이다. 고전이 탄생한 시대에 대한 의견 차이에 현재 상황을 규정하는 것에 대한 의견 차이가 더해지기 때문이다. 따라서 애덤 스미스의 사상이 현대에 주는 시사점에 많은 분량을 할애한 이 책은 논쟁적인 주제를 피하지 않았다는 점에서 매우 용기 있는 시도라고 할 수 있다. 이 점이 독자들이 이 책에서 얻을 수 있는 가장 큰 유익일 것이라고 믿는다.

이제 이 책을 번역하는 과정에서 느낀 소회를 적어보려고 한다. 제시 노먼은 애덤 스미스라는 다재다능했던 천재의 수준 높은 사상을 풍부한 어휘와 재치 있는 유머를 사용하여 소개한다. 이것은 원어로 읽는 사람에겐 다양한 재미를 선사하지만 번역자에겐 어려운 과제를 안겨준다. 먼저 풍부한 원어의 어휘에 상응하는 다양하면서도 이해하기 쉬운 우리말 단어를 찾는 것이 어려웠다. 특히 수사적인 표현과 유머의 경우 억지로 우리말로 옮기려고 하다 보면, 저자와 번역자 사이의 문화적 환경의 차이로 인해 원래 의미가 전달되지 않을 위험이 있었다. 그래서 표현의 정확한 전달을 위해 원문에 나오는 어휘의 풍성함과 유머를 전달하는 번역을 종종 희생해야 했던 것이 아쉽다.

번역자가 좀처럼 만나기 힘든 어려움에 부딪히기도 했다. 앞서 언급했듯이 저자는 로버트 번스의 시를 소개했는데, 이 시는 영어가 아닌 스코틀랜드 방언인 게일어(Gaelic)로 쓰여졌다. 어떻게 번역해야 할지 막막함을 느끼던 차에 이 시를 영어로 번역한 것을 겨우 찾을 수 있었다. 또한 이 시가 『도덕감정론』과 갖는 연관성을 이해하기 위해 이 시를 해석한 비평가들의 글을 참고했다. 여러 학문을 융합한 애덤 스미스를 소개한 저자는 문학을 포함한 폭넓은 소양을 갖추고 책을 썼는데, 그 책을 번역하는 사람이 그렇지 못하다 보니 치른 고생이었다. 그 밖에 번역 과정에서 겪은 어려움은 저자인 제시 노먼과 메일로 소통하면서 해결하였다.

이 부족한 역자를 이 좋은 책의 번역에 초대해 주시고, 번역 과정에서도 여러 모로 지원해 주신 국립안동대학교 이성규 교수님께 감사드린다. 또한 역자에게 꾸준히 학문적 통찰력을 공급해 주고 있는 〈질서경제학회〉, 〈한독경상학회〉, 〈자유주의 고전 강독회〉 회원 여러분께 감사드린다. 끝으로 부족한 아들을 위해 기도해 주시는 어머님 정복신 권사님과, 학계에서 외면당하는 경제사상사를 연구하는 남편을 내조하면서, 이 책의 교정 과정에서 큰 도움을 준 사랑하는 아내 김선미에게 감사의 마음을 전한다.

2024년 1월 7일 동작동 서재에서

역자 **임일섭** 씀

'진짜 애덤 스미스'는 어떤 모습인가?

이성규(국립안동대학교 무역학과 교수 ; 역자)

현대 경제학의 아버지인 애덤 스미스(Adam Smith : 1723~1790년)는 종종 "자유방임주의의 옹호자, 국가 개입의 완고한 반대자, 시장 근본주의와 호모 에코노미쿠스(경제인)의 원천이자 기원인 사람, 유물론적 이데올로기의 주동자, 불평등과 인간 이기심의 옹호자, 여성 혐오주의자" 등으로 잘못 이해되고 있다. 그러나 애덤 스미스의 통찰력은 오늘날에도 유효하며 자본주의의 '근본적인 개혁'을 위해 유익한 해결책을 제시해 준다.

산업혁명이 일어난 이래 지난 200년 동안 지구촌 사람들에게 엄청난 '글로벌 번영'을 가져다준 '시장시스템'(market system)은 오늘날 좌·우파 모두에서 신랄한 비판을 받고 있다. 오늘날 시장시스템은 어떠한 문제들이 있어서 사람들로부터 비판을 받고 있는가? 먼저, 정치적 우파로부터 '불공정 경쟁'·'정실 자본주의'(crony capitalism)의 비판자들에 의해 시장시스템의 '기본적 정당성'—즉, 시장에서 경쟁은 공정하게 일어나야 한다—이 비판받고 있다. 정치적 우파는 시장시스템 하에서 일어나는 경쟁이 기대와는 달리 공정하지 못할 뿐만 아니라 정실자본주의화(化)되고 있다고 비판하고 있다. 반면에 정치적 좌파들로부터는 경제적 불평등·"시장 근본주의"(market fundamentalism)를 반대하는 운동가들에 의해서는 시장시스템의 '근본적 정당성'이 비판받고 있다. 정치적 좌파는 시장시스템이 불평등을 초래하고, 그 원인이 시장 근본주의에 있다고 비판하고 있다. 오늘날 시장시스템은 왜 이러한 비판들을 받고 있는가? 또한 이러한 비난들은 누구와 관련되어 있는가?

이와 같이 정치적 좌파와 우파에 의해 제기되는 애덤 스미스에 대한 인식의 차이와 미신을 타파하고 "진짜 애덤 스미스"(real Adam Smith)의 모습을 찾아야 할 것이다. 이를 위해 먼저 애덤 스미스에 대한 몇 가지 미신을 서술하고, 다음으로 '진짜 애덤 스미스'의 모습을 제시하고자 한다.

1. 애덤 스미스에 대한 인식의 차이와 미신

스코틀랜드의 정치경제학자이자 철학자인 애덤 스미스(Adam Smith : 1723~1790년)는 근대 역사상 그 누구보다도 이러한 '이념적 전쟁터'의 '중심'에 있으며, 그의 '주변'에서는 '경제학, 시장, 그리고 사회'를 둘러싸고 상반된 견해들이 서로 격렬하게 충돌하고 있다.

먼저, 정치적 우파와 좌파는 애덤 스미스를 어떻게 인식하고 있는가? 정치적 우파에 속하는 많은 사람들은 『국부론(The Wealth of Nations)』의 저자인 애덤 스미스를 '근대 경제학의 아버지'라고 인식하고 있다. 특히 이들은 애덤 스미스를 ① 모든 경제학자 중에서 가장 위대한 경제학자, ② 자유방임주의[2](laissez-faire), 자유시장(free market), "보이지 않는 손"(invisible hand) 및 개인의 자유(individual liberty)를 설득력 있게 옹호한 사람, ③ 공산주의의 유토피아적(공상적) 망상으로부터 해방된 세계에서 '국가 개입'을 완고하게 반대한 사람 등으로 인식하고 있다.

반면에 정치적 좌파를 신봉하는 많은 사람들은 애덤 스미스를 ① "시장 근본주의", 호모 에코노미쿠스[3](homo economicus ; 경제인(經濟人)), 효율적 시장 가설(efficient market hypothesis)의 진정한 원천이자 기원인 사람, ② 세계를 휩쓸

2. '자유방임주의(自由放任主義)'란 국가가 국민의 경제 활동에 간섭하지 않고, 자유 경쟁에 맡겨야 한다는 경제적 자유주의를 말한다.

3. 경제 원칙에 따라 최대 이윤을 꾀하여 합리적으로 행동하는 인간을 말함.

고 인간 가치의 진정한 원천을 타락시키는 '유물론적(물질주의적) 이데올로기'의 주동자(主動者), ③ 부(富)와 불평등 및 인간 이기성(利己性, selfishness)의 옹호자, 그리고 ④ 여성 혐오주의자 등으로 인식하고 있다. 이와 같이 정치적 우파와 좌파의 사람들은 애덤 스미스를 매우 다르게 생각하고 있음을 알 수 있다. 이들의 생각은 과연 옳은가?

〈표 1〉 애덤 스미스에 대한 정치적 우파와 좌파의 견해와 평가

정치적 우파의 견해	정치적 좌파의 견해	평가
가장 위대한 경제학자	"시장 근본주의", 호모 에코노미쿠스(경제인), 효율적 시장 가설의 진정한 원천이자 기원인 사람	– 가장 위대한 경제학자임. – 시장 근본주의의 창시자가 아님. – 호모 에코노미쿠스와 효율적 시장 가설은 나중에 등장한 생각들임.
자유방임주의, 자유시장, "보이지 않는 손", 개인의 자유 등을 옹호한 사람	유물론적 이데올로기의 주동자	– 자유방임주의의 옹호자가 아니었음. – "보이지 않는 손"은 『국부론』에서 한 번만 언급됨.
국가 개입의 완고한 반대자	부(富)와 불평등, 그리고 인간 이기성의 옹호자	– 모든 형태의 국가 개입을 반대한 것은 아님. – 이기성을 미덕이라고 생각하지 않음.
	여성 혐오주의자	– 여성 혐오주의자가 아님.

그렇다면 정치적 우파와 좌파 간의 여러 인식 중에서 어느 것이 '진짜 애덤 스미스'(real Adam Smith)의 모습인가? 사실상 위의 두 견해를 바탕으로 애덤 스미스의 캐리커처를 그려본다면 모두 '절망적인' 모습이 될 것이다. 왜 그런가? 우선, 애덤 스미스는 결코 '자유방임주의'(laissez-faire)의 옹호자가 아니었다. 다음으로, "보이지 않는 손"(invisible hand)이라는 표현은 『국부론』에 단 한 번만 언급되었을 뿐이었다. 마지막으로, 애덤 스미스는 시장들에서 모든 '국가 개입들'을 반대하지도 않았다. 실제로 애덤 스미스는 다양한 형태의 국가 개입을 적극적으로 옹호했다. 예를 들면, 특정 유형의 조세 부과와 은행들의 규제 등에 대해

서는 국가 개입을 찬성했다.

다른 한편으로, 애덤 스미스는 '이기성'[4](selfishness ; 이기적 욕심)을 '미덕'이라고 생각하지 않았고, '여성 혐오주의자'도 아니었다. 또한 애덤 스미스는 "시장근본주의"(market fundamentalism)라는 개념을 창안하지 않았고, 아마 그 개념에 반대했을 것이다. 마지막으로, '호모 에코노미쿠스'(homo economicus)와 '효율적 시장 가설'(efficient market hypothesis)은 '나중에' 생긴 생각들로서 이들은 오히려 애덤 스미스 자신의 견해를 심하게 왜곡하는 말들이다. 특히 이들 개념은 산업자본주의 시대에 등장한 말이다. '자유로운 거래 시장들'과 '자율적인 기업들'의 결합인 '산업자본주의'[5](industrial capitalism) 자체는 19세기의 현상이며, 이는 애덤 스미스가 서거(1790년)한 후 2세대가 지나서야 등장하였다. 따라서 애덤 스미스를 인식하는 정치적 우파와 좌파의 견해들과 일반적 생각은 잘못된 믿음에 근거하고 있음을 알 수 있다.

'진짜' 애덤 스미스는 사람들이 생각하는 것보다 굉장히 '더 현명하고 더 명민한 사상가'이다. 애덤 스미스는 평범하고 단순한 구호(口號)들과 진부한 사상들을 과감히 버리도록 요구하고 있다. 그러나 애덤 스미스는 우리에게 그 이상을 요구할지도 모른다. 왜냐하면 애덤 스미스는 여전히 우리에게 가르침을 줄 막대한 지식과 지혜를 가지고 있기 때문이다. 특히 애덤 스미스는 '경제학, 시장, 거래와 무역'에 대해서 뿐만 아니라 오늘날 우리가 직면하고 있는 '불평등, 문화, 인간 사회'의 심오한 문제들에 대해서도 우리를 가르치고 일깨워 줄 통찰력을 아주 많이 지니고 있다. 따라서 우리는 애덤 스미스를 비판하기보다는 오히려 그에게 다시 한번 의지하거나 도움을 구해야 한다. 이는 애덤 스미스의 통찰력이나 도움 없이 '현대 세계의 어려운 문제들'을 이해하거나 해결할 수 없기 때문이다.

---

4. '이기성'(selfishness)이란 '자기의 이익만을 꾀하고 남을 돌보지 아니하는 인간의 성향'을 말함.

5. '산업자본주의'는 산업혁명을 거치면서 지배적인 형태로 등장하였으며, 영국에서는 1770년대 이후 형성되었고, 유럽 대륙에서는 1830~1840년대에 와서 그 시대의 지배적인 형태로 형성·발전되었다.

그러나 한 가지 분명한 사실은 '애덤 스미스가 단연 지금까지 생존했던 가장 위대하고 가장 영향력이 큰 경제학자'라는 점이다. 사실상 지난 2세기 동안 거의 모든 위대한 경제학자들은 자신의 저서나 논문들에서 "애덤 스미스의 이름"을 하나의 성스러운 의식처럼 인용하곤 하였다. 또한 현대 경제학의 모든 주요 분파들은 그들의 학문적 뿌리를 애덤 스미스로 거슬러 올라간다. 예를 들면, 소위 신고전학파 주류 경제학을 비롯하여 오스트리아학파, 마르크스주의학파, 그리고 좀 더 최근에 생겨난 제도경제학파, 발전경제학파, 행동경제학파 등에 이르기까지 그들의 학문적 기원을 애덤 스미스로 거슬러 올라간다. 따라서 연어가 알을 낳기 위해 자신이 '태어난 곳'으로 강물을 거슬러 올라가듯이 주요 현대 경제학파들도 그들의 학문적 뿌리를 찾아 '애덤 스미스'로 회귀하는 독특한 습성을 가지고 있다.

한편 전 세계의 정치인들, 학자들, 그리고 심지어 일반 대중들조차도 『국부론』이 가지고 있는 엄청난 '권위(權威)'와 그 핵심 생각들—예를 들면, 노동 분업, 노동생산성, 보이지 않는 손 등—의 '단순·명쾌함'이 자신의 논리나 주장을 펴는 데 "매력적인 조합"이라는 사실을 알게 되었다. 이로써 그들은 자신의 신념이나 주장들이 모호하더라도 이를 품위 있게 꾸미기 위하여 일상적으로 『국부론』의 권위와 핵심 생각들의 단순·명쾌함을 이용하곤 한다. 전 세계에 걸쳐 정치인들, 학자들, 그리고 일반 대중들도 자신이 전개하는 주장의 정당성과 타당성을 애덤 스미스의 『국부론』에서 찾으려 했다. 그들은 자신의 주장을 펼치면서 종종 다음과 같이 말하곤 한다: "애덤 스미스는 『국부론』에서 이렇게 말했다", 또는 "『국부론』에 따르면", "내 주장은 『국부론』에 바탕을 두고 있다", "내 주장은 『국부론』과 일치한다".

그들이 그렇게 한 결과는 어떤가? 그 결과 애덤 스미스의 원래 생각들이 모호해지고 다수의 잘못된 미신(迷信)들이 생겨났다. 애덤 스미스의 핵심 아이디어들이 '단순·명쾌'하다고 했는데 왜 이러한 결과가 나타나는가? 애덤 스미스는 지적으로 통찰력이 풍부하고, 여러 방면에 다재다능(多才多能)하였을 뿐만 아니라, 그의 말은 인용할 가치도 매우 컸다. 그로 인해 애덤 스미스의 주장과 말들은 항상 정치인들, 학자들, 그리고 일반 대중들에게 과잉 해석되거나 노골적으로 도용(盜用)될 유혹들을 끊임없이 제공해 주었다. 실제로 애덤 스미스는 오늘날 일어난 놀라울 정도로 다양한 '현대적 사건들을 예상한' 사람으로 여겨질 수 있다. 그렇다면 우리는 오늘날 우리에게 일어난 여러 사건에 대한 해결책을 애덤 스미스로부터 찾을 수 있다! 이는 애덤 스미스가 오래전에 그러한 사건들이 일어날 것을 예상했기 때문인지도 모른다.

애덤 스미스는 어떤 일들을 예상하였는가? 한 가지 사건을 들면, 현대 민주주의 국가들에서 유행하는 '유명인 정치'[6](celebrity politics)의 부상(浮上)을 들 수 있다. 유명인 정치는 어떻게 등장하는가? 유명인 정치는 ① 부자들과 권력자들을 동경하는 인간의 성향과 현대 기술의 상호작용과 ② 인간의 상호 공감[7](mutual sympathy) 능력과 현대 기술의 상호작용으로부터 발생한다. 애덤 스미스는 이러한 두 가지 생각들을 자신의 첫 번째 저서인 『도덕감정론(The Theory of Moral Sentiments)』에서 논의하였다. 애덤 스미스의 『도덕감정론』(1759년)은 나중에 출간한 『국부론』(1776년)보다는 덜 유명하지만, 그에 못지않게 뛰어난 책이다.

또 다른 사건은 영국의 EU로부터의 탈퇴—소위 '브렉시트'(Brexit)—논리나 이유를 들 수 있다. 미국 독립 전쟁(1775~1783년) 중에 미국 식민지들과 관련하여 영국은 다음 두 가지 중 하나를 선택해야 하는 기로(岐路)에 서 있었다. 당시 애덤 스미스는 영국은 미국 식민지 주(州)들로부터 완전히 분리되거나, 제국 연합을 결성하는 것 중 하나를 선택해야 한다고 주장했다. 후자의 경우 주권(主權)은 물론이고 정부의 소재지 자체도 미국으로 천천히 이전될 것이라고 말했다.

애덤 스미스 자신은 논쟁을 몹시 싫어했다는 사실은 아이러니가 아닐 수 없

---

6. '유명 인사나 연예인들의 정계 진출'을 말함.
7. 애덤 스미스 당시의 '동정심'(同情心, sympathy)은 오늘날 '공감'(empathy)을 의미함.

다. 애덤 스미스는 온화하고 내성적 성질을 지닌 사람으로서 '학문적으로 평온무사(平穩無事)한 삶'을 살았다. 애덤 스미스는 1723년 스코틀랜드 파이프(Fife) 주 커콜디(Kirkcaldy)에서 태어났다. 처음에는 스코틀랜드 글래스고(Glasgow)대학에서 공부했고, 1740년(그의 나이 17세) 옥스퍼드대학 베일리얼 칼리지(Balliol College)에서 공부했으나 베일리얼 칼리지를 매우 싫어했다. 당시 베일리얼 칼리지는 고(高)교회파[8](High Church) 소속이었고, 토리당(Tory) 지지였고, 파벌적(당파적)이었고, 생활비가 많이 들었고, 스코틀랜드 사람들을 혐오했다. 반면에 애덤 스미스는 장로교(Presbyterian) 신자였고, 휘그당(Whig)을 지지했고, 사교적이고, 가난했고, 스코틀랜드 사람이었다. 한마디로 베일리얼 칼리지에서의 생활은 애덤 스미스에게 결코 행복한 환경이 아니었다.

애덤 스미스는 1746년 마침내 옥스퍼드를 떠나 한동안 커콜디 집에 머무른 후 다시 글래스고대학으로 되돌아와 1751년(당시 28세)에 '수사학 및 논리학' 교수로 재직했다. 애덤 스미스는 1764년(당시 41세)에 젊은 부클루치(당시 나이 10대) 공작(Duke of Buccleuch)의 가정교사로 장기간 프랑스 여행을 떠났으며, 나중에 '스코틀랜드 관세청장'(Commissioner of Customs)으로 취임했다. 애덤 스미스는 40년이 넘는 세월 동안 『도덕감정론』(1759년 ; 당시 36세)과 『국부론(An Inquiry into the Nature and Causes of the Wealth of Nations)』('국부의 본질과 원인에 관한 탐구', 1776년 ; 당시 53세)이라는 불후의 명저를 출간했다.

애덤 스미스의 사적인 견해들에 관해서는 알려진 것이 거의 없다. 정치의 경우 애덤 스미스는 대체로 휘그당 지지자(휘그주의자)였다. 애덤 스미스는 입헌 군주제, 종교적 관용, 개인의 자유 등이 가져다주는 미덕을 확고하게 믿었으며, 이것은 당시 휘그당의 이념과 같았다. 그러나 애덤 스미스는 일생 동안 자신의 '정치적 견해'에 관해서 놀라울 정도로 입을 굳게 다물고 살았다. 또한 애덤 스미스

8. '교의와 의식을 중시하는 영국 국교의 한 파'를 말함.

는 가끔 딴 데 정신이 팔리는 것으로 유명했다. 한때 애덤 스미스는 대화에 너무 열중하여 무두질[9] 구덩이에 빠진 적이 있었다. 더욱이 애덤 스미스는 결혼도 하지 않고 평생 독신으로 지냈으며, 자식도 없었다. 우리가 아는 한 애덤 스미스와 관련하여 비밀 연애도 없었고, 숨겨진 악행(惡行)도 없었으며, 대학생 시절의 못된 장난들도 없었고, 어른이 되어서는 사소한 실수들도 없었다. 따라서 우리가 애덤 스미스로부터 흥미진진한 일신상의 일들을 기대한다면 그의 삶은 "무미건조한 사하라 사막"과도 같다.

애덤 스미스가 우리에게 기억되는 것은 그의 통찰력 있는 사상 때문이며, 그의 사상과 영향력을 통해 애덤 스미스는 오늘날에도 살아 숨 쉬고 있다. 애덤 스미스 사상의 중심에는 '위대한 계몽주의 프로젝트'(Enlightenment project)가 자리잡고 있다. 이 프로젝트는 다름 아닌 데이비드 흄(David Hume)이 "인간에 대한 과학"(a science of man ; 인간 과학, 인간학[10])이라고 묘사했던 것을 규명(糾明)하는 것이었다. 이는 철학, 종교, 정치경제학, 법학, 예술뿐만 아니라 과학, 심지어 언어까지 포괄하는 인간 삶의 모든 주요 측면들에 걸쳐서 '통일되고 일반적인 설명'을 제시하는 것이었다[11]. 무엇보다도 애덤 스미스의 이러한 '인간에 대한 과학'은 자연법이나 신의 영감, 종교적 교리가 아니라 '관찰과 경험'에 바탕을 두었다.

애덤 스미스의 두 위대한 저서인 『도덕감정론』(1759년)과 『국부론』(1776년)은 언뜻 보기에는 매우 다른 것 같다. 『도덕감정론』은 '도덕심리학'(moral psychology)에 관한 책이지만, 『국부론』은 '정치경제학'(Political Economy)에 관한 책이다. 또한 『도덕감정론』은 오랫동안 무시되어 왔지만, 『국부론』은 지금까지 저술된 사회과학 서적 중에서 가장 영향력 있고 널리 인용되는 책이다. 그러

9. 짐승의 날가죽에서 털과 기름을 뽑아 가죽을 부드럽게 다루는 일을 말함.
10. '인간학(人間學)'은 인간성의 본질, 우주에서의 인간의 지위와 의의 등을 연구하는 철학적 연구를 말함.
11. 이는 뉴턴이 '우주론'(cosmology ; 우주의 기원과 발달을 연구하는 학문, 즉 '우주에 대한 과학')에서 전개한 방식과 유사하다.

나 한 가지 공통점은 오늘날 일반 사람들은 두 책 모두를 거의 읽지 않았으며, 심지어 경제학자들과 두 책을 인용하는 대다수의 사람들조차도 두 책을 거의 읽지 않는다는 점이다. 그러나 두 책은 일부 사람들이 생각하는 것처럼 "상충"(相衝)되지 않으며, 두 책을 애덤 스미스의 다른 미발표된 책들과 함께 결합함으로써 '인간행동'에 대한 '통일된 설명'을 제시할 수 있다. 그러한 설명은 불완전하지만 여전히 놀라울 정도로 통찰력이 풍부하고 현대적이다.

애덤 스미스에게 있어 두 책을 연결하는 중요한 아이디어는 바로 모든 인간의 상호작용에서 발생하는 '끊임없는 교환'이다. 그러한 교환들로 어떤 것이 있는가? 첫째, 시장에서 발생하는 '재화와 서비스의 교환'(exchange of goods and services)이다. 둘째, 언어와 다른 형태의 의사소통에서 발생하는 "의미의 교환"(exchange of meanings)이다. 마지막으로, 사회에서 발생하는 "관계나 존중의 교환"(exchange of regard or esteem)이다. 특히 애덤 스미스는 '관계나 존중의 교환'이 사회 내에서 도덕적·사회적 규범을 형성하는 기초가 된다고 주장했다.

〈표 2〉 끊임없는 교환의 주요 유형

발생하는 곳	교환의 유형
시장	'재화와 서비스의 교환'
언어와 다른 형태의 의사소통	'의미의 교환'
사회	'관계나 존중의 교환'

2. '진정한 애덤 스미스' 모습

애덤 스미스의 이러한 생각들과 통찰력은 각각 그 자체로서 매우 중요하다. 그러나 이러한 생각들을 함께 결합해서 캐리커처를 그려본다면, 애덤 스미스의 캐리커처는 기존의 이미지와 매우 다른 모습이 될 것이다. 애덤 스미스의 두 저서 속에 들어 있는 생각들과 통찰력을 함께 결합해서 생각해 본다면 다음과 같은 5가지 특징을 찾을 수 있다.

첫째, 우리는 『국부론』이 '천재적인 저서'라는 사실을 인식해야 한다. 왜 그런가? 『국부론』은 ① 정치경제학의 많은 주요 지적 개념과 도구들—몇 가지 예를 들면, 노동 분업, 시장 균형 개념, 인센티브가 인간 행동에 미치는 영향, 자유무역의 이익, 조세 부과의 4가지 일반 원칙 등—을 제시하고 정연하게 설명했을 뿐만 아니라 ② 애덤 스미스가 '시장을 경제학의 중심'에 둔 최초의 인물이기 때문이다. 애덤 스미스는 『국부론』을 통해 인간 사회에 '경제적 근대성'을 가져다 주었다. 한마디로 애덤 스미스는 '경제적 근대화'의 아버지와도 같다. 따라서 에드먼드 버크(E. Burke)가 정당과 대의정체(代議政體)[12] 이론을 통해 우리의 '정치적 근대성(political modernity ; 정치적 근대화)의 돌쩌귀(경첩)'[13]이듯이, 애덤 스미스는 『국부론』을 통해 우리의 '경제적 근대성(economic modernity ; 경제적 근대화)의 돌쩌귀(경첩)'이다.

둘째, '애덤 스미스가 바라본 개인과 시장'은 오늘날 '경제학자들이 생각하는 개인과 시장'과 매우 다르다는 점이다. '애덤 스미스가 생각한 시장'은 현대 경제학과 정책 결정 과정에서 가정하고 있는 '현실과 동떨어진' 수학적 구조물이 아니다. 또한 애덤 스미스가 생각하는 '개인'은 오늘날 경제학자들이 가정하는 무기력하고 활기를 잃은 '경제적 원자론'(economic atomism)에서의 개인이 아니다.

---

12. '정체(政體)'란 국가의 조직 형태로 군주제, 귀족제, 민주제, 공화제, 대의제 등이 있음.

13. '돌쩌귀'(또는 경첩)란 문짝을 문설주에 달고 여닫기 위한 쇠붙이로 암수 두 개의 물건으로 구성되어 있음. 문짝을 문설주에 달아 여닫는 데 쓰는 두 개의 쇠붙이. 암짝은 문설주에, 수짝은 문짝에 박아 맞추어 꽂는다.

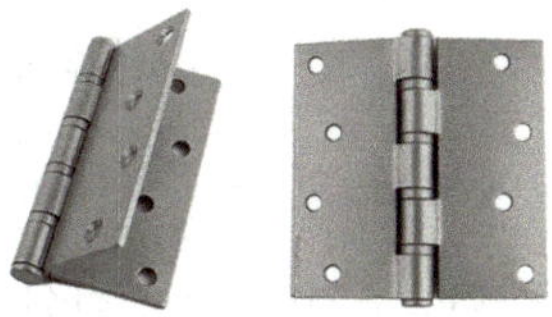

애덤 스미스가 생각한 시장은 어떤가? 애덤 스미스의 언어와 도덕(윤리)에 대한 통찰력을 상기해 보면, 시장은 특정 문화에 내재되어(embedded) 있고, 사회적 규범들과 신뢰에 의해 조정되는 '살아 있는 제도'(living institutions)이다. 또한 시장은 역동적이고 진화하는 방식으로 참여자들을 생성하고, 또한 그들에 의해 생성된다. 시장들은 종종 공통적인 특징들을 가지고 있으나, 개별 인간들이 서로 다르듯이 시장들도 서로 간에 다르다. 예를 들면, 토지시장, 노동시장, 자본시장, 제품시장, 자산시장 등과 같이 무수히 많은 시장이 있다.

셋째, '자유시장'이라는 공허한 수사보다 시장 내에서 '효과적인(공정한) 경쟁'이 일어나느냐가 더 중요하다. 시장은 일반적으로 (i) '경제적 가치'를 창출한다. 또한 시장은 (ii) 재화와 서비스를 배분하고, 혁신과 기술 진보를 촉진하는 데 탁월한 능력을 갖고 있다. 그러나 이보다 중요한 것은 "자유시장"(free markets)이라는 거의 공허한 수사가 아니라 '효과적인(공정한) 경쟁'(effective competition)이 실제로 일어나느냐이다. 막연히 부르짖는 자유시장보다 '효과적인 경쟁'이 왜 중요한가? 우선, 효과적인(공정한) 경쟁을 위해서는 기업들이 자신의 비용들을 내부화(internalize)함으로써 다른 사람들에게 전가(轉嫁)시키지 못하도록 강제하는 제도적 장치가 필요하다. 또한 효과적인(공정한) 경쟁을 하려면 정실 자본주의(crony capitalism), 지대착취(rent extraction) 활동, 정보와 힘에 있어서 내부자와 외부자 간의 비대칭성, 정치적 로비활동 등을 억제하는 메커니즘이 필요하다. 따라서 효과적인(공정한) 경쟁은 자유시장에서 발생하는 여러 병폐를 막아주는 기능을 한다.

넷째, 시장은 '사회적으로 생성되고 진화(발전)하는 질서'(a socially constructed and evolving order)이다. 이러한 질서는 왜 존재하는가? 그러한 질서는 신(神)이 준 권리가 아니라 공익(公益)을 위해 존재하며, 또 반드시 존재해야만 한다. 따라서 완전경쟁을 가정하는 이론적 모형에서 도출되는 '현대적 시장실패(market failure) 이론'은 확장되고 보완되어야 한다. 무엇보다도, 진실은 '이론적 모형 밖에서는 진정한 자유시장이 거의 존재하지 않는다'는 점이다. 또한 자유시장에서 어떤 유형의 '불완전성'이 허용되면 완전한 시장이 가져다준다는 가상적 이익이 사라진다는 사실이다. 따라서 시장은 '사회적으로 생성되고 진화(발전)하는 하나의 질서'를 만들어내고, 공익을 위해 존재한다. 이러한 사실은 현대적 시장실패 이론에서 다루고 있지 않은 점이다.

다섯째, 개별 시장과 시장질서(market order)는 모두 '국가'(정부)에 의존하고 있다. 국가(정부)는 개별 시장과 시장질서 모두에 어떻게 영향을 미치는가? 국가(정부)가 시장에 정치적으로 개입할 때 시장기능을 파괴할 수 있지만(즉, '국가(정부) 개입의 실패'), 시장기능을 '활성화(活性化)'할 수도 있다(즉, '국가(정부) 개입의 성공). 그러나 시장은 결코 신성(神聖)하거나 불가침(不可侵)한 것이 아니다. 시장의 존재 이유는 '자본주의 자체가 가진 어떤 가상의 신성함'에서 비롯되는 것이 아니라 '현대 상업사회(commercial society)에서 시장이 차지하는 중요한 역할'에서 비롯된다. 현대 상업사회를 유지하기 위해 자유 · 신뢰 · 질서가 필수적이다. 궁극적으로, 특히 민주주의 국가들에서 개별 시장이나 시장질서의 정당성을 보증하는 것은 바로 '국가의 임무'이다.

이제까지 살펴보았듯이 애덤 스미스의 생각을 제대로 이해한다면 자본주의와 시장시스템을 방어, 개혁 또는 갱신하려는 시도들에서 가장 유용한 지침이 될 것이다. 불행하게도 오늘날 우리나라를 비롯하여 선진국들의 정치가 '좌 · 우파 포퓰리즘 이데올로기'에 의해 그 속이 '공동화(空洞化)'되는 시대에 살고 있다. 이제 그 속(중심)을 어떻게 채울 것인가? 자본주의 개혁의 역사적 대안이 ① 무역보다 '전쟁'이 되어서는 안 되며, ② 민주주의보다 '종교적 독재와 권위주의적 공산주의 및 민족주의'가 되어서도 안 되고, ③ 상업사회의 이익보다 '공허한 경제적 물질주의'가 되어서도 안 될 것이다. 애덤 스미스의 통찰력은 자본주의가 앞으로 나아갈 방향과 공동화된 중심을 재건하는 데 출발점이 되는 '새로운 서사'(敍事, narrative)를 제시해 줄 것이다.

| 차 례 |

제2부 애덤 스미스의 사상

제3부 애덤 스미스의 영향

서언

애덤, 애덤, 애덤 스미스,

내가 뭐라고 했는지 들어보세요!

어느 날 수업시간에

이기심(selfishness)은 반드시 대가를 치러야 한다고 말하지 않았나요?

당신의 모든 교리 중에서 이기심이 핵심이었지요.

그렇지 않습니까?, 그렇지 않습니까?, 그렇지 않습니까?, 애덤 스미스 선생!

—**스티븐 리콕**(Stephen Leacock : 캐나다의 유머리스트이자 정치경제학 교수, 1869~1944년),[1] *Hellements of Hickonomics* (1936년)의 저자.

오늘날 애덤 스미스(Adam Smith : 1723~1790년)를 언급하면 종종 매우 '대조적인 반응들'을 불러일으킨다. 특히 1980년대 이후 애덤 스미스는 경제학, 시장, 사회를 둘러싸고 서로 반대되는 견해들이 다투는 '이념 투쟁'의 중심에 서 있었다. 우선, 정치적 우파(右派)를 지지하는 많은 사람들에게 애덤 스미스는 '근대 사회의 창시자'이다. 정치적 우파들에게 애덤 스미스는 공산주의와 사회주의라

1. **[역주]** 스티븐 리콕(Stephen Leacock : 1869~1944년)은 캐나다의 소설가이자 경제학자이다. 리콕은 영국에서 태어나 7살의 나이에 캐나다 온타리오주로 이주하였다. 토론토대학교의 유니버시티 칼리지에서 경제학을 공부했고, 시카고대학교 대학원에서 경제학과 정치학 석사 과정을 마쳤다. 이후 캐나다 퀘벡주 몬트리올의 맥길대학교에서 30여 년 동안 재직한 명물 교수였다. 경제학자로서보다는 유머리스트로서 해외에까지 널리 알려졌으며, 『어느 소읍의 평화로운 이야기(Sunshine Sketches of a Little Town)』(1912년), 『우리 영국 발견』(1922년) 등 경쾌하고 깔끔한 작품을 다수 남겼다. 또한 스티븐 리콕은 캐나다에서 대중에게 가장 많은 사랑을 받은 작가였으며, 사후에 최고의 유머 문학 작품을 쓴 캐나다 작가에게 주는 '스티븐 리콕 유머상'(Stephen Leacock Medal for Humor)이 생겨났다.

는 유토피아적 망상(妄想)에서 해방된 세상에서 ① '가장 위대한 경제학자'이자, ② '개인의 자유를 설득력 있게 옹호한 사람'이자, ③ '국가 개입의 확고한 반대자'이다. 다음으로, 정치적 좌파(左派)를 지지하는 많은 사람들에게 애덤 스미스는 매우 다른 사람이다. 정치적 좌파들에게 애덤 스미스는 ① 소위 '시장 근본주의'(market fundamentalism)[2]의 진정한 근원이자 기원이며, ② (사회 활동가이자 작가인 나오미 클라인(Naomi Klein)[3]에 따르면) "현대 자본주의 교과서"[4]를 쓴 저자이자, ③ 세계를 휩쓸고 인간 가치의 진정한 근원을 타락시키는 '유물론적 이데올로기'의 원동력(주동자)이자, ④ 부(富)와 불평등, 인간의 이기심(selfishness)에 대한 옹호자이자, 게다가 ⑤ '여성 혐오주의자'이다.

그러나 한 가지 분명한 사실은 경제학(經濟學)과 경제학자들이 점점 더 영향력을 발휘하는 시대에 애덤 스미스가 단연코 지금까지 살았던 '가장 영향력 있는 경제학자'로 여겨진다는 점이다. 2011년에 299명의 학계 경제학자들을 대상으로 한 무작위 설문조사[5]에서 애덤 스미스가 221번 인용되고, 케인즈는 134번 인용됨으로써 큰 차이로 1위를 차지했고, 나머지는 모두 그 뒤를 따랐다. 애덤 스미스의 '학문적 명성'은 경제학자들에게만 국한된 것이 아니었다. 1930년~2005년에 주로 영어 저널들의 포괄적인 데이터베이스인 JSTOR에 게재된 논

---

2. [역주] '시장 근본주의'란 'A strong, dogmatic belief in the ability of laissez-faire free market policies to solve economic and social problems'를 말함.
3. [역주] 나오미 클라인(Naomi Klein)은 캐나다 출신의 세계적인 저널리스트이자 베스트셀러 작가이며, 반세계화 진영을 이끄는 진보적인 운동가임. 캐나다 킹스칼리지 대학교에서 민사법 명예박사 학위를 받고 런던 정치경제대학교(LSE)에서 강의하는 한편, 「네이션」, 「가디언」, 「글로브 앤드 메일」 등 유수 언론 매체에 활발하게 글을 기고하는 유명 칼럼니스트로 쓰는 칼럼마다 전 세계 지성인의 이목을 집중시키고 있음.
4. [원문] 이에 대해서는 Naomi Klein, "Sydney Peace Prize Lecture", *The Nation*, 14 November, 2016에서 발췌함. 또한 애덤 스미스는 심리학자이자 작가인 올리버 제임스(Oliver James)에 의해 "이기적인 자본주의"의 기원으로 여겨진다 : Oliver James, *Selfish Capitalism*, Random House, 2008.
5. [원문] William L. Davis, Bob Figgins, David Hedengren and Daniel B. Klein, "Economics Professors' Favorite Economic Thinkers, Journal, and Blogs along with Party and Policy Views", *Econ Journal Watch*, 8(2), May 2011.

문들의 참고문헌[6]을 자세히 조사한 결과, 애덤 스미스가 경제학의 "위인(偉人)들" 중에서 단연 가장 많이 인용된 것으로 나타났다. 또한 애덤 스미스의 최근 기록된 총 인용 횟수는 마르크스(K. Marx), 마샬(A. Marshall), 케인즈(J. M. Keynes)를 합친 인용 횟수보다 많았고, 현대 경제학자들보다는 3배 이상 많았다.

애덤 스미스의 영향력은 순전히 그의 '사상의 범위'(range of ideas)에 의해 확대되어 왔다. 애덤 스미스의 생각은 경제학, 정치학, 철학, 사회학, 심리학 등 다양한 '범위'에 걸쳐 심오한 영향력을 미쳐왔기 때문이다. 경제학은 말할 것도 없으며, 심지어 경제학 밖에서도 버크(Burke), 칸트(Kant), 헤겔(Hegel), 마르크스(Marx), 베버(Weber), 하이에크(Hayek), 파슨스(Parsons), 롤스(Rawls), 하버마스(Habermas), 그리고 최근에는 아마르티아 센(Amartya Sen) 등을 포함하여 철학, 정치학, 사회학 등을 아우르는 다양한 분야에서 지난 200년 동안 가장 심오한 사상가 중 많은 학자가 어느 정도 애덤 스미스의 영향을 받았다. 애덤 스미스의 '좋은 과세'(good taxation)에 대한 네 가지 금언(金言)은 전 세계 조세제도의 근간이 되었다. 애덤 스미스의 유명한 문구인 "보이지 않는 손"(invisible hand)은 강의실과 미디어 논평란 등 어디에서나 만날 수 있다. 전 세계에 걸쳐 애덤 스미스의 이름을 딴 연구소, 동료 심사를 거친 후 발행되는 전문 저널 및 수많은 학회가 있다. 푸시킨(Pushkin : 러시아의 시인, 1799~1837년)은 자신의 운문(韻文) 소설인 '유게니(러시아어로 예브게니) 오네긴'(Eugene Onegin : 1823~1831년)[7]에서 '오네긴이 애덤 스미스를 열심히 공부했다'라고 묘사했다. 또한 애덤 스미스의 얼굴은 영국 20파운드 지폐의 표면을 무표정하게 응시하고 있다.[8]

그러나 그동안 찬사와 비방과 동시에 애덤 스미스를 자신들이 가장 좋아

---

6. **[원문]** Avner Offer and Gabriel Söderberg, *The Nobel Factor*, Princeton University Press, 2016, Ch. 5.
7. **[원문]** Pushkin, *Eugene Onegin*, I.7.
8. **[원문]** 그러나 2006년에 영국은행(Bank of England)은 20파운드 지폐에 애덤 스미스의 모습을 터너(J.M.W. Turner : 영국의 풍경화가, 1775~1851년)의 모습으로 대체할 것이라고 발표했다.

하는 목적이나 대의(大義)에 이용하고, 그의 비할 데 없는 명성을 이념적 목적으로 사용하려는 경향이 만연해 왔다. 실제로 애덤 스미스의 생각과 명성이 매우 매력적이고 강력해서 모든 종류의 정치 지도자들이 애덤 스미스를 자신의 지지자로 삼으려 했다. 영국의 마거릿 대처(Margaret Thatcher : 영국의 정치가(1925~2013년)로 수상(1979~1990년)을 역임함. '철의 여인'이라고 불림)는 1988년 스코틀랜드 보수당 전당대회에서 도발적인 말투로 "나는 가끔 스코틀랜드 사람들이 '대처주의'(Thatcherism : 영국 경제의 재생을 위한 대처 수상의 경제정책을 말함)를 좋아하지 않는다는 말을 듣곤 합니다. 글쎄요, 제가 대처주의를 생각하기 훨씬 전에 스코틀랜드 사람들이 먼저 대처주의를 창안했기 때문에 나는 그 말을 믿기 어렵습니다"라고 말했다. 대처는 자신의 정치적 신념의 뿌리를 애덤 스미스, 퍼거슨(Adam Ferguson : 영국의 철학자·사회학자, 1723~1816년),[9] 데이비드 흄(David Hume : 스코틀랜드의 철학자·역사가, 1711~1776년)[10]의 연구들로 거슬러 올라가면서 자신의 세계관(世界觀 : 세계 전체의 의의·가치 등에 관해 가지는 철학적 견해)을 ① "부(富)가 창출되어 사회 내에서 더욱 널리 퍼져야 하며", ② "현명한 정부는 개인들의 노력을 활용하여 사회 전체의 복지(후생)를 증진해야만 한다"라고 천명했다.[11]

대처와 정치적 이념의 반대편에 있었던 노동당 소속의 고든 브라운(Gordon

---

9. [역주] 영국의 도덕철학자·사회학자·역사학자로 '사회의 본질과 기원의 탐구'를 철학의 중심 과제로 삼았으며, 『시민사회역사론』, 『도덕학과 정치과학의 제원리』 등의 저서가 있음.

10. [역주] 영국의 철학자로 그의 인식론(認識論)은 존 로크에서 비롯된 '내재적 인식비판'의 입장과 뉴턴 물리학의 실험·관찰의 방법을 응용했다. 인간 본성 및 그 근본 법칙과 그것에 의존하는 여러 학문의 근거를 해명하는 일이었다. 홉스의 계약설을 비판하고 공리주의를 주장했음.

11. [원문] '대처 여사가 애덤 스미스로부터 받은 영향'에 대해서는 다음 두 문헌을 참고하기 바람 : ① "Speech to Scottish Conservative Conference", City Hall, Perth, 13 May 1988 ; ② Charles Moore, "Margaret Thatcher and Capitalism", 2012 Adam Smith Lecture, Pembroke College, Cambridge, 6 February 2012(www.margaretthatcher.org).

Brown)[12] 전 영국 총리는 대처보다 한 걸음 더 나아가, 스코틀랜드 파이프(Fife) 지역의 커콜디(Kirkcaldy : 영국 스코틀랜드 동부에 위치한 Fife주 동남부의 Forth 만(灣)에 면한 도시)에서 애덤 스미스와 똑같은 곳에서 태어났다[13]는 우연을 통해, 종종 애덤 스미스와 자신이 개인적으로 연관되어 있다고 언급했다. 고든 브라운은 영국 재무장관으로 2005년에 당시 미국 연방준비제도이사회(Fed) 의장이자 나중에 자신의 경제 고문이 된 앨런 그린스펀(Alan Greenspan)[14]을 초청하여 '애덤 스미스(Adam Smith) 기념 강연'을 커콜디에서 개최했다. 이때 그린스펀은 연설에서 "고든 브라운 총리의 탁월한 경제 및 금융 수완이 애덤 스미스가 태어난 이 지역이 가진 '잠재의식적으로 지성을 뿜어내는(subliminal intellect-enhancing) 신비한 기운'[15]에서 비롯된 결과"인지를 깊이 생각해 보았다고 말하면서 고든 브라운 총리의 능력을 높이 칭찬했다. 또한 고든 브라운은 2005년 말 '휴고 영(Hugo Young : 영국의 저명 언론인) 기념 강연'에서 "애덤 스미스와 같이 커콜디 출신인 나는 애덤 스미스의 『국부론』(1776년)이 그의 전작인 『도덕감정론』(1759년)에 바탕을 두고 있으며, (『국부론』에서 주장한) '보이지 않는 손'(invisible hand)이 (『도덕감정론』에서 주장한) '도움의 손'(helping hand : 원조의 손길)의 존재([역주] 즉, '"보이는"(visible) 도움의 손')에 의존한다는 사실을 깨닫게 되었습니

---

12. **[역주]** 영국 총리를 역임함. 에든버러대학교에서 역사학을 전공하고, 1983년 하원의원으로 정계에 입문하여 토니 블레어(Tony Blair) 수상 내각에서 10년 동안 재무장관을 역임하였고, 2007년 6월 27일 총리로 선출되었음.
13. **[역주]** 애덤 스미스는 1723년 스코틀랜드 파이프 커콜디에서 태어났음.
14. **[역주]** 1987년 이래 미국의 연방준비제도이사회(FRB) 의장을 네 번이나 역임하였음. 실물 경제에 특히 밝으며, 1970년대 초 이후 미국의 28년 만의 최저 실업률, 29년 만의 재정 흑자 및 고성장 등을 이끈 인물로 평가받고 있으며, '미국의 경제 대통령', '통화정책의 신의 손' 등으로 불렸음.
15. **[원문]** 그린스펀이 말한 '고든 브라운에 영향을 미치는 잠재의식적 지성 발산의 기운'에 대해서는 다음 강연을 참고하기 바람 : Adam Smith Memorial Lecture, St. Bryce Kirk, Kirkcaldy, 6 February 2005. ([역주] 여기서 그린스펀은 "1723년에 애덤 스미스와 더 나아가 현대 경제학의 발상지인 커콜디는 물론 고든 브라운 재무장관이 자란 곳이기도 합니다. 나는 재무장관의 탁월한 경제 및 금융 수완이 이 지역의 '잠재의식적으로 지성을 뿜어내는 신비한 기운'의 결과인지를 잠시 곰곰이 생각해 보았습니다"라고 말했다.)

다"라고 선언했다.[16]

이러한 사례들이 보여주듯이 애덤 스미스는 지적으로 풍부하고, 다면적(多面的)이며, 인용 가치가 커서, 그를 과잉 해석이나 노골적인 남용 대상으로 삼으려는 유혹이 상존한다. 실제로 어떤 상황이나 문제를 극단적으로 확대 해석하거나 왜곡한다면, 애덤 스미스는 놀라운 범위의 '현대적 사건들'을 예상하거나 해석하는 데에도 이용될 수 있다. 어떤 경우들이 있는가? 그러한 경우의 하나는 '유명인 정치'(celebrity politics)의 부상이다. 이것은 ① 현대 기술과 '부자와 권력자를 존경하는 인간의 성향'과의 상호작용과 ② 인간의 '상호 공감(mutual sympathy : 상호 동정심) 능력'에서 비롯되었다. 이러한 두 가지 생각은 애덤 스미스가 『도덕감정론』에서 이미 논의한 것이다. 다른 경우는 '영국의 유럽 연합(EU) 탈퇴 논리 또는 다른 이유'이다. 이와 유사하게 과거에 애덤 스미스도 미국 식민지와 관련하여 영국이 다음 중 어느 하나를 분명히 선택해야만 한다고 주장했다. 즉, 영국이 ① 미국 식민지로부터 완전히 분리하거나, ② 제국 연합(imperial union)을 결성해야 한다고 주장했다. 이 경우에 영국의 주권과 적절한 시기에 정부의 소재지 자체가 천천히 미국으로 이전되어야 했다. 우리는 이 이외에도 많은 예를 찾을 수 있다.

사람들이 애덤 스미스를 과잉 해석이나 노골적인 남용 대상으로 삼은 결과로 오늘날 "애덤 스미스(Adam Smith)라는 캐리커처"와 이미지가 만들어졌다. 이

16. **[원문]** Gordon Brown, Hugo Young Memorial Lecture, Chatham House, 13 December 2005. 또한 고든 브라운은 '도움의 손'(helping hand)이라는 생각을 뒷받침하기 위해 애덤 스미스가 말한 '이웃사랑 정신'(neighbourliness)을 언급했다. 그러나 리처즈 보크(Richard Bourke)에 따르면, 고든 브라운은 "지성을 뽐어내는 기운"에 의해서든 아니든 두 제안(즉, '도움의 손'과 '이웃사랑 정신') 모두 "18세기 정치경제학자인 애덤 스미스의 저술들과 관련이 없다"라고 말했다 : Richard Bourke, "Visible Hands", *Times Literary Supplement*, 18 January 2008. 애덤 스미스의 가장 예리하고 정교한 현대 해석가인 동시에 경제학자이자 역사가인 도널드 윈치(Donald Winch)도 자선 또는 자비의 관점에서 『도덕감정론』의 해석을 거부하였다 : Donald Winch, "Science and the Legislator : Adam Smith and After", *Economic Journal*, 93(371), 1983.

로 인해 오늘날 '애덤 스미스' 주변에 수많은 '근거 없는 믿음들'이 둘러싸여 있다. 이러한 미신들은 애덤 스미스 자신에 대해 거의 또는 전혀 알려주지 않지만, 우리 자신의 '변화하는 관심사들'에 대해서는 상당히 많은 것을 알려준다. 또한 흥미롭게도 장기적으로 이어온 해석들에서 '동일한 패턴'을 찾아볼 수 있다. 그러한 패턴을 통해 우리는 '세 가지 유형의 애덤 스미스'를 볼 수 있다. 첫째는 '"경제적" 애덤 스미스'이다. 이는 "『국부론』 측면에서의 애덤 스미스"를 말한다. 19~20세기에 걸쳐 유행한 세계적 자유무역 중시 추세와 최근 전문적이고, 특히 수학적 학문으로서 경제학 자체의 성장을 통해 우리는 애덤 스미스를 '"경제적" 애덤 스미스'로 인식하게 되었다. 이는 애덤 스미스를 '경제적' 측면에서만 고려한 것이다. 그러나 애덤 스미스는 '다중적'(정치적이고 도덕적) 인물이었다. 둘째는 '"정치적" 애덤 스미스'이다. 이는 『국부론』과 그의 미출간된 『법학 강의』에서 ① 권력, 재산 및 정부가 어떻게 공진화(共進化 : 함께 발전)하는지와 ② 상업사회의 본질과 영향을 고찰한 애덤 스미스를 말한다. 마지막으로, '"도덕적" 애덤 스미스'이다. 이는 『도덕감정론』에서 도덕적·사회적 규범들이 인간 사회에 의해 어떻게 만들어지고 유지되는지에 대해 놀라울 정도로 현대적인 설명을 제시한 애덤 스미스를 말한다. 따라서 본서의 저술 목적 중 일부는 애덤 스미스의 이러한 측면들과 (아직 찾지 못한) '또 다른 측면'을 찾아낸 후, 이들을 통합하여 애덤 스미스에 대한 '더 완전한 모습'을 제시하는 데 있다. 다시 말하면, '애덤 스미스의 경제학'(Smith's economics)뿐만 아니라 그의 '훨씬 더 광범위하고 원대한 지적(知的) 설계'(intellectual project)를 소개하는 데 있다.

애덤 스미스를 '선택적으로 해석'하려는 경향과 유행은 아마도 특히 경제학자들 자신에게도 포함된다. 예를 들면, 시카고학파(Chicago School : 미국의 시카고대학교를 중심으로 하는 자유주의 경제학파)의 저명 경제학자인 제이콥 바이너

(Jacob Viner)[17]는 『국부론』에 대해 다음과 같이 언급했다. 즉, 바이너는 "[우리가] 생각할 수 있는 모든 교리의 흔적들은 (『국부론』이 아니라) 가장 보편적인 책에서도 찾을 수 있으며, 자신의 특별한 주장이나 논점을 뒷받침하기 위해 '『국부론』에서 인용할 수 없는 생각'을 가진 경제학자가 있다면 그는 정말로 독특한 이론을 가지고 있음에 틀림없다"라고 말했다.[18] 바이너의 이러한 언급은 경제학자들이 시도하는 애덤 스미스에 대한 '선택적 해석'의 한 예를 잘 보여주고 있다.

애덤 스미스에 대한 선택적 해석 경향은 바이너의 경우만으로도 충분할 것이지만, 또 다른 예로 바이너의 가장 유명한 제자[19]였던 밀턴 프리드먼(Milton Friedman : 미국의 경제학자 및 저명한 통화주의자, 1912~2006년 ; 1976년 노벨 경제학상 수상자)[20]에게서도 찾을 수 있다. 밀턴 프리드먼은 1976년에 노벨 경제학상을 수상한 직후인 1977년에 미국의 〈챌린지(Challenge)〉 잡지에 "애덤 스미스와 현대와의 관련성"(Adam Smith's Relevance for Today)이라는 유명한 글을 기고하였

---

17. **[역주]** 캐나다 태생의 미국 경제학자. 하버드대학에서 타우식(Taussig, F. W.) 교수 지도 하에 학위를 획득하고, 국제무역론을 전공하였다. 바이너는 1937년에 저술한 *Studies in Theory of International Trade*로 유명해졌으며, 여기에서 국제경제이론에 대하여 중상주의 비판에서부터 근대적 이전(移轉)문제 이론까지의 과정을 자세히 설명하였다. 또한 1924~1949년까지의 논문을 모아 *International Economics Studies*를 출판하여 이론적 분석과 정치적 분석에 대한 융합을 시도하였으며, 내용으로는 국제가치론, 관세론, 국제금융론, 대외정책론, 원자력 문제, 경제계획서 등이 광범위하게 논술되어 있다. 바이너는 고전학파와 케인즈학파의 중간적 입장에서 국제경제학의 독자적인 체계를 확립하려 하고 있으며, 뉴딜정책에는 대체로 반대 입장을 취했다. 또 바이너는 『국제무역과 경제발전(International Trade and Economic Development)』(1953년)에서 설명하기를 빈곤에 있어서 농업이나 공업 자체의 결여가 아니고, 빈곤한 농업, 빈곤한 공업의 문제라고 하였다. 바이너는 일반적으로 후진국의 공업화를 지지하는 많은 학자와 달리 빈곤과 후진국의 기본적인 요인을 제거하는 방책으로서 농업의 발전을 중시하였다.
18. **[원문]** 바이너가 언급한 '애덤 스미스의 보편성'에 대해서는 Jacob Viner, "Adam Smith and Laissez Faire", *Journal of Political Economy*, 35(2), April 1927을 참고하기 바람.
19. **[원문]** 바이너의 가장 유명한 제자 중에는 후기 제자인 도널드 윈치(Donald Winch)도 포함된다([역주] 도널드 윈치의 저명함은 참고문헌을 참조하기 바람).
20. **[역주]** 자유방임주의와 시장제도를 통한 자유로운 경제활동을 주장한 미국의 경제학자로 1976년 노벨 경제학상을 수상함.

다.[21] 여기서 프리드먼은 1970년대의 자신과 마찬가지로 '애덤 스미스를 그 당시 "급진적이고 혁명적인" 사람이었다'라고 썼다. 또한 프리드먼은 현대의 자신과 마찬가지로 "애덤 스미스도 그 당시 자신의 사회가 국가(정부)에 의해 "과잉 통제되고 있다"고 믿었고, 그로 인해 국가 개입(간섭)을 반대하는 사람이었다"라고 묘사했다. 게다가 프리드먼에 따르면 "애덤 스미스의 "보이지 않는 손(invisible hand)의 교리(教理)"는 애덤 스미스의 견해, 즉 ① '인간의 공감성(동정심)은 믿을 수 없고 제한적이며 절제될 필요'가 있는 반면에, ② '자유시장은 인간의 복지(후생)를 창출한다'라는 견해를 반영하고 있다"라고 주장했다([역주] 본서의 저자는 프리드먼의 이러한 주장이 잘못되었음을 아래에서 설명한다). 프리드먼은 자신의 오랜 강의 및 연구 생활을 통해 이러한 생각들과 여타 유사한 생각들을 설명하는 데 전념(專念)해 왔다고 믿었다.

그러나 프리드먼은 이러한 기본 명제들을 제시한 후 자신이 어떤 모순에 처하게 되었음을 알게 되었다. 프리드먼은 '애덤 스미스가 자신이 제시한 명제들과 '상충되는' 다양한 주장을 했었다'라는 것이 사실이라고 설명했다. 즉, '애덤 스미스는 ① 이자율 상한선을 옹호하고, ② 특정 공공사업들(예를 들면, 도로, 교량, 운하 등)을 착수하고, 공공기관들과 학교들을 설립 및 유지하기 위해 국가에 의한 세금 징수를 옹호했다'라고 말했다. 프리드먼은 '애덤 스미스의 이러한 생각은 자신의 제시한 기본 명제들과 상충된다'라고 생각했다. 그러나 프리드먼의 이러한 진술들은 눈에 뜨이지 않는 사소한 결점처럼 보이지만, 그렇다고 해서 진실을 왜곡해서는 안 될 것이다.

프리드먼의 1977년 글은 대중적인 글이었지 학문적인 논문은 아니었다. 다른 한편으로, 자유시장을 옹호하는 단체인 '몽페를랭회'(Mont Pelerin Society : 몽

---

21. **[원문]** Milton Friedman, "Adam Smith's Relevance for Today", *Challenge*, March-April 1977. 이 기사는 1976년 8월에 '몽페를랭회'(Mont Pelerin Society)에서 발표된 논문에 기초하고 있다.

페를랭 소사이어티)[22]에 발표된 어떤 흥미있는 논문에서 그 저자는 프리드먼이 주장한 1970년대 후반 미국의 '경제적 경화증'(economic sclerosis)[23]에 반론(反論)을 제시하였다. 그럼에도 불구하고 프리드먼의 1977년 글은 '사실을 자신의 이론에 맞게' 조정하는 사례 연구로서는 걸작이었다. 그러나 프리드먼의 설명 중 많은 부분은 다음과 같이 사실과 크게 다르다. 첫째, 애덤 스미스는 사실상 급진주의자가 아니었고, 또한 자신을 급진주의자로 보지도 않았다.[24] 둘째, 애덤 스미스는 그 당시 자신의 사회가 어떤 의미에서든 "과잉 통제" 되었다고 믿지 않은 것 같았다. 다만 아마도 미국 식민지 지배의 경우에는 예외였다. 셋째, 애덤 스미스는 '보이지 않는 손'에 대한 "교리"(教理, doctrine)를 주장하지 않았고, 또한 시장이 어떻게 작동하는지에 대한 '단일(單一) 이론'도 주장하지 않았다. 넷째, 애덤 스미스는 '자유시장이 항상 인간의 복지(후생) 창출에 기여한다'라고 생각하지 않았다. 마지막으로, 애덤 스미스는 '인간의 공감성(동정심)이 본질적으로 제한적이

---

22. **[역주]** '몽페를랭회'(Mont Pelerin Society : 또는 '몽페를랭 소사이어티')는 경제학자들과 기업가들, 그리고 고전적 자유주의에 우호적인 이들이 만든 국제단체이다. 이 단체는 자유시장경제 정책들과 열린 사회에 대한 정치적 가치들을 옹호한다. 몽페를랭회는 작은 정부를 강조하는 자유주의자들의 모임을 뜻한다. 경제학계에서는 시장경제를 신봉하는 '시카고학파'가 그 중심이다. 기원은 지난 1940년대로 거슬러 올라간다. 당시 미국 프랭클린 루즈벨트 대통령이 뉴딜 정책을 펼친 것처럼 망가진 경제에 정부가 개입하는 것이 당연시 여겨졌기 때문에 오스트리아 출신 자유주의 경제학자로서 시장주의를 신봉하는 프리드리히 하이에크(1899~1992년)는 학계로부터 외면을 받았다. 이런 와중에 하이에크는 1948년 스위스의 '몽페를랭'에서 출판기념회를 열었다. 학계 분위기를 반영하듯 출판기념회에 온 사람은 36명에 불과했다. 그러나 자신의 생각을 굳게 믿었던 그들은 해당 지역의 이름을 따 '몽페를랭 소사이어티'를 출범했고, 이는 계획경제와 수정자본주의에 대해 비판적인 체계적 조직으로 성장했다. 훗날 1970~1980년대에 들어서 민영화, 감세정책 등 정부 개입을 최소화하는 몽페를랭 소사이어티의 경제정책은 영국의 대처 총리와 미국의 레이건 대통령에게 받아들여진다. 이는 '대처리즘'과 '레이거노믹스'로 대변되는 '신자유주의'의 탄생을 알린 것이다. 2008년 글로벌 경제 위기 이후 신자유주의는 내리막길을 걸었지만, 몽페를랭 소사이어티 회원들은 최근 각국의 인기영합적인 복지정책에 대해 비판을 가하며 여전히 적지 않은 영향력을 행사하고 있다.
23. **[역주]** '몸의 조직·기관이 비정상적으로 단단하게 변화하는 병'으로 동맥 경화증, 간 경화증 등을 말함.
24. **[원문]** 이에 대해서는 D. D. Raphael, *The Impartial Spectator : Adam Smith's Moral Philosophy*, Oxford University Press, 2007, Ch. 13, pp. 124ff를 참고하기 바람.

거나 절제할 필요가 있다'라고 주장하지 않았다.[25]

이러한 문제들과 여타 문제들에 대해 ① '애덤 스미스가 실제로 생각했던 것'과 ② '애덤 스미스가 생각했던 것이 왜 오늘날에도 매우 중요한지'가 본서에서 다루고자 하는 주제이다. 본서의 또 다른 목적은 애덤 스미스에 대한 기존의 '잘못된 믿음들'(미신)을 제거하고, 하이에크(F. A. Hayek), 케인즈(J. M. Keynes), 마르크스(K. Marx) 등과 같은 다양한 경제 사상가들에 미친 영향을 포함하여 '애덤 스미스 사상 전체'를 연결하여 살펴보고자 하는 데 있다. 그러나 죽어서조차 애덤 스미스는 전기 작가들에게 애를 먹였다. 애덤 스미스의 삶은 '학문적 평온·무사함'(academic uneventfulness)의 전형(典型)이었기 때문이다. 특히 애덤 스미스는 죽기 직전에 극도로 꺼려하는 유언 집행자들에게 자신의 거의 모든 미출간 원고(原稿)들을 불태우라고 지시했는데, 그 구체적인 내용에 대해서는 자세히 알 수 없고 다만 추측할 뿐이다. 그럼에도 애덤 스미스의 사상에서 종종 소홀히 다루어졌지만 아주 중요한 요소인 그의 『법학 강의』는 놀라운 행운 덕분에 불태워지지 않고 살아남았다.

애덤 스미스의 사상에서 가장 심오한 생각 중 많은 것은 그의 가장 친한 친구인 데이비드 흄(David Hume)의 생각과 긴밀히 연결되어 있다. 두 사람은 여러모로 특이한 친구였다. 흄은 애덤 스미스보다 12살 연상이었고, 세속적이고, 개방적이며, 재치 있고, 잡담과 농담 및 예리한 통찰로 가득 차 있었고, 휘스트(whist : 카드놀이의 일종) 애호가였고, 식도락가(미식가)이자, 바람둥이였다. 반면 애덤 스미스는 내성적이고, 은둔적이며, 사려 깊고, 사적인 자리에서는 느슨했지만, 공적인 자리에서는 종종 다소 엄격했다. 그러나 다른 어떤 사상가보다도 흄은 애덤 스미스의 '상상 속의 대화 상대자'였다. 그들 사이에 실제로 있었던 철학적 서신(書信)이 남아 있지는 않지만, 애덤 스미스의 책에서 흄의 직접적 영향은

---

25. **[원문]** 이에 대해서는 Avner Offer, "Self-Interest, Sympathy and the Invisible Hand : From Adam Smith to Market Liberalism", *Economic Thought*, 1(2), 2012를 참고하기 바람

아니더라도 '흄의 그림자'가 느껴지지 않는 페이지는 거의 없다고 할 수 있다. 따라서 두 사람 사이의 많은 차이점에도 불구하고, 애덤 스미스를 '흄의 제자'라고 불러도 지나친 말(過言)이 아닐 것이다.

당시의 기준으로 볼 때 애덤 스미스는 '입헌군주제, 종교적 관용 및 개인의 자유'라는 미덕을 신봉했으므로 사고방식이나 세계관 면에서 대체로 '휘그주의적'(Whiggish)인 사람이었다.[26] 그러나 애덤 스미스는 평생에 걸쳐 자신의 개인적인 정치적 견해에 대해 놀라울 정도로 입을 다물었다. 애덤 스미스는 결혼하지 않았고, 자녀도 없었다. 또한 우리가 아는 한 애덤 스미스에게는 비밀스러운 연애나 사랑도, 숨겨진 악행도, 학창 시절의 못된 장난도, 어른 시절의 사소한 잘못이나 실수들도 없었다. 흥미로운 개인 사정에 관한 한 애덤 스미스의 삶은 무미건조한 '사하라 사막'과도 같다. 애덤 스미스의 첫 전기 작가인 듀걸드 스튜어트(Dugald Stewart : 스코틀랜드의 윤리학자, 1753~1828년)[27]의 표현에 따르면 "애덤 스미스는 자신의 전기 작가들을 위해 어떠한 자료도 남기지 않고, 자신의 천재성을 드러낸 불후의 저서들과 자신의 모범적인 사생활의 가치만이 남아 있기를 바

26. **[원문]** 또한 애덤 스미스는 국경 북쪽의 휘그당원들을 16세기와 17세기의 압제적인 군주제에 대한 저항에서 벗어나 봉건 및 귀족 사회에 대한 광범위한 비판으로 이끈 '스코틀랜드 특유의 개성'을 지니고 있었다.

27. **[역주]** 듀걸드 스튜어트는 아버지가 수학 교수로 있었던 에든버러대학교에서 교육받았으며, 19세 때 같은 대학에서 강의를 시작했다. 1775년 아버지의 자리를 물려받았고, 10년 뒤에는 도덕철학 교수로 임명되어 1820년까지 재직했다. 학생 시절부터 스코틀랜드의 실재론자 토마스 리드의 저서, 특히 『상식원리에 기초한 인간정신론(An Inquiry into the Human Mind on the Principles of Common Sense)』(1764년)의 영향을 받았다. 비록 리드가 내세운 새로운 정신과학의 몇 가지 정식에는 반대했지만, 그는 리드와 마찬가지로 철학이 형이상학적 사변·범주에 오염되지 않은 과학적 학문이어야 한다고 주장했다. 그가 즐겨 과학 방법을 이용해 철학 문제를 다루었다는 사실은 그의 수학 연구 경력에서 잘 드러나는데, 그는 자주 인간의 사고를 지배하는 법칙을 수학 공리에 비유했다. 주요 저서로는 『정신철학 원론(Elements of the Philosophy of the Human Mind)』(3권, 1792년, 1814년, 1827년)이 있다. 이밖에 『도덕철학 개요(Outlines of Moral Philosophy)』(1793년), 『철학 논고(Philosophical Essays)』(1810년), 『인간의 행동과 도덕 능력에 대한 철학(Philosophy of the Active and Moral Powers of Man)』(1828년) 등의 저작이 11권짜리 그의 전집(1854~1858년)에 실려 있다.

랐던 것 같았다."[28]

이러한 불리한 사정에도 불구하고 애덤 스미스의 전기 작가들은 좌절하지 않았다. 최근 전기 작가들[29]은 ① 애덤 스미스 생애에 관한 세부 사항들을 힘들여 수집하고, ② 발견한 세부 사항들을 에든버러의 지적 배경과 스코틀랜드 계몽주의 사상에 비추어 생생하게 해석하고, ③ 이를 바탕으로 관심있는 독자들에게 애덤 스미스를 새롭게 소개하고, ④ 애덤 스미스의 광범위한 지적 관심사의 범위를 탐구하는 귀중한 저서들을 발표하였다. 또한 최근 애덤 스미스 관련 학술 문헌들도 계속 늘어나고 있다. 이러한 저서와 문헌들 덕분에 애덤 스미스는 최근에 다시 큰 주목을 받게 되었다. 나는 본서를 쓰는 과정에서 그들의 노력과 저서 및 문헌들로부터 많은 도움을 받았다.

본서는 필연적으로 기존의 저서들과 동일한 주제나 화제(話題)를 많이 다루고 있다. 물론 본서는 내가 지닌 선입견이나 편견에 영향을 받을 수 있다. 그래서 나는 최대한 균형 잡히고 공정하게 서술하려 했다. 그러나 내가 가진 불완전한 지식과 제한된 관점에서 발생하는 일반적인 결함들을 가지고 있을 것이다. 나는 그러한 결함들에 대한 독자들의 수정과 아이디어를 기대하고 환영하는 바이다. 그러나 본서는 기존의 책들과 세 가지 면에서 분명한 차이가 있다. 첫째, 비록 내가 대학교에서 철학을 공부한 학문적 배경을 가지고 있지만, 본서는 전문적인 애덤 스미스 연구학자가 아니라 '현직 정치인'이 썼다는 사실이 기존의 책들과 다르다. 다시 말하면, 본서는 '정치경제학의 본질(本質)'을 현대적 측면(즉, 이론적 및 실제적 측면)에서 다루고, 이해 및 설명하려는 사람에 의해 저술되었다. 둘째, 이 책이 독자들에게 ① 애덤 스미스의 생각을 음미(吟味)[30]하도록 의도했을

28. **[원문]** '애덤 스미스의 사생활과 은둔성'에 대해서는 Dugald Stewart, *Account of the Life and Writings of Adam Smith*, LL.D., n.p. 1794를 참고하기 바람.

29. **[원문]** '최근 전기 작가들'에 대해서는 참고문헌에 있는 '전기 작가란'을 참조하기 바람.

30. **[역주]** '사물 또는 개념의 내용이나 속뜻을 깊이 새기어 느끼거나 생각함'을 말함.

뿐만 아니라, ② 그러한 생각이 매우 광범위한 범위에 걸쳐 어떻게 작동하고 잘 부합하는지를 지각(知覺)하도록 심사숙고(深思熟考)했다는 점이다. 마지막으로, 본서는 '애덤 스미스 생각의 중요성과 지속적인 관련성'에 대해 구체적이고 명쾌하고 설득력 있는 주장을 제시하고자 했다.

애덤 스미스(1723~1790년)와 아일랜드 출신의 위대한 철학자이자 정치가인 에드먼드 버크(Edmund Burke : 영국의 정치가 겸 정치사상가로 휘그당의 영수를 역임함, 1729~1797년)[31]가 좋은 친구였다는 사실은 역사의 우연이 아닐 수 없다[32](나의 마지막 저서도 『에드먼드 버크 : 철학자, 정치가, 예언자』(2013년)였다). 그들은 서로를 매우 존경했고, 그들의 생각에 차이점들뿐만 아니라 많은 중복되는 점들도 있었다. 애덤 스미스는 한때 버크가 "의사소통 없이 경제 주제들에 대해 자신과 똑같이 생각한 유일한 사람"이라고 말한 적이 있다. 특히 두 사람은 함께 인류에게 '세계 역사상 기념비적인 순간'을 기록하였다. 이들은 근대에 이르러 처음으로 모습을 드러낸 '정치적 및 경제적 윤곽(輪廓)'을 심층적으로 분석하고, 공개적으로 설명한 '최초의' 사람들이기 때문이다. 왜 그런가? 정치적 윤곽의 경우, 버크는 근대 정당(政黨)과 대의제(代議制) 정체(政體)[33]를 '최초로' 연구한 위대한 이론가이다. 경제적 윤곽의 경우, 애덤 스미스는 시장(market)을 정치경제학 및 경제학의 중심에 두고, 규범(norms)을 오늘날 우리가 사회학이라고 생각하는

---

31. **[역주]** 아일랜드 출신의 영국 보수주의 정치가로 정치적 권력 남용에 반대했으며, 시민의 행복과 정의를 실현하는 정치제도와 방법을 주장하였다. 영국 보수주의의 대표적 정치이론가로 명성을 떨쳤음.

32. **[원문]** '버크에 대한 애덤 스미스의 생각'을 보려면 Robert Bisset, *Life of Edmund Burke*, 2nd edition, 2 Volumes, George Cawthorn, 1798, ii p. 429를 참고하기 바람. 또한 *The Bee, or Literary Weekly Intelligence* (11 May, 1791)에 실린 또 다른 출처가 의심스러운 이야기는 버크에 대한 애덤 스미스의 견해를 암시해 준다. 이 잡지에서 애덤 스미스는 "버크 씨가 결혼을 약속하고 젊은 여성을 유혹하여 불명예스럽게 만들었다는 이야기를 읽은 적이 있습니다. … 버크 씨에 관해서 말하자면, 그는 인품이 훌륭하고 정직한 사람입니다. 버크 씨는 돈 한 푼도 없이 교양 있는 여성과 결혼했습니다"라고 언급했다.

33. **[역주]** '국가의 조직 형태'를 말하며, 군주제, 귀족제, 민주제, 공화제 등이 있음.

학문의 중심에 둔 '최초의' 사상가이다. 버크가 우리의 '정치적 근대성'(political modernity)의 경첩[34]([역주] 중세 봉건사회에서 근대 시민사회로 문을 열어준 사람)인 것처럼, 애덤 스미스는 우리의 '경제적 근대성'(economic modernity)[35]뿐만 아니라 여러 면에서 '사회적 근대성'(social modernity)의 경첩이다. 이러한 근대성은 인류 역사상 '중대한' 업적이 아닐 수 없다.

그러나 인류에게 위대한 업적을 남긴 애덤 스미스는 버크처럼 단순한 역사적 인물이 아니며, 본서도 단순한 전기(傳記)가 아니다. 그런 까닭에 애덤 스미스는 그의 위대한 '생각과 영향'(즉, 불후의 저서)을 통해 죽지 않고 오늘날에도 살아 숨 쉬고 있다. 우리의 현재 세계(선진국과 개발도상국 모두)는 다음과 같은 거대한 난제(難題)들에 직면해 있다. 즉, 현대 사회는 ① 경제성장을 어떻게 창출하고 지속 가능하게 하는지, ② 세계화 및 불평등 심화 문제를 어떻게 대처해야 하는지, ③ 역사와 관심사, 신념 등이 다양한 복잡한 사회에서 도덕적 이해를 어떻게 만들어 내는지 등과 같은 난제들에 직면해 있다. 이러한 난제들을 해결해야 할 중요한 시점에 애덤 스미스의 통찰력과 생각들에는 아직도 우리를 숨죽이게 할 능력과 매력이 많이 내포되어 있다. 애덤 스미스의 생각들은 '원대하고, 탁월하고,

---

34. **[역주]** 여닫이문에서 한쪽은 문틀에, 다른 한쪽은 문짝에 고정하여 문짝이나 창문을 다는 데 쓰는 철물을 말하며, '돌쩌귀'(문짝을 문설주에 달고 여닫기 위한 쇠붙이로 암수 두 개의 물건으로 구성됨)라고도 부름(아래 그림 참조).

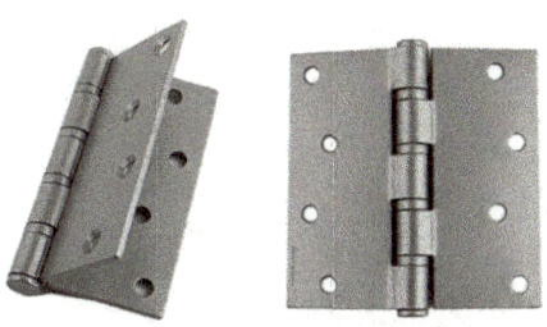

35. **[원문]** '경제적 근대성의 경첩으로서의 애덤 스미스'와 관련하여 로널드 코스(Ronald Coase)가 '애덤 스미스 200주년 기념 강연'에서 언급한 말을 비교해 보자. 코스의 언급에 따르면 "애덤 스미스가 한 일은 경제학에 고유의 형태(形態)를 부여한 것이었다. … 어떤 관점에서 보면 지난 200년 동안 경제학은 경제학자들이 부족한 부분을 채우고, 오류들을 수정하고, 『국부론』의 분석을 다듬어 온 대규모 "청소 작업"에 지나지 않았다"(Ronald Coase, *Essays on Economics and Economists*, University of Chicago Press, 1994, p. 78).

단순하고, 광범위'하기 때문이다. 애덤 스미스의 생각들은 현대 사회가 직면한 난제들을 해결하려는 모든 시도 과정에서 필수적이므로, 이들을 반드시 폭넓게 그리고 완전히 '이해(理解)해야만' 한다. 따라서 그러한 이해를 위해 우선, 우리는 ① '애덤 스미스가 무엇을 생각했는지'뿐만 아니라, ② '그의 생각이 왜 중요한지'를 알아야 한다. 그런 다음, ③ 애덤 스미스의 생각과 통찰력을 오늘날 새로운 세대(世代)에 적용해야 한다. 이제 나는 본서에서 이들 과제에 관해 명확하게 설명하고자 한다.

제1부 애덤 스미스의 생애

제1장 커콜디(Kirkcaldy) 소년 시절 : 1723~1746년

그것은 '이랬더라면 어땠을까'라는 식의 이야기 중 하나이다. 이 이야기에 따르면 1726년경 마거릿 스미스(Margaret Smith)는 당시 3살이었던 외아들 애덤 스미스를 데리고 스코틀랜드 동부 해안 커콜디(Kircaldy)의 집에서 불과 몇 마일 떨어진 스트라센드리(Strathendry)에 사는 애덤의 숙부 집에 머물려고 했다.[1] 그곳에서 있었던 일을 19세기의 위대한 애덤 스미스 전기 작가인 존 레이(John Rae)는 다음과 같이 전했다.

> "지나가는 집시 무리가 아이를 유괴하여, 한동안 아이의 행방을 알 수 없었다. 그러나 곧 한 신사가 와서 몇 마일 아래 길에서 애처롭게 우는 아이를 업고 가는 집시 여자와 마주쳤다고 했다. 즉각 수색대가 파견되어 레슬리(Leslie) 숲에서 그 여자를 발견했다. 그녀는 수색대를 보자마자 애덤을 짐짝처럼 내팽개치고 도망갔고, 아이는 엄마에게 돌아왔다."[2]

이 이야기는 그때 이후로 지금까지 끊임없이 반복해서 전해져 왔다. 이 일화를 처음 전해 준 애덤 스미스의 친구였던 철학자 듀걸드 스튜어트(Dugald Stewart)는 아이를 구한 덕에, 학문의 경계를 확장했을 뿐 아니라 유럽의 통상 정

---

1. **[원문]** 애덤 스미스의 생애에 관한 사실들을 뒷받침하는 자세한 언급들을 보려면 특히 Ian Simpson Ross의 *Life of Adam Smith*를 참조.
2. **[원문]** John Rae, *Life of Adam Smith*, 제1장.

책에 통찰력을 제공하고 그 정책을 개혁하게 될 "천재가 세상에 보존되었다"[3]라고 칭송했다. 그러나 아이를 되찾은 것은 아마 집시들에게도 이득이었을 것이다. 그것은 그가 훗날 멍하니 딴생각하는 습관이 있다는 만만찮은 평판을 쌓게 될 것이기 때문이었다. 레이(Rae)가 냉정하게 말했듯이 '그는 아마 형편없는 집시가 되었을 것이다.'

애덤 스미스가 그를 주의 깊게 지켜보는 어머니의 눈을 벗어난 적은 드물었다. 두 사람의 관계는 유난히 긴밀했고, 60년 이상 지속되었다. 애덤 스미스는 1723년 6월 5일 혹은 그 이전에 아이작 뉴턴(Isaac Newton)처럼 유복자로 태어났다. 이름이 똑같이 애덤 스미스였던 그의 아버지는 아들이 태어나기 다섯 달 전에 불과 43세의 나이로 죽었는데 공무원과 법조계를 거쳐 커콜디의 세관 검사관까지 올라갔던 사람이었다. 그에 대해 알려진 것은 적지만 그의 가계(家系)는 아버딘(Aberdeen) 근처 씨튼(Seaton)에서 유래한 것으로 보인다. 그는 법학을 공부하러 씨튼을 떠나 에든버러(Edinburgh)로 갔으며, 1705년 라우던(Loudon) 백작의 개인비서가 되었다. 백작은 두 명의 스코틀랜드 국무장관 중 하나로 2년 후 잉글랜드와 스코틀랜드 사이의 연합법(Act of Union)에 이르게 될, 격동으로 가득했던 협상들에 참여하게 된다. 1707년 그해 그는 글래스고(Glasgow) 시의회 의원이 되어 시(市)와 가족의 유대를 강화하고 왕실의 위임으로 군사재판을 관리하는 군법회의의 서기가 되었다. 이때쯤 그는 고객의 재정 문제나 재산에 대해 자문할 자격을 갖는 사무변호사(Writer to the Signet)[4]로 선정되었는데, 이것은 직업상 꽤 중요한 직책이었다.

애덤 스미스의 아버지는 두 차례 결혼했는데 두 번 모두 소(小) 젠트리에

---

3. **[원문]** Dugald Stewart, *Life of Adam Smith*, Section 1.

4. **[역주]** 스코틀랜드 최고 민사법원에서 활동할 자격을 갖추었고 토지와 재정 관리의 법적 측면을 다룰 자격을 갖춘 변호사이다. 이들은 이 시기 스코틀랜드에서 부상했던 농업, 제조업, 상업의 개선 사업을 위한 자본을 제공한 화폐시장에서 돈을 관리하는 큰 손이었다.

서 지위 상승을 하려는 젊은 남자에게 유리한 것이었다. 첫 번째 아내 라일리어스(Lilias) 혹은 '릴리' 드러먼드('Lillie' Drummond)는 에든버러(Edinburgh)의 명문 집안 출신이었다. 1709년 부부는 애덤 스미스의 이복형 휴(Hugh)를 얻었다. 휴는 애덤 스미스보다 14살 정도 위였다. 그러나 릴리는 10년도 안 되어 남편과 아이 하나를 남기고 세상을 떠났다. 1715년에 발발한 자코바이트[5] 반란은 무승부로 끝난 셰리프뮤어(Sheriffmuir) 전투 이후 기세가 꺾이면서 제2대 아가일(Argyll) 공작이 통솔한 하노버파[6]가 주도권을 잡게 되었다. 애덤 스미스의 아버지는 뒤따르는 군사재판들을 관리하느라 엄청난 양의 일을 해야 했다.

이 무렵 그는 커콜디의 세관 검사관의 직책도 얻었다. 최근 스코틀랜드 세관 제도의 개편이 더 나은 대우를 가져다줄 것을 기대했던 그가 에든버러를 떠나 커콜디로 갔을 때 심란했던 것은 분명하다. 커콜디는 해로(海路)상으로 포스(Forth)만(灣)을 가로질러 기껏해야 10마일이 조금 넘게 떨어진 곳이었다. 육로로는 포스 다리(Forth Bridge)가 생기기 전엔 포스만을 돌아야 해서 훨씬 더 멀었다. 당시 길이로 1마일로 해안에 가깝게 위치한 하이 스트리트(High Street)를 따라 조성되었기 때문에 지역민들은 랭툰('lang toun' : long town의 스코틀랜드어), 즉 길쭉한 도시라고 불렀다. 이 도시는 상당한 부(富)와 역사를 지닌 곳이었다. 1450년경 칙허(勅許) 자치 도시(free royal burgh)[7]가 된 덕분에 해외 무역과 외국 상품의 소매업에 종사할 수 있었고, 의회에 대표를 보낼 수 있었다. 16세기 커콜디 항구는 석탄·소금·아마포를 유럽 대륙으로 수출하는 중심지로 번창하였다

5. **[역주]** 영국에서 1688년에 명예혁명으로 왕위에서 쫓겨난 제임스 2세와 그 후손을 정통 군주로 지지했던 정치 세력. 18세기 중엽까지 여러 차례에 걸쳐 스튜어트 왕가의 복위를 꾀하였으나 실패하였다.
6. **[역주]** 1714년 하노버 선제후 게오르크 1세가 조지 1세로 영국의 왕으로 즉위하여 그레이트브리튼 왕국은 하노버 왕국과 연합을 이루었고, 영국은 조지 1세부터 빅토리아 여왕까지 하노버 왕조라고 불린다.
7. **[역주]** 중세 유럽에서 군주는 특정한 개인, 도시 또는 법인에게 특권적 지위를 부여하고 보장해 주는 칙허장(royal charter)을 수여했다. 칙허장을 받은 도시는 국왕에게 직접 지배되어 주변 봉건영주의 간섭으로부터 자유로웠기 때문에 자유도시라고도 불리었다.

가 1640년대의 내전들, 윌리엄(William)과 메리(Mary) 치하에서 프랑스와 벌인 전쟁, 그리고 1690년대 흉작과 기근으로 무역에 심각한 타격을 입었다. 스코틀랜드 무역의 균형은 특히 담배 무역으로 활기를 얻은 아메리카 식민지의 확장으로 인해 이미 글래스고와 서부로 기울어져 가고 있었고 1707년의 잉글랜드-스코틀랜드 통합은 이 과정을 부추겼다. 앞으로 다루겠지만, 스코틀랜드 무역상들이 항해법의 보호 하에 훨씬 큰 잉글랜드 시장에 진입하게 되었기 때문이었다.

1714년 애덤 스미스의 아버지가 커콜디에 왔을 무렵 이 지역 경제는 상대적으로 침체하고 있었다. 적어도 1755년까지 이 도시의 인구는 2,293명으로 1세기 이전의 절반을 겨우 넘어선 정도였다. 그리고 세관 검사관의 소득이 대부분 무역 수수료에 의존했기 때문에 이러한 상황은 그의 재정에 직접적 영향을 미쳤다. 엎친 데 덮친 격으로 새로 구성된 에든버러 세관 이사회는 조세 징수 도급의 관행을 종결시켰고, 밀수로 인한 조세수입의 감소를 막으려고 했기 때문에 지역 주민으로부터 상당한 불만을 사고 있었다. 애덤 스미스의 아버지 자신은 프랑스로 여행한 적이 있었고, 젊은 시절 보르도(Bordeaux)로 가는 도중에 파선된 경험까지 있었던 매우 교양 있고 지적인 사람이었다. 그는 넉넉한 가정 재정으로 몇 권의 법학 서적, 다수의 종교 서적 외에도 역사, 문학, 자기 계발 분야를 망라한 약 80권의 서적을 소장했다. 하지만 커콜디는 에든버러와 지리적으로 가까웠음에도 불구하고 문화적·경제적·정치적으로 대도시 에든버러의 커피하우스의 대화 문화와는 거리가 멀었다.

그러나 이 소도시엔 엄청난 이점이 하나 있었다. 여기서 애덤 스미스의 아버지가 경이로운 마거릿 더글러스(Margaret Douglas)를 소개받았다는 것이다. 그녀는 유명하고 영향력 있는 두 개의 거대한 파이프(Fife) 지역 가문의 후손이었다. 그녀의 부계(父系)는 더글러스 가문, 모계(母系)는 발포어(Balfour) 가문이었다. 더글러스 집안에선 1689년 민병대 연대의 대령이었던 마거릿의 아버지 로버트 더글러스(Robert Douglas)를 포함하여 군 출신이 많았는데, 이들이 어린 애덤 스미스에게 큰 인상을 준 것 같다. 수년 후인 1763년 제임스 보스웰(James Boswell)은 "글래스고의 스미스 교수님이 언젠가 내게 말하기를 그가 군인이 되지 못하도록 친구들이 말리는 바람에 인생을 망쳤다고 했다"[8]라고 전했다. 그의 학생이었던 보스웰은 애덤 스미스가 군인이 되었다면 '완전히 우스꽝스러운 일'이었을 것이라고 평가했다. 만년에 존경받는 철학자이자 정치경제학자가 될 애덤 스미스를 알고 있었던 다른 사람들도 이 평가에 이의를 제기하지 않았을 것이다.

마거릿은 1720년 애덤 스미스 시니어(senior)와 결혼했다. 그러나 그는 3년도 되지 않아 알 수 없는 이유로 세상을 떠났다. 그의 죽음은 임신 중이었던 마거릿과, 두 번이나 부모를 여의게 된 그녀의 어린 의붓아들 휴(Hugh)에겐 분명 커다란 충격이었다. 마거릿이 태어난 아들에게 아버지의 이름을 물려준 것은 그리 놀라운 일은 아니었다. 그녀가 평생 그에게 애착을 가졌던 것도 그리 놀라운 일이 아니었다. 끝으로 아버지가 죽었거나 부재한 경우에 자주 그러하듯이 아버지 스미스의 삶이 아들 스미스의 삶에 미묘한 영향을 미치게 될 것도 그리 놀라운 일이 아니었다. 아들 애덤 스미스는 생각이 많은 젊은이로 성장했다. 법률, 무역, 경제적 자기 개선의 이슈에 대한 성찰로 생애의 많은 시간을 보내게 된 것이다. 그리고 그는 작은 커콜디의 세관 검사원이 아니라 전체 스코틀랜드의 세관위원이 될 것이었다.

전해진 말에 의하면 애덤 스미스는 커콜디의 하이 스트리트(High Street)에서 태어났다: 아쉽게도 그가 태어난 집은 오래전에 철거되었다. 그의 아버지는 자기 죽음에 대해 염려했던 것 같은데 그것은 세상을 떠나기 딱 두 달 전 1722년 11월에 새로운 유언장을 작성했던 것에서 알 수 있다. 이 유언장에선 마거릿이 아이를 키울 때 도움을 줄, 모두 남성들로 구성된 '한정(限定) 후견인과 전권(全權) 후견인들'을 선정하였다. 여기에 두 명의 삼촌뿐 아니라 다양한 유명인사

---

8. **[원문]** James Boswell, *London Journal 1762–3*, (William Heinemann, 1950) 1763년 4월 25일자 일기.

들이 포함된 것으로 보아 이 부부가 누린 개인적이며 사회적인 존경을 알 수 있다. 그들 중 몇몇을 소개하자면 다음과 같다. 더니키어(Dunnikier)의 제임스 오즈월드(James Oswald) 대위는 바로 얼마 전에야 그곳에 왔는데도 이미 그곳에서 가장 큰 지주가 되었고, 장례비용을 부담했다. 둘 다 윌리엄 스미스(William Smith)라고 불리는 조카와 사촌이 있었는데, 조카는 영향력 있는 제2대 아가일(2nd Duke of Argyll) 공작의 비서, 사촌은 아버딘(Aberdeen)의 마리샬 칼리지(Marischal College) 행정위원회 위원이 되었다. 또한 커콜디 자치 학교(burgh school) 교장으로 매우 명성이 높았던 데이비드 밀러(David Miller)의 친척인 헨리 밀러(Henry Miller)가 있었다. 그리고 페니쿽(Penicuik)의 명문가 클럭(Clerk)의 두 명이 있었다. 제2준남작(準男爵) 존 클럭(John Clerk)은 라이덴(Leiden)에서 법학을, 로마에서 역사·건축·음악을, 다름 아닌 코렐리(Corelli)[9] 밑에서 공부했다. 그는 잉글랜드-스코틀랜드 통합 이전과 이후에 의원이었고, 재무(財務) 재판소의 남작(Baron of the Court of Exchequer)이라는 수지맞는 직책을 갖고 있으면서 정열적으로 과학, 예술, 문화 분야에서 선진적인 계몽사상의 대의(大儀)를 후원했다. 또 다른 클럭 가문의 사람인 리스톤쉴즈(Listonshiels)의 존 클럭(John Clerk) 박사는 위생과 공공보건 분야의 혁신가로 1729년 에든버러 병원(Edinburgh's Infirmary)의 공동창설자였다. 따라서 애덤 스미스는 비록 아버지가 없었지만, 이처럼 잘 연결되고, 지지해 주고, 독립심이 강하고 미래지향적인 가족과 친구들의 다양하고 폭넓은 네트워크 안에서 자랐다.

그렇지만 젊은 엄마에게 삶은 힘들었다. 당시는 아이 4명 중 1명이 출생 시 혹은 유아기에 사망했던 시기였는데 애덤은 병약했고 휴는 건강하지 않았다.[10]

9. **[역주]** 아르칸젤로 코렐리(Arcangelo Corelli : 1653~1713) : 이탈리아의 바로크 시대 작곡가이자 바이올린 연주자로 소나타와 협주곡의 발전에 지대한 영향을 끼쳤으며, 바이올린 및 현대 화성학에도 커다란 발자취를 남겼다.

10. **[원문]** 영아 사망률에 대해선 Ian D. Whyte, *Scotland before the Industrial Revolution : An Economic and Social History c. 1050–c. 1750*, Routledge 2014, p. 117을 참조.

게다가 때때로 돈도 모자랐다. 1730년 마거릿은 남해 거품 사건으로 재정적으로 몰락했던 라우던(Loudon) 경에게 보낸 편지에서 자신의 당시 상태를 "매우 궁핍하다"[11]라고 하면서 애덤에게 빚진 채권에 대한 6년치 이자를 달라고 했다. 그녀의 친정도 금전적으로 큰 도움을 주지 못했다. 그녀는 애덤 스미스가 태어난 지 27년 후인 1750년 12월이 되어서야 자신의 지참금이나 아버지의 유산을 받았다.

돈은 부족했을지 모르지만, 마거릿은 애덤에게 사랑과 관심을 아끼지 않았고, 애덤은 이에 보답했다. 애덤 스미스가 죽은 지 얼마 안 되어 아직 기억이 비교적 신선했던 1793년 그에 대한 짧은 전기를 쓴 듀걸드 스튜어트(Dugald Stewart)는 "그녀는 아들을 무한한 관용으로 대했다고 비난받았다. 그러나 이것이 그의 기질이나 성향에 나쁜 영향을 주지 않았다. 또한 그는 60년의 긴 세월 동안 자식이 어머니에게 쏟을 수 있는 최대의 관심으로 그녀의 애정에 보답하는, 보기 드문 기쁨을 누렸다"라고 썼다.

휴는 퍼스(Perth)에 있는 기숙학교에 보내졌고, 1750년에 죽을 때까지 그의 아버지와, 다른 스미스 일가친척들처럼 커콜디의 세관에서 일하게 되었다. 반면 애덤은 커콜디의 자치 학교에 갔다. 이 학교 자체가 매우 특이한 기관이었다. 1496년 스코틀랜드 의회는 "모든 남작과 부유한 자유보유권자에게 8~9세가 된 장남을 그래머 스쿨에 보내 라틴어를 배우고, 그 후 3년을 법학을 배우도록 요구하는" 교육법을 통과시켰다. 스코틀랜드에서 최초의 의무교육을 도입한 이 법의 목적은 지역 정부를 강화하고 사법행정을 개선하여 "빈민들이 매번 사소한 피해에 대해 우리 국왕 폐하의 감사관에게 간청할 필요가 없도록 하는 것"이었다. 이 법안의 효과 중 하나는 학생들에게 그래머 스쿨 교육을 제공했던 자치학교 혹은 교구학교를 강화한 것이었다. 커콜디의 자치학교는 그들 중 하나였다. 1582년

11. **[원문]** Simpson Ross, *Life of Adam Smith*, Ch. 2.

에 설립된 이 학교는 당시 인근 쿠파(Cupar)에서 교장이었던 데이비드 밀러를 영입하여 운영을 맡겼다. 일찍 과부가 되었고 교육을 받아야 할 아들 하나를 두었던, '더니키어(Dunnikier) 부인'으로 알려진 열정적이고 야심 찬 오즈월드 부인의 설득으로 1724년 시 위원회는 밀러의 봉급 인상뿐 아니라, 수업료를 올리고 새 학교를 짓고 밀러가 제안한 교육과정을 받아들이는 것에 동의했다.

그것은 현명한 투자였다. 밀러는 학생들에게 읽기, 쓰기, 산수의 기본만이 아니라 약간의 고대사와 표준 라틴어 본문의 기초(또한 최소한의 그리스어 기초)를 포함한 고전 교육, 그리고 교리문답서를 포함한 종교교육을 제공하려고 노력했다. 그는 효과적인 자기표현과 수사법도 교과과정에 포함했다. 이것은 18세기에 규율과 자립심이라는 강한 스토아적 메시지로 많은 찬사를 받았던 조세프 애디슨(Joseph Addison)의 『카토(Cato)』 같은 도덕적 희곡을 공연했던, 비슷한 종류의 학교들에서 알려져 있던 것이었다.[12] 그러나 밀러는 여기서 한 걸음 더 나아갔다. 우리가 아는 바에 의하면 그는 한 희곡을 창작했는데, 당시 애덤 스미스도 참여했다. 『왕립 자문위원회 혹은 모든 다른 교화의 토대인 정규적인 소년 교육』이라는 거창한 제목을 가진 이 희곡에서 소년들은 다양한 업종과 직업에 속한 사람들로부터 청원을 받고 응답해 주는 위원회 역할을 맡았다. 이런 식으로 이 희곡은 밀러의 학생들이 대중 연설은 물론 공공 생활을 접하게 해주었으며, 학부형들이 수고한 대가를 누리려면 수업료가 비싸더라도 아들들을 학교에 보내야 한다는 비교적 분명한 메시지를 곁들였다. 연극에 대한 반응은 좋았다.

『국부론』에서 애덤 스미스는 보편성이 약했던 잉글랜드의 자선 학교와 비교하여 스코틀랜드의 교구 학교 제도가 뛰어나다고 찬사를 보냈는데 그것은 부분

---

12. [원문] Nicholas Phillipson, *David Hume : The Philosopher as Historian*, (rev. edn, Penguin Books 2011) 은 애덤 스미스의 학창 시절을 스토아 관점에서 해석한다. 흥미로운 해석이고 훗날 애덤 스미스가 스토아적 견해를 표현한 것을 보면 그럴듯하지만, 이것을 증명해 줄 직접적인 증거는 거의 없다.

적으로는 그가 받은 자치학교 교육을 염두에 둔 것이 분명하다. 그는 초보적인 기하학과 물리학보다 라틴어가 선호되었던 것에 유감스러워했지만, 그 자신은 고전에 대한 교육을 충분히 잘 받은 덕에 나중에 글래스고대학 교과과정에서 첫 학년에 받아야 할 보충수업[13]을 면제 받을 수 있었다. 그는 또한 친구와 동년배를 잘 만나는 행운을 얻었다. 그들 중 가장 중요한 사람은 소(小) 제임스 오즈월드(James Oswald)로 애덤 스미스보다 8살 위였으며, 평생 애덤 스미스의 친구였다. 훗날 저명한 지역 의회 의원이 될 그가 정치경제학에 대한 애덤 스미스의 관심을 일깨웠다고 말하는 사람들도 있다. 또 다른 사람은 존 드라이스데일(John Drysdale)로 스코틀랜드 교회 내 온건파(Moderate) 그룹의 중요한 인물이었다. 끝으로 뛰어난 건축가 애덤 가문의 윌리엄과 그 세 아들이 있다. 아들 중 로버트 애덤(Robert Adam)은 훗날 왕실 건축물(King's Works) 설계사가 되었다. 그는 커즌(Curzon)의 장대한 별장 케들스톤 홀(Kedleston Hall)과 에든버러 왕립 거래소(Edinburgh Royal Exchange)를 설계하고 자신의 이름을 딴 신고전주의 양식의 개척자가 된다.

어린 애덤 스미스에게 커콜디는 의심의 여지 없이 그 자체로 교육적인 곳이었다. 충분히 작았기 때문에 서로를 친밀하게 알 수 있으면서도 다른 점에선 특이하게 세속적이고 다양했기 때문이었다. 커콜디의 시장(市場)은 당시 다른 모든 시장처럼 아직 길드 규제와 제약적인 관행으로 가득 찬 곳으로 실제로 가족 기업이 중심이었다. 그것은 지역공동체 생활에서 중심적 역할을 했던 지역의 장로교회(kirk)에도 해당하였다. 그러나 커콜디는 활동적인 국제 항구도시이기도 했는데, 이전(以前) 17세기에는 라트비아(Latvia) 영사관까지 있었다. 그래서 무역과 무역의 유형·조건·패턴에 대한 정보와 잠재적인 통찰력을 풍성하게 제공했는데, 세관에 익숙한 사람에게는 더욱 그랬다. 특히 밀수가 성행했다는 것은 젊

13. **[역주]** 원문은 'remedial first year' : 고등학교에서 고전어(그리스어, 라틴어)를 배우지 못하고 대학에 입학한 학생들을 위해 입학 후 1년 동안 보충 강좌를 이수하도록 하는 제도를 말한다.

은 애덤 스미스도 분명히 알고 있었을 것이고, 그 원인과 효과에 대한 그의 젊은 상상력을 자극했을 수도 있다. 그는 성장의 효과에 대해서도 알고 있었을 것인데, 그것은 1730년 중반이 되면서 특히 기업가적인 지역 지주들이 원동력을 제공한 아마포 무역의 발전으로 파이프(Fife)의 경제가 나아지기 시작했기 때문이었다. 그러나 애덤 스미스가 훗날 분업에 대해 강조한 것을 염두에 둘 때 가장 시사하는 바가 큰 것은 오즈월드 가문이 바로 도시 외곽 파쓰헤드(Pathhead)에 못 제작소를 소유했다는 사실이었다. 애덤 스미스는 더니키어(Dunnikier)에 있는 큰 집으로 올라가는 산책길에서 못 제작 과정을 관찰할 기회가 많았을 것이다. 그렇다면 그 기회들은 그에게 큰 도움을 준 셈인데, 그것은 산업 전문화의 이러한 단순한 사례가 『국부론』에서 중심 역할을 할 것이기 때문이었다.

젊은 시절의 애덤은 신체적으로 튼튼하지 못했고 그의 필체는 그의 학교 교과서에서 볼 수 있듯이 "둥그런 학생의 손",[14] 즉 둥글고 힘겹게 글을 쓰는 수준을 넘어서지 못하였다. 그러나 그가 매우 훌륭한 학생이었던 것은 분명했고, 급우들로부터 천재라는 평판을 얻었다. 스튜어트는 "애덤 스미스 교수님은 책에 대한 열정과 비상한 기억력으로 금방 주목받았다. 몸이 허약하여 친구들처럼 더 활동적인 놀이를 즐길 수는 없었지만, 그의 따스하면서도 유난히 친절하고 너그러운 성품 때문에 그들로부터 많은 사랑을 받았다"고 기록하고 있다.

1737년 10월 애덤 스미스는 글래스고대학으로 갔다. 이 선택은 예정되었던 것은 아니었다. 세인트 앤드류스(St Andrews)는 더 가까웠고, 에든버러는 바다를 가로질러 가면 그리 멀지 않았고, 스미스 가문은 아버딘(Aberdeen)에 있는 마리샬 칼리지(Marischal College)와 연고가 있었기 때문이다. 그러나 그 선택은 운명적이었다. 왜냐하면 당시 스코틀랜드, 글래스고, 그리고 글래스고대학 모두가 급속한 변화의 과정에 있었고, 이 변화에 애덤 스미스가 적지 않은 역할을 할 것

14. **[원문]** Rae, *Life of Adam Smith*, Ch. 3.

이기 때문이었다.

1707년 영국과 스코틀랜드의 연합법은 당시 심한 논쟁을 초래하였고, 스코틀랜드의 독립에 대한 해묵은 논쟁이 계속 거듭되었던 최근 몇 년간에도 많은 논쟁의 대상이었다.[15] 연합은 스코틀랜드의 경제적 정치적 취약성의 결과였는가, 아니면 잉글랜드의 억압과 조작의 결과였는가? 연합은 스코틀랜드를 한 민족(nation)으로 보호하면서 장기적으로 위대하게 만든 수단이었나, 아니면 타고 난 권리였던 독립을 스코틀랜드로부터 빼앗은 비열한 기만적 행위였는가? 이런 주장들이 오갔다.

통합론 자체가 본질적으로 반(反) 스코틀랜드적이라는 주장과 스코틀랜드와 잉글랜드의 이익이 항상 충돌했다는 주장은 비교적 최근에 와서 지어낸 얘기이다. 그러나 이 문제들에 대한 각자의 관점이 어떠하든 몇몇 핵심 사안에 관한 사실은 비교적 명백하다. 먼저 18세기에 접어들면서 스코틀랜드는 경제적·재정적으로 고군분투하고 있었다. 이 나라에는 제조업이 별로 없이 농업이 지배적이었고 수출은 식료품과 원재료에 국한된 작은 규모의 경제였다. 1690년대에는 지속적 흉작에 의한 기근으로 많은 사람이 죽었다. 1650년부터 1700년까지 10만 명가량이 스코틀랜드를 떠나 북아일랜드 얼스터(Ulster)에 정착한 대규모 이주가 진행되었다. 자유무역의 시대가 아닌, 국가가 자유무역을 통제하려고 애썼던 시

15. [원문] 연합 이전과 이후의 스코틀랜드에 관해선 예를 들어 다음 문헌들을 참조할 것. T. M. Devine, *The Scottish Nation 1700~2000*, Allen Lane 1999 ; Christopher Whatley, *The Scots and the Union : Then and Now*, rev. edn, Edinburgh University Press, 2014. 스코틀랜드의 연합주의에 대해선 Colin Kidd, *Union and Unionisms*, Cambridge University Press 2008를 참조할 것. 최근에 제기된 정치적 주장은 국가연합 자체의 과정에 관한 균형 잡힌 역사적 분석을 자주 무시하거나 과소평가하였다. 와틀리(Whatley, xiii페이지)에 따르면, '스코틀랜드가 금을 받고 잉글랜드에 팔려나간 것이라는, 오래 지속되었고 인기 있었던 주장은 면밀한 조사에 의해 반박되었다.' 매우 장기간의 역사적 시각에서 연구한 콜린 키드(Colin Kidd)가 강조해 왔듯이 '연합주의는 매우 스코틀랜드적 성격이 매우 강한 것'이었지 잉글랜드에서 유입된 것은 아니었다(8페이지). 현대적 신화가 주장하듯이 연합주의와 민족주의가 서로 상극은 아니었다. 스코틀랜드의 연합주의는 자주 스코틀랜드 민족에 관한 두드러진 문화적—또한 특히 종교적—감각을 표현할 수 있게 해준 것으로 평가되었다.

대에 스코틀랜드는, 특히 잉글랜드가 부과한 높은 관세와 항해법에 맞서 자신의 지위를 유지할 만한 경제력이나 군사력을 갖고 있지 못했다. 항해법은 영국 식민지와의 무역에 잉글랜드의 선박만을 사용하고, 담배 · 면 · 설탕 같은 중요한 '열거품'을 잉글랜드에 양하(揚荷)하여 세금을 낸 후 다시 선적하도록 규정하였기 때문이다.

항해법과 잉글랜드의 중상주의 정책은 1707년 이전 스코틀랜드와 스코틀랜드의 외교정책과 경제성장 잠재력을 심각하게 제약했다. 그러나 스코틀랜드의 무역이 약화된 것은 1660년대와 1670년대에 네덜란드와 벌인 전쟁, 그리고 1689년 윌리엄과 메리의 즉위 이후 프랑스와 벌인 전쟁의 결과 때문이기도 했다. 그리고 1698년에서 1700년까지 스페인이 지배했던 파나마 해변 다리엔(Darien)에 식민지를 건설하려고 했던 스코틀랜드의 처음이자 유일했던 시도가 처참하게 실패한 것도 하나의 원인이었다. 스페인이 프랑스와 어떤 동맹을 맺는 것도 결사적으로 막으려고 했던 영국은 이 시도를 도발로 간주하였고 게다가 형편없는 리더십과 계획, 스페인의 단호한 대응, 창궐하는 질병, 그리고—신랄한 주장에 따르면—런던 상인들이 2차 융통 자금을 회수해 가면서 이 시도는 실패하였다. 식민지의 붕괴와 더불어 스코틀랜드 저지대(低地帶)에서 유통되던 자본의 1/4이 사라져버렸다고 할 수 있다.

1700년 스코틀랜드는 부분적으로 이러한 경제적 취약성 때문에 정치적으로도 허약했다. 고지대(高地帶), 도서 지역(島嶼地域), 저지대(低地帶)는 지리적으로만이 아니라 언어적으로,—대부분의 고지대 사람은 게일어(Gaelic)를 사용했다—또 사회적, 경제적으로도 매우 달랐으며 종교적 충성도 지리적 경계를 넘어 엇갈렸다. 그리고 엘리자베스 여왕의 죽음 이후 스코틀랜드의 제임스 4세가 잉글랜드의 제임스 1세가 되었던 1603년의 이른바 왕위통합(Union of Crowns)에서 잉글랜드가 북쪽 스코틀랜드로부터 군주를 구해야 했던 것은 스코틀랜드의 자부심을 북돋았지만, 새 왕의 즉위와 더불어 외교정책을 런던이 주도하게 되었다는 것은 여전히 쓰디쓴 것이었다. 잉글랜드와 스코틀랜드는 여전히 각자의 정부 조직을 유지한, 형식적으로 분리된 왕국이었지만 훨씬 큰 나라였던 잉글랜드가 더 혜택을 받아왔다. 스코틀랜드 의회도 소수의 예외를 제외하고는 독립적 행동을 위한 힘이나 의지를 보여주지 않아 왔다.

더 긴밀한 정치적 연합이란 발상 자체는 새로운 것이 아니었다. 1657년 올리버 크롬웰의 제2차 호국 의회(Second Protectorate Parliament)는 30명의 스코틀랜드 의원(그리고 30명의 아일랜드 의원)을 포함한 연합 의회였으며, 이들은 1660년 찰스 2세의 왕정 복귀와 더불어 의회가 해산되었을 때 그 의회에 남기를 청원했다. 이 두 국가는 1689년에 연합을 위한 또 다른 조처를 했는데, 그것은 스코틀랜드 상원(Scottish Convention of Estates)이 윌리엄과 메리에게 스코틀랜드 왕위를 수락할 것을 제안한 것이었다. 윌리엄과 메리가 왕위를 수락한 것은 왕위 찬탈이 아니었으며 어떠한 신적 혹은 세습된 권리로 위장된 권력 행사(行使)도 아니었다. 또한 그것은 왕정 자체와 별도로 스코틀랜드와 잉글랜드 사이의 광범위한 이익 공동체가 가능함을 보여주었다. 그러나 스코틀랜드인들은 가톨릭 신자인 제임스 잉글랜드 왕 2세이자 스코틀랜드 왕 7세의 왕위 계승 요구를 거부함으로써 프로테스탄트적인, 특히 장로교적인 계승권 합의를 의도적으로 선택하였는데, 이것이 심각한 반발을 샀다. 이런 이유로 일어난 1689~1691년의 자코바이트 봉기는 윌리엄에 의해 진압했지만, 스코틀랜드 내 자코바이트 운동의 불꽃은 그 후 50년 이상 속으로 들끓고 있다가 주기적인 반란으로 타오르곤 했었다.

오랫동안 잉글랜드의 정서는 스코틀랜드와의 더 밀접한 연합을 반대하거나 잘해야 무관심하게 대하는 것이었고, 17세기 내내 그러한 연합을 달성하려는 다양한 노력은 실패했었다. 그러나 1705년에 이르러 이 모든 것이 바뀌었다. 주요 원인은 3년 전 앤(Anne) 여왕의 즉위였다. 1701년의 왕위계승법은 장차 앤 여왕의 죽음 이후 프로테스탄트가 잉글랜드와 아일랜드의 왕위를 계승할 것을 보장했지만, 스코틀랜드에 대해선 그러한 합의에 도달하지 못했었다. 따라서 앤의 즉위는 최근 자코바이트의 선거 승리가 부채질했던 논쟁을 스코틀랜드에서 다시 점화하였다. 이것은 결국 스코틀랜드 의회 내에서 해묵은 반감을 부추겨, 의회는 정부를 운영하는 데 필요한 수입의 제공을 거부하고 왕위 계승과 이와 연관된 평화권 및 전쟁권을 무역 자유화와 연계하는 일련의 조처를 통과시켰다. 잉글랜드는 이러한 조처들을 공격적인 것으로 간주하였는데 국제 정세가 극도로 민감하였기 때문에 더더욱 그랬다. 잉글랜드는 1701년 스페인 왕위계승을 놓고 다시 프랑스와 전쟁에 들어간 상태였고, 루이 14세는 계속해서 자코바이트를 부추겼던 터라 프랑스가 스코틀랜드를 침략할 수 있다는 소문마저 돌고 있었다.

말보로(Marlborough) 공작이 블레넘(Blenheim)에서 프랑스에 결정적인 승리를 거둔 후 늦어도 1704년 말에는 이러한 긴장이 어느 정도 약해졌다. 그러나 여왕의 군대 중 많은 정예 부대들이 스코틀랜드에 크게 의존해 왔다는 점 때문에 이 승리는 근본적인 문제를 두드러지게 했을 뿐이었다. 그런 이유로 앤 여왕의 제1 장관 고돌핀(Godolphin)과 총사령관 말보로가 이끌었던 웨스트민스터 행정부는, 두 국가의 정부를 하나로 결합하는 '통합적인 연합'(incorporating union)을 강하게 추진하였고, 이를 통해 경제·정치·안보 이슈를 한 번에 해결하기를 기대했다. 그러나 국가연합을 통해 성공회 제도가 강제로 도입될 것을 두려워한 스코틀랜드 장로교회가 강한 대중적 반대를 주도하면서 스코틀랜드에서 대중의 정서는 격렬한 저항과 폭동으로 비화하였다.

스코틀랜드 의회는 결국 1707년 1월 16일에 그레이트브리튼 연합왕국(United Kingdom of Great Britain)을 창설하는 연합법을 찬성 110, 반대 67이라는 엄청난 차이로 통과시켰다. 법안 통과의 상황은 여전히 학문적 논쟁의 주제이지만 광범위한 규모의 금전적, 그리고 다른 유인책들이 동원되었다는 데는 의심의 여지가 없었다. 특히 법안을 지지하지 않았던, 스쿼드론 볼랑트(Squadrone

Volante : 날아다니는 함대)[16]라는 걸맞는 이름을 지닌 소규모 당파의 의원들이 회유되어 결국 그들의 25표를 법안 찬성에 던졌다. 법안이 통과되지 않으면 잉글랜드가 보복할 것이라는 위협도 있었다.

그러나 법안 통과는 다른 두 개의 결정적 요소로 인해 상당히 수월해진 면도 있었다. 먼저 반대 진영은 제임스 2세의 복귀에 노골적으로 적대적이었던 장로교파 향토당(Country Party)과 그의 복귀를 찬성했던 자코바이트였던 소위 왕당파(Cavaliers)로 분열되었다. 대중 사이에 널리 퍼져 있던 강한 반(反)연합 정서와 결합할 효과적인 리더십이 있었다면 이러한 분열이 한시적으로 극복될 수도 있었겠지만, 이러한 리더십 역시 없었다.

훨씬 더 중요했던 것은 연합법에 대한 지지를 확보하기 위해 웨스트민스터(잉글랜드) 측이 감수한 양보의 성격과 범위였을지도 모른다. 1706년의 보장법(Act of Security)은 스코틀랜드의 역사적 권리와 장로교적 교회통치를 보장하였다. 스코틀랜드 공법(public law)이 국가연합에 통합되었던 반면, 스코틀랜드의 민법의 위상, 그리고 그 사법 관행과 법원, 그리고 특별재판소의 위상은 보호받았다. 칙허 자치도시(royal burghs)의 특권들과 스코틀랜드의 지방정부 체제 역시 보호받았다. 여러 면에서 잉글랜드보다 우월했던 스코틀랜드의 교육 제도 역시 침해되지 않았고, 선거 제도도 변동되지 않았다. 은행과 같은 스코틀랜드의 가장 중요한 제도 중 많은 것들이 고스란히 그대로 유지되었다. 스코틀랜드인들은 웨스트민스터(잉글랜드)로부터 유래하는 국내와 제국, 민간과 군사 등 다양한 분야의 관직을 얻기 위한 경쟁에 참여할 수 있었다. 끝으로 39만 8천 파운드라는 막대한 금액이, 잉글랜드 국가 부채 중 스코틀랜드의 몫의 상환과, 비꼬는 사람들에 따르자면, 다리엔의 실패로 특히 스쿼드론 정파 사람들이 입은 손실의 변

---

16. **[역주]** 1700년경 스코틀랜드 의회 내에서 국가연합에 반대했던 향토당(Country Party)에서 갈라져 나온 분파로 잉글랜드의 성공회나 스코틀랜드의 자코바이트 모두에게 반대했던, 온건파 장로교도였다.

제를 위해 따로 마련되었다. 이 양보들은 사소한 것이 아니었고, 순전히 정략적인 양보도 아니었다. 이 양보들은 스코틀랜드의 제도의 중요성과 독특성에 대한 인정을 반영하는 것이었고 잉글랜드가 국가연합에 오만한 지배의 흔적을 남기지 않을 것이라는 점을 시사하는 것이었다. 그리고 그것이 대체로 입증되었다.

스코틀랜드인들 입장에서 장기적으로 가장 중요했던 성과는 스코틀랜드와 잉글랜드가 이제 단일한 경제 단위를 구성했다는 것이었다. 마침내 스코틀랜드 상인들은, 빠르게 발전하는 잉글랜드의 식민지 무역에 의해 창출되었고 관세와 항해법에 의해 외국 경쟁자들로부터 보호받는 공동시장에서 이익을 얻을 수 있게 되었다. 비록 인구수가 아닌 추정된 부에 기반한 새로운 연합 의회에서 스코틀랜드는 형편없이 과소 대표되었지만, 국가연합의 경제적 이익은 압도적이었다.

후대에 와서 판단한다는 이점을 갖고 애덤 스미스가 1760년에 내린 평가는 분명했다. "연합을 통해 이 나라는 무한한 재화를 얻어 왔다." 이 관점은 당시 지도적인 스코틀랜드의 사상가들 사이에 널리 공유되었다. 이익은 단지 경제적인 것만이 아니었다. 애덤 스미스가 『국부론』에 썼듯이 "잉글랜드와의 합병으로 스코틀랜드의 중류층과 하류층 사람들은 이전에 그들을 억압해 왔던 귀족들의 권력으로부터 완전한 독립을 획득하였다." 실제로 잉글랜드와의 국경의 북쪽에서는 평등화하는 상업사회의 이점을 느끼기 시작했다. 그러나 애덤 스미스가 지적했듯이 "그것의 직접적 효과는 나라의 모든 특정 계층 사람들의 이익을 해치는 것이었다." 사실 새 국가연합의 시작은 형편없었다. 1708년, 그리고 특히 1715년에 매우 심각한 자코바이트 반란이 일어났다. 스코틀랜드의 반(反) 연합법 정서는 런던이 제정한 법률들이 스코틀랜드 장로교회를 약화하는 것으로 보이자 다시 점화하였다. 스코틀랜드에선 늘어난 관세부과금과 소비세에 대해 대중들이 크게 분노했다면, 잉글랜드인들은 스코틀랜드에서 횡행한 밀수에 대해 분노했다.[17] 스코틀랜드의 추밀원(Privy Council)이 예기치 못하게 폐지되자 이러한 주기적인 위기들을 다루는 정부의 효율성이 감소하였다. 국가연합은 최소한 30년 후에야 그 가치를 보여주기 시작하였고, 그리고 나서도 1745~1746년에 있었던 마지막 대규모 자코바이트 반란에 의해 위협받았다.

이처럼 애덤 스미스는 젊은 시절을 스코틀랜드가 고통스러운 경제적 혼란·조정·불확실성에 처한 시기에 보냈다. 문제는 흔히 주장하듯이 나라가 높은 세금으로 착취당한 것이 아니었다: 조세수입 대부분은 국경 안에 머물러 있었기 때문이었다. 문제는 그것보다 더 근본적인 것이었다. 스코틀랜드에는 잉글랜드 상인들이 이미 견고히 자리 잡은 시장들이 새로 개방된 후 생기는 초기 이득을 활용하는 데 필요한 농업기술과 상업적 역량, 그리고 자본이 부족했다. 동시에 잉글랜드로부터 온 경쟁은 양모에서 시작하여 양조와 제지업에 이르는 스코틀랜드 업계를 크게 강타했고, 이미 최소한 1세기 동안 진행되어 왔던 동쪽의 북해(North Sea) 지향으로부터 서쪽의 대서양 지향으로의 경제적 방향 전환은 더 빨라졌다.

스코틀랜드인들은 새로운 시장들을 찾고 거기서 거래하는 데 필요한 자금을 조달하는 데 재간이 있었다. 그러나 그들의 특출한 밀수 수완도 발휘되었다. 추정에 따르면 스코틀랜드 상인들은 식민지에서 수입한 재화의 절반에 관세를 내지 않아 잉글랜드 상인들보다 싼 값에 물건을 팔 수 있었다. 1720년대 글래스고는 강한 만연한 무역 탁월풍[18]의 영향과 함께, 북쪽 위도에 자리 잡고 스코틀랜드 남서부 클라이드(Clyde) 만(灣)에 위치한 덕분에, 합법적인 미국 수입의 15퍼센

17. **[원문]** 밀수의 규모에 관해서는 Devine, *The Scottish Nation*, p. 57을 참조할 것. 디바인(Devine)의 주장에 따르면 국가연합은 18세기 스코틀랜드의 경제성장의 원인이 아니라 경제적 환경을 제공한 것에 불과했다. 그러나 국가연합이 그 원인이자 환경이었을 가능성이 분명히 더 크다.

18. **[역주]** 탁월풍 또는 항상풍, 일반풍은 일정 지역, 혹은 일정 위도 영역에서, 거의 일정한 방향으로 부는 바람을 말한다. 열대권에서는 무역풍, 위도 30~60도까지는 편서풍, 극지방에서는 극동풍이 탁월풍이다.

트를 통제하는 담배 무역의 중심이 되는 중이었다. 1740년쯤에는 이 무역이 빠르게 팽창하고 있었고, 1750년대쯤엔 글래스고 한 곳만 해도 런던을 포함한 모든 잉글랜드 항구를 합친 것보다 더 많은 담배를 수입하고 있었다.

이 시기는 담배 귀족으로 알려진 도시 유지(有志)들의 시대로, 소설가 토비아스 스몰레트(Tobias Smollett)에 따르면 이들 중 가장 영향력이 있었던 존 글래스포드(John Glassford)는 25척의 배를 소유했고 매년 50만 파운드가 넘는 재화를 거래했다. 그들의 이윤은 다른 사업들과 농업, 제조업, 화려한 주택 건설, 그리고 도시를 서쪽으로 확장하는 일에 재투자되었다. 일찍이 글래스고는 1652년과 1677년에 도시 전체 건물의 3분의 1이 화재로 파괴되었지만 50년 후 다니엘 디포우(Daniel Defoe)는 "이 도시를 집들이 모두 돌로 지어진 매우 멋있는 도시, … 한 마디로 런던을 빼놓고는 영국에서 가장 깨끗하고 가장 아름답고, 가장 잘 건축된 도시"라고 찬사를 보낼 수 있게 되었다.[19]

똑똑한 둘째 아들의 성공을 갈망했던 마거릿 스미스 같은 어머니에게 글래스고는 미래를 엿보게 해주는 곳이었다. 이 도시는 행정적으로 국왕과 지역 유지, 그리고 점점 더 담배 상인에게 지배되고 있었다. 종교적으로는 장로교 영향이 강한 스코틀랜드 남서부에 의존하고 있어 경건하고 엄격한 성격을 띠었다. 상업과 종교가 항상 행복한 동거를 했던 것은 아니었지만 이 둘이 함께 작용하여 글래스고는 1688년의 이른바 명예혁명의 합의와 국가연합, 그리고 하노버 가문의 왕위계승을 엄격히 지지하였다. 이것 때문에 마거릿이나 애덤 스미스의 분별있는 '후견인'들이 그를 글래스고에 보내는 것을 단념하지는 않았을 것이다. 소년은 글래스고대학에 갈 운명이었다.

교황의 1451년 칙서에 근거하여 글래스고 주교 윌리엄 턴불(William Turnbull)이 설립한 이 대학은 원래 글래스고 성당의 관할에 속해 있었다. 그런

19. **[원문]** Daniel Defoe, *A Tour Thro' the Whole Island of Great Britain*, G. Strahan 1724-6.

데 18세기 초기쯤 이 대학은 성장하여 학생들이 약 200~300명이 되었고, 높은 탑이 있고 옥스퍼드대학과 케임브리지대학의 스타일로 건축되어 두 개의 사각형 안뜰 혹은 교정(校庭)을 둘러싼, 하이 스트리트(High Street)에 있는 매우 웅장한 건물 안에 있었다. 이 대학은 작은 학문 공동체였다. 에든버러대학보다 덜 세속적이고, 격이 떨어졌고 더 지적으로 엄격했지만 주변의 완고하고 의심하기 좋아하는 장로교풍의 도심보다는 두드러지게 온건하였다. 이 대학은 애덤 스미스에게 완전히 어울렸다. 그러나 그가 1737년 당시로서는 입학하기에 너무 어린 14세의 나이로 이 대학에 왔을 때 글래스고대학은 중요한 변화의 시기를 거치고 난 다음이었다.

원인은 교회와 왕실 사이의 갈등이었다. 글래스고의 장로회는 시의 종교적 사안들을 책임지고 있었다. 장로회는 정통에서 벗어나는 가르침이 대학에서 발생하는 조짐을 경계하고 있었는데, 1720년에는 신학교수 존 심슨(John Simson)의 가르침을 예의주시하고 있었다. 심슨의 과오는 칼뱅파 정통교리에 대한 스코틀랜드 교회의 핵심 진술인 『프로테스탄트 신앙고백(Protestant Confession of Faith)』의 기초를 계시나 신의 은총이 아닌 인간 이성에서 찾으려고 했던 것이었다. 그는 교수직 직무 정지를 처분받았고 한차례의 소란과 스코틀랜드 교회 총회에서 열린 두 차례의 교회 재판 끝에 신학 강의를 그만둬야 했다. 왕실은 왕실대로, 로버트 월폴(Robert Walpole)의 지원으로 사실상 '스코틀랜드 왕'의 역할을 하고 있었던 유능한 정치가 일라이(Ilay) 백작(훗날 제3대 아가일 공작)을 내세워 지역 실력자들과 함께 시 정부를 통제하였다. 왕실은 오랫동안 급진적 장로교의 성장을 염려하고 있었던 터라 이에 대한 대응으로 대학의 온건한 장로교 교수들을 지원하고 보다 극단적인 견해를 가진 교수들을 배제했다.

더 넓게는 시 유지들, 상인들, 그리고 점점 부유해지고 야망 있는 '중간계층'으로부터 대학 개혁에 대한 압력이 증대하고 있었다. 이들은 성경에 대한 융통성 없는 해석, 권위에 대한 맹목적 복종, 라틴어 받아쓰기식 강의에 저항했고 대학 교육을 광범위한 도덕적 종교적 토대를 유지하면서 개방하기를 원했다. 1726년 일라이 백작의 끈질긴 요구에 따라 대학은 신속히 근대화되기 시작하였다. 조직, 교육과정, 그리고 수업 모두가 개혁되었다. 한 지도교수가 4년 내내 한 반을 맡는 지도교수 체제가 철폐되고, 논리학, 형이상학, 도덕철학, 자연철학 분야에 대한 전공별 교수 제도가 처음으로 확립되었다. 애덤 스미스가 이러한 새로운 분업이 학생들에게 가져다준 혜택에 주목하고 고마워하였으며, 훗날 앞의 두 과목에 대한 전공교수직을 맡게 된 것은 우연이 아니었다.

그의 학우들처럼 애덤 스미스는 이 학문들은 물론 고대 언어와 고대 작가들, 그리고 당연히 신학도 공부했다. 그러나 그의 가장 큰 관심은 자연철학—오늘날의 과학—, 그중에서도 특히 물리학과 수학에 있었다. 이 학문들은 1687년 아이작 뉴턴(Isaac Newton)의 『자연철학의 수학적 원리(Philosophiae Naturalis Principia Mathematica)』 이후 혁명적인 변화를 거쳤는데, 이 저작은 제1원리(原理)에서 출발하여 위성과 다른 천체들의 운동에 대한 운동들과 중력에 대한 새롭고 특별히 강력한 이론을 제시하였다. 글래스고대학 수학 교수 로버트 심슨은 쫓겨난 존 심슨의 조카로 뉴턴의 추종자였으며 그때까지는 아직도 정밀과학의 논증적 이성의 최고 표준으로 알려졌던 『기하학 원론』의 저자인 고대 그리스 기하학자 유클리드에 대한 전문가였다. 애덤 스미스는 심슨의 수준 높은 수업, 뉴턴의 물리학, 그리고 유클리드에게서 볼 수 있는 명확한 논증의 결합을 흥미롭게 여겼던 것 같다.

젊은 시절의 애덤 스미스를 형성하는 데 훨씬 더 중요했던 것은 1730년부터 도덕철학 교수였던 프랜시스 허치슨(Francis Hutcheson)의 영향으로, 애덤 스미스는 2학년 때 그의 강의를 수강했다. 허치슨은 아일랜드 태생 스코틀랜드인으로 얼스터(Ulster)에서 태어났지만 글래스고에서 신학을 공부했다. 과격한 프로테스탄티즘과 거리를 두었던 그는 더블린(Dublin)으로 옮겨 그곳에 있는 온건파 혹은 '새 빛'(new light)파[20] 장로교 목사들 가운데에서도 지도적인 역할을 했다가 글래스고로 돌아와 교수진 내 온건파의 인정받는 지도자가 되었다. 장로회는 허치슨을 종교적 견해를 이유로 그의 스승 존 심슨처럼 기소하려고 시도했지만, 이번엔 실패했다.

허치슨은 더블린에 있는 동안 미학과 윤리학에 대한 논문을 포함한 출판 활동을 왕성하게 했고, 나중에 윤리학에 대한 한 권의 책, 그리고 논리학, 정신과 지식에 대한 저술을 추가했다. 그의 저술들 덕에 그는 유럽 전역, 나중에는 아메리카 식민지에서도 상당한 명성을 얻었다. 또한 그는 라틴어 대신 영어로 강의하였으며 학생들 앞에서 편안하게 걸으면서, 단순한 지식만이 아니라 이해력을 전달하고 탐구 정신을 불러일으킨 혁신적이고 뛰어난 교수로도 알려졌다. 끝으로 그는 따스함과 온화함, 그리고 공손함으로 인해 널리 사랑과 존경을 받은 매우 매력적인 사람이었다.

따라서 허치슨이 애덤 스미스에게 미친 영향은 인간적이면서도 지적이었다. 수년 후인 1787년 애덤 스미스는 그의 스승에 대해 '결코 잊지 못할 허치슨'이라고 말했다. 애덤 스미스가 허치슨 외에 특별하고 사랑이 넘치는 표현을 바친 것으로 알려진 또 다른 사람으로는 오늘날 가장 위대한 영어권 철학자 중 하나로 간주되는 데이비드 흄이 유일하다. 그렇다면 허치슨의 사상 중에서 무엇이 그토록 애덤 스미스의 흥미를 불러일으켰을까?

우선 사상의 출발점이었다. 17세기 대부분의 철학은 인간 본성에 대한 가장 암울한 가정의 토대 위에 세워졌었다. 위대한 영국 철학자 토마스 홉스(Thomas

---

20. **[역주]** 18세기 스코틀랜드와 아일랜드 장로교 안에서는 '새빛 신학'과 '낡은 빛 신학'이 대립하고 있었다. 새 빛 신학('new light' theology)은 칼뱅파 중에서 인간 본성이 근본적으로는 자비하다는 것과 종교적 관용을 주장하는 자유주의적 성향을 띠는 분파로 인간의 죄성을 강조한 정통주의적 칼뱅주의를 고수하는 낡은 빛('old light') 칼뱅주의(Calvinism)와 대비된다. 새 빛 신학을 따르는 사람들을 흔히 온건파(moderates)라고 부른다. Ian Simpson Ross (2010), *The Life of Adam Smith*, New York : Oxford University Press. p. 32, p. 47.

Hobbes)가 본 자연 상태의 인간은 항상 '만인에 대한 만인의 투쟁'에 전념하고, 이 투쟁 속에서 인간의 삶은 유명한 말처럼 "외롭고, 빈곤하고, 귀찮고, 야수 같고 짧다." 이 전쟁에서 빠져나올 수 있는 것은 통치의 정당한 근거를 제시하는 사회계약밖에 없다. 위대한 독일 법학자 자무엘 폰 푸펜도르프(Samuel von Pufendorf)는 깨지기 쉬운 평화와 1648년 베스트팔렌 조약에서 발생한 민족 국가의 개념에 법적 근거를 제시하려고 시도하면서 인간 본성에 대한 넓은 의미의 홉스식 분석을 국제 관계로 확장해서 적용했다. 그러나 허치슨이 보기엔 홉스와 푸펜도르프가 옹호한 개인주의적 원리에선 권력으로 뒷받침되는 권위만이 평화와 질서를 가져올 수 있다. 허치슨은 특히 그들의 비관주의와 인간 동기에 대한 협소한 관념에 반대하였다. 그가 보기에 결정적인 것은 인간의 사회성(sociability)인데, 이것은 군주의 권력이나 신에 대한 두려움에서 나온 것이 아니었다. 이것은 인간 본성 자체에 고유하며 기초적인 것이었다. 이러한 기본적인 가정은, 상업사회의 요구가 전쟁의 역사적 필연성보다 커지기 시작한 시대에 허치슨의 사상을 더 낙관적이고 더 현실적인 것으로 만들었다.

사회성이란 개념은 허치슨의 모든 저술을 관통하면서 그것들을 하나로 연결한다. 그 핵심에는 그가 '도덕 감각'(moral sense)이라고 부른 것이 있다. 이것은 신적인 영감을 받으면서도 도덕적인 감정을 가능하게 하는 본능적인 능력으로, 인간의 이성이나 계산에 우선하며 인간의 의지에 대해 독립하여 자연적이며 즉각적으로 작용한다. 인간이 단지 이익 추구에만 지배되는 무도덕적(amoral) 동물은 아니지만 인간의 이성은 연약하다. 도덕 감각의 효과는 덕스러운 행위의 방향을 알려주고, 인간이 어떻게 타인의 행위에 대해 성찰할 필요도 없이 즉각적인—이따금 그릇된—도덕적 견해에 도달할 수 있는지를 설명하는 것이었다. 특히 허치슨은 도덕 감각은 '최대 다수에게 최대 행복을 가져다주는 행동이 최선이다'라는 판단에 도달한다고 주장했는데, 이것은 훗날 제러미 벤담과 그를 따르는 19세기 공리주의자들에 의해 받아들여지게 될 공식이었다. 그러나 허치슨의 강조점은 매우 달라서, 어떻게 행복을 획득하고 극대화하느냐가 아니라 행복을 도덕적 행위의 결과로 본 것에 있었다.[21] 그에게 이기적 행동과 도덕적 행동 간의 대립은 필연적인 것이 아니었는데, 그 이유는 전체적으로 보아 '자기 사랑'과 도덕 감각은 둘 다 인간의 자기보존과 복지에 이바지하기 때문이었다. 이 둘은 "완전함을 위해선 중력처럼 필수적"이다.

이러한 사고의 기본선으로부터 허치슨은 도덕적 행동뿐 아니라 오늘날 경제적 행위라고 부르는 것을 포함한 정치와 사회 전체에 대한 일반적인 설명을 도출하려고 시도했다. 왜냐하면 그의 견해에 따르면 도덕 감각은, 사람들이 도덕적 권리와 의무뿐 아니라 정치적 권리와 의무를 파악하도록 하기 때문이다. 도덕 감각은, 신의 빛과 사랑 안에서 공동의 도덕규범에 헌신하는 사회가 발전하는 근거를 개인들 내부에서 찾는다. 끝으로 도덕 감각은 사회계약, 소유권 존중, 종교적 관용, 그리고 권위주의적 정부에 저항할 권리에 바탕을 둔 제한된 입헌군주제를 지지한다.

사실상 허치슨은 자신의 독특한 도덕 심리학, 정부에 대한 자연법 이론, 그리고 당시 전통적인 휘그당의 여러 정치적 요구사항, 이 셋을 하나로 엮으려고 노력했다. 이것은 아주 쉬운 결합은 아니었다. 그러나 이것은 자유주의적이면서 온건했으며, 많은 면에서 두드러지게 평등주의적인 비전이었다. 그 어조와 구체적인 생각들, 그리고 그 야심은 애덤 스미스에게 심대한 영향을 미치게 된다. 듀걸드 스튜어트에 따르면 허치슨의 강의는 실제로 애덤 스미스를 '인간 본성의 모든 세부 분야, 특히 인류의 정치적 역사에 관한 연구'로 이끌었다.

그러나 똑같이 두드러졌던 것은, 애덤 스미스와 허치슨의 의견 차이였다. 애덤 스미스의 사상은 자연법 개념을 다루는 방식에서 두드러지게 달랐다. 그의 사상은 전형적인 벤담적 의미의 공리주의가 아니었다. 또한 그는 시민사회가 사

21. **[원문]** 공리주의에 대한 허치슨의 설명은 Francis Hutcheson, *An Inquiry into the Original of our Ideas of Beauty and Virtue*, J. Darby, London 1725, III.8을 참조할 것.

회계약에 의존한다는 주장을 반박했다. 그러나 그는 무엇보다 '도덕 감각'이라는 핵심 개념을 거부했다. 어떻게 사람들이 옳고 그름을 구분하는가에 대해 허치슨이 제기한 기본적 문제는 도덕적 성찰의 가능성 자체에 근본적인 성격을 갖는 것이었다. 그러나 이 문제는 그의 제자 애덤 스미스로부터 매우 다른—그리고 훨씬 심오하고, 더 명쾌하며, 지적으로 풍부한—해답을 얻게 될 것이었다.

애덤 스미스는 글래스고대학의 마지막 학년에 뉴턴의 물리학에 심취하면서 학업을 계속했다. 그의 높은 학업 수준은 주목을 끌었는데, 이는 그리스어 교수가 그를 '우리 학교에서 매우 뛰어난 학생'이라고 한 것에서도 알 수 있다. 그리고 그는 1739년 두 개의 명망 있는 스넬(Snell) 장학금 중 하나를 받고 옥스퍼드 밸리올(Balliol) 칼리지에서 공부하게 되었다. 이 장학금은 원래 영국 국교회의 성직 서임을 준비하는 글래스고대학 졸업생들을 지원하기 위해 제정된 것이었지만 바로 얼마 전에 규정들이 완화되었고, 장학금은 매년 40파운드를 11년까지 지급해 주는 괜찮은 조건이었다. 1740년 6월쯤 애덤 스미스는 말을 타고 접경지역을 관통하는 일주일간의 여행에 올라 칼라일(Carlisle), 리치필드(Lichfield), 워리크(Warwick)를 거쳐 옥스퍼드에 도착했다.

우리가 아는 한, 이때 애덤 스미스는 처음으로 스코틀랜드를 벗어나는 여행을 했고 더 발전한 잉글랜드의 농업과 확장하고 있던 공업에 충격을 받았던 것이 분명하다. 그러나 옥스퍼드대학 자체에 대해서는 그다지 좋은 인상을 받지 못했다. 옥스퍼드대학은 왕실, 특히 자코바이트주의를 계속 추종하면서 중세의 학술적 명성을 상실했던 터라 온건한 휘그파의 강한 혐오의 대상이었다. 버틀러(Butler) 주교로부터 제러미 벤담(Jeremy Bentham)에 이르기까지 18세기 사상가들은 이구동성으로 옥스퍼드에 있는 동안 배울 것이 없었다는 절망감을 표현했다. 애덤 스미스보다 12년 후 옥스퍼드에서 공부하려고 시도했던 위대한 역사가 에드워드 기번(Edward Gibbon)은 인정사정없이 다음과 같은 비난을 퍼부었는데, 그가 유별났던 것은 아니었다.

"나는 옥스퍼드대학에 대해선 어떤 감사의 마음도 갖고 있지 않다. … 막달렌(Magdalen) 칼리지에서 14개월을 보냈는데, 내 평생 가장 태만했고 이득이 없었던 14개월이었다. … 옥스퍼드와 케임브리지의 학교들은 그릇되고 야만적인 학문의 암흑기에 건립되었다. 그리고 그 학교들은 아직도 그 건립기의 악덕에 오염되어 있다. … 이 기관들이 교황과 국왕의 인가를 통해 법인화되면서 공공 교육에 대한 독점을 부여받았다. 그리고 독점권자들의 정신은 편협하고 게으르고 억압적이다. 그들의 일은 독립적인 예술가들의 것보다 비용이 많이 들고 덜 생산적이다. 경쟁자를 두려워할 필요를 못 느끼고 과오를 인정하기엔 너무 오만한 그 조합들은, 자유로운 경쟁을 통해 열심히 획득한 혁신들을 그들 특유의 굼뜨고 음침한 주저함으로 받아들인다."[22]

독점의 악영향에 대한 에드워드 기번의 분석은 『국부론』에 나오는 애덤 스미스 자신의 분석과 같다. 그는 계속하여 바로 애덤 스미스의 말을 인용한다. "옥스퍼드대학에서 교수들 대부분은 이 숱한 세월 동안 가르치는 시늉조차 완전히 포기했다." 그들이 가르친 것은 뉴턴과 로크의 새로운 학문과 거리가 멀었다. 애덤 스미스가 『국부론』에서 말하는 바에 따르면 옥스퍼드는 "세계 다른 곳들에선 쫓겨났던 신뢰를 잃은 체계들과 한물간 편견들의 피난처와 보호자가 되는 것을 매우 오랜 세월에 걸쳐 선택했던" 학술기관에 속했던 것이 분명하다.

안타깝게도 밸리올도 예외가 아니었다. 19세기 말쯤이면 이 칼리지는 벤저민 조웨트(Benjamin Jowett) 밑에서 학문적 발전소가 될 것이고, 이곳의 졸업생 허버트 애스퀴스(Herbert Asquith) 수상이 말했듯이 '수월한 우월성의 평온한 양심'을 불어넣는 것으로 유명한 정치가 양성소가 될 것이었다. 그러나 애덤 스미스가 왔던 1740년에 이 칼리지는 테오필러스 리이(Theophilus Leigh) 학장 밑에

---

22. **[원문]** Edward Gibbon, *Memoirs of my Life*, A. Strahan, T. Cadell Jun. & W. Davies, 1795~1815.

서 내부의 알력, 둔감, 그리고 부채의 수렁에 빠져 있었다. 존 레이(John Rae)가 말한 것처럼 "다른 몇몇 옥스퍼드대학의 칼리지에 대해선 이들이 그 세기의 가장 어두운 시절에도 배움의 불빛을 보존했다는 주장도 있지만, 밸리올은 그들 중 하나가 아니었다." 더구나 옥스퍼드의 기준으로도 밸리올은 자코바이트를 강력히 지지하는 것으로 알려졌고, 스넬 장학금의 조건을 놓고도 글래스고대학 당국과 계속 충돌했었다. 밸리올 칼리지가 장학금 재원을 갖고 있는데도 장학생을 지정하지 않았고, 스코틀랜드에서 온 장학생들은 가장 나쁜 방을 배정받고 가장 무례하게 대접받았기에 이들의 항의가 이어졌다. 학부생에게 개방된 리틀 라이브러리(Little Library)의 장서량은 많지 않았고, 설상가상으로 칼리지의 생활은 특히 스코틀랜드 대학과 비교하여 돈이 많이 들었다. 간단히 말해 당시 밸리올은 자코바이트, 토리, 분파주의 성향을 띤 데다가 비쌌고 스코틀랜드 혐오적이었다. 그런데 애덤 스미스는 장로교도에 휘그파였고, 개방적이었고 무일푼의 스코틀랜드인이었다. 그가 그곳에서 버틸 만큼 버텼다는 것이 놀라운 일이다.

애덤 스미스는 나태함과 비싸다는 점을 독특하게 결합한 밸리올을 좋아하지 않았다. 이 칼리지는, 애덤 스미스가 훗날 스코틀랜드 대학들의 우월성은 교수들이 개인적 성향이나 도덕적 성격에 상관없이, 대학 기부금이 아닌 학생들이 내는 수업료에 의존하기 때문에 더 열심히 일하고 학생들의 필요에 더 민감해진다는 사실에 있다는 견해를 갖도록 자극했을 뿐이었다.[23] 무엇보다 칼리지의 수업료는 분명히 큰 부담이었다. 그의 알려진 첫 번째 편지에서 애덤 스미스는 자신의 후견인 윌리엄 스미스에게 "우리가 내야 하는 엄청나고 지나치게 높은 수업료"에 대해 불평하면서 "지나친 공부로 건강을 해치는 사람이 있다면 온전히 자기 잘못이며, 우리가 여기서 하는 유일한 일이란 하루 두 번 기도하고 한 주에

23. **[원문]** 애덤 스미스는 본문에서 언급된 것처럼 처음으로 밸리올에서 경제적 유인(誘引)이 학문적 성과에 미치는 차이를 발견했고, 나중에 『국부론』과 그의 남은 생애에 걸쳐 이 점을 강조했다. 밸리올을 오늘날의 수업료의 지적 발상지로 간주하여야 할 것임은 거의 틀림없다.

두 번 강의를 듣는 것이다"라고 썼다.[24] 당시 옥스퍼드의 젠틀맨 평민(gentlemen commoner)[25]은 1년에 60파운드 이하를 지출하는 경우가 드물었다. 애덤 스미스는 소득 40파운드에 워너(Warner) 장학금으로 매년 8파운드 5실링을 추가로 받았지만 여전히 그 금액에 미치지 못했다. 검소하게 산다고 해도, 집으로부터 주기적으로 추가로 돈을 받아야 했음이 틀림없다. 거의 모든 면에서 글래스고와의 차이가 이 부분에서 가장 컸을 것이다.

옥스퍼드의 강의 일정이 애덤 스미스의 건강을 해친 것 같지는 않지만, 그의 건강이 좋지 않았던 적들이 있었다. 그가 옥스퍼드대학에서 보낸 6년에 대해 알려진 것은 별로 없다. 어디서 그가 거주했는지, 그가 무엇을 공부했으며 어떤 강의를 들었으며, 심지어 강의한 교수나 강사에 대해서도 알려진 것이 별로 없다. 그러나 대학에서 보낸 청구서를 통해 그가 대부분의 시간을 숙소에서 보냈다는 것은 알 수 있다. 아마 여행할 경제적 여유가 없었을 것이다. 그리고 전해 오는 매우 적은 수의 그의 편지로 볼 때 그가 1743~1744년에 심각한 신경쇠약으로 고생했다는 것을 알 수 있다. 1743년 11월 그는 어머니에게 "강한 무기력 때문에 지난 3개월 동안 팔걸이의자를 벗어나지 못했다가 방금 회복되었어요"[26]라고 편지했다. 그리고 이듬해 7월에 그녀에게 쓴 다른 편지에서는 "어머니에게 더 자주 편지해 드리지 않은 것에 대해선 변명의 여지가 없네요. 어머니를 매일 생각하지만, 편지 쓰는 것을 우편물 수거 시간까지 항상 미뤄요. 그리고 이따금 과제나 모임, 더 빈번하게는 무기력이 저를 방해해요"[27]라고 썼다.

---

24. **[원문]** Letter to William Smith 24 August 1740 (윌리엄 스미스에게 보낸 1740년 8월 24일자 편지). 달리 표기되지 않는 한 본서 각주에 인용된 애덤 스미스의 모든 서신 교환은 *Correspondence of Adam Smith*, ed. Ernest Campbell Mossner and Ian Simpson Ross, Liberty Fund 1987에 수록.
25. **[역주]** Gentlemen commoner : 18세기 당시 일반 평민보다 부유하고 특권을 누렸던 평민으로 옥스퍼드와 캠브리지대학에서 일반 평민보다 더 높은 수업료를 내야 했다.
26. **[원문]** Letter to Margaret Smith 29 November 1743 (마거릿 스미스에게 보낸 1746년 11월 29일자 편지).
27. **[원문]** Letter to Margaret Smith 2 July 1744 (마거릿 스미스에게 보낸 1744년 7월 2일자 편지).

애덤 스미스의 상태는 무기력보다 탈진이나 약한 형태의 우울증이었을 가능성이 크다. 그것을 떨치기 위해서 그는 '타르 수용액'(tar water)을 마셨다. 이것은 물과 소나무 타르를 섞은 것으로 바로 위대한 관념론 철학자이자 뉴턴주의의 신랄한 비판자 버클리(Berkeley) 주교의 추천으로 막 유행이 되었다. 타르 수용액에 열광한 버클리는 그의 마지막 주요 저서였던 『시리스(Siris)』(1744년)[28]의 서두를 이 약에 관한 열정적 찬사로 시작할 정도였다. 그는 이것을 '모든 질병은 아닐지라도 다수의 질병, 즉 궤양, 발진, 악취, 온갖 괴혈병, 폐 질환, 복통, 창자 질환, 신경 질환, 모든 급성염증, 부패, 그리고 다른 질병들의 치료'에 추천하였다. 이 목록은 인상적이었고, 타르 수용액은 바로 마케팅 전략으로 효과적이었는데 그것은 『시리스』가 평생 그의 다른 책보다 더 잘 팔렸던 데서 알 수 있다. 애덤 스미스는 이 물약의 효과에 충분히 설득되어 한 편지에서 그의 어머니에게 권할 정도였다. "그것이 저의 상습적 괴혈병과 머리 떨림을 치료했어요. 어머니도 한 번 시험해 보셨으면 해요. 도움이 될 거예요."

마지막으로 꼭 해야 할 말은 다른 몇몇 스넬 장학생을 제외하고는 그가 학부 학우들을 특별히 좋아한 것 같지 않다는 것이다. 그들 중 훗날 그의 친구가 된 것은 단 한 명이었기 때문이다. 레이(Rae)는 그들에 대해 "나는 애덤 스미스와 같은 시기에 밸리올에 다녔던 사람들의 이름을 훑어보았다…. 이들은 특별히 유명하지 않았던 집단이었다"라고 평했다. 10년 후인 1754년에 친구 알렉산더 웨더번(Alexander Wedderburn)은 밸리올에서 애덤 스미스에게 쓴 편지에서 "옥스퍼드에서 내가 알게 된 사람들은 런던에서 알고 지냈던 사람들과 완전히 달라서 학업이 방해받을 일은 없네"[29]라고 런던과 옥스퍼드를 냉정하게 비교했다.

---

28. **[원문]** George Berkeley, *Siris : A Chain of Philosophical Reflexions and Inquiries Concerning the Virtues of Tar Water*, W. Innys, C. Hitch and C. Davis 1744.

29. **[원문]** 옥스퍼드에서 알게 된 친구들에 대해선 letter from Alexander Wedderburn, 20 March 1754 (알렉산더 웨더번이 애덤 스미스에게 보낸 1754년 3월 20일자 편지).

그러나 옥스퍼드는 단점만이 아니라 고마워해야 할 만한 것들도 제공했다. 많은 야심 있는 스코틀랜드인은 그들의 억양 때문에 다른 사람을 의식하여 모종의 잉글랜드풍(風)의 침착함과 세련됨을 매우 추구했다. 애덤 스미스가 옥스퍼드에서 보낸 시간이 가져온 하나의 효과는 그의 스코틀랜드 억양의 모난 부분을 다듬었다는 데 있다. 레이(Rae)에 따르면 "그가 사적인 대화에서 순수하고 정확한 잉글랜드어를 구사한다는 사실에 잉글랜드 사람들은 감명받았다." 더 눈에 띄는 이점은 애더버리(Adderbury) 장원(莊園)이었다. 애덤 스미스의 보호자이자 친척이었던 윌리엄 스미스는 아가일 공작의 집사였는데, 그의 가족은 옥스퍼드 북쪽 약 20마일 애더버리에 있는 56개의 방이 있는 시골 저택에 살았다. 그 집을 방문한 것이, 이 스코틀랜드 청년에게 복된 피난처와 더 넓고 화려한 사교계에 발을 들여놓는 귀중한 기회를 제공해 주었음이 분명하다.

그러나 옥스퍼드는 무엇보다 애덤 스미스에게 위대한 20세기 철학자 마이클 오욱샤트(Michael Oakeshott)가 말한 "중간 휴식이라는 선물, 청년 시절의 뜨거웠던 신념을 제쳐놓을 기회, 세상을 한번 둘러보는 시기 … 당장 해답을 찾을 필요 없이 신비함을 맛보는 순간"[30]을 제공했다. 그리고 항상 독학을 좋아했던 애덤 스미스는 이 중간 휴식을 유익하게 사용했다. 훗날 그는 학식의 넓이와 깊이로 명성을 떨쳤으며, 그의 작업 습관은 놀랄 정도로 집중적이었다. 애덤 스미스가 훗날 이루어놓은 업적의 관점에서 되돌아본 듀걸드 스튜어트에 따르면 애덤 스미스는 옥스퍼드에서 보낸 6년을 잉글랜드 문학, 고대 저자들에 대한 지식의 확장, 불어와 이탈리아어를 실제 번역을 통해 항상 즐기면서 연습하는 것, 역사책을 읽으면서 "다양한 시대와 국가들의 제도, 풍습, 사상을 서술한 모든 것에 친숙해지는 것"에 쏟아부었다. 이것은 정말 잘한 일이었다. 그는 라신(Rachine)과 라 로슈푸코(La Rochefoucauld)는 물론 마키아벨리(Machiavelli), 파스칼(Pascal), 데카르

30. **[원문]** Michael Oakeshott, "The Idea of a University", *Rationalism in Politics*, Methuen 1962.

트(Descartes), 베일(Bayle), 볼테르(Voltaire), 몽테스키외(Montesquieu) 같은 위대한 대륙 사상가들을 공부했다. 이 시기 애덤 스미스는 『도덕감정론』과 『국부론』을 포함한 그의 원숙한 사상을 위한 지적 토대를 놓았다.

애덤 스미스가 40년 후 그의 상속인 데이비드 더글러스(David Douglas)를 가르치려고 고용한 수학자 존 레슬리(John Leslie)는 또 다른 흥미 있는 그럴듯한 이야기를 전했다. 레슬리는 1797년에 쓴 한 편지에서 애덤 스미스에 대해 다음과 같이 말했다. "우리가 들은 바에 따르면 칼리지 책임자들은 애덤 스미스의 방을 시찰하는 것이 적절하다고 판단했고, 그가 당시 막 출간되었던 흄의 『논고』를 읽고 있는 것을 적발한 사감 나리들은 그 이단적인 책을 압수하고 이 젊은 철학자를 심하게 꾸짖었다."[31]

왜 이것이 중요한가? 데이비드 흄의 『인간 본성에 관한 논고(Treatise of Human Nature)』는 애덤 스미스가 옥스퍼드로 오기 직전인 1739~ 1740년에 출간되었다. 이 책은 인간의 지식, 개인의 정체성, 감정, 인과성, 그리고 기타 많은 영역에 대한 근대적 성찰에 기초가 된다고 인정된 철학적 걸작이다. 비록 흄은 이 책이 '인쇄기에서 사산되었다'라고 안타까워했지만, 출판 당시 심각한 실패작이었다고 할 수 없었다. 그러나 더 많은 독자층을 확보하기 위해 2년 후 흄은 그의 몇몇 생각을 『도덕 및 정치 에세이』라는 일련의 세련되고 두서없는 형태로 재구성하여 크게 성공을 거두었다. 레슬리의 그럴듯한 이야기가 사실이 아니라고 해도, 애덤 스미스가 밸리올에 있는 동안 흄의 책에 대해 어느 정도, 아니 아마 많이 알고 있었을 가능성이 크다.

그것은 『논고』가 인쇄된 직후부터 종교적 관점에서 위험물이었기 때문에 더더욱 그랬다. 흄이 가장 논란이 될 만한 문구를 마지막 순간에 삭제했지만, 그

31. **[원문]** *Monthly Review*, 22권(1795년)에 실린 애덤 스미스의 Essays on Philosophical Subjects(철학적 주제에 관한 에세이)에 대한 리뷰 : Simpson Ross, *Life of Adam Smith*, p. 71에서 재인용.

책은 여전히 저자에게 종교적 회의론자, 심지어 무신론자라는 오명을 가져다주었다. 이른바 이단적인 『인간 본성에 대한 논고』에 경악했던 사람 중에 속했던 프랜시스 허치슨은 1745년 흄이 에든버러대학 도덕철학 교수직을 얻는 것을 막기 위해 노력했다.

비록 허치슨과 초기의 흄이 종교에 대해선 불일치했지만, 그들은 '인간에 관한 과학'을 정립하여 계몽의 위대한 기획 중 하나를 완수하겠다는 철학적 야심을 공유했다. 이 '인간에 관한 학문'은 사실과 인간 경험에 기초하여 뉴턴의 매우 위대한 『프린키피아(Principia)』와 어깨를 나란히 할 만한, 실제로는 그것을 포괄하는, 인간 생활의 모든 주요 측면에 관한 통일되고 보편적인 설명을 제시하는 것이어야 했다. 우리가 보았듯이 허치슨의 시도는 신의 영감을 받은 '도덕 감각'과 신에 대한 믿음에 뿌리내린 자연법 이론에 기초를 두었다. 그러나 흄은 신에서 벗어나 자연 자체를 향하는 완전히 다른 방향을 취했다. 그는 『논고』의 서문에서 "중요한 문제 중 그 결정이 인간에 대한 학문에 포함되지 않은 것은 없다"라고 썼다. 그리고 이로부터 "수학, 자연철학, 그리고 자연종교조차 어느 정도는 인간에 대한 학문에 의존하고 있다"라는 결론을 내렸다. 『정치학이 하나의 학문으로 환원되는 것에 관해서』라는 에세이에서 흄은 다음과 같이 설명했다. "법률과 통치의 구체적 형태들의 힘은 매우 크고, 사람들의 기분과 성질에 적게 의존하기 때문에, 때때로 그것들로부터, 수학이 제공하는 것과 같은 거의 일반적이고 확실한 결과가 도출될 수도 있다." 그러나 그는 그러한 학문은 신적인 영감이나 종교적 도그마가 아니라 관찰과 경험에만 기초를 세울 수 있다고 강조한다. 자연법은 신적 존재의 협력이나 지속적 지지에 의존하지 않고 사실상 자연으로 설명되어야 했다. 이러한 제한은 양날의 칼이었다. 물론 그것은 종교의 날개를 잘라버렸다. 그러나 그것은 수학과 정밀 학문의 날개도 잘랐다. 왜냐하면 아무리 학문들이 보편성을 주장하더라도 이들 역시 어느 정도는 더 넓은 인간에 대한 학문에 종속된 부분임을 주장했기 때문이다. 이러한 함의를 애덤 스미스도 놓치지 않았다.

인간에 대한 학문은, 비록 보기엔 주관적일지 몰라도, 인간 경험의 핵심 영역을, 초자연적인 세력이나 신의 개입에 의존하지 않고, 인간과 세계에 대한 소수의 단순한 명제에 토대를 둔 하나의 통일된 이론으로 연결할 것이다. 이것은 잠재적으로 혁명적인 함의를 지닌 훌륭한 사상이었고 또 여전히 그렇다. '인간에 대한 학문'이라는 표현 자체는 애덤 스미스의 저술 어디에도 나타나지 않지만, 이 개념은 그의 모든 작업의 토대와 동기를 이루고 있고, 아마 후대에 전해 오지 않은 그의 저술에서도 마찬가지였을 것이다. 애덤 스미스는 가족과 법정, 그리고 의회와 장터를 아우르는 공적·사적 영역에서의 인간 행위에도 그와 같은 일반적인 설명이 가능할 것인지에 대해 특별히 집중한다. 이러한 설명은 어떤 것인가? 그것은 어떻게 가능할 것인가? 애덤 스미스와 흄은 1750년경에야 만나게 된다. 그러나 그들의 지적 유대는 애덤 스미스에게 평생 영감을 불어넣고 그를 지탱해 주고 자극하게 된다.

제2장 '내 생애에서 가장 유용했고, 행복했으며 명예로웠던 시기' : 1746~1759년

1746년 늦은 여름 애덤 스미스는 옥스퍼드를 떠나 커콜디에 있는 어머니에게로 돌아왔다. 그는 1745년에 발발하여 그해 4월 컬로든(Culloden) 전투에서의 왕실 군대에 의한 반군 학살에서 정점에 도달했던 자코바이트 반란이 일으킨 혼란으로 자신의 모국이 충격에 빠져 있음을 보았다.[1] 그러한 맥락에서 밸리올의 고교회(High Church)[2]와 자코바이트 토리(Tory)당은 파이프에서 온 이 장로교 출신 젊은이에게 평소보다 적대적일 수밖에 없었다. 그러나 앞 장에서 보았듯이 옥스퍼드에서 보낸 6년 동안 그는 자신에게 필요한 것을 얻었다.

돌이켜 보면 1745년 반란은 스코틀랜드가 상업 국가로 시작하기 위한 마지막 산고(産苦)였다. 그러나 당시에 이미 그렇게 예정된 것은 아니었다. 이 반란은 미소년 찰리 왕자(Bonnie Prince Charlie) 혹은 젊은 왕위요구자(Young Pretender)로 알려진 24세의 찰스 에드워드 루이스 존 캐시머 실베스터 세베리노 마리아 스튜어트(Charles Edward Louis John Casimir Sylvester Severino Maria Stuart)의 놀라운 모험으로 시작되었다. 프랑스에 망명 중이던 할아버지, 즉 잉글랜드 왕 제임스 2세(스코틀랜드 왕 제임스 7세)는 1692년 태양왕 루이 14세의 압력으로 절대

---

1. [원문] 이 시대에 관한 일반적 역사서 외에도 예컨대 Daniel Szechi, *The Jacobites : Britain and Europe 1688~1788*, Manchester University Press 1994를 참조할 것. 주목할 만한 것은, 영국 정부가 1745년 반란 몇 년 안에 충성스럽고 매우 실전에 익숙한 고지대 주민들을 동원하고 있었다는 점이다.

2. [역주] '고교회'와 '저교회'는 영국 성공회 내부에 존재하는 신학적 및 전례적 지향을 양극단으로 구분하여 표현하는 용어다. 고교회는 초대·중세 교회와의 연속성을 강조하고, 교회의 권위, 역사적 주교제, 성례를 중시한다. 반면 저교회는 예배에서 성례보다 설교와 찬양의 비중이 크고 성령을 강조한다.

왕정 대신 입헌군주제를 선택한 명예혁명에 따른 합의를 받아들여야 했다. 그러나 영국 모든 곳에서 자코비즘의 불길은 완전히 꺼지지 않았다. 스코틀랜드의 경우, 이 불길은 3개 집단의 불편한 제휴로 살아남고 있었다. 그들 중 가장 열정적이었던 것은 제임스 왕에 계속 충성했던 가톨릭 신자들이었다. 추정컨대 스코틀랜드 인구의 1퍼센트 정도였던 이들은 수적으로 많지 않았지만, 매우 잘 조직되어 있었다. 이들은 2세기에 걸친 종교 탄압의 와중에 매우 효율적인 정보교환과 상호 지원의 비밀 네트워크를 형성하였고, 여러 자코바이트 군대를 유지하고, 프랑스에 망명 간 왕실을 지원하는 데 다른 집단보다 더 많이 이바지했다. 가톨릭 외에도 상대적으로 적은 수의 잉글랜드 성공회 성직자들로 구성된 서약 거부자들이 있었다: 이들은 1689년 이후 윌리엄과 메리의 공동 통치에 대한 충성 서약을 거부하면서 스튜어트 가의 왕위 계승의 정당성을 충실히 믿어 왔다. 완강한 성공회 신자들인 이들과 그 추종자들은 자코바이트의 목표를 계속 추진하는 데 있어선 가톨릭보다도 더 눈에 띄었고 더 여론에 영향을 미칠 수 있었다.

그러나 어떤 면에서 가장 큰 집단은 스코틀랜드 성공회(Scottish Episcopalians)였다. 스코틀랜드 성공회는 스코틀랜드 교회가 로마 교황청과 결별하고 스코틀랜드 신앙고백(Confession of Faith)을 채택한 1560년 스코틀랜드 종교개혁[3] 이후 수십 년에 걸쳐 형성되었다. 교회 위계의 중요성에 대한 확고한 신념을 갖고 있던 성공회 성직자들은 왕실, 즉 스튜어트 가에 대한 충성을 서약했다. 그들 중 다수는 1688~1689년의 종교 합의를 불관용적이며, 차별적이고, 고압적이라

3. **[역주]** 스코틀랜드 교회는 존 녹스(John Knox)가 이끈 종교개혁의 과정에서 1560년 스코틀랜드 신앙고백을 채택함으로써 로마 교회와 결별했다. 이 신앙고백은 교리적으로는 제네바의 종교개혁가 장 칼뱅(Jean Calvin)의 교리에 충실하였지만, 교회 통치 및 직제 문제는 대부분 해결되지 않은 채 남아 있었다. 1572년 리스 협약(Concordat of Leith)을 통해 왕실이 교회의 동의를 얻어 주교를 지명할 수 있게 되자 이에 대한 대응으로 앤드류 멜빌(Andrew Melville)이 이끈 장로회는 주교 중심의 교회제도를 거부하고, 장로들이 주도하는 장로교 제도를 채택했다. 스코틀랜드 국왕들은 계속 주교 제도들을 도입하려고 시도하였고, 결국 1582년에 스코틀랜드 성공회가 창립되었다.

고 보고 급진적으로 되었다. 그들과 추종자들이 주로 고지대(高地帶)와 북동 저지대(低地帶)에 살았기 때문에 이 지역들은 장로교의 확산에 대해 오랫동안 계속 저항해 왔다.

이 세 집단은 뚜렷하게 다른 역사와 신앙, 목표를 갖고 있었으며, 몇몇 사안—가톨릭, 교회 위계—에 대해 서로 노골적으로 대립하였다. 따라서 자코바이트는 처음부터 심각한 내부 갈등 속에 있었고 이 갈등은 각 집단의 지도자들이 다른 정치적 사회적 대의를 추구하면서 대중의 지지를 모으려고 시도함에 따라 악화되었다. 그 결과 1688년 제임스 2세의 폐위가 촉발한, 뚜렷하고 집중적이었던 불만은 점차 막연한 항의로 희석되고 있었다. 다른 한편으로 이 상이한 집단들은 프랑스의 무력 개입이 기대될 때마다 단합하였다. 프랑스는 가톨릭 국가로서 잉글랜드와는 기나긴 세월 동안 지정학적 투쟁을 벌여왔으며 스튜어트 왕가를 오랫동안 재정적으로 지원했고, 이들에게 망명 근거지를 제공했다. 무엇보다 프랑스는 대영 해협을 사이에 두고 불과 몇 마일 떨어진 곳에 엄청난 규모의 군대를 배치해 놓은 유럽 대륙의 거대한 강대국이었다. 분명 프랑스가 이들의 소원을 들어주어 스코틀랜드 자코바이트 봉기를 지원해 줄 군대를 보내줄 수 있었을까?

1708년 프랑스는 그렇게 했다. 그 책략엔 두 가지 목표가 있었다. 먼저 '늙은 왕위요구자'(Old Pretender)로 불린 제임스 2세의 아들인 제임스 프랜시스 에드워드를 스코틀랜드 왕위에 앉히는 것이고, 다음으로 스페인 계승 전쟁에서 프랑스에 대항하여 성공적으로 작전을 수행하고 있던 영국 말보로(Marlborough) 공작이 군대를 돌리도록 하는 것이었다. 프랑스 북부 됭케르크(Dunkirk)에서 소규모 함대 하나를 소집하는 동안, 스코틀랜드 포스만(Firth of Forth)에선 반란군이 프랑스군의 상륙을 기다리고 있었다. 그러나 이 전략 전체가 수포로 돌아갔다. 마지막 순간에 제임스 프랜시스가 홍역에 걸렸고, 두 주 후에 이 소함대가 그를 태우고 항해에 올랐지만, 잉글랜드 소함대의 공격을 받아 그가 선장에게 상륙을 애원했음에도 불구하고 상륙하지 못하였기 때문이었다.

7년 후 자코바이트는 다시 반란을 일으켰는데, 이번엔 훨씬 심각하였다. 1708년 반란이 부분적으로 연합법에 대한 반발로 촉발되었다면 1715년 반란은 1년 전 앤(Anne) 여왕의 죽음 이후의 사태로 인해 촉발되었다. 하노버 계보를 통한 왕위 승계에 따라 즉위한 조지(George) 1세는 휘그당이 정부를 맡는 것을 드러나게 선호하였고, 휘그당은 1715년 봄의 총선에서 압승을 거두었다. 이 선거에서 휘그당은, 이전 토리당 정부가 전쟁을 끝내기 위해 협상하고 조인한 우트레히트(Utrecht) 조약이 루이 14세에게 너무 많은 양보를 했다고 주장하면서 반(反)프랑스 정서를 최대한 이용했다. 휘그당은 선거에서 승리한 직후 토리당의 많은 주요 지도자들에 대한 탄핵 절차를 시작하였고, 이것은 광범위한 분노를 일으켰다.

따라서 1715년 반란은 단순히 스튜어트 가(家)의 왕위 복귀를 갈망하는 자코바이트만이 아니라 잉글랜드의 토리당의 반발에서도 비롯된 것이었다. 잉글랜드 남부와 중부에선 자코바이트 운동이 약하였고, 선동은 대중적이었고 요란했지만 효과는 없었다. 북부는 조금 나았다. 소규모 자코바이트 병력이 모여, 뉴캐슬(Newcastle)시로 진군했으나 격퇴당했다. 이들은 곧 이동하여 프레스톤(Preston)을 점령하여 정부군의 포위에 성공적으로 저항하는가 싶더니 갑자기 항복함으로써 스코틀랜드의 동맹군을 놀라고 분노케 하였다.

스코틀랜드는 아주 달랐다. 우선 어떤 정파에도 속하지 않은 스코틀랜드인들 중에서도 다수가 자코바이트의 명분에 대해 어느 정도 공감하고 있었다. 또 거칠고, 고립되어 있고, 인구밀도가 낮고, 게일어를 사용하는 가난한 고지대는 전쟁에 대비하여 매우 잘 조직된 지역 부족 집단의 근거지였다. 각 부족은 부족장 집안이 세습적 지배권을 행사하였고 혈연관계의 복잡한 봉건적 구조를 통해 하위 분파 곳곳에서 규율이 확립되었고 상호 부조가 시행되었다. 또 부족원들의 주된 의무인 '군역'(man-rent)을 통솔하는 하급 사관이 전투를 지휘하였기 때문에, 부족들은 경험 많고 매우 강한 병사들을 즉각적으로 동원할 수 있었다. 따라서 스코틀랜드에서는 자코바이트의 대의를 위해 기꺼이 무기를 들려고 한 많은 사람이 있었다. 1715~1716년에 약 2만 명이 동원되었던 것으로 보인다.

늦은 여름 부족장들과 북동 지역의 지도적인 동조자들은 마(Mar) 백작의 명령에 따라 군대를 모았다. 그들은 몇몇 성공적인 공격 이후 전진하여 퍼스(Perth)에 야영하였다. 그들은 프랑스에서 지원이 올 것에 많은 기대를 걸었지만 다시 이 기대는 무산되었다. 이로 인해 이들이 머뭇거리는 틈을 이용해 아가일 공작은 정부군을 동원할 수 있었다. 11월 13일 양측은 던블레인(Dunblane) 근처 셰리프뮤어(Sheriffmuir)에서 맞붙게 되었다. 약 10만 명의 자코바이트가 아가일 측의 3천 명보다 수적으로 훨씬 많아 전투에 유리했지만 결정적인 타격을 입히는 데 실패하여 전투는 무승부로 끝났다. 늦어도 이듬해 봄쯤 반란은 수그러들었다.

그 이후 30년 동안은 몇몇 음모를 제외하면 반란의 분위기는 다시 돌아오지 않았다. 루이 14세가 1715년에 죽었고, 새로운 프랑스 왕은 아직 어린아이였으며 다음 해 맺어진 영불 동맹은 프랑스가 자신들을 위해 개입하리라는 자코바이트의 희망을 막았다. 그러나 1745년이 되자 이번에는 젊은 찰스 에드워드 스튜어트의 거칠면서도 카리스마적인 지도 하에 이들은 다시 반란을 시도할 준비를 갖추게 되었다. 이번에는 프랑스 역시 더 열성적인 것 같았다. 프랑스는 1743년 1만 명의 군대를 해안에 소집하여 조심스레 침공을 준비했지만 살벌한 폭풍이 함대를 밀어냈고 보급 선박들을 흩어 놓았었다. 그 이후 프랑스 왕실은 오랜 기간 망설여 왔다. 찰스 에드워드는 이렇게 지체되는 것을 더 이상 참을 수 없었다. 그는 1745년 7월 군사적 지원을 거의 받지 않고 스코틀랜드에 도착하여, 처음엔 회의적이었던 부족장들이 봉기하도록 설득과 금전적 약속을 결합하여 부추겼다. 몇 주 사이에 연합군은 퍼스(Perth)를 점령했다.

이제 찰스 에드워드는 에든버러로 이동했는데, 이 도시는 9월 17일 (성만 빼놓고) 총 한 방 쏘지도 않고 함락됨으로써 훗날 이것을 수치로 여기게 된다. 3일 후 2,500명의 반란군은 비슷한 규모의 정부군을 프레스톤팬즈(Prestonpans) 전투에서 신속하게 괴멸시켰다. 그러나 이 순간 자코바이트는 숙명적인 결정을 내렸다. 프레스톤팬즈에서 뛰어난 측면 공략을 이끌었으며 자코바이트의 가장 유능한 야전 사령관이기도 한 조지 머레이(George Murray) 경은 이제 잠깐 쉬면서 지금까지 달성한 것들을 굳히고, 프랑스에서 올 소식을 기다리자고 주장했다. 그러나 명예의 환상에 도취한 찰스 에드워드는, 계속 잉글랜드를 침략해 들어갈 경우 지원하겠다는 잉글랜드 자코바이트 지도자들의 약속에 자신을 얻었고, 이것을 근거로 다른 부족장들을 설득하였다. 한 달을 지체한 후 스코틀랜드의 자코바이트는 잉글랜드로 진입했고, 결국 런던에서 겨우 129마일 떨어진 더비(Derby)에 도착했다.

찰스 에드워드가 보기에 왕좌로 가는 길은 열려 있었다. 그러나 부족장들은 상황을 다르게 보았다. 그들은 고향에서 멀리 떨어진 적지(敵地)에서 겨울에 작전을 수행하고 있었다. 게다가 잉글랜드 자코바이트는 약속했던 것처럼 지원을 위해 봉기하지 않았다. 프랑스로부터 원군이 올 것이라는 조짐도 전혀 없었다. 오히려 하노버 왕실의 새로운 군대가 근처 노스햄튼(Northhampton)에 도착했다는 최신 정보가 들려왔다. 12월 5일 전략회의에서 찰스 에드워드는 부족장들과 격렬하게 충돌했고, 그의 항의에도 불구하고 부족장들은 퇴각을 결정했다. 학자들은 지금까지 이 중요한 문제에 대해 의견이 갈리고 있지만, 만약 그때 스코틀랜드 군대가 런던까지 계속 진격했다면 성공할 수도 있었을 것이라고 주장하는 사람들도 있다. 나중에 밝혀졌듯이 당시 결정적이었던 최신 정보라는 것은 더들리 브래드스트리트(Dudley Bradstreet)라는 잉글랜드 첩자가 제공한 가짜 정보였다. 사실 하노버 왕실 군대는 진격해 오지 않았다. 그것만이 아니었다. 잉글랜드 자코바이트는 결국 지원을 결정했었다. 프랑스는 침공할 태세를 갖추었고, 런던의 방어 상태는 빈약했다. 만약 찰스 에드워드가 계속 밀어붙였더라면 성탄절쯤엔 런던을 점령했을 것이라고 상상할 수 있다.

그러나 스코틀랜드 군은 철군했다. 겨울 날씨는 혹독했고, 그들은 질병과 피로로 고생했다. 그들의 군주 찰스 에드워드는 분노에 차 있었고 폐쇄적이고 고립되었다. 그러는 동안 조지 2세의 아들 컴벌랜드 공작(Duke of Cumberland)이 추격해 왔다. 그러나 머레이(Murray)의 지휘 하에 자코바이트 군대는 스코틀랜드 국경까지 매우 훌륭한 퇴각전을 벌였다. 거기서 그들은 재보급을 받고, 곧이어 스털링(Stirling)으로 물러났고 결국엔 고지대까지 퇴각하였다. 컴벌랜드는 잠시 멈추어 상당수의 헤센(Hessen) 보충대로 병력을 보강하고서 계속 추격했다. 1746년 4월 16일 인버네스(Inverness) 근방 컬로든(Culloden)의 황무지에서 찰스 에드워드는 끝까지 버티면서 세트피스 전투[4]를 휘하 장교들의 반대를 누르고 관철한다. 곧 드러나겠지만 이것은 브리튼 땅에선 최후의 세트피스 전투가 되었다. 자코바이트 군대는 군사 장비도 부족했고, 야간 기습을 감행했다가 실패하여 지쳐있었다. 그들은 자신들의 유명한 기습작전에는 부적합한 탁 트이고 습한 대지에서 싸워야 해서, 궤멸하여 도주하였고, 그 과정에서 살육당하였다. 찰스 에드워드는 헤브리디스(Hebrides)[5]로 도망하여 잘 알려진 것처럼 플로라 맥도날드(Flora Macdonald)의 도움으로 한 귀부인의 하녀로 변장하여 스코틀랜드 북서부 섬 스카이(Skye)로 몰래 빠져나간 후 프랑스로 도피했다. 이것으로 마지막 자코바이트 전투는 끝났다.

그 후에 컴벌랜드의 주도 하에 자코바이트에 대한 잔혹한 억압의 시기가 왔다. 몇몇 자코바이트 지도자는 즉결 처형되었고, 추가적인 116명의 반란자는 교수형을 받고, 창자가 드러내졌고, 사지가 찢겼으며, 또 3천 명이 넘는 사람들은 옥사하거나 실종되거나 유배되었다. 고지대는 항상 정치적 불안의 근원이었는데, 이제 영국 정부는 이 지역을 훨씬 더 넓은 민족 국가 안에 통합시키는 조처를 시행했다. 스코틀랜드 성공회 성직자들은 왕실에 대한 충성 맹세를 하도록 요구

4. [역주] 세트피스 전투(setpiece battle) : 전투하는 양측이 각자 자기편에게 유리한 전투 방식을 미리 설정하고 여기에 충실하게 교전한다.

5. [역주] 스코틀랜드 서쪽 대서양에 있는 500여 개의 섬으로 구성된 제도(諸島).

받았다. 스코틀랜드 지주들은 세습된 법적 권리들을[6] 박탈당하는 대신 이에 대한 보상을 받았고, 반란을 지지했던 족장들의 토지는 몰수되어 매각되었다. 고지대 주변에는 군대의 신속한 이동을 위한 추가적인 도로들이 건설되었다. 스코틀랜드 민병대를 조직하는 것은 금지되었다. 타탄(Tartan)[7] 무늬는 영국 군대가 착용할 때를 제외하고는 금지되었다. 게일어보다 영어를 사용하는 것이 새로이 강조되었다.

따라서 컬로든 전투가 채 4개월이 지나지 않은 1746년 8월에 애덤 스미스가 커콜디로 돌아왔을 때 스코틀랜드는 전체적인 변혁의 상태에 놓여 있었다. 이것은 퍼스만 건너 몇 마일 되지 않은 곳에 있는 에든버러에서 가장 심했다. 이 스코틀랜드의 수도는 글래스고처럼 무역으로 이름난 도시는 아니었다. 그러나 이미 그 도시는 시민적·학술적·직업적·정치적·상업적 사회의 다양한 흐름이 교리나 실천에서 온건한 종교적 감성과 만나 후대에 명성을 얻게 될 두드러지게 교양 있는 문화를 형성하고 있었다. 에든버러대학은 학문의 보루와는 거리가 멀었지만, 시의회의 청원에 따라 설립되었다는 점에서 독특했고, 1567년 설립된 이후 거의 300년 동안 의회의 권한 아래 있었다. 덕분에 대학은 도시의 핵심적인 부분이 되었고, 이렇게 형성된 매우 생산적인 관계로부터 1729년엔 스코틀랜드의 첫 번째 병원인 왕립 병원이 설립되었다. 물질적으로 말하자면 도시의 전반적 분위기는 악취가 났다. 올드타운(Old Town)을 가득 채운 연기 때문에 지역 주민들은 이 도시를 올드 리키(Auld Reekie)[8] 불렀고, 하수의 악취는 1760년대

6. **[역주]** 원래 스코틀랜드의 족장은 부족 구성원에 대한 재판권과 치안관 임명권이 있었고 1707년 잉글랜드와 스코틀랜드의 연합법도 이 권리를 인정했는데, 1745년 자코바이트 반란이 진압되면서 이 권리가 부정되었다.

7. **[역주]** 격자무늬의 직물로 본디 스코틀랜드 부족의 상징이다. 킬트(kilt)에도 애용되고 있으며, 오늘날에는 전 세계적으로 옷감 및 의류 디자인 등에 널리 쓰이고 있다.

8. **[역주]** 스코틀랜드어로 영어의 Old Smokey('오래된 매연')에 해당.

에 노스 로크(North Loch)[9]에 배수 공사를 한 후에야 가라앉았을 정도였다. 그러나 정신적으로 에든버러는 매우 문명화된 커피하우스와 대화, 그리고 토론의 도시였다. 그리고 에든버러 시민들은 18세기에 유행했던 각종 단체에 대한 선호가 강했다. 대표적으로 1737년 설립된 철학 학회(Philosophical Society)는 오늘날까지 에든버러 왕립학회(Royal Society of Edinburgh)로 번창하고 있다.

그러나 이 도시는 전투 정신으로는 유명하지 않았다. 자코바이트 군대가 1745년 에든버러로 행군했을 때 이 도시의 시민적 문화적 경제적 생활은 순식간에 정지되었다. 스코틀랜드 은행(Bank of Scotland)은 문을 닫았고, 대학, 법원, 정부 관청도 마찬가지였다. 지도급 인사들 대부분이 몰래 재빨리 도주했다. 오합지졸의 자원병들만이 도시를 방어하기 위해 나섰고, 이들조차 더 이상 유혈사태가 일어나는 것을 피하려고 빨리 항복하였다. 에든버러가 이 재앙에서 회복하는 데 수년이 걸렸고, 그러고서도 1745년의 사건은 긴 그림자를 드리웠다. 많은 사람, 특히 '중간층'에 속한 사람들에게 이 사건은 교양 있는 사회의 취약성을 잔혹하고 모욕적으로 기억나게 하였다. 반란 진압 후 웨스트민스터(잉글랜드)가 직접 통치할 수 있다는 불쾌한 가능성이 제기되어 오랫동안 사라지지 않았다. 끝으로 에든버러의 커피하우스의 고상함과 대조되는 고지대 부족의 잔혹한 유혈의 복수는 언어, 종교, 지리적으로 깊은 분열을 안고 있는 스코틀랜드가 진정으로 하나의 민족인가라는 보다 근본적인 질문을 던졌다.

그것은 분명 애덤 스미스에게 인간의 사회성(sociability)의 토대에 대한 보다 심오한 문제를 제기하였다. 만약 허치슨의 가르침대로 인간이 본질적으로 사회적 존재라면, 그것은 어떻게 가능한가? 만약 '도덕 감각'(moral sense)이라는 허치슨 자신의 대답이 불만족스럽고 그것을 대신할 만한 것이 있다면, 그것은 과연 무엇이겠는가? 과연 어떻게, 그리고 어떤 조건에서 사람들이 함께 살아가고 번

---

9. [역주] 16세기 중반부터 에든버러 지역에 군사적 목적으로 형성되었던 인공호수.

영하는 것이 가능한가? 이 질문들에 대해 애덤 스미스는 곧 자신의 장대하고 포괄적인 대답을 발전시키기 시작할 것이었다.

그 후 2년간 애덤 스미스는 그의 어머니와 집에서 함께 살았고, 이 시기에 대해 우리가 아는 것은 실제로 전혀 없다. 분명 그는 계속 열정적으로 독서와 사색을 했다. 성직자의 길을 가는 것에서 등을 돌린 그는 당시 대학 졸업자들이 흔히 그랬듯이 유력 가문의 가정교사로 시작하려고 했다. 그러나 이것은 이루어지지 않았고, 대학의 자리도 흔치 않았다. '영원히 잊지 못할' 스승 프랜시스 허치슨은 1746년에 세상을 떠났다. 그러나 허치슨의 글래스고대학 교수직이 세인트앤드류스(St Andrews)의 토마스 크레이기(Thomas Craigie)에 넘어간 터라, 당시 아직 젊고 인지도가 낮았던 애덤 스미스가 그의 멘토의 자리를 물려받으리라 기대할 수 없었다.

대신 애덤 스미스는 1748년 에든버러에서 일련의 강의 초청을 받았고, 이것은 그의 생각들을 모아 대중들에게 자신을 알릴, 놓칠 수 없는 기회를 제공하였다. 이 초청은 스코틀랜드 계몽에서 인지도는 더 낮지만, 중요성은 더 큰 인물 중 하나로 훗날 케임즈(Kames) 경이 될 법조인 헨리 흄으로부터 왔다. 케임즈는 애덤 스미스의 가까운 친구 제임스 오즈월드(James Oswald)와 가까웠고 데이비드 흄의 사촌이기도 했다. 『인간 본성에 관한 논고』에서 몇몇 자극적인 용어를 빼라고 흄을 설득한 것도 케임즈였다. 젊은 시절 자코바이트였던 그는 다작(多作)의 작가로 정력적이면서도 타인을 통제하는 성향이 있는 사람이었다. 보스웰에 따르면 흄은 "사람들이 다른 사람에 대해서 그가 세상에서 가장 오만한 사람이라고 말한다면, 그것은 단지 그가 매우 오만하다는 의미이다. 그러나 사람들이 케임즈 경에 대해 이 말을 한다면 그것은 절대적 진리다"[10]라고 말했다. 이 모든 것에도 불구하고 케임즈는 재능있는 젊은이들의 훌륭한 후원자였고 인맥을

10. **[원문]** James Boswell, *Boswell's Edinburgh Journals 1767~1786*, ed. Hugh Milne, Mercat Press 2001, rev. edn 2013.

형성하고 조직을 만드는 것이 몸에 밴, 여러 면에서 철저한 계몽가로 스코틀랜드를 세계의 문학적·상업적 세력으로 자리매김하려고 애썼다.

애덤 스미스에게 깊은 인상을 받은 케임즈는 일찍이 그에게 자코바이트 시인 윌리엄 해밀턴(William Hamilton)의 시집에 대한 서문을 쓰고 편집하여 처음으로 출판하도록 위탁한 바가 있었다. 거기에 이어 1748년 가을 케임즈는 이제 이 젊은 학자에게 수사학과 문학에 대한 일련의 강좌를 하도록 위탁하였다. 이 강좌 시리즈는 이듬해와 1750년과 1751년에 반복되었다. 어떻게 글과 말을 통해 효과적으로 소통하느냐에 관한 강연의 핵심 주제는 에든버러 청중에게 호소력이 있었고, 애덤 스미스의 관심과 능력을 돋보이게 하여 교수직을 준비하는 데 잘 선택된 것이었다. 훗날 법학에 관한 두 번째 강좌 시리즈가 추가되었고, 이 두 개의 강좌 시리즈는 반응이 좋아 애덤 스미스의 이름이 알려지는 데 도움이 되었다.

우리는 애덤 스미스가 정확히 에든버러 어디에서 훗날 『수사학과 문학에 대한 강연』으로 출판되게 될 이 강연을 했는지 알지 못한다. 애덤 스미스가 에든버러 대학에서 가르쳐본 적이 없으므로 에든버러 대학은 아니었겠지만 반란 이후 어려웠던 시기에 철학 협회(Philosophical Club)가 협회 활성화를 목적으로 찬조했을 것으로 추측할 수 있다. 그의 강연을 들은 것은 주로 법학도와 신학도로 구성된 높은 수준의 청중이었는데 그중엔 오즈월드와 같은 친구들과 훗날 대법관(Lord Chancellor)이 될 알렉산더 웨더번(Alexander Wedderburn) 같은 미래의 유명인사가 포함되었다. 이 강연을 통해 애덤 스미스는 3년에 걸쳐 연간 100파운드의 강연료를 벌었다. 강연 원고는 주로 애덤 스미스가 1762~1763년에 글래스고에서 30차례 강연한 것을 필기한 학생들의 노트 형태로 간접적으로만 우리에게 전해져 왔다. 그러나 이 필기는 애덤 스미스의 강연을 그대로 받아 적은 것이기보다는 축약된 것이었고 이 강연 자체도 당시 애덤 스미스가 재정리한 것이었다. 그래서 이것을 통해 특히 1759년 출간된 그의 첫 번째 저서 『도덕감정론』에 이르는 그의 사상의 정확한 흐름을 추적하기는 불가능하다. 그러나 그는 습관의 위대한 피조물[11]이었으며, 1748년 이후 출판된 그의 작품에 대한 참조는 극히 드문 편이고, 이들 강연의 전체 요지는 매우 명확했다. 따라서 이 강연들은 시작부터 상당히 같은 내용이었을 것이다.

설득의 기술인 수사학은 고대 그리스의 아리스토텔레스, 고대 로마의 키케로(Cicero)와 킨틸리아누스(Quintilianus)의 저술들에 기원을 두고 있었다. 그러나 17세기에 와서 수사학은 새로운 왕립학회를 중심으로 한 학자들의 혹독한 비판을 받았는데, 이들은 인간의 주관성의 그릇되고 '미신적인' 영향을 과학은 물론 언어에서도 제거하려고 했던 프랜시스 베이컨을 추종하였다. 아이작 뉴턴의 제자이자 뉴턴의 학설을 종교계의 공격으로부터 열정적으로 방어했던 뛰어난 수학자 콜린 매클로린(Colin Maclaurin)은 "절제된 표현에 대한 선호와 가장된 수식에 대한 혐오를 유도하는 순수하고 정확하고 단순한 문체"[12]를 통해 과학적 표현의 불길이 꺼지지 않게 했다. 수사학이 이처럼 학문적으로 논란이 되는 주제였지만, 1745년의 불행을 겪은 저지대 스코틀랜드에선 매우 실질적인 중요성을 지닌 주제이기도 했다. 특히 에든버러에서 젊은 전문인들은 법조인, 정치인, 성직자 혹은 군인으로 출세하기 위해 말과 글을 통한 의사소통에 능숙해야 했다. 이러한 이유로 과학적인 건조함을 지닌 문체를 버리고 우아하고 편안한 문체를 추구하는 추세가 시작했다. 그리고 수사학의 중요성은 1760년대에 잉글랜드에서 스코틀랜드의 급격한 번영에 대한 시기심이 걷잡을 수 없는 '스코틀랜드 공포증'으로 번지면서 스코틀랜드에 대한 적대감이 퍼졌다는 사실에 의해 강화되었다. 이 공포증을 부추긴 것은 존 윌크스(John Wilkes)가 편찬한 스캔들 전문 잡지 『노스 브리턴(North Briton)』, 그리고 조지 3세의 총애를 받았던 뷰트(Bute) 백작[13]에

11. **[역주]** a great creature of habit : 새로운 방식을 시도하기보다 항상 같은 방식으로 일하는 사람.

12. **[원문]** Alexander Fraser Tytler, Lord Woodhouselee, *Memoirs of the Life and Writings of the Honourable Henry Home of Kames*, T. Cadell & W. Davies 1814.

13. **[역주]** 제3대 뷰트 백작 존 스튜어트(John Stuart : 1713~1792) : 영국의 정치가, 귀족. 스코틀랜드 귀족 가문에서 태어나 조지 3세가 웨일스 공이었을 때 가정교사였다. 1760년 조지 3세가 즉위하자

대한 대중의 적대감이었다. 1764년 흄은 다음과 같이 썼다. "내 생각엔 만약 내가 오늘 목이 부러졌다고 하면 이 말을 듣고 기뻐하지 않을 잉글랜드 사람은 50명 중 하나도 없을 것이다. 어떤 사람들은 내가 토리당이 아니라고 미워하고, 다른 사람들은 휘그당이 아니라고 미워하고, 또 다른 사람들은 기독교인이 아니라고 미워하는데 모든 사람은 내가 스코틀랜드 사람이라는 이유로 미워한다."[14] 이러한 맥락에서 보면, 두드러지게 투박하고, 잉글랜드 특유의 자기표현이 없는 스코틀랜드식 억양은 미래의 성공에 심각한 장애가 될 수도 있었다.

따라서 애덤 스미스의 강연은 이론적으로나 실질적으로 큰 관심을 끌었다. 이 강연들은 유용한 조언과 충고로 가득했는데, 애덤 스미스 자신이 탁월한 모범이었다. 그의 사망 기사 중 하나에 따르면 "그의 발음과 말투는 그 당시 스코틀랜드 고유의 것보다 훌륭했다."[15] 순수문학을 포함한 덕에 이 강연은 엄격히 수사학적인 접근보다 덜 형식적이고 더 부드러워졌고 의사소통과 문학비평 모두에서 가치가 있었다. 이 강연들은 구조상 두 부분으로 나뉜다. 첫 번째 부분은 언어와 문체, 언어의 기원과 언어의 실제 사용에 관한 것이다. 더 긴 두 번째 부분은 소통의 여러 형태에 집중하고 있다 : 서술적(descriptive), 설화적(narrative),

---

국왕의 후원으로 정치권에서 빠르게 승진하여 1762년 5월 총리에 취임했다. 반 정당 정치인 '애국왕'의 이념에 입각하여 로버트 월폴부터 '휘그당 과두 지배'를 종식하고 만년 야당인 토리당에서도 각료를 등용했다. 그의 총리 재임 시절 7년 전쟁의 강화 조약인 파리 조약이 체결되었다. 그러나 국민에게 워낙 인기가 없었기 때문에, 1763년 4월에 퇴진했다.

14. **[원문]** letter from Hume to Gilbert Elliot of Minto, September 1764 (흄이 민토의 질버트 엘리엇[Gilbert Elliot of Minto]에게 보낸 1764년 9월자 편지), in Hume, *Letters of David Hume*, ed. J. Y. T. Greig, Oxford University Press 1932.

15. **[원문]** *The Times*, 24 July 1790의 사망 기사, C. R. Fay, *Adam Smith and the Scotland of his Day*, Cambridge University Press 1956, p. 33에서 재인용. 또한 Rae, *LAS* Ch. 3도 참조할 것. 1757년 흄은 엘리엇에게 보낸 편지에서 우리의 "억양과 발음이 불만스럽고, 매우 오염된 사투리를 쓰고 있습니다"라고 했다. *Lectures on Rhetoric and Belles Lettres*, p. 7에서 재인용. 레이(Rae)에 따르면 "우리가 아는 바에 따르면 흄과 로버트슨 같은 위대한 작가들은 영국 작문에서 스코틀랜드 표현방식을 없애려고 노력했고 웨더번은 자신의 스코틀랜드 발음을 극복하려고 더 많이 노력했지만 덜 성공적이어서 결국 노년엔 원래 발음으로 돌아갔다."

시적(poetic), 논증적(demonstrative), 교훈적(didactic), 사법적(judicial) 담화. 여기서는 문법이 아닌 수사학이 강조되어 다루어진다. 실제로 애덤 스미스는 "문법 부분은 지루하고 재미없으니 건너뛰자"라고 할 정도로 문법을 드러내놓고 싫어했다. 그는 또한 데모스테네스(Demosthenes), 투키디데스(Thucydides), 타키투스(Tacitus)에서 시작하여 셰익스피어(Shakespeare), 밀턴(Milton), 스위프트(Swift), 포프(Pope)에 이르는 수많은 작가의 저서에서 끌어온 인용과 비평을 강연 곳곳에 끼워 넣었다.

데이비드 흄은 1742년 『수사법에 대해(Of Eloquence)』[16]라는 수필에서, 청중의 격정에 불을 지피려고 했던 고대의 거장 키케로와 데모스테네스의 웅장한 스타일을 칭송하고 이것이 현대식의 공손함과 '예의'에 밀려 난 것을 한탄한 바 있었다. 그러나 전문직업과 상업, 그리고 과학 연구 발전에 필요한, 스코틀랜드 공통의 효과적인 언어를 창조하려고 했던 애덤 스미스는 더 현대적인 추세를 선호하였다. 더 중요한 것은 애덤 스미스에게 언어는 그가 계획한 인간에 대한 과학을 발전시키고 전개하기 위한 결정적 출발점이었다는 것이다. 그의 제자 존 밀라(John Millar)가 표현했듯이, "형이상학의 가장 유용한 부분, 즉 인간 정신의 다양한 능력을 설명하고 묘사하는 가장 좋은 방법은 우리 생각을 말로 소통하는 원칙들을 검토하고, 사람들을 설득하고 즐겁게 하려고 우리 생각을 글로 표현하는 원칙에 집중하는 데에서 비롯된다."[17]

이 강의와 훗날에 쓴 다른 중요한 에세이 『언어의 최초 형성에 대한 고찰(Considerations Concerning the First Formation of Languages)』(1761)에서 애덤 스미스는 효과적인 소통엔 명쾌함과 적정함이 있어야 한다고 보았다. 명쾌함은 단순하고 꾸밈없는 문체를 통해 달성되어야 하며, 이것은 그가 즐겨 공격 대상으로

---

16. **[원문]** David Hume, *Moral. Political and Literary*, ed. Eugene F. Miller, Liberty Fund [1752] 1985.

17. **[원문]** Stewart, *Life of Adam Smith* Section I에서 재인용.

삼은 샤프츠베리(Shaftesbury) 경의 '불명확한 은유의 지하감옥' 안에서 행해지는 인위적이고 잘난척하는 고역(苦役)과 대조되는 것이었다. 명쾌한 언어란 말하는 사람의 생각을 분명하게 전달하는 가운데 그의 생각을 드러내는 언어이다. 적정성, 즉 언어 사용의 정확성은 언어를 한편으로는 말하는 사람의 자연스러운 성품과 소통의 의도에, 다른 한편으로는 청중의 기대에 맞추는 것이다. 효과적인 소통을 위해 말하는 사람은 자신의 단어들이 청중에게 어떤 효과를 가져다줄지를 예견해야 한다. 따라서 적정성은 문법과 서술의 규범, 말하는 사람의 성품, 상황, 사회적 맥락과 청중에 관한 수많은 암묵적 가정을 포함하고 있다. 그리고 적정성을 통해 동감, 즉 말하는 사람과 청중 사이에 소통이 이루어진다. 애덤 스미스가 표현했듯이 "말하는 사람의 정서가 깔끔하고, 분명하고, 단순하고, 현명한 방식으로 표현되고, 동감을 통해 청중에게 전달하고자 하는 말하는 사람 자신의 격정이나 감정이 단순하고 현명하게 표현될 때, 그리고 그때에만 그의 표현은 언어가 전달할 수 있는 모든 힘과 아름다움을 갖는다." 여기서 '동감을 통해'라는 표현은 애덤 스미스의 『도덕감정론』의 핵심 사상을 예고하는 것이고 그의 지적 여정이 시작될 때부터 그의 사상이 상호 연관되어 있었음을 잘 보여준다.

이것으로 고대 수사학의 비유법과 비유적 표현, 토피카(topica),[18] 세세한 분류, 끝없는 분류는 사라졌다. 애덤 스미스에게 이것들은 프톨레마이오스 천문학의 주전원(周轉圓)[19]처럼 한 이론이 소멸하고 있을 때 필요한 전체 주제에 대

18. [역주] '장소'를 의미하는 topos에서 유래한 말로 아리스토텔레스는 논의에서 '논점', '관점'을 의미하는 용어로 사용했다. 이 개념은 어떻게 하면 논쟁에서 이길 수 있느냐는 질문과 연관된다. 이쪽에서 제시하는 명제—전제—를 반대편 사람이 인정한다는 조건 아래, 그것으로부터 도출되는 결론을 그가 수용하게 만들면 된다. 이를 일컬어 타당한 연역을 구성한다고 하는데, 이러한 연역을 구성할 수 있도록 이끌고 단초를 제공하는 것이 토포스(topos)다.

19. [역주] 주전원(周轉圓, epicycle) : 140년경 그리스의 천문학자 프톨레마이오스가 천구상에서 행성들의 역행과 순행을 설명하기 위해 제창한 행성의 운동궤도로 16세기 중엽에 코페르니쿠스가 지동설을 제창할 때까지 계속 신봉되었다. 이 이론에 따르면 행성들은 각각 일정한 크기의 원(주전원이라 함)을 따라 일정한 속도로 돌고 이것의 중심은 이심원이라는 원궤도를 따라 일정하게 돌게 된다.

한 방향을 재설정하는 대신 해당 이론의 두드러진 특징들을 체계 없이 추가하는 것에 불과한 것이었다. 그리고 더 두드러진 것은, 언어를 인간의 창조물이나 편의에 불과한 것이 아니라 자율적이고 자기창조적인 것으로 본 그의 관점이었다. 그는 단어들을 의인화(擬人化)해서 보았다. 즉, 단어들은 제멋대로이고, 역동적이고, 억제되지 않는다는 것이다. 단어의 의미들은 우리의 주의를 끌기 위해 서로 밀치고 경쟁한다. "새로운 단어들이 우리가 원래 사용했던 단어들을 밀치고 나타난다. 그래서 우리의 언어의 재고는 매우 작고, 계속 소멸하고 있다." 그것만이 아니다. 모든 언어는 끊임없는 역동적 흐름 안에 있다. 한편으로 사회가 세련되어지면서 언어도 복잡해진다. 다른 한편 다른 언어와 소통할 필요 때문에 단순화가 촉진된다. 수사학이라는 학문이 가능하기라도 하려면 형식적·개인적·정적(靜的)이어서는 안 되고 역동적·사회적·관계적이어야 한다. 이것이 『도덕감정론』과 『국부론』을 포함한 애덤 스미스의 사상을 관통하는 인간의 상호작용에 대한 관점이다.

어떻게 이처럼 바글바글하고, 형태가 바뀌며 왁자지껄한 소리를 길들이지 못하더라도 적절하게 이해하고 설명할 수 있는가? 강연 24에서 애덤 스미스는 과학적 체계를 전달하기 위한 '교육적 방법'을 제안하고 서로 다른 접근을 다음과 같이 비교했다.

> 우리는 아리스토텔레스처럼 다양한 분야들을, 그것들이 우리에게 우연히 떠오르는 순서대로 각각의 현상에 하나의 새로운 원리를 부여하는 식으로 그것들을 조사할 수 있다. 혹은 아이작 뉴턴 경처럼 처음에 알려졌거나 증명된 몇몇 원리를 확정한 후, 여기서 출발하여 동일한 현상 모두를 하나의 사슬로 연결하여 설명하는 것이다. 우리가 뉴턴식 방법이라고 부를 수 있는 후자의 방법은 의심의 여지 없이 가장 과학적인 방법이며, 도덕철학이든 자연철학이든 모든 의미에서 전자보다 훨씬 독창적이고, 그런 이유로 더 매력적이다.

여기서 우리는 과학적 설명의 '뉴턴식 방법'이 지닌 단순성·일관성·경제성과, 이 방법을 모범으로 삼는 과학에 접근하는 것을 애덤 스미스가 매우 선호했다는 최초의 기록된 증거를 본다.[20] 그 자신의 구체적인 이론은 기껏해야 태동의 상태여서 수사학이 어떻게 더 일관된 방식으로 새롭게 이해될 수 있는지에 대한 윤곽을 보여준 것에 불과했다. 하지만 그의 생각은 다음 몇몇 이유에서 강력한 것이었다 : 뉴턴식 사고를 언어에도 적용한 참신함 때문이었고, 훗날 등장하게 될 애덤 스미스의 사상 전체에 나타나는 주제들을 예고했기 때문이었으며, 자신의 이론을 담금질하여 구체적 관찰들과 조화한 방식이 독특했기 때문이었다. 애덤 스미스는 고대 수사학자들의 저술들에 나오는 정교한 규칙과 구조들을 배척했고—"그것들은 매우 멍청한 부류의 책들이었고 전혀 배울 게 없다."—몇 가지 근본적인 원칙들에 기초한 접근을 선호했지만 동시에 그 전체는 실증적이고 자연주의적인 감각을 지니고 있었다. 여기에는 불편한 정보를 배척하는 것도 없었고, 언어가 신이 인간에게 준 유산으로서 인간의 이해를 넘어서고 인간사회와 독립된 규칙을 따르는 것이라고 암시하는 것도 없었다.

그러니까 애덤 스미스의 『수사학과 문학에 대한 강연』은 효과적인 소통의 기술만이 아니라 사회적 지적 교류의 수단이자 인간 정신의 힘과 작동을 잘 보여주는 언어를 다루었다. 이 강연은 오늘날 별로 알려지지 않았고 별로 연구되지 않았다.[21] 그리고 역사가 중에선 리비우스[22]를, 산문가 중에선 스위프트(Swift)

---

20. **[원문]** 여기에 제기한 나의 주장은 Leonidas Montes, "Newtonianism and Adam Smith", in Christopher J. Berry, Maria Pia Paganelli and Craig Smith (eds.), *The Handbook of Adam Smith*, Oxford University Press 2013, Ch. 2와 Montes의 "On Adam Smith's Newtonianism and General Economic Equilibrium Theory", in Leonidas Montes and Eric Schliesser (eds.), *New Voices on Adam Smith*, Routledge 2006에 의존하고 있다.

21. **[원문]** Marcelo Dascal, "Adam Smith's Theory of Language", in Knud Haakonssen (ed.), *The Cambridge Companion to Adam Smith*, Cambridge University Press 2006를 참조할 것.

22. **[역주]** 티투스 리비우스 파타비누스(Titus Livius Patavinus) : 고대 로마 역사가. 파타비움(현재 이탈리아 북부 도시 파도바) 출신으로, 비슷한 나이인 아우구스투스의 친구였다. 정치와 인연을 맺지 않

를 좋아했고, 셰익스피어에 대해선 다소 조건적인 찬사를 보냈던 애덤 스미스의 문학적 취향 자체가 당시 몇몇 사람들에게 유별나다는 인상을 남겼다. 그러나 이 강연이 영향력이나 지지자들이 없었던 것은 아니었다. 그중 하나가 케임즈(Kames) 자신이었다. 그는 1762년 곳곳에 애덤 스미스의 영향이 엿보이는 『비평의 요소들(Elements of Criticism)』이라는 책을 직접 집필했다. 또 다른 지지자는 젊은 시절의 휴 블레어(Hugh Blair)였는데 그는 처음부터 애덤 스미스의 강연을 들었던 사람 중 하나로 같은 해 에든버러대학에서 최초의 수사학 및 문학 담당 교수로 임명되게 된다. 만약 흔히 환기되었던 것처럼 18세기 말 스코틀랜드인들이 잉글랜드 문학에 대한 학문을 창시했다면, 애덤 스미스는 창시자 중 하나로 언급될 가치가 있다.[23]

그러나 무엇보다 『수사학과 문학에 대한 강연』은 애덤 스미스의 더 넓은 사상에 접근하는 통로라고 볼 수 있다. 이미 여기에 훗날 애덤 스미스의 몇몇 주요 사상의 씨앗을 발견할 수 있기 때문이다.[24] 우리는 『강연』의 청강생과 독자를 『도덕감정론』의 '공정한 관찰자'의 선구자로 볼 수 있다. 그가 초기에 소통의 명료성을 강조한 것은 훗날 동감과 상호 인정을 강조한 것을 예고한 것이고 수사학과 설득은 『국부론』에서 '수송, 물물교환, 화폐교환'의 성향을 예고한 것이다.

그러나 인간에 관한 학문이 어떤 형태를 취하는 것이 적절할 것인가라는 핵심적인 철학적 질문은 여전히 남아 있었다. 이에 대한 애덤 스미스의 대답은 그가 이 무렵 집필한 『천문학의 역사(History of Astronomy)』에 관한 에세이에 나온다. 이것은 위대한 연구의 산물로서 더 큰 연구의 한 부분으로 의도된 것으

고 142권에 달하는 방대한 『로마사』 저술에 몰두하였다.

23. **[원문]** 스코틀랜드인과 영국 문학에 대해선 Robert Crawford(ed.), *The Scottish Invention of English Literature*, Cambridge University Press 1998를 볼 것.

24. **[원문]** 애덤 스미스의 주요 사상의 선행자들에 대해선 *Dictionary of National Biography*, Oxford University Press 2004에 도널드 윈치(Donald Winch)가 기고한 Adam Smith에 관한 항목을 참조할 것.

로 그는 말년까지 이 저술을 자랑스러워했다. 원제목 『철학적 연구를 인도하고 지시하는 원칙들 : 천문학사의 사례(The Principles which Lead and Direct Philosophical Enquiries ; Illustrated by the History of Astronomy)』는 이 에세이의 목적을 드러낸다. 즉, 철학, 특히 자연철학 혹은 과학의 방법에 대한 에세이다. 이 저작에선 흄의 영향이 두드러지게 보인다. 구체적으로 말하면 흄은 『인간 본성에 관한 논고』에서 인과관계에 대한 인간의 경험이란 특정한 원인과 결과 사이의 '거듭되는 결합'(constant conjunction) 중 하나를 경험하는 것뿐이라고 주장함으로써 자연과학의 가장 근원적인 기초에 대해 도발적으로 회의주의적인 공격을 감행한 바 있었다. 우리가 알 수 있는 전부가 거듭되는 결합이라면, 우리는 그 밑에 깔린 인과법칙들에 대해서는 전혀 접근할 수 없거나 전혀 알 수 없다. 그리고 이 법칙들이 의미하는 것에 대한 우리의 이해는 결코 인간의 경험보다 앞서 나갈 수 없다. 인과관계는 제한적이고 조건적으로 되며, 심오한 자연적 현상이 아니라 인간 심리의 우발적 사건이 된다.

애덤 스미스의 에세이는 흄의 이러한 논점을 주의 깊게 존중했다. 자연의 법칙은 '비가시적 사슬들'로, 이것들의 효과는 우리에게 경이, 놀라움, 그리고 감탄을 불러일으켜, 우리가 그것을 직접 알 수 있다고 믿도록 유혹한다. 그의 수사학 이론에서처럼 철학의 과제는 "이렇게 삐걱거리고 조화되지 않는 외양들의 혼돈 속에 질서를 들여오는 것이고 상상의 소란을 가라앉히고 우주의 위대한 공전을 연구함으로써 이 소란을 고요와 평온의 상태로 돌려놓는 것으로, 이것은 그 자체로 가장 기분 좋은 것이며 그 성격에 가장 적합한 것이다." 애덤 스미스에 따르면 과학적 발견은 상상에 의존한다. 천문학의 역사는 상상을 통해 혼돈에서 질서를 발견하려고 한 잇따른 시도의 사례들을 제공한다. 처음에는 고대 철학자들, 다음에는 프톨레마이오스의 체계, 보다 최근에는 코페르니쿠스(Copernicus), 브라헤(Brahe), 케플러(Kepler), 데카르트(Descartes)와 뉴턴 같은 사상가들의 업적들이 그것이다.

각 체계는 우리에게 자연의 법칙에 관한 지식을 주는 것이 아니라—흄의 논증에 따르면 이것은 불가능하다—증거가 허락하는 한 우리의 의심을 해결해 주고, 우리가 이해하고 있는 것에 지적인 일관성을 부여하고 아름다움과 질서에 대한 우리의 감각에 즐거움을 주는 방식으로 다른 체계의 뒤를 잇는다. 애덤 스미스의 말에 따르면 "체계는 많은 면에서 기계와 유사하다. 한 기계는 명장(名匠)이 필요로 하는 다양한 운동과 효과를 현실 속에서 수행하고 서로 연결하기 위해 창조된 작은 체계이다. 한 체계는 이미 현실 속에서 수행된 다양한 운동과 효과들을 상상 속에서 서로 연결하기 위해 발명된 가상(假想)의 기계이다." 시간이 흐르면서 명확성, 단순성, 질서가 더해진다. "처음엔 어떤 특정한 운동을 수행하기 위해 발명된 기계는 언제나 가장 복잡한 기계이다. 그리고 후대의 명장들은 보통 처음에 이용된 것보다 더 적은 바퀴와 더 적은 운동원칙으로 같은 효과들이 더 쉽게 나올 수 있다는 것을 발견한다."

기계와 유사한 체계적 자연과학의 측면들을 구체화하며 강조하고, 이 측면들을 과학 방법론에 대한 하나의 세련된 설명으로 구성함으로써 애덤 스미스는 흄을 어느 정도 넘어섰고, 이후로 많은 사람이 모방하게 될 사상의 흐름을 선도하였다. 사실 우주를 시계의 작동처럼 설명하면서 이것을 폐쇄되고 완성되고 궁극적인 진리로 간주한 뉴턴의 과학적 세계관이 완전히 기계적이고 결정론적이라는 견해가 현대에 대두되었다. 이러한 견해는 신의 존재를 반박하는 근거로, 혹은 더 최근에는 경제학의 일반균형이론과 비교하기 위한 근거로 유용했음이 밝혀졌다. 그러나 사실은 완전히 다르다. 뉴턴은 그의 과학적 성과를 사물의 배후에 있는 진정한 성격을 발견하는 것을 목표로 하는, 더 넓은 과정의 부분으로 생각했다. 그가 『프린키피아』 제3판에 추가한 규칙 4번에서 말했듯이, "실험적인 학문에서는 현상들로부터 귀납을 통해 도출된 명제들은, 반대되는 가설이 있다 하더라도, 다른 현상들이 그 명제들을 더 정확하게 만들거나 예외의 여지가 있도록 만들기까지는, 정확하게 혹은 매우 근사하게 진리인 것으로 간주하여야 한다."[25] 뉴턴의 사상은 폐쇄된 것이 아니라 열린 것이다. 달리 말하면 과학적 사고는 현상들과 가능한 설명 사이를 반복적으로 움직이며 성찰한다. 어떤 과학적 이론도 근사적이고 조건적이고 미래지향적이어서 그것을 지지하거나 반대할 새로운 증거를 기다린다.

뉴턴의 사상의 이 결정적인 측면을 애덤 스미스는 철저히 이해하고 있었다. 그에게 이론은 알 수 없는 자연법칙들에 대한 거창한 가정 없이도 일련의 현상들에 대한 일관성 있는 설명으로 생겨날 수 있다. 결과적으로 인간에 관한 흄이나 애덤 스미스 방식의 학문에서 오늘날 정밀과학과 사회과학이라고 불리는 것 사이의 차이는 훨씬 적다. 둘 다 사실상 검토되고, 설명되고 이해될 수 있는 일련의 현상들을 제시하는 것에 불과하다. 우리가 『천문학의 역사』에 관한 에세이를, 수사학에 관한 애덤 스미스의 강연과 함께 고찰할 때 눈에 띄는 것은 애덤 스미스가 우주의 물리적 이론을 심오하게 다루었다는 것만이 아니라, 체계적 사고를 특히 폐쇄적이고 정적인 방식으로 오늘날 '경성과학(硬性科學, hard science)'이라고 부르는 것에 국한하기를 꺼렸다는 점이다. 1750년대 중반, 혹은 더 일찍 그는 인간에 관한 학문이 무엇일지에 대한 명확한—그리고 두드러지게 현대적인—생각을 발전시키기 시작했다.

엄격함과 실용성, 뉴턴의 방법론, 효과적인 소통을 강조한 애덤 스미스의 『수사학에 관한 강연』은 단순히 그 자신의 사상에 대한 입문(入門)의 역할만 하는 것이 아니다. 이 강연은 또한 스코틀랜드 계몽 특유의 가정들과 관심들이 혼합된 전형적인 예이다.

'계몽'이란 개념이 무엇이며, 어디서, 어떻게 일어났으며, 그리고 누가 거기에 속하며, 또한 그것이 의도했던 것이 무엇인지 학자들 사이에 여전히 논란이 되고 있다. 그러나 18세기로 접어들 무렵 유럽 전역에 걸쳐 사상의 신속한 변화

---

25. **[원문]** Isaac Newton, *Principia Mathematica Philosophiae Naturalis*, Jussu Societatis Regiae 1687.

가 일어나고 있었다는 것은 분명했다. 그것은 부분적으로 과학 발전의 결과였다. 애덤 스미스가 서술한 것처럼 프톨레마이오스의 우주관이 왕좌를 빼앗겨 코페르니쿠스와 그 추종자들의 태양 중심 우주관에 내어준 것, 데카르트가 기하학을 수학적으로 발전시킨 것, 라이프니츠와 뉴턴의 미분학, 망원경과 현미경의 발명, 갈릴레오, 보일(Boyle), 후크(Hooke)의 새로운 자연철학 등이 그것이다. 하지만 이러한 업적들 자체는 종교와 제도에 대한 복종, 일반적으로 인정된 지혜를 벗어나 개인의 이성, 회의론, 사상의 교류를 추구하는, 훨씬 넓은 지적·사회적·문화적 재구성의 전조였다. 이러한 업적들을 바탕으로 종교적 관용, 법적 권리, 도덕적 평등에 대한 요구가 나오게 되었고, 유럽 전역의 수많은 군주와 정부들은 이 요구를 심각한 위협으로 간주하였다.

18세기로 넘어가는 시기의 스코틀랜드는 이러한 사고방식이 자랄 수 있는 비옥한 토양을 제공했다. 글래스고에서 왕실과 벌인 권력 투쟁이 보여주었듯이 스코틀랜드 장로교회는 여전히 엄청난 영향력을 지닌 조직이었다. 그러나 많은 스코틀랜드 장로교회가 지닌 언약파적[26] 특징으로 인해 스코틀랜드는 1638~1640년에 찰스 1세에 저항하고 전쟁을 벌이면서 다시 한번 교회 감독 체제와 위계에 대한 거부감과 더불어 독립적 정신을 증명하였다. 이에 더해 스코틀랜드의 지적 문화는 잘 발달하여 있었다. 잉글랜드에는 옥스퍼드와 케임브리지 두 대학밖에 없었던 데 반해 스코틀랜드는 아버딘(Aberdeen)에 세인트 앤드류스(St. Andrews) 칼리지, 킹스(King's) 칼리지, 마리샬(Marischal) 칼리지, 그리고 글래스고와 에든버러에 대학이 있었다. 그리고 저지대(低地帶) 전체에 교구 교회가 엄청난 네트워크를 구성하고 있었다. 끝으로 민족적 자존심은 다리엔

26. [역주] 언약파(Covenanter) : 원래 언약(covenant)은 구약성경에서 하나님과 이스라엘 백성이 맺은 언약에서 비롯된 단어로, 영국사에선 17세기에 거쳐 교회 정치에 대해 스코틀랜드 장로교와 왕실이 맺었던 국가 언약(National Covenant)(1638) 과 엄숙 동맹과 언약(Solemn League and Covenant)(1643) 등 여러 계약의 충실한 이행을 주장하는 장로교 분파이다. 이 계약들은 주로 주교 제도의 거부, 장로 중심의 교회정치를 내용으로 했다.

(Darien)의 패배로 인해 상처를 입었고, 또한 연합법(Act of Union)으로 다시 한 번 많은 사람들이 상처 입었다. 이 다양한 요인들로 인해 스코틀랜드 계몽운동은 이론보다 실용, 개인의 자기 계발, 사회 진보를 지향하는 두드러진 성향을 띠었다. 그 결과 협회, 클럽, 커피하우스를 통해 지질학, 법학, 의학, 화학, 인류학, 예술에 이르는 각 분야를 망라하는 사상과 이에 관심을 가진 사상가들이 많이 쏟아져나왔다. 그리고 그 지적 중심에는 인간 본성과 사회의 작용을 근본부터 성찰한 애덤 스미스와 데이비드 흄이 있었다.

애덤 스미스가 데이비드 흄을 만나 그의 생애에 지적으로 가장 중요한 친구 관계를 맺게 된 것은 아마 1750년 경인 것 같다. 흄은 그의 『논고』에 대한 대중의 반응에 대한 실망감에서 회복되어 『도덕 및 정치에 관한 에세이』를 집필한 후 막 『영국사』를 쓰려고 할 때였다. 이 책은 1754년부터 1762년에 걸쳐 6권으로 나와 비평가들과 대중의 엄청난 찬사를 받아 출판사는 흄에게 또 다른 책의 집필을 간청했다. 이에 대해 흄이 다음과 같이 대답한 것은 잘 알려져 있다. "저는 다음 4가지 이유로 책을 쓰지 않겠습니다. 저는 너무 나이를 먹었고, 너무 비만하고, 너무 게으르고, 너무 부유합니다."[27] 흄은 만년에 상냥하면서도 비꼬기 잘하는 성격과 지적 능력으로 유명했는데, 이것은 그의 생애 초반에 진로를 방해했던 여러 장애물을 고려하면 다행스러운 일이었다. 예컨대 1745년 그는 무신론자라는 평판 때문에 에든버러대학의 도덕철학 교수직을 거부당한 바 있었다. 곧 같은 일이 반복될 것이었다.

1750~1751년 겨울, 애덤 스미스는 27세의 나이로 케임즈와 아가일(Argyll) 공작의 지지를 받아 글래스고대학 논리학과 형이상학 교수로 선출되었다. 당시 관례대로 1751년 1월 그는 (지금은 소실된 '생각의 기원'이라는 제목의) 취임 강연을 했고 글래스고 장로회 앞에서 신앙고백에 서명하고 성실한 직무수행의 선

---

27. **[원문]** *New Evening Post* (1776년 12월 6일).

서를 했다. 그해 가을 그는 글래스고에 왔고, 얼마 후 그의 모친과 사촌누이 재닛 더글러스(Janet Douglas)도 와서 살림을 맡았다. 애덤 스미스는 당시 병중에 있었던 도덕철학 담당 교수 토마스 크레이기(Thomas Craigie)와 그의 강의 중 몇몇을 맡기로 합의했다. 그런데 얼마 안 있어 크레이기가 사망하자, 그 과목과 거기서 나오는 소득을 더 선호했던 애덤 스미스는 1752년 도덕철학 교수직에 선출되었다. 이 일로 논리학과 형이상학 교수직이 공석이 되었다. 다시 흄은 이 자리에 응모하였고 무신론자라는 평판과 상관없이 그는 기꺼이 신앙고백에 서명하고 선서했을 것이다. 그러나 종교적 이유로 아가일 공작과 장로회 모두가 반대하여 그는 임용을 거부당했다. 이렇게 글래스고는 에든버러와 함께 당대 혹은 모든 시대에 걸쳐 가장 위대한 사상가 중 하나에게 교수직을 거부하는 탁월함을 보여주었다.

분명히 애덤 스미스는 흄에게 불리한 의견이 지배적이라는 것을 알고 있었고, 거기에 이의를 제기할 생각이 없었다. 그는 의학교수였던 친구 윌리엄 컬렌(Wiiliam Cullen)에게 다음과 같은 편지를 썼다. "저는 다른 어떤 사람보다 흄을 동료 교수로 선호합니다. 그러나 유감스럽게 대중은 저하고 의견이 다른 것 같고, 대학 당국의 이해관계는 저희에게 대중의 의견을 고려할 것을 요구합니다."[28] 이것은 영웅적이지 않았지만, 현실적인 판단이었다. 당시 세상은 유력자의 후원으로 돌아갔는데 종교계와 정치권이 흄의 임용을 지지하지 않았다. 애덤 스미스는 대개 어디서든 개인적으로 난처해질 일은 피하려고 했고, 그가 흄을 지지했다고 해도 최종 결과가 달라졌을 것 같지 않다. 어쨌든 흄은 에든버러 대학 변호사 학과의 사서 자리를 얻었는데, 이에 대해 그는 "이 직책으로부터 얻는 수입은 별로 혹은 전혀 없었지만, 엄청난 양의 책을 볼 수 있었다"라고 말했다.[29]

---

28. **[원문]** letter to William Cullen, November 1751(윌리엄 컬렌[William Cullen]에게 1751년 11월에 보낸 편지).

29. **[원문]** Hume, *The Life of David Hume*, Esq. Written by Himself, W. Strahan and T. Cadell

흄은 애덤 스미스보다 12살 많았고, 둘이 이후에도 평생 같은 자리에 함께 있었던 적은 별로 없었다. 그러나 이들은 긴밀하면서 서로 지적으로 존경하는 관계를 유지했고, 이 관계는 계속 깊어졌다. 1776년 흄의 죽음을 앞둔 시점, 두 사람은 서로를 '나의 가장 아끼는 친구'라고 불렀다. 오늘날까지 전해져 오는 것으로는 최초인 1752년 한 편지[30]에서 흄은 그의 『도덕 및 철학 에세이』의 사본을 보낼 것을 약속하면서 "삽입하거나 삭제해야 할 것이 자네 눈에 띄면 지적해 주기를 부탁하네"라고 말했다. 그리고 자주 그랬듯이 농담을 덧붙였다. 그는 원래 6번째와 7번째 에세이를 빼려고 했다. "하지만 내 책의 출판인 밀라(Millar)가 강하게 반대하면서 말하기를 최고의 비평가들이 그 에세이들을 칭찬하는 것을 많이 들었고, 어느 부모의 경우엔 속이 시원하게 뚫렸다고 하더군. 그래서 그 에세이들을 남겨두기로 했지."[31]

또 다른 편지에서 흄은 애덤 스미스의 건강이 안 좋은 것에 대한 염려를 표현했다. 그리고 당시 애덤 스미스의 업무량을 생각하면 그가 탈진했던 것이 그리 놀라운 일은 아니다. 대학의 학기는 10월 중순부터 6월 중순까지였다. 평일 오전 7시 30분에 애덤 스미스는 일반 학생(public students)들을 위해 1시간 도덕철학을 강의했다. 오전 11시에는 1시간 동안 아침 강의에 관한 토론과 시험이 있었다. 그리고 학기가 있는 동안 매주 3차례 정오에는 1시간 개인 수업(private class)이 있었다. 레이(Rae)에 따르면 당시 대략 300~400명의 재적 학생 중 80~90명이 공적 강의에, 20명 학생이 사적 강의에 출석했다.[32] 그리고 오후에

1777.

30. **[원문]** David Hume to Adam Smith, 24 September 1752 (데이비드 흄이 애덤 스미스에게 보낸 1752년 9월 24일자 편지).

31. **[역주]** 이것은 『도덕 및 철학 에세이』 1742년판 제2권의 6번째, 7번째 에세이로 6번째 에세이는 "사랑과 결혼에 관하여"(Of Love and Marriage), 7번째 에세이는 "역사 연구에 관하여"(Of the Study of History)이다. 이 두 편의 에세이에 대한 흄과 밀라의 평가가 달랐던 이유에 관해선 알려진 것이 없다.

32. **[역주]** 공적 강의(public class)는 일반 대학생(public students) 모두가 수강할 수 있는 정규 강의이

는 학생들과의 토론도 있었다. 스미스는 연간 150~300파운드의 봉급과 수업료를 받았던 것으로 보이는데 꽤 괜찮은 금액이었고, 여기에 집세 없는 주택을 제공받았고, 정기적인 하숙생들로부터 얻은 수입이 추가로 있었다.

훗날 애덤 스미스는 멍하게 딴생각하는 교수라는 이미지로 알려지게 된다. 어느 일화에 따르면 그는 찰스 타운센드에게 분업에 대해 너무 열심히 설명하는 바람에 무두장이의 구덩이에 빠졌다고 한다. 메리 코크(Mary Coke) 부인은 1767년 2월에 쓴 일기에 "아침 식사 중 토론에 열중했던 애덤 스미스 교수는 버터를 바른 빵을 둘둘 마른 다음 찻주전자에 집어넣고 물을 부었다. 얼마 있다 그것을 컵에 붓고 맛을 보고선, 자기가 이제껏 마셨던 것 중 가장 형편없는 차였다고 말했다"라고 썼다.

그런데 희한하게도 그는 멍하게 딴생각하는 습관이 있었던 동시에 잘 정리되고 열정적인 수업을 하는 뛰어난 선생이었다. 듀걸드 스튜어트의 말에 따르면 "그의 능력은 교수로서 가장 잘 발휘되었던 것 같다. 강의할 때 그는 거의 전적으로 즉흥적인 연설 능력에 의존했다. 그의 수업방식은 우아하지 않았지만 단순하고 꾸밈없었다. 그리고 그는 항상 그가 다루는 주제에 관심이 있었던 것처럼 보였기에 학생들의 관심을 일깨우는 데 실패한 적이 없었다." 이 학생 중 한 사람이 젊은 시절의 제임스 보스웰이었다. 그는 1759년 주로 애덤 스미스의 명성 때문에 글래스고대학에 왔고, 그 기대는 충족되었다. 그는 친구에게 "내가 여기 온 가장 큰 이유는 애덤 스미스 선생의 (참으로 뛰어난) 강의를 듣는 것이었다"라고 썼다. 강의만큼 인상적이었던 것은 애덤 스미스의 성품이었다. "그에게는 교수들이 보여주는, 형식을 따지는 경직된 태도와 현학적 태도가 전혀 없었다. 그러기는커녕 그는 가장 예절 바르고 점잖은 사람이었고, 학생들과 함께 있기를

고, 사적 강의(private class)는 교수의 정규적 강의 외 시간에 제공되는 강의로 학생들이 추가적 수업료를 내어야 수강할 수 있었다.

아주 즐겼고, 가능한 한 최대한 편하고 상냥하게 그들을 대해줬다."[33]

애덤 스미스는 또한 처음에는 글래스고대학에서, 나중에는 에든버러 관세청장으로 효율적인 행정가이기도 했다. 그는 글래스고대학에서 몇몇 위원회에 소속되어 복잡한 재산 관련 협상을 다루는 일을 도왔고, 총장 관저를 비롯한 여러 개의 건축 사업에 관여했고, 도서관을 윌리엄 애덤(William Adam)이 설계한, 비록 눅눅하지만 새로운 건물로 이전하는 데 성공했다. 그는 대학 재무처장이었고, 두 차례 만장일치로 학부장에 선출되었으며 부학부장으로 일했다. 이것들은 현실을 모르고 행정에 미숙한 사람에게선 찾아볼 수 없는 특징들이다. 그리고 이러한 추가적인 의무 때문에 대학에 대한 그의 열정이 약해지지 않았다. 그래서 1758년 흄이 그에게 에든버러대학의 자연법과 국제법 교수로 오라고 간청했을 때, 이 시도는 실패했다.

이 모든 직책을 맡은 중에도 애덤 스미스는 시간을 내어, 비록 오래가지 못했지만 1755년에서 1756년 사이에 발간되었던 『에든버러 리뷰(Edinburgh Review)』의 창간을 지원하였고, 창간호를 당시 막 출판되었던 새뮤엘 존슨(Samuel Johnson)의 『영어사전(Dictionary of the English Language)』에 대한 서평[34]을 쓰는 기회로 삼았다. 그의 서평은 따스했지만 비판적이었다. 애덤 스미스에 따르면 저자가 이 사전에 들인 노력은 칭찬받을 만하지만, 그의 전반적 접근에는 심각한 결함이 있었다. 이 사전은 "충분히 문법적(체계적)이지 않다." 존슨은 단어의 주요 사례들을 모았지만, 그 밑에 깔린 일반적 원칙이나 개념들을 분석하지 않았고, 그 결과 명백히 동의어인 단어들에 충분히 주목하지 않았다는 것이다. 예컨대 'but'이란 단어는 존슨의 『영어사전』에선 17개의 의미를 갖는 것으로 되

33. **[원문]** 사제지간인 애덤 스미스(Adam Smith)와 보스웰(Boswell)에 관해선 Stewart, *Life of Adam Smith*와 Boswell, *Correspondence of James Boswell and John Johnston of Grange*, ed. R. S. Walker, William Heinemann 1966.

34. **[원문]** 새뮤얼 존슨의 *Dictionary : Edinburgh Review*, 1, 1755에 대한 서평.

어 있지만, 합리적으로 7개로 축약할 수도 있었다는 것이 애덤 스미스의 주장이었다.

존슨의 『영어사전』은 그와 헌신적인 학자 집단이 거의 10년에 걸친 엄청난 노고를 들인 결과물로 기존의 학문적 성과로부터 진일보한 것은 틀림없었고, 출판되자마자 광범위한 찬사를 받았다. 보스웰이 나중에 썼듯이 “다른 나라에서라면 모든 학술원이 맡아야 할 매우 거대한 저작을 한 사람이 달성했다는 것에 전 세계가 놀랐다.” 애덤 스미스 자신은 세밀한 문법적 측면을 선호했지만, 이 사전은 무미건조한 개요서와는 거리가 멀었는데 이것은 의도적이었다. 실제 존슨 자신의 성격과 그가 예문을 선택한 방식과 반어적 표현이 이 사전에 생기를 불어넣었다. 유명한 사례로 ‘사전편찬자’(lexicographer)를 “해를 끼칠 일 없는 막노동자”로, ‘후원자’(patron)를 “통상 오만하게 지원해 주고 아부로 보상받는 비열한 인간을 지칭”이라고 정의했다. 더구나 존슨 자신은 비판에 매우 민감했고, 특히 보스웰을 놀리면서 자주 강한 스코틀랜드 혐오를 드러내거나 드러내는 척했다. 예컨대 ‘귀리’라는 단어를 ‘잉글랜드에서는 대개 말에게 주지만 스코틀랜드에서는 사람들이 먹는 곡물’이라고 정의했다.

따라서 그리 알려지지 않았고 출판경력도 별로 없었던 스코틀랜드 학자로부터 그러한 비평을 받았다는 것이 이 위대한 인물을 화나게 할 수밖에 없었고, 이를 계기로 두 사람 간에 매우 냉랭한 관계가 형성되었다. 존슨에 따르면 1762년쯤 처음 만난 것으로 보이는 그들은 “서로를 좋아하지 않았다.”[35] 애덤 스미스는 존슨의 토리(Tory)파 정치관을 별로 좋아하지 않았던 것 같았고 존슨 역시 철학을 불신했고, 그가 경멸했던 흄의 종교적 회의론에 애덤 스미스가 동조한다고 의심했다. 1773년 애덤 스미스가 런던으로 이사했을 때도 둘의 관계는 나아지지 않았다.

---

35. **[원문]** 애덤 스미스에 관한 존슨의 평가는 James Boswell, *Dr Johnson's Table Talk*, J. Mawman 1807에서 참조한 것이다.

수사학에서 도덕철학, 법학, 정치경제학을 아울렀던 그의 관심 분야의 폭만으로도 1750년대가 애덤 스미스에게는 지적으로 매우 생산적이었던 시기였다는 것을 증명된다. 항상 자신의 아이디어가 최초였음을 인정받는 데 매우 민감했던 애덤 스미스는, 일찍이 휴 블레어(Hugh Blair), 나중에는 역사가 윌리엄 로버트슨(William Robertson)과 다재다능한 스코틀랜드 철학자 애덤 퍼거슨(Adam Ferguson) 같은 다른 사람들이 자기 아이디어를 표절할 가능성을 경계했다. 듀갈드 스튜어트에 따르면 애덤 스미스가 이런 위험에 대해 보여주었던 대응은 1755년 지역 학회에 제출한 논문이었다. "꽤 기다란 목록에 담긴 정치학과 문학 분야의 주요 원칙들에 대해 애덤 스미스는 배타적 권리를 확정하려고 애썼다." 이 원칙 중에는 앞으로 이후 여러 시대를 통틀어 지속될 다음과 같은 말이 있었다.

> "한 국가를 가장 비천한 야만 상태로부터 최고의 번영으로 이끄는 데는 평화, 가벼운 조세, 그리고 훌륭한 사법행정 외에 추가로 필요한 것이 별로 없다. 나머지는 사물의 자연적 진행에 따라 생기기 때문이다. 이러한 자연적 진행을 좌절시키거나, 사물을 다른 통로로 억지로 돌리거나 특정 시점에서 사회의 진보를 저지하는 모든 통치는 자연에 부합하지 않고, 그런 통치를 유지하는 것은 억압적이고 압제적일 수밖에 없다."

이것은 나중에 애덤 스미스의 '자연적 자유의 체계'가 알려지게 될 것을 처음 선언한 것이며, 그의 첫 저서『도덕감정론』출판 4년 전,『국부론』출판 21년 전에 나온 말이다. 이것은 애덤 스미스가 그의 위대한 저작들의 주요 사상들을 학문 활동 초기부터 머릿속에 갖고 있었다는 것을 다시금 확인한다.

애덤 스미스는 이 시기에 글래스고 시장 앤드류 코크런(Andrew Cochrane)의 후원을 받고 있었던 것으로 보이며, 이 중요한 초기 논문을 위한 청중을 소집했던 것도 코크런이었을 수 있다. 코크런은 공공행정에 종사하기 전에는 담배 무역으로 재산을 모았다. 충실한 하노버 왕실 지지자였던 그는 시장으로 1745년 8월 자코바이트가 글래스고시에 요구했던 몸값을 깎기 위해 분투했으며, 그 후 런던으로 가서 시가 입은 손실에 대한 보상을 협상하여 글래스고가 파산되는 것을 막았다. 젊은 애덤 스미스의 능력을 간파한 그는 일찍이 애덤 스미스를 자신이 만든 '상업 클럽'에 가입시켰으며 이를 계기로 애덤 스미스는 담배업계 거물 존 글래스포드(John Glassford), 알렉산더 스피어스(Alexander Speirs), 제임스 리치(James Richie) 등 도시의 상인 계급과 접촉하였다. 그것은 이 젊은이에게는 분명 세계의 상업계, 특히 무역 이익의 영향력과 그들과 정치 사이의 긴밀했던 관계에 대한 최상의 입문이었다.

훗날 애덤 스미스는 글래스고에서 보낸 13년에 대해 "단연코 가장 유용했기 때문에 가장 행복하고 명예로웠던 내 생애의 시기"[36]라고 기억했다. 행복을 유용성의 관점으로 이해하는 것은 자기를 포기하는 애덤 스미스의 전형적인 태도였다. 왜냐하면 그것은 사랑과 우정, 그리고 내재적으로 가치 있고 사람들의 삶을 행복하게 만들면서 매우 개인적인 일들에는 관심을 두지 않는 효과가 있기 때문이었다. 그에게 어떤 낭만적인 애정 관계가 있었는지 알려진 것은 사실 전혀 없다. 왜냐하면 그런 문제에 관해 애덤 스미스는 평생 거의 수수께끼 같은 사람이었기 때문이다. 그는 훗날 파이프에서 한 여성을 사랑했으며—아마 같은 사람일 수도 있는—"그와는 기질과 습관이 매우 달랐다는 캠벨(Campbell) 양과 진지하게 사랑에 빠졌다"[37]라는 얘기도 있었다. 그러나 최근 어느 전기 작가가 적절하게 주장했듯이 이 주제에 관해 "우리는 그가 성욕을 승화했다는 이야기에 각주를 다는 것 이상으로 할 것이 별로 없다."[38] 그러나 이러한 은밀한 사생활과 별

36. **[원문]** letter to Archibald Davidson, 16 November 1787 (아처볼드 데이빗슨[Archibald Davidson]에게 보낸 1787년 11월 16일자 편지).

37. **[원문]** Harold Thompson, *A Scottish Man of Feeling : Some Account of Henry Mackenzie … and of the Golden Age of Burns and Scott*, Oxford University Press 1931.

38. **[원문]** Simpson Ross, *Life of Adam Smith* p. 228.

개로 애덤 스미스에겐 친구, 편지 친구, 숭배자가 많았고, 그 범위도 점점 넓어졌다. 그리고 기록에 따르면 시간에 따라 그의 명성이 높아가면서 그의 흉상을 지역 서점에서 살 수 있었다. 또한 그는 많은 단체에 선출되었다. 글래스고에 있었던 코크런 클럽(Cochrane's Club)처럼, 에든버러에는 문학 협회, 철학 협회, 지성인 명사회(Select Society), 그리고 친민병대 성향의 포커 클럽(Poker Club)이 있었다. 1755년의 에세이와 기타 언급된 몇 사례를 제외하고는 그가 이 단체들에 커다란 영향을 미쳤음을 암시할 만한 것이 매우 적다. 그러나 이 단체들 덕분에 애덤 스미스는 일상생활과 꺾이지 않는 연구 의욕을 손상하지 않으면서도 친구들을 만나고 사회적 교제의 이점을 즐길 수 있었다.

그리고 그는 연구도 했다. 이 시기 동안 그는 자신의 모든 다른 책무에도 불구하고 명작으로 인정받은 최초의 저서 『도덕감정론』(Theory of Moral Sentiments)을 쓸 시간을 찾았다.

최근까지 『도덕감정론』은 『국부론』의 그늘에 묻혀 고군분투했다. 이 책은 애덤 스미스의 '다른 저작'으로 그보다 늦게 나온 형제 작품(『국부론』)보다 훨씬 덜 알려졌고, 덜 넓게 읽혀졌고, 자주 '문제아' 취급[39]을 받았다. 젊은 날에 쓴 도덕철학에 관한 실패한 습작이며, 곧바로 임마누엘 칸트(Immanuel Kant)의 위대

39. **[원문]** J. K. 갤브레이스(Galbraith)는 *A History of Economics : The Past as the Present*, Penguin 1989 (한글판 : 『갤브레이스가 들려주는 경제학의 역사』, 존 케네스 갤브레이스 ; 장상환 역, 책벌레(2002))에서 이 책을 "이제는 대개 잊혔으며, 애덤 스미스가 정치경제학에 관심을 갖기 훨씬 전에 쓰인 것"이라고 썼다. 이러한 부정적인 평가와 선명하게 대조되는 열정적인 지지를 보여준 길버트 하만(Gilbert Harman)는 그의 "Moral Agent and Impartial Spectator", The Lindley Lecture, University of Kansas 1986에서 이 책을 도덕철학의 위대한 저작들 중 하나라고 불렀다. D. D. 라파엘(Raphael)은 그의 *The Impartial Spectator: Adam Smith's Moral Philosophy*, Oxford University Press 2007, Ch. 6에서 대립하는 해석들에 관해 차분하게 논평하면서 스미스의 윤리학이 흄의 그것보다 철학적으로 우월하며, 프로이트보다 심리학적으로 우월하다고 주장했다. 애덤 스미스를 현대 도덕주의자로 해석한 매력적이고 통찰력이 풍부한 책으로는 Russ Roberts, *How Adam Smith Can Change Your Life*, Penguin 2014 (한글판 : 『내 안에서 나를 만드는 것들』, 러셀 로버츠 ; 이현주 역, 『세계사』(2015))를 참조할 것.

한 저작들에 압도되고야 말았다고 평가받았다.[40]

『도덕감정론』의 최종판이 나올 무렵, 그 책은 '미덕의 성격'(Of the character of virtue)이라는 긴 분석과 더불어, 도덕철학의 다양한 체계에 대한 논평을 포함했는데, 애덤 스미스는 자신의 이론을 이러한 도덕철학의 다양한 체계들과 대조하여 이해해야 한다고 주장했다. 그러나 이 저작은 이타심의 찬양이 아니었던 것은 물론이고 일차적으로 도덕철학에 관한 책도 아니었다. 오히려 그것은 도덕 심리학과 도덕 사회학에 관한 저서였다. 구체적으로 말하자면 애덤 스미스는 도덕 원칙에 대한 정당화나 도덕 원칙의 기본 토대를 제공하려는 초기 칸트식의 시도를 한 것이 아니었다. 대신 그는 어떻게 우리의 도덕적 감정이 최초로 발생하는가에 대한 심리학적 질문을 다루었다. 인간은 어떠한 개인적 사회적 과정을 통해 도덕적 의식을 갖게 되는가? 보편적인 도덕 원칙들이 있을 수 있는가? 인간의 본성이란 것이 있는가, 아니면 그것은 시간과 장소에 따라 변하는가? 따라서 『도덕감정론』은 단순히 책 제목이 아니라 실제적이며 가능한 연구의 범위를 한정한 것이었다. 그것은 인간이 어떻게 인간답게 되는지를 다루었다.

이 책의 목표는 분명했다. 일찍이 애덤 스미스는 1756년 『에든버러 리뷰』의 제2호이자 마지막 호에서 장-자크 루소의 『불평등에 관한 논고』를 논의하면

40. **[원문]** 애덤 스미스와 칸트와 관련하여, 애덤 스미스가 실제의 도덕적 추론 과정에 집중한 것이 이전 도덕 체계들에 대한 그의 광범위한 비판을 반영한다는 것은 주목할 만한 가치가 있다. 그는 이전 도덕 체계들이 지나치게 협소한 방식으로 구성되었기 때문에 어떻게 사람들이 실제로 도덕적 판단에 도달하는지 설명하지 못했다는 점을 비판했다. Craig Smith, "Adam Smith, the Scottish Enlightenment, and "Realistic" Philosophy", INET Edinburgh Conference, October 2017, www.ineteconomics.org에서 열람 가능. 에드먼드 버크도 같이 생각했던 것으로 보인다. 그는 1759년 9월 10일에 애덤 스미스에게 보낸 편지에서 다음과 같이 논평했다. "나는 과거의 도덕 체계들이 너무 협소했고, 윤리학은 인간의 본성 전체보다 협소한 기반 위에선 제대로 성립할 수 없다고 항상 생각해 왔다. 이전에 이 주제를 다뤄왔던 모든 저자들은 고딕 양식의 건축가들처럼 단 하나의 가느다란 기둥 위에 커다란 아치형 지붕들을 올려놓기를 즐긴다. 이런 방식엔 기교가 있고, 의심의 여지 없이 어느 정도 독창적이다. 하지만 이것은 합리적이지 않고, 오랫동안 만족스러울 수 없다."

서 그 목표를 표현했다.[41] 우리가 언급했듯이 홉스와 푸펜도르프 같은 17세기 사상가들은 인간 본성에 관한 매우 비관적인 가정 위에 거대 이론을 구축했었다. 그러나 루소는 더 나아갔다. 그의 『논고』는 인류가 허황한 이득에 현혹되고 부패했다며 문명 자체를 맹렬히 비판했다. 정의는 강자가 약자를 억압하는 수단이 되었고, 사유 재산은 인간의 잠재력을 발휘할 기회를 주는 대신 그것을 훼손하였다는 논지였다. 애덤 스미스의 번역에 따르면 "한 인간이 다른 인간의 도움을 받아야 하는 순간, 그가 두 사람을 위한 식량을 단 한 사람이 갖는 것이 유리하다는 것을 깨닫는 순간, 평등은 사라지고 재산이 도입되고, 노동은 필연적인 것이 되고, 광대한 자연림은 인류의 땀방울로 물을 대어야 하는 아름다운 평원이 된다. 거기에서 세상은 노예제를 목도하고 추수와 더불어 비참함이 자라고 꽃피기 시작한다." 문명은 도덕적으로 훌륭한 복지의 근원이 되기는커녕, 사실상 자유가 아닌 노예 상태와 다름없는 의존관계를 창출하는 엄청난 기만이었다.

애덤 스미스가 지적했던 것처럼 이러한 비판 자체는 1705년 버나드 맨더빌(Bernard Mandeville)이 재치와 반어적 표현으로 멋있게 쓴 풍자시 『꿀벌들의 우화』에 근거하고 있다. 맨더빌은 이 시를 이후 20년 동안 일련의 추가적 에세이로 덧붙이고 방어하였다. 맨더빌의 시는 애덤 스미스에게는 여러 면에서 『국부론』의 아젠다를 제시한 뛰어난 작품이었다. 그것은 '분업'을 고려했고, 전문화의 이점을 다루었다. 부제 "사적인 악덕, 공적인 혜택"이 암시하듯이, 이 시는 자기 이익을 추구하는 개인의 행동이 예기치 못한 긍정적 결과를 가질 수 있다고 주장한다. 그리고 정통적 종교적 견해와 달리 사치는 경제적으로 이득을 가져다주고 절약은 쓸모없다고 주장한다. 그러나 무엇보다 『꿀벌들의 우화』는 온갖 위선

41. **[원문]** A Letter to the Authors of *the Edinburgh Review* (에든버러 리뷰[Edinburgh Review]의 저자들에게 보내는 편지), *Edinburgh Review*, 2, 1756. 애덤 스미스와 루소의 공통점을 강조하는 접근에 대해 알려면 Istvan Hont, *Politics in Commercial Society*, Harvard University Press 2015을 볼 것.

을 목이 터지라고 비난한 작품이다. 맨더빌에게 인간의 자비로움에 대한 샤프츠베리와 허치슨의 신념, 도덕적 탁월함, 원칙, 기준, 미덕, 악덕 같은 모든 멋진 말들은 실제로는 허풍에 불과한 것이었다. 인간에게는 오직 '자기 사랑'과 '수치'라는 두 가지 동기만이 있다는 것이었다. 근본적으로 교양, 문화 등등은 인정받으려는 인간의 갈망과 망신당하는 것을 싫어하는 인간의 본성을 위장한 것에 불과하다. '미덕'과 '악덕'은, 교묘한 '정치가들'이 열정의 방향을 돌려 대중을 서로 통제하기 위해 사용하는 명칭이다.

꿀벌에 대한 맨더빌의 우화는 요점을 완벽히 전달한다. 원래 꿀벌들은 온갖 악덕에 오염되었지만, 행복하고 번영했다. "엄청난 무리가 풍요로운 벌집에 모여들었는데 / 엄청나게 몰려와서 오히려 번성하게 되었다 / 수백만이 애써서 서로의 탐욕과 허영을 채워주었고…." 그런데 갑자기 벌집에 도덕적 미덕이 들어왔다. 결과는 참담했다. 경쟁, 야심, 소비 대신 절약, 친절이 들어서고, 가격은 하락하고 무역은 고갈되며 재화의 종류와 품질은 하락하고 경제는 침체하였다. 그래서 맨더빌은 인간 타락의 논리 자체를 뒤집어, 이기심과 탐욕은 엄청난 성공을 불러오지만 인자함과 이타심은 사회에 해롭다고 주장했다. 정의 자체도 부패하였다. 애덤 스미스의 말에 의하면 "(루소와 맨더빌) 두 사람에 따르면 인류가 현재 처한 불평등을 유지하는 정의의 법들은 원래 교활하고 힘있는 자들이 다른 인간들에 대한 불의한 우위를 유지하거나 획득하기 위해 고안해 낸 것이다."

애덤 스미스가 루소와 같은 주장을 하는 것처럼 보이는 경우들이 있다. 예컨대 다른 사람들 보기에 물질과 지위에 집착하는 사람들을 비난할 때가 그렇다. 루소가 '다른 사람들의 눈에 어떻게 보이는지를 좋아하는 것'(amour propre)과 '자기사랑'(amour de soi)을 구분한 것은[42] 분명 애덤 스미스에게 깊은 인상을 남

42. **[역주]** '자기사랑'(amour de soi)은 인간이 기본적 생존을 유지하기 위해 자신에게 주는 관심으로 기본적 필요가 확보되면 만족하는 감정이다. 반면 '다른 사람들의 눈에 어떻게 보이는지를 좋아하는 것'(amour propre)은 타인과의 비교를 통해 그들보다 우월해야만 자신에 대해 만족하는 감정이다.

졌다. 두 사람 모두 인간 발전의 '단계'에 관한 이론을 제시했다. 둘 다 자세하게 상업사회의 기원과 효과, 그리고 인간 본성과 사회의 관계에 대해, 또한 다양한 방식과 다른 강도로 불평등과 억압을 고찰하였다. 그러나 두 사람은 기질상 극과 극이었다. 애덤 스미스는 냉정하고 실용적이었고, 루소는 놀라울 정도로 강렬한 수사를 사용하면서 격렬한 비관적 비판과 유토피아적 낙관 사이를 오갔다. 애덤 스미스의 저서는 대체로 이 제네바 철학자를 포괄적으로 반박한 것이었다. 그는 문명을 옹호했고, 상업과 사유 재산이 자유를 가져온다고 주장했고, 법치에 의한 개인의 자유를 주장했으며, 조정되지 않은 개인들의 행동이 예상치 못하고 의도되지 않았는데도 사회적 악이 아닌 사회적 선을 창출할 수 있다고 주장했다. 『도덕감정론』의 핵심 목적은 어떻게 도덕적 감정이 인간의 사회성으로부터 나오는지를 설명함으로써 문명 자체가 도덕적 개선의 힘이라는 것을 입증하는 것이었다. 애덤 스미스는 맨더빌의 다소 이분법적인 세계관은 거부하였으나 "자신을 이해하는 사람들이 별로 없는 큰 이유 중 하나는 글을 쓰는 사람들 대부분이 사람들에게 그들이 어때해야 하는지를 가르치지만, 그들이 실제로 어떠한가에 대해서 말하는 것에 대해선 별로 신경 쓰지 않는 것이다"라고 한 맨더빌의 경고는 존중했다.

애덤 스미스의 『도덕감정론』은 '사람들에게 실제로 그들이 어떠한가에 대해서 말하는 것'에 집중했다. 그러나 이것은 단순한 회의론이 아니라 건설적으로 이론화하는 작업이었다. 이 책은 신의 은총이나 허치슨의 '도덕 감각'(moral sense)처럼, 증명해야 할 것을 전제하고 이것에 의존하는 오류를 조심스럽게 피했다. 표현방식은 다양했으나 대개 직접적이었다. 이 책엔 과도하게 미묘한 논리, 논쟁을 위한 논쟁은 거의 없고, 일반적 주제들을 예시적으로 설명하기 위해 주의 깊게 고른 친숙한 사례들로 풍부하다. 매력적일 만큼 간단한 서두는 모범적이다. "사람이 원래 이기적이긴 하지만 그의 본성에는 분명 다른 사람들의 운명에 관심을 두게 하는 몇몇 원리가 있다. 이 원리들은 비록 그것을 보는 즐거움

밖에 그가 얻는 것이 없더라도. 이들의 행복을 그에게 필요한 것으로 만든다. 이러한 종류의 원리는 연민과 동정이다."

따라서 애덤 스미스에게 동정은 인간 본성의 근본 원리이다. 그러나 여기서 핵심 아이디어는 연민의 의미가 아니라 감정이입(empathy) 혹은 동류 감정(fellow-feeling)의 의미에서 동감이라는 것이 금방 분명해진다. 『논고』에서 흄은 어떤 행동에 영향받는 사람들과의 '동감'(sympathy)은 도덕적 시인과 부인의 감정을 유발할 수 있다고 주장한 바 있었다. 애덤 스미스는 동감이란 단어를 여러 방식으로 사용했지만, 그것의 핵심적 의미는 연민과 동정만이 아니라 인간이 다른 사람의 '모든 감정'에 대해 동류(同類)로서 느끼는 감정을 포함하도록 확장된 것이었다. 이러한 의미에서 동감은 다른 사람들의 감정을 감지하고 성찰하는 능력이다. 이 능력은 감정이입(empathy)이 작동할 수 있게도 한다. 감정이입은 정신적으로 우리 자신을, 우리와 떨어져 있고 우리와 확연하게 다른 사람들의 입장에 놓을 수 있는 상상의 힘이다. 이렇게 우리는 다른 사람들의 불쾌한 감정에 동감하거나 상상을 통해 이해할 수 있고, 다른 사람들의 기쁨 혹은 자기만족과 동감하게 된다.

우리가 다른 사람들의 삶과 운명에 관해 관심 두도록 하는 것이 이 동감의 능력이다. 그 자체로 그것은 시인 혹은 부인에 대한 우리의 감정을 다른 사람의 것과 비교할 수 있도록 해준다. 도덕적 자각과 도덕적 판단에 대한 우리의 능력의 원천은 무엇인가? 애덤 스미스의 말에 의하면

> "우리가 다른 사람들을 판단하는 것처럼 우리 자신을 판단하는 것은 솔직함과 공정성을 가장 많이 행사하는 일이다. 그렇게 하려면 우리는 우리가 다른 사람들을 바라보는 것과 같은 눈으로 우리 자신을 바라봐야 한다. 우리는 우리 자신을 행위자가 아니라 우리 자신의 성품과 행동에 대한 관찰자라고 상상해야 한다. 간단히 말해 우리가 우리 행동에 대해 갈채를 보내거나

비난하기 전에 우리는 다른 사람들의 감정이거나 다른 사람들의 감정이어야 하는 것에, 혹은 우리 행동의 모든 상황이 알려져 있다면 다른 사람들의 감정일 것이라고 상상하는 것 안으로 들어가야 한다."[43]

애덤 스미스는 개인의 자의식의 사회적 차원을 강조하기 위해 먼저 사회로부터 완전히 차단된 사람을 고려한다. "한 인간이 성인이 될 때까지 고립된 곳에서 동류와 어떤 소통을 하지 않은 채 성장할 수 있다면 자기 얼굴의 아름다움과 추함을 생각할 수 없는 것처럼, 자신의 성품, 자신의 감정과 행동의 적정성 혹은 단점, 자기 마음의 아름다움과 추함을 생각할 수 없을 것이다." 따라서 자아(自我)를 갖는다는 것, 자아를 의식하거나 자아를 인식하는 것, 사회적·도덕적 가치에 의존하는 것, 혹은 우리 자신을 판단하는 것은 애덤 스미스가 말한 "다른 사람들의 감정에 대한 직접적인 관련"을 언제나 포함한다.

하지만 "우리가 다른 사람들을 보는 것과 같은 눈으로 우리 자신을 본다는 것"은 다른 사람들이 우리를 볼 수 있고, 다른 사람들이 우리를 보는 것을 우리도 알 수 있고, 우리가 그들을 본다는 것을 그들이 알 수 있다는 것이다. 게다가 그들이 우리의 행동을 볼 수 있고, 우리가 행위자로 행동하는 것을 볼 수 있다는 것과 그 반대도 허용하는 것이다. 이런 식으로 인간들은 집단적 자의식, 즉 공동의 지식을 형성한다. 시선은 즉각적이며 자주 상호적으로 작용한다.[44] 이것은 애덤 스미스에게는, 언어를 통한 소통처럼, 인간이 자신의 힘으로 타인에 대한 원초적인 의식에서 출발하여, 사회성, 도덕적 자의식, 그리고 이를 통해 타인에 대한 의무와 타인에게 요구하는 의무를 이해하는 단계로 스스로 자신을 고양(高揚)하는 근본적인 방법이다. 게다가 애덤 스미스의 분석은 도덕적 행위자와 행위간의 단순한 양방향 관계를 넘어선다. 그의 분석은, 모든 사실이 알려져 있다면

---

43. **[원문]** 『도덕감정론』(초판) 제3부 제1장 2번.

44. **[원문]** 내게 이 중요한 점을 알려준 것은 크누드 하콘센(Knud Haakonssen)이다.

다른 사람이 그 상황에서 그 행위를 어떻게 볼 것인가라는 제3의 요소를 추가한다. 이러한 3요소 관계로 인해 그의 도덕 이론은 '미래성'(futurity)의 요소와, 이에 따라 '진화'의 가능성을 포함한다.

그러나 "우리 행위의 모든 상황이 알려졌다면"이라고 말함으로써 애덤 스미스는 추가적인 수정이 필요함을 지적한다. 그는 이것을 흄의 문구를 빌려 '공정한 관찰자'라고 불렀다. 이것은 어떠한 감정이나 편향 없이, 그리고 사안의 다양한 측면들을 이해한 상태에서 사실관계를 객관적으로 볼 수 있는 '냉정'하고 '무심'한 방관자라는 개념이다. 다른 사람들의 눈으로 우리를 보는 것은, 우리를 자신이 왠지 특별하다는 생각에서 벗어나게 하여 객관적인 판단의 가능성을 허락한다고 애덤 스미스는 말한다. 이것은 인간의 연약함을 교정하고 단순한 통상적인 지혜보다 뛰어난 행동 규범이나 행동 기준을 세우는 것을 우리에게 허락하는 것은 공평한 방관자이다.

애덤 스미스의 열렬한 숭배자였던 로버트 번스(Robert Burns)[45]는 이 주제를 1786년 그의 시(詩) 『이(蟲)에게』에서 다루었다. 번스가 즐겨 쓴 해비(Habbie) 스탠자[46] 형식의 주옥같은 이 작품에서 시인은 한 젊은 숙녀의 보닛 모자 위를 기어 올라가는 이(蟲) 한 마리의 무례함을 투덜거리는 어투로 질책한다.

너 기어 다니는 못생긴 녀석
성인이나 죄인 할 것 없이 모두 너를 혐오하고 꺼리는데
너 어찌 감히 그녀에게 발을 댈 생각을 하느냐?

---

45. [역주] 로버트 번스(1759~1796) : 스코틀랜드 출신 영국의 시인이자 서정시인으로 낭만주의 운동의 선구자로 알려졌다. 대표적인 작품으로 "Auld Lang Syne"이 있다.

46. [역주] 해비 스탠자(Habbie stanza) : 스탠자는 4행 이상의 각운(脚韻)이 있는 시를 말하는데, 해비 스탠자는 AAABAB의 각운을 갖는 6행의 시다. 원래는 파이프 연주자 해비 심슨(Habbie Simpson)에서 유래하여 해비 스탠더드(Habbie standard)라고 불렸는데, 로버트 번스가 이 형식을 즐겨 쓰면서 번스 스탠자(Burns Stanza)라고 불리기 시작했다.

그렇게 세련된 숙녀에게 말이야.
저녁거리가 필요하면 다른 데 가서
가난한 놈이나 빨아먹어라.

숙녀에게는, 임박한 이(蝨)의 공격이 만들어 낼 구경거리에 대해 경고한다.

오 제니, 그대의 머리를 쳐들지 마오.
그대의 땋은 머리를 휘두르지 마오.
그대는 이 녀석이
얼마나 빠르게 움직일지 모르오.
사람들의 눈짓과 손가락질을 받으면
사람들 눈에 띄었다는 것을 알게 될 거요.

그러나 마지막 스탠자에선 이 시(詩)에 추가적인 박진감과 의미를 부여하는 원무곡이 반종교적 표현으로 대미(大尾)를 장식한다.

만약 모든 것을 보는 어느 전능자가 우리에게
다른 사람들이 우리를 보듯이 우리를 보도록 가르친다면
우리는 많은 실수를 피할 수 있으리라.
옷과 마차를 과시하고, 심지어 경건한 척하려는
어리석은 생각들이
우리를 떠나리라.

여기에 나오는 표현들은 『도덕감정론』을 생각나게 한다. 번스에 따르면 다른 사람들이 우리를 보듯이 우리 자신을 보면 우리의 콧대가 꺾이고 겸손해지는 것을 경험할 수 있다. 애덤 스미스에게 이것의 종합적인 함의는 혁명에 가깝다. "만약 다른 사람들이 우리를 보는 시각으로, 혹은 그들이 모든 것을 알고 있다면 우리를 보는 시각으로 우리가 우리 자신을 본다면 개심이 불가피할 것이다. 그렇지 않으면 우리는 자기 모습을 견디지 못할 것이다."

공정한 관찰자라는 개념이 매혹적이지만, 이에 대해 분명 반론이 제기될 수 있다. 이 개념은 '도덕 감각'(moral sense)이나 신(神)을 달리 표현한 것에 불과하지 않은가? 그렇지는 않다. 사실상 애덤 스미스는 양심이라는 개념을 정확히 표현하려고 시도했는데, 그의 설명은 분석적이면서도 인간의 경험에 바탕을 두고 있다. 그의 이론은 인간 내면에서 시작하여 바깥으로 가는 것이 아니라 바깥에서 시작하여 내면으로 들어간다. 그는 우리의 개인적인 도덕적 판단이 일차적이거나 신의 영감이나 원시적 본능의 결과라고 주장하지 않고, 우리의 개인적 도덕적 판단은 이차적이며 다른 사람들을 보는 것에서 비롯된다고 주장한다. 우리는 도덕적 판단을, 우리와 다른 사람들의 실제 행위와 가능한 행위를 비교하는 것으로부터 끌어내고, 우리의 도덕 원칙들은 대체로 사회 안에서 정해진 규범들에 반응하면서, 또 그 규범들을 통해 진화해 간다는 것이다. 우리는 그 결과로 생긴 도덕적 이해력에 다양한 이름을 붙일 수 있지만, 그것은 인간 본성과 인간의 사회성에서 나온다. 이렇게 하여 나온 것이 허치슨(Hutcheson)식 도덕 감각에 의존하지 않고, 도덕이 더 높은 별도의 영역에서 인간을 평가하는 것이라는 주장을 반박하는 자연주의적이며 실증적인 접근의 도덕적 감수성의 이론이다.

그런데 상호 동감에 대한 애덤 스미스의 확대된 개념엔 몇몇 매혹적이면서도 반직관적(反直觀的)인 함의가 있었고, 애덤 스미스는 그것을 회피하지 않았다. 그는 이 개념을 구체적으로 인간이 권력과 부의 위치에 있는 사람들에겐 무의식적이고 비굴한 찬사를 보내면서, 가난한 사람들에겐 몰인정한 것을 설명하기 위해 사용한다. 이것이 애덤 스미스의 사상을 처음부터 끝까지 관통하는 주제이다. 그는 이 주제를 일찍이 수사학에 관한 연속 강연에서 다루면서 '인간 본성에는 우리가 우리 윗사람들을 흠모하도록 유도하는 노예근성과 우리 아랫사람을 경멸하고 발로 짓밟도록 하는 비인간성이 있다'고 말한 바 있었다. 그런데 『도덕감정론』은 동감을 사용하여 더 심도 있는 설명을 제공한다:

> "사람들은 우리의 슬픔보다 우리의 기쁨에 보다 완전히 동감하는 성향이 있기 때문에, 우리는 우리의 부를 과시하고 우리의 가난을 감춘다.. 우리가 상상이 칠하기 쉬운 허망한 색채로 그려낼 때, 위대한 사람들의 상태는 거의 완전하고 행복한 상태라는 추상적 관념인 것처럼 보인다... 그러므로 우리는 그런 상태에 있는 사람들의 만족감에 대해 어떤 특별한 동감을 느낀다. 우리는 그들의 모든 성향을 환영하고, 그들의 모든 희망의 달성을 지지한다... '위대한 왕이여 만세!'라는 말은, 경험을 통해 그것이 부조리함을 알게 되지 않는 한 우리가 기꺼이 바칠 동양 풍의 찬사이다."[47]

따라서 그의 이론은 원칙적으로 사회적으로 유익한 규범과 더불어, 편리하지만 해로운 규범이 확산하는 이유를 설명할 수 있다.

이렇게 명백하게 맨더빌적 인간은 전통적인 도덕이 교정해야 할 야비한 본능의 지배를 받는다. 영화 〈아프리카 여왕〉에서 캐서린 헵번(Katharine Hepburn)은 험프리 보가트(Humphrey Bogart)의 병에 들어 있던 진(gin)을 울랑가(Ulanga) 강에 전부 부어 버리고 이렇게 말한다. "미스터 알누트(Allnut), 우리는 본성을 극복하도록 이 세상에 있는 거예요." 그러나 인간 본성에 관한 애덤 스미스의 관점은 대체로 맨더빌보다 훨씬 긍정적이었다. 특히 그는 '진실로 명예와 존중을 받을만 하게 되는 것을 통해 명예와 존중을 얻고자 하는 욕구'와 '칭찬받으려는 경박한 욕망'을 구분하기 위해 애썼다. "허영과 진정한 영광을 사랑하

47. **[원문]** 『도덕감정론』 제1부 제3장 2번.

는 것, 이 두 가지 격정 모두가 존중과 시인을 얻고자 한다는 점에서 유사성이 있다. 하나는 정당하고 합리적이고 공정한 감정이고 다른 하나는 부당하고, 부조리하고, 경멸스럽다는 점에서 차이가 난다."[48] 도덕의 힘에 대한 그의 신념 역시 더 긍정적이었다. 동감과 공정한 관찰자 덕에 인간은 자기의식적 도덕적 성찰의 능력을 갖는다. 인간은 정직한 야심과, 인정받을 가치가 없는데도 인정받으려는 욕망의 차이를 알고 있고, 그것은 자신과 타인에 대한 도덕적 판단에서 드러난다. 그에 반해 미덕에 대한 맨더빌의 공격은 후자를 비난하기 위해 전자를 이용한다는 점에서 애매어(曖昧語)의 오류[49]에 빠져 있다.

애덤 스미스는 자연의 원시 상태가 인간사회와 타인에 대한 의존으로 인해 부패했다는 루소의 생각도 반박하였다. 사실상 스미스는 자연의 원시 상태라는 것이 있다는 것, 혹은 있을 수 있다는 것 자체를 부정하였다. 인간 본성은 인간사회 안에서 나타나고 인간사회에 의해 형성되기 때문이다. "인간사회의 모든 구성원은 서로의 도움이 필요하고, 마찬가지로 서로에 대한 위해(危害)에 노출되어 있다. 필요한 도움이 사랑, 감사, 우정, 존중으로 호혜적으로 제공되는 곳에서 사회는 번창하고 행복하다. 사회의 다양한 구성원 모두가 사랑과 애착의 즐거운 끈으로 단결되어 있고, 말하자면 상호 봉사의 공통된 중심으로 이끌린다."[50] 사회를 유일한 하나의 합리주의적 출발점으로부터 시작하여 하나의 전체로 연구하거나, 아르키메데스의 지렛대 같은 것으로 움직일 수 없다. 사회들은 사회적 도덕적 규범으로 매개된 이해관계, 상호 의무와 상호 애착의 끈에 의해 다원적으로 서로 연관되어 있다.

---

48. **[원문]** 『도덕감정론』 제7부 제2장 4번.

49. **[역주]** 애매어(曖昧語, equivocation)의 오류 : 한 단어가 여러 의미를 갖거나 문맥에 따라 뉘앙스가 다른 경우에 이것을 혼동함으로써 생기는 오류이다. 예컨대 "모든 죄인은 감옥에 갇혀야 한다. 인간은 모두 죄인이다. 그러므로 인간은 모두 감옥에 갇혀야 한다"와 같은 추론은 '법적'인 의미에서의 죄인과 '종교적' 의미에서의 죄인을 구별하지 않음으로써 생긴 잘못된 추론이다.

50. **[원문]** 『도덕감정론』 제2부 제2장 3번.

언어에서처럼 이것은 역동적인 개념이다. 우리의 도덕적 삶은 다른 사람들의 도덕적 삶에서 힘을 얻으며 끊임없이, 연속적으로 변화하고, 발전하고 있다. 그것은 최초의 근원이나 최종적 정지점(靜止點)을 갖고 있지 않다. 동감은 호혜성, 도움과 의무의 교환을 촉진한다. 그리고 호혜성은 상업과 상호안전을 함양한다. 그리고 이것들은 다시 확산적이며 스스로 강화해 가는 방식으로 사회적 미덕을 형성한다. 도덕적 판단은, 행위를 적정성 여부에 따라 선별하고 처벌하고, 구체적 상황 속에서 새로 등장하는 규범에 끊임없이 적응시켜가면서 이루어진다. 현대적인 용어로 애덤 스미스의 이론은 진정으로 진화적인 이론이지만, 자연 선택이 아닌 사회적 선택의 과정을 통해 작동한다. 그것은—제9장과 제10장에서 다루겠지만—수많은 인간의 상호행위가, 의도되지 않은 사회적 이익은 물론, 사회적 폐단 등의 엄청난 집단적 결과를 가져올 수 있다는 애덤 스미스의 핵심적 통찰력을 포함하고 있으며, 이 작용은 스스로를 조직하는 방식으로 이루어지면서 '자발적 사회 질서'라고 부를 수 있는 것을 창출한다. 이 이론은 도덕에 관한 진정한 과학의 윤곽을 잡으려는 시도에 걸맞게 사실적이며 서술적이다. 이 이론은 어떻게 도덕이 탄생하는지를 사고하는 일반적 틀과 동시에, 도덕이 다양한 상황 속에서 형성되는 것을 분석하는 구체적 방식들을 제시한다. 그러나 이 이론은 어떻게 인정되고, 또한 인정될 정도로 도덕적인 기준들이 나타나는지를 서술한다는 점에서 도덕적 함의 역시 지니고 있다. 사실에서 출발하여 규범을 통해 가치로 옮겨가는 것이다.

완전히 자의식이 없거나, 자의식이 없어 보이는 사람들에게서도 나타나는 후회와 죄책감은 얼마나 동감—그리고 도덕적 규범에 대한 인식—이 인간 행위에 뿌리박혀 있는지를 보여준다. 반대로 동감이 없는 사회에선 호혜성이 나타날 수 없고, 이것은 다시 그 사회 구성원의 도덕을 형성한다. 애덤 스미스는 고결한 야만인(noble savage)들의 도덕성을 존중했지만, 이들이 어떠한 도덕적 버팀목도 갖고 있지 않다고 보았다. "모든 야만인은 지속적인 위험에 처해 있다. 그는 자주 가장 극심한 기아에 노출되어 있고, 자주 먹지 못해 죽는다…. 그는 동포들로부터 어떤 동감이나 관용을 기대할 수 없다…. 따라서 야만인은 그의 고통이 어떤 성격의 것이건 간에 자기 주변에 있는 사람들로부터 어떠한 동감을 기대할 수 없다."[51] 그리고 루소의 주장과 달리 문명성과 함께—부분적으로라도—도덕적 개선이 일어난다. "세련된 민족은 어느 정도 본성의 움직임을 따르는 데 익숙해져 있어서 솔직하고 개방적이며 진실해진다. 반대로 야만인은 모든 격정이 표출되는 것을 억누르고 감춰야만 하므로 필연적으로 거짓말하고 위장하는 습관을 획득하게 된다."

인간 사이의 '조화' 혹은 상호의존성이 애덤 스미스의 전체 이론체계의 중심이라는 점을 생각하면, 이제 우리는 이 주제의 철학적 중심에 가까워졌다. 이 점을 크누드 하콘센(Knud Haakonssen)은 다음과 같이 훌륭하게 요약했다. "기본적으로 모든 인간 문화의 저변에 깔린 것은 이러한 지속적인 교환(continuous exchange)이다. 이것은 언어의 저변에 깔려 있을 수 있다. 이것은 허영심을 통해 모든 신분 차별의 기초를 이룬다. 이것은 물물교환의 형태로 모든 경제의 배후에 있다. 그리고 동감의 메커니즘을 통해 인간의 도덕성을 창출한다."[52] 이것이 스미스의 사상 체계 전체의 바탕에 있는 근본적 가정이다. 그러나 그의 말에 따르면 '이러한 조화는 감정과 의견의 자유로운 소통이 없으면 이루어질 수 없다.' 따라서 자발적 질서의 혜택은 개인의 자유에 의존한다.

당시 시대의 성격을 염두에 두면 예절과 문명, 개심에 대한 찬사가 호의적

---

51. [원문] 『도덕감정론』 제5부 제2장 9번.

52. [원문] Knud Haakonssen, *The Science of a Legislator : The Natural Jurisprudence of David Hume and Adam Smith*, Cambridge University Press 1981. 중요한 것은 제임스 오트슨(James Otteson)은 이러한 사고의 흐름을 *Adam Smith's Marketplace of Life*, Cambridge University Press 2002에서 '도덕의 장터'(marketplace of morals)라는 원숙한 이론으로 정교화했다는 점이다. 그러나 교환의 개념 자체는 분명 더 근본적이며 그것에는 시장을 연상하는 사고파는 행위의 함의가 없다. 따라서 애덤 스미스의 시장 교환 이론은 더 넓은 이론의 파생물이다.

인 반응을 얻은 것은 놀라운 일이 아닌 것 같다. 『도덕감정론』은 1759년에 출판되어 런던과 에든버러에서 잘 팔려나갔다. 애덤 스미스의 런던 출판업자 앤드류 밀라(Andrew Millar)는 제1판이 출판되기도 전에 3분의 2에 대한 구매 주문이 들어 왔다고 자랑하였다. 이 책은 몇몇 예외를 제외하고는 여러 곳에서 전문가들의 호평을 받았다. 특히 이 책에 대한 서평을 쓴 사람 중 하나가 에드먼드 버크(Edmund Burke)였다. 그는 당시 겨우 29세의 젊은 아일랜드인으로 『애뉴얼 레지스터(Annual Register)』의 별로 알려지지 않았던 편집자였고, 6년 후에야 의원직에 선출되어 명예로운 공적 경력을 시작하게 된다. 데이비드 흄은 『도덕감정론』을 런던의 영향력 있는 사람들에게 보내주는 일을 맡아 훌륭하게 수행했는데, 이 책을 받은 사람들의 명단은 왕의 신하, 정치인, 고위층의 인명사전과 같았다. 그런데 흄은 영리하게 버크에게도 한 권을 보냈는데, "그(버크)가 최근 숭고함에 관한 매우 훌륭한 논문[53]을 썼다."는 점에서, 잠재적으로 애덤 스미스에게 가치가 있을 것이라는 점을 기막히게 감지했기 때문이었다.[54] 『애뉴얼 레지스터』에 쓴 서평에서 버크는 "시인과 부인을 미덕과 악덕에 대한 시험으로 삼고, 시인과 부인이 동감에 기초하고 있다는 것을 보여줌으로써 그(애덤 스미스)는 이 단순한 진리로부터 아마 지금까지 나온 것 중 가장 아름다운 도덕 이론의 틀을 만들어 냈다"[55]라고 썼다. 보낸 책에 대해 애덤 스미스에게 보낸 감사의 편지[56]에서 버크는 친절한 비판을 주저하지 않았지만, "당신의 책에 풍부하게 나오는 평범한 생활과 예절에서 나온 평이하고 즐거운 실례들"을 높이 평가했고, 런던에

53. **[역주]** 버크가 1757년에 쓴 『숭고함과 아름다움의 기원에 관한 철학적 연구(A Philosophical Enquiry into the Origin of Our Ideas of the Sublime and Beautiful)』를 말한다.

54. **[원문]** letter from David Hume to Adam Smith 12 April 1759 (데이비드 흄이 애덤 스미스에게 보낸 1759년 4월 12일자 편지).

55. **[원문]** *Annual Register*, 1759.

56. **[원문]** letter from Edmund Burke to Adam Smith, 10 September 1759(에드먼드 버크가 애덤 스미스에게 보낸 1759년 9월 10일자 편지).

오게 되면 인사할 기회를 달라고 애덤 스미스에게 부탁하였다. 이것이 상호 존경의 기나긴 우정의 시작이었다.

스미스와 흄의 친분을 생각하면, 애덤 스미스가 가장 원했던 것이 이 새로운 책에 대한 흄의 호평이었음이 틀림없다. 흄은 책에 대한 비평을 즉각 보내지 않았다. 그러나 그가 이러한 기회를 그냥 흘려버릴 사람은 아니어서 1759년 4월 22일 런던에서, 짜증 날 정도로 약 올리면서도 애정이 담긴 편지를 애덤 스미스에게 보냈다. 흄은 편지를 이렇게 시작했다. "책이 출판된 지 불과 몇 주밖에 안 되었지만 내 생각엔 이미 어떤 강한 조짐이 보여 그것이 어떤 결과를 가져올지 거의 조심스럽게 말할 수 있을 것 같네. 짧게 말하자면 이것은—하지만 내가 편지를 쓰는 동안 어느 멍청하고 무례한 방문객 때문에 방해받았지…." 이것은 어느 스코틀랜드 동료가 가져온 다양한 소식을 말하는데, 이 얘기를 흄은 질질 끌면서 늘어놓았다. 그리고서 "이제 자네의 책이 이 도시(런던)에서 성공한 것에 대해 말하지. 자네에게 말해줘야 할 것은—아, 또 중단되었네." 흄은 또 다른 방문객을 맞았다면서 다시 여기에 대해 한창 수다를 떨었는데, 이번에는 유럽 대륙에서 새로 나온 엘베티우스(Helvétius)와 볼테르(Voltaire)의 책에 대해서였다.

흄은 계속했다. "자네는 이 모든 것이 자네 책과 무슨 상관이냐고 말하겠지. 친애하는 애덤 스미스, 참게나. 마음을 가다듬어 평정을 찾게나. 학자의 직업에서처럼 실생활에서도 자네가 철학자라는 것을 보여주란 말이야. 사람들의 판단의 공허함, 경솔함, 그리고 허무함을 생각하게나."[57] 그리고서 흄은 페르시우스(Persius)의 책에서 라틴어로 인용된, 스토아적 절제의 미덕에 관한 훈계를 늘어놓은 후, 시치미를 떼면서 결론을 말하기 시작했다. "따라서 자네가 이 모든 성찰을 통해 최악의 상황에 적절히 준비되었다는 것을 전제로, 이제 나는 자네 책이 정말 운이 없다는 우울한 소식을 전하겠네. 대중이 자네 책에 대해 갈채를 보

57. **[역주]** 애덤 스미스는 『도덕감정론』 곳곳에서 평정(tranquility)을 비롯한 여러 스토아적 미덕을 강조했는데, 흄은 이걸 들어 애덤 스미스를 놀려댄 것이다.

내고 싶은 마음이 많은가 봐." 이 순간에도 흄은 기성 종교를 빈정거리고 싶은 마음을 참지 못했다. "어제 주교 세 명이 자네 책을 사려고 밀라(Millar)의 출판사에 들렀지…. 피터버러(Peterborough)의 주교는 자네 책이 세상의 모든 책을 능가하는 높은 격찬을 받고 있다는 말을 들었다고 말해 주었지. 이 미신 숭배자들이 이렇게 칭찬하는 것을 보면, 진정한 철학자들이 이 책을 어떻게 생각할지 자네도 짐작할 수 있을 걸세." 밀교식(密敎式) 서신의 걸작이라 할 수 있는 이 편지를 끝까지 읽은 가련한 애덤 스미스를 생각하면 측은한 생각마저 든다.

『도덕감정론』은 그 자체로 대성공이었다. 그러나 애덤 스미스는 이 책이 더 광범위한 연구 프로젝트의 일환으로도 의도되었음을 매우 분명하게 밝혔다. 그는 바로 책 뒷부분에 다음처럼 썼다. "나는 다른 논문에서 법과 통치의 일반 원칙들과 이것들이 사회의 다양한 시대와 시기에서 겪어 온 변혁을, 정의뿐 아니라 경찰(즉, 공공행정), 세입, 군비, 그리고 법의 대상이 되는 모든 것에 관해서도 설명하려고 노력할 것이다." 우리가 이제 보게 되듯이 그는 이 약속을 이행할 기회를 찾으며 이후 30년을 보냈다. 그의 시도는 실패했다.[58] 그러나 실패의 와중에서 그는 그때까지 쓰였던 것 중 가장 위대한 사회과학 저서를 집필하게 된다.

---

58. **[역주]** 애덤 스미스는 정의와 경찰의 문제에 관한 책을 그의 생전에 집필하지 못한다. 그의 두 번째 저작 『국부론』은 정치경제학에 관한 것이다. 그의 약속은 그의 사후 제자들의 강의 노트를 편집한 『법학 강의』가 출판되면서야 이루어진다.

제3장 계몽사상가들을 만나다 : 1760~1773년

1760년 초 애덤 스미스는 36세에 미혼으로 아직 글래스고에서 어머니, 그리고 살림을 맡았던 사촌 재닛 더글러스(Janet Douglas)와 함께 살고 있었다. 그는 존경받는 대학교수이자 행정가였고, 매우 성공적인 첫 번째 저서의 저자였다. 당시 그는 일시적으로 원인 모를 지병 중 하나로 고생하고 있었다. 그의 의사가 내린 감탄스러울 정도로 분별 있는 처방은 여름이 끝날 무렵까지 말을 타고 500마일을 달려야 한다는 것이었다. 그걸 제외하면 그의 생활은 가정적인 고요함의 전형이었다.

애덤 스미스의 생활은 고요했을지라도 주변의 세계는 고요함과는 아주 거리가 멀었다. 1756년부터 영국은 프랑스와 전쟁 중이었다. 프랑스와의 전쟁은 전혀 새로운 일이 아니었지만, 이번엔 처음으로 세계적 분쟁으로 격화하였다. 이른바 7년 전쟁은 북아메리카 식민지에서 시작하여 카리브해의 과들루프(Guadeloupe)와 유럽의 대서양 해안, 그 아래 서아프리카의 세네갈(Senegal), 그리고 인도를 돌아 벵골을 포함한 진정한 세계대전이었다. 이 전쟁은 약해지고 있었던 식민지에 대한 프랑스의 야심과 이에 반기를 든 영국의 경제력과 영국 왕립 해군의 지배력에 맞선 엄청난 지상 군사력에 흠집을 내었다.

유럽 대륙의 상황은 복잡하고 다양한 측면을 갖고 있었다. 당시 영국은 지난 400년 이상 가급적 유럽의 세력 균형을 유지하여 유럽 대륙에서 불패의 초강대국이 등장하는 것을 막는다는 목표를 대체로 변함없이 추진해 왔었다. 이 목표와 관련하여 영국은 사실상 10년 전엔 동맹이었던 오스트리아가 더 이상 프랑스의 야망을 적절히 견제할 나라가 아니라는 결론을 내렸다. 오스트리아 왕위 계승 전쟁을 끝맺었던 1748년 엑스-라-샤펠(Aix-la-Chapelle)의 평화조약에서 영국은 슐레지엔(Schlesien)[1]의 가치 있는 지역을 프로이센의 프리드리히 대왕에게 양보하라는 의무를 오스트리아에 부과하여 오스트리아를 격분시켰다. 1756년 오스트리아는 오랜 숙적 프랑스의 편을 들었고, 영국은 프로이센과 동맹을 맺었는데 이 조치는 고향 하노버(Hanover)의 안정을 두려워했던 조지 2세의 우려를 누그러뜨렸다.

영국과 프랑스의 싸움이 4개 대륙에서 격화되고 있었던 1759년은 매우 중요한 해였다. 프랑스가—필연적으로 새로운 자코바이트 봉기와 결합하여—포츠머스(Portsmouth)를 통해 5만 명의 군대로 침공하려고 했던 계획은 찰스 에드워드 스튜어트(Charles Edward Stuart)의 쇠약해져 갔던 망명 왕실이 루이 15세에게 재차 간청했음에도 불구하고 무산되었다. 프랑스는 북아메리카의 13개 식민지의 서부 전선에 걸쳐 교착 상태에 빠졌고, 그 해는 영국의 잇따른 놀라운 승리와 더불어 저물었다. 8월에는 탁월한 해군 제독 에드워드 보스코언(Edward Boscawen)이 포르투갈 라고스(Lagos) 앞 바다에서 프랑스의 지중해 군단을 격파하였다. 9월에는 제임스 울프(James Wolfe) 장군이 캐나다 영토에서 불가능해 보이는 일을 해냈다. 그는 에이브러햄(Abraham) 평원 주변 절벽을 대담하게 야간에 기어올라 프랑스의 몽칼름(Montcalm) 장군의 부대를 격퇴하고 프랑스가 통제했던 퀘벡(Quebec)을 점령했다. 11월에는 호크(Hawke) 제독이 브르타뉴(Bretagne) 해안 키브롱(Quiberon) 만에서 놀랄 만한 용기 있는 작전을 펼쳐 프랑스 대서양 함대를 침몰시켰다.

1756년에서 1763년까지 일어난 이 전투들은 매우 중요한 의미를 갖게 된다. 만약 북아메리카에서 프랑스가 승리했다면, 아메리카 혁명전쟁도 없었을 것이고, 대륙 규모의 미합중국도 등장하지도 않았을 것이다. 만약 인도에서 프랑

1. **[역주]** 프로이센 왕국 산하의 행정구역 중 하나로 현재 폴란드 영토 대부분, 그리고 체코 및 독일 일부에 걸쳐져 있는 역사적 지역.

스가 영국을 막아냈더라면 영국은 인도를 통치하지 못했을 것이고, 영어는 절대로 지금과 같은 세계어의 위치를 차지하지 못했을 것이다. 만약 프랑스가 해상을 장악했더라면 영국의 무역 야심과 훗날 대영제국의 확장 모두 좌절되었을 것이다.

7년 전쟁의 중요성은 당시에도 제대로 인식되었다. 월폴 수상의 아들로 통찰력과 기지를 지닌 일기 작가이자 엄청난 속물이었던 호레이스 월폴(Horace Walpole)은 1761년 호레이스 만(Horace Mann) 경에게 보낸 편지에서 다음과 같이 썼다. "귀하는 이 나라를 알아보지 못할 것입니다. 귀하가 떠났을 때 이 나라는 개인 소유의 작은 섬처럼 국내 자원으로만 먹고 살았습니다. 하지만 이제 이 나라는 세계의 수도가 되어 고대 로마인처럼 오만을 떨고 있으며, 세인트 제임스 거리(St James's Street)는 무굴의 군주들과 아메리카 인디언 추장들로 들끓고, 피트 수상의 새바인(Sabine) 농장에는, 그의 통풍이 잦아들어 접견할 수 있을 때까지 기다리는 아시아의 군주와 아한대(亞寒帶) 지역의 선거인들이 머물고 있습니다."[2]

그런데 1760년엔 영국 국내 정치에도 결정적인 변화가 일어났다. 그해 10월 조지 2세가 서거했다. 그의 아들 프레데릭이 이미 1751년에 먼저 사망했기 때문에 손자 조지 3세가 왕위를 계승했다. 새 왕은 조부와 증조부와는 매우 다른 유형의 군주였다. 앞선 조지 1세와 2세는 하노버에서 태어나서 독일어 억양이 섞인 영어를 썼다. 이들은 공공행정보다 사냥에 더 신경을 썼고 정부의 내정을 기꺼이 로버트 월폴 경이나 그의 후임자들에게 맡겼는데, 그것도 이들이 휘그당일 경우에 국한했다. 그러나 잉글랜드에서 태어나 영어를 현지민처럼 구사했던 조지 3세는 독일적이지 않다는 것을 강조했다. 그는 이 점을 즉위식 연설에서 다음과 같은 말로 강조했다. '이 나라에서 태어나고 교육을 받은 짐(朕)은 영국인

2. **[원문]** letter from Horace Walpole to Sir Horace Mann, 23 July 1761 (호레이스 월폴이 호레이스 만 경에게 보낸 1761년 7월 23일자 편지).

의 이름을 가졌음을 자랑스럽게 여긴다.' 부친이 일찍 사망했기 때문에 그는 자기 의견을 내세우기 좋아하는 22세의 매우 젊은 나이에 즉위했다. 그는 정치인들—특히 그때까지 지배적 역할을 했던 휘그당—에게 매우 비판적이었고 정치에 개입함으로써 자신이 헌법적으로 정당한 군주의 권한과 의무라고 여겼던 것을 재확인받으려고 결심했다.

정치인들과 새로운 왕 모두가 다루어야 했던 핵심 문제는 어떻게 전쟁 부채를 상환할 것이냐는 단순한 것이었다. 노(老) 윌리엄 피트(William Pitt) 수상은 영국 정부가 국내와 국외에서 낮은 이자로 대출받을 수 있다는 점을 이용해 해군을 지원하고 식민지들을 강화하고 보상하기 위해 주저 없이 돈을 퍼부었고, 이에 1757년 영국의 국가 부채는 7천 5백만 파운드로 대략 총국내생산과 맞먹었다. 그런데 바로 7년 후 그것은 1억 3천만 파운드로 거의 75퍼센트만큼 증가했는데, 이것은 북아메리카에 주둔한 영국 군대에 들어가는 매년 25만 파운드를 포함하지 않은 숫자였다. 채권의 상환기간이 가까웠고, 이 금액은 당시 기준으로 볼 때 엄청난 것이었다.[3]

나중에 애덤 스미스는 전쟁이 공공부채에 미치는 영향과 그것을 갚는 데 필요한 조세에 대해 많은 얘기를 하게 된다. 그러나 군주의 교체와 조지 3세 자신의 야심과 재정 균형을 유지하려는 절박한 필요는 정권교체와 정치적 소요의 10년 동안 영국 정치를 불안하게 만들 것이었다. 1770년에 노스(North) 경의 행정부가 겨우 안정을 이루게 되었을 때 파멸적 결과가 나오게 될 것이라는 점이 아이러니였다.

애덤 스미스 자신은 케임즈(Kames) 경의 위임으로 에든버러에서 법학에 관한 일련의 강연을 맡았던 1750년 이전부터 통치와 법의 성격에 대해 진지하게

---

3. **[원문]** 국가 부채와 국내총생산에 관해선 John Brewer, *The Sinews of Power : War, Money and the English State 1688~1783*, Harvard University Press 1988와 B. R. Mitchell, *British Historical Statistics*, rev. edn, Cambridge University Press 2011를 참조.

생각하고 있었다. 이 강연은 수사학에 관한 강연과 병행된 두 번째 강연 시리즈였다. 그는 글래스고에서 도덕철학 교수직을 맡자마자 이 강연을 훗날 출판을 염두에 두고 수정하고 확장하였다. 이 강연은 『도덕감정론』의 끝부분에서 '다른 논문'이라고 언급된 것이었다. "법과 통치의 일반 원칙들과 이것들이 사회의 다양한 시대와 시기에서 겪어 온 변혁을, 정의뿐 아니라 경찰(즉, 공공행정), 세입, 군비, 그리고 법의 대상이 되는 모든 것에 관해서도 설명하려고 노력할 것이다." 이 언급은 6번의 판(版)을 거듭하고 1790년 그가 죽을 때까지 『도덕감정론』에 남아 있게 된다.

애덤 스미스와 관련해서 흔히 일어나는 일이지만, 이 강연에 관한 1차 자료는 거의 없다. 그래서 우리가 그 강연에 대해 조금이라도 알고 있다는 것이 기적이다. 말년에 애덤 스미스는 그가 이전에 가졌던 희망에 대해 애통한 마음으로 다음과 같이 적었다.

> "제 나이가 아주 많아 이 엄청난 작업을 스스로 만족할 만큼 실행할 수 있다는 기대가 별로 남아 있지 않음을 인정합니다. 그러나 이 계획을 완전히 포기한 것은 아니고, 아직도 내가 할 수 있는 일을 한다는 의무감에서 이 일을 계속하길 원하기에, 제가 공언한 모든 것을 실행할 수 있을 것이라는 의심이 전혀 없었던 30년도 훨씬 전에 썼던 그 문단을 그대로 놔두었습니다."[4]

그러나 완성되지 않은 작업이 출판되는 것을 용납할 수 없었던 그는 임종 당시 그 강연과 다른 미완성 원고들을 파쇄할 것을 유언집행인에게 말하였다. 그리고 이 유언은 집행되었다.

우리는 이로 인한 손실을 측정할 수 없다. 그러나 순전히 운이 좋게—『수사

4. **[원문]** 『도덕감정론』 제6판에 대한 '저자 일러두기'.

학과 문학에 대한 강연』에서처럼—애덤 스미스의 『법학 강의』에 대한 학생들의 노트 3세트가 남아 있었다. 애덤 스미스의 동시대인(同時代人) 존 앤더슨(John Anderson)이 학생의 노트에서 필사한 첫 번째 노트는 짧고, 1753년에서 1755년에 쓰인 것으로 추정된다. 실제 강의했던 순서와 같은 이 강의 노트는 초기 애덤 스미스의 지적 부채의 범위와 그의 통치 이론의 핵심 개념들의 초기 기원을 분명히 보여주고 있다.

10년 후에 필기한 나머지 노트들은 더 흥미롭다. 하나는 1762~1763년에, 다른 것은 이듬해에 필기했을 가능성이 가장 높다. 이들 노트는 강연 중에 직접 필기한 것인데 전자는 부분적이긴 하지만 더 상세하게 개인 용도로 필기한 것이고, 후자는 당시 학생들이 가끔 판매했던 유형의, 보다 다듬어지고 완전한 것이다. 내용상으로 이 노트들은 일관성이 없고, 균일하지 못하고, 특히 전자의 경우 군데군데 불완전하다. 그러나 이것들은 애덤 스미스가 출판한 두 개의 저서 사이에서 결정적인 지적 연결고리의 역할을 하므로 매우 중요하다. 한편 이 노트들엔 1759년에 나온 『도덕감정론』의 핵심 측면들이 요약되어 있다. 다른 한편 이 노트들은 『국부론』의 틀이 잡히기 시작했을 때 애덤 스미스의 사상이 발전되어 온 과정을 알아볼 수 있게 해준다.

애덤 스미스는 분명 법학에 관한 저작을 보다 큰 전체의 중요한 부분으로 간주했다. 글래스고대학에서 이루어진 논리학과 도덕철학에 관한 애덤 스미스의 강연을 청강했던 제자 존 밀라(John Millar)는 애덤 스미스의 사망 직후, 듀걸드 스튜어트에게 애덤 스미스의 사상을 4개의 부분으로 나누어 설명했다. 밀라의 설명은 매우 중요하다.

> "첫 번째 부분에 포함된 자연신학에서 그는 신의 존재와 속성에 관한 증명들과 종교의 토대를 이루고 있는 인간 정신의 원리들을 고찰했다. 두 번째 부분은 엄격한 의미에서의 윤리를 다루었는데, 주로 그가 이후에 『도덕감정

론』으로 출판할 이론들로 구성되었다.

세 번째 부분에서 그는 자세하고 정확한 규칙이 적용될 수 있어 포괄적이고 세세한 설명이 가능한 도덕 분야인 정의를 다루었다. 이 주제에 관해서 그는 몽테스키외가 제안한 것으로 보이는 구상을 따랐다. 공법과 민법 모두를 포괄한 법학의 점진적 진보를 미개한 시대에서부터 가장 문명화된 시대까지 추적하고, 생계와 재산의 축적에 기여하는 방식들이 유발한 법과 통치의 개선 및 변화를 파악하려고 노력한 것이다. 그는 자신의 연구 중 중요했던 이 분야를 대중들에게도 전달하고자 했다. 그러나 그는 『도덕감정론』에서 언급한 이 계획을 생전에 실행하지 못했다."

그리고 끝으로,

"강연 마지막 부분에서 그는 정의의 원칙이 아닌 편의(expediency)의 원칙에 근거하여 한 국가의 부와 권력과 번영을 증대할 의도로 만든 정치적 규제를 검토하였다. 그는 이러한 시각에서 상업, 재정, 종교적 군사적 기구들과 연관된 정치 제도들을 고찰하였다. 그가 이 주제들을 강연한 것은 훗날 『국가들의 부의 성격과 원인에 대한 탐구』라는 제목으로 출판하게 될 저작의 내용을 구성했다."

애덤 스미스가 '자연신학과 신의 존재와 속성에 관한 증명'에 대해 남긴 것은 거의 없고 그의 종교관에 대해서도 알려진 것이 별로 없다. 그러나 다른 부분에 대해 말하자면, 밀라와 스튜어트가 애덤 스미스와 가까웠다는 점과, 애덤 스미스 사망 후 출판된 애덤 스미스에 관한 스튜어트의 전기에서도 위의 언급이 중요하다는 것을 고려하면 그 언급이 정확하다고 간주할 이유가 충분하다. 밀라의 서술에 따르면 애덤 스미스가 계획했던 법학에 관한 저작은 다음과 같은 핵심적 연결고리 역할을 하도록 기획되었다. 즉, 법과 통치의 기원과 지도적 원칙을 설명함과 동시에 이러한 설명이 개인의 도덕 심리학과 사회학을 정치와 법, 최종적으로는 경제와 상업에 연결한, 탄탄한 기반과 일관성 있는 이론 속에서 이루어질 수 있다는 것을 보여주는 것이다. 전반적으로 그것은 놀라울 정도로 야심 찬 지적 시도였다.

애덤 스미스는 '법학'을 '법과 통치의 일반 원칙에 관한 이론'이며 '모든 국가의 법의 기초가 되어야 할 일반 원칙을 탐구하는 학문'으로 정의했다. 이 주제는 특히 글래스고에서는 거숌 카마이클(Gershom Carmichael)의 영향 아래 18세기 도덕철학 강의의 주요 과목으로 1727년 교과과정 개편 이후 더욱 중요해졌던 터였다. 이 분야의 유명한 저작 중에서 홉스의 『리바이어던(Leviathan)』(1651)이 알려지긴 했지만, 종교적 이유에서 널리 읽히지는 않았다. 몽테스키외의 『법의 정신』은 더 나은 대접을 받았다. 그러나 그만큼 영향력 있었던 것은, 1625년 휘호 흐로티위스(Hugo Grotius)가 쓴 선구적 저작 『법과 평화의 권리에 관해(De Jure Belli ac Pacis)』와 1673년 자무엘 폰 푸펜도르프(Samuel von Pufendorf)가 쓴 교과서 『인간과 시민의 의무』에 의해 새로운 활력을 얻게 된 권리와 '직무' 혹은 의무에 초점을 맞춘 광범위하고 체계적인 자연법적 법학의 전통이었다. 푸펜도르프의 추종자였던 카마이클은 이 저작들을 글래스고에 가져와서 연구하였고, 그의 후계자 프랜시스 허치슨도 이것들을 잘 알고 있었다.[5]

미출판된 애덤 스미스의 『법학 강의』도 『도덕감정론』처럼 전반적으로 자연주의적 접근을 취했다. 이 강의는 법과 통치를 제1원리(原理)나 신적 명령이 아닌, 당대 사회들과 역사적 사례에서 볼 수 있는 사회적 규범과 관행에 관한 분석을 통해 설명하려고 했다. 그에게 모든 법체계는 다음 4개의 목표를 갖고 있다.

---

5. **[원문]** 스코틀랜드 자연법학 전통의 폭넓은 문화적 의의와 장기적 영향에 관해선 Knud Haakonssen, "Natural Jurisprudence and the Identity of the Scottish Enlightenment", in Ruth Savage (ed.), *Philosophy and Religion in Enlightenment Britain*, Oxford University Press 2012을 볼 것.

정의의 유지 ; 특히 '풍요' 혹은 부의 창출을 촉진하기 위한 정부의 질서 있는 운영 ; 공공수입의 확보 ; 국가를 방어하기 위한 군대의 운영. 그러나 『도덕감정론』의 동감의 개념이 그렇듯이, 이들 중 정의의 개념이 가장 기본적이다. 왜냐하면 정의가 없이는 사회적 질서가 있을 수 없기 때문이다. 애덤 스미스가 말했듯이 어떤 사회도 "언제나 다른 사람을 해치고 다치게 하려는 사람들 사이에선 존속할 수 없다." 정의가 없다면 "인간사회의 거대한 틀이 순식간에 산산조각이 나게 마련이다."

여기서도 애덤 스미스의 접근은 독특하다. 허치슨은 정의의 기원을 자비와 '도덕 감각'에서 찾았다. 이와 매우 대조적으로 회의적인 흄은 정의를 어떠한 인간 특유의 본능이나 능력에 근원이 있는 것이 아니라, 도덕이 아닌 유용성의 이유로 사회 전반적으로 자생적으로 발전된 재산권에 대한 관행에 기원한 '인공적인 미덕'으로 보았다. 이미 보았듯이 애덤 스미스에게 첫 번째 관점은 불충분했다. 정의가 도덕 감각에서 나왔다고, 그것도 인간에 관한 학문의 이름을 내걸면서 말하는 것으로 정의를 설명하기 힘들다.

두 번째 관점인 흄의 이론도 그보다 낫지만 불충분했다. 흄의 이론은 정의에 관한 진화적 설명이라는 뚜렷한 장점을 갖고 있었다. 『도덕감정론』보다 약 20년 전에 나왔으니 아마 최초의 진화적 설명이라고 할 수 있겠다. 실제로 『도덕감정론』은 부분적으로 정의에 관한 흄의 관점을 일반화하고 개선하려는 애덤 스미스의 시도에서 나온 것일 수 있다. 또한 흄의 이론은 관행이라는 개념을 이용하여 개인들의 행동들이 예기치 못하게 이로운 사회적 결과를 낳을 수도 있다는 맨더빌의 교훈을 구체적으로 설명하였고 그 교훈을 맨더빌이 다룬 상업의 세계로부터 도덕과 정치의 영역에 적용했다. 그러나 효용에 기초한 흄의 관행 개념은 정의 개념의 몇몇 뚜렷한 측면들을 설명하지 못하는 것처럼 보였다. 강력한 권위, 이 권위가 인간 행위에 부과하는 심오한 의무, 정의가 침해되었을 때 촉발되는 보복의 감정 등 이러한 모든 측면은 이미 버틀러(Butler) 주교의 『15개의 롤스 채플(Rolls Chapel) 설교』(1726)에서 나타난 유명한 양심 이론의 한 부분으로 강조된 바 있었다.

애덤 스미스는 이러한 약점들을 『도덕감정론』에서 강조하였다. 그의 견해에 의하면 정의의 본질 자체, 그리고 정의가 더 넓은 도덕적 정치적 숙의에서 차지하는 중심적 역할 때문에 다른 미덕보다 정의를 이론화하기가 더 쉬웠다. "신중, 자선, 너그러움 등의 의무가 무엇인지를 결정하는 일반준칙들은 수많은 예외를 허용하고 수많은 수정을 요구하기 때문에"[6] 어떠한 일반적 방식으로 분석하기가 불가능하다. 반면, 정의는, 그것을 '우리가 우리의 이웃을 해치는 것을 막는 수동적 미덕'으로 간주할 때 구체화할 수 있다.

『법학 강의』는 이러한 기본적인 사상을 『도덕감정론』의 관찰자의 체계를 동원하고 확장하면서 상세하게 진술하였다. 애덤 스미스는 다음과 같이 말한다. "어떤 사람이 행사할 권리가 있고, 다른 사람들에게 정당하게 요구할 수 있는 것이 박탈당할 때마다, 혹은 우리가 그에게 아무 명분 없이 어떠한 피해를 주거나 해를 끼칠 때, 정의는 침해당한다."[7] "공정한 관찰자가 어떤 사람이 피해를 보았다고 판단하고, 이 사람의 편에서 함께 걱정하고, 폭력적인 공격으로부터 이 사람이 소유한 물건을 지키고, 이 사람이 부당하게 강탈당한 것을 되찾기 위해 물리력을 사용하는 것에 동의할 때" 보복심은 정당화된다. 『도덕감정론』에서처럼 『법학 강의』에서도 공정한 관찰자라는 핵심 개념은 일종의 도덕적 양심으로 작용하여 정의가 부과하는 의무와, 불의가 초래하는 보복심을 설명하고 이 개념들을 단순한 관행 이상의 것으로 다루도록 해준다.

이처럼 상대적으로 신중하게 정의 개념을 다룬 덕에 애덤 스미스는 인간의 자유의 범위와 한계라는 근본적 이슈를 더 폭넓게 다룰 수 있었다. 이 주제를 다루기 위해 그는 전통적인 법학의 범주를 사용하여 여러 권리에 대한 다양한 종

---

6. **[원문]** 『도덕감정론』 제3편 제4장 9번.

7. **[원문]** 『법학 강의』(A) 1763년 12월 24일자 강의.

류의 침해를 자세히 분석하였다. 즉, '한 인간'으로 행사하는 신체, 평판, 재산에 대한 권리의 침해, '가족의 구성원으로서' 아내, 자식, 하인에 대해 행사하는 권리에 대한 침해, '한 국가의 시민 혹은 구성원'으로서 행사하는 권리에 대한 침해를 말한다. 이러한 분석의 많은 부분은 서술적이며 법률주의적이지만, 논증의 핵심을 구체적으로 설명하려고 역사와 다른 문화의 무수한 인상 깊은 사례들을 얘기하는 때도 있다. 그리고 전체 취지는 분명하였다 : 상대적으로 제한되고 '소극적'인 정의 개념의 윤곽을 잡고 설명하는 것만이 아니라, 비록 사회마다 그 형태가 다르지만, 정의 개념이 얼마나 뚜렷하게 인간 생활에 뿌리내려 있는지를 보여주는 것이었다. 다른 말로 하자면 애덤 스미스의 목표는 재산과 적정성의 개념을 재결합하는 것이다. 즉, 사유 재산의 소유·사용·이전(移轉)을 규정하는 규칙에 관한 법적인 이해와 상업사회에 적합한 정의감에 관한 도덕적 이해를 동시에 제공하는 것이었다.

정의에 대한 자신의 현실주의적 접근에 따라 애덤 스미스는 유토피아 사상, 특히 인간 문명 이전에 어떻게든 존재했다고 하는 자연 상태라는 이상화된 관념을 혐오했다. 그것이 홉스의 '만인에 대한 만인의 전쟁'이던 루소의 원시 상태이던, 푸펜도르프의 자비로운 비전이던 차이가 없었다. "자연 상태에서 나타났을 법을 다루는 것은 현실적으로 아무 도움이 되지 못한다. 왜냐하면 그러한 자연 상태라는 것이 존재하지 않기 때문이다."[8] 사회가 생기기 이전에 존재하는 자연 상태의 인간에 관해 말하는 것은 아무 의미가 없다. 왜냐하면 인간은 자연적으로 사회적이기 때문이다. 그런데 결정적인 것은 애덤 스미스의 역사적 접근이 인공적인 미덕과 자연적인 미덕에 대한 흄의 구분도 해체했다는 점이다. 애덤 스미스에게 있어서 인공(artifice), 즉 인간이 창조해 낸 것 자체가 자연적인 현상이었다. 인공적인 것은 인간의 기대, 관행, 규범에 지배되는데, 그것은 모든 인간

8. **[원문]** 『법학 강의』(B), 서문.

행동이 그렇게 지배되기 때문이다.

그러나 『법학 강의』에는 다른 종류의 이론화가 나타나는데 거의 틀림없이 애덤 스미스가 그 창시자 중 하나이다. 이것은 듀걸드 스튜어트가 '추측된 역사'(conjectural history)라고 말한 것과 유사하다. 즉, 어떤 특정한 제도나 관행이 어떻게 생성되었을지를 상상하고, 이 상상된 역사를 더 넓은 이론의 한 부분으로 사용하는 시도이다. 이 방법으로 애덤 스미스가 설명하려고 한 것은 바로 정치적 법적 영역의 기원이었다. 그는 자신의 재산권 분석에 기반하여 "인류가 통과한 4개의 구별되는 단계"[9]라는 개념을 도입하였다. 첫 번째 단계인 '수렵 시대'는 집단 구성원들이 스스로 잡아 올 수 있는 것에만 의존하였다. 그러나 "그들의 숫자가 늘면서 사냥이 그들을 지탱하기에는 너무 불안정하다는 것을 깨닫게 되고", 이것이 동물을 길들이고 사육하는 것을 부추겨 '목축 시대'가 왔다. 유랑 목축 부족들 역시 더 많아지면서 "그들은 가축으로 생계를 유지하기가 어렵다는 것을 알게 된다. 그래서 그들은 자연스럽게 토지의 경작에 의존하면서 점차 농경 시대로 발전해 간다." 그러나 전문화와 기술의 발전으로 인해 잉여가 창출되고, 계약법 하에 상품교환이 "한 사회의 개인들 사이에서만이 아니라 다양한 국가 사이에서도" 이루어지게 되었다. 이렇게 마침내 '상업 시대'가 도래했다.

애덤 스미스는 이러한 단계론을 재산권과 통치에 적용함으로써 그 이론의 가치를 신속히 증명했다. 수렵 시대에 재산권은 주로 사냥한 것에 대한 즉각적인 소유('점유')였다. 목축 시대에 재산권은 점유와 더불어 가축과 토지, 그리고 이것들의 사용권을 포함하였다. 그러나 농업 시대와 상업 시대에 재산권은 토지

9. **[원문]** 『법학 강의』(A) 1763년 12월 24일자 강의. 애덤 스미스의 역사 단계론에 관한 일반적인 지식을 얻으려면, Ronald L. Meek, *Social Science and the Ignoble Savage*, Cambridge University Press 1976과 Donald Winch, 'Adam Smith's "Enduring Particular Result" : A Political and Cosmopolitan Perspective', in Istvan Hont and Michael Ignatieff (eds.), *Wealth and Virtue : The Shaping of Political Economy in the Scottish Enlightenment*, Cambridge University Press 1986을 볼 것.

뿐 아니라 "거의 무한한 종류의 대상으로 증가한다." 그리고 애덤 스미스는 이렇게 창출된 사회의 요구에 맞춰 통치의 형태가 바뀐다는 것을 지적했다. 목축 시대에 와서 개인이 가축을 소유할 수 있게 되면서 그들 간에 불평등과 종속관계가 발생했기 때문에 질서를 유지하기 위한 통치가 필요했다. 그러나 이러한 초보적인 법과 재판 제도는 농경사회의 필요에 매우 부적합했다. 농경사회에서 처음으로 다양한 통치 영역에서 근대적 법체계(jurisprudence)의 윤곽이 나타났고, 이러한 초기의 법체계 자체도 상업사회의 진화에 따라 그 필요를 충족하기 위해 계속 발전해야 했다. 끝으로 애덤 스미스는 이 모든 이론을 영국에서 통치가 실제로 역사적으로 발전한 과정과 연관지었다. 애덤 스미스의 추정에 따르면 영국은 정복왕 윌리엄 시대 이전엔 목축 시대와 농경 시대 중간에 있었다. 재산은 세습되어, 즉 최고 권력에 종속되지 않고 소유되었으며 "대지주들은 지속해서 서로 전쟁을 치렀다." 윌리엄은 스스로 귀족의 수장으로 자리 잡으면서 모든 세습지주제도를 왕실의 권위에 복종하는 봉건적 토지 보유로 바꾸었다. 17세기에 국왕이 계속 더 많은 세입, 그리고 이에 따라 더 많은 과세를 필요로 하면서, 의회는 개인의 자유를 보장하고 군주의 자유를 제한하는 권한을 행사할 수 있게 되었다. 이 조처들은 법원의 성장에 힘입어 상업 시대가 시작되는 데 이바지했다.

이에 대해 선행하는 고전적 이론가들이 있었고 1750년대 초부터 이 주제를 논의한 프랑스의 학자이자 정치가 안느 로베르 자크 튀르고(Anne Robert Jacques Turgot)의 뛰어난 미완성 논문이 있었다. 그러나 이것들을 제외하면 애덤 스미스의 이론이 최초의 꽤 완벽한 인간 발전 단계론이었고, 4번째 단계인 상업사회 단계의 중요성에 합당한 평가를 한 최초의 것으로 보인다. 우리는 이 이론의 정확한 근원들에 대해선 확실히 알 수 없지만, 아마도 애덤 스미스가 에든버러에서 1750~1751년에 최초로 한 『법학 강의』로 거슬러 올라갈 수 있다. 이 이론 자체는 매우 영향력을 갖게 된다. 즉, 『국부론』의 중요한 부분이 되고, 많은 논평과 모방을 불러일으키게 된다. 그러나 『법학 강의』는 다른 중요한 측면에서도 『국부론』을 예고하는 것이었다. 애덤 스미스는 정의에 관한 핵심 이론을 개발하고서 현대 독자들에게 익숙한 부의 창출, 공공수입, 군비의 주제들로 옮겨 갈 수 있었다. 지금까지 우리는 애덤 스미스가 1755년에 코크런 클럽(Cochrane's Club)에서 『국부론』의 핵심 개념들에 대한 배타적 권리를 주장했음을 보았고, 『법학 강의』는 이것을 확인해 준다. 이미 1764년에 애덤 스미스는 분업, 시장의 크기와 전문화의 효과들, 소비자 문화와 소비자 선호, 인간의 '물물교환과 시장교환 성향', '자연' 가격과, 시장가격, 화폐와 금속화폐의 성격, 은행과 파산, 국제무역, 이자율, 경쟁, 시장, 트러스트, 상비군과 민병대의 비교, 그리고 여러 국가의 법률 같은 근본적 이슈들에 관해 심사숙고하고 있었다. 이 모든 주제는 훗날 『국부론』에서 다시 다루어지게 된다.

따라서 『법학 강의』는 애덤 스미스의 사상에서 결정적인 잃어버린 고리 역할을 한다. 『법학 강의』는 애덤 스미스 생전에 출판되지 않았고, 오늘날에도 별로 알려지지 않았지만 『도덕감정론』과 『국부론』에 있는 주요 주제들을 서로 연결하고 있다. 만약 우리가 그의 사상의 전체 구조를 깊이 있게 이해하려고 한다면 이 주제들은 합당한 위상을 부여받아야 한다. 물론 이 주제들은 논쟁의 여지가 많다. 특히 전통적인 법학에서 다루어온 소유권의 범주와, 애덤 스미스의 단계론이 역사적인 추측을 통해 재구성한 방식 사이에는 흥미로운 긴장이 존재한다. 상대적으로 소극적 정의에 집중하는 『법학 강의』는 많은 주제, 특히 오늘날 정의 개념에서 중심적으로 간주하는 분배정의의 문제를 다루지 않는다. 그러나 『법학 강의』는 지금껏 받아온 것보다 훨씬 더 큰 주목을 받을 만하다. 그것은 대체적으로는 서술적이며 외양상 모순적이지만, 이것 때문에 애덤 스미스가 확고한 독자적 판단에 도달하지 못한 것이 아니었다. 그의 주제는 좋은 통치와 법의 연구였으며, 그는 어떤 제도들은 이 시험을 통과하지 못했음을 분명히 했다. 예컨대 그에게 노예제도 같은 것은 도덕적으로 너무 충격적인 것이었다. 또 그는 첫째 아들로 재산이 승계되는 장자상속제나, 토지가 세대를 거쳐 이전하는 방식을 제한하는 한사상속(限嗣相續) 같은 다른 제도들이 분명 불의하고 현명하지 못하다고 생각했다.

그러나 아마도 미래에 가장 긴 그림자를 드리우게 될 것은 '풍요의 발전'을 해치는 정부의 조처나 개입에 관해 정곡을 찌르는 그의 논평이었다. 여기에는 전쟁, 조세, 독점, 특허 회사, 보조금 같은 익숙한 사안들은 물론, 약한 정부, 형편없는 계약법 및 계약이행제도, 빈약한 사회기반시설 같은 비물질적 사안들도 포함한다. 이러한 것들은 애덤 스미스가 부의 창출과 경제 및 사회 발전 과정에서 시장의 중심적 역할뿐 아니라 효과적인 국가의 중요성도 믿고 있었다는 것을 보여준다. 그가 지적했듯이 "재산과 정부는 서로 의존한다." 그의 법학의 공헌은 어떻게 그리고 왜 그들이 서로 의존하는지를 보여준 데 있다.

1762년 글래스고대학은 애덤 스미스에게 명예법학박사 학위를 수여하여 그에게 감사를 표하였다. 그는 이미 그를 대학과 학자 생활 바깥으로 끌어낼 만한 매력적인 제안을 받고 있었다. 당시 그의 명성을 듣고 많은 귀족 자제가 그의 제자가 되었다. 그중 가장 유명한 것이 토마스 페티 피츠모리스(Thomas Petty Fitzmaurice)였는데, 그는 아일랜드 귀족 셸번(Shelburne) 백작의 둘째 아들이자 훗날 영국 수상이 될 셸번 2대 백작[10]의 형제였다. 이 관계는 명백히 성공적이었다. 셸번은 분명 애덤 스미스의 학식뿐 아니라 도덕적 지도력도 높이 평가했고 그 이유는 타당했다. 애덤 스미스가 이 소년의 아버지에게 보낸 상세하고 세심한 배려의 경과보고가 보여주듯 이 소년은 애덤 스미스의 주의 깊은 지도를 받아 세속적인 잉글랜드의 유혹에서 벗어나 잘 성장했다. 스승과 제자는 긴밀하고 애정 있는 관계를 형성했다. 이것은 애덤 스미스와 프랑수아 루이 트롱셍(François Louis Tronchin)의 경우에도 마찬가지였다. 루이의 아버지 테오도어 트롱셍(Théodore Tronchin)은 제네바(Geneva) 최고의 의사이자 『백과사전

10. **[역주]** 본명은 윌리엄 페티 프리츠모리스(William Petty Fitzmaurice)로 1761~1784년, 1782~1783년에 영국 수상을 역임했다.

(Encyclopédie)』의 기고자로 1761년 그의 아들을 애덤 스미스에게 맡겼다.

데이비드 흄은 1759년 4월에 애덤 스미스에게 보낸 장난기 어린 편지를 맺으면서 또 하나의 훨씬 더 흥미로운 관계가 맺어질 수 있을 것임을 언급했다. "잉글랜드에서 가장 똑똑한 사람으로 통하는 찰스 타운센드(Charles Townshend)가 자네의 저서(『도덕감정론』)에 너무 감동된 나머지 버클루(Buccleuch) 공작을 저자의 보호에 맡기려 하고 저자가 이 책임을 맡는 것이 도움이 되도록 만들기 위해 노력하겠다고 오즈월드에게 말했다네." 이것이 약간 특이했던 것은 버클루 공작 가문이 스코틀랜드에서 최대 지주에 속했기 때문이었다. 훗날 재무상으로 미국 식민지와의 무역에 부과된 '타운센드 관세' 때문에 상당한 악명을 떨치게 될 타운센드는 이 가문에 장가들어, 당시 12살로 이튼(Eton)에서 공부하고 있었던 젊은 공작 헨리 캠벨 스코트(Henry Campbell Scott)의 계부가 되었다.

그런데 흄은 '타운센드 씨는 과단성이 없기로 알려져 있네'라고 조심스레 지적하였는데, 실제로 타운센드는 자신의 느닷없는 구상을 바로 실천으로 옮기지는 않았다. 이것은 호레이스 월폴이 다음과 같이 그를 신랄하게 비판하였던 것을 생각하면 놀라운 일은 아니었다. "그가 평범한 진실성, 평범한 진정성, 평범한 정직성, 평범한 겸손, 평범한 착실함, 평범한 용기, 평범한 분별력만 갖추었더라면 이 시대 가장 위대한 인물이었을 것이다."[11] 그러나 타운센드는 젊은 백작을 위한 원대한 정치적 야심이 있었기 때문에 아들에게 참신한 지적·도덕적 교육이 필요하다고 생각했다. 4년 후인 1763년 10월 그는 애덤 스미스를 직접 찾아왔다. 그가 제시한 조건은 매우 좋았다. 유럽 여행을 함께 하며 그의 아들을 가르치는 대가로 연간 500파운드, 여행을 다녀온 후엔 평생 연간 300파운드의 연금을 받는 것이었다. 여기에 여행비용은 포함되었지만, 애덤 스미스가 가장 수입이 많은 해에 글래스고대학에서 벌 것이라 기대할 수 있는 것보다 훨씬 많

11. **[원문]** Horace Walpole, *Earl of Orford, Memoirs of the Age of King George III*, Richard Bentley 1845, Vol. Ⅲ, p. 100.

았다. 여기에 더해 업무는 대학에서보다 더 쉽고 다채로울 것이고, 그의 학문적 작업을 계속할 수 있는 여지가 있고, 여행에서 돌아와서는 학문적 작업을 마무리하는 데 충분한 종신 연금과 그에게 유리하게 작용할 버클루 가문의 인맥이 기다리고 있었다.

이 기회를 잡으라고 간청이라도 하듯이 불과 며칠 후 애덤 스미스는 주불 영국 대사 허트포드(Hertford) 백작의 비서로 바로 얼마 전 프랑스로 간 흄으로부터 매우 구미를 당기게 하는 편지를 받았다. "나는 어디서나 가장 과도한 허영심이 소원하거나 갈망할 수 있는 가장 특별한 명예를 접했네. 이제 내게는 공작이나 원수, 외국 대사의 찬사는 전혀 가치가 없다네. 내가 즐기는 것은 숙녀들의 아첨뿐일세."[12] 이 전망은 매력적이었다.

애덤 스미스는 재빨리 타운센드의 제안을 받아들여, 교수직을 사임하고, 남은 학기의 강의를 다른 사람에게 맡겼다. 그는 또한 매우 명예롭게도 그의 학생들에게 남은 학기에 해당하는 수업료를 돌려주겠다고 고집했지만, 학생들이 받기를 머뭇거리는 바람에 애덤 스미스는 (다소 온화한) 물리적 폭력을 행사하는 유일한 기록을 남기게 되었다. 당시 증언에 따르면 "애덤 스미스 교수는 그의 의지를 굽히지 않았다."[13] 그는 "여러분은 제게 이 즐거움을 거절해서는 안 됩니다. 맹세코 그래서는 안 됩니다"라고 말했다. 그리고 옆에 서 있었던 젊은 학생의 외투를 잡고 돈을 주머니에 넣은 후 그를 밀쳐냈다. 나머지 학생들은 이 문제로 논쟁하는 것이 소용없다는 것을 알게 되었고, 그가 원하는 대로 내버려 둘 수밖에 없었다.

1784년 2월 애덤 스미스와 버클루 공작은 파리에 도착한 후 더 남쪽으로 가 당시 프랑스의 제2의 도시였던 툴루즈(Toulouse)에 도착했다. 여러 면에서 현명

---

12. **[원문]** letter from David Hume to Adam Smith, 28 October 1763 (데이비드 흄이 애덤 스미스에게 보낸 1763년 10월 28일자 편지).

13. **[원문]** Tytler, Memoirs, quoted by Rae, *Life of Adam Smith*, 11장.

한 선택이었다. 젊은 공작은 순하고 경험이 없는 사람이어서 파리의 혹독한 사회 분위기에 아직 맞지 않았다. 그리고 툴루즈는 교수와 성직자 비율이 높은 대학도시로 그들에겐 익숙한 지역이었다. 그러나 그들이 도착했을 때 이 도시는 프랑스의 엄청난 전쟁 부채를 해결하기 위해 소득의 5% 세금 벵티엠(vingtième)을 부과한 헛된 시도에 대한 대중의 저항으로 소란스러웠다. 이것 때문에 애덤 스미스가 공공재정의 필수적인 사안에 대해 더 깊이 고민하게 되었던 것 같다. 또한 타운센드가 아들 공작에게 계속 편지하여 구체제 하의 프랑스 경제와 재정 체제의 수많은 약점을 검토하고 성찰할 것을 격려한 것도 추가적인 자극이 되었다.

그러나 툴루즈에는 더 불길한 소요의 요소도 가득했다. 1762년 그 지역 상인이자 위그노 교도 장 칼라스는 가톨릭으로 개종하려고 했던 자기 아들을 살해했다는 혐의로 유죄를 선고받았다.[14] 칼라스는 반(反)개신교 편견에 지배된 자의적인 재판 후 고문을 받고 얻어맞는 동안에도 계속 당당하게 자신의 무죄를 주장했지만 결국 처형당했다. 1764년 무렵 위대한 볼테르가 이 사안을 직접 맡아 유명한 쟁점으로 만들어 판결을 뒤집는 데 성공했다. 원심을 맡았던 최고 행정관은 파면되고 칼라스의 유족은 손해배상을 받았다. 이것은 승리였지만 이 일화는 1780년 런던에서 술에 취한 폭도들이 증류주 공장을 습격하고 뉴게이트(Newgate) 감옥에서 수감자들을 풀어주고, 잉글랜드 은행을 점거하려고 계속 시도했던 반가톨릭적인 고든 폭동(Gordon Riots)[15]의 경우처럼, 문명화되었다고 하는 사회가 얼마나 빨리 폭력으로 무너질 수 있는지를 생생하게 보여주었다.

---

14. **[원문]** 장 칼라스에 대해선 예컨대 Edna Nixon, *Voltaire and the Calas Case*, Victor Gollancz 1961 ; Frederic Maugham, *The Case of Jean Calas*, William Heinemann 1928을 볼 것. 볼테르의 유명한 반응은 그의 *A Treatise on Religious Toleration*(『종교적 관용에 관한 논고』) T. Becket and P. A. de Hondt 1764에서 볼 수 있다.
15. **[역주]** 1780년 런던에서 반가톨릭적 정서로 일어난 폭동. 영국 가톨릭에 대한 공적인 차별을 완화하려는 의도로 조지 고든(George Gordon)경을 중심으로 한 프로테스탄트 협회가 주도해 1778년에 만든 법안에 대한 반발에서 비롯되어 약 1주일간 지속되었다.

프랑스의 재정적 어려움과, 툴루즈에서 서로 대립하는 종교적 저류(底流) 둘 다 애덤 스미스의 이론적 작업에 자양분을 제공했다. 더 시급했던 문제는 스미스의 빈약한 불어 실력을 특별히 고려하여, 타운센드가 애덤 스미스와 버클루의 도착 직후 당장 필요한 안내를 해줄 사람으로 정했던 쇼아즐(Choiseul) 공작과 접촉하지 못했다는 것이다. 애덤 스미스는 7월에 흄에게 절망에 가득 찬 어조로 다음과 같은 소식을 전했다. "이제껏 우리는 그다지 많은 진전을 보지 못했습니다. 공작은 아는 프랑스인이 전혀 없네요. 글래스고에서 저의 삶은 현재 여기의 생활에 비교하면 즐겁고 느슨한 삶이었습니다. 시간을 보내려고 책 한 권을 쓰기 시작했습니다."[16] 확실히 알 수 없지만 『국부론』이 툴루즈에서 애덤 스미스가 겪었던 지루함 때문에 탄생했다고 추측해 볼 만하다.

그러나 시간이 지나면서 툴루즈에서 지내기가 더 편해졌고 이들을 영국에서 찾아온 사람들도 있었고, 버클루의 교육 내용을 다채롭게 만들기 위해 보르도(Bordeaux)와 몽펠리에(Montpellier)로 여행을 다녀오기도 했다. 1765년 4월 타운센드는 이들이 파리로 가고 싶다고 했을 때 동의해줬다. 그러나 그전에 이들은 프랑스 남쪽으로 여름 여행을, 그리고서 제네바로 가을 여행을 떠났다. 제네바는 툴루즈와 매우 달랐다. 공화국이자 강한 프로테스탄트 성향을 띤 도시국가였으며 악명 높은 장-자크 루소의 출생지였다. 그가 가르쳤던 학생의 아버지이자 애덤 스미스의 숭배자였던 테오도어 트롱셍(Théodore Tronchin)의 도움으로 애덤 스미스는 버클루와 함께 제네바 최고의 사교계와 지성계에 발을 들여놓았다. 루소는 이미 이곳을 떠난 후여서, 이 두 사람은 이후로도 전혀 만나지 못했다. 그러나 여기 머무는 동안 애덤 스미스는 국경 너머 프랑스에 살고 있었고, 그가 오랫동안 숭배해 왔던 볼테르를 만날 수 있었다. 이것은 파리로 가기 위한 좋은 준비였다.

---

16. **[원문]** letter to David Hume, 5 July 1764 (데이비드 흄에게 보낸 1764년 7월 5일자 편지).

1765년 성탄절, 이 스승과, 점점 실력이 나아져 갔던 제자는 드디어 프랑스의 수도에 도착했다. 아쉽게도 허트포드는 런던으로 복귀하면서 흄을 같이 데리고 갔다. 그러나 이제 애덤 스미스는 친구 흄의 도움 없이도 상류사회의 찬사를 한 몸에 받는 사람이 되었다. 특히 툴루즈에서 처음 몇 달을 황량하게 보낸 이후 파리의 살롱에서 받은 환대는 충분히 즐거운 일이었다. 그러나 더 중요한 것은 그가 당시 몇몇 가장 위대했던 프랑스의 지성인들을 소개받았다는 것이었다. 그 중 몇몇을 예로 들자면 튀르고(Turgot), 금융업자 네케르(Necker), 사회철학자이자 악명 높은 무신론자 엘베티우스(Helvétius), 수학자 달랑베르(d'Alembert), 그리고 나중에 가장 중요한 만남으로 밝혀지게 되겠지만 후에 중농주의자로 알려지게 될 궁정 의사이자 정치경제학자인 프랑수아 케네(François Quesnay)와 그의 추종자들이었다. 1758~1759년에 케네는 『경제표(Tableau économique)』를 출판하였는데, 이것은 프랑스 경제에서 순환하는 재화와 화폐의 흐름을 매우 단순한 형태로 파악하고, 참으로 '경제' 그 자체를, 스스로 유지되며, 그 핵심 요소들이 원칙적으로 이론화되고 묘사될 수 있는 실체나 체계로 보려고 한 선구적 시도였다. 그리고 케네와 그 주변 사람들은 1760년대 말 자신들의 생각을 설명하는 여러 추가적인 연구를 출판하였다. 이들은 급성장하던 정치경제학이라는 새로운 영역에서 사실상 처음으로 정합적인 학파를 형성했다. 당시 프랑스의 엘리트들은 부채와 경제 침체라는 국내 문제와, 영국의 경제적 군사적 우세가 점점 커지고 있다는, 더 광범위하고 더 달갑지 않은 현상을 이해하고 받아들이려고 애쓰던 중이었다.

이것은 특히 지적으로 많은 결실을 가져왔던 계기였으며 중농주의자들은 애덤 스미스가 자기 생각을 검토하고 발전시키도록, 적어도 함축적으로, 엄청난 도전을 던졌다.[17] 그는 케네를 좋아하고 매우 존경했으며 중농주의자들의 이론화

17. **[원문]** 중농주의에 관한 애덤 스미스의 일반적 견해는 『국부론』 제4편 제9장을 볼 것. '가장 진실에 접근하는 것'이란 표현은 제4편 제9장 38번 단락에 나옴.

를 "모든 불완전에도 불구하고 정치경제학의 주제에 관해 지금껏 출판된 것 중에서 아마도 가장 진실에 접근하는 것이며, 그러한 이유로 이 매우 중요한 학문의 원리들을 주의 깊게 검토하기를 원하는 사람이라면 누구나 고려해 볼 만한 것"이라고 평가했다. 중농주의에는 애덤 스미스가 중요하다고 생각한 것이 많았다. 예를 들면 경제를 순환하는 체계로 파악하는 것, 사유 재산의 중시, 자유로운 교환을 통해 자기 이익을 추구하는 개인의 강조, 경제적 가치의 원천으로서 노동에 관한 강조이다.

이러한 공통점들 때문에 현대의 몇몇 평론가들은 애덤 스미스를 중농주의의 지적인 파생물로 간주해 왔다. 이것은 착각이다. 애덤 스미스가 비록 중농주의로부터 배우긴 했지만, 『국부론』 제4권에서 가장 잘 보여주듯이 그들의 오류를 인정사정없이 파헤쳤기 때문이다. 중농주의자들은 농업주의자였다. 그들의 접근의 중심 요지는—애덤 스미스가 『법학 강의』에서 이미 반박했던—농업 부문만이 잉여가치를 창출하며 상인, 중개인, 수공업자들은 비생산적이며 단순히 '불임'(sterile)이라는 신념이었고, 도시들은 자연적 질서에 대한 인공적인 부담이라는 신념이었다. 이 모든 주장들을 애덤 스미스는 강하게 거부하였다.

그리고 어떤 정책으로 이러한 농업적 변혁을 달성할 것인가? 조세의 극단적 단순화와, 프랑스의 국제무역 장벽의 철폐 같은 중농주의자들의 제안은 애덤 스미스에게는 공상적이고 잠재적으로 혁명적으로 보였다. 애덤 스미스는 『국부론』에 다음과 같이 적었다. 케네 박사는 한 경제가 "어떤 세세한 양생법, 즉 완전한 자유와 완전한 정의의 정밀한 양생법으로만 번창하고 번영할 수 있다고 상상한다. 그는 한 나라에서 모든 사람이 자신의 상황을 개선하기 위해 계속해서 쏟는 천성적인 노력이 어느 정도 편파적이며 억압적인 정치경제의 나쁜 영향들을 여러 방식으로 방지하고 교정할 수 있는 보존의 원칙이라는 점을 고려하지 않은 것 같다."[18] 여기서 나타나는 아이디어는 확실히 맨더빌의 『꿀벌들의 우화』의 부제(副題) '개인의 악덕, 공공의 이득'에서 나온 것이었다. 개인의 노력—'모든 사람이 자신의 상황을 개선하기 위해 계속 쏟는 자연스러운 노력'—이 모두에게 가치를 가질 수 있다는 생각이 특별히 강력한 것임을 애덤 스미스가 확인해 주었다.

유럽 여행 나머지 몇 달간 안 좋은 일들이 일어났다. 1766년 여름이 지나갈 무렵, 애덤 스미스와 버클루는 매우 슬프게도 툴루즈에서 그들과 함께 있었던 버클루 공작의 친구 제임스 맥도널드(James Macdonald) 경이 로마에서 세상을 떠났다는 소식을 들었다. 8월에는 공작 자신이 루이 15세와 함께 콩피네(Compiègne)의 숲에서 사냥하던 도중, 식중독에 걸렸다. 그는 "석 잔 분량의 피"[19]를 뽑은 후에야 신속하게 회복되었는데, 그것은 애덤 스미스가 세심하고 근심 어린 편지를 타운센드에게 보내 병의 경과에 대해 전한 후였다.

하지만 훨씬 더 나쁜 일이 기다리고 있었다. 앞서 보르도(Bordeaux)에서 합류했던 버클루 공작의 동생 휴 캠벨 스코트(Hugh Campbell Scott)가 10월 중순에 갑자기 병들었다. 케네와, 스미스가 제네바에서 불러온 트롱셍이 최선을 다했음에도 불구하고 그는 10월 19일에 세상을 떠났다. 애덤 스미스는 심란한 마음으로 스코트의 누이, 프란세스(Frances) 양에게 다음과 같은 편지를 보냈다. "불행하게도 저희에게 닥친 가장 끔찍스러운 재난에 대해 알려드려야 하겠습니다. 스코트 씨는 오늘 밤 7시에 세상을 떠났습니다. 그는 제가 (공작님에게 마음의 준비를 시킨 후) 돌아오기 약 5분 전 세상을 떠났기 때문에 제 손으로 직접 그의 눈을 감길 수 없었습니다. 저는 이 편지를 계속 쓸 힘이 없습니다. 공작님은 매우 고통스러워하고 있지만, 아주 건강하십니다."[20]

18. **[원문]** 『국부론』 제4편 제9장 28번.

19. **[원문]** letter to Charles Townshend, 6 p.m., 27 August 1766 (찰스 타운센드에게 1766년 8월 27일 오후 6시에 보낸 편지).

20. **[원문]** letter to Lady Frances Scott, 19 October 1766 (프랜시스 스코트 부인에게 보낸 1766년 10월 19일자 편지).

애덤 스미스와 버클루는 즉시 나머지 계획을 취소하고 시신과 함께 영국으로 돌아갔다. 늦어도 11월 1일에 그들은 런던으로 돌아왔다. 그 이후 스미스는 전혀 외국으로 나가지 않았다. 그가 런던의 출판업자 앤드류 밀라(Andrew Millar)에게 "저는 옛 친구들과 다시 만나기를 열망하고 있습니다. 제가 정말 바다 건너편 당신들에게 돌아가게 된다면 다시 바다를 건널 생각은 없습니다"[21]라고 편지했던 것과 같이 실제로 그렇게 된 것이다.

그러나 애덤 스미스는 도버 해협을 건너 돌아온 후 곧바로 고향으로 가지 않았고, 6개월간 런던에 머물렀다. 그는 『도덕감정론』 제3판에 대한 교정을 마치면서 스코틀랜드에 있는 그의 출판업자 스트라핸(Strahan)에게 다음과 같이 지시했다. "겉표지에 나오는 내 이름 앞이나 뒤에 어떤 칭호도 부치지 말고 애덤 스미스(Adam Smith)라고만 하시오."[22] 그러나 결국 그의 이름 뒤에 약자 'LLD(법학박사)'가 붙었다. 애덤 스미스는 버클루 공작이 오는 9월 성년에 도달할 때 얻게 될 엄청난 재산의 관리를 준비하는 것을 돕고 5월 3일 열릴 공작의 결혼을 준비하는 모든 과정을 지켜보기 위해서 런던에 머물렀을 수도 있다. 그 후 애덤 스미스는 그의 직무에서 해제되었고 즉시 그의 연금을 받기 시작했다. 그는 커콜디에서 어머니와 재닛 더글러스를 다시 만났고, 거기서 1767년 6월 흄에게 편지를 썼다. "저는 이곳에서 지난 약 한 달간 연구에 매우 깊이 파고들고 있습니다. 저는 오랫동안 해변을 홀로 걷는 것으로 여가를 보냅니다. 제가 시간을 보내는 방식을 비난하실지도 모릅니다. 그러나 제가 느끼기에 매우 행복하고, 편하고, 만족스럽습니다. 아마 지금까지 이보다 더 좋은 생활을 해본 적은 전혀 없었을 것입니다."[23]

---

21. **[원문]** letter to Andrew Millar, undated, October 1766 (앤드류 밀라에게 1766년 10월에 보낸 편지[날짜 미상]).
22. **[원문]** letter to William Strahan, undated, winter 1766–7 (윌리엄 스트라핸에게 1766~1767년 겨울에 보낸 편지 [날짜 미상]).
23. **[원문]** letter to David Hume, 7 June 1767 (데이비드 흄에게 보낸 1767년 6월 7일자 편지).

이후 9년간 그는 주로 『국부론』에서 정점에 달할 성찰과 연구에 헌신했다. 이 기간 애덤 스미스는 안정적으로 연구를 계속하면서, 연구가 방해받는 일은 최소화하려고 상당한 노력을 기울였다. 하나의 예외가 있었다면 바로 버클루를 위한 일이었다. 타운센드가 고작 42세의 나이로 예기치 못하게 죽자, 그가 이 젊은이에게 가졌던 정치적 기대도 함께 사라져 이 젊은이의 부담을 덜어주었다. 그 때문인지 애덤 스미스와 이 제자 사이의 관계는 계속 돈독해졌다.

그 후 몇 년간 애덤 스미스는 최근 애덤 형제가 개축한 으리으리한 저택 달키스 하우스(Dalkeith House)에 살던 버클루를 정기적으로 방문했다. 스코틀랜드로 돌아온 직후부터 버클루 공작은 부채를 가득 짊어진 가족 재산을 물려받아 관리해야 하는 부담스러운 과제에 직면했었다. 긴급한 우선순위는 수백 건의 차지농과 맺을 임대차 계약을 갱신하는 것이었는데, 공작은 의심의 여지 없이 애덤 스미스의 조언에 따라 도로와 기타 기반 시설에 막대한 투자를 하고 임대차 계약 기간을 연장하여 투자를 촉진하였고 훌륭한 새로운 예비 차지농을 유인하여 현존하는 채무 관계를 상쇄하는 매우 계몽된 조치를 하였다.

모든 계획은 대단한 성공을 거두었으며, 농촌 개량이 유행이자 좋은 사업이었던 시절이라 공작은 점점 혁신적 지주로 인정받게 되었다. 그러나 단 5년 후인 1772년 그와 많은 다른 스코틀랜드 지주들이 투자했었던 에어 뱅크(Ayr Bank)로 더 잘 알려진 더글러스-헤론 공동회사(Douglas, Heron & Co.)의 파산으로 공작의 재산은 다시 한번 심각한 손해를 입게 되었다.[24] 이것은 재정적 파탄에 가까웠다. 이 은행은 1769년에 농업 신용에 대한 증가하는 지역 수요의 충족을 목적으로 높은 기대 속에 출범하였다. 그런데 장기 투자를 위한 자금 조달을 기대하게 되었을 때 현실은 완전히 달랐다. 당시 스코틀랜드 은행 시스템은 구조적으로 자본 공급이 부족했다. 예금 부족으로 인해 비용이 큰 환어음과 지역

---

24. **[원문]** 에어 뱅크의 파산에 관해선 Henry Hamilton, "The Failure of the Ayr Bank 1772", *Economic History Review*, 8.3, 1956.

내, 그리고 런던 은행과 유통하는 기타 증서에 의존했다.

자본의 부족은 혁신을 촉진하기도 했었다. 가장 유명한 것으로는 스코틀랜드 왕립 은행이 발행한 세계 최초의 당좌대월(當座貸越), 즉 '당좌계정'(cash account)의 발명이었다. 그러나 이것은 쉽게 대출해 주는 에어은행에 투기자들을 포함한 대출 수요가 재빨리 몰려들었다는 것을 의미하고, 이 수요는 과잉 팽창하였다. 1771년 스코틀랜드에 급격한 불황이 닥쳐오자 수많은 대출이 상환될 수 없었다. 유동성과 자본에 접근하지 못하면서 은행 파산의 전형적인 역사적 패턴을 따라 모든 구조가 붕괴하였다. 이것은 2차 은행공황을 유발하여 에든버러에서는 4개의 민간은행만이 살아남았고, 오늘날 유한책임 법인 은행의 투자자들과 달리 무한책임을 졌던 에어은행의 창립 파트너들에게 엄청난 손실을 가져다주었다. 그들의 채권자들은 결국 전액을 보상받았지만, 파트너들은 663,397파운드라는 엄청난 비용을 지급했다. 손해를 메우기 위해 75만 파운드에 달하는 토지자산이 매각되었다고 한다.

에어은행은 지역 규모의 재난이긴 했지만, 간접적으로는 훨씬 긍정적인 사실, 즉 스코틀랜드 경제의 급속한 성장의 징후이기도 했다. 우리가 본 것처럼 글래스고는 국가연합으로 인해 1730~1740년대에 무역이 증가하고 탁월한 세계적 담배무역항으로 자리 잡는 경제적 혜택을 가장 먼저 누렸다. 1746년에 일어난 최후의 거대한 자코바이트 반란의 실패는 민간기업의 성장을 도운 사회적·정치적 안정의 시대를 열었다.[25] 그러나 그 이전부터도 전반적인 성장의 더 많

25. **[원문]** 1750년 이후 스코틀랜드의 상업 성장에 관해선 예컨대 T. M. Devine, *The Scottish Nation 1700~2000*, Allen Lane 1999을 볼 것. 산업 혁명 기간 중 영국의 경제성장의 다양한 원인들(자원, 기술, 문화)에 관해선 방대한 문헌이 있다. 예를 들어 Robert Allen, *The British Industrial Revolution in Global Perspective*, Cambridge University Press 2009와 Joel Mokyr, *The Enlightened Economy : Britain and the Industrial Revolution 1700~1850*, Yale University Press 2009, 그리고 본서 〈참고문헌〉에 기재된 데이드르 맥클로스키(Deirdre McCloskey)의 책들을 참조할 것.

은 징후가 있었고, 이 성장은 1745년 반란 이후에 새로운 도로, 항만, 교량의 건설로 빨라졌다. 1753년 이후 장엄한 죠지안 뉴 타운(Georgian New Town)을 비롯한 에든버러 개발을 위한 야심 찬 계획이 수립되었다. 왕립 자치시 협의회(Convention of Royal Burghs) 같은 공민 의식을 가진 단체들이 저지대 스코틀랜드에 대한 공공투자를 촉진하였고, 두 개의 커다란 만(灣)을 연결하는 포스 앤드 클라이드(Forth and Clyde) 운하 같은 특정 사업에 자금을 대기 위한 특별 회사들이 설립되어 1768년에 공사를 시작했다. 스코틀랜드 상업 지역은 지금도 그렇지만 당시 상대적으로 작은 장소였다. 여기서는 잉글랜드보다 지주, 산업가, 상인 간의 지리적 혹은 계급적 차이가 훨씬 작았으며 가치관의 공통점이 훨씬 많았다. 이러한 요소들과 자본의 지속적인 부족은 새로 등장하는 중개인과 기업가 세대와 더불어 대지주도 새로운 사업들에 투자하도록 부추겼다.

그것의 전반적 효과들은 극적이었다. 1759년부터 1775년 사이 스코틀랜드 항구들에 하적한 선박 톤수는 2배 이상으로 증가했다. 정부의 수출 보조금의 지원을 받은 이 나라의 가장 큰 산업인 아마(亞麻) 섬유 생산은 수만 명의 방직공과 방적공에게 일자리를 주었다. 이 산업은 호황을 맞아 1770년대에는 원료인 아마(亞麻)를 수입하기 위해 러시아로만 연간 120차례 출항이 이루어졌다. 영국의 담배 무역이 18세기 중반에 엄청나게 확대되는 동안 스코틀랜드의 비중은 1738년 10%에서 1765년 40%로 훨씬 빨리 증가하였다. 거대한 캐런(Carron) 제철소는 1738년 폴커크(Falkirk) 인근에 건설되었는데, 초창기의 어려움에도 불구하고 스코틀랜드의 산업적 변혁의 아이콘이 되었으며 동시에 캐러네이드(carronade)로 알려지게 된 매우 가볍고 포신이 짧은 함포로 유명해졌다.

산업과 무역의 점진적인 성장에도 불구하고 1750년 스코틀랜드는 여전히 매우 농촌적인 사회였다. 큰 도시에 사는 사람은 평균 열 명 중 한 명도 안 되어 잉글랜드의 절반이었고, 농업 개량이 유행했음에도 불구하고 농촌 사회, 경작, 소유권의 구조들은 대체로 여전히 전통적이었다. 하지만 늦어도 1760년대에 이르러서 이 나라는 폭발적인 성장의 긴 시기로 접어들고 있었다. 실제로 1750년에서 1850년 사이 스코틀랜드에서 대도시와 중소도시가 영국 다른 지역이나 유럽 대륙에서보다 빨리 성장했다는 주장이 있었다. 흄은 『프로테스탄트 왕위 계승』(1754)이라는 글에서 지난 60년간의 사회적 · 정치적 · 경제적 진보를 칭송하면서, 그것을 '우리의 헌법'과 하노버 왕가 치하에서 의회 제도가 수립된 덕으로 돌렸다. "공적인 자유는 국내 평화와 질서와 함께 거의 중단 없이 번성했다. 무역과 제조업, 농업이 성장했다. 예술과 과학, 철학이 육성되었다. 종교적 당파들조차 서로의 원한을 내려놓아야 했다. 그리고 국가적 영예가 전 유럽에 퍼져나갔다." 애덤 스미스가 1760년 4월에 그의 친구이자 미래의 출판인이 될 윌리엄 스트라핸(William Strahan)에게 1707년의 국가연합은 "이 나라에 무한한 혜택을 가져다준 조처"였다고 썼을 때 그가 관찰했던 것은 빈곤에서 풍요로의 예외적이고 지속적인 경제 발전이었으며 이것은 20세기 싱가포르와 한국 같은 이른바 아시아의 호랑이들이 등장할 때까지 다시 보지 못할 종류의 것이었다.

이러한 주목할 만한 성장은 불가피한 것이 아니었다. 비교하자면 아일랜드의 성장률도 이 시기에 증가했지만 20년 후에 점차 줄어들었다. 스코틀랜드의 도시화는 여러 산업 분야 중에서도 특히 섬유업의 기계화, 나중에는 탄광업, 제지업, 양조업, 증류업의 성장으로부터 동력을 공급받았다. 경제성장은 자연적 요소와 인간적 요소의 운 좋은 결합의 덕이었다 : 특히 막대한 석탄 부존량, 주요 항구와의 근접성, 영국과 육로로 경계가 맞닿았다는 점, 팽창하는 수출 무역, (때로는 지나치게) 활력 있는 은행 시스템, 낮은 노동 비용, 역동적인 기업가 정신을 들 수 있다.

이러한 성장에 필요했던 자본이 스코틀랜드에 부족했다는 것은 이 나라가 1772년 에어은행 위기에 한몫했던 과도한 팽창, 수요의 변화, 그리고 흉작에서 비롯된 주기적인 침체를 견딜 준비가 안 되었다는 것을 의미했다. 애덤 스미스의 후원자 버클루 공작이 이 위기가 남긴 결과를 처리하는 일을 애덤 스미스가 도와주었을 가능성은 높다. 그렇지 않았더라도 그는 현장과 가까운 달키스에서 은행의 대출과 신속한 몰락, 그리고 후유증을 관찰할 수 있었다. 애덤 스미스의 천재성은 자신의 개인적 경험에서 끌어낸 인상 깊은 일화와 일반적인 교훈을 그의 저작에 자세히 기록한 것이었다. 『국부론』 제2편은 화폐와 자본을 다루는데, 거기서 애덤 스미스는 1772년 위기를 그 원인과 결과에 관한 주의 깊고 날카로운 분석을 곁들어 잘 활용하였다. 그것은 지폐의 남용과 은행 시스템에 관한 최상의 경고성 이야기였다. 애덤 스미스가 설명한 바와 같이 스코틀랜드 은행 산업은 오랫동안 투기성 대출이 특징적이었고 투기꾼들과 기획자들은 과열된 어음시장에서 잉글랜드 은행이 붕괴하여 어음 서명자인 자신들이 파산할 것을 두려워했다. 그 결과는 혹독한 사회적 정치적 압박이었다: "그들은 자신들의 곤경을 나라의 곤경이라고 불렀으며, 나라의 곤경은 전적으로 은행의 무지, 소심함, 형편없는 경영 때문이라고 말했다. 그들은 자신들이 원하는 만큼의 기간과 액수만큼 대출해 주는 것이 은행의 의무라고 생각했던 것 같다."[26]

이 은행의 기원은 이러한 압박에 대한 대응에 있었다. "이러한 소란과 고통의 한복판에서 스코틀랜드에 새로운 은행 하나가 설립되었다…. 이 은행은 당좌계정의 설정이나 환어음 할인에서 이전의 어떤 은행보다 관대했다."[27] 이 은행의 기본 목적은 매우 야심적이었지만 경쟁의식 때문에 치명적으로 손상되었다. 사업 활동의 지원뿐 아니라 "전체 은행 사업을 자기에게 끌어옴으로써 다른 모든 스코틀랜드 은행, 특히 에든버러에 설립된 은행들을 대체하는 것"이 이 은행의 기본 목적이었다. 이 은행은 실제로 금융 버블의 경제적 논리, 그리고 사회적·정치적 요소가 순식간에 작은 문제를 더 큰 문제로 악화시키는 방식, 또한 화폐가 떨어졌을 때 발생할 파멸적인 결과를 완벽하게 보여주었다.

애덤 스미스는 생생한 이미지를 사용하여 적절히 수행되는 은행 업무가 경

---

26. [원문] 『국부론』 제2편 제2장 72번 이하.
27. [역주] 『국부론』 제2편 2장 73번.

제에 제공할 수 있는 가치를 강조했다. "은행의 현명한 활동들은, 다소 파격적인 비유를 하자면, 공중에 일종의 차도를 건설함으로써 그 나라가 이를테면 공공도로 대부분을 훌륭한 목초지와 곡물 재배지로 전환할 수 있게 해주고, 이를 통해 토지와 노동의 연간생산물을 많이 증가시킬 수 있게 해준다."[28] 그러나 그것은 나름의 위험을 안고 있었다: "그러나 인정해야 할 것은, 그 나라의 상업과 산업이 다소 증대된다고 하더라도, 지폐라는 다이달로스의 날개에 매달려 있을 때는 금은화라는 견고한 대지 위를 걸을 때만큼 안전할 수는 없다는 점이다." 에어은행의 몰락은 참사가 일어날 가능성을 완벽하게 설명해 주었다.

그러나 애덤 스미스는 에어은행의 실패는 비용이 많이 드는 어음의 유통을 막음으로써 경쟁자들을 도와주었다는 것도 차분하게 언급하였다. "따라서 다른 은행들은 그 치명적인 악순환으로부터 쉽게 빠져나올 수 있었는데, 그렇지 않았더라면 상당한 손해나 일정한 명예훼손 없이 그 곤경에서 빠져나올 수 없었을 것이다."

그리고 대체로 "장기적으로 보면 이 은행의 영업은 자신들이 해결하겠다고 표방한 이 나라의 진정한 곤경을 증가시켰으며, 이 은행이 대체하려고 했던 경쟁자들을 아주 엄청난 곤경에서 효과적으로 구해 주었다." 이처럼 이 사건 전체는 은행업에서 주의와 사려분별, 신중함에 대해서만이 아니라 예기치 못한 긍정적 결과에 관한 좋은 사례였다.

에어은행의 붕괴, 그리고 버클루 공작을 재난으로부터 구해야 할 가장 긴급한 필요성 때문에 애덤 스미스는 일에 집중하지 못했다. 여기에 다른 요소들도 한몫했다. 그가 1772년 9월 윌리엄 풀트니(William Pulteney) 의원에게 쓴 편지에서 조심스럽게 언급했듯이

28. [역주] 『국부론』 제2편 2장 86절.

"이 대중적 참사에 저 자신은 연관되어 있지 않지만, 저와 가장 가까운 몇몇 친구들이 깊이 연관되어 있습니다. 그리고 제 주의력은 그들을 이 재앙에서 빼내는 가장 적절한 방법을 찾는 데 상당히 기울여지고 있습니다… 원래 제 책은 늦어도 이번 겨울에는 인쇄에 들어갈 수도 있었습니다. 하지만 부분적으로는 오락의 결핍, 한 가지 일에 너무 많은 생각을 하는 데서 오는 건강의 악화, 부분적으로는 앞서 언급한 부수적인 업무로 자주 중단되는 바람에 책의 출판을 몇 달 미뤄야 할 것 같습니다."

이 책을 완성하려는 애덤 스미스의 분투에 관해 그의 지인들은 몇몇 논평을 남겼다. 케임즈는 1773년 스위스 변호사 다니엘 펠렌베르크(Daniel Fellenberg)에게 보낸 편지에서 "스미스 박사의 친구들은 당신처럼 출판을 바라고 있습니다. 얼마 전부터 그는 쓰고 지우고를 반복하느라 바쁩니다. 그리고 저는 실행력을 넘어서는 그의 섬세한 취향 때문에 결정적인 시간이 오래전에 지났는데도 책의 출판이 아직 멀었다는 점이 염려됩니다."[29] 그를 특히 방해했던 것은 글 쓰는 것 자체가 요구하는 신체적 어려움이었다. 애덤 스미스의 글씨는 평생 크고 거추장스러워, 길거나 신속한 자기표현에 적절하지 않았다. 우리가 아는 바로는 그는 다른 사람에게 『국부론』을 받아 적게 했다. 한 이야기에 따르면 그가 자기 집 서재에서 한 서기에게 책의 구절들을 받아적게 하면서 계속 벽에다 머리를 비벼대는 통에 그의 가발에 흔적이 남을 정도였다.[30]

책의 집필은 동인도회사의 활동에 관한 위원회에 참가하라는 성사되지 못한 제안과, 애덤 스미스가 결국엔 거절한, 해외여행을 떠나는 해밀턴 공작의 가정교

29. **[원문]** letter from Kames to Daniel Fellenberg, 20 April 1773 (케임즈가 대니얼 펠렌버그에게 보낸 1773년 4월 20일자 편지 : Simpson Ross, *Life of Adam Smith* 262쪽에서 재인용).

30. **[원문]** Simpson Ross, *Life of Adam Smith* 251쪽에서 Robert Chambers's *Picture of Scotland*, 1827을 인용.

사가 되라는 제안에 의해서도 더뎌졌다. 과로이던, 스트레스던, 외로움이던, 혹은 이 세 가지 모두가 합쳐져서든 그의 건강은 여전히 나빴다. 흄은 1772년 11월 보낸 편지에서 그에게 책을 마무리하고, 런던에서 인쇄되는 것을 본 다음 에든버러에 정착할 것을 간곡히 설득한다. 다섯 달 후 애덤 스미스는 자신의 유저(遺著) 관리자로 정했던 흄에게 보낸 편지에서, 솔직할 정도로 절망적인 표현으로 세세한 지시를 내렸다.

> "나의 사랑하는 친구, 내가 모든 나의 학술 문서에 대한 관리를 그대에게 맡겼던 것처럼, 내가 가지고 다니는 것들과, 데카르트 시대까지 차례로 유행되어 온 천문학 체계들의 역사를 포함한 위대한 작품의 단편 외에는 출판할 가치가 있는 것은 아무것도 없다고 말해야겠습니다. 이 짧은 글은 내 서재에 있는 책상에 얇은 종이 묶음에 있습니다. 그 책상이나 내 침실 서랍장의 유리로 된 여닫이 창문 안에 있는 묶여 있지 않은 다른 문서들과, 바로 그 유리 여닫이 창문 안에 있는 약 18개의 얇은 폴리오 종이 묶음은 어떤 검토도 하지 않고 폐기해 주기 바랍니다. 내가 아주 갑자기 죽지 않는다면, 내가 갖고 다니는 글들이 당신에게 잘 보내지도록 신경 쓰겠습니다."[31]

바로 그 후 그는 '내가 가지고 다니는 글들'을 들고 런던으로 향했다. 그는 1776년이 되어야 『국부론』을 손에 들고 돌아오게 된다.

31. **[원문]** letter to David Hume, 16 April 1773 (데이비드 흄에게 보낸 1773년 4월 16일자 편지).

제4장 '자네는 진정 이 주제들에 대한 유일한 권위자가 될 것일세' : 1773~1776년

애덤 스미스는 1773년 5월 런던에 도착해서 현재 국립 갤러리(National Gallery)와 트라팔가(Trafagar) 광장 근처 서폴크 스트리트(Suffolk Street)에 있는 방으로 이사했다. 그는 이미 이 수도를 여러 차례 방문했던 터라 잘 알고 있었던 것이 분명하고, 위치의 선택도 현명했다. 의회, 강, 그리고 세인트 제임스(St. James) 공원에서 몇 걸음 안 되었고, 런던에 사는 스코틀랜드인들이 자주 드나든 브리티시 커피하우스(British Coffeehouse)에서 아주 가까웠다. 런던에서 보낸 3년 동안의 애덤 스미스에 관해서 우리는 매우 피상적인 것밖에 모르지만, 그가 이 도시의 소란함 가운데서 큰 진전을 본 것을 보면 환경의 변화가 효과를 본 것 같다.

애덤 스미스의 주된 목적은 『국부론』을 완성하여 출판하는 것이었다. 하지만 그의 첫째 업무이자 런던에 온 원래 이유는 추정컨대 해밀턴 공작이 유럽 여행 중 그의 개인교사를 맡아달라고 제안했기 때문이었다. 그러나 애덤 스미스는 새로운 책이 완성된 후 더 좋은 것이 기다리고 있을 것이니 그 제안을 거절하라는 버클루 공작의 말을 따랐다. 그리고 버클루는 실제로 적절한 때에 애덤 스미스에게 에든버러 세관 위원의 자리를 마련해 주었다.

그러나 이 모든 것은 미래에 일어날 일이었다. 당장은 런던에 애덤 스미스를 즐겁게 할 것들이 많았고, 그는 바로 왕립학회(Royal Society)의 회원으로 받아들여졌다. 왕립학회는 '새로운 과학'을 확산하자는 크리스토퍼 렌(Christopher Wren) 경의 권고에 따라 1660년에 설립되었으며 뉴턴, 후크(Hooke), 허셜(Herschel)의 시대 이후 약간의 침체를 겪었지만, 여전히 상당한 명망을 누리고 있었다. 애덤 스미스는 플리트 스트리트(Fleet Street)에서 안쪽으로 들어와 위치한 학회 건물에서 열리는 강연에 주기적으로 참석하면서 학회의 회보를 정성스럽게 모았다. 존슨 박사의 협회(Dr Johnson's Club)도 회원들의 명성에서 뒤지지 않았고, 애덤 스미스는 곧 회원으로 선출된다. 이 협회는 1764년 매우 사교적인 화가 조슈아 레이놀즈(Joshua Reynolds)가 친구인 새무얼 존슨을 즐겁게 해주기 위해 소호(Soho)에 있는 턱스 헤드(Turk's Head) 여관에 설립했다. 9명의 창립회원은 예술 전 분야를 망라했으며 에드먼드 버크와 뛰어난 극작가인 올리버 골드스미스(Oliver Goldsmith)가 포함되었다. 얼마 지나지 않아 데이비드 개릭(David Garrick), 제임스 보스웰(James Boswell), 찰스 제임스 폭스(Charles James Fox), 에드워드 기번(Edward Gibbon)도 가입했다.

그것은 재능 있는 사람들의 눈부신 집합체였다. 그렇지만 존슨은 말년에 협회의 성격이 변했으며, 고급스러움을 잃었다고 개탄하기에 이르렀는데, 특히 애덤 스미스를 염두에 두고 한 말로 보인다. 보스웰에 따르면 존슨은 애덤 스미스를 "이제껏 만나본 가장 멍청한 개자식"[1]이며 "약간의 와인을 마신 후 입속에 넣고 거품을 내는 가장 무례한 인간"이라고 생각했다. 애덤 스미스가 눈치 없이 지난 20년간 상당히 멋있어지고 향상된 글래스고의 건축을 자랑하자 존슨은 비꼬

1. **[원문]** James Boswell, *Boswell : The Ominous Years, 1774~1776*, ed. Charles Ryskamp and Frederick A. Pottle, McGraw-Hill 1963. 두 사람의 적대심은 노골적인 모욕으로 비화되었던 것 같다. 수년 후 월터 스코트(Walter Scott) 경은 아일랜드의 작가이자 정치가 존 윌슨 크로커(John Wilson Croker)에게 존 밀라에게 들은 다음과 같은 얘기를 전해 주었다. "자세히 조사해 본 결과, 존슨 박사는 애덤 스미스가 흄의 죽음에 대해 쓴 그 유명한 편지를 이유로 애덤 스미스를 보자마자 그를 비난했다. 이에 대해 애덤 스미스는 자신의 쓴 글이 진실이라는 것을 확인해줬다. 그러면 누구나 '그러면 존슨 박사는 뭐라고 말했죠?'라고 질문했다. 그러면 애덤 스미스는 '왜요? 그는 무엇이라 말했는데…'라고 원한에 가득찬 투로 '당신은 거짓말하는 거야!라고 말했죠'라고 대답했다. '그러면 당신은 거기에 뭐라 대답했죠?' '저는 '당신은 개××야!라고 말했죠.' 그런 거친 표현을 써가며 두 위대한 도덕주의자는 만났고 헤어졌다. 그것이 둘 사이에 전형적인 대화였다." Croker, *The Croker Papers*, ed. Louis J. Jennings, John Murray 1884, 1:430, 10 January 1829.

는 식으로 대답했다. "선생님, 브렌트포드(Brentford)를 본 적이 있으신가요?"[2] 존슨에 대한 애덤 스미스의 평가도 좋지 않았다. "나는 그 인간이 남녀가 섞여 있는 자리에서 벌떡 일어나 예고도 없이 의자 뒤에 무릎을 꿇고 주기도문을 암송한 후 식탁 자기 자리에 다시 앉는 것을 보았다. 그는 이 유별난 행동을 그날 저녁 아마 5~6회를 반복했을 것이다. 그것은 위선이 아니라 광기다."[3]

최소한 존슨의 입장에서 개인적 반감엔 오랜 원인이 있었던 것 같다. 존슨은 심오하지만 왜곡된 기독교 신앙을 가진 사람이었다. 우리가 보았듯이 그는 흄의 종교적 회의론을 혐오했으며 같은 이유로 애덤 스미스를 의심하고 있었다. 더구나 자기가 쓴 『영어사전』에 대해 애덤 스미스가 거의 20년 전 『에든버러 리뷰』에 실은 논평, 특히 이 책의 사전편찬원칙이 문법적으로 불충분하고 단어 정의에서 뉘앙스를 충분히 살리지 못했다는 지적을 잊었을 리 없다. 그 비평이 당시엔 별로 대중적 영향력이 없었지만, 여전히 존슨의 지적 수고의 핵심에 치명적 타격을 가했는데, 이 '문학의 대가'는 앙심을 품는 데 능숙했다. 하지만 이 어두운 관계 속에서도 상호 존경의 빛이 번뜩였다. 애덤 스미스는 존슨의 정치적 팸플릿을 극찬했고 존슨은 실무 경험이 없는 애덤 스미스가 경제에 관해 쓸 자격이 없다고 지적한 사람을 반박했다. "경제만큼 학문적 설명이 필요한 것은 없소. 그것에 관해 좋은 책을 쓰려면 폭넓은 시각을 가져야 하죠. 어떤 주제에 관해 좋은 글을 쓰기 위해서 실무 경험이 있어야 할 필요는 없소."[4]

---

2. **[원문]** James Boswell, *The Life of Samuel Johnson*, Henry Baldwin, for Charles Dilly, London 1791 and 1793, 30 March 1783.

3. **[원문]** Amicus, 'Anecdotes Tending to Throw Light on the Character and Opinions of the Late Adam Smith, LLD', *The Bee, or Literary Weekly Intelligencer*, 11 May 1791, included in *Lectures on Rhetoric and Belles Lettres* Appendix I에서 재인용.

4. **[원문]** Boswell, *Life of Johnson*, 15 March 1776. 사람들은 애덤 스미스가 이러한 폭넓은 시각을 갖고 있었다는 점을 종종 망각한다. 애덤 스미스는 글래스고, 옥스퍼드, 에든버러, 런던, 파리, 툴루즈 등 여섯 개의 주요 도시에서 거주했고, 제네바, 보르도(Bordeaux), 몽펠리에(Montpelier)에도 머물렀다. 그는 왕립학회와 에든버러 왕립학회를 포함한 매우 다양한 클럽과 협회의 회원이었고, 파리에서는

지금까지 전해 오는 애덤 스미스의 편지는 많지 않고, 그가 자신의 편지를 받은 사람들에게 거듭 사과한 것으로 미루어 볼 때 분명히 당시 그는 편지를 쓴 적이 드물었다. 그러나 이 시기에 쓴 편지 하나는 그의 경제사상의 독특한 특징을 드러내고 있다. 1774년 에든버러 의과대학은 의과 학위가 2년간의 공인된 의학 공부를 증명할 수 있는 사람들에게만 시험을 통해 수여되어야 한다는 청원을 의회에 제출했다. 현대인들에게 이것은 완전히 상식적인 제안처럼 보이지만, 의술이 아직 유아기 수준이었던 18세기 말에는 그렇지 않았다. 에든버러대학 교수였던 윌리엄 컬렌이 가까운 친구였던 애덤 스미스에게 의견을 구했는데 애덤 스미스는 이 청원을 격렬히 반대하였다. 이 청원에서 독점과 거래 제약의 신분적 악취가 난다고 생각했기 때문이었다.

컬렌에게 답변하면서 애덤 스미스는 옥스퍼드대학과 케임브리지대학을 언급조차 하지 않고 비판하는 것으로 시작했다. "스코틀랜드 대학들의 현재 상태로 보면 나는 이 대학들이 예외 없이 유럽 다른 곳에서보다 가장 뛰어난 학문의 온상이라고 봅니다."[5] 이유는 간단했다. 옥스퍼드 같은 잉글랜드의 대학들과 대조적으로 스코틀랜드의 대학 교수들은 소득의 상당 부분을 학생들의 수업료에 의존하고 있기 때문에 학생들의 필요에 주의를 기울이게 되었다. 애덤 스미스가 보기에 스코틀랜드엔 학생들에게 부담을 주고 그들의 천직으로부터 눈을 돌리게 하는 장학금이 별로 없었고, 학위를 취득하기 위한 경쟁이 있었다. 애덤 스미스는 이 위대한 성과가, 경쟁을 제한하고 의료의 질은 보장하지 않은 채 의사 자격증을 제공하는 새로운 제안들에 의해 침해당하게 된다고 생각했다. 유럽의 선

유명 살롱에 자주 초대되었다. 그는 전문직, 사업가, 학자, 정치인들과 폭넓은 교제를 했으며 3천 권 이상을 소장한 서재를 갖고 있었다. R. H. Hartwell's 'Comment' in Thomas Wilson and Andrew S. Skinner (eds.), *The Market and the : Essays in Honour of Adam Smith*, Oxford University Press 1976를 볼 것.

5. **[원문]** letter to William Cullen, 20 September 1774 윌리엄 컬렌에게 보낸 1774년 9월 20일자 편지.

도적인 대학들에 관한 자신의 연구에 근거하여 애덤 스미스는 "독점업자들이 하는 일이 좋은 경우는 드물다. 그리고 학생들이 수업에서 얻는 것이 있든 없든 출석해야만 하는 수업이 좋은 수업일 가능성은 별로 없다."라고 단언했다. 높은 수준을 유지하기 위해서라는 주장은 실제의 이해관계를 은폐하는 것에 불과하다. "가장 엄격한 대학들은 특정 자격을 갖춘 학생들에게만 학위를 수여한다. 이들이 이 자격을 요구하는 진정한 동기는 학생이 그들에게 더 많은 돈을 지출하도록 하는 것이고 학생을 통해 더 많은 이윤을 챙기는 것이다." 이것이 『국부론』의 진실되고 정신이 번쩍 들게 하는 소리였다.

컬렌에게 보낸 애덤 스미스의 편지는 늘 하던 대로 "저에게 매우 흥미를 불러일으킨 몇몇 일들"이 집필을 방해했음을 인정하는 것으로 시작한다. 그중 하나는 총명하지만 변덕스러운 에든버러대학 도덕철학 교수 애덤 퍼거슨(Adam Ferguson)이 참여한, 연금에 대한 예상 외로 오래 끈 논쟁이었다. 애덤 스미스는 스탠호프(Stanhope) 백작의 후견인으로 함께 여행할 개인교사로 퍼거슨을 추천한 바 있었다. 매우 적절한 처신이었다. 하지만 이 시기에 분명히 애덤 스미스의 관심을 빼앗고 있었으며, 실제로 전 영국에 거쳐 대중과 정계의 여론을 얼어붙게 만든 훨씬 커다란 공적인 이슈가 있었다. 그것은 13개 아메리카 식민지와의 전쟁이 일어날 가능성이었다.

1772년 흄은 애덤 스미스에게 보낸 편지에서 에어은행 파산의 파멸적인 여파의 소식을 전했었다. 그러나 이때 그는 힘들게 집필하고 있는 애덤 스미스에게 이론적 질문도 던졌다. "이 사건들이 자네 이론에 어떤 식으로라도 영향을 주고 있는 거지? 아니면 그것 때문에 어느 장(章)을 다시 써야 할 수도 있지 않겠나? 자네 생각은 어떤가? 여기에 자네의 성찰에 필요한 자양분이 있네."[6] 애덤 스미스는 최근의 사건들을 지적으로 이용하고, 그것들을 정치경제학의 흥미와 시

6. **[원문]** letter from David Hume, 27 June 1772 (데이비드 흄에게서 온 1772년 6월 27일자 편지).

사성을 높이는 데 사용하는 것에 능숙했다. 에어은행 파산은 『국부론』에서 두드러지게 중요한 역할을 했다. 그러나 런던에 있는 동안 애덤 스미스가 파고들었던 식민지와의 분쟁의 원인과 추이, 그리고 함의는 그와 같은, 아니 더 중요한 역할을 했다.

13개 식민지만 아메리카 대륙에 있는 영국 소유 식민지였던 것은 아니었다. 영국은 1713년에 획득한 노바 스코티아(Nova Scotia), 1763년에 획득한 프랑스령 캐나다(French Canada)와 동·서 플로리다(Florida)도 소유하고 있었다. 그러나 13개 식민지는 1607년 처음으로 버지니아(Virginia), 제임스타운(Jamestown)에 정착할 때로 거슬러 올라가는 그들만의 독특한 역사가 있었다. 1770년대 초에 이르러선 모국에 대한 아메리카 식민지들의 불만은 다양해지고 악화되어 돌이킬 수 없는 지경에 이르렀다. 근본적으로 이 불만은 증대하는 식민지들의 경제력과 정치적 자의식이 영국의 정책이 부과한 제약과 충돌하면서 일어났다. 높은 출생률과 이민에 힘입어 아메리카 식민지의 인구는 앞선 세기에 비해 10배로 증가하여 당시 대략 200만 명에 이르렀다. 새로운 이민자들 다수는 영국 출신이 아니었으며 영국의 법률과 관습에 대한 애착이 크지 않았고 그들만의 프로테스탄트적 저항의 전통을 함께 갖고 왔다. 하지만 역설적으로 그들은 영국 법과 행정 관행에 대해 익숙한 식민지 엘리트들과도 꽤 쉽게 어울리는 것 같았다. 블랙스톤(Blackstone)의 『영국 법 주석(Commentaries on the Laws of England)』은 식민지에서는 성경 다음으로 많이 읽힌 책이라는 말이 있었다.

현명하게도 로버트 월폴(Robert Walpole) 경은 대체적으론 아메리카 식민지들이 자신들의 방식으로 하도록 내버려 두었고, 1742년 그가 실각한 이후 20년 동안 이러한 관행은 영국 정부안에서 지속되었다. 하지만 같은 자유가 무역에는 적용되지 않았다. 헨리 7세 시대 이래로 자잘한 규제들이 모여 훗날 중상주의로 알려지게 될 무역 이론으로 융합되었다. 식민지들의 역할은 저렴한 원재료를 생산하고 값비싼 완제품을 구매하는 것이었다. 모국의 역할은 값싼 원재료를 값비싼 완제품으로 변환하는 과정에서 최소의 비용으로 가능한 최대의 가치를 부가하는 것이었다. 상인들의 역할은 모든 물건을 항해법 규정에 따라 영국 선박에 실어 나르면서 양측의 거래를 관리하는 것이었다. 중상주의는 모국에 이득이 되었고, 영국의 입장에서는 아메리카 상인들과 농민들을 만성적으로 현금이 부족하게 만들어 런던 금융가에 의존하도록 만드는 부수적 이익이 있었다. 이 체제는 계획된 것이었을 뿐 아니라 상황의 산물이기도 했는데, 깊이 있는 근본적인 철학이 아니라 권력을 과시하고 세금을 거둬들이려는 욕망을 반영한 것이었다. 그것은 영국 정치가들에게—그들이 그것에 대해 고찰하기라도 했다면—단순한 상식으로 보였기 때문에 지속되었다. 식민지들 자체는 계속 성장하였고, 현지의 법과 행정 관련 고충은 규칙적으로 다루어졌으며 밀수가 성행하였다. 영국 정부에겐 아메리카에 더 엄격한 정책을 부과하는 것은 너무 비용이 들었고 식민지 북쪽과 서쪽이 프랑스의 영향권인 상태에선 너무 위험하였다.

이 모든 것은 7년 전쟁으로 바뀌었다. 영국이 뉴 프랑스—세인트 로렌스(St Lawrence) 강에 인접한 프랑스령 캐나다 지역—를 차지하면서 13개 식민지에 대한 프랑스의 위협은 사라졌고, 이전엔 식민지 거주민들이 프랑스로 기울어지는 것을 두려워했던 런던의 정치인들은 대담해지기 시작했다. 동시에 이 전쟁은 엄청난 비용을 초래하여 국가 부채를 1억 3천만 파운드로 거의 2배 증가시켰다. 영국의 입장에서 1763년 조지 그렌빌(George Grenville) 수상의 대응은 전적으로 이해할 만한 것이었다 : 공공지출의 감소, 항해법의 더 엄격한 시행, 식민지의 법적 거래에 대한 새로운 인지세 부과, 식민지 방어를 지속하기 위한 수입의 확보라는 관점에서는 그랬다. 식민지들은 영국의 비용을 들여 군사력을 사용하여 확보되고 보호되어 왔고, 계속해서 행정비용을 초래했다. 식민지들은 이 비용에 대한 자기 몫을 현지 조세를 통해 부담해야 했다. 결과적으로 그들도 이익을 볼 것이었다. 이 모든 것은 꽤 간단한 것 같았다.

하지만 버크와 다른 몇 사람이 명확하게 파악한 것처럼 새로운 정책은 사실상 파멸적이었다. 한 번도 직접 조세를 부담해 본 적이 없었던 식민지들은 인지세 부과에 분노하였다. 로킹함(Rockingham) 후작이 이끄는 새 정부가 인지세를 재빨리 철회하였지만, 동시에 국내의 압력에 굴복하여 영국의 조세 부과권을 원칙적으로 고수하는 선언령(宣言令)[7]의 통과를 부추김으로써 식민지들의 불만을 악화시켰다. 세수 확보에 대한 지속적인 압박에 굴복, 버클루 공작의 계부이자 재무상이었던 찰스 타운센드는 1767년 4월 차(茶)에 대한 악명 높은 관세 외에 여러 추가적인 관세를 예산안에 도입하였는데 이것이 식민지 주민들의 감정을 악화시켰다.

타운센드의 예산안은 하원에서 '광범위한 만족과 찬사'와 함께 채택되었지만,[8] 이후로 항상 많은 비판을 받았다. 그는 1766년 말 프랑스에 있었던 애덤 스미스와 조세에 관해 상의했던 것으로 보였는데 애덤 스미스는 세입의 일부를 따로 떼어 형성하는, 새로 제안된 상환기금(Sinking Fund)에 관련된 계산을 수정하였다. 하지만 타운센드는 새로운 펀드가 다른 조세적 방편과 함께 이용되더라도 부채를 다 갚을 정도로 충분히 빨리 불어나지 않을 것이라는 점을 분명히 알았으며, 당시 애덤 스미스에게 보낸 편지에서 "그 조처를 활성화하는 다른 방법"들을 모색하면서, 끝에 그 운명적인 문장 "저는 여기에 아메리카의 **진정한** 세입을 추가할 것입니다"(강조는 원문에)[9]라고 덧붙였다.

애덤 스미스는 타운센드의 조세 관련 고문으로 활동하고 있었다. 시사되어 온 것처럼 영국이 아메리카 식민지를 잃은 것에 애덤 스미스가 간접적으로 책임

---

7. 선언령(宣言令, Declaratory Act) : 영국 의회가 1776년에 인지세법의 철폐와 더불어 통과시킨 법안으로 영국 의회의 조세권이 미국 식민지에서도 유효하다고 선언하였다.

8. **[원문]** report of James West to the Duke of Newcastle(제임스 웨스트가 뉴캐슬 공작에게 보낸 보고서). *Correspondence of Adam Smith*, note 21 to the letter from Charles Townshend to Smith below 찰스 타운센드가 애덤 스미스에게 보낸 아래 인용된 편지에 대한 21번 주(註)에서 재인용.

9. **[원문]** letter from Charles Townshend, undated, probably in October–December 1766 (찰스 타운센드가 보낸 편지. 일자 미상 : 1766년 10월에서 12월로 추정).

이 있었을까? 더 자세히 말해 그의 충고가 타운센드 관세를 둘러싼 위기에 어떤 역할을 했을까? 만약 그랬다면 그것은 흥미로우면서도 아이러니한 것이다. 그러나 대답은 아마도 아니었던 것 같다. 애덤 스미스는 원칙적으로 식민지에 대한 조세 부과를 반대하지 않았으며 훗날 1778년의 메모에서 알 수 있듯이 식민지 주민들이 영국의 국방력에 이바지하지 않으면서도 그 혜택을 받는 것이 잘못되었다고 생각하였다. 그러나 실제로 부과된 세금들은 애덤 스미스가 세운 원칙들과 모순되었다. 이 세금들은 비효율적이었고, 재수출되는 차에 대한 동인도회사의 독점을 보호했으며 식민지의 입법기관이 아닌 영국 의회가 부과한 것이어서 정치적 권위의 상실로 이어졌다. 따라서 애덤 스미스가 그러한 조언을 했을 것 같지 않다.[10] 영국 재무상이 정치적 반대자들에게 포위되고, 재원이 부족하고, 황급한 상황에 놓인 것이 그때가 처음도 마지막도 아니었다. 그는 자기 생각엔 가장 낮은 정치적 비용으로 자신이 할 수 있는 한 많은 원천으로부터 돈을 모았다. 조금도 과장하지 않고 말하면 그는 이 점에서 오판했다.

그 후 몇 년간 저항의 조직과 네트워크—그리고 반란에 대한 소문이—아메리카에서 점점 두드러지기 시작했으며 '대표 없는 과세'에 대한 식민지의 불만은 영국이 식민지들에 대한 입법권이 없다는 급진적 주장과 결합하였다. 1770년 영국 의회의 정권교체를 통해 노스(North) 경이 이끄는 행정부가 들어섰는데, 이 행정부는 영국의 조세권의 상징으로 남겨둔 차(茶)에 대한 관세를 제외하고는 모든 타운센드의 관세를 철회하였다. 그러나 이제 관계가 악화한 터라 관세의 철회는 식민지 주민들을 달래기는커녕 영국이 식민지 경제를 값싼 수입품으로 범람시켜 식민지 경제를 파괴하려고 한다는 주장을 부추기기만 했다.

---

10. **[원문]** C. R. 페이(Fay)는 "그것은 우리가 첫 번째 제국을 상실하도록 한 책상물림의 조언이었다."라고 애덤 스미스를 비난하였다. *Adam Smith and the Scotland of his Day*, Cambridge University Press 1956, p. 116. 이 비난에 대한 상세한 반박은 Iain McLean, *Adam Smith, Radical and Egalitarian*, Edinburgh University Press 2006, pp. 16~17을 볼 것.

애덤 스미스가 런던에 있는 동안 영국과 아메리카의 관계는 전쟁을 향해 치달았다. 1773년 12월 16일 밤 모호크(Mohawk)족 전사로 위장한 몇몇이 보스턴 항구에 정박한 3척의 선박에 올라가 342개 상자의 차(茶)를 바다에 집어 던졌다. 보스턴 티파티(Boston Tea Party)로 알려지게 된 이 사건이 1774년 1월 런던에 알려지게 되자 그것은 영국 의회의 여론을 악화시키고 단결시켜 매사추세츠에서의 영국의 통제를 재천명하고 식민지 주민들을 처벌하는 가혹한 조처를 초래했고, 이것은 억압당하고 있다는 식민지 주민들의 피해의식을 부추겼다. 최초의 국민대표기구였던 대륙 의회(Continental Congress)가 필라델피아(Philadelphia)에서 9월과 10월에 모여 영국 국왕에게 보낸 항의와 청원은 공식적으로 무시되었다. 결과적으로 영국 의회는 무시당하였으며 왕도 소용이 없었고 식민지들은 소란에 휩싸인 상태에서 전쟁의 발발은 단지 시간의 문제였다. 예상대로 1775년 4월 보스턴 근교 렉싱턴(Lexington)과 콘코드(Concord)의 총격전과 함께 혁명은 불타올랐다. 식민지 정부들은 전복되었고 새로운 주 헌법들의 초안이 작성되었다. 그리고 1776년 7월 4일 독립 선언이 서명되었다.

그러나 그때쯤에는 이미 아메리카 전쟁의 뿌리 깊은 원인에 관한 가장 위대한 분석이 나온 지 4개월이 지난 상태였다. 1776년 3월 9일 런던에서 『국부론』이 다소 값비싼 두 권으로 500~750부 인쇄되어 출판되었던 것이다.

애덤 스미스가 쓴 이 저작의 범위와 길이, 그리고 탁월함을 생각하면 어떠한 요약도 부적절할 수밖에 없다. 그러나 이 책의 원래 제목은 그 내용을 짐작할 수 있게 해준다: 『국가들의 부에 성격과 원인에 관한 연구』. 비록 분석과 교훈과 정보로 가득 차 있지만 이 책은 경제학 교과서가 아니다. 오히려 그것은 경제 과정과 경제 발전에 관한 책이다. 이 책은 풍부한 증거를 통해 국가들이 부유하고 번영하든지 가난하고 고생할 수 있다는 것을 보여준다. 하지만 국가의 부는 단순히 상황의 산물이거나 신으로부터 부여받은 것이 아니라, 인간의 손으로 창조된 것이다. 그것은 통화나 금괴의 재고, 혹은 어떤 것의 재고가 아니라 "모든 국가의 토지와 노동의 연간생산물"[11]이다.

이뿐 아니라 부의 실제 크기와 부의 원인에 관해 배울 수 있다. 정치경제학은 부를 창출하거나 파괴할 수 있는 정책의 선택을 평가하는 데 사용될 수 있다. 『국부론』의 중요한 목표 중 하나는 인간의 행동을 이해하는 것만이 아니라 형성하는 것이고 정책 선택이 개인과 집단 차원에서 이루어지는 방식과 정치경제학의 개념 그 자체를 형성하는 것이다. 그것은 "언제나 동일한 일반적 원칙에 따라 심사숙고해야 하는 입법자의 학문이다."[12] 이 책이 다루고 있는 범위는 공간적으로는 스코틀랜드 고지대의 자급경제에서 시작하여 유럽의 발전된 국가들과 인도양의 식민지 무역까지, 시기적으로는 고대 문명부터 시작하여 최근의 사건까지이다. 그러나 알게 되겠지만 나쁜 정책 결정의 영향이 아메리카에 관한 논의에서보다 더 잘 설명된 부분은 없다.

애덤 스미스가 서문에서 설명했듯이, 이 저작 자체는 명료한 구조를 지니고 있어서 제1편의 부 혹은 '풍요'의 원천에서 시작하여, 한 경제 내에서 자본의 성질과 사용(제2편), 경제 진보와 발전의 원인(제3편), 영국의 무역 정책과 그 실패(제4편), 그리고 끝으로 정부 수입과 조세 그리고 기타 국내정책 이슈들(제5편)을 다룬다. 사실상 첫 번째 두 편은 애덤 스미스의 기본적인 경제이론을 제시하고 있으며 나머지 3편은 이 이론을 다양한 상황에 적용하는 가운데 그의 '자유의 자연적 이론'과 그것의 때로는 혁명적인 함의를 개괄적으로 알려준다.

잘 알려진 것처럼 애덤 스미스는 자신이 경험한 커콜디 외곽에 있는 오즈월

11. **[원문]** 『국부론』, '이 책의 서문과 개요'.

12. **[원문]** 『국부론』 제4편 제2장 39번. 이 중요한 개념에 대해선 다음 문헌들을 참조할 것. Knud Haakonssen, *The Science of a Legislator : The Natural Jurisprudence of David Hume and Adam Smith*, Cambridge University Press 1981 ; Donald Winch, "Science and the Legislator : Adam Smith and After", *Economic Journal*, 93.371, 1983 ; Edward S. Cohen, "Justice and Political Economy in Commercial Society : Adam Smith's "Science of a Legislator"", *Journal of Politics*, 51.1, 1989.

드(Oswald) 못 제작소의 흥미있는 사례에 프랑스의 백과사전(Encyclopédie)에 나오는 사례를 곁들여 묘사하는 것으로 시작한다. 혼자서는 "한 직공이 가장 열심히 일한다고 한들 하루에 1개의 핀을 만들기는 어렵고, 분명히 20개를 만들 수는 없다."[13] 하지만 못 공장에서는 작업공정이 18개의 다양한 전문화된 동작으로 분해된다. 이러한 분업의 결과 생산성이 극적으로 증가한다. '각 사람이 하루에 4,800개의 핀을 만드는 셈이다.' 애덤 스미스에 따르면 전문화는 세 가지 방식으로 생산성을 높인다 : ① 숙련의 증가, ② 작업 중단의 감소, ③ 특화된 기계가 사용될 가능성의 창출. 이것은 다시 새로운 투자에 지출하기 위해 사용될 수 있는 잉여를 창출하고, 이것은 다시 전문화를 부추겨 생산성을 높이는 선순환을 이룬다.

인간의 노동이 가치를 창출한다면, 분업은 이 과정을 증폭시킨다. 애덤 스미스가 보기에 분업은 부의 창출의 주요 원천이며 그것의 전체적 함의는 엄청나다. 하지만 애덤 스미스는 우리 경제생활의 많은 다른 경우에서처럼 분업을 더 근본적인 어떤 것의 결과로 간주했다. 애덤 스미스에 따르면 인간 행동의 두 가지 거대한 역동적인 원리가 있다. 첫 번째 원리는 "하나의 물건을 다른 물건과 바꾸고, 거래하고 교환하는, 그렇게 폭넓은 효용을 의도하지 않은 성향"[14]이다. 이것은 한 종(種)으로서의 인간에게 특징적인 것으로 애덤 스미스의 '동감', 그리고 다른 사람의 욕구와 가치에 감정이입하는 인간의 능력에 의존한다. "누구도 한 마리의 개가 다른 개와 각자 자기의 뼈다귀를 상대의 뼈다귀와 공정하고 의식적으로 교환하는 것을 본 적이 없다. 누구도 한 동물이 다른 동물에게 몸짓이나 자연적인 울음으로 이것은 내 것이고 저것은 네 것이다. 나는 네 것을 얻기 위해 내 것을 주려고 한다고 표현하는 것을 본 적이 없다."[15] 애덤 스미스의 두

13. [원문] 『국부론』 제1편 제1장 3번.

14. [원문] 『국부론』 제1편 제2장 1번.

15. [원문] 『국부론』 제1편 제2장 2번. 이 문장을 그 뒤에 나오는 다음 구절과 비교할 것. "타인과 어떤

번째 역동적 원리는 "우리의 상태를 개선하려고 하는 욕망"[16]으로 이 욕망은 "보편적이고, 지속적이고 중단 없는" 것이다. 자신이 필요로 하는 것 이상의 바늘이나 사과 혹은 옷을 가진 사람은 그것 중 몇 개를, 자신에게 없는 것을 가진 사람과 교환함으로써 자신의 상태를 개선하려고 노력하고, 그 결과가 거래로 나타난다.

교환이 서로에게 도움이 되는 것은 그것이 자유롭고 자발적으로 이루어질 때이고, 또 그렇게 이루어지기 때문이다. 구매자와 판매자 둘 다 거래에서 이득을 본다. 이것은 더 나아가 추가적인 전문화와 분업을 촉진하는데, 그 이유는 자신의 남아도는 핀이나 사과나 옷을 성공적으로 거래한 사람은 그것을 더 생산하는 것이 직접적으로 이익이 되기 때문이다. 그 결과 문명국가의 가장 가난한 지역에서도 사람들은 가장 기초적인 경제적 필요 이외의 모든 것을 서로에게 의존하게 된다. 애덤 스미스는 평범한 모직 코트처럼 친숙한 품목을 생산하는 것조차 목축업자부터 시작해서 방적공과 방직공, 양털 깎는 사람부터 선원에 이르는 엄청난 수의 숙련된 노동자들의 협력이 필요하다고 지적한다.[17]

애덤 스미스가 말한 것처럼, "사람은 자신의 노동으로 자신의 필요의 매우 적은 부분만을 충족할 수 있을 뿐이다. 그는 자신의 필요의 훨씬 많은 부분을 자기 노동의 잉여 부분을 교환함으로써 충족시킨다. 모든 사람은 교환에 의해 생활하며, 즉 어느 정도 상인이 되며, 사회 자체는 적절하게도 상업사회가 된다."[18] 이러한 경제적 상호의존 속에 있는 사람들을 지탱해 주는 것은 무엇인가? 간단히 말해 교환과 자기 개선의 욕구의 끈질긴 압박이다. "우리가 매일 식사를 기대

종류의 거래를 하고자 하는 사람은 누구든지 이렇게 제의한다. '내가 원하는 것을 나에게 주시오, 그러면 당신이 원하는 것을 가지게 될 것이오.' 이것이 이러한 거래의 의미이다. 바로 이러한 방식으로 우리는 피차 간에 자기가 필요로 하는 도움의 대부분을 얻게 된다."

16. **[원문]** 『국부론』 제2편 제3장 28~36번.

17. **[원문]** 『국부론』 제1편 제1장 4번. 이것은 다음 문헌에서도 논의되었다. *An Early Draft of Part of The Wealth of Nations* (『국부론』의 초기 원고).

18. **[원문]** 『국부론』 제1편 제4장 1번.

하는 것은 정육점 주인이나 양조장 주인, 그리고 빵집 주인의 자비심 때문이 아니라, 그들 자신의 이익에 대한 그들의 고려 때문이다. 우리는 그들의 인간애에 호소하지 않고 그들의 자기애에 호소하며, 그들에게 우리 자신의 필요를 말하지 않고 그들 자신에게 유리함을 말한다."[19] 자기애는 다양한 종류의 인간 감정 중 하나의 불과하지만, 상업사회가 창출하는 경제적 사회적 가치를 설명하는 열쇠이다.

재화는 시장에서 거래되는데, 애덤 스미스는 시장을 더 일반적 의미보다 상거래의 장소로 생각하는 경향이 있다. 팔릴 수 없는 재화나 서비스를 생산하는 것은 말도 되지 않는다는 것이며, 이 단순한 생각은 "분업은 시장의 규모에 의해 제한된다"[20]라는 말에서 표현되는 애덤 스미스의 또 다른 통찰력으로 이어진다. 작은 규모의 시장은 전문화와 투자를 보상할 만큼의 고객을 끌거나 잉여를 창출할 수 없다. 결국 분업은 더디게 진행된다. 그에 비해 다양한 종류의 부유한 고객이 있는 큰 규모의 시장에선 분업의 선순환이 빨리 진행된다. 흔히 그러했듯이 애덤 스미스는 자신의 주장을 증명하기 위해 보다 폭넓은 인간 경험을 보여주는, 일상적이거나 역사적인 사례들을 열거한다. 짐꾼은 커다란 도시에서나 볼 수 있으며 외진 시골 지역에선 교환이 더 어렵기 때문에 사람들은 더 자급적일 수밖에 없다. 도시는 수많은 다양한 업종을 한데 모으는 경제성장의 중심지이고, 항구는 더 넓은 시장에 대한 접근성 때문에 내륙 도시보다 일반적으로 더 번영한다. 유럽 문명은 지중해 무역으로 시작되었다. 이런 예를 많이 들 수 있다.

어떤 거래든 가치에 대한 일종의 평가를 포함하는데 도대체 가치란 무엇일까? 애덤 스미스에 의하면 이에 대한 궁극적 대답은 노동에 있다. "모든 상품의 교환가치에 대한 진정한 척도"[21]는 그 속에 있는 노동의 양, 즉 "그 상품을 획득하기 위한 수고와 어려움"이다. 노동의 양을 추정하는 것은 실행할 수 있는 것

---

19. [원문] 『국부론』 제1편 제2장 2번.
20. [원문] 『국부론』 제1편 제3장.
21. [원문] 『국부론』 제1편 제5장 1번.

이 아니지만 시장은 어떤 종류의 공통된 교환 매개체가 필요하다. 당신이 진정으로 원하는 것이 오렌지라면 당신의 곡물을 나의 냄비와 교환하는 것은 쓸데없는 짓이다. 그리고 설령 그렇게 한다고 해도, 이 두 물건을 직접 거래해야 한다면 많은 시간과 돈을 소모하게 될 것이다. 애덤 스미스의 추측에 의하면 이것이 초창기 거래에서 귀금속을 사용하고, 결국에는 "모든 문명국가에서 모든 종류의 재화가 서로 사고 팔리도록 고안된 상업의 보편적 수단인"[22] 화폐를 사용하게 된 원인이다.

화폐는 금속일 필요가 없다. 호머(Homer) 시대 그리스에선 가축이 화폐로 사용되었다. 아비시니아(Abyssinia)에선 소금이 화폐였고, 인도에서는 조개, 뉴펀들랜드(Newfoundland)에선 말린 대구(大口), 다른 지역과 시대에선 담배, 설탕, 가죽 혹은 못이 화폐였다. 그러나 편리함과 상호 인정의 이유에서 화폐는 점차 표준화된 금은 주조화폐로 정착되었고, 이와 같은 화폐와 금은의 연계는, 화폐와 부가 같은 것이라는 생각을 부추기게 되었다. 애덤 스미스는 그의 책에서 엄청난 노력을 들여 이 핵심적인 환상을 몰아내려고 했다. 구체적으로 말하자면, 화폐는 자본이 아니며 은행의 기능은 자본 자체를 증가시키는 것이 아니라 자본을 생산적 용도로 사용할 수 있도록 하는 것이다. "은행의 가장 신중한 활동이 그 나라의 산업을 증가할 수 있는 것은 … 그 나라의 자본을 증대하는 것이 아니라 자본의 더 많은 부분을 활동적이며 생산적으로 만드는 것을 통해서이다."[23]

재화시장은 어떻게 작동하는가? 수렵사회에서 한 사람이 가진 모든 것은 그의 노동이다. 농업 사회에서는 교역에서 자본이 창출될 수 있으며 임금을 주고 사람들을 고용할 수 있다. 토지가 사적으로 소유되는 곳에서는 지주들은 토지 사용에 대해 지대를 요구한다. 이것을 통해 애덤 스미스는 그가 지대, 임금, 그리

22. **[원문]** 『국부론』 제1편 제4장 11번.
23. **[원문]** 『국부론』 제2편 제2장 86번.

고 이윤—혹은 토지, 노동, 자본 각각이 요구하는 이윤을 포함한 수익으로 측정한 상품의 실질 가격이라고 부른 것을 분석할 수 있다. 시장이 경쟁적으로 작동할 때 곡물의 시장가격이 실질 가격 아래로 떨어지면 기대 수익이 감소하게 되어 지주는 토지 사용을, 노동자는 자신의 노동을, 고용주는 자신의 자본을 철수시킨다. 그러나 시장가격이 실질 가격을 초과하면 동일 과정은 반대 방향으로 작용하여 이윤을 창출하고 새로운 공급을 자극한다.

따라서 시장은 경쟁을 수단으로 한 역동적인 조정 과정을 통해 공급과 수요의 균형을 달성한다. 생산자는 소비자의 수요보다 더 많게도 더 적게도 공급해야 할 유인을 갖지 않는다. 게다가 시장은 스스로 조정한다. 시장이 균형에 도달하도록 하는 조정은 어떠한 외부의 간섭 없이 거래의 결과로 저절로 일어난다. 애덤 스미스가 말했듯이 "그러므로 자연가격은 모든 상품의 가격이 계속 그것을 향해 끌려 들어가는, 이를테면 중심 가격(central price)이다."[24] 따라서 공급과 수요가 자유롭게 이루어지는 정상적인 시장에서 자연가격은 실질 가격과 같다. 애덤 스미스는 보통 '평형'(balance)이라는 매우 유사한 단어를 사용하지만, 그가 생각한 것은 수요와 공급의 가능한 균형(equilibrium)이다. 그러나 그의 전체 아이디어는 역동적이다. 정상적인 시장에서 가격은 균형을 향하여 움직이지만, 일정 시간 거기에 도달하지 못할 수 있다. 그리고 균형 혹은 평형점은 시장이 이동하고 진화함에 따라 계속 변화한다.

따라서 자유로운 시장에서 경쟁의 효과는 이윤을 최소 수준으로 유지하는 것이다. 어느 지속된 기간 동안 유지되는 높은 이윤은 애덤 스미스에게는 시장의 부실한 작동, 자본과 노동의 부족, 혹은 어떠한 특별한 (때때로 필요한) 특권의 징후이다. 그것은 부유한 사회가 아니라 가난한 사회, 그리고 성공이 아니라 실패와 연관 있다. "이윤율은 지대와 임금처럼 사회의 번영과 함께 증가하고 사

24. [원문] 『국부론』 제1편 제7장 15번.

회의 쇠퇴와 함께 감소하는 것이 아니다. 반대로 이윤율은 부유한 국가에서 자연적으로 낮고, 가난한 국가에서 자연적으로 높다. 그리고 그것은 언제나 가장 빠르게 몰락하는 국가들에서 가장 높다."[25]

물론 시장은 가격이나 임금에 관하여 자유롭지 않고, 평온하지 않고, 경쟁적이지 않은 경우가 많다. 분산되어 있고 조직되지 않은 고객들을 지배하려고 하는 생산자들의 '배타적 조합 정신'을 애덤 스미스는 인정사정없이 비판한다. "오락이나 기분전환을 위해서라도 동종직업에 종사하는 사람들이 만나서 나누는 대화가 공중(公衆)의 이익에 반하는 음모, 즉 가격을 인상하려는 일종의 계책으로 끝나지 않는 경우가 드물다."[26] 그것은 노동에 대해서도 마찬가지인데, 그것은 상대적으로 적은 수의 고용주와 매우 많은 수의 노동자 사이에는 경제력의 비대칭이 존재하기 때문이다. "노동자들의 단합에 관해서는 자주 듣게 되지만 고용주들의 연합에 관해서는 거의 듣지 못한다고 사람들은 말한다. 그러나 이 때문에 고용주들의 연합이 매우 드물다고 생각하는 사람이 있다면, 그는 해당 사안은 물론 세상에 대해 무지한 사람이다. 고용주들은 임금을 현재의 수준 이상으로 올리지 않기 위해 언제 어디서나 일종의 암묵적인, 그러나 지속적이고 한결같은 연합을 맺고 있다."[27] 애덤 스미스는 노동자들이 연합을 이루어 행동하는 것은 처벌하지만 고용주들이 그렇게 하는 것은 처벌하지 않은 당시 법률도 공평하지 않다고 비판했다.

따라서 정부정책의 목표는 분명하다. 애덤 스미스가 나중에 말했듯이 "소비는 모든 생산의 유일한 목표이자 목적이다. 그리고 생산자의 이익은 소비자의 이익을 증진하는 데 필요한 정도만큼만 고려되어야 한다."[28] 그러나 영국의 정부정

25. **[원문]** 『국부론』 제1편 제11장 '이 장의 결론', 10번 단락.
26. **[원문]** 『국부론』 제1편 제10장 제2절 27번 단락.
27. **[원문]** 『국부론』 제1편 제8장 12번.
28. **[원문]** 『국부론』 제4편 제8장 49번.

책은 경쟁을 제한하고 무역 특혜, 길드, 공공 등기부, 복지 기금 같은 것을 통해 소비자의 이익을 증진하기보다 그 반대의 일을 했다. 7년간의 의무적 견습 기간을 마치지 않고 어떠한 사업을 하는 것을 금지한 1563년 엘리자베스 여왕의 숙련공법 같은 도제법은 애덤 스미스가 보기엔 거래에 대한 제한이다. 심지어 빈민법도 일거리를 찾기 위해 이주하려는 의욕을 꺾는 역효과가 있었기 때문에 거래 제한으로 지목되었다.

분업이 부의 창출의 주요 원천이라고 한다면, 그것과 대응 관계에 있는 것은 자본 축적이다. 왜냐하면 증가된 전문화는 자본을 창출함과 동시에 수요하기 때문이다. 이것이 『국부론』 제2편의 주제다. 상인이 자기가 판매할 재화의 새로운 재고를 위해 지불할 수 있어야 하고, 제조업자는 투자를 위해 자본이 필요하다. 그리고 보다 전문화된 경제는 더 큰 번영을 이루기 위해 더 많은 자본을 수요한다. '유통 자본'은 경제를 흘러 다니고 자주 원재료와 기타 단기적 품목을 지급하기 위해 대출되고 다시 대출되는 반면, '고정 자본'은 토지, 공장, 그리고 기계에 대한 장기적 투자에 자금을 대기 위해 사용된다.

이 중 많은 것은—애덤 스미스 덕분에—우리에게 익숙하다. 그러나 당시에는 많은 사람에게 거의 초자연적 현상 같은 일이었고, 오늘날에도 그의 핵심 아이디어들은 놀라운 단순성과 풍요로움으로 우리를 놀라게 한다. 그러나 애덤 스미스가 지적하듯이 자본은 투자만이 아니라 소비에도 사용될 수 있고 여기서 그의 관점—그리고 그의 어조—은 현대 경제학의 그것과 뚜렷하게 차이 난다. 애덤 스미스는 자본의 사용은 추가적인 자본 축적을 돕는 것이어야 한다는 강한 신념을 갖고 있었으며, 자신의 자본을 특히 '싸구려 장신구'와 기타 시시하거나 사치스러운 물건에 지출하는 사람들을 비판했다. "자본은 절약을 통해 증대하고 낭비와 잘못된 경영을 통해 감소한다. 자신의 지출을 자신이 버는 수입의 범위 내로 제한하지 않음으로써 [낭비자들]은 그의 자본을 침식한다. 그는 태만의 삯을 그의 선조들이 근면의 유지를 위해, 말하자면 따로 성스럽게 구별했던 기금으로 지급한다."[29] 루소의 분위기가 나는 이러한 어조는 두 사람이 공유한 칼뱅주의적 배경을 상기시킨다.

애덤 스미스는 '비생산적 노동'에 대해서도 비슷하게 매우 비판적이었다. 그는 서비스가 원칙적으로 자본의 형성을 도울 수 있다고 보았지만, 사치에 대한 그의 반감에 걸맞게 하찮은 일을 수행하는 하인들의 비생산적인 노동을 신랄하게 비판했다. 그것은 이들의 "서비스가 대개는 그것이 수행되는 순간에 사라져 버리고 가치의 어떠한 흔적도 남겨두지 않기 때문이다."[30] 심지어 군주도 같은 이유에서 그의 비판을 피할 수 없다. "예를 들어 군주는 자기 밑에서 종사하는 사법 및 전쟁 담당 공무원, 전체 육군과 해군과 함께 비생산적 노동자다."[31] 물론 이것은 다른 이유에서 공무원들이 '고결하고', '유용하고' 혹은 '필요할' 수도 있다는 것을 배제하지 않는다.

이 대목에서 애덤 스미스는 도덕주의적이고 인색한 전설적 스코틀랜드 장로교도와 위험할 정도로 가까워 보인다. 그러나 공공정책에 관한 그의 언급을 보면 그를 그렇게 희화화할 수는 없다. 무엇보다도 개인들에서처럼 사회에 대해서도 "근면이 아니라 절약이 자본 증가의 직접적 원인이다."[32] 왜냐하면 절약 없이는 근면의 어떠한 수익도 저축되지 않을 것이기 때문이다. 두 번째로 "모든 낭비자는 공공의 적인 것처럼 보이지만",[33] 현실에서는 "거대한 나라들이 개인의 낭비와 그릇된 행동으로 가난해지는 경우는 전혀 없지만 공공의 낭비와 그릇된 행동으로 가끔 가난해질 수는 있다. 대부분 나라에서 공공 수입 전체 혹은 거의 전체는 비생산적인 인력을 유지하는 데 사용되고 있다."[34] 결론적으로 사치품에 대

29. **[원문]** 『국부론』 제2편 제3장 20번.
30. **[원문]** 『국부론』 제2편 제3장 1번.
31. **[원문]** 『국부론』 제2편 제3장 2번.
32. **[원문]** 『국부론』 제2편 제3장 16번.
33. **[원문]** 『국부론』 제2편 제3장 25번.
34. **[원문]** 『국부론』 제2편 제3장 30번.

한 수입 금지나 개인의 사치품 소비를 규제하는 법은 나쁜 정책일 뿐 아니라 "국왕이나 신하들의 가장 부적절하고 건방진 행위이다. 그들 스스로가 항상 어떤 예외도 없이 사회의 최대 낭비자였기 때문이다. 그들이 자신들의 지출이나 제대로 관리하도록 하고 개인들의 지출은 개인들에게 맡겨도 좋을 것이다."[35]

하지만 수입 금지에 대한 비판은 애덤 스미스가 몰입했던 훨씬 거대한 연구의 한 작은 측면에 불과하며, 『국부론』은 단순한 분석의 책이 아니라 잘못된 정책 결정에 대한 격렬한 비판이다. 1780년 어느 덴마크 친구에게 쓴 편지에서 애덤 스미스는 이 책을 "대영제국의 상업주의 체제 전체에 대한 나의 매우 격렬한 공격"[36]이라고 묘사했고, 실제로도 그랬다. 공격의 취지는 지적인 동시에 실천적이었다. 그의 표현을 빌리면 "모든 나라의 정치경제학의 위대한 목적은 그 나라의 부와 국력을 늘리는 것이다."[37] 이 목적을 어떻게 달성할 수 있을까? 정치경제학은 두 가지 선택지만 제공했던 것 같았다. 이 중 더 오래된 것은 프랑스에서—비록 애덤 스미스는 그들 중 누구의 이름도 언급하지 않았지만—케네와 중농주의자들이 개척한, 농업에 기반한 사상 체계였다. 이 견해에 따르면 농업은 '모든 재화의 어머니'이고 토지만이 국가의 부와 소득의 원천이다. 토지소유자는 자신의 토지를 개량하고, 농부는 농지를 갈고 경작함으로써 부를 창출하지만, 수공업자, 제조업자, 그리고 상인은 유용하지만 경제적으론 비생산적인 중개인들이다. 이들의 노동은 "토지의 천연생산물의 가치에 어떤 것도 추가하지 않지만",[38] 그들 사이의 경쟁은 가격을 하락시키고 생산물을 위한 시장을 창출함으로써 관련된 모든 사람에게 도움을 준다.

애덤 스미스가 인정했듯이 이 '농업적 체계'는 장점들을 갖고 있었다. 이들

35. [원문] 『국부론』 제2편 제3장 36번.
36. [원문] letter to Andreas Holt, 26 October 1780 (안드레아스 홀트에게 보낸 1780년 10월 26일자 편지).
37. [원문] 『국부론』 제2편 제5장 31번.
38. [원문] 『국부론』 제4편 제9장 10번.

중에는 "국부를 소비 불가능한 화폐의 풍부함이 아니라 사회의 노동에 의해 매년 창출되는 소비 가능한 재화"[39]로 인식한 것과 자유와 경쟁의 중요성을 이해한 것이 포함된다. 그러나 그것은 중농주의자들에 의해 과도하게 정밀하고 까다로운, 참으로 몽상적인 정책 처방을 초래하였고, 이 체계 전체는 명백한 결함들로 인해 붕괴하였다. 이 체계는 농업에 집착함으로써 투자가 수익성 없는 통로로 흘러가도록 했고, 제조업자와 상인들이 생산물의 품질과 시장 개척에 중요한 역할을 한다는 점을 파악하지 못했다. 그리고 부상하는 세계 무역 질서의 요청보다 프랑스와 일국의 정책에 초점을 맞추는 편협함을 보여주었다.

또 다른 거대한 사상 체계는 애덤 스미스의 주된 표적이었던 중상주의였다. 『국부론』 제3편은 경제 진보의 역동성을 탐구하면서 귀족의 거대한 영지에서 시작하여 봉건 체제와 도시의 부상, 그리고 봉건 체제가 상업사회로 교체되는 과정을 기록했다. 중상주의는 그 시대 상업사회의 병적 증상으로 생겨났다. 그것은 이전 세기 동안 국제무역의 발전과 함께 큰 국가들 사이에서 복음으로 서서히 대두했다: "이것은 최신의 학설 체계로 우리나라와 우리 시대에서 매우 잘 알려져 있다." 영국은 다른 어떤 나라보다 무역을 세계적으로 확산했지만, 그러는 와중에 나라를 부유하게 하기는커녕 약화하는, 방대한 양의 중상주의적 관행을 만들어내는 것에 일조했다.

애덤 스미스가 보기에 중상주의 체계는 화폐에 집착한다는 특징을 갖는다. 이 체계는 부를 화폐, 특히 금과 은으로 보았다. 상인이 화폐를 저장하여 부를 획득하려고 하는 것처럼 중상주의적 국가는 금은을 저장함으로써 부를 획득하려고 한다. 그러면 이 금은은 어떻게 획득할 수 있을까? 전통적으로는 해외 정복과 광산의 획득을 통해, 더 교활하게는 무역수지를 관리하는 시도를 통해서였다. 따라서 바로 금은의 수출을 막기 위해 다른 재화의 수출을 촉진하고 수입을

39. **[원문]** 『국부론』 제4편 제9장 38번.

제한하여 교환수단인 금은의 손실을 제한함과 동시에 규제와 유인책의 복잡한 그물망이 개발되었다. 이 규제와 유인책엔 관세, 금지 조처, 보상금, 보조금, 면세, 유리한 통상조약과 식민지, 그리고 이것들에 수반되는 특혜와 독점들이 포함되었다.

그러나 애덤 스미스의 주장에 따르면 중상주의의 국내 효과도 매우 해롭다. 모든 수출 보조금이나 수입 제한은 실제로 국내 생산자에 대한 보조금과 같기 때문이다. 따라서 중상주의는 무역과 투자를 왜곡하고, 이윤을 부풀리고, 경쟁을 막아 간접적으로 가격을 올리는 경향이 있었다. 더 나쁜 것은 중상주의가 제조업자와 상인들에게 정부의 행동이 비용을 별로 혹은 전혀 들이지 않고 그들의 이윤을 증가할 수 있음을 가르쳐주어 이들의 '독점 정신'에 자양분을 공급했다는 점이다. 그 결과 오늘날 기업의 로비와 특수 이익이라고 부르는 것을 더 부추기고 소비자와 노동자에 대한 추가적인 손해를 끼쳤다. 이러한 조처들에 대한 애덤 스미스의 평가는 조심스러우면서도 매우 비판적이다: "이 계급이 제안하는 어떠한 새로운 상업적 법이나 규제에 대해서는 항상 큰 경계심을 갖고 주목해야 한다. … 그것은 대체로 공중을 속이고 심지어 억압하는 것에 이익을 가진 계급으로부터 온다."[40] 애덤 스미스에게 이러한 통찰력은 중요한 함의를 가졌다: "입법부가 고용주와 그들의 노동자들의 불화를 조정하려고 시도할 때마다, 그의 상담역이 되는 것은 언제나 고용주다. 그러므로 그 조정이 노동자에게 유리할 때는 항상 정당하고 공평하지만, 고용주에게 유리할 때는 때때로 그렇지 못하다."[41]

게다가 애덤 스미스는 식민주의 자체가 중상주의 체제의 성장과 밀접하게 연관되어 있다고 보았다. 식민지 개척의 아이디어는 금은을 얻기 위한 광산의 획득을 위한 통로로 시작되었지만, 시간이 흐르면서 모국을 위한 원재료의 원천

---

40. **[원문]** 『국부론』 제1편 제11장 '이 장의 결론' 10번.
41. **[원문]** 『국부론』 제1편 제10장 제2절 61번.

과 모국에서 만든 완제품에 대한 포획적 수요에 대한 탐색, 그리고 무역 통제로 범위를 넓혔다. 그것은 우리가 보았듯이 애덤 스미스가 강하게 비판한 노예무역을 포함할 정도로 확대되었다. 동인도회사 같은 특허회사들은 배타적 특혜와 무역 독점을 얻어내었고 전쟁을 통해 국가들 전체에 대한 주권을 행사하였다. 예컨대 인도의 지역들은 동인도회사가 들어오기 전에는 부유하고 문명화되었고 번성하였다. 그러나 동인도회사는 쌀 무역을 제한하여 쌀 부족이 기근으로 악화하는 데 일조했다.

따라서 중상주의 체제와 무역과 번영에 관한 그릇된 가정들은, 당시 진행 중이던 미국 독립 전쟁의 한 주요 원인이었던, 영국의 제국주의적 야심의 근원이었다. 애덤 스미스의 말에 따르면 아메리카와 서인도 제도의 식민지에선 "자신들이 공급할 수 있는 모든 재화를, 오직 우리나라 생산자들의 상점에서 사야만 하는 고객들로 구성된 나라를 만들겠다는 단 하나의 목적을 위해 대제국이 건설되었다."[42] 마찬가지로 7년 전쟁의 근원은 식민지 팽창에 있었으며, 그것은 '지난 전쟁의 전체 비용'을 초래하였고, 이것의 전체적 결과는 영국에서 그때까지 알려졌던 것을 훨씬 뛰어넘는 부채의 파국적인 증가였다. 급증하는 공공부채는 사실 그 자체가 '상업적 체계'의 부산물이었다. 궁극적인 원인은 무엇이었나? "이 모든 중상주의 체계를 기획한 자가 누구였는지를 알아내기가 그리 어려울 리 없다. 자신들의 이익이 완전히 무시당했던 소비자들이 아니라 자신들의 이익을 매우 사려 깊게 보장받았던 생산자들이었고, 후자의 계급 중에서도 우리의 상인들과 제조업자들이 훨씬 중요한 설계자들이었다."[43]

그러므로 전체 중상주의 체계는 표면적인 매력이 무엇이었건, 사실 완전히 오도되었고 역효과를 낳는 것이었다. 현실적으로 "무역수지에 관한 이러한 교조

---

42. **[원문]** 『국부론』 제4편 제8장 53번.
43. **[원문]** 『국부론』 제4편 제8장 54번.

전체보다 더 부조리한 것은 없다."[44] 무역은 중상주의자들이 상상하듯 각 나라가 이웃 나라를 거지로 만들어야만 이득을 얻는 제로섬 게임이 아니었다. 그러한 관점은 개별적으로 현명하지 않았을 뿐 아니라 전체적으로도 일관성이 없는 것이었다. 모든 나라가 무역수지 흑자를 내는 무역 체계란 어떠한 종류이던 전혀 존재할 수 없는 것이었다. 실제로 어떤 사회들—특히 아메리카 식민지들—은 수십 년간 무역수지 적자를 내면서도 다른 이유로 번영할 수 있는 것으로 보였다. 무역수지에 집착하기 보다는 다른 주요 국가, 심지어 영국의 숙적인 프랑스와의 무역을 합리적 경제적 기반 위에 놓음으로써 얻는 것이 훨씬 더 많았다.

무엇이 이 기반이었나? 애덤 스미스는 중농주의와 중상주의 체계에 대한 자신의 대안을 세부적으로 제시한 적이 없다. 무엇보다 '자유의 체계'라는 것이 최종적으로 결정된 형태를 가질 수 없기 때문이다. 하지만 그가 염두에 둔 것이 무엇이었는지는 상당히 분명하다. "특혜 혹은 제약의 모든 체계가 완전히 제거된다면 자연적 자유의 분명하고 단순한 체계가 저절로 자리 잡을 것이다."[45] 이것은 인간 생활의 4대 분야에서의 자유의 원칙을 아우른다: 직업 혹은 고용의 자유, 토지 소유의 자유, 국내 상업의 자유, 해외 무역의 자유. 그러한 체계에서 개인들이 다른 사람들과의 경쟁 속에서 자신의 상업적 이익을 자유롭게 추구할 수 있도록 내버려 둬야 한다. 상업적 특혜와 법적 독점, 관세, 금지령과 장려금은 축소되거나 철폐되어야 한다. 영국이 스스로 강제한 식민지들과의 무역 독점은 완화되어야 하고, 공공 재정에 대한 기여도에 비례하여 식민지들에 정치적 대표권을 주어 조세와 대표의 균형을 잡아야 한다. 장자상속제와 한사상속제는 폐지되어야 하고 직업의 장소와 직업의 형태에 대한 제약은 제거되어야 한다. 그리고 주권자 혹은 국가는 "사적 개인들의 생업을 감독하고 그것을 사회의 이익에 가장 적합한 용도로 인도해야 하는 의무로부터" 완전히 해방되어야 한다. 그러한 의무를

44. **[원문]** 『국부론』 제4편 제3장 제2절 2번.

45. **[원문]** 『국부론』 제4편 제9장 51번.

제대로 이행하는 데는 "인간의 어떤 지혜나 지식도 결코 충분할 수 없었다."

그러나 개별 기업에 대한 법적 제약들은 있으며, 또 있어야 한다. 구체적으로 말해 그러한 자연적 자유의 체계가 번성하려면 주권자는 '매우 중요한' 세 가지 명백하고 단순한 의무를 유지해야 한다. 사회를 외부의 적으로부터 보호하는 것 ; "정의의 엄밀한 집행"을 통해 사회구성원들을 서로로부터 보호하는 것 ; "어느 개인이나 소수의 개인들이 설립하거나 유지하는 것이 자신들의 이익에 부합할 수 없는, 특정한 공공사업과 공공기관을 설립하거나 유지하는 의무"다.[46] 이 마지막 의무에 포함되는 것은 특정 종류의 건설 사업, 지역 학교 체계, 모든 연령의 사람들, 특히 공공 혹은 직업적 책임 있는 위치에 있는 사람들에게 '과학 및 철학'을 교육함으로써 이들이 도덕적 사안에 대한 지침을 얻기 위해 종교에 의존하는 성향을 줄이는 것이다.

애덤 스미스는 이 각 영역에서 상업사회의 영향과 중상주의 체계의 한계를 느낄 수 있다고 지적한다. 우선 전쟁의 복잡함과 비용이 증가되었다. 무역을 둘러싼 전쟁은 국제적 성격을 갖는다. 7년 전쟁의 경우 "(그 비용의) 3분의 2 이상이 먼 나라들, 즉 독일, 포르투갈, 아메리카, 지중해의 항구들, 동인도 제도 및 서인도 제도에 지출되었다."[47] 두 번째로 자본과 사적 부의 등장은 경제적 불평등을 초래했고, 이것은 다시 정의를 유지하고 관리하는 강력한 제도들을 요청하였다. 참으로 애덤 스미스가 냉정하게 관찰했듯이 "세속 정부는 재산의 안전을 위해 도입된 한, 현실적으로는 빈자들로부터 부자들을 지키기 위해서나 전혀 재산이 없는 사람들에 대해 어느 정도 재산을 가진 사람들을 지키기 위해 도입된 것이다."[48] 세 번째로 상업 자체가 어느 정도의 공공지출을 요구할 수 있다. 특정한 상업적 시도들에 대해 특정한 세금이나 어떤 재화를 거래할 수 있는 배타적 권

46. **[원문]** 앞의 책.
47. **[원문]** 『국부론』 제4편 제1장 26편.
48. **[원문]** 『국부론』 제5편 제1장 제2절 12번.

리를 제한된 기간만 부여하는 '한시적 독점'을 통해서라도 자금이 마련되어야 한다. 더 일반적으로 말하면 도로, 운하, 교량 같은 기반 시설에 대한 투자는 그것들을 사용하는 사람들에게 가능한 곳에서 부과하는 요금으로 지급되어 경솔하고 경제적으로 부적합한 계획이 수립되는 것을 막아야 한다.

그러나 애덤 스미스는 수렵 혹은 목축 사회와 달리 상업사회는 노동 빈민에게 특별한 압박도 가한다는 것을 시사했다. "어느 사회라도 그 구성원 대부분이 가난하고 비참하다면 진정으로 번영하는 행복할 사회일 수 없다. 게다가 국민 전체의 의식주를 공급하는 노동자들이 자신의 노동생산물 중 자신의 몫으로 그런대로 잘 먹고, 좋은 집에서 살 수 있어야 공평하다고 할 수 있다."[49] 그들의 행복은 소득만이 아니라 상대적으로도, 즉 다른 사람들 보기에 품위 있고 부끄럽지 않은 삶을 영위할 수 있는 능력에 따라 판단되어야 한다. "그러므로 나는 생활필수품을 자연뿐 아니라 품위에 대한 확립된 기준이 최하층 계급에게도 요구하는 물품이라고 이해한다. 생활을 유지하기 위해 필수불가결한 상품뿐 아니라 그 나라의 관습상 점잖은 사람의 체면 유지를 위해, 심지어 최하층 계급 사람들의 체면 유지를 위해서도 없어서는 안 될 상품들을 가리킨다고 생각한다."[50] 하지만 가난한 사람들은 '교육받을 시간이 없다.' 그리고 그렇게 많은 부를 창출하는 바로 그 분업이 가난한 사람들을 해치고 그들의 인간성을 박탈하는 의도하지 않은 결과를 낳는다. 그들은 자주 '무기력', '부패와 타락'을 초래하고, 그들의 '지적·사회적·상무적(尙武的) 미덕'을 약화하는 매우 반복적인 육체노동을 요구하는 직종에서 일한다. 애덤 스미스가 제안한 처방은 정부가 모든 사람에게 기초교육을 제공하고 부분적으로는 공공지출과 저렴한 수업료로 유지되는 광범위한 지역 학교 체계를 설립하라는 것이다.

끝으로 『국부론』은 공공재정의 이슈들, 특히 주권자의 세 가지 의무—국방,

49. **[원문]** 『국부론』 제1편 제8장 36번.

50. **[역주]** 『국부론』 제5편 제2장 제2절 제4항 제2목 3번.

정의의 행정, 공공사업—의 성격과 그것을 위한 재정을 어떻게 마련할 것인지의 문제를 다룬다. 여기서 애덤 스미스는 당시 가장 논란 많았던 이슈들—민병대, 교회의 재정, 조세—을 과감하게 다루었다. 각각의 경우 그가 말하고자 했던 바를 살펴보자.

스코틀랜드에서는 이미 오랫동안 상비군보다 민병대 혹은 의용군이 갖는 장점에 대한 논쟁이 격렬하게 지속되었다. 이 논쟁은 상비군을 절대주의 지배의 수단이라고 반대하면서 상무적 미덕을 상업사회의 유약함, 사치, 그리고 부패와 대조하는 시민공화주의 사상의 흐름에서 힘을 얻었다. 1698년 열렬한 공화주의자 살툰(Saltoun)의 앤드류 플레처(Andrew Fletcher)는 『정부와 민병대의 관계에 관한 논고』를 출판했는데, 여기서 그는 스코틀랜드의 자유가 불안정함을 폭로하고 용병이 '한 국가를 노예화하려고 고안된' 것이라고 비판하면서 자유로운 정부에는 민병대가 필수적이라는 주장을 폈다. 국민 의식의 필수적인 표현이라 할 민병대 옹호론은 왕국연합법 이후에 커졌다. 그러나 그것은 1645년 반란 기간에 새롭고 잔인한 현실에 직면했다. 당시 에든버러 민병대는 자코바이트와 고지대 부족과 싸우기보다는 산산이 흩어졌다. 반란군이 진압된 것은 컬로든(Culloden)에서 컴벌랜드(Cumberland)가 이끈 전문적인 용병 부대에 의해서였다.

1746년 잉글랜드가 민병대를 금지한 것을 스코틀랜드 국민의 자존심에 대한 모욕으로 해석하는 사람이 많았고, 애덤 퍼거슨은 10년 이후 다시 〈민병대 설립에 대한 기존의 논의들〉이라는 팸플릿에서 포괄적인 논증을 전개했다. 퍼거슨 역시 왕국연합을 지지했고 스코틀랜드에서 일어난 특별한 변화들이나 상업사회의 포괄적인 가치에 대해 무지하지 않았다. 그러나 그는 상무적 미덕을 유지하는 수단으로 민병대의 중요성을 계속 강조했는데, 그러한 미덕 없이는 '자유의 헌법'에 대한 사람들의 애착이 약해지고 '시저(Caesar) 같은 인물이 등장할 것'을 우려했다.

애덤 스미스는 이 논쟁의 양측 주장과 민병대 지지론에 영감을 준 고전적 공화주의와 인문주의 전통에 주의 깊게 귀 기울였다. 그는 1762년 애덤 퍼거슨과 함께 민병대 클럽(Militia Club)의 창립회원이 되었다. 이 단체는 민병대 지지의 열정을 부추기거나(poke) 고무하기 위한 목적을 추구한다는 이유로 곧 포커 클럽(Poker Club)으로 개명했다. 그의 다른 저작들, 특히 『법학 강의』에서 애덤 스미스는 민병대 지지자라는 인상을 자주 준다. 하지만 그는 다른 사안에서처럼 이 사안에 대해서도 이 두 가지 국방의 형태의 장단점에 대해 실용적 태도를 보였다.

『국부론』에서 애덤 스미스는 역사와 정치경제학 둘 다 고려한 분석을 통해 현실 감각을 발휘한다.[51] 우선 중요한 역사적 선례들이 상비군에 대해 부정적 입장을 지지하는 것은 맞다: "시저의 상비군은 로마 공화국을 무너뜨렸다. 크롬웰의 상비군은 장기 의회로부터 의원들을 몰아냈다." 하지만 국방은 인간 생활의 다른 영역처럼 기술과 분업의 변화에 영향받는다. 원시사회에서는 계절에 따라 전쟁을 수행했기 때문에 사람들이 생계의 손실을 보지 않고 자신의 경작지를 놔두고 전쟁을 한 후 다시 돌아올 수 있었다. 그러나 "보다 진보한 상태의 사회에서는 두 가지 다른 이유로 전쟁에 참가하는 사람이 자기 비용으로 생활하는 것이 불가능해진다. 이들 두 가지 원인은 제조업의 발달과 전쟁 기술의 개선이다."

전쟁은 전문화를 필요로 한다:

> "전쟁 기술 역시 매우 상호연관된 복잡한 과학으로 발전되어, 초기 사회에서처럼 전쟁의 승패가 1회의 불규칙한 전투에 좌우되는 것이 아니라 대개 몇 차례에 걸친, 각각 일 년 내내 계속되는 전투들로 결정되면 국가를 위해 참전하는 사람들을 최소한 복무 기간만이라도 국가가 부양하는 것이 일반적

51. **[원문]** 『국부론』 제5편 제1장 '국방비'. 다음 문헌에 주요 사안들에 관한 예리한 분석이 있다. Leonidas Montes, "Adam Smith on the Standing Army vs. Militia Issue : Wealth over Virtue", in Jeffrey T. Young (ed.), *The Elgar Companion to Adam Smith*, Edward Elgar 2009.

으로 필요해진다."

실제로 상비군은 근대적인 상업사회들이 자신을 방어할 수 있는 유일한 방법이었다. "부유한 문명국에 의해 가장 잘 유지되고 있는 군대만이 가난하고 미개한 이웃 나라의 침략으로부터 자기 나라를 가장 잘 지킬 수 있다. 따라서 어느 나라이든 상비군에 의해서만 자신의 문명을 영원히 또는 상당 기간 보존할 수 있다."

애덤 스미스는 여전히 민병대에 관심을 가졌고 또한 그것을 지지했다 : 실제로 그는 "아메리카에서의 전쟁이 지속되어, 또 다른 전투가 벌어지면, 아메리카 민병대는 모든 면에서 [영국] 상비군에게 필적하는 좋은 적수가 될 것이다."라고 정확히 예측했다. 그러나 대체로 "민병대는 어떤 방식의 규율이나 훈련을 받아도 잘 훈련된 규율 받은 상비군보다 항상 뒤떨어질 수밖에 없다." 하지만 애덤 스미스는 이 모호하면서도 도발적인 주장에 하나의 중요한 경고를 덧붙였다 : 이러한 상비군은 제대로 규율되어야 할 뿐 아니라 "국가의 헌법에 대한 지지와 필연적으로 연결되어 있어야" 한다. 그래야만 시저 같은 인물의 반란을 막을 수 있다.

교회 재정 역시 논란이 되었던 문제였다.[52] 데이비드 흄은 『영국사』에서 국교회에 대해 매우 도발적인 주장을 했다. 먼저 그는 교회 재정을 국가의 보조금보다 개인들의 헌금을 통해 마련하도록 정부가 권장하는 것이 현명할지 모른다고 말했다. "그러나 우리가 이 사안을 더 자세히 살펴보면, 현명한 입법자라면 누구라도 이해관계에서 비롯된 성직자의 이러한 근면을 방지하기 위해 노력할 것이라는 알게 될 것이다 ; 왜냐하면, 참된 종교를 제외한 모든 종교에서 그러한 근면은 매우 유해하며 결국 세속당국은 그가 시도한 절약 때문에 비싼 대가를 치렀다는 사실을 알게 될 것이기 때문이다." 훨씬 더 나은 방법은 입법기관이 공적인

52. **[원문]** 『국부론』 제5편 제1장 '모든 연령의 국민을 교육할 기관의 비용'.

자금을 제공하는 것이라고 흄은 말했다. "실제로 정부가 이 정신적 지도자들과 맺을 수 있는 가장 품위 있고 유리한 타협은 이들의 직업에 대해 고정된 봉급을 주고, 자신들의 양떼가 새로운 목초지를 찾아 방황하지 않도록 막는 일 이상으로 더욱 적극적으로 활동할 필요가 없도록 이들을 매수하여 이들을 나태하게 만드는 것이다. 교회 제도가 비록 처음에는 종교적인 관점에서 도입되지만, 결국에는 사회의 정치적 이익이란 관점에서도 유익하다는 것이 이러한 방식으로 입증된다." 교회 제도의 효과는 사실 종교적 가르침과 관행의 주요 부분을 국가가 관장하는 것이다. 흄은 이런 식으로 종교의 생동력과 성장을 감소시킬 것을 제안했다.[53]

애덤 스미스는 흄을 글자 그대로 인용했지만, 그의 입장은 흄의 것과 정반대였다. 그는 교회와 국가를 완전히 분리하는 것의 이점들을 강조했다. 그의 논증은 우리에게 익숙한 자신의 논점들을 한데 묶은 것이었다. 파벌싸움은 어디서든 되도록 피해야 할 것인데, 파벌주의를 자주 부추기는 것이 바로 종교이다: "격렬한 종교적 논쟁의 시대들은 대체로 그만큼 격렬한 정치적 파벌싸움의 시대들이었다." 성공적인 종교적 파벌들은 부패하기 쉬운 공공보조금에 대한 요구를 통해 특권을 확보하려고 노력한다. 온건한 종교적 가르침과 교육은 사회에 진정으로 이롭다. 그런데 교육이나 상업에서와 마찬가지로 종교에서도 사람들은 그들이 직면한 유인에 영향을 받는다. 그래서 "만약 정치가 종교의 도움을 요청한 적이 없었다면, 만약 승리한 정당이 어떤 특정 종파의 교리를 다른 종파의 교리보다 더 채택한 적이 없었다면, 그 정당이 승리했을 때 모든 종파를 공평하게 대했을 것이며, 또한 사람들에게 자신이 적합하다고 생각하는 성직자와 종교를 선택하도록 허용했을 것이다."

따라서 국교 제도를 피하는 것은 교회들이 서로 경쟁할 가능성을 열어준다:

---

53. **[역주]** Hume, *History of England* (1778), Vol. 3, pp. 30-1. 『국부론』 제5편 제1장 제3절 6번에서 재인용.

"이 경우 의심의 여지 없이 무수히 많은 종파가 생길 것이다." 그러나 그 효과는 열광주의를 부추기는 것이 아니라 누그러뜨리는 것일 것이다. 왜냐하면 "각 종교 지도자는 의심의 여지 없이 자신의 추종자들의 수를 유지하고 늘리기 위해 최대의 노력과 모든 방법을 사용해야 할 필요에 직면해 있음을 느끼게 될 것이기 때문이다. 그러나 모든 다른 종교 지도자들도 같은 필요성을 느끼게 될 것이기 때문에 어느 한 지도자 혹은 한 종파가 아주 크게 성공할 수는 없을 것이다." 몇몇, 아마도 대부분 교회의 신앙관이 여전히 절제되지 않을 수 있다. "그러나 그러한 종파들의 숫자가 충분하고 각 종파의 크기가 공공의 안정을 교란하기엔 너무 작다면 각 종파가 그들의 특정 교리에 대해 갖는 과도한 열정은 어떠한 매우 해로운 효과도 낳을 수 없을 것이다." 이러한 흄과 애덤 스미스의 논쟁은 현대 세계의 공인 종교와 종교적 극단주의와의 관계 속에서 해석될 수 있다.

세 번째로 애덤 스미스는 조세 문제를 다룬다. 복잡하고 세분된 다수의 현대 조세 체계와 달리 18세기 영국에서는 조세 수입은 4개의 원천밖에 없었다: 토지세, 법적 문서와 기타 문서에 대한 인지세, 창문세 같은 '사정세'(assessed tax), 관세와 소비세였다. 소득세는 1799년 윌리엄 피트(William Pitt)가 나폴레옹 전쟁의 비용을 조달하기 위해 최초로 도입했다가 그 후에 폐지되었지만 1842년 로버트 필(Robert Peel) 경이 다시 도입했다. 애덤 스미스의 목표는 단지 좋은 조세 정책의 조건은 무엇이며 조세 체계가 얼마나 광범위하게 경제적 유인을 형성하는지 설명하는 것이었다.

특히 주목할 만한 것은 좋은 조세의 네 가지 원칙이다.[54] 첫째로 "모든 국가의 국민은 각자의 능력, 즉 각자가 국가의 보호 아래 누리는 수입에 가급적 비례하여 정부를 유지하는 데 기여해야 한다." 그는 이 주장을 다음과 같이 자세히 해설한다. "큰 나라의 개인들에 대한 정부의 지출은 대토지의 공동임차인들

---

54. [원문] 『국부론』 제5편 제2장 제2절.

에 대한 관리자의 지출과 같다. 각 임차인은 그 토지에서 자신이 얻는 이익에 비례하여 관리비를 부담해야 하는 것이다. 이른바 과세의 공평 혹은 불공평은 이 원칙의 준수 여하에 따른 것이다." 그리고 최소한 어떤 상황들에서는 애덤 스미스가 비례세만이 아니라 세율이 과세 대상 금액에 따라 증가하는 누진세를 지지했다는 증거가 있다. 분명히 그는 토지세에 관해 다음과 같이 말했다. "그러므로 가옥 임대료에 대한 과세는 일반적으로 부자들에게 가장 무겁게 부과되는데, 이런 종류의 불평등에 결코 무슨 불합리함이 있는 것은 아니다. 부자들이 수입에 비례해서뿐 아니라 그 비례를 약간 초과해서 공공수입에 기여하는 것은 그렇게 불합리한 일은 아닐 것이다." 앞으로 우리가 보겠지만 이러한 견해는 가난한 사람들과 '미개인', 그리고 노예제도에 관한 그의 시각에서 분명히 드러나는 포괄적인 평등주의와 부합한다.

두 번째로 애덤 스미스는 말하기를 "각 개인이 내야 하는 조세는 확정적이어야 하고 자의적이면 안 된다. 납세의 시기, 방법, 금액은 납세자와 기타의 사람들에게 분명하고 이해하기 쉬워야 한다." 이것은 불공평한 표적 과세를 방지하고 불확실성과 부패를 감소시킨다. 세 번째로 "모든 세금은 납세자가 지급하기 가장 편리한 시간에 가장 편리한 방법으로 징수되어야 한다." 오늘날 이 원칙이 즉각 실행되는 것은 소비재에서다. 각 사람이 탈세로 적발되는 것을 막으면서도 개인이 납세에 필요한 돈을 갖고 있을 때 부과되기 때문에 더 많은 금액을 징수할 수 있는 것이다. 마지막으로 "모든 조세는 국민의 주머니로부터 끄집어내는 금액, 또는 국민들의 주머니 속에 들어가지 못하는 금액이 국고에 들어가는 금액을 초과하는 부분이 가급적 작아지도록 고안되어야 한다." 비효율적인 조세는 관료주의를 증대시키고 생산적인 분야에 종사할 유인을 약화하고 밀매매를 부추기고 조세 징수인의 번거로움을 초래한다.

이 원칙들—공평성, 확실성, 편리함, 효율성—은 애덤 스미스 이래로 조세 정책 입안자들이 참고하였고, 오늘날까지 그 가치를 지니고 있다.

엄밀히 상업적 관점에서 보면, 애덤 스미스의 새 책은, 전(前) 달에 출판되어 곧 매진된, 친구 에드워드 기번(Edward Gibbon)의 『로마제국의 멸망』에 빛을 잃었다. 그런데도 『국부론』은 성공적이었다. 두 개의 책을 모두 출판한 윌리엄 스트라핸(William Strahan)은 "전자가 더 인기가 많았다. 그러나 후자의 판매는, 전자만큼 빠르지 않았지만 (오늘날의 독자에게는 흔히 볼 수 없는 자질인) 많은 생각과 성찰이 필요한 저작에서 기대했던 것 이상이었다"라고 말했다.[55]

애덤 스미스는 『국부론』이 이제껏 출판된 그 분야의 책 중 단연코 가장 포괄적이고 날카로운 분석이었다는 점을 분명히 알았다. 그런데도 이 책에 대한 진지한 평론이 나오면 애덤 스미스는 "저는 전체적으로 보아 제가 마땅히 받을 것이라고 기대했던 것보다는 훨씬 덜 공격당했습니다"[56]라고 감사를 표시했다. 하지만 『도덕감정론』에서처럼 일찍 그리고 더 중요한 반응을 보였던 것은 그의 친구들이었다. 4월 1일 출판된 지 3주도 채 지나지 않아 흄은 애덤 스미스에게 새로운 책에 대한 열광적인 편지를 보냈다. "브라보! 훌륭해! 애덤 스미스. 나는 그대가 이루어놓은 일에 대해 매우 기쁘고, 그것을 정독하고 나서 엄청난 걱정에서 해방되었네. 그 책에 대해선 그대 자신, 그대의 친구들, 그리고 그대의 독자들이 많은 기대를 했기 때문에 나는 그것이 출판된다는 사실에 떨기까지 했지. 하지만 나는 지금 매우 마음이 놓였네. … 이 책은 깊이와 견고함, 그리고 날카로움을 지니고 있고 흥미 있는 사실을 들어가며 설명하기 때문에 마침내 대중의 주목을 받을 것이 분명하네." 하지만 흄은 동의하지 않는 몇몇 부분에 대해선 매우 세심하게 슬쩍 지나가는 식으로 언급하였다. 동의하지 않은 부분이란 생산물의 가격, 세뇨리지(화폐 발행에서 정부가 얻는 이익), '그리고 대화를 통해서만 토론하

---

55. **[원문]** National Library of Scotland, Hume MSS vii.67, Simpson Ross, *Life of Adam Smith* p. 287에서 재인용.

56. **[원문]** letter to Andreas Holt, 26 October 1780 (안드레아스 홀트에게 보낸 1780년 10월 26일자 편지).

는 것이 적당한, 백 가지의 다른 사항'이었다.

휴 블레어(Hugh Blair)는 이틀 후 더 자세한 편지를 썼다. "나는 기대를 많이 했지만, 솔직히 자네는 내 기대를 넘어섰네. 이 주제들을 다룬 작가들은 하나하나 내게 궁금증만 던져주었네. 분명한 결론에 도달할지 희망이 없었지. 자네는 내게 충분하고 완전한 만족을 주었고, 내 신뢰는 확고하네."[57] 블레어는 특히 그 책의 문제와 구조, 그리고 배열을 칭찬했지만, 색인과 논지의 주요 요점들을 정리한 요강(要綱)을 추가할 것을 권했다. 나중에 애덤 스미스는 색인은 추가했지만, 요강은 추가하지 않았다. 그런데 블레어는 애덤 스미스에게 다음과 같은 경고도 주었다. "대학과 교회에 관한 두 개의 장(章)을 통해 자네는 자네를 헐뜯기 위해 할 수 있는 모든 일을 할 매우 가공할 만한 적들을 만들었네."

다른 친구들도 신속하게 논평에 가세했다. 역사가 윌리엄 로버트슨(William Robertson)은 책에 대하여 말하기를 "나는 매우 높은 기대를 했지만 자네 책은 내 기대를 훨씬 넘어섰네. 자네는 정치학의 가장 복잡하고 중요한 부분 중 하나를 규칙적이고 일관된 체계로 구성했네. … 자네 책은 필연적으로 유럽 전체의 정치적 혹은 상업적 기준이 될 것이네."[58] 애덤 퍼거슨(Adam Ferguson)은 이러한 정서를 반영했다. "자네의 책에 더 익숙해지면서 나의 존경은 적지 않게 커졌네. 자네는 확실히 이 주제들에 대한 유일한 권위자가 되고 여론에 영향을 미칠 것이며, 확실히 미래 세대들에게 영향을 미치기를 바라네."[59] 그는 특유의 직설법으로 다음과 같이 계속했다. "사실 자네는 교회, 대학, 상인들을 자극했고, 이들에 대항해 나는 자네 편을 기꺼이 들겠네. 하지만 자네는 민병대도 자극했고 이 부분에서 나는 자네에게 반대해야겠네." 블랙 워치(Black Watch)[60]의 군목을 맡

57. [원문] letter from Hugh Blair, 3 April 1776 (휴 블레어가 보낸 1776년 4월 3일자 편지).

58. [원문] letter from William Robertson, 8 April 1776 (윌리엄 로버트슨이 보낸 1776년 4월 8일자 편지).

59. [원문] letter from Adam Ferguson, 18 April 1776 (애덤 퍼거슨이 보낸 1776년 4월 18일자 편지).

60. [역주] 1715년 자코바이트 반란 이후 조지 1세의 지시를 따라 1725년 결성된 영국 육군 소속 제

은 적이 있었고 스코틀랜드 민병대의 주요 후원자였던 퍼거슨의 이러한 태도는 그리 놀라운 것이 아니었다. 하지만 그것은 애덤 스미스의 견해가 얼마나 스코틀랜드와 잉글랜드 두 곳에서 모두 지배층의 비위를 거슬렀는지를 분명히 보여준다.

에드먼드 버크는 『애뉴얼 레지스터(Annual Register)』에, 『도덕감정론』에 대해서처럼 이번에도 열렬하고 매우 통찰력 있는 표현으로 쓰인 이 새로운 책에 대한 익명의 서평을 실었다.[61] "프랑스의 경제학 저술가들은 그들 나름대로 장점을 갖고 있다는 점을 의심할 수 없다. 금세기 동안 그들은 농업, 제조업, 상업의 주제에 관해 합리적 이론의 길을 열었다. 하지만 그들 중 어떠한 저작도, 아니 그들 전체를 합친다고 하더라도, 현명함, 꿰뚫어 보는 지성, 광범위한 자료 활용, 정밀한 분별력, 적절하고 자연스러운 연결, 각 부분의 독립성에서 이 책에 비교할 만한 것이 없었다. 이것은 완벽한 사회 분석이다." 버크는 애덤 스미스의 책이 시장교환과 '자신의 처지를 개선하려고 하는' 인간의 욕구의 모든 함의를 도출하여 정부와 사회에 대한 대중의 인식의 방향을 완전히 바꾸려고 한 철저한 시도라는 점을 바로 알았다.

애덤 스미스가 이러한 찬사에 기뻐하고 있을 때 그의 스코틀랜드 친구들은 매우 슬픈 소식을 알려왔다. 애덤 스미스가 런던에서 『국부론』을 집필하고 있는 동안, 4반세기 동안 그의 영감의 원천이고 지적 동반자였던 친구 데이비드 흄의 건강이 급격히 나빠졌다.

---

42 스코틀랜드 고지(高地) 연대. 체크무늬가 있는 검은 제복에서 유래된 이름. 정식명(名)은 왕립 고지(高地) 연대(Royal Highland Regiment).

61. **[원문]** *Annual Register*, 1776. 버크의 통찰력에 관해선 제임스 부칸(James Buchan)이 다음 문헌에 기고한 전기적 에세이에서 잘 조명했다. Ryan Patrick Hanley (ed.), *Adam Smith: His Life, Thought, and Legacy*, Princeton University Press 2016.

제5장 끝까지 일하다 : 1776~1790년

돌이켜 보면 흄의 마지막 병세는 이미 1773년 9월에 나타났던 것 같다. 그러나 그것은 잘 드러나지 않았다. 애덤 퍼거슨은 애덤 스미스에게 쓴 편지에서 "흄은 아주 건강하네. … 자네가 고향을 떠난 직후 기침이 났고, 살이 빠졌지. … 그는 평소보다 살이 빠졌는데, 이것을 유감스러워할 사람은 없지만, 내가 보기에 그의 건강과 기분은 더 나아지지 않았네"[1]라고 썼다. 늦게나마 『영국사』의 판매 덕에 대단한 칭송과 성공을 누렸던 흄은 1년 전 에든버러 뉴타운(New Town)에 있는 세인트 앤드류 스퀘어(St Andrew Square)로 이사하면서 친구 길버트 엘리어트(Gilbert Elliot)에게 자신이 좋아하는 '양고기와 보르도산 적포도주 클라레'(claret), 그리고 '양머리 수프'의 탁월함을 자랑했고, 이전 집의 방들이 "내가 남은 생애에 전념하려고 하는 요리법을 보여주기엔 너무 작았네"[2]라고 이사한 이유를 댔다.

그러나 1776년 초—대장암으로 추정된—질병이 심해진 것이 분명했다. 그해 2월 흄은 애덤 스미스에게 풍자적이면서도 애절한 비난의 편지를 보냈다. "모두 자네가 올봄에 우리에게 오길 원한다고 하던데, 우리는 이후 어떤 추가적인 소식을 듣지 못하고 있네. … 일전에 몸무게를 재보았는데 돌덩이 다섯 개(70파운드 혹은 32킬로)가 떨어져 나갔더군. 자네가 더 지체하면 내가 아마 완전히 이

1. [원문] letter from Adam Ferguson, 2 September 1773 (애덤 퍼거슨이 보낸 1773년 9월 2일자 편지).

2. [원문] letter to Sir Gilbert Elliot, 16 October 1769 (길버트 엘리어트 경에게 보낸 1769년 10월 16일자 편지).

세상에서 사라져버린 다음일 거야."[3] 흄은 4월 자신과 애덤 스미스의 친구인 화학자이자 의사 조지프 블랙(Joseph Black) 박사에게 애덤 스미스가 북쪽으로 오도록 설득하라는 편지를 보냈고, 왕립학회 회장이자 의사인 또 다른 친구 존 프링글(John Pringle)에게 전달할 용도로 애덤 스미스에게 보낼 진단서 전체를 첨부하였다. "그는 수년간 쇠약해졌는데, 12개월 전까지는 느리고 점진적이었다면, 그 이후부터 그의 질환은 더 빨리 진행되었네."[4]

검진을 받으러 런던으로 가는 중이었던 흄은 커콜디에 있는 노모를 만나기 위해 북쪽으로 가고 있었던 애덤 스미스와 4월 23일 노섬벌랜드(Northumberland)의 모페스(Morpeth)에서 함께 저녁을 먹었다. 그들은 애덤 스미스에게는 분명 다소 난처했던 사안을 논의했다. 흄은 1월 애덤 스미스를 자신의 유저(遺著) 관리자로 지정하면서 유언장에 그에게 줄 200파운드의 유산을 남겼다. 그런데 흄은 자신이 쓴 『자연종교에 관한 대화』가 사후에 출판되기를 간절히 원했다. 플라톤의 소크라테스적 대화의 방식에 따라 구성된 이 책은 특히 신에 대한 믿음이 계시에 의존하는지, 아니면 자연과 현세의 증거에 근거를 둘 수 있는지와 같은 당대 광범위한 종교적 주장들을 검토하고, 몇몇 경우에는 논파하였다. 이 책은 뛰어났고, 재미있었으며, 애덤 스미스가 인정했듯이 "멋있게 쓰였다." 하지만 매우 도발적이기도 해서 흄은 친구들의 강력한 권고에 따라 1751년부터 이 책의 출판을 유보하면서 초고 형태로 유통되는 것만을 허용했던 터였다.

친구들의 염려는 괜한 것은 아니었다. 그들은 글래스고와 에든버러 두 대학 모두에서 흄의 교수 임용이 저지되었다는 것과 1755~1757년엔 흄과 케임즈(Kames)를 스코틀랜드 교회에서 파문하려는 진지한 시도가 있었다는 것을 알고 있었다. 실제로 흄이 엄격한 의미에서 무신론자였는지는 분명하지 않다. 그

3. **[원문]** letter from David Hume, 8 February 1776 (데이비드 흄이 보낸 1776년 2월 8일자 편지).
4. **[원문]** letter from Joseph Black, undated, April 1776 (조지프 블랙이 보낸 편지 [일자 미상 : 1776년 4월로 추정]).

는 교회의 여러 관행과 종교적 신앙에 대해 매우 회의적이었지만, 정식으로 신의 존재를 부정한 적은 없었고, 앞서 보았듯이 대학에서 임용받는 데 필요한 신앙 서약을 할 준비가 있었던 것 같았다. 철학자로서 그의 변치 않은 목표가, 다른 사람들이 종교를 포함한 모든 문제들을 객관적이고, 분석적이고, 필연적으로 조건적 방식으로 보도록 하는 것이었기 때문에 종교에 대해 경직된 태도를 취하는 것은 그의 스타일이 아니었다. 그러나 그러한 세련된 차별화가 모든 종파 성직자의 생각엔 이렇다 할 차이점으로 다가오지 않았다. 그들에게 흄은 철학으로 도덕과 진정한 종교를 허무는 '불신자', 보스웰의 표현을 따르자면 '위대한 불신자'였다.

애덤 스미스가 『자연종교에 관한 대화』의 사후 출판을 거절한 것에는 그의 내성적 성격과 골치 아픈 일을 만들기 싫어하는 성향 외에도 복잡한 이유가 있었던 것으로 보인다. 이 책이 종교계의 여론을 악화시킬 것이 분명했고, 거기에 대해 자신이 유언 집행자로서 책임을 져야 했고, 200파운드의 유산을 받는 그가 이윤을 위해 이 책을 출판했다는 오해마저 살 터였다. 쇠약해져 가던 흄은 애덤 스미스에게 그런 두려움은 근거가 없다고 설득했으나 소용없었다. 흄이 감지했듯이, 애덤 스미스는 그것을 꺼렸다. 결국 아무 성과가 없었다. 흄은 대신 그 임무를 조카에게 맡겨 『자연종교에 관한 대화』는 마침내 1779년에 출판되었는데, 별로 논쟁을 불러일으키지 않았다. 그러나 이 일은 흄의 마지막 몇 주간까지 부담으로 남았고, 나중에 애덤 스미스와의 마지막 작별에 안 좋은 흔적을 남겼던 것으로 보인다.

흄은 바스(Bath)와 벅스톤(Buxton)에서 온천 치료를 했고, 처음엔 어느 정도 효과가 있었다. 그러나 그는, 많은 의사가 서로 대립하는 진단을 내놓으면서 역력히 당혹스러워한다는 점을 다소 재미있게 생각하면서 훨씬 더 쇠약해진 상태로 에든버러에 돌아왔다. 애덤 스미스는 7월 흄과 함께 있다가 그의 어머니에게 돌아갔다. 흄은 사후 세계를 믿지 않았지만 죽음에 직면해서도 그러한 믿음 없이도 여전히 유쾌했다. 그의 평정은 그를 본 사람들 사이에 널리 알려졌다. 유명한 그의 세련된 유머 감각도 여전했다. 1774년 7월 4일 제퍼슨(Jefferson), 아담스(Adams), 프랭클린(Franklin), 그리고 그들의 혁명 동지들이 필라델피아에 모여 독립 선언을 발표하고 새로운 국가를 출범시키는 동안, 흄은 애덤 스미스와 다른 몇몇 친구들을 불러 함께 저녁을 먹었다. 흄을 그들로부터 빼앗아 가는 잔인한 세상에 대해 애덤 스미스가 푸념하자, 흄은 "아니야, 아니야. 여기에 있는 나는 도덕, 정치, 종교, 모든 종류의 주제에 대해 적대감을 촉발할 의도로 글을 써왔으면서도 아무도 적(敵)으로 만들지 않았다고. 물론 모든 휘그당원(Whigs), 모든 토리당원(Tories), 그리고 모든 기독교인을 빼놓고."[5]

분명 그의 친구가 쇠약해져 가는 것을 마음 아파하면서 애덤 스미스는 8월 14일 커콜디에서 그의 친구이자 과거 그의 제자였던 알렉산더 웨더번(Alexander Wedderburn)에게 보낸 편지에서 자기의 생각을 다음처럼 신랄하게 표현했다. "가엾은 데이비드 흄은 매우 빠르게 죽어가고 있지만 매우 쾌활하네. 게다가 죽어가는 기독교인이 징징거리며 신의 뜻을 가식적으로 감수하는 것 이상으로 사물의 필연적인 진행을 진심으로 감수하고 있지."[6] 8월 22일과 23일 흄과 애덤 스미스는 마지막 서신교환에서 『자연종교에 관한 대화』라는 곤란한 문제를 다루었다. 그러나 애덤 스미스는 세심하게도 흄이 4월에 썼던 자서전과 별도로 자신이 직접 쓴 '몇 줄'을 적는 것에 대해 흄의 동의를 얻었다. 그리고 흄의 마지막이 가깝다는 것을 안 이후 두 사람 모두 각자의 편지를 가장 감동적인 애정과 우정의 말들, 서로 메아리치는 말들로 시작하고 끝맺었다. 애덤 스미스는 "나의 가장 귀한 친구. … 나의 가장 귀한 친구, 항상 그대를 사랑하는 스미스 …", 흄의

---

5. **[원문]** Henry, Lord Brougham, *Lives of Men of Letters and Science, Who Flourished in the Time of George III*, Vol. II, Richard Griffin, London and Glasgow 1855, p. 200.
6. **[원문]** letter to Alexander Wedderburn, 14 August 1776 (알렉산더 웨더번에게 보낸 1776년 8월 14일자 편지).

경우는 그의 마지막 편지에서 "나의 가장 귀한 친구 … 안녕, 나의 귀한 친구"라는 표현을 썼다.

데이비드 흄은 1776년 8월 25일에 죽었다—그의 의사가 표현한 대로 "더할 나위 없이 행복하고 평온한 마음으로."[7] 보스웰에 따르면 흄의 관은 많은 군중이 모인 가운데 쏟아지는 빗속에서 칼튼 힐(Calton Hill)에 있는 장지로 옮겨졌고, 훗날 그곳에—애덤 스미스가 못마땅하게 여겼지만—로버트 애덤(Robert Adam)이 설계한 웅장한 능(陵)이 세워졌다.

애덤 스미스는 그해 나머지의 일부를 흄의 『나의 생애(My Own Life)』와 병행하여 쓴 '몇 줄'을, 『자연종교에 관한 대화』나 어떤 흄의 편지도 추가하지 않고 팸플릿으로 출판하는 것에, 예상대로 동의해 준 자신의 출판업자 스트라핸(Strahan)과의 협상에 할애하였다. 『나의 생애』는, 흄의 짧지만, 매우 흥미로운 그의 글들 앞 서문으로 계획된 자서전적 기록으로 자신의 삶을 무명·무일푼의 태생에서 시작하여 부와 명성에 이른 여정으로 묘사하였다. 그것은 역사이자 흔히 말하는 문학적 역작이기도 했다. 그것은 자신의 『논고』가 "인쇄 즉시 사산되었다"라는 유명한 구절로 자신의 성공을 평가절하한 '추도사'이면서 그의 따스하고 사교적인 성격과 죽음에 대해 무심한 사람의 평정을 잘 보여주고 있다. "1775년 나는 창자에 병을 얻었다. 처음엔 위급한 것이 아니었지만 이후로 내가 두려워한 것처럼 치명적이고 고칠 수 없는 지경이 되었다. 이젠 병세가 빨리 악화할 것으로 예상한다. 나는 이 병 때문에 별로 고통을 받지 않았고, 내 기운은 잠시라도 쇠약해진 적은 없었다. … 게다가 65세의 한 남자는 죽어가면서 단지 몇 년의 병약함을 줄인다고 생각한다…. 지금의 나보다 삶에 대해 더 초연하기는 어렵다."[8]

---

7. [원문] letter from Joseph Black, 26 August 1776 (조지프 블랙이 보낸 1776년 8월 26일자 편지).
8. [원문] Hume, *The Life of David Hume, Esq. Written by Himself*, W. Strahan and T. Cadell 1777, p. 30.

애덤 스미스는 사려 깊게 망인(亡人)의 가족과 친구들로부터 자신의 기고(寄稿)에 대한 승인을 얻어내었고, 이 글은 11월 9일 커콜디에서 스트라핸에게 보낸 공개서한의 형태를 띠었다. 『스트라핸에게 보내는 편지(Letter to Strahan)』는 흄의 『나의 생애』를 완벽하고 정성스럽게 보완했다. 죽은 그의 친구에 대한 애덤 스미스의 헌사의 열정과 기품은 『자연종교에 관한 대화』 출판을 거부한 것에 대한 양심의 가책을 덜고도 남았다. 흄이 멈춘 대목에서 다시 시작하는 이 편지는 흄의 마지막 날에 관해 얘기하면서 그의 쾌활함을 반복적으로 서술하면서 병의 최종 단계들을 보고한 의사 블랙(Black) 박사의 편지들을 포함했다. 증상이 늦봄에 다시 시작되었을 때 "그는 최대한 쾌활함과 완벽한 만족감과 체념으로 항복했다…. 비록 자신이 훨씬 쇠약해졌음을 알았지만, 그의 쾌활함은 전혀 줄어들지 않았다."[9] 애덤 스미스는 흄이 루시안(Lucian)의 『사자(死者)의 대화』를 읽고 있었으며, 이 책의 분위기를 본떠 그리스 신화에서 나룻배로 영혼들을 저승으로 날라주던 뱃사공 카론(Charon)에게 할 핑계를 생각하고 있었다고 말했다. "친절한 카론이시여, 조금만 참아주시오, 저는 지금 사람들의 눈을 열어주려고 노력해왔습니다. 제가 몇 년 더 살 수 있다면 만연한 미신의 체계가 몰락하는 것을 보는 만족을 누릴 수도 있을 것 같습니다."[10] 하지만 카론은 체면도 버리고 성질을 낸다. "얼쩡거리는 사기꾼. 수백 년 지나도 그럴 일은 없을 거야. 지금 내가 너에게 그렇게 오랫동안 생명을 연장해 줄 것이라고 상상하나? 당장 배에 타라고!"

『스트라핸에게 보내는 편지』는 아름다운 마지막 찬사로 끝을 맺었다.

> "이렇게 우리의 가장 뛰어난, 절대 잊을 수 없는 친구는 세상을 떠났다. 그의 철학적 견해에 관해선 의심의 여지 없이 사람마다 다르게 판단하겠지만, 그의 성품과 행실에 대해선 의견의 차이가 거의 없을 것이다. 재산이 가

9. **[원문]** *Letter to Strahan.*
10. **[원문]** 같은 책.

장 없어 불가피하게 극도로 절약했던 때조차 그는 필요한 상황에서 자선과 너그러움을 잊지 않았다. 그리고 사교계에서는 너무 환영받지만 자주 경솔하고 피상적인 기질과 함께 나타나는 유쾌함은, 그의 경우엔 가장 엄격한 근면, 가장 폭넓은 학식, 가장 깊이 있는 사고, 모든 면에서 가장 포괄적인 능력과 결합하였다. 전체적으로 나는 그의 생전에, 그리고 그의 죽음 이래로, 항상 그를 본성상 나약한 인간으로서는 완벽하게 현명하고 덕성을 지닌 사람의 이상에 가장 접근한 사람일 것으로 생각했다."

이 글엔 고대 아테네에서 불경(不敬)과 공공 도덕을 타락시킨다는 혐의로 사형선고를 받은 소크라테스의 마지막 날들에 대해 플라톤이 쓴 『파이돈(Phaidon)』의 유명한 서술과 눈에 띄는 유사점이 있다. 둘 다 임종에 처한 철학자, 그에게 작별 인사하는 친구들, 죽음의 점진적인 시작, 친구들의 명백한 슬픔과 비교되는 철학자의 태연함과 쾌활함, 그리고 순응을 그리고 있다. 또한 애덤 스미스의 편지는 플라톤의 마지막 구절을 상기시킨다. "에케크라테스(Echecrates), 우리 친구의 마지막은 이러했다. 그에 관해 내가 진정 말하건대, 내가 알았던 그의 시대 모든 사람 중에 그는 가장 현명하고 가장 정의롭고 가장 선한 사람이었다."

추도사, 루시안의 『사자(死者)의 대화』, 카론, 소크라테스의 죽음—이 모든 요소는 당시 스코틀랜드가 아닌 고대 그리스, 그리고 장로교가 아닌 이교 신앙에서 따온 것이었다. 흄을 도덕적 본보기로 만들고, 거기에 기독교 특유의 미덕인 절약, 겸손, 자선의 모범이라는 언급을 덤으로 얹고, 어떠한 마지막 위로도 찾지 않았다는 것을 강조하고, 기성종교의 전복을 촉구하는 것으로 보이는 농담을 덧붙였다…. 『스트라핸에게 보내는 편지』가 얼마나 도발적이었는지 알기 어렵지 않다. 그리고 몇몇 독자가 그 연관성을 눈치챌 것을 알고 애덤 스미스가 이 마지막 헌사에 의도적으로 『파이돈』을 사용했다는 것을 의심할 수 없다.

그러나 놀라운 것은 1777년 3월에 이 편지가 공개되었을 때 대중의 반응이 어떠할지에 대해 애덤 스미스가 별로 감을 잡지 못한 것 같다는 점이다. 다름 아닌 옥스퍼드대학 총장 조지 혼(George Horne)은 흄이 "진리와 위로, 구원과 불멸, 내세, 하나님의 섭리와 존재에 대한 모든 사상을 제거하려고" 했다고 비난한 『서한』을 급히 발표하면서 애덤 스미스가 신념에 찬 무신론자를 칭송했다고 비난하였다.[11] 혼의 팸플릿은 여러 판을 거듭했고 애덤 스미스는 언론의 격렬한 공격을 당했다. 제임스 보스웰(James Boswell)은 이것을 그의 오래된 친구이자 이전에 매우 존경했던 스승과의 관계를 완전히 끊는 계기로 삼았다. 그는 존슨에게 보낸 아첨 어린 편지에서 "대담할 만큼 뻔뻔스러운 시대가 아닌가요? 당신은 흄과 애덤 스미스를 함께 비판하여 헛되고 노골적인 불신앙을 매우 조롱할 수 있습니다. 도덕의 정원에서 그러한 해로운 잡초를 죽이는 것이 가치 있는 일이 아닐까요?"[12] 상황의 아이러니는 강렬했다. 애덤 스미스가 1780년 덴마크 상공회의소 위원 안드레아스 홀트(Andreas Holt)에게 쓴 편지에서 말했듯이 "고인이 된 우리의 친구 흄의 죽음에 관해 우연히 쓰게 된, 매우 해가 될 것이 없는 한 장의 글이, 제가 영국의 전체 상업체계에 가한 매우 격렬한 비판의 열 배가 넘는 비난을 내게 가져다주었습니다."[13] 애덤 스미스는 그가 우려했던 것과 달리, 2년 후 흄의 『자연종교에 관한 대화』의 출판이 어떠한 큰 논란도 일으키지 않았다는 점을 알게 된다. 그러나 이것은 그의 『스트라핸에게 보낸 편지』가 이미 독침을 빼냈기 때문일 수도 있다.

이러한 일련의 사건들은 애덤 스미스와 흄 모두에 대해 많은 것을 얘기해 주지만 애덤 스미스의 생계에는 영향을 미치지 않았다. 1778년 1월 애덤 스미스는 버클루 공작의 설득에 따라 에든버러 관세청 이사회의 위원으로 선출되었다. 두

---

11. **[원문]** George Horne, *A Letter to Adam Smith LL.D. on the Life, Death, and Philosophy of His Friend David Hume Esq. by One of the People Called Christians*, Clarendon Press 1777.
12. **[원문]** Boswell, *Life of Johnson*, 9 July 1777.
13. **[원문]** letter to Andreas Holt, 26 October 1780 (안드레아스 홀트에게 보낸 1780년 10월 26일자 편지).

사람의 친분과 공작의 엄청난 후원 세력을 볼 때 애덤 스미스가 왜 이 직책을 수락했는지 이해하기 어렵지 않다. 그러나 그것은 운명적 선택이었음이 드러났다. 그가 훗날 실토했듯이 위원직에 대한 보수는 좋았지만 “저는 매주 4일을 관세청에서 분주히 일합니다. 그동안에는 앉아서 진지하게 어떤 다른 일을 한다는 것은 불가능합니다. 나머지 3일 동안에도 저는 제 직책이 부과하는 엄청난 임무 때문에 자주 방해받습니다.”[14] 이것은 그가 계획했거나 집필 중이던 추가적인 몇몇 책들은 고사하고 생산적인 지적 작업을 하기에 적합한 조건이 아니었다.

그러나 새 직책은 매우 좋은 것이었다 : 커톨디 관세청장이었던 부친의 직위를 계승하는 것이면서도 그것보다 나았고, 혼자 있기 쉬운 사람에게 직업과 동료를 제공하였고, 연봉은 600파운드로 매우 좋았다. 당시 애덤 스미스는 평소의 그답게 버클루 공작이 주는 연금을 포기하려고 했지만, 정중히 거절당했다. “제가 공작 각하의 출납원에게 각하의 채권을 돌려주겠다고 제의하자 각하께서는 그를 통해 다음과 같은 말을 전하셨습니다 : 제가 저의 명예에 적합한 것이 무엇인지는 생각했지만, 각하의 명예에 적합한 것이 무엇인지 생각하지 않았다는 것이었습니다. 각하께서는 연금 부담에서 벗어나기 위해 그의 친구에게 어떤 직책을 마련해 주었다는 의심을 받고 싶지 않다고 하셨습니다.”[15]

새로운 소득 덕에 애덤 스미스는 올드타운(Old Town)의 번화가 캐논게이트(Canongate)에서 좀 들어간 곳에 있는 커다란 주택 팬뮤어 하우스(Panmure House)로 이사했다.[16] 당시 에든버러는 아직 건설 붐이 한창이었는데, 여기엔 오염으로 악취가 나는 노스 로크(North Loch)의 배수 공사와 중세 도시를 뉴타운

14. **[원문]** letter to Andreas Holt, 26 October 1780 (안드레아스 홀트에게 보낸 1780년 10월 26일자 편지).

15. **[원문]** 같은 책.

16. **[원문]** 팬뮤어 하우스(Panmure House)의 역사와 복원에 관해선 http://www.panmurehouse.org을 볼 것.

(New Town)의 조지안(Georgian) 풍[17]의 점잖은 광장들과 대로들에 연결하는 새로운 주요 교량의 건설이 포함되었다. 그러나 애덤 스미스는 이 새로운 집의 위치를 잘 선택했다. 해당 구역은 도심이면서도 너무 번잡하지 않았고 캐논게이트 교회는 집 바로 옆에 있어서 독실한 애덤 스미스 어머니의 예배장소로 매우 편했다. 게다가 집에서 캘턴 힐(Calton Hill) 언덕을 가로질러 볼 수 있었고, 아서 시트(Arthur's Seat) 언덕 정상까지 긴 산책을 하기에 좋은 위치이면서도 다른 공공건물에서 겨우 1마일 떨어져 있었다. 마거릿 스미스와 재닛 더글러스는 커콜디에서 이사 왔고, 얼마 안 있어 스미스의 사촌 로버트 더글러스(Robert Douglas)의 9살 난 아들이자 훗날 애덤 스미스의 입양 상속인이 될 데이비드 더글러스(David Douglas)도 이사 왔다.

지적 작업은 불가능하지 않았지만 1778년 55세가 된 애덤 스미스의 나이와 관세청 업무가 그에게 추가적인 부담이 되었다. 그는 흄의 사망 당시 모방 예술에 관한 책 집필에 진척을 보기 위해 애쓰던 중이었다. 표면상 인간의 취향이 왜 그리고 어떻게 서로 다른지에 대한 문제는 인간에 관한 학문에 심각한 도전을 던졌다: 취향이 서로 근본적으로 타협할 수 없이 다르다면 어떻게 예술에 관한 엄밀한 평가가 가능할 수 있을까? 어떻게 예술 작품의 평가와 비평에 대한 객관적 기준이나 예술 작품이 주는 즐거움에 대한 객관적 설명이 가능할까? 애덤 스미스는 이 연구의 결과로, 회화뿐 아니라 음악과 무용을 포함한 '모방 예술'에서 이러한 문제들을 다룬 두 개의 흥미로운 논문을 1788년 글래스고 문학 협회(Glasgow Literary Society)에 제출하였다. 이 논문들이 그의 사망 후 다른 미발간 논문들과 함께 모닥불에 타버리지 않았던 것으로 보아 애덤 스미스도 이 논문들을 흥미 있다고 생각한 것이 분명하지만, 이 흥미로운 논문들은 더 광범위한 이론의 파편에 불과했다. 주목할 만한 것은 그의 다른 저작에서 일관되게 강조된

---

17. [역주] 조지안 풍은 영국 조지 왕조 시기(1830~1837)에 유행했던 건축 양식이다.

동감, 교환, 공정한 관찰자에 대한 논의가 이 에세이들에는 없다는 점이다. 이것이 이 주제에 관한 책이 전혀 출판되지 않은 한 이유일 수 있다.

애덤 스미스는 『국부론』의 복음을 퍼뜨리기 위해 지속해서 노력했다. 이 책은 아메리카 위기에 대한 정책에 어떠한 영향을 주기엔 너무 늦게 출판되었고, 영국 의회에 아메리카 식민지 대표를 포함하라는 그의 핵심적 정책 제안은 많은 사람에게 실현 불가능한 것으로 보였다. 이 책은 1783년 11월에야 의회 의사록에서 이 책을 '훌륭한 책'이라고 표현한 찰스 제임스 폭스(Charles James Fox)의 연설에서 언급되었다. 그런데 존 레이(John Rae)에 따르면 폭스는 "이 책의 찬미자도, 이 책이 제시한 원칙들을 믿는 사람도 이 책이 다룬 주제들을 좋아하는 사람도 아니었다."[18] 이렇게 사람들을 오도하는 것은 매우 그다운 것이었다. 더욱 그다웠던 것은 그가 나중에 털어놓았듯이 이 책을 전혀 읽어보지 않았다는 것이었다. 이 행태를 다음 세대들이 두고두고 모방하였다.

그러나 다른 사람들에게 『국부론』은 점점 더 경제적 통찰력의 보고(寶庫)로 인정받았다. 수상이 그에게 예산 연설에서 감사를 표시했던 1777년에 애덤 스미스는 노스(North) 경에게 조세정책에 대해 친히 자문해 준 것 같다. 사라토가(Saratoga)에서 미국이 결정적 승리를 거둔지 4개월 후인 1778년 2월 애덤 스미스는 웨더번(Wedderburn)에게 오늘날 "아메리카와의 분쟁 상황에 관한 고찰"[19]로 알려진 제안서를 제출했다. 이 제안서는 꽤 냉정하게 분쟁의 네 가지 가능한 결과를 분석했다 : ① 영국의 지배의 재개와 식민지에 대한 군사적 지배, ② 완전한 독립, ③ 구 식민지 체제의 부활, ④ 일부 식민지들에 대한 영국의 지배와 나머지 식민지들의 해방. 애덤 스미스는 그의 이전 주장들에 덧붙여 조약을 통해 본국과 식민지의 연합을 강화하고, 아메리카 식민지가 영국 의회에 대표를 보내는 조건으로 현지 조세를 유지하라는 요구를 추가했다. 그는 이것이 '현재로서

---

18. [원문] Rae, *Life of Adam Smith* Ch. 18.

19. [원문] 아메리카와의 분쟁 상황에 관한 고찰은 *Correspondence of Adam Smith*에 게재.

는 그다지 가능성 있는 것이 아니다'라는 점을 진지하게 인정했고, 거기에 이의를 제기할 사람은 거의 없었을 것이다. 그러나 제안서가 암시한 바와 같이 영국에 좋은 선택지란 남아 있지 않았다. 그리고 1779년 9월 미국인 존 폴 존스(John Paul Jones)가 지휘한 프랑스 소함대가 에든버러의 항구 리스(Leith)에 부대를 상륙시켜 플램버러(Flamborough) 곶(串) 앞바다에서 상선 함대를 호위하던 소형 구축함 세라피스(Serapis)를 파괴하자, 전쟁의 폐해와 그것이 교역에 미치는 파멸적 결과에 대한 애덤 스미스의 입장은 더 힘을 얻었다.

애덤 스미스와 친했던 헨리 던다스(Henry Dundas)는 1775년부터 스코틀랜드 법무장관으로 스코틀랜드 정치에 대한 그의 장악력은 아가일 공작을 능가하였다. 그는 『국부론』에 나온 많은 가르침을 받아들였으며, 이 가르침들에 관련해 소(小) 윌리엄 피트(William Pitt)에게 영향을 끼쳤다(유감스럽게 던다스는 애덤 스미스가 주창한 노예제 폐지는 받아들이지 않아 훗날 1790년대에 국무상(國務相)으로 관련 법안을 막았다). 1779년 그는 아일랜드를 위한 자유무역의 주제에 대해 애덤 스미스의 조언을 직접 구했다. 버크(Burke)를 비롯한 여러 사람이 항해법의 가혹한 효과를 부각하려고 노력했음에도 불구하고 아일랜드는 오랫동안 이 법의 시행으로 고통받아왔었다. 하지만 부담을 낮춰달라는 아일랜드의 요청은 미국 혁명 이후 정치적 독립에 대한 요구와 임박한 프랑스의 침략 위협으로 인해 새로운 힘을 얻게 되었다. 중요한 문제는 1707년 잉글랜드와 스코틀랜드가 했던 것처럼 영국과 아일랜드가 국가 연합을 이루어야 할지에 관한 것이었다. 이에 대해 경제계는 강하게 반대했지만, 항상 정치인다웠던 던다스는 여러 가능성을 계산하고 있었고 낙관적으로 전망했다. "세계에는 영국과 아일랜드의 산업을 위한 충분한 교역 가능성이 있다. … 만약 아일랜드 의회가 기적으로 운영된다면 모를까 현실적으로 달성될 수 있는 최선의 방안은 국가 연합일 것이다."[20]

20. **[원문]** letter from Henry Dundas, 30 October 1779 (헨리 던다스에게 보낸 1779년 10월 30일자 편지).

애덤 스미스는 그 나름대로 경제적·도덕적 이유에서 아일랜드와의 연합을 무조건 지지했다. "스코틀랜드나 잉글랜드의 몇몇 특정 도시의 독점에 특혜를 주기 위해 … 그렇게 크고 멋있는 지방의 산업을 짓밟는 것은 부당하고 또 현명하지 못하다."[21] 여러 선택지를 검토한 후 그는 식민지를 포함하여 아일랜드와의 무역이 가능한 한 자유로워야 한다는 입장을 분명히 밝혔다. '내 생각엔 이러한 무역의 상호적인 자유보다 양국에 이로운 것은 없을 것이다.' 그는 며칠 후 상공회의소장 칼라일(Carlisle) 경에게 이 견해들을 다음과 같이 자세히 설명했다. "우리 제조업자들의 매우 사소한 이익이 이 모든 부당하고 억압적인 규제의 토대입니다. … 저는 우리의 플랜테이션 무역의 독점이 영국에게 진정으로 이로운 것이라고 생각해 본 적이 없습니다. … 그리고 아일랜드의 재화가 영국 시장에서 경쟁하게 되면 우리가 우리 자신에게 해가 되도록 우리 노동자 대부분에게 터무니없이 허용했던 독점은 붕괴될지도 모릅니다."[22] 애덤 스미스는 법에 따라 관세청 이사회를 통해 불합리한 관세와 금지 조처를 부과하였지만, 개인적으로는 최고위층에게 그러한 불합리한 관세와 금지 조처의 철폐를 강하게 주장하는 매우 일관되고 적절한 태도를 보여주었다. 이러한 그의 태도는 이러한 법률이 개인적인 부정직과 위선, 그리고 밀무역을 부추기는 것이라고 생각했다는 것에서 정점에 도달했다. "관세 위원이 된 지 약 1주일 후, 놀랍게도 내가 가진 스톡(stock), 크라바트(cravat), 손목의 주름 장식, 혹은 손수건 중 영국에서 착용이나 사용이 금지되지 않은 것이 별로 없다는 사실을 알게 되었다. 나는 모범을 보이려고 그것들을 전부 불살랐다."[23] 이것만큼 중상주의 체제의 어리석음과 무의미함 혹은 애덤 스미스 자신의 책임감을 더 잘 보여주는 사례는 없는 것 같다.

애덤 스미스는 생애 마지막 12년을 주로 에든버러에서 보냈다. 그는 특별히

21. **[원문]** letter to Henry Dundas, 1 November 1779 (헨리 던다스에게 보낸 1779년 11월 1일자 편지).
22. **[원문]** letter to Lord Carlisle, 8 November 1779 (칼라일 경에게 보낸 1779년 11월 8일자 편지).
23. **[원문]** letter to William Eden, 3 January 1780 (윌리엄 이든에게 보낸 1780년 1월 3일자 편지).

사교적인 사람은 아니었지만, 그 도시에서의 삶을 즐겼던 것이 분명하다. 무엇보다 그는 흄의 마지막 의사였던 조지프 블랙(Joseph Black)과, 처음으로 지질학을 과학으로 정립했던 제임스 허튼(James Hutton)과 함께 그때에도 지금처럼 인기 있었던 굴 요리를 빗대어 명명된 오이스터(Oyster) 협회를 창립하였다. 이 협회는 매주 금요일 밤 그래스마킷(Grassmarket)에서 모였다. 세 사람 모두 엄격한 개인적 습관을 지닌 독신자였다는 점에서 이 협회는 방탕의 온상이 아니었으며 짧은 시간 안에 계몽주의 지식인 집단을 끌어들였다. 허튼의 전기를 쓴 수학자 존 플레이페어(John Playfair)의 말에 의하면 "이들을 중심으로 바로 이 걸출한 사람들의 격식 없고 사교적인 대화를 소중하게 여길 줄 아는 사람들의 관계가 형성되었다."[24] 이것은 1783년 애덤 스미스가 원래 1752년에 가입했던 철학 학회(Philosophical Society)의 공인된 계승자가 된 에든버러 왕립학회(Royal Society of Edinburgh)에도 적용된다. 그리고 이것은 애덤 스미스가 팬뮤어 하우스에서 일요일 저녁마다 가졌던 저녁 식사에도 적용되는데, 이 모임은 애든버러의 전통처럼 되었다. 듀갈드 스튜어트의 말에 의하면 "그는 친구들과 함께 할 땐 우리가 그의 저술들에서 그토록 칭송했던 권위 있는 결론을 내리려고 하지 않았고, 해당 주제의 윤곽을, 그의 기질 혹은 그의 상상력이 제시하는 첫 관점에 따라, 분명하고 능수능란하게 요약하는 것에 만족했다."[25] 여기서 우리는 친구들과 매우 편하게 있는 그의 모습을 머릿속에 그려볼 수 있다.

그러나 상당한 양의 일이 남아 있었는데, 특히 『국부론』의 초판을 많이 개정한 새로운 제3판을 준비해야 했다. 1778년에 수많은 사소한 수정을 가한 제2판이 나왔었지만, 제3판은 훨씬 더 야심 찬 시도였다. 이 책에 대한 가장 강력하고 세밀한 초기의 비판은 토마스 포놀(Thomas Pownall) 의원의 공개서한이었다. 포

---

24. **[원문]** John Playfair's 'Life of Dr James Hutton', in *Transactions of the Royal Society of Edinburgh*, 10 January 1803.
25. **[원문]** Stewart, *Life of Adam Smith* Section V.

놀은 아메리카에서 6년을 근무한 적이 있는 폭넓은 경험의 소유자로, 얼마 전까지 매사추세츠 베이(Massachusetts Bay) 주지사였다. 따라서 그는 식민지 무역의 현실을 잘 알고 있었다. 그는 『국부론』을 뉴턴의 용어를 빌어 "가장 중요한 과학인 인간 공동체와 그 작동에 대한 지식 분야에서 최초의 몇 개의 원칙을 정립한 체계이다. 수학이 물리학, 천문학, 그리고 다른 과학에서 그러하듯이, 이 책은 사회의 작동에 대한 지식의 프린키피아(Principia)가 될 수 있다"고 극찬했다. 그러나 그는 식민지 독점에 대한 애덤 스미스의 공격에 결함이 있음을 지적했고, 식민지에서 얻는 수익률 같은 세부 사항에 대해 애덤 스미스가 알고 있는지 의문을 던졌다.[26] 그리고 가능하고 유추된 것에 불과한 주장을 확실하고 사실에 근거한 것처럼 다루는 경향을 꼬집었다. 무엇보다 새로운 판은 이러한 비판과 그 밖의 비판을 다룰 예정이었다. 애덤 스미스가 스트라핸(Strahan)에게 말했듯이 "이번 판(版)은 아마 제 남은 생애보다 오래 갈 것 같아 제가 할 수 있는 대로 완벽하게 만들어 놓기로 했습니다."[27]

1782년 초 애덤 스미스는 어느 정도 관세 업무를 보면서도 주로 새 판(版)에 대한 작업을 하기 위해 런던에서 4개월 휴가를 보냈다. 그가 수도 런던에 있었을 때는 정치적으로 중요한 시기였다. 아메리카 전쟁은 전해 10월 요크타운(Yorktown)에서 콘월리스(Cornwallis) 장군의 수치스러운 항복으로 끝났고, 1782년 노스 경은 결국 의회의 불신임 결의로 사퇴해야 했다. 거의 틀림없이 최초의 근대적 정당이었던 휘그(Whig)당 내에서 버크가 지적·조직적 중심이었던 로킹험(Rockingham) 후작의 그룹은 16년간 공직에서 물러났다가 마침내 권력을 되찾았다. 하지만 그들의 정치적 지지의 기반은 절망적으로 취약했다. 7월에 로

26. **[원문]** A Letter From Governor Pownall to Adam Smith, 25 September 1776(포놀 지사가 애덤 스미스에게 보낸 1776년 9월 25일자 편지), in *Correspondence of Adam Smith*. 실제론 포놀의 지적에 따라 애덤 스미스가 고친 것은 별로 없었던 것으로 보인다.

27. **[원문]** letter to William Strahan, 22 May 1783 (윌리엄 스트라핸에게 보낸 1783년 5월 22일자 편지).

킹험이 급작스럽게 죽은 후, 셸번(Shelburne) 경이 이끄는 정부가 재구성되어야 했으며 셸번도 1783년 4월 찰스 제임스 폭스와 노스 경에 의해 밀려나면서, 이전에 원수지간이었던 이 두 사람은 연정을 구성했다. 정치판의 회전목마가 다시 돌기 시작했던 것 같았다.

서로 친한 사람들의 세계였던 18세기 정계에서 애덤 스미스는 던다스는 물론 노스와 셸번 두 사람 모두와 친구였다. 셸번은 "내 생애 가장 좋았던 시기에 명암을 나누었던 것"[28]은 1761년 애덤 스미스와 함께 한 대형 4륜 마차 여행 덕이었다고 말했다. 〈존슨 박사 클럽〉의 회원으로 애덤 스미스는 폭스와 버크와 함께 식사했다. 이렇게 그는 정파를 넘나드는 폭넓은 인맥을 갖고 있었다. 당시 거의 25년간 알고 지냈던 그와 버크의 관계는 매우 친밀했다. 애덤 스미스는 『애뉴얼 레지스터(Annual Register)』에 실린 자신의 책들을 칭찬하는 서평의 배후에 버크가 있다고 추측했음이 분명하였고, 버크가 셸번 밑에서 일하지 않고 재무부 국고국장의 직을 사임했을 때 공감과 칭송의 편지를 보냈었다. 경제적 주제들에 대해 자신과 생각이 같은 유일한 사람은 버크라고 애덤 스미스가 말했다고 하는 전언은 출처가 불분명하고, 분명 두 사람 사이에 일치하지 않는 점들도 있었지만, 두 사람 사이에 지적 동감이 있었음을 정확하게 암시한다.[29]

폭스와 노스의 연정이 출범하면서 복직한 버크는 하원의 지도적인 인도 전

---

28. **[원문]** 셸번 경이 1795년 듀걸드 스튜어트에게 보낸 편지, Stewart의 *Life of Adam Smith*의 Note 1에서 인용.

29. **[원문]** 애덤 스미스와 버크의 관계, 두 사람의 주된 견해 차이, 그리고 그로 인해 왜곡된 역사서술에 관한 포괄적이지만, 여전히 편파적인 연구를 보려면 다음을 참조할 것. Donald Winch, "The Burke-Smith Problem and Late Eighteenth-Century Political and Economic Thought", *Historical Journal*, 28.1, 1985. 애덤 스미스와 버크 사이의 지적·정치적 차이를 강조하려는 경향은 계속 있었지만 항상 성공적이진 않았다. Emma Rothschild, "Adam Smith and Conservative Economics", *Economic History Review*, 45.1, 1992, recapitulated in her *Economic Sentiments : Adam Smith, Condorcet, and the Enlightenment*, Harvard University Press 2001. 두 사람의 서신 교환에서 드러나듯이 최소한 1780년대까지 두 사람은 서로에 대해 매우 따스한 개인적 감정을 가졌던 것엔 의심할 여지가 별로 없다.

문가로서 해외에서 동인도회사가 행사하는 과도한 영향력을 위원회 보고서와 의회 법안을 통해 제한하려고 결심했다. 따라서 애덤 스미스는 동인도회사의 역사와 그 회사가 식민지 무역에 미친 영향을 훨씬 분명하게 이해하고 있었다. 이것은 애덤 스미스에게 추가적인 영감을 제공하여 그는 『국부론』을 개정하면서 "거의 모든 우리의 특허 무역회사의 부조리함과 유해함에 대한 간략한 역사, 감히 말하건대 상세한 설명"[30]을 포함하려고 계획했다.

개정 작업은 1783년 내내 질질 끌었다. 에든버러에 돌아온 애덤 스미스는 런던에서 많은 책을 구매한 것을 한탄했는데, "이 책들을 읽고 기분전환을 하면서 얻는 즐거움 때문에 원래 해야 할 일을 못 하게 되었기"[31] 때문이었다. 그는 세관에서 업무를 다시 시작했고 재무성으로부터 장려금의 재정적 효과에 대한 정보가 오기를 기다렸다. 그는 런던에 다시 갈 계획을 세웠지만, 거기에 필요한 200파운드를 웨일스(Wales)에서 어렵게 사는 조카에게 주기로 하면서, 이 계획은 취소되었다. 그리고 그는 동인도회사를 억제하고 재조직하기 위해 버크가 초안을 잡았던 폭스의 인도 법안이 하원을 거뜬히 통과했다가, 상원에서 국왕의 비헌법적인 책략[32]에 의해 무산되고, 이로써 연립정부가 해체되는 것을 멀리서 지켜보았다. 1783년 12월 20일 윌리엄 피트(William Pitt)는 24세의 젊은 나이에 새 수상에 취임하여 이후 18년 동안 그 직을 수행하게 된다.

1784년 1월 피트 내각에 대한 하원의 불신임 결의로 불가피해진 총선이 1784년 3월 20일 실시되었고, 단 수일간의 개표 이후 피트는 압도적인 득표로 다시 수상이 되는 것이 확실해졌다. 전해 11월 버크는 2년 임기의 글래스고대학

---

30. **[원문]** letter to William Strahan, 22 May 1783 (윌리엄 스트라핸에게 보낸 1783년 5월 22일 편지).

31. **[원문]** letter to Thomas Cadell, 7 December 1782 (토마스 카델에게 보낸 1782년 12월 7일자 편지).

32. **[역주]** 조지 3세는 "동인도회사 개혁안에 찬성하는 자는 왕의 적"이라고 선포하여 상원이 이 법안을 부결하도록 유도했다.

총장으로 지명되었다. 비록 정치적으로 낙담에 빠졌지만, 그는 선거기간을 이용하여 10일 동안 혹은 4월 초 부활절 기간 애덤 스미스를 방문했다. 애덤 스미스의 몇몇 저명한 에든버러 친구들과 만난 후, 두 사람은 버크의 총장 취임식에 참석하기 위해 글래스고로 갔고, 그 후에 로몬드 호수(Loch Lomond)를 보았다. 그것은 반가운 중간 휴식이었다.

그러나 그 후 5월 23일 애덤 스미스의 어머니가 세상을 떠났다. 마거릿 스미스는 장수했기 때문에 그녀의 죽음이 그리 예상치 못했던 일은 아니었지만 심한 충격이었다. 그녀는 미망인으로 홀로 애덤 스미스를 키웠고 그가 성인이 된 후에도 긴 세월 그를 돌보며 살림을 맡았다. 물론 나중엔 재닛 더글러스가 도와주긴 했지만. 두 모자는 이따금 중단된 적을 빼놓고는 거의 61년을 함께 살았다. 애덤 스미스가 혼란에 빠졌던 것은 그리 놀라운 일이 아니다. 그는 6월 스트라핸(Strahan)에게 다음과 같이 편지했다.

> "한 사람이 나이 아흔에 죽는 것은 의심의 여지 없이 자연의 순리에 맞는 사건이어서 예견하고 준비할 수 있는 일임이 분명합니다. 그러나 다른 사람들에게도 말했듯이 저를 사랑했거나 사랑할 누구보다도 저를 분명 사랑했으며, 제가 앞으로 사랑하거나 존경할 누구보다도 분명 사랑하고 존경했던 사람과 영원히 이별했다는 사실에, 저는 이 순간에도 매우 강한 충격을 느낄 수밖에 없습니다."

애덤 스미스가 충격에서 회복되는 데 분명 어느 정도 시간이 걸렸다. 그러나 의회가 재소집되면 책이 더 많이 팔릴 수 있으리라고 기대한 스트라핸이 다시 출판을 연기한 후 마침내 1784년 11월에 『국부론』의 제3판과 제1, 2판에 대한 『추가와 수정』이 출판되었다. 이전 판(版)들이 애덤 스미스의 명성을 크게 높였던 데다가 아메리카 식민지의 상실, 동인도회사의 스캔들, 악화하던 아일랜드 소요, 영국 의회의 정치적 격변은, 더욱 더 정치경제학의 이정표로 인정되어 갔던 이 책에 대한 대중의 관심을 북돋웠다. 상업적으로 새 판은 이 성장하는 시장을 정확히 겨냥하여 더 작은 8절판 크기로 인쇄되었고 가격은 더 감당할 만한 수준으로 책정되었다.

애덤 스미스의 생애에 추가로 두 개의 판(版)이 출판되었지만 둘 다 사소한 수정들만 이루어졌다. 하지만 제3판의 경우는 색인을 포함하여 대략 24,000 단어에 달하는 수정이 이루어졌다. 이 수정은 장려금의 해로운 영향과 프랑스와의 교역을 제약하는 것을 격렬히 비난한 새로운 대목을 포함했다. 그러나 중심적인 내용은 의회 자체가 얼마나 상인의 이익에 장악됐는지를 보여주는 법령들을 근거로 중상주의 체계에 마지막으로 가했던 가장 격렬한 공격이었다. 그는 아마(亞麻), 양모, 그리고 기타 많은 품목에 대한 금지, 장려금, 관세의 긴 목록과 관련 논의를 통해 자신의 논거를 이해하기 쉽게 강조했다. 이것은 동인도회사에 대한 직접적 공격으로 절정에 달한 특허회사들의 역사와 분석으로 보충되었다. 그는 다음과 같이 말했다. "영속적인 독점은 국가의 모든 다른 신민들에게 두 가지 다양한 방식으로 매우 불합리한 부담을 준다. 먼저 자유무역의 경우였다면 그들이 훨씬 싸게 살 수 있었던 재화가 가격이 높아지는 것을 통해, 두 번째로 그들 중 다수가 편리하고 유리하게 영위했을 사업 부문에서 그들을 배제함으로써 부담을 주는 것이다." 해답은 독점을 제거하는 것이다. "하지만 이 상황에서 민간 모험상인의 더 우월한 경계심과 주의력은 동인도회사가 이 무역에 질리도록 할 것이다."[33]

애덤 스미스는 이제 명성의 정점(頂點)에 있었다. 던다스와 마찬가지로 수상이 '자연적 자유의 체계'로 전향했다는 얘기가 있었고, 의회의 여론에 뚜렷하게 긍정적 변화가 있었다. 피트는 『국부론』을 읽고 이 책의 주장들에 대해 애덤 스

---

33. [원문] 『국부론』 제5편 제1장 2절 30번.

미스와 토론했다. 그리고 특히 글루세스터(Gloucester)의 학장이자 자유무역의 열렬한 옹호자였던 조사이어 터커(Josiah Tucker) 같은 다른 사람들도 분위기가 폭넓게 바뀐 것에 공이 있지만, 새 행정부가 자유화를 강조한다는 것은 분명했다.

무엇보다 피트는 1785년 아일랜드와의 단일 자유무역 지역을 추진하였는데, 아일랜드는 정치적 이유로 이것을 거부했다. 그는 1786년 프랑스와 관세를 철폐하는 조약을 확보하여 양측에 새로운 시장을 열었다. 그리고 1787년 2월 거대한 국내 개혁을 시행하여 당시 103개의 다양한 정부 계정으로 지급해야 했던 복잡하고 엄청난 수의 관세를 철폐하고 하나의 통합 기금을 창출하였다. 애덤 스미스가 병마와 싸우고 있었던 1787년 3월, 던다스는 그에게 매우 즐거운 초대 편지를 썼다. "귀하가 휴가를 얻으셨다니 기쁩니다. 피트 씨와 그렌빌(Grenville) 씨, 그리고 소생(小生)은 귀하께서 여기서 휴가를 보내시는 게 가장 좋을 것이라고 확신합니다. 날씨는 좋고, 윔블던(Wimbledon)의 제 별장은 가장 편안하고 건강에 좋은 장소입니다. 귀하께선 매우 편안한 방을 머무실 것이며 업무가 아주 한가하면 매일 저녁 귀하의 모든 책에 대해 귀하와 토론할 시간을 갖게 될 것입니다."[34]

이것이 존 레이(John Rae)가 전한 유명한 일화가 나오게 된 계기인 것 같다.

> "런던의 어느 누구도 이 경제학자(애덤 스미스)의 이론을 실제 입법에 그렇게 광범위하게 실천에 옮기고 있었던 젊은 수상만큼 그를 만나고 싶어 하지 않았을 것이다. 그들은 여러 차례 만났지만 기억에 남는 한 모임은 윔블던 그린(Wimbledon Green)에 있던 던다스의 집에서였다. 애딩턴(Addington), 윌버포스(Wilberforce), 그렌빌(Grenville)도 그 자리에 있었다. 기억할 수 있는 바에 따르면, 늦게 도착한 손님 중 하나였던 애덤 스미스가

34. **[원문]** letter from Henry Dundas, 21 March 1787 (헨리 던다스가 보낸 1787년 3월 21일자 편지).

방에 들어서자 모여 있던 모든 이들이 자리에서 일어나 계속 서 있었다. 애덤 스미스가 '앉으시죠, 여러분'이라고 말하자 피트는 '안 됩니다. 선생님께서 먼저 앉으실 때까지 저희는 서 있겠습니다. 저희 모두는 선생님의 제자니까요'라고 대답했다."

1785년 7월 애덤 스미스의 가까운 친구이자 출판인이었던 윌리엄 스트라핸이 세상을 떠났다. 계속 나이가 들어갔지만, 애덤 스미스는 머릿속에 윤곽을 잡았던 다른 방대한 저작들을 완성할 수 있으리라는 희망을 버리지 않았다. 그러나 그의 우선순위는 『국부론』의 경우처럼 『도덕감정론』에 대해서도 새로운 개정판을 내는 것이었다. 로슈푸코(Rochefoucauld) 공작은 애덤 스미스가 『도덕감정론』에서 경멸의 대상이 되었던 맨더빌의 이름을 유명한 격언집의 저자였던 자기 조상과 연관 지었던 것에 항의하는 편지를 쓴 적이 있었다. 애덤 스미스는 1785년 11월 공작을 안심시키는 편지에서 다음과 같이 말했다.

"저는 『도덕감정론』의 이전 판에서 귀하께 약속했던 것을 잊지 않았고, 오는 겨울이 끝나기 전 실행에 옮기기를 희망합니다. 저는 다른 두 개의 큰 저작도 준비 중입니다.[35] 하나는 일종의 문학, 철학, 시, 수사학의 모든 다양한 분야의 철학사이고 다른 하나는 일종의 법과 정부의 이론과 역사에 관한 것입니다. 두 책 모두를 위한 자료들은 꽤 많이 수집되었고, 두 책 모두 약간은 웬만큼 잘 정돈된 상태입니다. 노년의 나태함은, 제가 거기에 격렬히 맞서 싸우고 있음에도 불구하고 빨리 다가오고 있고, 제가 두 책 중 하나라도 끝낼 수 있을지 매우 불확실합니다."

---

35. **[원문]** letter to the Duc de La Rochefoucauld, 1 November 1785 (라 로슈푸코 공작에게 보낸 1785년 11월 1일자 편지).

우리가 보았던 것처럼 정부에 관해 계획된 저술은 짐작건대 『법학 강의』에서 유래될 것이었다. '철학사'에 대해 우리가 아는 것은 없지만 애덤 스미스의 남아 있는 수사학에 관한 강의와 모방 예술과 다양한 과학의 역사에 관한 에세이들이 그 결과물일 것이라고 보아도 무리가 없을 것이다.

이때 애덤 스미스 자신의 건강이 뚜렷이 악화하고 있었다. 그는 원래 매우 부지런히 관세청에 출근했었지만, 겨우내 "창자 만성 장애"[36]로 고생하였다. 그러다 1787년 초쯤에는 회복되어 6개월 휴가를 내어 런던에 갈 수 있을 정도가 되어 거기서 의사의 진찰과 치료를 받았다. 그는 3월 친구이자 함께 스넬(Snell) 장학금을 받았던 칼라일(Carlisle)의 주교 존 더글러스(John Douglas)에게 보낸 편지에서 반농담조로 63이란 숫자가 결정적 연도라는 고대 점성술의 건강이론을 언급했다. "올해 나는 위대한 갱년기를 겪었고, 내 건강 상태는 보통 때보다 훨씬 나빴네. 하지만 매일 나아지고 있지. 그리고 능숙한 항해술로 인생의 이 위험한 곶(串)을 헤쳐 나갈 자신이 생기기 시작했고, 그 후엔 여생을 잔잔한 바다 위로 항해할 수 있기를 바라네."[37]

그는 런던에서 왕실 의사 존 헌터(John Hunter)의 치료를 받아 부분적으로 회복되었다. 6월 기번(Gibbon)의 한 친구가 알려오기를 애덤 스미스가 "매우 쇠약하여 삶을 마감할 때가 머지않은" 것처럼 보였다고 했다. "유감스럽지만 그의 몸은 거의 닳아버렸다."[38] 이때쯤 런던에 있는 스코틀랜드 출신 보석세공사 제임스 태시(James Tassie)가 애덤 스미스의 옆모습이 새겨진 두 종류의 메달을 만들었다. 하나는 당시 유행이었던 복장과 가발을 쓴 모습이었고, 다른 하나는 고대

36. **[원문]** Stewart, *Life of Adam Smith* Section V.

37. **[원문]** letter to Bishop John Douglas, 6 March 1787 (존 더글러스 주교에게 보낸 1787년 3월 6일자 편지).

38. **[원문]** letter from Peter Elmslie to Edward Gibbon, 10 June 1787 (피터 엘름슬리가 에드워드 기번에게 보낸 1787년 6월 10일자 편지), Fay, *Adam Smith and the Scotland of his Day*, Cambridge University Press 1956, p. 141에서 재인용.

로마인처럼 가발 없이 어깨가 드러난 모습이었다. 애덤 스미스를 개인적으로 알았던 듀갈드 스튜어트는 메달이 "그의 옆모습과 얼굴의 전반적 모습을 정확히 전달하고 있다."라고 말했다. 1787년으로 연대가 기록된 이 메달들은 애덤 스미스가 여태껏 모델을 섰던 유일한 2개의 초상이었다. 불안정한 건강 상태에도 불구하고 그는 두 메달 모두에서 건강해 보였다.

에든버러로 돌아온 후 11월쯤 애덤 스미스는 건강을 충분히 회복하여 글래스고대학의 법인이사직을 수락할 수 있게 되어 매우 기뻤다. 애덤 스미스는 총장 아처볼드 데이빗슨(Archibald Davidson) 박사에게 다음과 같은 편지를 보냈다. "어떤 승진도 제게 이처럼 진실한 만족을 가져다줄 수 없을 것입니다. 누구도 제가 글래스고대학에서 입은 혜택보다 더 큰 혜택을 받지 못했을 것입니다. … 그리고 23년이나 대학을 떠나있었던 지금, 옛 친구들과 후원자들이 매우 우호적으로 저를 배려해 주신다는 사실은 쉽게 표현할 수 없는 진심 어린 기쁨을 제게 줍니다."[39]

그새 『도덕감정론』의 새 판(版)에 대한 작업은 질질 끌어졌다. 1759년 초판이 나왔던 『도덕감정론』은 1761년에 나온 제2판에선 많은 부분을 수정했었고 다음 추가적인 3개의 판에선 중요한 수정 없이 출간되었다. 하지만 이 제6판은 완전히 다른 것이었다. 라 로슈푸코에게 쓴 편지에서 애덤 스미스는 제6판을 위한 수정 작업을 1786년 초에는 마칠 것이라는 희망을 표현한 바 있었다. 그러나 1788년이 되어선 부분적인 실패를 인정해야 했다. 3월 15일 그의 책을 런던에서 출판하기로 한 토마스 카델(Thomas Cadell)에게 보낸 편지에서 그는 다음과 같이 말했다. "제 수명을 전혀 짐작할 수 없다는 점을 고려하고, 또 제가 계획했고, 또 어느 정도 진척을 본 여러 다른 작품을 마칠 때까지 살 수 있을지 매우 불확실한 상태에서, 제가 할 수 있는 최선의 방법은 이미 출판된 작품들을 최상의,

---

39. **[원문]** letter to Dr Archibald Davidson, 16 November 1787 (아처볼드 데이빗슨 박사에게 보낸 1787년 11월 16일자 편지).

그리고 가장 완벽한 상태로 만들어 남기는 것이라고 생각합니다."[40] 그는 필요한 첨가와 수정을 위해 이미 관세청으로부터 넉 달에 달하는 세 번째 휴가를 얻어 냈었다. 하지만 "저는 아주 느리게, 정말 느리게 일하는 사람입니다. 어느 정도 만족할 때까지 적어도 대여섯 번은 썼다 지우기를 반복하지요"[41]라고 했다.

시간을 빼앗는 다른 모든 일은 차치하더라도 책의 새로운 내용 자체가 예상했던 것보다 많은 노고가 필요했다. 『국부론』의 개정은 시간이 많이 들었지만, 꽤 단순한 작업이었다. 대체로 책의 주된 아이디어들을 새로운 연구를 기반으로 하여 확장하는 것이었기 때문이었다. 그러나 『도덕감정론』의 개정은 책의 분량을 3분의 1 정도 늘렸을 뿐 아니라, 지적으로도 부담이 큰 작업이었다. 거의 30년 동안의 독서와 성찰에 어울리게 새로운 판을 위한 수정은 이론 자체에도 중요한 변화를 가져와 애덤 스미스는 전체를 다시 한번 철저히 검토해야 했다. 그 결과로 나온 것은, 권위 있는 글래스고 판의 한 편집자의 말에 따르면 "거의 새로운 책"이었다.

결국 개정 작업은 1789년 11월에야 완료되었다. 개정판에서 애덤 스미스는 약속했던 대로 라 로슈푸코를 맨더빌과 구별했고, '도덕 감정의 부패'와 '칭찬받을 만한'이라는 개념, 그리고 양심의 한계에 관한 새로운 단락을 추가했다. 그리고 다양한 도덕철학의 체계에 관한 애덤 스미스의 맺음말을 확대했다. 그러나 가장 커다란 변화는 이전에는 없던 제6부 '미덕의 성격'을 추가한 것이었다. 제6부에선 어떻게 사회적 상호행위와 법이 도덕적 성품을 형성하는 데 이바지하는지와 가족, 국가, 세계 전체에 대한 의무의 성격을 탐구하였다. 애덤 스미스의 도덕철학은 매우 절충적이었다. 그는 다양한 전통들로부터 아이디어를 택하는 것을 즐겨 했다. 그러나 새로운 내용들은 창조 질서의 인자함, 신중·자기통제·의무의 미덕을 강조하는, 매우 강한 스토아적 느낌을 풍겼다. 문체도 다소 달라져

---

40. **[원문]** letter to Thomas Cadell, 15 March 1788 (토마스 카델에게 보낸 1788년 3월 15일자 편지).
41. **[원문]** 같은 책.

서, 이전보다 덜 수사적이었으며 익숙한 사례들을 덜 사용하였으며, 강의 투의 분위기도 적어져서 흐름이 보다 자유로웠고 쉽게 읽혀 『국부론』의 스타일에 더 가까웠다. 그리고 예상할 수 있지만 생애 마지막이 가까웠음을 뚜렷이 느꼈던 이 철학자가 자신의 지혜를 나누고 싶어 했음을 알 수 있다.

이미 『도덕감정론』 초판에서부터 애덤 스미스는 도덕적 가치와 기준이 신의 계시나 인간에 내재한 '내적 감각'에서 비롯되지 않고, 인간의 상호행위 자체에 의해 창출된다고 주장했다. 인간들은 상상을 통해 자신을 상대방과 동일시한다. 그들은 서로의 행동을 보고, 애덤 스미스가 동감이라고 부른 것을 통해 자신을 판단될 수 있는 존재로 보게 되고 자기의 행동을 판단하게 된다. 그러나 그는 이러한 규범들이 여론의 단순한 반영이나 일반 통념 이상이 되기 위해서는 어떤 다른 것이 필요하다는 점을 분명히 했다. 그것은 '공정한 관찰자'라는 개념으로 편향과 왜곡된 시각을 갖지 않고 사안들을 객관적으로 볼 수 있는 '차분'하고 '무심'한 방관자이다.

그러나 제6판을 작업할 무렵에 애덤 스미스는 그러한 규범들이 왜, 그리고 어떻게 단순한 여론의 반영이 아니라 순수하게 도덕적일 수 있는지에 대해 추가적인 해답을 제시할 필요를 느꼈던 것 같다. 그의 해답은 이중적이었다. 먼저 그는 여론이 도덕적으로 잘못된 것이고 실제로 해로운 것일 수 있다는 점을 인정했다. 그런 경우 동감은 사람들을 오도할 수 있다. "부자와 권세가에 대해서는 감탄하고 또 거의 숭배하기까지 하는 성향, 그리고 가난하고 비천한 상태에 있는 사람들을 경멸하거나 아니면 적어도 무시하는 성향은 신분의 구별과 사회 질서의 확립과 유지에 필수적이지만, 동시에 우리의 도덕감정을 타락시키는 가장 크고 가장 보편적인 원인이다."[42] 그는 동감과 공정한 관찰자의 판단을 통해 창출된 사회적 규범들이 긍정적 효과와 부정적 효과를 동시에 가질 수 있다고 주장

42. **[원문]** 『도덕감정론』, 제1부 제3편 제3장 1번.

했다. 그것들은 인정과 동의의 원천으로 사회를 떠받치는 질서정연한 구조를 지탱할 수 있지만 사람들이 강자를 칭송하고 약자를 경멸하도록 부추김으로써 도덕적인 부패를 초래할 수 있다는 것이다.

그러나 애덤 스미스는 도덕적 규범에 대한 자신의 설명에 중요한 근거를 하나 더 제시한다. 그는 인간들이 단순히 칭찬을 추구하고 비난을 피하려고 할 뿐 아니라 칭찬받을만하고 비난받을 만하지 않은 사람이 되려고 노력한다고 주장했다. "인간은 사랑받는 것뿐만 아니라 사랑스럽기를(not only to be loved, but to be lovely), 즉 사랑의 자연스럽고 적정한 대상이 되기를 자연적으로 열망한다. 그는 미움받는 것뿐만 아니라 미워할 만한 것을, 즉 미움의 자연스럽고 적정한 대상이 되는 것을 두려워한다. 그는 칭찬만이 아니라 칭찬받을 만한 존재가 되기를 열망한다. 또는 비록 누구에게도 칭찬받지 않더라도 칭찬의 자연스럽고 적정한 대상이 되기를 열망한다."[43]

언뜻 보기에 이 논증은 순환논법처럼 보인다. 여기서 '사랑스럽기'(lovely)는 '도덕적으로 사랑받을 만하다'라는 뜻이 아니면 무엇을 의미할 수 있겠는가? 그런 의미라면 애덤 스미스는 자연주의적이고 과학적이어야 할 설명에 도덕적 판단을 몰래 들여오는 것이 아닐까? 그렇지 않다. 무엇이 사랑스러운 것인지에 대한 가장 좋은 증거는 사람들이 그렇게 생각한다는 것이다. 애덤 스미스는 우리 자신의 행동에 대한 우리의 자기성찰적 이해를 사람들이 칭찬하거나 칭찬하지 않는 것과 비교함으로써 무엇이 칭찬받을 만한 것인지를 파악한다고 본다. 우리가 한번 그것을 파악하면 그러한 이해나 칭찬받을 만하게 되려는 열망을 유지하기 위해 칭찬이 필요하지 않다. 그리고 우리는 칭찬받을 만한 것이 무엇인지에 대한 우리의 지식을 사용하여 도덕적 행위자로서 우리 자신의 동기를 '안으로부터' 평가할 수 있고, 권세자를 칭송하고 약자를 경멸하는 것이 왜 나쁜 것인지를

43. **[원문]** 『도덕감정론』, 제3부 제2장 1번.

알 수 있다. 따라서 그의 설명은 여전히 자연주의적이다.

제6판에서 새로 포함된 제6부에서 특별히 눈에 띄는 특징은 애덤 스미스가 도덕적 성품과 의무에 관한 자신의 성찰을 다양한 사회와 정치적 지도자의 다양한 스타일에 대한 논평으로 확대한 것이었다. 그는 인류에 대한 사랑을 애국심과 주의 깊게 구분했다.

> "우리는 우리나라를 단순히 인류의 거대한 사회의 일부로서만 사랑하는 것이 아니다. 우리는 우리나라를 그 자체로, 그리고 이러한 종류의 어떤 고려와 상관없이 사랑한다. 자연의 모든 다른 부분의 체계처럼 인간의 감정 체계를 설계한 그 지혜는, 인류의 거대한 사회의 이익은 각 개인의 주된 관심을 그 자신의 능력과 이해력의 범위 내에 있는 인류 사회의 특별한 부분에 쏟도록 인도함으로써 가장 잘 증진될 것으로 판단했던 것 같다."[44]

버크는 매우 비슷한 생각을 거의 같은 시기에 출판된 『프랑스의 혁명에 관한 성찰들(Reflections on the Revolution in France)』(1790)에서 표현했다. "부분에 대한 애착과 사회 안에서 우리가 속한 작은 집단에 대한 사랑은 공적 애착의 최초의 원칙(즉, 싹)이다. 그것은 우리가 우리나라와 인류에 대한 사랑으로 나아가는 연쇄작용의 첫 번째 연결고리다." 우리는 이 두 사람의 성찰에서 칸트 이후로 도덕 이론의 전형으로 간주하여 온 다소 추상적인 보편주의에 대한 경험주의적 공격을 볼 수 있다.

애덤 스미스는 나름대로 "모든 감각과 지능을 갖춘 존재들로 구성된, 신(神) 자신이 직접적 관리자이자 감독자인, 거대한 사회의 이익"[45]의 도덕적 우월성을 인정하였다. 그러나 이것은 인간들이 보편적 사상 혹은 이상에 집착하여 일상적

---

44. [원문] 『도덕감정론』, 제6부 제2편 제2장 4번.

45. [원문] 『도덕감정론』, 제6부 제2편 제3장 3번.

인 의무들을 무시해야 한다는 것을 의미하지 않는다. "인간에게는 훨씬 더 초라한 부문이 배당되지만, 그의 미약한 능력이나 편협한 이해력에 견주어 보면, 이러한 배당은 매우 적합한 것이다. 즉, 자기의 행복, 자기 가족과 자기 친구와 자기 나라의 행복을 돌보는 것이 그것이다. 그가 더욱 숭고한 것을 사색하는 데 빠져 있다고 해서 그것이 결코 더 사소한 부문을 무시해도 된다는 핑계는 될 수 없다."[46] 매 순간의 의무로부터 무시간적인 철학적 추상으로 도피한다는 것은 있을 수 없다는 것이다.

때때로 한 나라는 애덤 스미스가 '공적인 불만, 당파, 무질서'라고 부른 것으로부터 위협받을 수 있다. 이 대목에서 애덤 스미스의 언어와 생각은 버크와 매우 유사하다. 위대한 정치 지도자의 지혜는 기존의 권위와 '더 대담하지만, 종종 위험한 혁신의 정신' 사이에서 균형을 잡는 데 있다. 그러나 애덤 스미스는 '체제의 사람', 즉 사회에 어떠한 이상적인 계획을 고집스럽게 부과하려는 전제군주에게 권력을 주는 것이 특히 위험하다고 주장했는데, 그것은 "당파의 혼란과 무질서의 한가운데서 체제의 정신은 인간애의 사랑에 기초한 공공정신과 뒤섞이기 쉽기 때문이다."[47] 이러한 '체제의 정신'은 온건한 여론을 오염시키고 격분시킬 수 있다. "불만을 품은 정파의 지도자들은 언제나 그럴듯한 개혁의 계획을 제시할 수 있다. … 이것을 이유로 그들은 종종 정치구조를 개조하고 대제국의 신민들이 수 세기 동안 그 아래에서 평화와 안정, 심지어 영광까지 누려왔던 현재 정부 체계의 가장 본질적인 부분을 바꿀 것을 제안한다." 사업에서 '낭비자들과 모험가들'이 그러하듯, 정치에선 '체제의 인간'이 그러하다는 것이다.

애덤 스미스의 주장에 따르면 이러한 혁신의 정신은 잘못된 것이다. 그것이 단지 평화와 안전의 혜택을 희생하기 때문만이 아니라, 새로 개조된 정치구조가 처음 원했던 것을 달성하는 데 자주 실패하기 때문이다. "정당의 난폭함은 모든

---

46. **[역주]** 『도덕감정론』, 제6부 제2편 제3장 6번.

47. **[원문]** 『도덕감정론』, 제6부 제2편 제2장 15번.

임시적 해결과 모든 조절, 모든 합리적인 조정을 거부하고 너무 많은 것을 요구함으로써 결국 아무것도 얻지 못한다. 그리고 약간 절제했더라면 상당 부분 제거되고 완화되었을 불편과 고통은 어떠한 치료의 희망조차 없이 그대로 남게 된다."[48] 인간의 행동은 예기치 못한 결과를 가져올 수 있어 혁명적 열정은 진정한 개혁을 망칠 수 있다.

애덤 스미스는 '모든 정치적 모험가 중 가장 위험한 군주들'을 가장 격렬한 어조로 비난했다. 그 이유는 이들이 절대 권력을 '체제의 정신'과 결합하기 때문이다. 그러나 정치 지도자들은 절대주의와 거리가 먼 경우에도 그러한 정신에 사로잡히면 여전히 파멸적일 수 있다. "체제의 사람은 제 딴에 매우 현명하다고 생각하기 쉬워 흔히 통치에 대한 자신의 이상적인 구상의 아름다움에 너무나 현혹되어 그 구상 중 어떤 부분이 조금이라도 달라지는 것을 참지 못한다…. 그는 이 거대한 사회를 구성하는 다양한 구성원들을 마치 체스판 위에서 손으로 말들을 배열하는 것만큼이나 아주 쉽게 배열할 수 있다고 생각하는 것 같다."[49] 그러나 체제를 직접적 통제의 수단으로 사용하는 이러한 기하학적 도그마는 사회의 본질과 통치의 본질 모두를 잘못 이해한 것이다. "그는 다음과 같은 점을 고려하지 않는다 : 장기판 위의 말들은 사람의 손이 힘을 가하는 대로 움직이는 것 외에 다른 운동 원리가 없지만, 인간사회라는 거대한 체스판에서는 모든 말 하나하나가 자신의 운동 원리를 가지고 있으며, 이것은 입법기관이 그들에게 부과하려는 것과 전혀 다른 것이다."[50] 이러한 '정책과 법률의 완벽성이라는 사상'은 인간 자유의 본질과 불가피성을 파악하지 못하며 그 사상의 영향 아래에 있는 "사회는 언제나 최대한의 무질서 상태에 놓이게 될 수밖에 없다." 여기서도 버크, 특히 『프랑스의 혁명에 관한 성찰들』의 표현과 밀접한 유사성을 발견할 수 있다.

48. [역주] 『도덕감정론』, 제6부 제2편 제2장 15번.
49. [역주] 『도덕감정론』, 제6부 제2편 제2장 17번.
50. [역주] 『도덕감정론』, 제6부 제2편 제2장 17번.

『국부론』이 중상주의를 비판하면서 아메리카 대륙의 전쟁 같은 시사적 사건들을 다루는 것을 주저하지 않았던 것을 보면, 『도덕감정론』의 개정을 프랑스 혁명을 배경으로 해석하는 것도 무리는 아니다. 1789년 11월 18일 애덤 스미스는 카델(Cadell)에게 보낸 편지에서 "책이 마침내 마지막 문장까지 완전히 마무리되었다"[51]고 말했는데, 그때쯤 프랑스는 엄청난 혼란 속에 빠져 있었다. 재정적으로 프랑스는 부채로 인해 부도 지경에 이르렀다. 조세 체계는 역진적이고, 지나치게 세밀하고 불공정했지만, 개혁할 수 없었다. 정치적으로 프랑스는 6월 삼부회 철폐와 7월 바스티유 감옥 습격 이후 위기에 빠졌다. 혁명가들은 재빨리 교회와 귀족의 권력을 파괴하기 시작했다. 확대되는 불안 속에서 지방 민병대가 결성되고 있었다. 왕실이 베르사유에서 파리로 강제로 옮겨졌던 10월엔 마리 앙투아네트(Marie Antoinette)의 생명을 노린 암살 시도가 있었다.

애덤 스미스는 이 모든 일을 잘 알고 있었을 것이다. 그는 프랑스 조세 제도의 취약점을 개인적 경험을 통해 잘 이해하고 있었고 서신교환을 통해 프랑스의 여론을 알고 있었으며 현지 소식은 에든버러로 신속히 전달되었다. 애덤 스미스가 '체제의 사람'에 대해 한 말은 프러시아의 프리드리히 대왕과 러시아의 카테리나 여제 같은 당대의 '계몽 군주'들에게 적절하게 적용될 수 있을 것이다. 그리고 철학자로서 애덤 스미스는 일반적 수준의 분석을 제시하였고 분명 제시할 의도가 있었다. 그런데 그의 언급들이 의도적으로 특히 프랑스를 염두에 둔 것이었을까? 그가 최소한 중농주의자들을 염두에 둔 것은 분명하지만, 이 문제는 많은 논란의 대상이 되었다. 우리가 확실히 말할 수 있는 것은 그의 표현 자체가 이러한 해석을 내포하고 있으며, 완전히 성숙한 그의 사상을 전달하고 있다는 것이다. 게다가 1789년 11월에서 다음 해 5월 『도덕감정론』 제6판이 출판되기까

---

51. **[원문]** letter to Thomas Cadell (토마스 카델에게 보낸 편지), Heiner Klemme, "Adam Smith an Thomas Cadell : Zwei neue Briefe", *Archiv fur Geschichte der Philosophie*, 73.3, 1991에서 재인용.

지 애덤 스미스는 안 좋은 건강에도 성찰과 최종적 수정의 기회가 있었지만 그렇게 하지 않았다. 또한 혁명이 점차 폭도의 지배로 변질되어가는 것을 애덤 스미스가 경멸했을 것이라는 점은 확실하다. 그가 당시 썼던 것처럼 "도덕 감정을 부패하게 하는 모든 것 중에서 당파와 광신이 가장 심각한 것이다."[52]

애덤 스미스는 이제 언제 죽음이 닥칠지 모르는 단계에 접어들었다. 살림을 맡았던 그의 사촌 재닛 더글러스는 1788년 가을 세상을 떠났다. 애덤 스미스는 흄에 대해 그랬듯이 그녀가 말년에 보여준 강인함을 칭송했다. "그녀는 그녀가 보낸 삶에서 행복을 느끼고 그녀에게 주어진 운명을 기뻐하면서, 그리고 그녀가 바로 겪게 될 변화에 대해 약간의 두려움이나 불안도 없이 만족한 가운데 세상을 떠난 것 같다."[53] 그러나 그는 그녀가 그에게 가졌던 중요성을 다른 친구에게 전했을 때는 자신의 솔직한 심정을 살짝 드러냈다. "그녀의 유머와 농담은 여전하다. 그녀가 떠나면 나는 스코틀랜드에서 가장 비참하고 무력한 사람이 될 것이다."[54]

1790년 2월 처음엔 글래스고대학, 나중엔 에든버러대학의 의과 교수이자 애덤 스미스의 평생 친구였던 윌리엄 컬렌이 세상을 떠났다. 그의 아들에게 애덤 스미스는 장례식에 참석하지 못하는 것에 대한 용서를 구하는 편지를 비참한 어조로 썼다. "복통으로 너무 쇠약해져 집에서 관세청으로 걸어가는 정도의 힘이 드는 일도 견디지 못할 정도네."[55] 5월까지는 그는 런던을 방문할 수 있다는 희망을 품었다. "회복이 매우 느리고 급작스러운 병이 자주 재발하여 회복이 중단되

---

52. **[원문]** 『도덕감정론』 제3부 제3장 43번.

53. **[원문]** letter to Dr James Menteath, 16 September 1788 (제임스 멘티스 박사에게 보낸 1788년 9월 16일 편지).

54. **[원문]** letter to Lord Porchester, 23 September 1788 (포체스터 경에게 보낸 1788년 9월 23일자 편지).

55. **[원문]** letter to Robert Cullen, 9 February 1790 (로버트 컬렌에게 보낸 1790년 2월 9일자 편지).

는 바람에 런던 여행을 실행에 옮길 확률은 매일 줄어들고 있습니다."[56] 그러나 한 친구의 전언에 의하면 그는 "완벽한 인내심과 체념을 발휘하였다."[57]

그러나 『스트라핸에게 보낸 편지』에서 분명히 드러났듯이, 한 철학자의 죽음은 개인적인 평정의 문제만이 아니었고, 애덤 스미스는 말년에 자신의 삶을 가급적 책임 있게 정리하였다. 정실주의가 흔했고 당연했던 시대에 그는 정기적으로 지지하는 편지와 돈을 보내면서 젊은 친구들과 가족들의 이익을 증진하려고 애썼다. 물론 그들이 받을 만한 가치가 있는지를 염두에 두었다. 그는 또한 개인적으로 엄청난 액수의 돈을 나누어주었는데 듀걸드 스튜어트에 따르면 '그의 재산 규모로부터 예상할 수 있는 것 이상으로' 익명의 기부가 가장 고결한 형태의 자선이라는 금언을 지켰다. 그의 최종 재산이 적었던 것은 그래서였을 것이다.

그의 책들은 깔끔하게 정리되었지만, 아직 그의 개인적 문서들이 남아 있었다. 애덤 스미스는 그의 유명한 친구들이자 오이스터(Oyster) 클럽의 동료 회원이었던 조지프 블랙과 제임스 허튼을 유저(遺著) 관리자로 지정했는데, 이것은 신중한 선택이었다: 플레이페어(Playfair)의 표현에 따르면 "블랙 박사는 착오를 가장 싫어했고, 허튼 박사는 무지를 제일 싫어했다. 전자는 항상 진실을 넘어서는 것을, 후자는 진실에 도달하지 못하는 것을 두려워했다."[58] 자신의 초고 몇 점을 제외하고는 모두 파괴하라는 애덤 스미스의 반복된 지시를 두고 이들이 얼마나 고민했을지! 이 두 사람은 그렇게 하겠다고 약속하고서도 시간을 끌었다. 하지만 마지막이 다가왔을 때 애덤 스미스는 얼렁뚱땅 속아 넘어가지 않을 것임을 분명히 했다. 그의 직접적인 종용에 따라 '몇 개의 따로 떨어져 있는 서류'를 제외한 모든 것이 소각되었는데, 여기엔 애덤 스미스가 이전에 흄에게 언급한 적

---

56. **[원문]** letter to Thomas Cadell, 25 May 1790 (토마스 카델에게 보낸 1790년 5월 25일자 편지).

57. **[원문]** Robert Kerr, *Memoirs of the Life, Writing and Correspondence of William Smellie*, John Anderson 1811, p. 295에서 인용.

58. **[원문]** Rae, *Life of Adam Smith* Ch. 21.

이 있었던 '18개의 얇은 종이 묶음'이 포함되었다. 몇 개의 에세이와 애덤 스미스가 아꼈던 『천문학의 역사』는 소각을 면했지만, 수사학과 자연종교에 관한 강의, 그리고 법학에 관한 저서, 또한 그가 라 로슈푸코(La Rochefoucauld)에게 언급했던 '철학적 역사'의 초고들은 화염에 소실되었다. 그를 잘 알았던 듀걸드 스튜어트가 보기에 "그는 훗날 자신의 전기를 쓸 사람들을 위해 자신의 천재성을 영속적으로 증언할 것들과 자신의 모범적인 사생활을 보여주는 자료 말고는 아무것도 남기고 싶지 않았던 것 같다." 죽어가는 사람이 자신을 고백하는 것에 익숙한 현대의 독자들이 보기에 애덤 스미스의 행동은 삐딱해 보이고 그의 서류가 손실된 것은 지성계의 재난이라 할 수 있다.

애덤 스미스는 1790년 7월 17일 토요일 67세의 나이로 세상을 떠났다. 기록된 그의 마지막 말은, 죽기 며칠 전 저녁 식사 전에 잠자리로 가면서 친구들에게 했던 말이었다. "우리는 이 모임을 어디 다른 곳으로 옮겨야 할 것 같소." 그는 5일 후 팬뮤어 하우스(Panmure House)에서 수십 야드 떨어진 캐논게이트(Canongate) 교회 뜰에 있는, 출판된 그의 두 대작(大作)의 이름을 적어놓은 소박한 묘비 아래에 묻혔다. 그의 책들을 포함한 거의 모든 그의 재산과 소유물이 그의 조카이자 상속자였던 데이비드 더글러스에게 남겨졌다.

애덤 스미스의 성품과 인격에 관해 대체로 무엇을 말할 수 있을까? 많은 애덤 스미스 전기 작가 중 애덤 스미스를 개인적으로 알았던 유일한 사람은 최초로 그의 전기를 쓴 듀갈드 스튜어트였다. 그는 우리에게 "독창적이고 포괄적인 시야, 방대하고 다양하고 정확한 정보, 마르지 않고 풍성한 참신한 사상, 풍부하고 아름다운 상상을 통해 고전 문화에서 빌려온 표현력으로 명성이 있었던" 교수이자 철학자의 모습을 전달한다. 멍하니 딴생각하는 버릇, '세속적인 업무나 사회생활에 적합하지 않은' '온갖 특이한 태도나 지적 습관'에 대해 전하는 많은 일화가 있다. 하지만 이것은 우리가 보았듯이 글래스고대학 행정가였던 그의 경력과 관세의 징수와 밀무역의 방지 및 처벌 같은 관세 위원처럼 두드러지게 많은 경험이 필요한 영역에서 보여준 그의 효율성을 과소평가하는 것이다.

다른 출처들을 통해 우리는 애덤 스미스에 대한 그림을 조금 더 채워 넣을 수 있다. 인쇄업자이자 골동품 수집가였던 친구 윌리엄 스멜리(William Smellie)에 따르면 "그의 신장은 보통 크기를 약간 넘어섰으며 그의 얼굴은 남자다우면서 인상이 좋았다." 성격적으로 그는 공공선이 최고로 중요하다는 흔들리지 않는 믿음을 가졌던 사람이었고, 문제들을 숙고해서 해결하고자 하는 확고부동한 열정을 가졌다. 지적으로 대단히 세심했고, 절충적인 철학적 견해를 가졌던 그는 미덕과 개인의 의무, 자기제어의 중요성에 대한 스토아적 감각을 교육과 전문지식을 갖춘 공공영역에 대한 장로교식 헌신과 결합하였다. 그는 스코틀랜드인으로 스코틀랜드 교육 제도의 우월성에 확신이 있었지만, 런던을 자주 다녔고 1707년 국가연합이 스코틀랜드에 갖는 사회적 경제적 가치를 완전히 알고 있었다. 사상과 실천 모두에서 두드러지게 평등주의적이었던 그는 어떤 형태의 위계도 싫어했던 것으로 보인다.

애덤 스미스는 궁핍한 사람들에게 후하게 베풀었고, 그가 칭송하였던 흄, 허치슨, 케네, 그리고 중농주의자 같은 사상가들을 포함한 사람들에게 진 부채를 갚는 것에는 정확했다. 하지만 그의 법학이 보여주듯이 그는 훼손되지 않는 명성의 소중함을 믿어, 때로 자신의 학문적 업적을 예민하게 방어했고, 그가 이류로 평가했던 정치경제학자 제임스 스튜어트 같은 사람들을 무시했다. 그가 자신의 종교적 견해에 대해선 침묵해 왔기 때문에 정확히 단정할 수 없지만 신의 섭리에 대한 믿음을 교회 위계와 조직에 대한 반감과 결합한 것으로 보인다. 언젠가 "저는 책 외에는 좋아하는 것이 없습니다"[59]라고 말했듯이 그는 수줍은 사람이어서 공적인 자리에서는 다소 격식을 차렸으며 한담엔 약하여 설교투로 말하곤 했지만, 친구들과 함께 있을 때는 느긋했고 그를 잘 아는 사람들로부터는 사

59. **[원문]** William Smellie, *Literary and Characteristical Lives of J. Gregory, M.D., Henry Home, Lord Kames, David Hume, Esq., and Adam Smith,* LL.D., n.p. 1800, p. 297.

랑받았다. 문학에 대한 그의 취향은 특이했다. 정치적으로 그는 휘그파였지만, '자연적 자유의 체계'에 대한 개혁적 신념을 가진 피트(Pitt)에 끌렸다. 그가 어떠한 성적(性的) 혹은 낭만적 관심을 추구했다거나 개인 생활에서 지각없는 행동은 아니더라도, 도덕적으로 올바르지 않은 것을 시도했는지에 대해서 우리는 사실상 아는 게 없다. 그가 늦게라도 아버지가 될 희망을 품고 있었을까? 1777년 53세였던 그는 스탠호프(Stanhope) 경에게 보낸 편지에서 "제 가족과, 만약 신이 제게 허락한다면, 제 후손에게, 모든 경우에 따라야 할 융통성 없는 정직성의 사례로 유산으로 남겨주기 위해"[60] 스탠호프의 최근의 편지를 보관할 것을 부탁하였다. 하지만 이것은 단순히 평소의 애덤 스미스가 보여준 공손함이 작용한 것일 수도 있다.

애덤 스미스는 존 밀라(John Millar) 같은 제자들의 칭송을 받았던 것은 분명하다. 제임스 보스웰(James Boswell)도 존슨 박사의 영향과 종교적 이유로 애덤 스미스에게 등 돌릴 때까지만 해도 그랬다. 애덤 스미스의 학생 중에서 그와 가장 가까우면서도 가장 오랫동안 관계를 맺었던 것은 버클루(Buccleuch) 공작이었다. 애덤 스미스가 죽은 후 공작은 그들이 함께한 유럽 여행과 그 후의 일에 대해 전했다. "1766년 10월, 우리는 거의 3년을 함께 보낸 후 런던으로 돌아왔다. 이 3년 동안 내가 보기엔 조금의 불화나 냉담함은 없었고, 그와의 교제에서 온갖 혜택을 얻었다. 우리는 그가 죽는 시간까지 계속 친구로 지냈다. 그리고 나는 그의 위대한 재능뿐 아니라 모든 개인적 미덕 때문에 내가 사랑하고 존경했던 친구를 잃었다는 기억을 간직할 것이다."[61] 아름다운 헌사였다.

애덤 스미스와 데이비드 흄의 관계는 특별히 논평할 가치가 있다. 이 둘은 지적으로 가장 뛰어난 인물이었다. 연대순으로 보면 사상은 주로 흄에서 애덤 스미스라는 한 방향으로 흘러갔다. 하지만 애덤 스미스는 독자적 인간이었다.

---

60. [원문] letter to Lord Stanhope, 8 May 1777 (스탠호프 경에게 보낸 1777년 5월 8일자 편지).

61. [원문] Stewart, *Life of Adam Smith*에서 재인용.

두 사람의 사상에는 무수한 중첩이 있었지만 몇몇 불일치가 있었다. 그리고 이 집중적이며 암묵적인 교류와 개인적 친분은 그들이 스코틀랜드 계몽의 중심에서 위대한 사상의 견인차 역할을 하도록 했다. 이들 간엔 12년의 나이 차이가 있었고, 흄의 천재성이 일찍 드러났다는 점에 의해 이 차이가 더 두드러졌음에도 불구하고 그들이 항상 대등하게 대화했다는 것이 눈에 띈다. 사실 사교적인 흄이 냉담하고 독립적인 그의 친구에게 만나기를 간청하는 것처럼 보이는 순간들이 있었다. 하지만 애덤 스미스의 위대한 사상의 기원은 흄이었다. 그리고 시간이 지남에 따라 흄이 자기의 사상을 퍼뜨리기 위해 철학에서 에세이와 역사로 옮겨간 것에 비해 애덤 스미스는 반대로 자신의 중심 사상을 작업하고 수정하면서 그것을 완벽하게 만들려고 노력했다.

『도덕감정론』 마지막 판에서 애덤 스미스는 "행복은 평정과 향유에 있다. 평정 없이 향유할 수 없고, 완전한 평정이 있는 곳에 즐길 수 없는 것은 거의 없다"[62]고 덧붙였다. 그와 어머니의 관계는 가장 친밀한 것이었고, 그는 분명 재닛 더글러스를 매우 좋아했으며 수십 년을 이 두 여인에게 의존했다. "아버지 없는 세상이라는 의심은 모든 성찰 중 가장 음울한 것임이 틀림없다"[63]고 믿었던 그에게 그들은 평정의 원천이었고 소중하고 다정한 지원자였다.

이러한 40년이 넘는 내조와 흄의 우정, 그리고 스코틀랜드 계몽의 배경 속에서 애덤 스미스는 이제껏 쓰인, 지적으로 가장 중요하고 영향력이 컸던 두 책을 완성할 수 있었고 오늘날에도 여전히 감탄할 만한 영향력을 지닌 사상들의 체계를 구축할 수 있었다. 이 사상들의 발전과 영향에 대해서 이제부터 다루겠다.

---

62. **[역주]** 『도덕감정론』, 제3부 제3장 30번.

63. **[역주]** 『도덕감정론』, 제6부 제2편 제3장 2번.

제2부 애덤 스미스의 사상

제6장 명성, 사실 및 미신 / **제7장** 애덤 스미스의 경제학 / **제8장** 애덤 스미스와 시장

제6장 명성, 사실 및 미신

1. 들어가는 말

우선, 당신이 오늘 스코틀랜드 에든버러(Edinburgh)를 방문하여 올드타운(Old Town)[1]의 로열마일(Royal Mile : 영국 스코틀랜드 에든버러에 있는 올드타운 지역의 거리)에 있는 캐논게이트(Canongate)에서 약간 떨어진 애덤 스미스(Adam Smith)의 옛집에서 세관(Customs House)을 향해 위쪽으로 걸어가다 보면 두 개의 거대한 동상(銅像)[2]을 지나게 될 것이다. 첫 번째 것은 '애덤 스미스 동상'이다. 애덤 스미스 동상은 최근 세인트 자일스(St. Giles) 대성당 밖에서 공개 모금을 통해 건립 비용을 조달한 것으로 높이가 높고 웅대(雄大)하다([역주]

▲ [역주] 애덤 스미스 동상

1. [역주] 'Old New Towns of Edinburgh'는 영국 스코틀랜드 에든버러의 프린스 거리 좌우로 조성된 구(舊)시가지와 신(新)시가지를 말한다. 중세의 모습을 간직한 구시가지와 18세기 신고전주의 양식이 돋보이는 신시가지가 조화를 이루며, 1985년 유네스코 세계유산으로 지정되었다.
2. [원문] 흄(Hume)의 동상은 1996년에, 애덤 스미스(Adam Smith)의 동상은 2008년에 세워졌으며, 두 동상 모두 스코틀랜드의 위대한 고전 조각가인 알렉산더 스토다트(Alexander Stoddart)의 작품이다.

애덤 스미스 동상은 2008년 7월 4일에 건립됨). 앞의 사진에서 보듯이 애덤 스미스의 동상 뒤에는 오래된 쟁기가 있고, 옆에는 벌집이 있다. 이는 농업사회에서 '상업사회와 시장경제'로의 전환을 상징한다. 애덤 스미스의 왼손 팔꿈치에는 앞으로 가운이 걸쳐져 있다. 이는 애덤 스미스의 주된 학자적 삶을 암시한다. 또한 애덤 스미스의 '오른손'(이는 덜 눈에 띄고 때때로 "보이지 않는 손"으로 묘사됨)은 지구본에 놓여 있다. 이는 애덤 스미스의 지적 야망과 세계적인 명성을 암시해 준다.

애덤 스미스 동상에서 몇백 야드 더 위에 있는 두 번째 것은 '데이비드 흄(David Hume) 동상'이다. 흄 동상은 애덤 스미스의 동상과 매우 다르다. 아래 사진에서 보듯이 흄 동상은 흄을 토가(toga : 고대 로마 시민이 입었던 헐렁한 겉옷)를 입은 로마의 원로원 의원처럼 묘사하고 있다. 흄 동상은 몸을 뒤로 빼고, 두 다리는 앞으로 뻗어 있으며 보는 사람을 향해 앞으로 쭉 뻗은 오른쪽 다리 위에는 책을 올려놓고 균형을 잡고 있다. 특히 흄의 오른발은 연단에서 앞으로 튀어나와 학생들과 관광객들이 '행운'을 위해 그 발을 문지르도록 유인하고 있다(오른쪽 사진에서 보듯이 실제로 많은 학생과 관광객들이 그 발을 문지른 결과 오른발 끝이 닳아 있다). 흄의 태도는 다소 노곤(勞困)해 보이지만, 얼굴은 근엄해 보인다. 애덤 스미스 동상이 솔직해 보인다면, 흄 동상은 몇 가지 '아이러니한' 특징을 지니고 있다. 우선, 가슴 부분이 부분적으로 드러난 흄 동상은 흄의 '실제 비만의 흔적'을 거의 보여주지 못하고 있다. 또한 가장 유머러스한 사람인 흄에게서 '유머의 흔적'을 거의 찾

▲ [역주] 데이비드 흄 동상

을 수 없다. 또한 흄 동상의 엄지발가락은 실제로는 미신을 경멸했던 사람인 흄이 미신([역주] '엄지발가락을 만지면 행운이 온다')으로 유혹하는 것 같다.[3]

그러나 또 하나의 아이러니는 거의 언급조차 되지 않고 있다. 오늘날 주로 18세기 스코틀랜드의 위대한 초상화가였던 앨런 램지(Allan Ramsay)[4] 덕분에 흄의 얼굴은 우리에게 친숙하다.[5] 초상화에 나타난 흄의 얼굴은 살찌고, 즐거워하는 모습이며, 지적이고, 관능적인 느낌이 가미되어 있다. 따라서 초상화에서의 흄의 모습은 흄 동상과 많이 닮지 않았다고 할 수 있다. 반면에 우리는 애덤 스미스 동상을 감탄하며 바라볼 수 있지만, 사실 우리는 '애덤 스미스가 어떻게 생겼는지'에 대해 비교적 잘 알지 못한다. 애덤 스미스의 얼굴을 자세하게 보여주는 현대적인 이미지는 1787년 제임스 태시(James Tassie : 1735~1799년)가 그린 사생(寫生)[6] 메달 하나뿐이며, 그것도 옆모습(profile)만 보여주고 있다. 오늘날까지 당대의 위대한 스코틀랜드 인물들의 수많은 초상화가 존재한다. 예를 들면, ① 데이비드 흄(David Hume)을 비롯해 애덤 퍼거슨(Adam Ferguson : 영국의 철학자 및 사회학자, 1723~1816년), 프랜시스 허치슨(Francis Hutcheson : 영국의 사상가, 1694~1746년), 케임스 경(Lord Kames : 1696~1782년)[7], 존 밀라(John Millar), 토마스 리드(Thomas Reid : 스코틀랜드의 철학자, 1710~1796년), 듀걸드 스튜어트(Dugald Stewart : 스코틀랜드의 윤리학자) 등과 같은 사상가들과 ② 로버트 번스(Robert Burns : 스코틀랜드의 시인, 1759~1796년), 제임스 보스웰(James Boswell : 영국의 전

---

3. **[역주]** '동상의 엄지발가락을 만지면 행운이 오거나 소원이 이루어진다'라는 속설이 있다. 이에 관광객들이 자주 만진 결과 사진에서 보여지듯이 흄 동상의 엄지발가락은 닳아서 금빛을 발하고 있다.
4. **[역주]** 18세기 영국의 초상화가 겸 수필가로 시인 앨런 램지의 아들이며 조지 3세의 궁정화가였다. 작품으로 《마거릿 램지의 초상》, 《자화상》 등이 있다.
5. **[원문]** 특히 Mungo Campbell, *Allan Ramsay : Portraits of the Enlightenment*, Prestel, 2013을 참고하기 바람.
6. **[역주]** 실물이나 경치를 있는 그대로 그리는 것을 말한다.
7. **[역주]** 케임스 경(Henry Home, Lord Kames : 1696~1782년)은 스코틀랜드 계몽주의의 중요 인물이며 철학자임. 에딘버러의 철학협회의 창립회원이며, 스코틀랜드 명사회의 회원이었다. 데이비드 흄, 애덤 스미스, 제임스 보웰, 윌리엄 컬렌, 존 워커 등과 같은 사상가들을 후원하는 역할을 하였다.

기 작가 및 법률가, 1740~1795년), 토바이어스 스몰렛(Tobias Smollett : 스코틀랜드 태생인 영국의 작가, 1721~1771년) 등과 같은 작가들의 초상화가 있다. 게다가 램지가 그린 것으로 영국을 방문하는 동안 미국 옷을 입은 장 자크 루소(Jean-Jacques Rousseau : 프랑스 사상가 및 소설가, 1712~1778년)의 놀라운 초상화도 있다. 그러나 애석하게도 애덤 스미스의 초상화는 남아 있지 않다. 심지어 듀갈드 스튜어트는 '아무도 애덤 스미스를 그린 적이 없다'라고 말했다. 애덤 스미스가 '개인적인 노출'을 극도로 싫어했음을 이보다 더 명백하게 설명할 수는 없을 것이다.

[역주]

화가 : 제임스 태시(James Tassie, 1735~1799년)

제목 : "애덤 스미스 : 1723~1790년, 정치경제학자"

제작일 : 1787년.

'경제학의 아버지'라고 불리는 애덤 스미스는 1776년에 출간된 그의 선구적인 저서 『국부론』(정확히는 『국부의 본질과 원인에 관한 탐구』)으로 가장 잘 알려져 있다. 이 책에서 애덤 스미스는 '이기적 개인주의'와 경쟁이 경제 번영에 필수적이라는 주장을 펼치며, 현대 '자유시장 경제학'의 토대를 마련했다. 애덤 스미스의 주장은 오늘날에도 여전히 영향력을 발휘하고 있다. 그럼에도 불구하고 애덤 스미스의 '계몽적'이고 진보적인 견해는 극심한 사회적 불평등의 존재에 의문을 제기하지 않았고, 노예제를 거부했지만 동시에 노예제 폐지가 어렵고 어쩌면 불가능할 것이라는 믿음도 함께 가지고 있었다.

이와 같이 애덤 스미스는 개인적으로 노출을 싫어했지만, 그의 사상은 우리에게 매우 친밀하다. 이로 인해 오늘날 애덤 스미스의 '개인적 은둔성'과 '사상의 친밀함' 간에 극명한 대조가 존재함을 볼 수 있다. 그러나 더욱 놀라운 사실은 지금까지도 '인간 애덤 스미스'뿐만 아니라 '그의 사상'이 전 세계에서 진정으로 이해되고 있지 않다는 점이다. 이러한 문제는 다음과 같은 세 가지 복잡한 요인들로 인해 더욱 악화된다.

첫째, 애덤 스미스는 겸손하고 내성적인 성향의 사람이었지만, 자신이 성취한 것을 알고 있었고, 또한 자신의 명성(名聲)에 대해 세심한 주의를 기울였다. 실제로 애덤 스미스는 명성(평판) 자체를 '개인 재산(personal property)과 유사한 것'으로 여겼다. 앞에서 보았듯이 애덤 스미스는 미래 세대를 위해 '자신의 삶과 저서(또는 생각)에 대한 특별한 표현'을 보존하기 위해 많은 공을 들였다.

둘째, 나중에 출간된 『국부론(The Wealth of Nations)』(1776년)의 성공으로 애덤 스미스는 엄청난 명성을 얻게 되었지만, 또한 그로 인해 ① 자신의 『도덕감정론(Theory of Moral Sentiments)』(1759년)과 기타 저작들(몇몇 저작은 비교적 최근에 와서 출간됨)의 빛을 잃게 하고, ② 애덤 스미스 자신이 결코 예상하지 못했던 방식으로 '그의 생각(사상)에 대한 대중의 이해를 왜곡시키는' 결과를 초래하였다([역주] 특히 후자의 경우는 한국 사회 및 학계에서도 널리 퍼져 있다). 게다가 애덤 스미스는 오류들을 명확히 하고, 후속 해석을 돕기 위해 간략한 요약문이나 개요서조차 쓰지 않았다. 그 결과 사람들은 오늘날 '진짜 애덤 스미스'(real Adam Smith)에 대해 거의 잘 알지 못한다. 또한 사람들이 애덤 스미스에 대해 알고 있다고 해도 그것은 주로 그의 '경제학'에 관한 내용뿐이다.

셋째, 애덤 스미스 저서들의 '방대함과 다의성(多義性) 및 인용 방식' 등은 오늘날 사람들에게 '모호하게 인식되거나 해석될' 커다란 여지를 가져다주었다. 사실상 지난 2세기 동안 세계의 모든 위대한 경제학자들은 애덤 스미스가 인류에

끼친 영향력에 대해 열렬히 주장해 왔다. 그동안 소위 '신고전학파 주류 경제학'[8]과 '오스트리아학파'와 '마르크스주의학파' 등을 비롯하여 '제도경제학', '발전경제학', '행동경제학' 등 최근의 분파에 이르기까지 사실상 모든 주요 현대 경제학의 분파는 그 계보를 애덤 스미스로 거슬러 올라간다. 전 세계의 정치가들, 학자들 및 술집에 모인 따분한 사람들(pub bores)은 ① 국부론의 '전거(典據)[9]로서의 권위'와 '그 핵심적인 생각(사상)의 단순함'이라는 두 특성이 거부할 수 없는 조합임을 알게 되었고, ② 일상적으로 그들 자신의 신념이나 주장을 고상하게 꾸미기 위해 이들 특성에 의존하였다. 그 결과 ① 애덤 스미스를 모호하게 만들었고, ② 애덤 스미스 생각의 범위와 영향력을 오인(誤認)하게 했으며, ③ 수많은 근거 없는 믿음들(myth)을 초래하였다.

애덤 스미스의 명성은 19세기 내내 단계적으로 높아졌다. 1820년대에 이르러 애덤 스미스는 당시 위대한 인구 이론가인 토머스 맬서스(Thomas Malthus : 영국 경제학자, 1766~1834년)[10] 못지않은 권위자로 칭송받았다. 맬서스는 토머스 포놀(Thomas Pownall : 영국 식민지 관리자 및 정치가, 1722~1805년)의 초기 평론[11]을

---

8. **[원문]** 케네스 볼딩(Kenneth Boulding)의 구분에 따라 "주류(主流)" 경제학(mainstream economics)은 때때로 더 오래 이어져 온 것으로 여겨지는 경제학의 "본선(本線)"(economic mainline)과 구별되며, '본선 경제학' 역시 애덤 스미스에 기원을 두고 있다. 이에 대해서는 Peter J. Boettke, Stefanie Haeffele Balch and Virgil Henry Storr, *Mainline Economics : Six Nobel Lectures in the Tradition of Adam Smith*, Mercatus Center, George Mason University, 2016을 참조하기 바람.

9. **[역주]** 말이나 글 따위의 근거가 되는 문헌상의 출처를 말한다. 예를 들면, 그는 「삼국유사」와 「삼국사기」를 '전거(典據)'로 삼아 백제의 패망에 관한 글을 썼다. 또는 사람들이 '국부론에 따르면'이라는 식으로 말하는 경우를 의미한다.

10. **[역주]** 영국의 경제학자로 저서인 『인구론』에서 인구는 기하급수적으로 증가하나, 식량은 산술급수적으로 증가하므로 인구와 식량 사이의 불균형이 필연적으로 발생할 수밖에 없으며, 여기에서 기근·빈곤·악덕이 발생한다고 하였다. 이러한 불균형과 인구 증가를 억제하는 방법으로 도덕적 억제를 들었으며. 차액지대론, 과소소비설, 곡물법의 존속 및 곡물보호무역정책 등을 주장하였다.

11. **[역주]** Pownall, Thomas (1776), *A Letter From Governor Pownall to Adam Smith, Being an Examination of Several Points of Doctrine, Laid Down in his "Inquiry Into the Nature and Causes of the Wealth of Nations."*

되풀이하면서 "뉴턴(Newton : 영국의 물리학자 및 수학자, 만유인력·미적분의 발견자, 1642~1727년)의 『프린키피아(Principia)』[12]가 물리학(physics)에 크게 기여했듯이 애덤 스미스의 『국부론』은 정치경제학(political economy)에 크게 기여했다"라고 언급했다. 그러나 애덤 스미스의 사망 소식은 그 당시 즉각적인 논평을 거의 불러일으키지 못했으며,[13] 그 결과 그의 서거(逝去)는 수십 년 동안 거의 알려지지 않았다. 서거 기사는 거의 없었고, 있다고 하더라도 단편적이고 짧았다. 예를 들면, 스코틀랜드 '연간 등록부'(Annual Register)에서는 12줄, 그리고 '스코틀랜드 매거진'(Scots Magazine)에서는 9줄이 전부였다. 또한 영국의 일간지 '타임스지'(The Times)는 애덤 스미스가 "데이비드 흄의 금욕적인[14] 결말(stoical end)에 대해 공들여 한 찬사"[15]에 초점을 맞춘 짧은 메모와 좀 더 길지만 마지못해 쓴 잡문을 게재하는 것으로 생색만 내었다. 특히 후자의 잡문에서 타임스지는 『도덕감정론』을 "독창적이지만 공상적인" 것으로 묘사했다. 또한 타임스지는 『국부론』의 독창성을 부인했고, 애덤 스미스가 "종교 문제에서 일찍이 볼테르(Voltaire : 프랑스의 문학자·철학자, 1694~1778년)[16]의 제자가 되었다"라고 묘사했다.

그러나 미국 식민지들에서 애덤 스미스에 대한 초기 반응은 영국에서보다 더 뜨거웠다.[17] 미국 식민지에서 『국부론』은 널리 팔렸으며, 1787~1788년에

---

12. [역주] 뉴턴이 1687년 출판한 저서로 원제는 『자연철학의 수학적 원리(Philosophiae Naturalis Principia Mathematica)』이다. 만유인력의 원리를 처음으로 세상에 널리 알린 것으로 유명하다.
13. [원문] Emma Rothschild, "Adam Smith and Conservative Economics", *Economic History Review*, 45(1), 1992.
14. [역주] 스토아 철학은 윤리를 중심 과제로 삼아 욕망을 억제하고 자연의 법도를 따를 것을 주장함. 스토아 학파는 윤리학을 중시하고, 금욕과 극기(克己)를 통하여 자연에 순종하는 생활을 이상으로 삼았음.
15. [역주] "laboured eulogium on the stoical end of David Hume."
16. [역주] 프랑스의 대표적인 계몽사상가로 계몽사상과 과학적 사고를 통해 절대왕정과 교회를 비판했으며, 희곡·시·소설·역사 등 다방면에서 활발히 활동함.
17. [원문] '애덤 스미스가 미국 식민지에 미친 초기 영향'에 관해서는 Samuel Fleischaker, "Adam Smith's Reception among the American Founders, 1776~1790", *William and Mary*

뜨겁게 진행되었던 미국 헌법 논쟁에서 인용되었고, 헌법 비준을 촉구하는 여러 『연방주의자 논집(Federalist Papers)』[18]에서도 언급되었기 때문이다. 또한 애덤 스미스에 대한 혁명 시기의 프랑스에서도 그 반응이 영국에서보다 더 뜨거웠다. 프랑스의 신생 르 모니퇴르 위니베르셀(Le Moniteur Universel)[19]지는 "(애덤 스미스 서거 직후에) 유럽은 방금 이 유명한 철학자를 잃었다"라고 논평하였다. 그러나 애덤 스미스 서거 직후인 1790년대 초반은 애덤 스미스에 대해 균형 잡힌 평가를 하기에 결코 적합한 시기가 아니었다. 왜 그런가? 1789년 7월 14일에 바스티유(Bastille) 감옥이 함락된 후[20] 영국의 급진주의자들과 휘그(Whig)당원들 및 지식인들 사이에 커다란 흥분이 일어났다. 당시 많은 사람은 바스티유 감옥의 함락을 프랑스에서 계몽 정부의 새로운 시대를 여는 서막으로 여겼다. 그러나 이러한 흥분은 오랫동안 여러 사건으로 인해 가라앉게 되었다. 1793년 초 영국은 폭동 가능성과 "프랑스의 반역"(French treason)에 대한 도덕적 공황 상태에 빠졌다. 당시 영국은 한 통치자를 다른 통치자로 교체하는 것([역주] 저자는 이를 '옛날에 좋았던 "영국의 반역"(English treason) 방식'이라고 표현함)뿐만 아니라 군주제 자체의 전복에 대한 우려로 도덕적 공황 상태에 빠졌다. 이러한 두려움들

Quarterly, 59(4), 2002를 참조하기 바람. 여기서 플라이샤커(Fleischaker)는 "애덤 스미스는 1780년대 미국에서 논의된 몇몇 핵심 문제들에 대해 광범위하게 언급했다. 그러한 문제들로 은행의 역할, 상비군 대비 민병대의 상대적 장점, 노예제와 장자상속제의 역효과, 교회와 국가 간의 적절한 관계, 조세 정책, 상업 규제 등을 들 수 있다"라고 말했다.

18. **[역주]** 『연방주의자 논집(The Federalist Papers)』은 미국 헌법을 지지하는 85개 논문을 말함. 이 논집은 헌법 작성자의 생각과 철학을 엿볼 수 있는 귀중한 자료로 여겨짐. 1787년 10월부터 1788년 8월까지 〈인디펜던트 저널〉을 비롯한 뉴욕시의 신문에 연속으로 게재되었으며, 이것에 다른 8편을 추가 및 편집하여 1788년 8월 발표한 85편의 글 모음집을 『연방주의자 논집(The Federalist 또는 Federalist Papers)』이라는 2권의 책으로 발행되었음.
19. **[역주]** 1789년 7월 14일 프랑스혁명이 일어난 지 4개월 뒤인 1789년 11월 24일 '르 모니퇴르 위니베르셀'(le Moniteur Universel)이라는 일간지가 창간됨. 르 모니퇴르는 혁명 과정에서 시민들을 옹호함으로써 프랑스 최고의 유력지 반열에 올랐음. 그러나 1799년 나폴레옹이 쿠데타를 일으켜 권력을 잡자 이번에는 적극적인 나폴레옹 지지로 돌아섰음.
20. **[역주]** 7월 14일은 '프랑스혁명 기념일'임.

은 1793년 1월 21일에 프랑스왕 루이 16세(Louis XVI : 1774~1792년 동안 프랑스 왕을 지냈으며 프랑스혁명으로 단두대에서 처형되었음)[21]가 단두대에서 처형되면서 더욱 고조되었다.

이러한 역사적 맥락에서 애덤 스미스를 오해하거나, 오늘날 너무나 익숙한 방식으로 애덤 스미스를 특정 주장에 끌어들이기 쉬웠다. 특히 프랑스에서 일어난 사건들에 대한 옹호자들은 애덤 스미스를 무신론(無神論)[22]에 해당하는 '흄의 종교적 회의론'과 연관시키면서, 다른 한편으로는 애덤 스미스를 '자유무역의 혁명적 옹호자'로 칭송했다. 그러나 1793년 초에 고조된 감정의 더 미묘한 결과는 '정치경제학'(political economy)을 정치(politics)에서 분리하기 시작했다는 점이다. 듀걸드 스튜어트(Dugald Stewart)는 1793년 1월에 에든버러 왕립학회에서 자신이 쓴 긴 전기(傳記) 노트(이는 애덤 스미스의 첫 번째이자 지금도 가장 중요한 생애를 기록한 전기 노트임)를 읽었는데, 동시에 그곳에서 폭동에 대한 악명 높은 재판이 진행되고 있었다. 특히, 스튜어트는 "정치경제학의 사변적(思辨的)[23] 교리"와 "정부의 제1(근본)원리"를 분리하는 데 주의를 기울였다. 또한 스튜어트가 강조한 바에 따르면[24] 애덤 스미스의 기성(旣成) 제도에 대한 분노는 '정치'보다는 '상업적인 문제'로까지 확대되었으며, 그 결과 애덤 스미스가 프랑스인에게 진 빚은 '정치와 정부'보다는 '경제이론'에 있었다.

앞으로 시간이 지남에 따라 '정치경제학'의 주제는 '정치'에서 더욱 분리

---

21. **[역주]** 프랑스 부르봉왕조의 왕(재위 1774~1792년)으로 오스트리아의 왕녀 마리 앙투아네트와 결혼한 후 루이 15세의 뒤를 이어 왕위에 올랐음. 재정개혁을 단행하기 위해 삼부회를 소집하였으나 제3신분의 대의원들이 절대왕정에 대신하는 입헌군주제 수립을 추진하던 중 프랑스혁명이 일어나 민중의 감시 하에 생활하다가 처형되었다.
22. **[역주]** 신의 존재를 부정하는 철학상·종교상의 견해나 관점을 말함.
23. **[역주]** 경험에 의하지 않고 순수하게 이론적인 것을 말함.
24. **[원문]** Emma Rothschild, "Adam Smith and Conservative Economics", *Economic History Review*, 45(1), 1992.

될 것이다.[25] 실제로 19세기에 '과학이라는 이름'으로 ① 정치경제학을 경제학의 새로운 주체로 재조명하고, ② '경제학과 정치학'뿐만 아니라 '경제학과 윤리학'도 분리하려는 전면적인 시도가 시작되었다. 경제학이 '더욱 과학적'(more scientific)이 됨에 따라 '더욱 수학적'(more mathematical)이 되었다. 또한 경제학이 '더욱 수학적'이 됨에 따라 일상생활, 인간의 제도와 가치, 그리고 실제로 가치 자체의 개념 등에서 더욱 멀어지게 되었다.

다음 장들에서는 (앞 장들에서 살펴본) '애덤 스미스의 생애'에서 물러나서 그의 '생각(사상)들'과 이들이 나중에 미친 '영향들'에 대해서 자세히 살펴보고자 한다. 다음 장들은 특히 애덤 스미스의 심오한 사상이 내포되어 있을 뿐만 아니라 현대에서도 매우 관련성이 높은 네 가지 분야인 ① 경제학, ② 시장, ③ 정실자본주의, ④ 도덕적 규범과 가치에 초점을 맞출 것이다. 그러나 먼저, 우리는 애덤 스미스의 생각(사상)을 전체적으로 살펴보고, 다음으로 지난 200년 이상 동안 애덤 스미스의 생각을 뒤덮고 있는 일부 따개비들[26]과 삿갓조개들[27]을 과감히 긁어낼 것이다.

2. 애덤 스미스와 '인간에 대한 과학'('인간 과학')

애덤 스미스의 생각(사상)을 평가하려면 애덤 스미스 자신이 아니라 거의 200년 전에 살았던 '프랜시스 베이컨'(Francis Bacon : 영국의 철학자·정치인으로 근대 철학의 개척자, 1561~1626년)[28]으로 시작하는 것이 유익할 것이다. 베이컨

---

25. [원문] Emma Rothschild, "Adam Smith and Conservative Economics", *Economic History Review*, 45(1), 1992.
26. [역주] 바위나 배 밑에 들러붙는 작은 조개같이 생긴 것을 말함.
27. [역주] 바위에 단단히 들러붙는 조개들을 말함.
28. [역주] 르네상스 후의 근대 철학, 특히 영국 고전 경험론의 창시자임. 인간의 정신 능력 구분에 따라서 학문을 역사·시학·철학으로 구분했으며, 다시 철학을 신학과 자연철학으로 나누었음. 그의 최대

은 '모호하고 복잡한 시대의 가장 복잡하고 모호한 인물 중 한 사람'이다. 베이컨은 한때 "멋진 곳으로 올라가려면 모두 구불구불한 계단을 거쳐야 한다"[29](또는 "멋진 곳을 오르려면 구불구불한 계단을 올라야 한다")라고 말한 적이 있다. 공교롭게도 이 격언은 '그 자신이 겪은 정치적 경력의 미로와 같은 우여곡절'을 완벽하게 설명해 준다. 고위직을 향한 끊임없는 열망에 이끌려 베이컨[30]은 영국 엘리자베스 1세(Elizabeth I : 영국 여왕(1558~1603년간 재위), 1533~1603년)[31] 여왕과 제임스 1세(James I : 영국의 국왕(1603~1625년간 재위), 1566~1625년)[32] 국왕이 지배하는 궁정에서 대법관(Lord Chancellorship)이 되기까지 술책이 난무하는 정치계와 치열한 개인적 경쟁을 뚫고 자신의 길을 싸우면서 묵묵히 헤쳐 나갔으며, 궁극적으로 뇌물수수 혐의로 대중의 불명예를 안았다. 그야말로 베이컨의 정치적 경력은 우여곡절의 연속이었다. 그러나 동시에 베이컨은 '과학 혁명'(scientific revolution)의 토대를 마련하는 데 크게 기여하였다.

중세(中世) 철학[33]은 오늘날 흔히 이해되는 것보다 훨씬 더 광범위했으며, 매우 '합리주의적인 경향'을 지니고 있었다. 중세 철학은 ① 자연보다는 '논리학, 형이상학(形而上學)[34], 수사학'에 중점을 두었다. 중세 철학은 ② 경험 또는 경험

의 관심과 공헌은 자연철학 분야에 있었고, 과학 방법론, 귀납법 등의 논리 제창에 있었음.

29. **[역주]** "All rising to great place is by a winding stair."

30. **[역주]** 베이컨은 셰익스피어와 동시대 사람이었고, 영국의 엘리자베스 1세 여왕과 제임스 1세 국왕의 흥미진진하고 지적으로 풍부한 시대에 살았음.

31. **[역주]** 영국의 여왕(재위 1558~1603년)으로 영국 절대주의의 전성기를 이루었다. 국교의 확립을 꾀하고, 종교적 통일을 추진하였으며, 화폐제도를 통일하고, 중상주의 정책을 펼쳤다. 빈민구제법에 의해 토지를 잃은 농민의 무산화를 방지하였고, 영국의 동인도회사를 설립하였다.

32. **[역주]** 스튜어트 왕가 출신의 최초의 영국 왕으로 스코틀랜드와 잉글랜드의 통일을 추구하여 스스로를 '그레이트 브리튼'(Great Britain)의 왕이라고 칭했으며, 스코틀랜드와 잉글랜드의 국기(國旗)를 합하여 오늘날 영국의 국기를 만들어 사용하기도 했다.

33. **[역주]** 4~5세기 서로마 제국 몰락 이후부터 15세기 르네상스 시대까지의 철학적 사변을 말함. '그리스도교 철학'이라 할 만큼 그리스도교 신학과 밀접한 관계에 있었음.

34. **[역주]** 형이상학(metaphysics)이란 사물의 본질이나 존재의 근본 원리를 사유(思惟)나 직관(直觀)으로 연구하는 학문을 말함.

의 사촌인 실험보다는 '이성(理性)'에 초점을 맞췄다. 또한 중세 철학은 ③ 세상의 지식을 습득하는 것보다 '종교적 교리를 정교화하고 옹호'하는 데 중점을 두었다. 시간이 지남에 따라 주류 전통은 토마스 아퀴나스(Thomas Aquinas : 이탈리아의 철학자·가톨릭 신학자, 1225~1274년)[35]를 따르는 소위 '스콜라 철학자들'(Scholastics)[36]의 전통이 되었다. 이들에게는 가톨릭 종교의 신조(信條)들과 (신조들이 충돌하지 않는 한) 아리스토텔레스(Aristotle : 고대 그리스의 철학자, B.C. 384~322년)의 행위(行爲)가 가장 중요했다. 교실에서뿐만 아니라 더 넓은 곳에서 중요한 것은 현세(現世)와 내세(來世)에서 '신성한 질서'(divine order)를 인정하고, 성경에 대해 아는 것이었다. 또한 하나님의 창조에 대해 너무 깊이 탐구하는 것은 불경스러운 일이었다. 16세기 초에는 에라스무스(Erasmus : 네덜란드의 인문학자 및 문예부흥 운동의 선각자, 1466~1536년)와 토머스 모어(Thomas More : 르네상스 시대 영국의 정치가이자 인문주의자, 1478~1535년) 같은 인본주의자들(Humanist)[37]조차 '자연철학(自然哲學)'[38]에 그다지 큰 관심을 두지 않았다.

그러나 영국의 헨리 8세(Henry VIII : 영국 왕(1509~1547년간 재위)[39]으로 '신교 옹호자'로 불림, 1491~1547년)가 로마 가톨릭교회와 결별하고, '영국의 종교개혁'(English Reformation)을 시작한 지 한 세대 뒤에 태어난 프랜시스 베이컨은

---

35. **[역주]** 중세 유럽의 '스콜라 철학'을 대표하는 이탈리아의 신학자로 경험적 방법과 신학적 사변을 양립시켰음. 이와 같이 독자적인 종합을 가능하게 한 것은 창조의 가르침에 뿌리박은 존재의 형이상학이었다. 특히 아퀴나스는 신(神) 중심의 입장을 유지하면서도 인간의 상대적 자율을 확립하기도 했다.

36. **[역주]** '스콜라(schola) 철학'이란 8~17세기에 걸친 유럽 중세의 기독교 교권 확립을 위한 신학 중심의 철학을 말함.

37. **[역주]** '인본주의'(또는 '인문주의')란 서양 중세 르네상스기(期)에 이탈리아에서 일어나 유럽으로 확대된 정신 운동을 말함. 그리스·로마의 고전을 통해 인간의 존엄성 회복과 문화적 교양의 발전에 노력하였으며. '휴머니즘'이라고도 불림.

38. **[역주]** 자연적 현상을 통일적이면서도 주로 사변적(思辨的)으로 이해하려고 하는 철학을 말함.

39. **[역주]** 잉글랜드의 왕(재위 1509~1547년)으로 왕비 캐서린과의 사이에 아들이 없어 궁녀 앤 불린과 결혼하려 하였으나, 로마 교황이 이를 인정하지 않자 가톨릭교회와 결별하고, 수장령(首長令)으로 '영국 국교회'를 설립하여 종교개혁을 단행하였음.

매우 다른 견해를 가지고 있었다. 베이컨의 경우 지식의 범위는 끊임없이 증가하였고, 마젤란(Magellan : 포르투갈의 항해가, 1480?~1521년)이 케이프 혼(Cape Horn : 남아메리카의 최남단)을 일주하고, 콜럼버스(Columbus : 아메리카 대륙을 발견한(1492년) 이탈리아의 항해가, 1451~1506년)를 신대륙(아메리카 대륙)으로 이끈 '탐험의 시대'는 그에 상응하는 '자연 그 자체의 탐험'을 필요로 했다. 또한 이러한 탐험은 '우상 파괴'(iconoclasm)를 필요로 했다. 여기서 우상 파괴는 ① 거짓 우상들을 타파하고, ② (특히 베이컨이 믿었던) 지식의 진보를 저해하거나 방해하는 잘못된 전제(前提)들에서 벗어나려는 욕구를 의미한다.

우상 파괴와 관련하여 베이컨의 목표는 형이상학적 이론화와 학자들의 편협한 언어 논쟁을 포함했다. 그러나 베이컨은 또한 당시 연금술사들의 '비술(秘術, occult arts : 연금술, 점성술, 마술 등의 기술을 말함)'을 거부했다. 베이컨의 경우 '과학적 연구'는 '함께 이루는 공적인 노력'(a shared and public endeavour[40])을 의미했으며, 이는 이상적으로는 그러한 목적에 전념(專念)하는 '대학'(college)의 전문가들에 의해 수행되어야 한다고 말했다. 특히 베이컨은 1627년에 쓴 『뉴 아틀란티스(The New Atlantis)』[41]에서 그러한 대학을 '살로몬의 집'(Salomon's House)이라고 불렀다. 또한 베이컨은 "지식(knowledge)과 인간의 힘(human power)은 동의어이다"라고 말했다. 인간은 '자연을 통제'하기 위해 반드시 '자연을 이해'해야 하며, 이를 통해 '물질적 향상'을 가져온다. 자연을 이해하기 위한 배움의 정당성은 배움(학문) 그 자체의 기쁨, 우아함 또는 내재적 가치가 아니라 (오늘날 우리가 부르듯이) '배움(학문)이 가져다주는 기술적 유용성과 궁극적으로 경제적 유용성'에 있다.

일련의 저서들에서 베이컨은 지식을 여러 분야로 나눔으로써 자연과

---

40. **[역주]** 'endeavour'는 '새롭거나 힘든 일을 하려는 시도나 노력'을 말함.
41. **[역주]** '뉴 아틀란티스'는 베이컨이 1627년에 쓴 우화 형식의 정치철학론을 말하며, 태평양상의 가공의 섬인 벤살렘(Bensalem)의 사회를 묘사한 일종의 유토피아 소설임.

학(自然科學, natural sciences)을 위한 놀라울 정도로 '광범위한 지식 프로그램'(intellectual programme)을 제시했다. 베이컨은 종교적 교리를 조심스럽게 존중하였지만, '자연철학'(自然哲學, natural philosophy)[42]에 대한 그의 개념 정의는 종교와 무관하다. 오히려 베이컨은 자연철학을 '누적적이고 점진적이며 공적인 활동'으로 정의했으며, 그 방법은 '자료(data)를 표(表)로 작성하고 기록하는 매우 신중한 과정'임을 강조했다. 그러한 과정은 구체적 사실들(facts)로부터 일반화(generalization : 일반법칙)를 도출하는 '귀납적(歸納的) 추론'(inductive reasoning)[43]을 지지하거나 거부(무효화)하기 위해 사용되며, 그 결과 과학 법칙에 대한 추론의 토대를 제공해 주었다.

베이컨의 ① 형이상학에 대한 지독한 경멸과 ② 발견, 귀납, 기술 및 유용한 지식의 증가에 대한 강조는 그와 거의 동시대의 사람인 르네 데카르트(René Descartes : 프랑스의 '합리주의' 철학자·과학자·수학자, 1596~1650년)[44]가 주장한 '합리적 이론화'(rational theorizing)와 뚜렷한 대조를 이루었다. 또한 우리는 여기서 영국의 경험론(empiricism)[45]과 프랑스의 파스칼(B. Pascal : 프랑스의 수학자·물리학자·철학자, 1623~1662년)의 '기하학적 정신'(esprit géometrique)[46] 간의 종

---

42. **[역주]** '자연적 현상'을 '통일적이면서도 주로 사변적(思辨的)으로 이해하려고 하는 철학'을 말함.
43. **[역주]** '귀납법(歸納法)'이란 '개개의 구체적 사실이나 원리에서 일반적인 명제 및 법칙을 유도해 내는 방법'을 말함. 반면에 '연역법(演繹法)'이란 어떤 명제에서 논리의 절차를 밟아 결론을 유도해 내는 방법을 말함.
44. **[역주]** 프랑스의 철학자·과학자로 라틴명은 '레나투스 카르테시우스'(Renatus Cartesius)임. 데카르트 주의자를 프랑스어로 '카르테시안'(Cartesian)이라고 부름. 정신과 물질의 철저한 이원론, 기계론적 자연관 등에 의해서 근대 과학의 이론적 틀을 최초로 확립한 사상가로서 모든 '불합리'를 비판·검토할 것을 가르친 '이성'에 의한 해방자로서, 또는 '고기토(사유, 의식)' 철학의 창시자로서 이후의 사상에 큰 영향을 미치고, 가끔 '근대 철학의 아버지'라고 불림.
45. **[역주]** 모든 인식은 감각적 경험에 있다고 보는 입장을 말함. 인식에서의 초경험적·이성적 계기를 인정하지 않음.
46. **[역주]** '기하학적 정신(幾何學的 精神)'이란 '기하학적 방법에서 볼 수 있는 것과 같이 몇몇 원리에서 출발하여 엄밀한 추론을 이끌어낼 수 있는 합리적 인식 능력'을 말하며. 프랑스의 파스칼이 처음 사용한 말임.

종 과장된 대조가 초기 단계에서는 어떠했는지를 알고 싶을 것이다. 그러나 베이컨은 '중도 노선'을 가려고 했다. 베이컨은 '자연 철학자는 단지 자신의 저장고를 쌓아 올리는 개미(ant)나 자신의 거미줄만 치는 거미(spider)가 아니라 "자신의 노력으로 꽃에서 물질을 추출하고 … 함께 일하여 꿀을 만드는" 벌(bee)을 닮아야 한다'고 말했다.[47]

[역주] 지식 프로젝트 팀의 탄생과 학문의 진보 : '살로몬의 집'

새로운 형식의 지적인 삶을 위한 토대를 놓는 데 프랜시스 베이컨보다 큰 역할을 한 작가는 없었다. 후기 르네상스 시대의 많은 사상가는 고대인들이 박학다식하지는 않았다고 주장했다. 예컨대, 장 보댕은 절도의 죗값으로 벌금과 구금보다 사형을 부과했던 것이 근대 문화의 우월성을 보여주는 명백한 증거라고 말했다.

그러나 똑같은 논점을 누구도 베이컨만큼 간결하면서 함축적으로 일반화해서 말하지 못했다. 많은 선각자가 일반 학교와 대학교를 돌아다니며 학생들에게 언어와 학문을 쉽게 습득할 수 있는 비법을 제시했다. 그러나 새로운 유형의 학문이 필요하다고 베이컨만큼 대담하고 예지력 있게 주장한 선각자는 없었다. 다시 말하면, 베이컨은 전통적인 유형의 이론이 아니라 '활용 가능한 지식', 즉 자연계를 지배하는 힘을 주는 지식을 만들어 내기 위해 '학제 간의 공동 작업'이 필요하다고 주장했다.

베이컨은 미완의 유토피아 소설 『뉴 아틀란티스』를 끝맺으며 '살로몬의 집'에 대해 묘사할 때 이런 이상을 가장 명확히 언급했다. 베이컨은 '살로몬의 집' 혹은 '칼리지'를 묘사하며, 결국 과학 연구기관으로 발전할 곳의 청사진을 그렸다. 베이컨은 동원할 수 있는

47. **[역주]** 베이컨은 작은 일을 확대 해석하는 기존 귀납법이 아닌, 경험과 이성의 조합에 기반한 '참된 귀납법'을 강조했다. 몇몇 실험을 과장해 잘못된 결론으로 치닫는 단순 귀납론자들을 '개미'에 비견했다. 경험과 사례를 모으기만 할 뿐 올바른 추론 과정을 거치지 못한다고 비판한 것이다. 현실의 경험을 무시하고, 일반 원리로부터 쉽게 결론을 이끌어내는 연역론자들은 '거미'로 지칭했다. "자기 안의 지식으로 사실을 예단한다"는 지적이다. 베이컨은 해법으로 '꿀벌'의 방식을 제안했다. "꿀벌은 들판의 꽃에서 재료를 모은 뒤 스스로의 힘으로 변형시켜 소화한다. 진리를 찾는 과업은 이와 같다. 경험적 능력과 합리적 능력을 더 긴밀하게 결합시킨다면 인류는 충분히 희망을 가질 수 있다."(출처 : 백광엽, "관념 아닌 관찰 중시해야 진실 보인다", 한국경제, 2019년 3월 27일자)

모든 자료를 끌어모아, 특정한 목적을 위해 조성된 환경에서 체계적으로 연구할 때 자연 철학이 무엇을 이루어낼 수 있는지를 생각하게 해주었다. 자연을 체계적으로 연구하면 "인간 제국의 경계를 넓혀 가능한 모든 것에 영향을 미칠 수 있다"라는 게 베이컨의 주장이었다.

'살로몬의 집'에는 베이컨의 계획을 구현하는 데 필요한 설비가 갖추어졌다. 예컨대, "생명체의 응고, 경화, 냉장, 보존에 필요한 크고 깊은 동굴"만이 아니라 인공 금속을 제작하는 데 필요한 설비도 있다. 5만 2,600미터 높이로 치솟은 탑들이 대기와 하늘을 관찰하는 데 쓰인다. 거대하고 널찍한 건물에서 "유성 체계를 모방하고 증명한다. 눈과 우박과 비를 인공적으로 내리게 하고, 천둥과 번개가 치도록 할 수 있다. 또 개구리와 파리 등 다양한 생명체를 공중에서 번식시킬 수도 있다." 물론 "용광로", "시각 연구실", "음향 연구실", "향기 연구실", "엔진실", 심지어 "감각을 현혹하는 설비가 갖추어진 연구실"도 있다.

베이컨은 지적 작업을 위한 새로운 환경을 고안하는 데 그치지 않고, 새로운 유형의 지식인들이 그곳에서 살아가는 모습까지 상상했다. 그들은 각자 특정한 역할을 수행하는 전문가였다. 대부분의 경우 그들의 작업은 '공동으로 시행하는 연구 프로그램'의 일부로서만 의미가 있었다.

이렇게 '세분화된 지적 프로그램'은 새로운 형태의 과학 프로젝트나 철학 프로젝트와 다를 바 없었다. 베이컨이 구상한 새로운 기관의 조직표는 학문을 정교하게 분류하고 그 관계를 정리한 도표가 아니라, 그 시대의 많은 철학자들이 고안한 '지식의 분류법'에 가까웠다. 베이컨의 프로젝트는 한 개인의 뛰어난 재능에 의존하지 않았고, 오히려 많은 팀의 협력이 필요했다. 베이컨은 혼자만의 고뇌가 아니라 지속적인 커뮤니케이션을 요구했다. 베이컨은 구성원들이 플라톤이나 아리스토텔레스처럼 모든 것에 통달한 현자가 아니라, 머리와 손이 무엇인가에 특화된 전문가의 세상을 상상했다. 다시 말하면, 구성원 하나하나가 문헌에서 관련된 자료를 추려내고, 자연 현상을 관찰하며 추론하는 데 집중하는 세상을 머릿속에 그렸다.

출처 : 『편지 공화국』, 앤서니 그래프턴 지음, 강주헌 옮김, 21세기북스, 2021년.

베이컨은 그 자신이 스스로 발견한 것들이 없을 뿐만 아니라, 그의 생각에는 다음과 같은 약점들이 있다. 즉, 베이컨은 ① 과학적 진보에 대한 '수학의 중심성'을 인식하지 못했고, ② 과학적 방법에 대한 그의 독특한 설명은 오늘날 지지자들이 거의 없다. 실제로 뉴턴(Newton)의 『자연철학의 수학적 원리(Philosophiae Naturalis Principia Mathematica)』[48]는 '베이컨 생각의 한 전형(典型)'이 아니라 순수과학(pure science)과 관련하여 '베이컨 생각의 부족함'을 부분적으로 보여주었다(뉴턴의 『자연철학의 수학적 원리』는 확실히 역사상 가장 위대한 과학적 진보 중 하나이며, 수학적 정확성과 상상력이 풍부한 이론화를 결합한 저서이다). 그러나 오늘날 '응용과학'(applied science)이라고 불리는 분야에서 베이컨의 생각은 그 당시 엄청난 영향력을 발휘했다. 실제로 베이컨(1561~1626년)의 생각과 그에 힘입어 다음 2세기에 걸쳐 생겨난 목록화, 분류화 및 측정화 작업의 폭발적 증가는 산업혁명(産業革命)[49]의 부분적 토대를 마련해 주었다.

이제 애덤 스미스로 돌아가 보자. 애덤 스미스는 약 40년에 걸쳐 그 자신의 '인간에 대한 과학'(science of man)을 발전시키면서 다음과 같이 베이컨의 많은 '지배적 가정들'을 받아들였다. 우선, 베이컨처럼 애덤 스미스는 '자연주의적이고 경험적인 이론'(a naturalistic and empirical theory)을 추구하였다. 실제로 애덤 스미스의 야망은 자신의 이론이 '자연과 인간 경험의 사실들'(facts of nature and human experience)에 근거한 '인간 삶의 주요 측면들(즉, 도덕적·사회적·예술적·정치적 및 상업적 측면)에 대한 종합적이고 일반적인 설명'(a unified and general account of human life)이 되기를 바랐다. 다음으로, 베이컨처럼 애덤 스미스는 '인간의 전문화와 협력'(human specialization and cooperation)의 중요성을 인식

48. **[역주]** 만유인력과 운동의 법칙을 들어서 여기에 기초하여 지상(地上)과 천계(天界)의 모든 운동을 해명한 뉴턴역학의 기본서이며, 이를 줄여서 '프린키피아'(Principia)라고 불린다.

49. **[역주]** 18세기 후반(1760년경)에 영국에서 시작되어 약 백 년간 유럽에서 발명된 기계 및 증기 기관 등으로 인한 생산 기술의 변혁과 그에 따른 사회 조직의 큰 변화를 말함.

했다. 마지막으로, 베이컨처럼 애덤 스미스는 '공개적이고, 지적으로 접근할 수 있으며, 종교와 광범위하게 독립적으로 고안된 여러 생각들'을 제시했다.

그러나 베이컨과 애덤 스미스 간의 대조는 이보다 더 깊다. 애덤 스미스는 매우 여러 면에서 '흄(D. Hume)의 지적인 제자'였으며, '우리는 '자연의 법칙'(nature's law)인 "보이지 않는 사슬"(invisible chains)을 결코 알 수 없다'라고 주장함으로써 '흄의 인과관계론'[50]을 따랐다. 더욱이 애덤 스미스는 『천문학의 역사(History of Astronomy)』라는 에세이(소책자)를 통해 '과학적 발견의 논리'(logic of scientific discovery)에 대해 베이컨보다 훨씬 더 정교한 관점을 보여주었다. 애덤 스미스의 관점은 과학적 발견의 논리인 '인간의 상상력과 가설'을 다음 두 가지 목표를 달성하기 위한 '일련의 점진적인 시도들'의 중심에 두었다. 즉, 애덤 스미스는 '인간의 상상력과 가설'을 ① "무질서하고 조화되지 않은 혼돈의 세계에 질서(order)를 도입하여", ② 인간 상상력의 혼란스러움에 "평온함과 평정심을 회복하려는" 일련의 점진적인 시도들의 중심에 두었다.

그러나 무엇보다도 베이컨의 이론은 '정적'(靜的, static)이지만, 애덤 스미스의 이론은 '동적'(動的, dynamic)이다. 베이컨은 '아리스토텔레스(Aristotle : 고대 그리스의 철학자, B.C. 384~322년)를 능가했다'[51]라는 그의 주장에도 불구하고, 여전히 과학을 '변화'(change ; 즉, 동적)의 관점이 아니라 '본질'(essence ; 즉, 정적)의 관점에서 생각했다. 베이컨은 '무엇을 하는가(does)'가 아니라 '무엇인가(is)'를 물었다. 반면에 애덤 스미스는 '변화'를 예리하게 인식했다. 또한 애덤 스미스는 자신의 지적 유산에 대해 훨씬 더 유연한 감각을 지니고 있었다. 아리스토텔레스는 자신의 형이상학적이고 논리적인 저술에 소위 『오르가논(Organon ; 논리

50. **[역주]** 한 현상은 다른 현상의 원인이고, 다른 한 현상은 그 결과가 되는 관계를 말함.

51. **[역주]** 아리스토텔레스는 『오르가논(Organon ; 논리학)』을 저술했고, 베이컨은 나중에 『신논리학(Novum Organum ; 신기관)』을 저술했다.

학)』[52]을 사용하여 자신의 『윤리학(Ethics)』에 토대를 마련해 주었고, 『윤리학』은 다시 자신의 『정치학(Politics)』에 토대를 제공했다. 이와 유사하게 애덤 스미스의 『천문학의 역사』 에세이(소책자)는 자신의 『도덕감정론』의 토대 역할을 했고, 다시 『도덕감정론』은 『국부론』의 토대를 마련해 주었다. 또한 이들 저서는 아마 애담 스미스의 미완성 작품인 "문학, 철학, 시학 및 수사학 등의 철학적 역사"와 "법과 정부의 이론과 역사" 등에도 그 토대를 마련해 주었을 것이다.

애덤 스미스의 모든 진취적 정신(enterprise)의 핵심에는 뉴턴(Newton)이 주장한 '과학적 절차'(scientific procedure ; '과학적 방법')라는 개념이 자리 잡고 있다. 애덤 스미스는 자신의 초기 저서인 『수사학 및 미문학(美文學) 강의론(Lectures on Rhetoric and Belles Lettres)』에서 '뉴턴이 자신의 발견 내용(연구 결과)을 제시한 방식'에 대한 찬사를 분명히 했다. 뉴턴은 "① 우리는 알아냈거나 증명된 특정 원리를 먼저 제시하고, ② 그로부터 동일한 사슬로 다 함께 연결되는 동일한 현상을 설명할 수 있다"[53]라고 말했다.[54] 또한 애덤 스미스는 『수사학 및 미문학(美文學) 강의론』에서 "이러한 절차가 물리학과 천문학을 넘어 '인간의 사고와 행동의 영역'으로도 확장될 수 있다"라는 자신의 견해를 강조했다. 즉, 애덤 스미스는 "우리가 '뉴턴의 방법'(Newtonian method)이라고 부를 수 있는 이러한

---

52. [역주] 그리스의 철학자 아리스토텔레스의 논리학 저서와 업적의 총괄적 명칭을 말함. 오르가논(Organon)은 아리스토텔레스가 쓴 일련의 논리학 저작들을 가리킨다. 범주론, 명제론, 분석론 전서와 후서, 변증론, 궤변론(소피스트적 논박)으로 이루어져 있다. 오르가논으로 서양 '논리학'의 기초가 세워졌다. 아리스토텔레스 철학에서 오르가논은 일종의 '도구적 역할'로 자리매김하고 있으며, 학문으로 들어가기 위한 도구(즉, 예비지식)로 취급되었다.

53. [역주] "We may lay down certain principles known or proved in the beginning, from whence we account for the same phenomena, connecting all together by the same chain. This Newtonian method is undoubtedly the most philosophical, and in every dense, whether of Morals or Natural Philosophy, etc., is vastly more ingenious, and for that reason more engaging, than the other."

54. [역주] 뉴턴은 데카르트적인 연역법을 새로운 실험적 방법과 조화시킴으로써 '과학적 절차'에 적절한 방법을 제시하였다.

절차는 의심할 여지 없이 가장 철학적이며, 윤리학이든 자연철학이든 간에 모든 의미에서 어떤 다른 절차보다 훨씬 더 독창적이고, 바로 그런 이유로 더 매력적이다"라고 말했다. 애덤 스미스가 『도덕감정론』과 『국부론』의 서두에서 이러한 접근법을 따랐다는 점은 주목할 만하다.

그러나 뉴턴의 방법(연역법적 접근법)은 '결과들을 제시하는 방법'이었지 '결과들을 발견하는 방법'이 아니었다. 특히 뉴턴은 『프린키피아(Principia : 『자연철학의 수학적 원리』)』[55]에서 '결과를 제시하는 방법에는 제한이 없다'라고 말했다. 뉴턴의 제자인 콜린 매클로린(Colin Maclaurin : 영국의 수학자, 1698~1746년)[56]의 말에 따르면 뉴턴은 "우리는 현상(phenomena)[57]이나 결과(effects)에서 시작하여 이로부터 자연에서 작용하는 힘(power)이나 원인(causes)을 조사해야 한다. 또한 원인에 대한 조사는 '특정 원인'에서 시작하여 '더 일반적인 원인'으로 진행해야 하며, 마침내 논의는 '가장 일반적인 원인'으로 끝난다"라도 주장했다. '귀납적 일반화'(inductive generalization)는 추가 자료가 있을 때까지 참(true)으로 간주되어야 한다. 따라서 과학자들은 미래의 예외들이나 확증적 증거들이 있으면 이들을 받아들여야 한다. 또한 귀납적 일반화는 기하학적 증명에 의한 닫힌(closed) 세계가 아니라 근대 과학 탐구의 일시적이고 가설적인 세계이다.

뉴턴은 1720~1721년에 발생한 영국의 주식시장 공황(panic)이었던 '남해회사 버블'(South Sea Bubble : '남해(南海) 포말(泡沫) 사건'이라고도 불림)[58]로 큰 재산을 잃은 후 "나는 별들의 움직임을 계산할 수 있지만, 인간의 광기(human

---

55. **[역주]** 뉴턴이 1687년 출판한 저서로 원제는 『자연철학의 수학적 원리(Philosophiae Naturalis Principia Mathematica)』임. 만유인력의 원리를 처음으로 세상에 널리 알린 것으로 유명함.
56. **[역주]** 영국의 수학자로 뉴턴의 학통을 이어받아 '플럭션법(Fluxion ; 유율(流率) 또는 미분)'을 연구하였음. 또한 미분학에 이바지하여 이를 기하학에 응용하였음. 급수전개에 관한 '매클로린의 정리'를 발견하였고 『유율법(流率法)』을 기술하였음.
57. **[역주]** '현상(現象)'이란 '본질이나 객체의 외면(外面)에 나타나는 상'을 말하며, 그 반대는 '본질'임.
58. **[역주]** 1711년 영국에서 창립된 South Sea Company가 주가 하락으로 인해 1720년 파산하여 많은 도산자(倒産者)를 낸 사건을 말함.

madness)는 계산할 수 없다"라고 말한 것으로 전해진다. 마찬가지로 애덤 스미스는 '뉴턴주의'(Newtonianism : 뉴턴 추종 사상)를 맹목적으로 신봉하지 않았다. 왜 그런가? 애덤 스미스는 뉴턴과 달리 ① '인간이 생명이 없는 원자들, 행성들 또는 당구공들처럼 행동하며, ② 인간의 움직임은 과학적 법칙에 의해 정확히 예측할 수 있다'라고 가정하지 '않았다'. 사실상 애덤 스미스는 '사람들의 행동을 체스판에서처럼 통제할 수 있다'라는 생각을 '유토피아적 교리'(utopian dogma)라고 하면서, 이를 명확히 거부하였다. 애덤 스미스가 『국부론』에서 언급한 것처럼 "인간 사회라는 커다란 체스판에서 각 개인은 그 자신의 행동 원리가 있으며",[59] 이는 오늘날 소위 '피드백 루프'(feedback loop : 순환고리)라고 하는 것을 만들어 낸다. 피드백 루프는 '동적(動的)이고 정확하게 확인할 수 없는 방식'으로 변화하는 환경에 적응한다. 따라서 애덤 스미스의 '인간에 대한 과학'(science of man : 인간 과학)은 교과서에 나오는 물리학적 의미에서의 과학이나 기술이 아니다. 오히려 애덤 스미스의 인간 과학은 18세기의 표준적인 용법에서 '조직화된 사고 체계'(an organized body of thought : 사고의 조직체)로서의 과학을 말한다. 이러한 사고 체계는 매우 이질적인 일련의 현상을 '이해할 수 있는 하나의 완전체(체계)'로 만드는 것을 그 목적으로 한다. 그러한 사고의 조직체가 생성하는 설명들과 이해(지식)는 아마도 미래의 기대나 심지어 물리학에서와 같은 예측 가능성에 대한 기초가 될 수 있지만, 이는 또 다른 문제이다. 놀랍게도 애덤 스미스는 자신의 어떤 저서들에서도 '거의 예측을 시도하지 않았다'라는 점은 주목할 만하다. 이러한 점은 결코 우연이 아니다. 왜 그런가? 이는 애덤 스미스가 '인간 행동이 순전히 예측 불가능하다'라는 사실에 직면하여 자신이 설명하고자 하는 주제나 문제의 복잡성과 불확실성을 잘 알고 있었음을 의미한다.

59. **[역주]** "Every single piece has a principle of motion of its own."

3. 애덤 스미스와 진화론(進化論)

이제까지의 논의는 애덤 스미스의 '인간 과학'에 초점을 맞추었다. 이제 우리는 이보다 더 나아가 새로운 논의를 시작해 보기로 하자. 애덤 스미스의 '인간학'(人間學, science of man)은 단순히 '변화(變化)를 인식'하는 것이 아니라 '변화를 전제'[60]로 하였다. 애덤 스미스의 인간학은 부분적으로 '인간 진보의 원인'(causes of human progress)을 조사하는 것이었다. 사실상 애덤 스미스의 인간학은 '진화론'(theory of evolution)[61]이다. 비록 애덤 스미스의 인간학이 확실히 '원시적 이론'(proto-theory)이지만 진화론이다. 왜 그런가? 우선, 애덤 스미스의 『천문학의 역사』 에세이는 '과학적 발견의 논리'에 대한 연구일 뿐만 아니라 '인간 마음(공감)의 진화'(evolution of mind)에 대한 설명이기도 하다. 둘째, 애덤 스미스는 『수사학 강의』에서 '언어'(language)가 가지고 있는 동적(動的 : 변화성)이고 복잡한 측면을 설명하였다. 이는 사람들 간의 상호 이해를 위해 언어 용법이 '변화'하고 언어 표준이 '변화'한다는 것을 의미한다. 셋째, 애덤 스미스의 『도덕감정론』은 '사회적 · 도덕적 규범에 대한 진화론적 설명'을 제시해 주었다. 사회적 · 도덕적 규범은 진화적으로 '공감(sympathy)이나 동정심(fellow feeling : 상호 이해)'에 의해 작동되고 유지된다. 넷째, 애덤 스미스의 『국부론』은 ① 부분적으로 인간의 상호작용의 한 가지 특정 측면인 '시장 교환'(market exchange)에 초점을 맞추고, ② 봉건제(feudalism)에서 상업사회(commercial society)로 가는 역사적 이행기에 시장 교환을 적용하여, ③ 시장 교환이라는 개념이 경제 발전과 세계 무역 질서의 진화를 설명하는 데 어떻게 사용될 수 있는지를 보여주었다. 마지막으로, 애덤 스미스의 『법학 강의』의 효과 중 하나는 스코틀랜드 법학에서 '판례 기

60. [역주] '전제(前提)'란 논리에서 추론을 할 때 결론의 기초가 되는 판단을 말함.

61. [역주] '진화론(進化論)'은 모든 생물은 극히 원시적인 종류의 생물에서 진화해 왔다는 다윈의 학설을 말함.

반 관습법(즉, 진화론적) 전통'의 성장을 촉진시켰다는 그럴싸한 주장이 제기되었다. 이러한 주장은 특히 애덤 스미스의 제자이자 피보호자였으며 글래스고대학에서 민법 흠정[62]강좌(欽定講座) 교수(Regius Professor)를 역임(1761~1800년)했던 존 밀라(John Millar : 스코틀랜드 철학자, 1735~1801년)에 의해 제기되었다. 애덤 스미스가 궁극적으로 자신의 미완성 저서들을 파기(破棄)하기로 결심한 깊은 이유는 아이디어가 아무리 창의적(創意的)이더라도 이미 출간된 두 위대한 저서(즉, 『도덕감정론』과 『국부론』)에서 했던 것처럼 '진화론적 개념들'을 통합하는 데 아직 성공하지 못했기 때문일 수 있다.

그러나 애덤 스미스의 인간 과학(인간학)은 단순한 진화론(a theory of evolution)이 아니라 거의 확실히 '진정한' 진화론(***the*** theory of evolution)의 핵심 부분이라고 할 수 있다.[63] 왜 그런가? 애덤 스미스(1723~1790년)의 책들이 찰스 다윈(Charles Darwin : 영국의 박물학자 겸 진화론의 주창자, 1809~1882년)[64]에게 간접적으로 강한 영향을 미쳤다고 생각하는 명확한 이유가 있기 때문이다.[65] 다윈은 1825~1827년(애덤 스미스 사후 35~37년)에 에든버러 의과대학에서 다소 불행한 2년을 보냈다. 당시 에든버러 의과대학은 애덤 스미스의 친구이자 유언 집행자인 조지프 블랙(Joseph Black : 영국의 화학자, 1728~1799년)이 30년 동안 가

---

62. **[역주]** '흠정(欽定)'이란 영국에서 황제가 친히 제도나 법률 따위를 제정하던 일을 말함.

63. **[원문]** 이에 대해서는 ① John W. Cairns, "Legal Theory", in Alexander Broadie (ed.), *The Cambridge Companion to the Scottish Enlightenment*, Cambridge University Press, 2003 ; ② "The Influence of Smith's Jurisprudence on Legal Education in Scotland", in John W. Cairns, *Enlightenment, Legal Education, and Critique*, Edinburgh University Press, 2015를 참조하기 바람.

64. **[역주]** '생물진화론'을 정립한 영국의 생물학자임. 해군측량선 비글호에 박물학자로 승선하여 남아메리카·남태평양의 여러 섬과 오스트레일리아 등을 항해·탐사했고, 그 관찰기록을 『비글호 항해기』로 출판하여 진화론의 기초를 확립하였음. 1859년에 진화론에 관한 자료를 정리한 『종(種)의 기원(起原)』(1859년)이라는 저서를 통해 '진화 사상'을 공개 발표함.

65. **[원문]** 이에 대해서는 Matt Ridley, "The Natural Order of Things", *Spectator*, 11 January 2009를 참조하기 바람.

르쳤던 곳이다. 또한 그 당시 에든버러는 애덤 스미스를 기념하는 도시였고, 시기적으로 보호무역주의 대(對) 자유무역의 문제가 점점 더 공개적 토론의 주제가 되어가고 있었다. 다윈은 1829년 케임브리지에서 쓴 한 편지에서 "내 연구는 애덤 스미스와 로크(Locke)에 바탕을 두고 있다"라고 밝혔으며, 한편 가족 관계를 통해 철학자이자 역사가인 제임스 매킨토시(James Mackintosh : 1765~1832년)[66] 경(卿)을 자주 만났다. 매킨토시는 애덤 스미스(1723~1790년)보다 한 세대 후에 계몽주의 운동이 한창 중인 스코틀랜드에서 자랐다. 비글호(HMS Beagle)[67]에서 다윈은 프랑스의 박물학자[68]인 앙리 밀네두아르스(Henri Milne-Edwards : 프랑스의 동물학자, 1800~1805년)[69]가 애덤 스미스의 '분업'(分業, division of labour)[70] 아이디어를 인체(人體) 기관들에 어떻게 적용했는지를 보았고, 자신도 분업이라는 아이디어를 생태계 내에서 종(種, species)의 다양화와 전문화에 신속하게 적용하였다. 다윈(1809~1882년)은 자신의 형성기(形成期)인 1830년대에 뛰어난 학자였던 해리엇 마티노(Harriet Martineau : 영국의 여류 소설가 · 경제학자, 1802~1876년)[71]와 가깝게 지냈다. 특히 마티노가 1832년에 쓴 베스트셀러인 『정치경제학 해설(Illustration of Political Economy)』은 애덤 스미스의 아이디어를 더 많은 대중에게 알리는 데 강력한 영향을 미쳤다. 따라서 애덤 스미스가 위대한 자연과학자인 다윈에게 커다란 영향을 미쳤을 가능성이 크다고 볼 수 있다. 다윈은 이 과정

---

66. [역주] 영국의 법학자이자 정치가로 『프랑스 옹호론』을 저술하여 프랑스혁명의 급진적 개혁을 변호하였음. 선거법의 개정, 노예무역의 폐지 등 자유주의적 개혁을 주장하였음.
67. [역주] 영국의 박물학자 찰스 다윈(Charles Darwin)이 승선했던 영국 해군의 측량선으로 1831년 12월부터 1836년 10월까지 남아메리카, 태평양, 인도양, 남아프리카를 항해하였으며, 생물학자 다윈이 편승하여 『비글호 항해기』를 저술하였음.
68. [역주] 박물학(博物學)은 동물학 · 식물학 · 광물학 · 지질학의 총칭임.
69. [역주] 프랑스의 동물학자로 부친은 영국인이었음. 처음에 의사가 되었으나 후에 동물학을 연구하여, 1841년 파리의 자연과학박물관 교수, 1843년 파리대학 교수가 되었음.
70. [역주] 분업(分業)은 작업의 모든 과정을 한 사람이 하지 않고 부분과 단계로 나누어 여러 사람이 분담하여 일을 완성시키는 노동 형태를 말함.
71. [역주] 19세기 영국의 작가이자 평론가로 영국 최초의 여성 사회학자로 불리기도 함.

을 '변이를 동반한 유전'이라고 불렀는데, 이는 오늘날 생물학적인 유전의 훌륭한 정의가 되었다

애덤 스미스의 생각은 정확히 어떻게 '진화적'인가? 현대의 다윈주의적 의미에서 진화(進化)[72]는 '변이(變異)[73]를 동반한 유전'(descent with modification : 또는, '수정을 통해 나아짐'으로도 번역됨)으로 표현된다([역주] 이는 오늘날 '생물학적인 유전'의 훌륭한 정의로 인식됨). 이는 어떤 종(種)의 특성(형질)이 한 세대에서 다음 세대로 다른 형태로 유전되며, 소위 '적자생존'(適者生存, survival of the fittest)[74]을 통해 덜 성공적인 형태를 제거하는 자연 선택(natural selection : 자연도태)[75]을 말한다. 애덤 스미스의 이론에는 두 가지 주요 메커니즘(mechanism)—즉, 문화적 메커니즘과 진화 메커니즘—이 존재하는 것으로 보인다. 첫 번째는 '문화적 메커니즘'(cultural mechanism)이다. 애덤 스미스는 『수사학 강의』에서 '새로운' 언어 관행과 용례가 "처음 사례를 보여주고, 어떤 일반적인 규칙을 세울 의도가 전혀 없었던 사람들에게서 어떤 의도나 예지(豫知)도 없이" 어떻게 계속해서 나타나는지에 대해 언급하였다. 또한 애덤 스미스는 『도덕감정론』에서 한 걸음 더 나아가 ① 사람들이 부분적으로 다른 사람들의 행동을 통해 자신의 행동을 보는 법을 배우고, ② 그러한 행동의 실제 결과나 가능한 결과에 대해 판단을 내리는 '과정'(process)에 관해 설명하였다. 동시에 사람들은 '공정한 관찰자'(impartial spectator)의 '중재적인 영향력'을 통해 지나친 열정이나 편견 없이 자신의 행동을 냉정하게 보게 된다. 애덤 스미스는 '그 결과 사람들은 자신의 행동이 초래

---

72. [역주] '진화(進化)'는 생물이 외계의 영향과 내부의 발전에 따라 간단한 것에서 복잡한 것으로, 또는 하등에서 고등한 것으로 발전하는 일을 말함.
73. [역주] '변이(變異)'는 같은 종류의 생물 개체 사이에 형질이 달라진 개체가 생기거나 그런 변화를 말함.
74. [역주] '적자생존(適者生存)'은 환경에 적응하는 생물만이 살아남고, 그렇지 못한 것은 도태되어 사라지는 현상을 말함.
75. [역주] '자연 선택(自然選擇)'은 자연계에서 생존 경쟁의 결과로 주변 환경에 적응하는 것은 생존하고, 적응하지 못하는 것은 저절로 사라지는 일을 말하며 '자연도태'라고도 불림.

하는 영향에 대해 신중히 파악(把握)할 뿐만 아니라, 일단 그것이 내면화되면 도덕적인 사람이 된다'라고 주장하였다. 즉, 진화론적 측면에서 실제적이고 가능한 행동 패턴들이 '자발적으로 그리고 모방(模倣)을 통해' 나타나고, 그들 중 일부는 선택되거나 전달(유전)된다. 선택되거나 전달(유전)되는 행동은 규범(規範, norms)이 되고, 추가적인 행동 및 선택 과정의 반복을 통해 다른 사람들에게 전달된다. 이러한 과정이 계속된다. 이러한 복제(複製)와 선택 과정은 일반적으로 '사회적으로 유익'하지만, 항상 그럴 필요는 없다. '부유하고 유명한 사람들을 존경하는 우리의 성향(性向)'과 마찬가지로 그러한 과정은 때로는 도덕적으로 의심스러울 수 있지만, 경제적으로는 가치가 있다. 또한 그러한 과정은 때로는 어떤 소(小)집단(in-group)에게는 유익하지만, 더 넓은 사회에는 유익하지 않은 규범을 선택할 수 있다. 그러나 시간이 지남에 따라 사회 전체에 유익한 규범을 퍼뜨리는 경향이 있다.

마지막으로, 다윈의 '자연 선택'(natural selection)과 중요한 대조를 이루는 것이 있으며, 이제 이에 관해 살펴보기로 하자. 자연 선택의 경우 선택된 속성(즉, 더 빠른 속도, 더 큰 힘, 더 나은 위장술 등)은 일반적으로 관련된 개체(個體)뿐만 아니라 집단(개체군) 전체에게도 이익이 된다. 예를 들어, 더 빠른 치타들은 더 느린 치타들보다 더 잘 사냥을 하며, 그로 인해 자연 선택에 의해 선호되고, 그 결과 그들의 속도 유전자는 자손들에게 대대로 전해진다. 다른 종(種)에게도 이러한 과정이 진행된다. 그러나 여기서 초점은 '양(兩)방향'에 있다(즉, 자연 선택이 양방향으로 일어난다는 점이다). 애덤 스미스는 일찍이 인간의 삶에서 '개인적으로 유익한 행동'(individually advantageous behavior)이 '사회적으로 (긍정적이 아니라) 부정적인 효과'(socially negative effects)를 초래할 수 있는 커다란 가능성이 있음을 인식하였다. 이러한 경우에 적절한 질문은 많은 진화론에서 주장하는 것처럼 '왜 개인의 행동이 집단에 이익이 되는가?'가 아니라 '개인의 나쁜 행동을 효과적으로 제한(억제)하고 처벌할 수 있는 도덕적 규범들(moral norms)

이 어떻게 생겨나는가?'가 되어야 한다. 이에 대해 애덤 스미스는 다윈의 생물학적 진화와 마찬가지로 "도덕적 규범들도 '변이(變異)를 동반한 유전'(descent with modification : 수정을 통해 나아짐)을 통해서 생겨난다"라고 대답했다. 도덕적 규범의 효과는 '동적(動的)'이다. 즉, 아래에서 위로 (그리고 반드시 즉각적이지는 않더라도) 자생적으로 생겨나는 도덕적·사회적 질서(moral and social order)를 만들어 내는 것이다. 또한 이러한 결과로 생성된 규범(規範)과 가치(價値)는 인간의 제도(制度, institutions)로 진화(進化)한다. 애덤 스미스의 친구인 애덤 퍼거슨(Adam Ferguson : 영국의 철학자·사회학자, 1723~1816년)[76]은 1767년에 다음과 같이 말했다. "대중의 모든 발걸음과 모든 움직임은 심지어 이른바 '개화된 시대'에도 똑같이 미래를 보지 못하고 이루어진다. 또한 국민들은 어떤 인간 설계(human design)의 실행이 아니라 실제로 인간 행동(human action)의 결과[77]인 각종 '제도들'을 (진화의 결과로) 우연히 접하게 된다."[78] 데이비드 흄(David Hume : 1711~1776년)은 자신의 사후인 1779년에 출판된 『자연종교에 관한 대화(Dialogues Concerning Natural Religion)』에서 '세상은 신(神)의 의도의 산물인가'라는 주장에 대해 영향력 있는 반박을 남겼다. 그러나 놀랍게도 그보다 20년 전인 1759년(『도덕감정론』을 출간한 해임)에 이미 애덤 스미스는 '문화적 메커니즘'(cultural mechanism)의 개요를 설명했다. 이는 부분적으로 흄의 영향을 받은 것이었다. 애덤 스미스의 문화적 메커니즘은 '도덕적 및 사회적 규범들은 순전히 인간의 상호작용으로부터 스스로 생겨날 수 있다'라는 것을 말한다.

---

76. **[역주]** 영국의 도덕철학자·사회학자·역사학자임. 사회의 본질과 기원의 탐구를 철학의 중심 과제로 생각했으며 『시민사회역사론』, 『도덕학과 정치과학의 원리들』 등의 저서가 있음.

77. **[원문]** 이에 대해서는 Adam Ferguson, *An Essay on the History of Civil Society*, n.p. 1767, III. ii를 참조하기 바람.

78. **[역주]** "Every step and every movement of the multitude are made with equal blindness to the future. and nations stumble upon establishments, which are indeed the result of human action, but not the execution of any human design."

4. 애덤 스미스의 '보이지 않는 손'

그러나 애덤 스미스의 생각에는 두 번째이자 훨씬 더 유명한 '진화 메커니즘'이 있다. 애덤 스미스의 두 번째 진화 메커니즘은 바로 "보이지 않는 손"(invisible hand)이다. 애덤 스미스는 자신의 『국부론』 제IV편(Book IV)에서 다음과 같이 말했다 :

"그러므로 모든 개인은 ① 국내 산업을 지원하는 데 자신이 가진 자본을 사용(투자)하고, ② 그로 인해 그 산업이 생산하는 생산물의 가치가 최대가 되도록 이끌기 위해 최대한의 노력을 기울인다. 또한 모든 개인은 필연적으로 자신이 속해 있는 사회의 연간 수익을 최대로 하기 위해 노력한다. 그러나 실제로 모든 개인은 일반적으로 ① 공익(公益)을 증진하려는 의도가 전혀 없으며, ③ 또한 자신이 얼마나 공익을 증진하고 있는지도 모른다. 모든 사람은 외국 산업보다 국내 산업의 지원을 선호함으로써 자신의 안전(安全)만을 생각한다. 또한 모든 개인은 자신의 자본을 사용하는 국내 산업이 생산하는 생산물의 가치가 최대가 되도록 이끎으로써 자신의 이익(利益)만을 꾀한다. 모든 개인은 다른 많은 경우와 마찬가지로 이 경우에 **'보이지 않는 손'(invisible hand)에 이끌려** 자신이 전혀 의도하지 않았던 목적을 달성한다. 또한 의도치 않게 달성된 목적이 사회의 주요 부분이 아니라고 해서 항상 사회에 더 나쁜 것은 아니다. 모든 개인은 자신의 이익(own interest)을 추구함으로써 종종 자신이 정말로 사회의 이익을 증대시키려고 할 때보다 더 효과적으로 사회의 이익을 증대시킨다." ([역주] 여기서 볼드체는 역자가 만든 것임)

"As every individual, therefore, endeavours as much as he can both to employ his capital in the support of domestic industry, and so to direct that industry that its produce may be of the greatest value ; every individual necessarily labours to render the annual revenue of the society as great as he can. He generally, indeed, neither intends to promote the public interest, nor knows how much he is promoting it. By preferring the support of domestic to that of foreign industry, he intends only his own security ; and by directing that industry in such a manner as its produce may be of the greatest value, he intends only his own gain, and he is in this, as in many other cases, **led by an invisible hand** to promote an end which was no part of his intention. Nor is it always the worse for the society that it was no part of it. By pursuing his own interest he frequently promotes that of the society more effectually than when he really intends to promote it."

'보이지 않는 손'이라는 개념은 수십 년 동안 한편으로는 크게 찬양되었지만, 다른 한편으로는 공공연히 비난받아 왔다. 일부 사람들에게 '보이지 않는 손'은 시장이 경쟁을 통해 개인의 탐욕(이기심)을 일반 후생(general welfare)으로 전환시키는 '균형 메커니즘'(equilibrating mechanism)이라는 근본적인 생각에 지나지 않는다. 다른 사람들에게 '보이지 않는 손'은 경제적인 힘이 없는 사람들에 대한 강제행위를 정당화하기 위해 '비정한(비인간적인) 시장의 힘'(impersonal market forces)에 호소하는 '승자 독식(winner-takes-all) 경제 체제'의 상징으로 인식된다. 전자 생각의 경우 정부는 효율적인 시장과 일반 후생에 대한 장애물일 뿐이다. 후자 인식의 경우 정부는 불공평과 불평등에 대한 필수적인 보호 장치이다. 또한 그동안 '보이지 않는 손'에 대해 그 개념이 '반어적(反語的)이거나 신의 섭리이다'라는 등 많은 다른 해석들[79]이 이루어져 왔다.

---

79. **[원문]** 이에 대해서는 William D. Grampp, "What Did Smith Mean by the Invisible Hand?",

따라서 ① 애덤 스미스에게 '보이지 않는 손'이 무엇이고 무엇이 아닌지(즉, '보이지 않는 손'이 무엇을 의미하는지), ② '보이지 않는 손'이 과연 중요한지 아닌지, ③ 중요하다면 왜 중요한지 등을 명확히 하는 것이 매우 중요하다. 애덤 스미스의 저서들 전체에서 이 문구에 대한 언급이 '세 번뿐'이었다는 점에 주목하는 것이 중요하다. 우선, 『국부론』에서 '보이지 않는 손'이라는 은유적 표현은 딱 한 번 등장하며, 구체적으로 설명되거나 전개(展開)되지도 않았다. 더욱이 '보이지 않는 손'은 『국부론』의 중심 항목도 아니었다. 심지어 『국부론』에서도 '보이지 않는 손'은 일부 사람들이 주장하는 '자유로운 시장들'과 '이기심(self-interest ; 사익(私益) 추구)이 가져다주는 유익한 효과'에 대한 찬가(讚歌)가 아니었다. 오히려 '보이지 않는 손'은 '투자자의 안전(security)에 대한 욕구'([역주] 투자자들이 안전한 국내에서 자신의 자본을 투자하려는 욕구)라는 맥락에서 등장했다. 이와 관련하여 애덤 스미스는 다음과 같은 협의적이고 상식적인 명제를 주장하였다. 즉, ① '국내 자본은 그 국가의 방위를 위한 귀중한 자원이며, ② 해외 무역이 초래하는 추가 비용과 위험이 사람들에게 자연스럽게 국내 시장에 투자하려는 경제적 유인을 제공해 주기 때문에 자본에 대한 규제가 필요하지 않다'라고 주장했다.

애덤 스미스의 저서 다른 곳에서도 '보이지 않는 손'이라는 문구가 두 번 더 언급되었다. 첫 번째는 『천문학의 역사』에서 한 번 등장하였으나,[80] 이는 아주

Journal of Political Economy, 108(3), June 2000를 참조하기 바람. 또한 ① 애덤 스미스 이전, ② 특히 칼뱅주의와 일반적으로 섭리적 신학, 그리고 ③ 자연과학 등에서 '보이지 않는 손'이라는 말의 역사와 사용에 대해서는 Peter Harrison, "Adam Smith and the History of the Invisible Hand", *Journal of the History of Ideas*, 72(1), January 2011를 참조하기 바람. 마지막으로, 마크 블라우그(Mark Blaug)가 지적한 것처럼 애덤 스미스의 '경쟁' 개념은 "최종 상태(end-state)라는 개념이 아니라 과정(process) 개념"이다. 이에 대해서는 Mark Blaug, *Economic Theory in Retrospect*, 5th edition, Cambridge University Press, 1997, p. 593를 참조하기 바람.

80. **[원문]** 애덤 스미스는 『천문학의 역사』에서 '보이지 않는 손'(invisible hand)에 대해 다음과 같이 처음 언급했다. 즉, "불은 타고 물은 흘러간다. 사물의 본질적 필연에 의해(자연의 순리대로) 무거운 물체는 아래로 내려가고, 가벼운 물체는 위로 날아간다. 주피터([역주] 로마 신화의 최고의 신으로 '하늘의 지배자')의 '보이지 않는 손'이 그러한 물체들의 활동에 관여하는 것으로 밝혀진 적도 없다. 그러나

다른 맥락이므로 우리가 관심을 가질 필요가 없다. 그러나 두 번째는 『도덕감정론』에서 한 번 등장하였으며, 여기서는 다른 두 책에서보다 더 관련성이 있다. 여기서 애덤 스미스는 '부(富)와 지위(地位)를 얻으려는 욕구가 자아 개선(self-improvement)을 위한 엄청난 노력의 원동력이 된다'라고 주장하였다. 일단 부자들이 자신의 부를 이루면 그들은 가난한 사람들보다 상대적으로 적게 소비한다. 따라서 부자들은 자신의 부(富)를 더 많이 쓰기 위한 대상이 아니라 그저 자신을 '현혹시키는(delusive) 것'([역주] 단지 돈만 벌기 위한 대상)으로 인식하게 될지도 모른다. 그러나 "① 인류의 근면(勤勉)을 일깨우고 계속 유지하게 하는 것은 바로 이 '부에 대한 현혹'(deception)이다. ② 인류가 처음으로 땅을 경작하고, 집들을 짓고, 도시들과 국가들을 건설하고, 모든 과학과 예술을 발명하고 개량하도록 자극한 것도 바로 이 현혹이다. ③ 인간의 삶을 고귀하게 하고 아름답게 한 것도 바로 이 현혹이다. ④ 세계의 전체 모습을 완전히 바꾸어 놓은 것도 바로

천둥과 번개, 폭풍과 햇빛, 그리고 이보다 더 불규칙한 일(현상)들은 주피터의 은총이나 분노에 기인한 것으로 여겨졌다([역주] 이는 미신임). … 그리하여 세계 최초의 시대에는 가장 저급하고 어리석은 미신(迷信)이 철학(哲學)의 자리를 대신했다"라고 처음으로 언급했다(『철학적 주제에 관한 에세이(Essays on Philosophical Subjects)』, Ⅲ.2). 이 경우에 '보이지 않는 손'은 개별적이고 종종 불운한 사건(현상)들에 대한 '과학적이지 않은 개인화된 설명'을 하는 과정에서 하나의 '외부적인 힘'을 지칭하는 데 사용된다. 이러한 생각은 ① '보이지 않는 손'을 개인 및 사회적으로 유익한 시장 현상들에 대한 '과학적(scientific)이고 법칙적(law-like)이며, 반복적(iterated)이고 집단적인(collective) 설명'으로 이해하는 현대적 견해와 분명히 대조되며, ② '애덤 스미스가 '보이지 않는 손'에 대한 전반적인 이론이 없다'라는 주장을 더욱 뒷받침해 준다. 이에 대해서는 Eugene Heath, "Metaphor Made Manifest : Taking Seriously Smith's "Invisible Hand"", in David F. Hardwick and Leslie Marsh (eds.), *Propriety and Prosperity : New Studies on the Philosophy of Adam Smith*, Palgrave Macmillan, 2014, pp. 169ff를 참조하기 바람. ["Fire burns, and water refreshes ; heavy bodies descend, and lighter substances fly upwards, by the necessity of their own nature ; nor was the invisible hand of Jupiter ever apprehended to be employed in those matters. But thunder and lightning, storms and sunshine, those more irregular events, were ascribed to his favour, or his anger …. And thus, in the first ages of the world, the lowest and most pusillanimous superstition supplied the place of philosophy" (*Essays on Philosophical Subjects*, Ⅲ.2)].

이 현혹이다." 따라서 부자들의 집단적인 노력의 결과는 인류 전체에 이익이 되는 엄청난 개선과 진보였다. 애덤 스미스의 주장에 따르면 "부자들의 타고난 이기심과 탐욕에도 불구하고, 또한 부자들은 단지 그들 자신의 편리와 이익만을 추구할지라도", 부자들은 자신의 투자와 고용을 통해 가난한 사람들을 이롭게 한다. 따라서 애덤 스미스는 부자들의 이러한 역할에 대해 다음과 같이 말했다:

> "부자들은 **'보이지 않는 손'(invisible hand)에 이끌려** 생활필수품을 거의 똑같이 분배한다. 이는 마치 대지(大地)가 모든 거주자에게 균등하게 분배되는 경우와 같다. 그러므로 부자들은 **'보이지 않는 손'에 의한** 그러한 분배를 '전혀 의도하지 않거나 알지도 못한 채' 사회의 이익을 증진시키고, 종(種)의 번식(繁殖)을 위한 수단을 제공해 준다."

> "They are **led by an invisible hand** to make nearly the same distribution of the necessaries of life, which would have been made, had the earth been divided into equal portions among all its inhabitants, and thus without intending it, without knowing it, advance the interest of the society, and afford means to the multiplication of the species."

애덤 스미스의 이러한 다소 모호한 주장에 대해 우리가 어떻게 생각하든 간에, 그 주장은 분명히 ① 오늘날 소위 '유익한 파급효과'(beneficial spillover effect)라고 불리는 것과 ② "어떤 의도적인 인간 설계의 실행이 아니라 '자연적인 인간 행동의 결과'로 확립된 것"임을 다시 한번 지적하고 있다. 이제까지 살펴보았듯이 애덤 스미스의 저서들에서 '보이지 않는 손'에 대한 언급이 총 3번 있었으나 '보이지 않는 손' 자체에 대한 이론(理論)은 없다. 또한 비록 애덤 스미스가 '많은 다른 시장들'에 대해 논의하고, 『국부론』 제4편에 서술한 "곡물 무역 및 곡물법[81]에 관한 여담(餘談)"에서 시장 기능에 대해 자세히 살펴보았지만, '보이지 않는 손'이라는 표현은 되풀이되지 않았다. 그러나 애덤 스미스가 위의 인용문에서 언급했듯이 '보이지 않는 손'은 "다른 많은 경우(시장)에서" 작동하며, 더 넓은 의미에서 '보이지 않는 손'이 나타내는 생각은 사실상 '애덤 스미스 생각의 핵심 부분'이며, 그 이후로 이 아이디어는 '사회과학의 근본'이 되어 왔다. 많은 상황에서 공개적인 경쟁(open competition)과 자발적인 교환(voluntary exchange)으로 조정되는 시장들은 '자연 선택'(natural selection)[82]과 유사한 역할을 할 수 있다. 자연 선택 이론에 따르면 일반적으로 지속적인 이익(sustainable profits)을 낼 수 있는 개인들과 기업들은 시간이 지나도 생존(生存)하고, 그렇지 못한 개인들과 기업들은 도태(淘汰)되기 때문이다. 이것은 바로 다윈의 용어로 표현하면 '변이(變異)를 동반한 유전'(descent with modification : '수정을 통해 나아짐')의 한 형태이다. 자연 선택의 결과로 '위에서부터 강요된 형태'가 아니라 '아래로부터(from the bottom up) 생겨나는 자연적 질서'(spontaneous order)가 출현한다. 그러나 이 경우에는 특히 '도덕적 질서'(moral order)가 아닌 '정치·경제적 질서'(political-economic order)이다. 또한 애덤 스미스가 분명히 말한 바와 같이 '자연적 질서'는 개별 결정들(individual decisions)이 가져다준 '의도하지 않은 결과'(unintended consequence)일 수 있다. 관련된 사람들은 그런 종류의 결과를 알 필요가 없고, 또 원하지도 않는다. 그러나 사람들이 '의도적으로 행동'했다면

81. **[원문]** Avner Offer, "Self-Interest, Sympathy and the Invisible Hand : From Adam Smith to Market Liberalism", *Economic Thought*, 1(2), 2012를 참고하기 바람. 또한 도널드 윈치(Donald Winch)는 일반적인 정치·경제적 상황에서 '곡물 공급'과 관련하여 애덤 스미스의 견해에 대한 매우 심도있는 분석을 하였다 : Donald Winch, "Science and the Legislator : Adam Smith and After", *Economic Journal*, 93(371), 1983.

82. **[역주]** '자연 선택(또는 자연도태)'이란 자연계에서 생존 경쟁의 결과, 주변 환경에 적응하는 것은 생존하고, 적응하지 못하는 것은 저절로 사라지는 일을 말함.

아마 유사한 유익한 결과를 얻지 '못할 수' 있다. 이러한 현상은 어디에서나(어떤 시장에서나) 존재하며, 일종의 '기적(奇蹟)'과도 같다.

이러한 설명을 통해 우리는 (앞에서 설명했듯이) 애덤 스미스가 주장한 것으로 추정되는 소위 '인간 과학'(science of man : 인간학)에 대해 더 명확하게 이해할 수 있다. 애덤 스미스의 '인간 과학'은 그 범위가 매우 넓을 뿐만 아니라, 그 특성도 동적(動的)이고 진화적(進化的)이다. 인간 과학의 범위는 잠재적으로 언어학, 개인 및 사회 심리학, 윤리학 및 정치경제학(특히 법과 정부의 측면) 등을 일관되고 광범위하게 통일된 방식으로 결합하고 있다. 또한 애덤 스미스의 '인간 과학'은 사실상 '집단정신 이론'(theory of collective mind)이다. 이는 인간의 자유로운 상호작용(free interaction)과 열린 의사소통(open communication)을 전제로 하고 있기 때문이다. 애덤 스미스의 '인간 과학'을 이런 식으로 이해하면 애덤 스미스가 서거한 지 200년 이상이 지난 지금도, 그리고 맥락과 상황의 엄청난 차이에도 불구하고 그의 인간 과학은 놀랍도록 '현대적인 느낌'을 지니고 있음을 알 수 있다.

그러나 애덤 스미스의 '인간 과학'은 또한 '정치경제학'에서 애덤 스미스가 이룩한 업적의 중요성을 보여준다.[83] 때때로 세상이 아무리 친숙해 보일지라도 '18세기 후반의 세계'[84]는 오늘날의 세계와 매우 달랐다. 그 당시의 세계는 다음과 같았다. ① 대부분의 사람들은 농업에 종사하고 있었다. ② 공장을 소유한 사람들은 일반적으로 개인들, 가족 또는 소규모 동업자들이었으며, 개인적으로 관

83. **[원문]** 애덤 스미스의 이전의 정치경제학자들에 관해서는 ① William Letwin, *The Origins of Scientific Economics*, Methuen, 1963 ; ② Terence W. Hutchison, *Before Adam Smith : The Emergence of Political Economy 1662-1776*, Basil Blackwell, 1988을 참고하기 바람. 또한 Angus Maddison, *Contours of the World Economy 1-2030 AD*, Oxford University Press, 2007를 참고하기 바람. 이 책은 계량경제학자들에 의해 이루어진 애덤 스미스 시대 이전과 이후의 조사와 통계자료를 담고 있다.

84. **[원문]** 18세기 후반의 경제생활에 대해서는, 예를 들면, Ha-Joon Chang, *Economics : The User's Guide*, Pelican Books, 2014를 참조하기 바람.

여했다. ③ 공장의 소유주들은 종종 서로를 알고 지냈다. ④ 아동 노동이 흔했다. ⑤ 대부분의 은행은 자체 지폐를 발행했다. ⑥ 상업 조직들(예를 들면, 은행)이 많지 않았다. ⑦ 상업 조직들은 일반적으로 무한 책임을 가지고 있었으며, 그들이 파산하면(예를 들면, 스코틀랜드의 에어은행(Ayr Bank)처럼) 소유주들은 관련된 부채를 갚아야 하거나 감옥에 가야 했다. 반면에 현대 세계는 ① 기술, 금융 및 비즈니스 등이 출현하여, ② 자본을 마음대로 조달할 수 있고, 여러 대륙에 걸쳐 다수의 공장이나 지역에서 수만 또는 심지어 수십만 명의 사람들을 고용하는 국제적(다국적) 기업들이 활동하고 있다. 이러한 발전은 18세기 후반에는 상상조차 할 수 없었다. 그러나 현대 세계에서 이러한 쇄도하는 대혼잡 속에서 사적 소유, 상업적 이익, 시장 교환, 노동 분업, 자본, 이윤 추구 및 임금 고용 등에 관한 '보편적이고 영속적인 원리나 법칙'을 발견하고 인식하는 일은 결코 쉬운 일이 아니다. 또한 이러한 원리나 법칙을 '계몽 군주의 행동에 대한 이론'이 아니라 '진화하는 경제 질서와 의도하지 않은 집단적 이익'에 대한 더 넓은 이론에 연결하거나 통합시키는 일은 실로 엄청나다.

그러나 그러한 과정에서 분명히 ① 애덤 스미스가 꽤 명백하게 '잘못한 것들'이 있을 뿐만 아니라 ② 애덤 스미스가 당시에 '예상하지 못한' 현대 경제학의 주요 분야(문제)들이 있다. 우선, 애덤 스미스가 명백하게 잘못한 것들은 다음과 같다. 애덤 스미스는 에든버러 서쪽의 폴커크(Falkirk)[85] 지역에 있는 거대한 캐런 제철소(Carron Iron Works)를 지척에 두고 있었지만, 19세기의 '급속한 산업화'를 예견하지 못했다.[86] 또한 애덤 스미스는 제임스 와트(James Watt : 스코틀랜드

85. [역주] 영국 스코틀랜드 에든버러 서쪽에 있는 공업 도시로 1298년 월리스(Wallace)가 이끄는 스코틀랜드군이 잉글랜드군에 패한 곳임.

86. [원문] '애덤 스미스의 산업화 예견실패'에 관해서는 Charles Kindleberger, "The Historical Background: Adam Smith and the Industrial Revolution", in Thomas Wilson and Andrew S. Skinner (eds.), *The Market and the State : Essays in Honour of Adam Smith*, Oxford University Press, 1976를 참조하기 바람. 이 책에는 R. M. Hartwell이 애덤 스미스를 강력하게

의 발명가 겸 기계기술자, 1736~1819년)의 친구로서 글래스고대학교에서 워크숍을 열도록 후원했지만, 자신은 '기술 변화의 중요성'을 충분히 이해하지 못했다. 애덤 스미스는 아마 나중에 일어난 '주식회사의 급속한 성장'을 보았다면 놀랐거나 경악했을 것이다. 애덤 스미스의 돈의 기원에 대한 추측은 흥미롭지만 잘못되었다. 애덤 스미스의 가치(value)에 대한 언급은 혼란스럽고, 생산비 이론과 그 사촌격인 노동가치설(Labour Theory of Value)[87]은 대부분의 19세기 이론가들에게 '가망이 없는 이론'으로 입증되었으며, 오늘날 일부 마르크스주의 경제학자들을 제외하고는 거의 지지를 받지 못하고 있다. 다음으로, 현대 경제이론의 주요 분야들인 (예를 들면) 수요, 한계효용, 통화정책[88], 대량 실업, 경기순환 등에 대해 『국부론』은 거의 직접적으로 언급하지 않고 있다. 이들 중 많은 분야는 왜 그런지 충분히 예상할 수 있다. 이는 애덤 스미스가 산업화(산업혁명) 이전 시대의 마지막 순간에 국부론을 썼기 때문이다.

더욱이 애덤 스미스는 자신의 도덕적·역사적·법학적 저서들에서 종종 '놀라울 정도의 독창적 생각들'(예를 들면, '공정한 관찰자'(impartial spectator), '발전단계론'(stadial theory of development), '상업사회'(commercial society)에 대한 상세한 분석 등)을 보여주었지만, 정작 자신의 '정치경제학'(즉, 국부론)에서는 특별한 독창성을 보여주지 못했다. 특히 위대한 경제학자인 조지프 슘페터(Joseph

변호하는 내용이 포함되어 있다. 또한 Hiram Caton, "The Preindustrial Economics of Adam Smith", *Journal of Economic History*, 45(4), 1985도 참조하기 바람.

87. **[역주]** 상품의 실체는 인간의 노동이며, 상품의 가치는 '상품 생산에 투입된 노동시간'으로 결정된다는 학설로 고전학파 경제학에서 마르크스(Karl Marx)로 계승되었음.

88. **[원문]** '화폐경제학에 대한 애덤 스미스의 변호'를 보려면 David Laidler, "Adam Smith as a Monetary Economist", *Canadian Journal of Economics*, 14(2), 1981를 참조하기 바람. 애덤 스미스는 인플레이션, 통화와 실질가격 간의 비교, 나중에 '구매력 평가'(purchasing power parity)라고 알려진 개념 등에 대해서 『국부론』의 제Ⅱ편 말미("Digression Concerning the Variations in the Value of Silver During the Course of the Four Last Centuries")에서 상당히 자세하게 논의하였다.

Schumpeter : 1883년~1950년)[89]는 자신의 『경제분석의 역사(History of Economic Thought)』에서 "사실상 『국부론』에는 1776년 당시에 '완전히 새로운' 분석적 생각이나 원리 또는 방법이 하나도 없다"라고 기술하였다.[90] 이 노골적이고 대담한 주장의 정확성은 논쟁의 여지가 있으며, 그럼에도 슘페터는 애덤 스미스의 '열렬한' 숭배자였다. 그러나 슘페터의 주장은 더 심오한 진실을 내포하고 있다. 그것은 곧 『국부론』에서 애덤 스미스의 본능은 그 원천이 무엇이든 간에 '생각의 조사(照査, collation)[91], 개발(development) 및 종합'(synthesis ; 합성)을 지향(志向)[92]하고 있었다는 점이다. 애덤 스미스의 독창성은 '경제적 사고(economic thinking)를 예상치 못한 분야들(예를 들면, 노예제 분석)과 (우리가 곧 보게 될) 정치 자체에 적용하려는 그의 의지'에서 자주 나타났다. 이로부터 애덤 스미스는 이미 오래전에 현대 경제학의 많은 분야를 내다보았다.

---

89. [역주] 오스트리아 출신의 미국 경제학자로 경기순환에 관한 이론과 역사·통계의 종합적 성과인 『경기순환론』을 저술하였으며, 케인즈와 더불어 20세기 전반의 대표적 경제학자로 평가됨.
90. [원문] '애덤 스미스의 독창성 부족'이라는 지적에 관해서는 우선, Joseph Schumpeter, *History of Economic Analysis*, Routledge, [1954] 1987을 참조하기 바람. 다음으로, 머레이 로스바드(Murray Rothbard)는 훨씬 더 경멸적이고, 실제로 명백히 불공정하고 부정확한 비판을 다음과 같이 제시했다. 로스바드에 따르면 "수수께끼는 '애덤 스미스의 고귀한 명성'과 '경제사상에 대한 그의 미심쩍은 공헌이라는 현실' 간에 거대하고 전례 없는 차이가 존재한다는 점이다. 문제는 애덤 스미스가 진실이라고 생각되는 것을 아무것도 창안하지 않았고, 그가 창안한 것은 무엇이든지 잘못되었다는 점이다"라고 언급했다(Murray Rothbard, *Economic Thought before Adam Smith : An Austrian Perspective*, Edward Elgar, 1995). 반면에, 한 가지 흥미롭고 구체적인 반론은 "애덤 스미스가 '자본'(stock)에 대한 정상 수익률이 가격의 필수 구성요소라고 주장한 최초의 경제학자이다"라는 주장이 제시되었다(이에 관해서는 Ronald L. Meek, *Studies in the Labour Theory of Value*, Lawrence & Wishart, 1956를 참조하기 바람). 훨씬 더 자세하고 균형 잡힌 종합적 평가를 보려면 Hutchison, *Before Adam Smith*를 참조하기 바람. 또한 제이콥 바이너도 애덤 스미스의 독창성에 대해 다음과 같이 평가하였다. 즉, "독창성에 대한 애덤 스미스의 주요 주장은 '인과관계(因果關係)에 대해 하나의 조정되고 상호 의존적인 체계라는 통일된 개념'을 '경제 현상의 황무지'에 상세하고 정교하게 적용했다"라는 점이다(이에 대해서는 Jacob Viner, "Adam Smith and Laissez Faire", *Journal of Political Economy*, 35(2), April 1927을 참조하기 바람).
91. [역주] '조사(照査)'란 둘 이상의 사물을 서로 대조하여 자세히 살펴보는 것을 말함.
92. [역주] '지향(志向)'이란 어떤 목적으로 뜻이 쏠리어 향하는 것을 말함.

아마도 더 놀라운 사실은 애덤 스미스가 종종 정치경제학에 관한 초기 저서(즉, 『국부론』)에서 많은 '가치 있는 점들'을 잘 인식하지 못하거나 무시하는 것처럼 보인다는 것이다. 이러한 경향은 역사적 사고방식을 가진 사람들에게 더욱 그러하다. 특히 애덤 스미스가 "중상주의"(mercantile system ; 상업 제도)를 포괄적인 혼성어로 사용한 것은 수사학적으로 편리하지만, 이는 애덤 스미스 이전 사상가들 사이의 구분을 모호하게 하고, 그들 모두를 "애덤 스미스 이전의 정치경제학"이라고 적힌 상자에 넣는 결과를 가져다주었다. 그러나 1750년대에 이르러 페르디난도 갈리아니(Ferdinando Galiani)[93], 조사이아 터커(Josiah Tucker), 리처드 캉티용(Richard Cantillon)[94], 프랑수아 케네(François Quesnay : 프랑스의 의사·경제학자, 1694~1774년)[95]와 데이비드 흄(David Hume) 등이 저서를 출판함으로써 정치경제학 분야에서 중요한 저서들과 생각이 폭발적으로 증가했다. 특히 흄은 자신이 쓴 『에세이』에서 애덤 스미스의 많은 주요 주제들—예를 들면, ① "(은과 금이 아니라) 사람과 상품이 모든 사회의 진정한 힘"이라는 생각, ② 정부의 많은 개입 시도가 초래하는 부정적인 영향, ③ 자유무역이 가져다주는 상호 이익, ④ 자국의 국제적 이웃 국가들을 궁핍하게 만들려는 경제적 어리석음 등—을 미리 고려하였다. 애덤 스미스는 『국부론』에서 "흄은 내가 아는 한 지금까지 ① 상업과 제조업 간의 연관성과 ② 개인의 자유와 안전에 주목한 유일한 사람"이라고 주장했다. 그러나 애덤 스미스의 이러한 주장은 그 당시 박식한 사람들을 다소 어리둥절하게 했을 것이다.

전임자들에 대한 애덤 스미스의 선택적 접근 방식이 초래한 특정 희생자

93. **[역주]** 이탈리아의 경제학자 겸 외교관으로 『화폐론』을 써서 주목을 받았으며, 『곡물거래에 관한 대화』에서는 중농주의자의 자유무역론을 비판하였음.

94. **[역주]** 아일랜드 출신의 영국 은행가 겸 경제학자로 저서 『상업론』으로 근대 경제학의 생성 과정에 공헌한 것으로 평가되고 있음.

95. **[역주]** 최초의 체계적인 정치경제학파인 농업을 중시하는 '중농학파'('농업이 국부의 원천이다')를 창시하고 『경제표(Tableau économique)』를 저술하고, 자유방임주의를 주장함.

는 제임스 스튜어트 경(Sir James Steuart : 1712~1790년)[96]이었다. 스튜어트 경은 1767년에 『정치경제학의 원리에 대한 연구(An Inquiry into the Principles of Political Economy)』를 저술한 재커바이트(Jacobite)[97] 지지자였다. 애덤 스미스는 1772년 윌리엄 풀트니(William Pulteney)에게 보낸 편지에서 스튜어트 경의 책을 다음과 같이 고려할 가치가 없다고 일축(一蹴)했다 : "나는 한 번도 언급하지 않고서도 그의 책에 들어 있는 모든 '잘못된 원리'를 내 책에 들어 있는 '명확하고 뚜렷한 설명'으로 충분히 반박할 수 있음을 자부할 수 있다"라고 썼다. 이 주장은 너무 지나치다고 생각된다. 사실 스튜어트 경의 책은 종종 장황하고 단조로워서 읽기에 지루하다. 그러나 스튜어트 경은 애덤 스미스의 『국부론』에서 완전히 또는 부분적으로 누락되었으나 나중에 중요성을 띠게 된 정치경제학의 주요 측면들(예를 들어, 고용, 불확실성 및 무지 등과 관련한)을 유용하게 강조했다. 그러나 『국부론』 성공이 가져다준 하나의 결과는 바로 스튜어트 경의 책을 거의 완전히 빛을 보지 못하게 만들었다는 점이다.

애덤 스미스의 이러한 결점들은 중요하지만, 『국부론』의 숨 막히는 범위와 풍부함 앞에서는 무색해진다. 『국부론』으로 인해 애덤 스미스는 '불후의 명성을

96. **[역주]** 영국의 경제학자로 『정치경제학의 원리에 대한 연구』를 저술함. 스튜어트 경은 이 책에서 화폐론·유효수요론·외국무역론 등에 대해 같은 시기에 출간된 애덤 스미스의 『국부론』과 매우 대조적인 이론적 구성을 전개하여 제대로 평가받지 못했으나, 현대에 와서 중상주의에서 한 걸음 앞선 이론이라는 평가를 받고 있음. 스튜어트 경은 애덤 스미스의 『국부론』보다 9년 전에 쓴 이 책에서 "가정에서 경제인 것이 국가에서는 정치경제학이다"라고 주장했음. 스코틀랜드 에든버러 태생의 법률가이자 사상가. 애덤 스미스와 더불어 초기 경제학 사상을 형성한 주요 인물 가운데 한 명으로, 대표작으로 『정치경제학의 원리에 대한 연구』(1767)가 있음. 애덤 스미스의 유명세에 가려 그의 사상은 잊혀졌으나, 나중에 마르크스는 단순히 경제 주체만이 아니라 그를 둘러싼 사회 전체를 바라보아야 한다는 스튜어트 경의 시각을 높이 평가했고, 훗날 프리드리히 리스트와 케인즈 등이 그의 사상을 계승해서 보다 현실 적합성이 높은 학설을 개발했음.

97. **[역주]** 영국에서 명예혁명 후 망명한 스튜어트가(家)의 제임스 2세와 그 자손을 정통의 영국 군주로서 지지한 영국의 정치 세력을 말함. 스튜어트 경은 명예혁명으로 추방된 스튜어트 가문의 복권을 계획한 재커바이트의 난에 연루돼 18년 동안 대륙을 떠돌았으며, 이 암울한 시기를 보내며 『정치경제학의 원리에 대한 연구』를 집필했음.

가진 사람들 사이에서 기념비적으로 자신의 지위를 확고히 하는 한 가지 업적을 가지게 되었다'라는 사실이다. 즉, 애덤 스미스는 '문화 교류와 시장 교환을 통한 자기 이익(self-interest : 사익) 추구가 어떻게 경제성장과 사회적으로 유익한 결과를 가져다줄 수 있는지'에 대한 근본적인 질문을 제기하고 궁리(窮理)했다는 점이다. 이는 사실상 '경제학이 성숙하기 시작하는 순간'을 나타낸다.

이러한 질문을 제기하면서 애덤 스미스는 '분업'(division of labour : 노동 분업)[98]을 강조했다. 분업(分業)은 모든 인간 존재에서 가장 특별하고 중요한 현상 중의 하나이기 때문이다. 좀 더 평범하게 말하면, 애덤 스미스는 또한 '시장, 경쟁 및 시장교환'을 정확히 경제학의 중심에 놓은 최초의 사상가이기도 했다. 반면에 애덤 스미스 이전의 다른 사상가들[99]은 ① 초과공급이나 초과수요가 가격에 미치는 영향, ② 특정 조건들 하에서 균형에 수렴하려는 경향, ③ 시장교환이 자본 축적을 촉진하고 번영을 증진하는 데 미치는 영향 등에 주목하였다. 그러나 애덤 스미스만이 ① 이러한 생각들을 자신의 "자연적 자유의 체계"(system of natural liberty)인 '일반이론'(general theory)으로 형성하고, ② 일반이론이 개별 시장들과 상업사회 전체에 미치는 결과와 시사점들을 탐구하고, ③ 자신의 생각들을 당시의 일부 주요 경제문제들에 적용하였다. 마지막으로, 애덤 스미스가 서거한 지 200년이 넘도록 그의 분석은 주류 경제학(mainstream economics)

---

98. **[역주]** 작업의 모든 과정을 한 사람이 하지 않고 부분과 단계로 나누어 여러 사람이 분담하여 일을 완성시키는 노동 형태를 말함.

99. **[원문]** '애덤 스미스의 선배 사상가들에 대한 태도'를 엿보기 위해 마르크스의 다음과 같은 신랄한 비평에 주목해 보기로 하자. 마르크스는 "스코틀랜드 속담에 따르면 '우리가 조금만(a little) 얻으면, 많은 것(much)을 얻기가 쉽다'라는 말이 있다. 그러나 문제는 조금만 얻기가 어렵다는 점이다. 애덤 스미스는 이 속담을 '지적 재산'에도 적용했다. 애덤 스미스는 아주 세심하게도 자신이 '조금만' 얻은 그 출처(즉, 선배 사상가들의 생각)를 비밀로 유지하고, 실제로는 그로부터 '많은 것'을 얻었다([역주] 마르크스에 따르면 스코틀랜드 속담처럼 애덤 스미스는 선배 사상가들의 생각에서 조금만 얻었지만, 실제로는 많은 것을 얻었다)"라고 말했다. 이에 대해서는 Karl Marx, *A Contribution to the Critique of Political Economy*, ed. Maurice Dobb, Lawrence & Wishart, [1859] 1971을 참조하기 바람.

의 절대적 기초가 되어 왔다. 미시경제학자들은 여전히 애덤 스미스의 '시장 역학(market dynamics : 즉, 시장 메커니즘) 분석'의 그늘에서 활동하고, 거시경제학자들은 애덤 스미스의 이자, 저축 및 투자 이론들의 그늘에서 활동하고 있다. 오늘날 애덤 스미스가 "경제학의 아버지"(father of economics)로 칭송받는 것은 지극히 당연하다.

5. 다섯 가지 미신(迷信)[100]

그러나 이제까지 살펴본 애덤 스미스의 업적은 위대하지만, 전체 이야기의 일부에 불과하다. 애덤 스미스가 '무엇을 생각했고, 무엇을 성취했는지'에 대해 더 명확해 알려면 '애덤 스미스가 무엇을 하지 않았는지'에 대해서도 명확히 알아야만 한다. 이 작업은 겉으로 보기보다 훨씬 더 어렵다. 이는 애덤 스미스를 둘러싸고 지난 200년 동안 '터무니없는 미신'이 생겨났기 때문이다. 그러한 미신은 애덤 스미스 생각들이 내포하고 있는 지혜와 더 흔하게 애덤 스미스의 명성(名聲)을 자신의 과제나 사업에 끌어들이려는 사람들(예를 들면, 학자들, 경제학자들, 정치인들, 이념가들, 광신자들 등)에 의해 확고하게 옹호되고 있다. 따라서 나는 다섯 가지 주요 분야를 중심으로 그러한 미신에 정면으로 대처하고자 한다.

미신 1 : "애덤 스미스 문제"(Adam Smith Problem)

첫 번째 미신은 어떤 면에서 '애덤 스미스가 과연 몇 명인가'에 대한 수치적인 신화이다. 19세기에 독일 학자들 사이에서 "애덤 스미스 문제"(Das Adam Smith Problem)[101]라고 불리게 된 현상을 둘러싸고 하나의 논쟁이 시작되었다. 하

---

100. [역주] '근거없는 믿음'을 말함.

101. [원문] '애덤 스미스 문제'와 관련하여 다음 문헌을 참고하기 바람. 첫째, 애덤 스미스 문제에 대한

나의 가장 중요한 이론을 가진 단 한 명의 애덤 스미스가 있었는가?, 아니면 두 주요 이론을 가진 두 명의 애덤 스미스가 있었는가? 즉, '『도덕감정론』의 애덤 스미스'와 '『국부론』의 애덤 스미스'는 매우 다른 사람이었는가? 전자는 정말 이타주의(altruism)와 인간의 선함(human goodness)에 관한 책이고, 후자는 이기심(selfishness)과 인간의 탐욕(human greed)에 관한 책인가? 만약 그렇다면 확실히 두 책 사이에 근본적인 모순이 있을 것이다. 그러나 일부 사람들은 애덤 스미스가 아마도 1760년대에 프랑스를 방문하여 프랑수아 케네(François Quesnay : 프랑스의 의사·경제학자, 1694~1774년)와 중농주의자들(Physiocrats)[102]을 만났을 때 극적인 마음의 변화를 겪었을 것이라고 추론했다. 즉, 그들은 그 당시에 마음이 여린 젊은 도덕 철학자인 애덤 스미스가 완고하고 나이든 경제학자인 케네에게 굴복했었을 것이라고 추론했다. 그러나 이러한 추론은 결국 어려움을 가중(加重)시킬 뿐이다. 애덤 스미스가 말년에 『도덕감정론』을 개정하면서 두 책 사이의 '눈에 띄는 모순'을 어떻게 알아차리지 못했는가? 또한 왜 애덤 스미스는 그러한 모순을 완화하거나 줄이기 위해 아무것도 하지 않았는가? 이러한 관점에서 볼

다소 복잡한 논쟁과 그 역사적 배경에 대한 유용한 개요(概要)를 보려면 Montes의 논문을 참조하기 바람: Leonidas Montes, "Das Adam Smith Problem: Its Origin, the Stages of the Current Debate, and One Implication for our Understanding of Sympathy", *Journal of the History of Economic Thought*, 25(1), February 2003. 둘째, 1976년 『국부론』 발간 200주년 이후에 등장한 '애덤 스미스 문제'에 대한 중요한 재해석을 보려면 Teichgraeber의 논문을 참조하기 바람: Richard Teichgraeber III, "Rethinking Das Adam Smith Problem", *Journal of British Studies*, 20(2), Spring 1981. 셋째, '새로운' 애덤 스미스 문제를 보려면 Otteson의 논문을 참조하기 바람: James R. Otteson, *Adam Smith*, Bloomsbury 2011. 마지막으로, '두 명의 애덤 스미스' 관점에 대한 현대의 이념적 및 정책적 함의(含意)들을 보려면 Watson의 논문을 참조하기 바람 : Matthew Watson, "Gordon Brown's "Adam Smith Problem"", *Renewal*, 16(3-4), 2008.

102. [역주] 토지와 농업을 모든 부(富)의 원천이라고 생각하는 사람들을 말한다. '중농주의학파'의 창시자는 루이 15세 때 궁정 의사였던 프랑수아 케네였다. 케네의 대표 저서는 전체 경제 과정을 최초로 도식화하여 보여주는 『경제표(Tableau économique)』(1758)이다. '중농주의'(Physiocracy)라는 용어는 '자연이 지배한다'라는 뜻으로 유명한 구호 '자유방임(laissez faire)은 자연법칙이 경제 과정을 지배해야 한다'는 그들의 신조를 잘 반영하고 있다.

때 애덤 스미스는 '위대한 경제학자'였을지 모르지만, '철학적 바보'(philosophical fool)였거나 더 나쁘게 말하면 '정직하지 못한 사람'(knave)이었다.

이러한 질문들은 그동안 많이 논의되어 왔으며, '두 명의 애덤 스미스(two Adam Smith)가 있다'라는 생각은 일부 애덤 스미스 해석자들을 매료시키기 위해 각기 다른 방식으로 계속되고 있다. 그 당시 인용에 대한 관습이 없었기 때문에 애덤 스미스가 ① 두 책 사이의 연관성과 ② 자신의 생각이 어떻게 진화되는지를 살펴보기 위해 '왜 두 책을 상호 참조(cross-reference)하기로 결정하지 않았는지'에 대해 하나의 작은 퍼즐이 있다. 예를 들어, 우리는 이 퍼즐을 말년에 『도덕감정론』에 '추가된 내용'에 적용할 수 있다. 여기서 애덤 스미스는 '위대하고 힘이 있는 사람들'에 대한 사람들의 존경이 가진 '기만적인 힘'에 대해 자신의 생각을 서술하였다.

그러나 그렇지 않으면 '두 명의 애덤 스미스'가 존재하는 원인을 찾기가 절망적일 것이다. 지적(知的)으로 볼 때 "두 명의 애덤 스미스"가 있다는 견해는 '애덤 스미스의 생각들과 그들이 어떻게 서로 부합하는지'를 몹시 오해(誤解)하게 만든다. 『도덕감정론』에 서술된 매우 중요한 개념인 '공감'(共感, sympathy ; 동정심)은 '이타주의'(altruism)와 같지 않으며, 사실상 공감은 결코 '행동의 동기'(motive for action)가 아니다. 오히려 '공감'은 사람들이 도덕적 판단을 형성하고 어느 정도의 도덕적 자의식(自意識)을 달성할 수 있도록 하는 '과정의 일부'이다. 따라서 공감(동정심)과 이기심(self-interest ; 사익 추구)을 반드시 대조할 필요가 없다. 실제적인 측면에서도 그러한 논쟁은 결코 진행되지 않을 것이다. 듀걸드 스튜어트(Dugald Stewart : 스코틀랜드의 철학자, 1753~1828년)는 자신의 아주 초기 '전기 노트'(이는 애덤 스미스에 대해 가장 권위 있고 독립적인 주요 자료임)에서 "애덤 스미스가 적어도 1755년부터 『국부론』의 주요 생각들 중 일부를 구상하고 있었다"라고 서술했으며, 당시 애덤 스미스의 논문에서 다음 내용을 인용하였다. 즉, "국가를 '가장 낮은 야만 상태'에서 '최고 수준의 부유함'으로 이끄는 데 필요한 것은

'평화, 가혹하지 않은 세금 및 참을 수 있는 법 집행' 이외에 거의 없다. 나머지는 모두 자연스러운 과정에 의해 이루어진다." 놀랍게도 이러한 주장은 『도덕감정론』(1759년)이 출판되기 4년 전에 이루어졌다. 또한 나중에 출간된 『법학 강의』(1763년)도 이러한 견해를 더욱 뒷받침하였다. 이들 두 저서에 따르면 애덤 스미스는 1762년에 했던 강의를 통해 『국부론』의 초기 주제들을 구상 및 개발하고 있었음을 보여주었다. 또한 1762년은 애덤 스미스가 『도덕감정론』의 제2판 개정을 완료한 해였다. 실제로 애덤 스미스는 자신이 했던 강의 내용들을 바탕으로 '정치경제학'에 대한 별도의 책으로 자세히 쓰기 위해 소위 『국부론의 초기 초안』을 작성했다. 이 초안은 아마도 애덤 스미스가 프랑스로 떠나기 전인 1763년 4월에 작성되었을 것이다.

또한 애덤 스미스의 두 책 간에는 내용 변경 흔적(conversion experience)이 없었다. 1776년에 『국부론』이 출판되었을 때 1759년에 출간된 『도덕감정론』에 대한 광고가 들어 있었다. 또한 『도덕감정론』의 제2판(1761년)과 나중 판(版)에는 최초의 언어 구성에 대한 에세이도 포함되어 있었다. 이러한 점은 애덤 스미스가 자신의 생각들을 '대체로 점진적이고 체계적으로 발전시켰다'라는 사실과 부합되는 일이다. 애덤 스미스는 그의 인생의 마지막 10년을 연속간행을 위해 종종 겹치면서도 두 책을 검토하고 수정하는 데 할애하였다. 또한 애덤 스미스는 생애 말년에 그의 첫 번째 책인 『도덕감정론』으로 돌아가 『국부론』을 전혀 언급하지 않고 『도덕감정론』에서의 주장과 논의를 확장하였다. 따라서 다음 두 가지 점에는 의심의 여지가 없다. 즉, 애덤 스미스는 ① 자신의 두 위대한 책이 서로 나란히 읽히기를 원했고, ② 두 책이 독립적이지만 매우 상호보완적이며 각각 '철학적으로 통일된 하나의 체계'(a philosophically unified system) 내에서 다른 구성요소로 연결되어 있다고 생각했다. 철학적 통일 체계는 '지속적이고 진화하는 상호 교환'(continuous and evolving mutual exchange)이라는 단일 생각에 기반을 두고 있다. 그러한 '상호 교환'은 ① 언어학에서의 의사소통 교환(communication exchange), ② 도덕 및 사회 심리학에서의 존중 교환(esteem change), ③ 정치경제학에서의 시장 교환(market exchange)을 말한다.

이러한 점은 '애덤 스미스의 생각이 진화하지 않는다'는 말이 아니다. 또한 두 책 사이에 모순이나 강조점의 차이가 없다는 것은 아니다. 두 책은 주제(主題)가 다르고, 어조(語調)와 성격(性格)이 매우 다르다. 『도덕감정론』은 '상업 생활'(commercial life)에 대해 거의 다루고 있지 않으며, 『국부론』은 '공감(동정심), 의무, 신중함, 또는 『도덕감정론』의 핵심 주제'를 거의 다루지 않고 있다. 따라서 어떤 사람들에게 두 책이 '다른 저자'의 작품처럼 보이는 것은 놀라운 일이 아니다. 실제로 일부 현대 작가들은 두 책을 '인간 삶의 두 가지 다른 영역'[103]을 구분하는 것으로 보았다. 즉, ① 하나는 엄격하게 정의된 '사랑(love)과 신뢰(trust)의 영역'([역주] 이는 『도덕감정론』의 영역임)으로서 여기에는 친구들, 가족 및 가까운(친밀한) 공동체를 포함하며, ② 다른 하나는 훨씬 더 큰 '협력(cooperation)의 영역'([역주] 이는 『국부론』의 영역임)으로서 이를 통해 문명 확장의 경제적·사회적 이익을 비(非)개인적(impersonal)이고 익명적인 방식으로 창출한다. 이러한 관점에서 우리의 '도덕 규범'(moral norms)은 '우리가 모르는 사람들'에게까지 확대되지 않으며, 또한 확대될 수도 없다. 우리는 단순히 '이기심'(self-interest : 사익 추구)에 기초하여 낯선 사람들과 상호작용(교류)하고, 그들과의 상호작용(교류)을 받아들인다. 또한 상거래 시스템을 유지하고 운영하는 것은 사랑(love)이 아니라 바로 '이기심'(self-interest)이다.

어떤 면에서 이러한 생각은 '솔깃한 사고방식'이지만, 애덤 스미스에 대한 올바른 이해가 아니다. 왜 그런가? 그러한 생각은 '애덤 스미스의 인간 과학'(science of man)의 중심에 있는 논리적 관계를 모순되게 만들기 때문이다.

---

103. **[원문]** '인간 삶의 두 가지 영역'에 대해서는 Friedrich Hayek, *The Fatal Conceit*, University of Chicago Press, 1988을 참조하기 바람. 그러나 하이에크(F. Hayek)가 실제로 『도덕감정론』을 읽었는지는 분명하지 않다.

『도덕감정론』은 구체적으로 도덕적 상호작용의 영역을 구분하지 않았다. 오히려 『도덕감정론』은 '사회 내에서 도덕 규범과 공유된 도덕적 약속이 어떻게 발생하는지'에 대해 '완전히 일반적인 설명'을 하고자 했다. 이는 사실이다. 애덤 스미스는 '잘 작동하는 시장들이 가져다주는 유익한 결과(beneficent effects)를 설명하기 위해 사람들 사이에서 이기심(self-interest) 또는 자기애(自己愛, self-love)[104] 이외에는 거의 필요하지 않다'라고 믿었다. 그러나 애덤 스미스가 『국부론』에서 설명한 '더 광범위한 거래 질서에서 도덕적 가치가 전혀 적용되지 않는다'라고 믿었다는 증거는 없다. 만약 애덤 스미스가 『국부론』에서 그렇게 믿었다면 이는 『도덕감정론』과 '모순'될 것이다. 이는 또한 '시장이 사법과 집행이라는 법체계를 바탕으로 규범과 신뢰가 마련된 환경 내에서 작동한다'라는 애덤 스미스의 잘 알려진 '일반적인 이론'과도 모순될 것이다. 왜 인간들은 하나를 주고 다른 것을 얻는 "공정하고 의도적인 교환"(fair and deliberate exchange)을 하는가?(개들(dogs)은 그러한 교환을 하지 않는다[105]). 그러한 교환들이 양 당사자 간의 '공정성(fairness)의 공유'를 바탕으로 하고 있기 때문이다. 또한 그러한 교환들은 ① 교환을 위해 무엇을 내놓을 것인지, ② 무엇을 얻을 것인지, 그리고 ③ 상대방이 무엇을 받아들일 것인지를 고려하는 인간의 능력을 기반으로 하기 때문이다. 그럼에도 불구하고, ① 관련된 도덕 규범들은 변할 수 있으며, 또한 ② 심리적인 문제로서 도덕 규범들은 일반적으로 비(非)개인적인(impersonal) 거래 상황들에서 더 약해지고 덜 강압적일 것이다. 따라서 애덤 스미스는 윤리문제에 있어서 '세계주의자'(cosmopolitan)[106]가 아니었다. 그러나 애덤 스미스는 상업 세계가 사실상 '도덕 관념이 없는(amoral) 세계'라고는 믿지 않았다. 또한 애덤 스미

104. [역주] '자기애'란 자기의 가치를 높이고 싶은 욕망에서 생기는 자기에 대한 사랑을 말함.

105. [역주] 개들은 한 개의 뼈를 다른 개와 '공정하고 의도적으로 교환'하지 않는다.

106. [역주] 편협한 국경과 민족을 초월하여 전 세계를 한 국가, 온 인류를 한 동포로 보고 인류 사회의 통일을 꾀하고자 하는 사람을 말함.

스는 정치경제학이 '탈(脫)가치적 과학'(value-free science ; 가치판단을 하지 않는 과학)이라고 믿지 않았고, 또 그렇게 되어서도 안 되고 그렇게 될 수 없다고 생각했다. 나중에 밝혀지겠지만 사실은 정반대이다.

미신 2 : 애덤 스미스는 이기심(self-interest)의 옹호자였다.

애덤 스미스의 두 위대한 책 사이의 '진정한 관계'를 이해하는 것은 중요하다. 왜 그런가? 두 책 간의 진정한 관계를 알면 ① 애덤 스미스의 '전체적인 견해'를 알 수 있을 뿐만 아니라, ② 『국부론』을 애덤 스미스의 '마지막 말'로 인식하는 실수를 막는 데 유익하기 때문이다. 또한 애덤 스미스가 '경제학이 항상 윤리학을 능가한다'라고 믿었다고 인식되지만, 이는 사실이 아니다. 이러한 인식은 두 번째 미신인 '애덤 스미스가 어떤 이유로든 이기심(self-interest)의 옹호자였다'라는 주장에 대해서도 마찬가지이다. 애덤 스미스의 다음과 같은 유명한 대사는 학계나 세간에서 자주 인용된다 :

> "우리가 우리의 저녁 식사를 기대하는(먹을 수 있는) 것은 푸줏간(정육점) 주인, 양조업자 또는 빵집 주인의 '자비심'(benevolence)에서 비롯되는 것이 아니라 그들 '자신의 이익'(own interest)에 대한 고려(헤아림)에서 비롯된다. 우리는 ① 그들의 '인간애'(humanity : 자비심)가 아니라 그들의 '자기애'(self-love ; 이기심)에 대해 이야기하고, ② 그들에게 '우리 자신의 필요'가 아니라 반드시 '그들의 이익'에 대해 말해야 한다." [여기서 ①, ②라는 표시는 독자의 편의를 위해 역자가 만든 것임.]

> "It is not from the benevolence of the butcher, the brewer or the baker that we expect our dinner, but from their regard to their own

interest. We address ourselves, not to their humanity, but to their self-love, and never talk to them of our own necessities, but of their advantages."

또한 노벨 경제학상을 수상한 시카고대학의 저명 경제학자인 조지 스티글러(George Stigler : 미국의 경제학자(1911~1991년)로 1982년 노벨 경제학상 수상자임)는 "『국부론』은 이기심(self-interest)이라는 화강암[107] 위에 세워진 거대한 궁전이다"라고 말했다. 또한 ① '경제학 자체가 "정말로" 단지 이기심에 관한 것이다'(아마 이기심에 관한 것이어야만 한다)라는 생각, 또는 ② 사실상 '이기심의 추구는 어떻게든 인간의 합리성(human rationality) 그 자체를 의미한다'라는 생각은 이미 오래전부터 일반 통념(通念)이 되어 왔다.

『국부론』이 ① 부분적으로 상업과 자본 축적의 정당성을 주장하고, ② 상업과 자본 축적이 공익(公益)에 미치는 중요성을 옹호한다는 점은 틀림없는 사실이다. 또한 "자기애"(self-love)의 개념이 애덤 스미스에게 매우 중요하다는 점도 사실이다. 자기애는 '공감(동정심), 노동 분업, 거래 및 교환 본능' 등과 함께 애덤 스미스의 '자연적 자유 체계'(natural system of liberty)를 유지하는 기본 생각들 가운데 하나이기 때문이다. 그러나 애덤 스미스는 몇 가지 주요 원칙들에 기초하여 자신의 '인간 과학'(science of man ; 인간학)을 수립하려는 '뉴턴적 열망'(Newtonian desire)을 가지고 있었지만, 인간 과학(인간학)의 수립을 위해 한 가지 생각에만 의존하지는 않았다. 다른 맥락에서 애덤 스미스는 그리스의 철학자 에피쿠로스(Epicurus : 그리스의 철학자(341~270 B.C.)로 에피쿠로스학파[108]의 시

107. **[원문]** '이기심의 화강암'(granite of self-interest)에 대해서는 George Stigler, "Smith's Travels on the Ship of the State", *History of Political Economy*, 3(2), Fall 1971을 참조하기 바람. 스티글러는 이 논문에서 『도덕감정론』을 언급하지 않았을 뿐만 아니라 실제로 『국부론』을 제외한 애덤 스미스의 어떤 저서도 언급하지 않았다.

108. **[역주]** 에피쿠로스학파는 개인적·정신적 '쾌락'의 추구를 인생 최대의 목적으로 하는 학파를 말함.

조임)가 자신의 윤리 체계를 단지 '신중함'에만 기초하고, 자신의 물리학을 '원자론'에만 기초함으로써 너무 인색했던 것에 관해 비판적이었다. 사실상 애덤 스미스는 자신이 설명하고자 하는 '정치 · 경제적 현상들의 모든 범위'를 제대로 다루지 못할 바에야 차라리 자신의 가정들에서 어느 정도의 '복잡성'을 받아들이는 편이 더 낫다고 생각했을지 모른다. 애덤 스미스는 자신의 악기(樂器)에 하나 이상의 현(絃)을 사용하여 더 풍부하고 더 감미로운 멜로디를 연주할 수 있기를 원했다.

실제로 애덤 스미스는 '인간의 다양한 감정들'(human emotions)을 인식하고 논의하였으며, 일부 감정(예를 들면, 경이감, 자부심, 허영심 등)은 '개인 이익'과 거의 또는 전혀 관련이 없다. 더욱이 사람들의 감정(emotion)은 '새롭고 예상치 못한 방식'으로 결합하여 그들의 행동(action)으로 나타날 수 있을 뿐만 아니라 실제로 나타난다. 애덤 스미스는 『수사학 강의』에서 다음과 같이 말했다 :

> "서로 다른 열정(passion)은 모두 서로 다른 마음의 상태(state of mind)와 외부 환경에서 같은 방식으로 생성된다. 그러나 우리가 이러한 방식으로 생성된 모든 다양한 애정과 열정을 경험하는 것은 '끝이 없고'(endless) '쓸모도 없을'(useless) 것이다. 우선, 단순한(simple) 열정들은 그 수가 많지는 않지만 다양한 방식으로 혼합되어 많은 '혼합된'(mixed) 열정들을 '거의 무한대'로 만들어낼 수 있기 때문에, 사실상 애정과 열정들의 수는 '끝이 없을'(endless)것이다. 또한 우리가 모든 다양한 애정과 열정들을 경험했지만 그 사람의 성격, 나이 및 환경의 차이에 따라 그 효과가 너무 달라서 우리의 규칙이 '전혀 적용되지 않을' 것이기 때문에 사실상 그러한 애정과 열정들은 '쓸모가 없을'(useless) 것이다."

다시 말하면, 실상(實狀)은 '동적(動的)이고 복잡'하다. 애덤 스미스는 '"인간의 본성"(human nature)이라고 불리는 하나의 고정되거나 필수적인 것이 있다'라고 생각하지 않았다. 그러나 애덤 스미스는 '인간의 특정 본능과 욕구를 근본적인 것'으로 간주하고, 사람들이 '다중 정체성'(multiple identity)을 가질 수 있음을 인정하였다.[109] 인간은 '공통된 특성들'(common characteristics)을 가지고 있지만, 그러한 특성들은 사회 내에서 선택과 환경에 의해 형성된다. 인간의 공통된 특성들과 그들의 감정적 복잡성은 어떤 인간 과학에서도 (비록 불가능하지는 않지만) '정확한 예측'을 어렵게 만든다.

더욱이 '이기심'(self-interest : 사리사욕, 사익 추구)[110]이라는 개념과 이와 관련된 '이기주의'(selfishness)[111]라는 개념은 사실 '자기애'(self-love)와는 상당히 다르다.[112] 애덤 스미스는 『국부론』에서 개신교 성직자들과 달리 교구민들

---

109. **[원문]** '애덤 스미스의 반(反)유토피아적 이상주의'(anti-utopianism)는 다음과 같이 설명할 수 있다. 애덤 스미스가 지나치게 일반화되거나 이상주의적이라고 여겼던 견해들에 대한 그의 철저한 저항은 최근 발견된 1785~1788년에 자신과 빈디슈그레츠(Windischgrätz) 백작 사이에 교환된 서신들에서 잘 드러난다. 당시 빈디슈그레츠 백작은 애덤 스미스에게 '재산 이전에 대한 통일된(그리고 수학적으로 다루기 쉬운) 설명'을 제시하는 대가로 제안한 상금에 대해 애덤 스미스의 지원을 요청하기 위해 편지를 썼다. 애덤 스미스는 정중하지만 단호하게 다음과 같이 응답했다. 즉, "① 자신이 보기에 재산 형태와 재산 이전 유형의 범위가 너무 광범위해서 '하나의 형식적인 이론'으로 포착할 수 없으며, ② 그러한 작업을 수행할 자격이 있는 사람도 없고, 그리고 ③ 상금은 단지 사기꾼들을 부추길 뿐이므로 백작님은 돈을 절약하는 것이 더 나을 것입니다"라고 정중히 응답했다. 애덤 스미스는 또한 "저는 제가 원하지 않는 상황에서 제 이름이 신문에 실리는 것을 절대 용납하지 않겠습니다. 유감스럽게도 저는 언제나 그것을 허용할 수 없습니다"라고 덧붙였다(이에 대해서는 José M. Menudo and Nicholas Rieucau, "A Previously Unpublished Correspondence between Adam Smith and Joseph Nicholas de Windischgrätz", *History of Political Economy*, 49(1), 2017를 참조하기 바람).

110. **[역주]** '자기의 이익만을 꾀하고, 남을 돌보지 아니하는 마음'을 말함.

111. **[역주]** '자기의 이익만을 꾀하고, 사회 일반의 이익은 염두에도 두지 않는 주의'를 말함.

112. **[원문]** '이기심'(self-interest : 사리사욕, 사익 추구), '이기주의'(selfishness), '자기애'(self-love)와 관련해서는 Pierre Fore, *Self-Interest Before Adam Smith : A Genealogy of Economic Science*, Cambridge University Press, 2003을 참조하기 바람. 또한 데이비드 흄(David Hume)도 자신의 에세이("Of the Independency of Parliament")에서 정치와 관련하여 '귀인(歸因) 동기'(attributed motivation)에 대해 다음과 같이 비슷한 주장을 했다 : "그러므로 '모든 사람은 악당(knave)으로 여겨져야 한다'([역주] 악당을 귀인(歸因)으로 여김)라는 말은 올바른 정치적 금언(金言)이다(It is, therefore, a just political maxim, that every man must be supposed a knave)."

의 선물에 의존해야 하는 가톨릭 성직자들의 "근면과 열의"를 설명하면서 '이기심'(self-interest)이라는 단어를 한 번만 언급하였다. 애덤 스미스는 다음과 같이 '공익(公益)이 사적인 이기심(private self-interest : 사익)보다 우선해야 한다'는 점을 아주 분명히 했다 :

"지혜롭고 도덕적인 사람은 언제나 자신의 특정 집단이나 사회의 공익(公益)을 위해 자신의 사익(私益)을 기꺼이 희생한다. 그러한 사람은 또한 언제나 국가나 주권(主權)의 '더 큰 이익'을 위해 그 종속적인 부분인 자신의 특정 집단이나 사회의 이익을 기꺼이 희생한다."[113]

또한 애덤 스미스는 '이기심(self-interest)에 기반한 사고 체계'를 제공한다는 이유로 토머스 홉스(Thomas Hobbes : 영국의 철학자·사상가, 1588~1679년)[114]와 버나드 맨더빌(Bernard Mandeville : 네덜란드 태생의 영국 의사·사상가, 1670~1733년)[115]을 비난했다. 게다가 애덤 스미스는 『도덕감정론』의 서두에서 특히 '이기주의'(selfishness)가 인간 동기부여의 유일한 원천이라는 생각을 다음과 같이 거부하였다 :

113. **[역주]** "The wise and virtuous man is at all times willing that his own private interest should be sacrificed to the greater interest of the state or sovereignty, of which it is only a subordinate part."

114. **[역주]** 영국의 철학자로 성악설을 전제로 각자의 이익을 위해서 사람은 계약으로써 국가를 만들어 '자연권(自然權)'을 제한하고, 국가를 대표하는 의지에 그것을 양도하여 복종해야 한다고 보았음. 또한 전제군주제(專制君主制)를 이상적인 국가 형태라고 생각하였음.

115. **[역주]** 영국 의사 겸 도덕 사상가로 '개인의 악덕, 사회의 이익'이라는 부제가 붙은 풍자시 『꿀벌의 우화(寓話)』를 발표해 당시 영국 사회 모든 계층의 기만과 인간 본성에 대한 기성 도덕의 위선적 견해를 비판했음. 인간의 도덕적 약점과 아욕(我慾) 등에서 비롯되는 소비가 부(富)의 증대와 실업의 해소, 그리고 국가의 경제 발전을 가져온다고 주장했음.

"인간이 아무리 '이기적'(selfish)이라고 할지라도 그의 본성(nature)에는 분명히 어떤 [도덕적] 원리(principles)[116]가 있기 마련이다. 인간의 [도덕적] 원리는 이기적인 사람이 다른 사람들의 행복(fortune)에 관심을 가지게 하고, 그들이 진정으로 행복해지기를 바란다. 그러나 그는 다른 사람들의 행복을 보는 즐거움 이외에는 아무것도 얻지 못한다"[117, 118]. (여기서 [·]는 역자가 만든 것임.)

"How selfish soever man may be supposed, there are evidently some principles in his nature, which interest him in the fortune of others, and render their happiness necessary to him, though he derives nothing from it, except the pleasure of seeing it."

[역주] 이 문장에 대한 국내 다른 번역은 다음과 같다.

▶ **김광수(2016) 번역본**

"사람의 이기심이 아무리 특징적인 것으로 상정된다고 해도, 인간의 본성 가운데는 타인의 운명에 관심을 가지며, 설령 타인들의 행복을 지켜보는 즐거움을 제외하고는 아무것도 얻지 못할지라도 그들의 행복을 자신에게 필요불가결한 것으로 만드는 일부 원

116. **[역주]** 여기서 'principles'는 "moral principles"를 말하며 이는 "도덕적 원리" 또는 "도의(道義)"를 의미함. '도덕 원리(道德 原理)'는 도덕과 관련된 행위를 규제하는 최고의 근본 원칙이며, 도의(moral principles)는 '사람이 마땅히 행해야 할 도덕상의 의리'를 말함. 또한 fortune은 보통 '운명'이라고 번역되지만, 여기서는 '행복'을 말함. fortune은 영한사전에도 '행복'이라는 뜻이 있음.

117. **[역주]** '구글'이 한 번역은 다음과 같다. "사람이 아무리 이기적이라고 생각할지라도 그의 본성에는 다른 사람의 행운에 관심을 갖고 다른 사람의 행복을 필요로 하는 몇 가지 원칙이 분명히 있다. 그러나 그는 그것을 보는 즐거움 외에는 아무것도 얻지 못한다."

118. **[역주]** 'DeepL'이 한 번역은 다음과 같다. "사람이 아무리 이기적이라고 가정하더라도, 그의 본성에는 분명히 다른 사람의 재산에 관심을 갖고 그들의 행복을 그에게 필요하게 만드는 몇 가지 원칙이 있다. 비록 그가 그것을 보는 즐거움 외에는 아무것도 얻지 못하더라도 말이다."

리들이 분명히 존재한다." (『도덕감정론』, 애덤 스미스 지음, 김광수 번역, 한길사, 2016, p. 87)

▶ **박세일 · 민경국**(1996) **번역본**

"인간이 아무리 이기적(利己的)이라고 상정하더라도, 인간의 본성에는 분명 이와 상반되는 몇 가지 원리(原理)들이 존재한다. 이 원리들로 인해 인간은 타인의 운명에 관심을 가지게 되며, 단지 그것을 지켜보는 즐거움밖에는 아무것도 얻을 수 없다고 하더라도, 타인의 행복(幸福)을 필요로 한다." (『도덕감정론』, 아담 스미스 저, 박세일 · 민경국 공역, 비봉출판사, 1996년, p. 27)

▶ **조현욱**(2010) **번역본**

"인간이 제아무리 이기적이기 마련이라 할지라도, 그 본성에는 어떤 고결함이 존재하는 것이 명백하다. 인간이 다른 사람들의 번영에 관심을 갖고 그들의 행복을 바라는 것은 이 때문이다. 설사 그로부터 얻는 것은 타인의 행복과 번영을 보는 즐거움뿐일지라도." (『이성적 낙관주의자』, 매트 리들리 지음, 조현욱 옮김, 김영사, 2010년, pp. 149~150)

▶ **최재천**(2017) **번역본**

"인간이 아무리 본래 이기적인 존재라 하더라도, 그 천성에는 분명히 이와 상반되는 몇 가지가 존재한다. 이 천성으로 인하여 인간은 타인의 운명에 관심을 가지게 되며, 단지 그것을 바라보는 즐거움밖에는 아무것도 얻을 수 없다고 하더라도 타인의 행복을 필요로 한다." (『공감의 시대』, 프란스 드 발 지음, 최재천 옮김, 김영사, 2017년, p. 17)

▶ **이현주**(2015) **번역본**

"인간이 아무리 이기적인 존재라 할지라도, 기본 바탕에는 이와 반대되는 선한 본성도 있다. 그래서 인간은 다른 사람의 운명과 처지에도 관심을 갖는다. 또 자신에게 아무런 이득이 없을지라도 다른 사람의 행복을 진심으로 바라기도 한다." (『내 안에서 나를 만드는 것들』, 애덤 스미스 원저, 러셀 로버츠 지음, 이현주 옮김, 세계사, 2015년, p. 37)

이러한 생각은 ① 애덤 스미스의 도덕심리학과 사회심리학 분석의 초석이며, ② 이는 특히 '공감'(sympathy ; 동정심)이라는 말로 구현되고, ③ '이기심'(self-interest ; 사리사욕) 이론에 반대된다. 앞에서 언급한 푸줏간 주인, 양조업자, 빵집 주인의 이야기가 시사하는 요점은 '① 그들에게 도덕적 감정(moral sensibility)이 부족하다거나, ② 그들이 자신의 감정에 접근할 수 없거나 접근해서는 안 된다거나, ③ 그들이 자기애(self-love)에 의해 행동하거나 행동해야만 한다거나. ④ 이것만이 합리적인 행동이다'라는 것이 아니다. 그러면 무엇인가? 그들 이야기의 핵심은 '그들이 실제로 어떻게 행동하는지를 설명하기 위해 더 이상의 동기가 필요하지 않다'라는 것을 의미한다. 그들의 '자기중심적(self-oriented ; 이기적) 행동이 공익(公益)을 증진시킬 수 있다'라고 말하는 것은 미덕의 범위를 제한할 수 있지만, '① 그러한 행동이 필요하거나, ② 그러한 말로 정당화될 수 있다'라고 말하는 것은 아니다.

실제로 당시의 어법에서도 그러했듯이 애덤 스미스에게 '자기애'(self-love)라는 말은 부도덕(immoral)하지도 않고, 심지어 대중의 맹비난이나 악담을 나타내는 특별한 용어도 아니었다. 그러나 자기애는 사람들을 잘못된 방향으로 이끌 수 있다. 그러한 경우 "자기애의 자연스러운 표현(表現)은 '공정한 관찰자의 눈'으로 바로잡을 수 있다."[119] 그러나 데이비드 흄(David Hume)은 1751년에 쓴 『도

119. [원문] "The natural representations of self-love can be corrected by the eye of the impartial spectator" (『도덕감정론』, Ⅲ.iii.4). 이러한 경우는 애덤 스미스가 '자신의 새끼손가락을 잃을지도 모르는 누군가가 가질 수 있는 자연스러운 우려'와 '중국에서 일어난 재앙적인 지진에 대한 사람들의 반응'을 비교하는 (다음과 같은) 잘 알려진 구절에서 찾아볼 수 있다 : "누군가 자신에게 닥칠 수 있는 가장 사소한 재난이 (자신에게 일어나지 않는 큰 재난보다) 실제로 더 큰 혼란을 초래할 것이다. 어떤 사람이 내일 자신의 새끼손가락을 잃는다면 그는 오늘 밤 잠을 이루지 못할 것이다. 그러나 그가 (큰 재난을 당하는) 그들을 보지 못한다면 그는 (재난으로) 수억 명의 형제들의 파멸에도 가장 편안하게 코를 골 것이다. 재난으로 인한 엄청난 사람들의 파멸은 분명히 그 자신이 겪는 사소한 불행보다 그에게 덜 흥미로운 대상이 될 것이다." 애덤 스미스의 이러한 주장은 때때로 애덤 스미스의 사상과 세계관에서 '이기심(self-interest : 자기 이익)이 중심'이라는 점을 강조하는 것으로 이해되어 왔다. 실은 그러한 주장은 '정반대되는 결론'에 대한 논증의 일부이다. 그러면 정반대되는 결론은 무엇인가? 애덤 스미스의 요점은 '도덕적 의무감'이 '자기애'(self-love ; 이기심)의 명령(命令)을 극복할 정도로 강력하다는 것이다. 애덤 스미스에 따르면, "자기애라는 가장 강력한 충동에 대항할 수 있는 것은 인간애의 연약한 힘도 아니고, (자연이 인간의 마음속에 켜놓은) 미

덕의 원리에 관한 연구(Inquiry Concerning the Principles of Morals : 도덕 원리 연구)』의 부록에서 '자기애(self-love)가 인간 행동의 깊고 숨겨진 동기'라는 생각을 비난하였다. 여기서 흄은 '자기애'(self-love)를 '일상적인 인간의 행동을 설명하려는 불필요하고 지나치게 세련된(고상한) 시도'라고 묘사했다. 애덤 스미스가 흄의 이러한 견해에 반대했다고 생각할 이유가 없다. 그러나 애덤 스미스와 그 당시 다른 사람들은 자기애(self-love)가 또한 '긍정적인 도덕적 차원'(positive moral dimension)을 가지고 있다고 생각했다. 자기애(self-love)는 '협의의 경제적 이기심'(narrow economic self-interest)을 훨씬 뛰어넘는 측면들을 적절히 내포하고 있기 때문이다. 그러한 측면들에는 사람들이 자신의 안녕(행복)과 재산, 가족, 부양가족, 친구, 평판 등에 대해 가지는 관심이 포함된다. 자기애(self-love)는 또한 스토아학파(Stoic)[120] 특유의 사상으로서 '자기 자신을 적절히 돌보고, 개인의 미덕을 함양해야 할 의무'라는 도덕적 의미를 내포하고 있다. 이는 '(정부가 아니라) 사람들이 자신의 이기심(self-interest ; 사적 이익)을 판단하는 데 가장 적합한 위치에 있다'라는 애덤 스미스의 주장과 일맥상통한다. 마지막으로, 자기애가 가진 단점에도 불구하고 애덤 스미스는 '상업을 통한 자기애(self-love)의 실행을 그 자체로 문명화하는 힘'으로 보았다. 여기서 '문명화하는 힘'은 사람들의 습관을 개선하고, 인간의 에너지를 사교성, 절약, 근면 및 투자로 돌리게 하는 역할을 한다. 심지어 앞에서 언급한 푸줏간 주인, 양조업자, 빵집 주인에 대한 유명한 인용문에서도 그 초점은 부분적으로 ① '그들의 이익'을 찾아내어 충족시키고, ② '교환의 상호 이익'을 깨닫는 데 맞추어져 있었다. 이는 곧 '자기애의 실행'을 의미한다.

약한 자비심의 불꽃도 아니다. 그러한 경우에 작용하는 더 강한 힘, 즉 더 강력한 동기가 있다. 그것은 바로 이성, 원칙, 양심, 가슴 속의 거주자, 내면의 사람, 우리 행동의 위대한 심판자이자 중재자이다."

120. **[역주]** 스토아학파는 '윤리를 중심 과제로 삼아 욕망을 억제하고 자연의 법도를 따를 것'을 주장함.

미신 3 : 애덤 스미스는 친(親)부자(pro-rich)주의자였다.

애덤 스미스의 『국부론』은 스코틀랜드가 역사상 가장 길고 가장 빠른 경제성장을 기록한 기간(1770년대) 중 하나였던 시기에 출간되었다. 당시 스코틀랜드의 막대한 부(富)는 주로 스코틀랜드의 상인들과 산업가들에 의해 창출되고 있었다. 따라서 『국부론』은 부분적으로는 '자유시장들에 기초한 상업 시스템'(commercial system ; 상업 제도)이라는 '새로이 등장한 생각'(emerging idea ; 신흥(新興) 생각, 신사고(新思考), 혁신적 생각)을 설명(說明)할 뿐만 아니라, 이를 승인(承認)[121]하고 옹호(擁護)하는 역할을 한다. 이러한 이유로 오늘날 '부(富)와 소득의 극심한 불평등이 상업 시스템의 당연한 결과'라고 정당화하기 위해 애덤 스미스의 이름이 자주 언급되고 있다.

사실상 『국부론』은 "보편적 풍요"(universal opulence), 즉 '사회의 모든 부문을 대한 물질적 향상'의 가능성에 대한 찬가이다. 그러나 먼저, 애덤 스미스는 사실 '막대한 부(富)의 중요성'을 믿는 사람과는 거리가 멀었다. 애덤 스미스는 『국부론』에서 "모든 것은 우리 자신을 위한 것이고, 다른 사람들을 위한 것은 아무것도 없다는 생각은 세계 모든 시대에서(동서고금을 통하여) 인류의 주인이나 지배자들의 비열한 격언이었던 것 같다"라고 썼다. 더욱이 애덤 스미스는 『법학 강의』에서 여러 세대에 걸쳐 토지를 임의로 처분할 수 없게 하는 데 이용된 상속법, 장자상속제, 한사(限嗣)상속제[122] 등과 같이 재산의 합병(合併)을 허용하는 제도들에 대해 매우 비판적이었다.

또한 애덤 스미스는 부자들에게 복종하지 않았다. 앞에서 지적한 바와 같이

---

121. [역주] 승인(承認)은 '어떤 사실을 마땅하다고 인정하는 것'을 말함.

122. [역주] 한사(限嗣)상속(entail)은 '상속인이 부동산을 배분하거나 달리 처분하는 것을 금지하는 제도'를 말함.

『도덕감정론』에서 애덤 스미스는 ① '부자와 권력자'를 존경하고 가난한 사람[123]을 경멸하는 '인간의 본능'을 비난하였을 뿐만 아니라, ② "부(富)와 위대함(권력)이 종종 (지혜와 미덕에만 기초하여) 존경과 감탄으로 간주된다"라는 사실도 비난하였다. 또한 애덤 스미스는 ③ "사람들의 가난과 나약함에 대해 경멸(輕蔑)이 가장 부당하게 가해진다는 사실이 모든 시대의 도덕주의자들의 불만이었다"라고 비난하였다. 그러나 애덤 스미스는 이러한 비난 속에서도 중요한 가치를 발견하였다. 이러한 '자기기만'(self-deception ; 자기현혹, 부자에 대한 존경과 감탄)[124]이 "인류의 근면을 일깨우고 계속 움직이게 하기" 때문이다.

또한 애덤 스미스는 '부(富)가 반드시 행복을 가져다주지 않는다'라는 사실을 잘 알고 있었다. 실제로 애덤 스미스는 소비와 물질적 소유 가치에 대해 회의적이었다. 이에 대해 애덤 스미스는 "얼마나 많은 사람이 '하찮은 효용의 장신구들'(trinkets of frivolous utility)에 돈을 씀으로써 자신을 망치고 있는가?"라고 물었다. 애덤 스미스는 민속학(folklore)의 어떤 대가가 노년기에 자신의 삶을 어떻게 반성해야 하는지를 생각할 때 다음과 같은 기억에 남을 만한 문구를 언급했다:

> "그의 몸은 고생과 질병으로 쇠약해졌고, 그의 마음은 자신의 적들로부터 받은 불의와 친구들로부터 받은 배신과 배은망덕함으로 입은 수많은 부

---

123. **[원문]** '애덤 스미스의 부자와 가난한 사람'에 대한 언급에 대해서는 Deborah Boucoyannis, "The Equalizing Hand : Why Adam Smith Thought the Market Should Produce Wealth without Steep Inequality." *Perspectives on Politics*, 11(4), December 2013. 여기서 부코야니스(D. Boucoyannis) 자신도 지적했듯이, 여기에는 '사전(事前) 분배'(predistribution)라는 현대적 개념과 유사한 주장이 들어 있다. '사전 분배'란 불평등이 발생한 후 이를 바로잡으려는 것(즉, '사후 분배')이 아니라, 처음부터 특정 불평등이 발생하지 못하게 사전적으로 정책을 변경하는 것을 말한다. 또한 이와 관련하여 Jacob S. Hacker, "The Institutional Foundations of Middle-Class Democracy." *Policy Network*, May 2011을 참조하기 바람.

124. **[역주]** 자기기만(自己欺瞞)이란 '자기가 자기의 마음을 속이는 일'로서 자기의 신조나 양심에 어긋난다는 것을 알면서도 하는 일 따위를 말함.

상과 실망의 기억으로 분하고 화난 인생의 마지막 단계에 이르러서야 마침내 그는 부(富)와 위대함은 '하찮은 효용의 장신구들'에 불과하며, 장난감 애호가의 핀셋[125] 상자보다 더 이상 몸의 안락함이나 마음의 평온을 얻는 데 적합하지 않다는 점을 깨닫기 시작했다."

또한 애덤 스미스는 이와 대조적으로 "몸의 편안함과 마음의 평화 속에서 삶의 모든 다른 계층은 실제로 동등하며, 도로변에서 '햇볕을 쬐는 거지'[126]는 나라의 왕들이 얻기 위해 싸우는 바로 그 안전을 소유하고 있다"라고 말했다. 부(富)가 사람의 행복에 어느 정도 중요할지라도 '균형 잡힌 인생관'이 더 중요할지도 모른다.

이러한 주장이 시사해 주듯이 애덤 스미스는 놀라울 정도로 '평등주의적인(egalitarian) 시각'을 가지고 있다. 부자와 가난한 사람의 이익이 충돌할 때 애덤 스미스의 본능과 주장은 거의 예외 없이 가난한 사람들의 편이다. 우선, 애덤 스미스는 '이동에 대한 제한으로 고통받는 사람은 부자가 아니라 가난한 사람들이다'라고 비난했다. 또한 애덤 스미스는 '임금에 대해 하한선이 아니라 상한선(즉, 최저임금)을 설정하기로 한 영국의회의 결정으로 고통받는 사람은 고용주가 아

---

125. **[역주]** 핀셋(pincette)은 '손으로 집기 어려운 작은 물건을 집는 데 쓰는 쇠붙이로 만든 기구'를 말함.

126. **[원문]** '햇볕을 쬐는 거지'에 관해서 토머스 마틴(Thomas Martin)은 다음과 같이 주장했다. 이 이야기는 디오 카시우스(Dio Cassius : 로마의 역사가, A. D. 155 ?~? 230)의 유명한 '허구적 만남'에 대한 은밀한 언급이라고 말했다. 여기서 견유학파(犬儒學派, the Cynic)인 디오게네스(Diogenes the Cynic : 그리스의 철학자, 412?~323 B.C.)는 햇빛을 가린다는 이유로 알렉산더 대왕에게 자신의 앞에서 비키라고 했다(이에 대해서는 Thomas Martin, "The Sunbathing Beggar and Fighting Kings : Diogenes the Cynic and Alexander the Great in Adam Smith's "Theory of Moral Sentiments"", *Adam Smith Review*, 8, 2015를 참조하기 바람). ***[역주]** ① 디오 카시우스는 로마의 정치가 겸 역사가로 주요 저서로 『로마사(史)』가 있음. 이 책은 공화제 말기와 제정(帝政) 초기를 아는 데 중요한 사료임 ; ② '견유학파'는 사회의 모든 기성 사실을 멸시하고, 세상을 비꼬며 비뚤어진 눈으로 보는 학파를 말함.

니라 노동자들이다'라고 비난했다. 애덤 스미스에 따르면, 상인 단체들이 자신의 이익을 위해 정부에 영향력이나 압력이 가해진다는 사실은 곧 의회 법률 청문회에서 항상 노동자들의 주장에 동정적이거나 호의적이어야 함을 의미한다. 사실상 애덤 스미스의 경우 가치 자체는 궁극적으로 돈이나 토지가 아니라 '노동'의 관점에서 이해되어야 한다([역주] 이를 애덤 스미스의 '노동가치설'(Labour Theory of Value)[127]이라고 부른다). 그러나 애덤 스미스는 "노동자들", "고용주들", "계급"에 대해 언급하면서 엄격한 마르크스주의식 계급 분석을 채택하지 않았다. 애덤 스미스가 그리는 그림(세상)은 마르크스주의자들보다 훨씬 더 '유동적(fluid)이고 동적(dynamic)'이다. 이와 같이 애덤 스미스가 부자보다 '가난한 사람을 편애하는' 이유들은 주로 도덕적이지만, 또한 경제적이기도 하다. 그 경제적 이유는 가난한 사람들에게 경쟁하고 성공하는 데 '더 공정한 기회'를 주기 위해서이다.

미신 4 : 애덤 스미스는 반(反)정부(anti-government)주의자였다.

오늘날 많은 시장 자유주의자들(market libertarians)[128]은 애덤 스미스를 '자유방임주의'(laissez-faire)[129, 130]의 위대한 예언자이자, 모든 종류의 '정부 개입과 국가 개입의 적(敵)'으로 보기를 좋아한다. 그러나 정치적 좌파(political left)의 관점에서 애덤 스미스를 비판하려는 사람들[131]도 마찬가지이다. 이들은 애덤 스미스

127. [역주] 상품의 가치는 그 생산에 필요한 노동시간으로 결정된다는 이론을 말함.

128. [역주] 자유주의(自由主義)란 '개인의 자유를 존중하고 이것에 대한 국가 권력의 간섭을 배격하려고 하는 사상'을 말함.

129. [역주] 자유방임주의(自由放任主義)란 '국가가 국민의 경제활동에 간섭하지 않고, 자유 경쟁에 맡겨야 한다는 경제적 자유주의'를 말함.

130. [원문] '자유방임주의'에 대해서는 Jacob Viner, "Adam Smith and Laissez Faire", *Journal of Political Economy*, 35(2), April 1927을 참조하기 바람.

131. [원문] '정치적 좌파부터의 애덤 스미스 비판'에 관해서는, 예를 들어, Joseph Stiglitz, "Monopoly's New Era", *Project Syndicate*, 13 May 2016을 참조하기 바람. 여기서 스티글리츠(Stiglitz)는 '경

를 자신의 견해를 주장하기 위한 하나의 '허수아비'로 내세우는 데 편리하기 때문이다. 이러한 두 경우에 양측 모두가 사용하는 표준적인 구절은 다음과 같다:

> "모든 사람은 ① 정의(正義)의 법칙을 위반하지 않는 한 자신의 이익을 자신의 방식대로 추구하고, ② 자신의 근면과 자본을 다른 사람이나 집단의 근면 및 자본과 경쟁하는 데 완전히 자유롭다."[132] [여기서 ①, ②라는 표시는 독자의 편의를 위해 역자가 만든 것임.]

그러나 모든 것을 고려해 볼 때 진실은 이와 상당히 다르다. 정말 그렇다. 애덤 스미스가 정부의 영향, 특히 정부의 간섭적 규제가 거래에 미치는 영향에 대해 개탄한 경우가 많이 있기 때문이다. 듀걸드 스튜어트(Dugald Stewart)의 기록에 따르면, 애덤 스미스는 『국부론』이 출간되기 오래전인 1755년에도 이미 다음과 같이 말했다:

> "물건을 다른 경로로 강제로 보내거나, 특정한 때에 사회의 진보를 저지하려고 애씀으로써 '자연스러운 거래 과정'을 방해하는 모든 정부는 자연적

제가 어떻게 작동하는지'에 대해 '두 종류의 학파'를 구별하려고 하였다. 첫 번째 학파는 '경쟁 시장을 강조하는 학파'로 애덤 스미스와 19세기 자유주의 정치경제학자들을 지칭하였다. 두 번째 학파는 '애덤 스미스의 자유주의(liberalism)가 어떻게 부(富)와 소득의 급속한 집중을 가져다주는지를 인식하는 학파'로 '자유로운 시장이 독점을 초래하는 경향'을 그 출발점으로 삼았다. 그러나 이 주장은 ① 애덤 스미스를 '자유방임주의 경제학자'로 잘못 해석하고, ② 애덤 스미스와 그의 19세기 자유주의 후계자들 사이의 중요한 차이점을 무시하고, ③ 독점과 정실 자본주의(crony capitalism)에 대한 애덤 스미스의 신랄한 비판 취지를 잘못 이해하였다. 이들 중 마지막 문제에 대해서는 제9장에서 자세히 설명할 예정이다.

132. **[원문]** "Every man, as long as he does not violate the laws of justice, is left perfectly free to pursue his own interest his own way, and to bring both his industry and his capital into competition with those of any other man, or order of men" (*The Wealth of Nations*, IV.ix.5).

이지 못하며(unnatural), 또한 정부를 유지·존속하기 위해 억압적이고 압제적일 수밖에 없다."[133]

애덤 스미스의 이러한 주장은 국가의 정부들뿐만 아니라 18세기 영국과 스코틀랜드의 교회조직과 지방정부에서 볼 수 있었던 자질구레한 규제와 공적 재량권 남용의 혼재(混在)에도 적용될 수 있다. 『국부론』 자체는 "영국의 상업 제도 전체에 대한 … 매우 격렬한 공격"이었다. 마지막으로, 우리가 이제까지 살펴보았듯이 애덤 스미스는 '정부가 국내에서뿐만 아니라 식민지화를 통해 국제적으로 독점권을 허용하거나 "조합 정신"(corporation spirit)을 부추기는 방식'에 대해 신랄하게 비판하였다.

그러나 전반적으로 우리가 애덤 스미스를 '반(反)정부(anti-government)주의자'로 인식한다면, 이는 그를 심각하게 '오해하게' 만들 것이다. 왜 그런가? 우선, 자유방임주의(laissez-faire)가 '시장이 국가와 완전히 독립되어 규제가 거의 또는 전혀 없이 작동되어야 한다'라는 것을 의미한다면, 애덤 스미스는 결코 그러한 자유방임주의를 믿지 않았다.[134] "자유방임주의"(laissez-faire)라는 표현은 케네(François Quesnay : 프랑스의 경제학자, 1694~1774년)와 중농주의자들(Physiocrats)[135]에 의해 채택되었지만, 애덤 스미스는 이 용어를 자신의 책 어디에서도 사용하지 않았다. 또한 애덤 스미스는 중농주의자들의 경제정책에 대한

---

133. [역주] "All governments which thwart this natural course of trade, which force things into another channel, or which endeavour to arrest the progress of society at a particular point, are unnatural, and to support themselves are obliged to be oppressive and tyrannical."

134. [역주] 한글 사전에 따르면, '자유방임주의(自由放任主義)'는 '국가가 국민의 경제활동에 간섭하지 않고, 자유 경쟁에 맡겨야 한다는 경제적 자유주의'라고 정의함.

135. [역주] '중농주의(重農主義)'는 18세기에 프랑스 고전 경제학자들이 제창한 주의로서 국민 복리를 증진하고 산업을 증진시키기 위해 특히 농업을 중시하고 농업만이 유일한 생산업이라 하여 중상(重商)주의에 대항하는 사상을 말하며, 그 경제정책은 '자유방임주의'임.

'유토피아적(utopian : 이상적인) 접근법'(즉, 자유방임주의)을 분명히 거부했다. 그 대신 애덤 스미스는 '시장(사실상 사회 전체)은 ① 일반적으로 신뢰(trust)와 신용(confidence)을 바탕으로 유지되며, ② 상거래에서 신뢰(신용)와 안전 등을 제공하고, 시장의 생존 및 존속을 위해 외부 제도들(external institutions)—특히, 법과 정부—에 의존한다'라는 점을 매우 분명히 했다. 반면에 상인들에게 완전히 제멋대로(자유롭게) 행동하게 내버려 둔다면, 그들은 사회를 부패(腐敗)시키고 좀먹게 할 것이다. 왜 그런가? 앞에서 이미 언급한 바와 같이 애덤 스미스는 이에 대해 다음과 같이 강하게 주장하였다 :

> "동업자(同業者)들은 오락과 기분 전환을 위해서조차도 좀처럼 함께 만나지 않는다. 그러나 비록 그들이 만나더라도 그들의 대화는 대중에 대한 음모(陰謀)나 가격 인상을 위한 모종의 계략(計略)으로 끝난다."[136]

애덤 스미스의 책을 자세히 읽어본 사람이라면 아무도 이성적으로 애덤 스미스가 '철저한 자유시장주의자'(free-marketeer : '자유시장경제의 제창자')라고 믿지 않을 것이다.

애덤 스미스는 또한 ① '시장의 성과가 저조할 수 있다'라는 점과 ② '시장 신뢰가 무너지면 경기침체나 불황을 초래할 수 있다'라는 점(이는 특히 1930년대에 케인즈(J. M. Keynes : 영국의 경제학자, 1883~1946년)가 강조한 것임)에 대해서도 잘 알고 있었다. 예를 들면, 애덤 스미스는 『국부론』 제I권에서 노동시장에서 그러한 일이 발생하면 어떤 일이 일어날지에 대해 다음과 같이 기술하였다 :

---

136. **[역주]** "People of the same trade seldom meet together, even for merriment and diversion, but the conversation ends in a conspiracy against the public, or in some contrivance to raise prices."

"매년 모든 다양한 종류의 직업들에서 하인들과 노동자들에 대한 수요는 전년도보다 줄어들 것이다. 상류계층에서 태어나서 자란 많은 사람은 상류층 직업에서 일자리를 찾을 수 없었기 때문에 그들은 기꺼이 최하위 계층이 일하는 직업에서 일자리를 구하려 할 것이다. 왜 그런가? 최하위 계층은 자신이 속한 계층의 일꾼들로 넘쳐날 뿐 아니라 다른 계층에서 온 과잉 일꾼들로도 넘쳐나게 됨으로써 최하위 계층에서 고용 경쟁이 매우 치열해질 것이다. 그로 인해 노동 임금은 노동자의 가장 비참하고 빈약한 최저생계 수준으로까지 떨어질 것이다. 그러나 많은 사람은 이러한 최악의 조건에서도 일자리를 찾을 수 없어서 굶주리거나 구걸 또는 아마도 가장 극악무도한 짓을 저지름으로써 생계를 꾸려 나가게 될 것이다. 그 결과, 극도의 가난, 기근, 대량 사망이 즉시 만연할 것이다. …."

애덤 스미스의 이러한 생각은 케인즈가 나중에 '차선의 균형'(sub-optimal equilibrium : 준(準)최적적 균형)이라고 생각한 것에 대한 거의 완벽한 설명이다. 애덤 스미스가 '시장은 항상 효율적이고, 항상 인간의 후생을 극대화한다'라고 믿었던 생각에 대해서는 여기서 더 이상 언급하지 않기로 한다.

더욱이 애덤 스미스가 강조한 "자연적 자유의 체계"(system of natural liberty)는 '완전한 시장 자유'가 아니라 보조금과 관세와 같은 '무역에 대한 특별한 장애물들을 제거'하는 데 초점을 맞추고 있다. 또한 '자연적 자유의 체계'는 '완벽한 시장'(perfect markets)이 아니라 '시장의 불완전성'(market imperfections)에 초점을 맞추고 있다. 위에서 언급한 전형적인 인용문에서 애덤 스미스는 "특혜(特惠)나 제한(制限) 제도"를 철폐해야 할 필요성에 대해 구체적으로 언급하면서 이를 분명히 했다. 어떤 규제(規制)가 이러한 부정적인 영향(negative effects)을 미치는 경우 애덤 스미스의 본능적 반응은 그러한 규제를 거부하는 것이었다. 그러나 애덤 스미스는 규제가 '긍정적인 영향'(positive effects)도 미칠 수 있음을 잘 알고 있었다. 또한 애덤 스미스는 '규제의 긍정적 효과'뿐만 아니라 '정부 역할의 중요성'도 강조하였다. 즉, ① 재산권을 보장하고, ② 법치(法治)주의[137]를 유지하며, ③ 시장이 번창하도록 신뢰와 예측 가능성이라는 제도적 환경을 제공하는 데 있어서 정부 역할의 중요성을 강조하였다. 애덤 스미스가 『국부론』에서 언급했듯이 "소지주들에게 매우 유리한 법과 관습들은 아마도 영국의 모든 상업 규제들을 합친 것보다 영국이 이룩한 현재의 위대함에 더 많이 기여했을 것이다."[138] 이는 긍정적 영향을 미치는 특정 규제들(예를 들면, 은행업과 관련된 규제)이 유용할 수 있지만, 관습과 법치주의가 참으로 중요하다는 것을 의미한다.

정부의 '전반적인 범위'가 오늘날 선진국들보다 훨씬 작았던 시기에 우리는 '애덤 스미스가 자신의 책들에서 고려했던 '구체적인 정부 개입의 범위'가 얼마나 넓었는지'를 잊곤 한다. 당시 애덤 스미스가 고려했던 구체적인 정부 개입의 범위는 다음과 같다. 즉, ① 항해조례(1651년 영국 공화제 정부에 의하여 제정된 해운 · 무역의 보호 입법을 말함. 1651~1849년) 제정, ② 술 소비를 줄이기 위해 맥주보다 증류주에 더 많은 세금 부과, ③ 외딴 지역이나 적대적인 지역으로의 해외 무역을 촉진하기 위한 일시적 독점권 부여, ④ 사기 방지책으로 근로자들에게 현물이 아닌 현금으로 임금을 지급해야 하는 법률상의 의무, ⑤ 현금 임대료보다 현물 임대료에 더 높은 세금 부과, ⑥ 저당권 강제 등록, ⑦ 건축 기준 시행, ⑧ 품질을 보증하기 위해 은판에 진짜 마크 표시와 직물에 스템프 찍기, ⑨ 은행 및 통화에 대한 특별 규제, ⑩ "낭비자들(prodigals)과 계획자들(projectors)"의 낭비적인 활동에 대한 보호책으로 최대 이자율 5%로 제한하기 등이었다. 또한 애덤 스미스는 ⑪ 모직물에 대한 적당한 수출세(export tax)와 외국 제품들에 대한 적당한 세금(수입세)에 대해 찬성하였다. 이들 세금은 공공 수입(收入)을 조달(수

137. [역주] '국가의 권력은 국민의 의사에 따라 제정된 법률에 바탕을 두어야 한다'는 근대 입헌 국가의 정치 원리를 말한다.

138. [원문] *The Wealth of Nations*, Ⅲ.ii.14.

출세의 경우)할 수 있을 뿐만 아니라 국내 근로자들에게 "국내 시장에서 상당한 이점"을 제공(수입세의 경우)해 줄 수 있기 때문이다. 물론, 애덤 스미스는 다음과 같이 정부의 더 넓은 역할도 인정했다. 즉, 정부는 ⑫ 국방 및 법 집행과 같은 전통적인 기능을 수행할 뿐만 아니라 조폐국과 같은 특수 기관들을 설립할 수 있다. 또한 정부는 ⑬ 상업과 교육의 진흥, 거리 청소, 질병 예방 및 공공사업(예를 들어, 고속도로, 다리, 운하, 항구 등)의 건설 등을 통해 국민의 일반 후생(general welfare)을 향상시킬 수 있다.

마지막으로, 애덤 스미스가 '반(反)정부주의자'라는 견해는 정치경제학에 대한 애덤 스미스의 '전반적인 접근법'이 가지고 있는 성격을 크게 오해하게 할 우려가 있다. 애덤 스미스는 ① 이론적이 아니라 '실용주의적'(pragmatic)이었으며, ② 유토피아적이지 않고 '구체적'(concrete)이었으며, ③ 보편적인 법칙(universal laws)이 아니라 '일반적인 규칙'(general rules)을 연구한 이론가였으며, ④ 최대치와 최소치의 사용 또는 '모든 상황에 두루 적용되는'(one-size-fits-all ; 일률적인 또는 만능적인) 해결책을 시도하는 게 아니라 '특정한 해결책'(specific remedies)을 제시하는 데 관심이 있었다. 특히, 애덤 스미스는 부실한 의사소통, 안전 부재(不在), 경제적으로 비합리적인 행동, 정보나 힘의 비대칭성 등을 통해 '시장이 어떻게 잘못되는지'에 대해 깊은 관심을 가졌다. 현대 경제학의 많은 저서와 달리 『국부론』은 사실과 역사적 자료들로 가득 차 있다. 또한 비록 애덤 스미스가 현대 경제학의 특징인 "'~라고 가정하자"라는 사고(思考) 실험'을 사용했지만, 그의 일반적인 본능은 추상(抽象)[139]을 피하는 것이었다. 그 대신 애덤 스미스는 자신의 요점(要點)을 명확하게 설명하기 위해 '역사나 다른 사회 및 문화'의 경우를 예로 들었다. 따라서 애덤 스미스는 데이비드 흄(D. Hume)의 다음과 같은 현명한 조언을 충실히 따랐음을 알 수 있다. 즉, 흄은 "누군가가 정치, 거래, 경제 또

139. [역주] 추상이란 '여러 가지 사물이나 개념에서 공통되는 특성이나 속성 따위를 추출해서 파악하는 작용'을 말함.

는 인생의 모든 사업에서 계획을 세울 때 그는 결코 자신의 주장을 너무 세밀하게 제시하거나, 일련의 결과들을 너무 길게 연결해서는 안 된다. 만약 그렇지 않다면(즉, 주장이 너무 세밀하거나 그로 인해 결과들이 너무 길다면), 자신의 추론을 단절시키고 자신이 기대했던 것과 다른 사건을 가져다줄 무언가가 반드시 일어날 것이다"[140]라고 조언했다.

미신 5 : 애덤 스미스는 무엇보다도 '경제학자'였다.

마지막 미신은 어떤 면에서 가장 잘 드러나는 미신이다. 애덤 스미스는 '경제학의 아버지'(father of economics)이지만, 무엇보다도 '경제학자'가 아니었다. 물론 18세기에 "경제학자"(economist)는 경제학의 이론가나 실무자가 아니라 '경제(즉, 지출 절약)[141]를 추구하려는 사람'이었다. 그러나 현대적 의미에서조차 애덤 스미스는 주로 경제학자가 아니었다. 왜 그런가? 그 이유는 애덤 스미스가 ① 학술 논문들을 쓰지 않았거나, ② 자신의 책들을 수학 공식을 이용하여 저술하지 않았거나, ③ 오늘날 정교한 경제학의 전제 조건들인 적분학과 미분학을 숙달하지 않았기(애덤 스미스는 실제로 미분과 적분에 능숙했음) 때문이 아니다. 그 이유는 애덤 스미스는 '철학자'였으며, 또한 자신을 '철학자'로 보았기 때문이다. 당시 철학자들에게 정치경제학과 그 사고방식은 훨씬 더 광범위한 '인간 과학(science of man)의 일부'에 불과했다(즉, 당시 철학자들은 정치경제학과 그 사고방식을 훨씬 더 광범위한 '인간 과학'의 일부로 인식했다). 특히 애덤 스미스는 인간 과학을 ① 많은 현대 경제학에서 주장하는 것보다 '더 역사적이고 덜 과학적'으로 다루었고, ② 예측보다는 '설명'에 더 치중하였다.

---

140. **[원문]** David Hume, "Of Commerce", *Essays Morals, Political and Literary*, ed., Eugene F. Miller, Liberty Fund [1752] 1985.

141. **[역주]** 경제란 '돈이나 시간, 노력을 적게 들이는 일'을 말하며 '절약'이라고도 함.

그 당시와 그 후 수십 년 동안 다른 사람들과 마찬가지로 애덤 스미스는 정치와 경제를 구분하지 않았다.[142] 이는 오늘날의 관행과 대조적이다. 우리는 애덤 스미스에게 있어서 '순전히 정치적인 정부'(purely political government)나 '순전히 경제적인 시장'(purely economic market) 같은 것은 없었다고 말할 수 있다. 예를 들어, 애덤 스미스는 정부의 정책을 (전체 이익이 아닌) "부분적 이익을 얻기 위해 강력하고 끈질기게 조름(clamorous importunity of partial interests)으로써 결정되는 것"으로 보았다. 정부와 시장은 오늘날처럼 종종 별개의 영역이 아니라 '상호의존적인' 관계로 보았다. 이러한 관계는 아마도 법인단체로서의 자치 도시들, 정부에 의해 면허나 허가받은 시장들, 국왕의 특허장에 의해 설립된 특허 회사들의 시대에 그리 놀라운 일이 아닐 것이다. 『국부론』에서 애덤 스미스는 다음과 같이 여러 유형의 '확립된 불의'에 대해 강하게 반대하였다. 즉, 애덤 스미스는 ① 교구회(당시 영국 지방 행정구의 자치 기관)와 교구 위원(교구의 재산을 관리하는 신도 대표)들의 자질구레한 규제들, ② 가난한 사람들의 자유로운 이동을 방해하는 정착법, ③ 조합과 길드의 제한적인 관행, 특히 도제(徒弟)[143] 제도, ④ 동인도회사와 기타 거대 유한책임 무역회사들의 부패, ⑤ 중상주의 제도인 보조금, 관세 및 장려금 등에 대해 강하게 반대하였다. 우리는 이들 중 맨 나중의 유형만이 성격상 주로 '경제적'이라고 생각할 수 있으며, 그 결과 애덤 스미스가 설명의 핵심 부분으로 여겼던 '정치적 로비'에서 이를 분리할 수 있을 것이라고 말할 수 있다. 그러나 이는 틀린 생각이다.

전반적으로 애덤 스미스는 인간의 경제활동을 정치학, 심리학, 사회학 및 윤리학과 분리하여 설명하는 '부분적인 설명'(partial explanation)에 반대하였다.

---

142. **[원문]** '국가와 시장의 구분'과 관련하여 Emma Rothschild의 책을 참고하였음: Emma Rothschild, *Economic Sentiments : Adam Smith, Condorcet, and the Enlightenment*, Harvard University Press, 2001.

143. **[역주]** 서양 중세(中世)의 수공업 분야에서 직업에 필요한 지식·기능을 습득하기 위하여 전문적 지식을 가진 스승의 밑에서 일하던 어린 직공을 말함.

이에 따라 애덤 스미스의 '인간 과학'(science of man)에 대한 설명도 '광범위'하다. 그러나 그렇다고 해도 애덤 스미스는 종종 (다음과 같이) 눈에 띄게 '경제적인 방식'으로 문제들을 분석하였다. 결국, 애덤 스미스는 ① '일반 원리'(general principles)의 발견이나 선언—예를 들면, 인간의 거래, 물물교환 및 교환 본능—을 통해 인간 행동의 광범위한 영역을 설명하고, ② 발견한 일반 원리를 자료와 자신의 관찰을 통해 '반사적 균형'(reflective balance)—예를 들면, 노동 분업, 전문화, 전문화와 시장 규모와의 관계—으로 가져와, ③ 자신이 개발한 생각 도구들을 시장 과정(market process)의 분석(예를 들면, 곡물 무역에 대한 논의)에 적용하려고 했다. 그러나 애덤 스미스는 '경제문제들에서 무엇이 문제인지'를 단순화하고 명확히 하기 위해 현대적인 스타일의 수학적 모형들을 사용하지 않았다. 그러한 모형들은 그 당시에는 존재하지 않았다.[144] 다만 당시 콩도르세(Marquis de Condorcet : 프랑스의 수학자·철학자, 1743~1794년)의 놀라운 저서[145]는 적어도 투표 시스템과 관련하여 예외적으로 수학적 모형을 사용하였다. 그러나 애덤 스미스는 기존의 경제이론들에 의문을 제기하거나, 자신의 '경제적 사고방식'(economic thinking)을 새로운 분야들로 확장하는 데 전혀 두려워하지 않았다.

그러나 여기에는 유념해야 할 심각한 주의사항이 있다. 애덤 스미스가 살아서 '현대 주류 경제학의 많은 업적'을 본다면 거의 틀림없이 매우 놀랄 것이다. 특히 애덤 스미스는 ① '현대 주류 경제학의 이론적 정교함과 설명력'에 감탄했을 것이고, ② 『국부론』이 '정치경제학'을 독립적인 학문으로 확립함으로써 19세기에 이르러 의도하지는 않았지만 대체로 유익한 결과를 어떻게 가져다주었는지를 보고 즐거워했을 것이다. 그러나 감탄만 있는 게 아니다. 또한 애덤 스미

144. **[원문]** 데이비드 흄은 자신이 쓴 에세이에서 '비형식적인(informal ; 수학적이지 않은) 경제적 모형'에 관한 명시적인 초기 사례를 제시하였다 : David Hume, "Of the Balance of Trade", *Essays Morals, Political and Literary*, ed., Eugene F. Miller, Liberty Fund [1752] 1985.

145. **[역주]** 이는 『다수결 확률 해석 시론』(Essai sur l'application de l'analyse à la probabilité des décisions rendues à la pluralité des voix, 1785)을 말함.

스는 아마도 현대 경제학에 대해서 다음과 같은 몇 가지 '심각한 우려들'을 품었을 것이다. 즉, 애덤 스미스는 ① 19세기와 20세기에 생겨난 현대 경제학의 '축소 과정'(narrowing process ; [역주] 경제학이 다루는 범위가 작아지는 과정), ② 현대 경제학의 '전문적 자신감'과 '지적 및 실용적 한계' 사이의 대조, ③ 현대 경제학의 성과가 이룩한 '가격시스템' 등에 대해 심각한 우려를 품었을 것이다. 현대 경제학에서 '합리적 경제인(經濟人)', '일반균형이론' 및 '효율적 시장 가설'은 애덤 스미스의 생각으로부터 매우 '선별적으로' 차용(借用)한 것이기 때문이다. 즉, 그러한 현대 경제학의 개념들은 ① 경제 현상들을 더 잘 이해하고 설명하기 위해서일 뿐만 아니라, ② 전문적이고 이데올로기적인 목적에 맞추기 위해 애덤 스미스의 생각에서 선별적으로 차용된 것이다. 그러나 현대 경제학이 애덤 스미스의 생각을 선별적으로 차용함으로써 '시장 활동을 규범적인 윤리적·사회적 틀 안에 포함시키는'(the embedding of market activity within a normative ethical and social framework) 애덤 스미스 세계관(世界觀)의 핵심 특징이 대체로 무시되는 결과를 초래하였다.

이제까지 살펴보았듯이 '진짜 애덤 스미스'(real Adam Smith)는 누구인가? '경제학의 애덤 스미스'뿐만 아니라 '역사·철학·정치경제학의 애덤 스미스'로서 진짜 애덤 스미스는 아직도 우리에게 가르쳐 줄 교훈을 엄청나게 많이 가지고 있다. 특히 '시장'뿐만 아니라 '정실(情實) 자본주의'(crony capitalism), '불평등', '우리 삶의 사회적 기반' 등에 이르기까지 광범위한 분야들에서 "애덤 스미스의 생각"에서 끌어낼 수 있는 심오한 교훈들이 아직도 많이 남아 있다. 다시 말하면, 우리는 아직도 '시장', '정실 자본주의', '불평등', '우리 삶의 사회적 기반' 등에 이르는 광범위한 분야들에서 '애덤 스미스의 생각'으로부터 심오한 교훈들을 많이 끌어낼 수 있다. 이들에 대해서 다음 장들에서 자세히 살펴볼 예정이다. 먼저, 다음 제7장에서 우리는 애덤 스미스가 '경제학 자체'에 미친 영향에 대해 살펴보고자 한다.

제7장 애덤 스미스의 경제학

1. 들어가는 말

먼저, 다음과 같은 하나의 신중하게 표현된 '경제적인 이야기'로 논의를 시작해 보자.[1] 저명한 경제학자들인 케네스 애로(Kenneth Arrow)와 프랭크 한(Frank Hahn)은 1971년에 쓴 그들의 매우 성공적인 경제학 교과서에 『일반경쟁분석(General Competitive Analysis)』이라는 난해한 제목을 붙여 출간하였다.[2] 그들은 이 책의 서두에서 '애덤 스미스(Adam Smith)의 중요성'을 인정하면서 다음과 같이 언급했다:

> "애덤 스미스에서 시작하여 오늘날까지 수많은 경제학자가 이기심(self-interest; 자기 이익)에 의해 동기가 부여되고, 시장에서의 가격 신호(price signal)에 따라 움직이는 '분권화된 경제'(decentralized economy)가 경제적 자원의 합리적인(효율적인) 배분과 양립할 수 있음을 보여주려고 많은 노력

---

1. **[원문]** '경제적 모형'의 사용과 관련하여 다음 두 문헌을 참조하기 바람. 첫째, 경제 모형들의 기능, 사용 및 남용에 대한 정교하고 다원적인 현대적 설명에 대해서는 데니 로드릭(Dani Rodrik)의 책을 참조하기 바람 : Dani Rodrik, *Economics Rules*, Oxford University Press. 2015. 둘째, 매우 자극적이지만 좀 더 기술적(전문적)인 설명을 보려면 올리베르 블랑샤르(Oliver Blanchard)를 참조하기 바람 : Oliver Blanchard, "On the Future of Macroeconomic Models", *Oxford Review of Economic Policy*, 34(1-2), 2018.
2. **[원문]** Kenneth Arrow and Frank Hahn, *General Competitive Analysis*, Holden-Day, 1971. 나(저자)는 이 사례를 마크 블라우그(Mark Blaug)의 논문에서 발견하였다 : Mark Blaug, "No History of Ideas, Please, We are Economists", *Journal of Economic Perspectives*, 15(1), Winter 2001.

을 기울여 왔다. 그러한 배분은 다수의 '대체적(alternative) 배분'보다 우월한 것으로 여겨진다. …

애덤 스미스의 "보이지 않는 손"(invisible hand)은 가장 기본적인 '경제적 균형'(economic balance) 관계를 시적(詩的)으로 표현한 것이다. … [그러나] 애덤 스미스는 더 나아가 '일반균형이론'(general equilibrium theory)의 가장 중요한 함의(含意)도 인식하고 있었다. … 따라서 우리는 비록 애덤 스미스 저서의 통일성과 일관성에 의문을 제기할 수 있지만, 애덤 스미스를 '일반균형이론의 창시자'라고도 부를 수 있다."

여기에서 그들의 주장은 매우 신중하며, 언어는 조심스럽고 반(半)과학적으로 묘사되어 있다. 그러나 우리가 그 뜻을 해독해 보면 그 메시지는 다음과 같이 분명하다 :

애덤 스미스는 "완전경쟁 조건들 하에서 자유롭게 작동하는 다양한 시장들에서 활동하는 '개인의 이기적 행동'(individual self-interest ; 사익 추구 행동)이 우월한 경제적 효율성(superior economic efficiency)을 가져다줄 수 있다"는 사실을 비록 모호하긴 하지만 최초로 이해한 사람이었다.

많은 사람은 이 사실을 믿지 않을 수도 있지만, 이 메시지는 '애덤 스미스라는 경제학의 위대한 천재'에 대한 하나의 찬사임에 틀림없다.

이 아이디어는 거의 틀림없이 '현대 주류 경제학'(mainstream modern economics)의 중심적인 통찰력이었으며 지금도 그렇다. 그러나 『일반경쟁분석』의 주 저자인 케네스 애로는 역사상 가장 위대한 경제학자 중의 한 명으로 널리 알려져 있으며, 자신의 책을 애덤 스미스로 시작해야 할 또 다른 개인적인 이유를 가지고 있었다. 1954년에 애로는 프랑스의 뛰어난 수리경제학자인 제라르 드브뢰(Gerard Debreu : 1921~2004년)와 함께 오늘날 많은 사람이 현대 경제학의 '현자의 돌'(philosopher's stone)[3]로 간주하는 '경쟁하는 경제에서 균형이 존재함'을 발견하였다.[4] 또한 1959년에 라이오넬 맥켄지(Lionel McKenzie)도 '경쟁하는 경제에서 일반균형이 존재함'을 증명하였다.[5] 따라서 현자의 돌은 곧 '경쟁적인 시장경제(competitive market economy)에서 일반균형(general equilibrium)이 존재할 수 있다'는 엄격한 수학적 증명([역주] '애로와 드브뢰의 1954년 증명')이었다. 즉, '공급량과 수요량이 모든 시장에서 동시에 같아지게 하는 가격 집합(아마 하나 이상)이 존재한다'는 것이었다. [역주] 예를 들면, 스타벅스에서 판매하는 아메리카노 커피 공급량과 수요량이 우리나라 모든 커피점에서 같아지게 하는 가격(예, 아메리카노 커피 한 잔에 4,000원)이 존재할 수 있다.

다시 말하면, 시장에서 일어나는 ① 사거나 팔려는 수백만 개의 결정행위나 ② 투자하거나 저축 또는 지출하려는 수십억 개의 결정행위 등에서 겉으로 보이는 '혼돈 상태'(chaos)에서 '경제 질서'(economic order)라는 예상치 못한 결과가 초래될 수 있다는 것을 보여주었다. 케네스 애로와 드브뢰는 형식적인 수학적 증명을 통해 이러한 결과를 도출하였다. 이러한 결과는 단순히 '사익 추구(이기심)의 마법'(magic of self-interest)에 의해 행동하는 개인들의 행동을 통해 일어난다. 이를 경제학의 전문 용어로 말하면, "주어진 각자의 선호들에 대해 자신의 효용을 극대화하는 개인들의 행동"을 통해 이루어진다. 그 결과 단지 알려진(주어진) 가격들에서 자신의 선호를 바탕으로 매매하는 개인들을 통해서 시장에서 '대규모 조정'(massive coordination)이 일어날 수 있다. 그러나 이 과정에서 어

---

3. **[역주]** '현자의 돌'이란 중세의 연금술사들이 모든 금속을 황금으로 만들고 영생을 가져다준다고 믿었던 상상의 물질을 말함.
4. **[역주]** Arrow, K. J. and Debreu, G. (1954), "Existence of an Equilibrium for a Competitive Economy", *Econometrica*, 22(3), pp. 265~290.
5. **[역주]** McKenzie, Lionel W. (1959), "On the Existence of General Equilibrium for a Competitive Economy", *Econometrica*, 27(1), pp. 54~71.

떠한 전체 조정자나 관리자 또는 감독자가 없을 뿐만 아니라, 어떠한 중앙 계획자나 지시기관도 없다. 실제로 '사익 추구(self-interest) 활동'은 혼돈(chaos)으로부터 '질서'(order)를 가져오게 할 뿐만 아니라, '최대의 효율성'과 (어떤 의미에서는) '최대의 공공후생'도 가져다준다. 후자의 경우는 왜 그런가? 나중에 그러한 경제가 그 안에서 생활하는 '모든 사람'의 효용이나 이익(즉, '공공의 후생')을 극대화한다는 사실을 보여주었기 때문이다. 특히, '다른 사람이 더 나빠지지 않고서는 어느 누구도 더 나아질 수 없다'(no one can be made better off without someone else being made worse off ; 즉, '어느 한 사람이 더 나아지려면 반드시 다른 사람이 더 나빠져야 한다'). 이러한 현상은 이탈리아의 경제학자인 빌프레도 파레토(Vilfredo Pareto ; 이탈리아의 경제학자 및 사회학자(1848~1923년))의 이름을 따서 "파레토 최적성"(Pareto optimality)이라 부른다. 따라서 이러한 관점에서 애덤 스미스의 '보이지 않는 손'은 '최대의 총(즉, 사회 전체의) 효율성'뿐만 아니라 '최대의 총(즉, 사회 전체의) 효용'(즉, '최대의 사회후생'[6])을 가져다준다.

이러한 발견은 '자유방임주의적(laissez-faire) 성향'을 가진 사람들에게 어필하였다. 자유방임주의자들은 그러한 발견이 적어도 몇 가지 이상적인 조건들(이것은 중요한 단서 조항임) 하에서 '시장에서의 비(非)개입'을 정당화했다고 주장했다. 그러나 역설적으로 애로와 드브뢰의 증명도 '잠재적인 개입론자들'에게 영감[7]을 주었다. 왜냐하면 ① 파레토 최적성(Pareto optimality)은 원칙적으로 매우 다양한 분배 결과들(distributional outcomes)과 양립[8]할 수 있으며, ② 개인들 간에 일괄 이전지급(lump-sum transfers)을 한 다음 자유롭게 거래하도록 함으로써 적절한 균형들에 도달할 수 있다는 사실이 발견되었기 때문이다([역주] 개인들 간

---

6. **[역주]** 어떤 사회 내 모든 개인의 효용 총합(總合)을 '총효용'(aggregate utility) 또는 '사회후생'(social welfare)이라고 부른다.
7. **[역주]** '영감'이란 창의적인 일의 동기가 되는 생각이나 자극을 말함.
8. **[역주]** '양립(兩立)'이란 두 가지가 동시에 따로 성립됨을 말함.

에 일괄 이전지급을 하는 데 '정부 개입'이 필요하다).

애로와 드브뢰의 '1954년 증명'은 현대 경제학의 '획기적 사건' 중의 하나인 '일반균형이론'(General Equilibrium Theory)으로 알려진 중요한 이론을 연구하게 된 역사적 계기가 되었다. 또한 『일반경쟁분석』(1971년)에 따르면 애로는 드브뢰에 협력하여 '『국부론(The Wealth of Nations)』(1776년)의 핵심 주장'을 수학적으로 설득력 있게 증명함으로써 '현대적으로 "해석(표현)"했다'고 주장했다. 이러한 해석은 나중에 두 사람에게 노벨 경제학상이 수여되는 데 매우 중요한 역할을 하였다. 그러나 맥켄지도 그러한 해결에 기여했지만 노벨 경제학상을 받지 못했다. 그러나 그 책을 읽는 사람은 다음과 같이 생각해도 용서받을 수 있다. 즉, 그 책을 쓴 케네스 애로와 프랭크 한에게 있어서 "애덤 스미스의 진정한 천재성은 '애덤 스미스의 『국부론(國富論)』과 『도덕감정론(道德感情論)』 등이 실제로 말한 것'이 아니라 그들 자신의 '일반균형 증명 자체를 예상한 애덤 스미스의 한 문장'을 찾으려는 데 있었다"고 생각해도 무방(無妨)할 것이다. 즉, 케네스 애로와 프랭크 한은 애덤 스미스의 『국부론』의 진정한 의미보다는 『국부론』에서 자신들이 증명한 '일반균형의 존재'를 찾으려 했으며, 마침내 이를 언급하는 한 문장을 찾은 후 그들은 애덤 스미스가 '천재'라고 생각하였다. 또한 케네스 애로와 프랭크 한은 애덤 스미스의 연구가 통일성이나 일관성이 없다고 주장했다. 그럼에도 불구하고 애덤 스미스는 케네스 애로 및 다른 연구자들과 함께 '일반균형이론의 창시자의 한 사람'으로 여겨질 수 있다.

그러나 여기에 두 가지 작은 문제점이 있었다. 우선, '애덤 스미스의 현대적 해석'으로서 케네스 애로와 프랭크 한의 훌륭한 교과서(1971년)는 오해의 소지가 매우 컸었다. 그들이 애덤 스미스 이름을 사용한 것은 단지 그들의 '일반균형이론'에 그럴싸한 맥락(context)[9]과 역사적 정당성을 부여하기 위해 고안되었기 때

9. **[역주]** '맥락(脈絡)'이란 사물이 서로 이어져 있는 관계나 연관을 말함.

문이다. 또한 애로와 드브뢰의 1954년 연구가 '애덤 스미스의 사상의 정점(頂點)을 대표했다'는 주장이나 함의도 사실이 아니다. 애로와 드브뢰의 1954년 증명은 의심할 여지 없이 '경제학의 획기적인 사건'이었다. 그러나 애덤 스미스 자신이 『국부론』에서 '실제로 말한 것'은 그들의 증명보다 훨씬 더 광범위하고, 또한 여러 면에서 훨씬 더 흥미롭다.

2. 주류 경제학의 관행 : 미리 선택된 가정들과 잘 정의된 질문들에 대한 대답

1954년으로부터 30여 년이 흐른 후, 1980년대 후반에 다소 덜 유명한 미국 대학들에서 연구하던 버넌 스미스(Vernon Smith ; 미국의 경제학자(1927~)로 2002년에 노벨 경제학상을 공동 수상함)와 일단의 야심 찬 젊은 경제학자들은 기존의 나이 든 많은 동료 경제학자들이 보기에 어쩐지 '관련이 없고 기존 관행에 파괴적(혁신적)인 것처럼 보이는 한 연구 프로젝트'에 참여하고 있었다. 그들은 실험실의 조건들 하에서(또는 가능한 한 실험실의 조건들에 가까운 환경 하에서) 주류 경제학의 핵심 가정들이 사실인지와 또한 얼마나 많은 핵심 가정들이 사실인지를 시험(test)해 보고자 하였다. 이러한 실험들(experiments)은 이후 '신뢰 게임'(Trust game), '최후통첩 게임'(Ultimatum game) 및 '독재자 게임'(Dictator game) 등으로 알려지게 된 게임들과 다른 많은 게임을 포함하여 매우 다양한 형태를 취했다.

그러나 이러한 실험자들이 발견한 결과는 당혹스러웠다. 기존의 일반적인 주류(主流) 견해에 따르면 개인의 행동은 '호모 에코노미쿠스'(home economicus ; '경제인')라고도 알려진 "합리적 경제인"(rational economic man ; '합리적으로 행동하는 경제인')으로 정의된다. 즉, '순전히 이기적인(사익만 추구하는) 효용 극대화자'(purely self-interested utility maximizer)이다. 이러한 생각은 오랫동안 '경제적 합리성'(economic rationality)의 규범으로 여겨져 왔다. 이 생각은 '일반균형이론', 더 나아가 '현대경제학 전체'의 핵심에 놓여 있다. 또한 경제학이 '모든 인간 행동'을 설명하려는 열망을 가지고 있으며, 그로 인해 경제학은 '합리성 그 자체'를 하나의 '궁극적인 목표'로 생각할 수 있다. 그러나 버논 스미스와 그의 동료들이 실험을 통해 발견한 바와 같이 그들의 연구는 '개인들은 실제로 실험실에 주어진 조건들 하에서 어떻게 행동했는지'를 제대로 설명하지 못했다(이러한 연구로 버논 스미스는 대니얼 카너먼(Daniel Kahneman ; 이스라엘 태생의 미국 경제학자 및 심리학자)과 함께 2002년에 노벨 경제학상을 수상하였다). 예를 들어, '기존의 경제이론'이 의미하는 바에 따르면 과거에 교류한 역사도 없고 미래에 교류할 가능성도 없이 딱 한 번만 상호작용(교류)을 한 익명의 낯선 사람들은 전적으로 '이기적으로' 행동해야만 할 것이다. 단 한 번의 상호작용(교류)을 한 경우에는 양자 간에 '상호 이익'(reciprocal benefit)이 발생하지 않을 것이다. 즉, 단 한 번의 상호작용(교류)을 한 사람들은 자신이 최대한의 이익을 얻더라도 손해를 보지 않을 것이지만, 다른 사람들은 그 결과로 더 나빠지게 될 것이다. 따라서 이들 간에 상호 이익은 생기지 않을 것이다. 이러한 기존의 경제이론은 사실인가?

그러나 사람들 간에 상호작용(교류)을 계속하거나, 게임(game)을 연속적으로 하거나, 맥락(context)이 계속된 실험에서 기존 경제이론의 예측과 '반대되는 결과들'이 나타났으며, 또한 실험 결과는 매우 견고했다. 우선, 그러한 실험에서 사람들은 개인적인 희생을 치르면서도 '협력적인 옵션'(cooperative option)을 선택했다. 둘째로, 그들은 '공정성(fairness), 신뢰(trust) 및 상호성'(reciprocity ; 호혜성)이라는 규범들을 존중했다. 셋째로, 그들은 선택 시 (이기심이나 합리성이 아니라) 행동의 적절성이나 예의범절에 대한 인식, 소유권의 합법성 및 기타 많은 도덕적 · 행동적 · 문화적 요인들에 의해 영향을 받았다. 마지막으로, 그들은 소수의 '정보가 부족하고 불완전하게 합리적인' 참가자들이 있었지만, 결국에는 하나의 '효율적인 균형'(efficient equilibrium)에 도달할 수 있었다. 버논 스미스(Vernon

Smith)의 말에 따르면 이러한 결과는 "시장 성과(market performance)에 좋은 소식이지만, 사회과학계(또는 경제학계)에는 그리 좋은 소식이 아니었다. 왜 그런가? 이러한 결과는 우리가 과학적으로 '시장이 왜 그렇게 작동하는지를 이해하지 못한다'는 것을 보여주기 때문이다"[10].

이러한 사실에 비추어 볼 때, 실험주의자('실험경제학자')들[11]의 결과들은 사실상 주류 경제학의 가장 중요하고 심오한 '일부 가정들'에 대해 의문을 제기한 것이다. 그들이 제기한 문제(의문 제기)는 수학적 모형들 자체가 '비현실적'(경제학의 주요 가정임)이었다는 데 있지 않았다. 모든 수학적 모형들은 어느 정도 '단순화'되기 때문이다. 또한 문제는 '인간이 이기적으로 행동할 수 있다'(경제학의 주요 가정임)는 데에도 있지 않았다. 아무도 이 가정에 대해 의심하지 않는다. 오히려 문제는 '합리적인 경제인'(rational man)과 관련된 '이기심(사익 추구)'이라는 핵

---

10. **[원문]** '버논 스미스의 좋은 소식과 나쁜 소식'에 대해서 자신이 쓴 다음 두 문헌을 참조하기 바람 : ① Vernon Smith, "Constructivist and Ecological Rationality in Economics", Nobel Prize Lecture, 8 December 2002 ; ② Vernon Smith, *Rationality in Economics : Constructivist and Ecological Forms*, Cambridge University Press, 2008. 특히, 버논 스미스는 애덤 스미스의 생각을 명쾌하게 설명하는 해설가였다. 이에 대해서는 Vernon Smith, ① "The Two Faces of Adam Smith", Distinguished Guest Lecture, Southern Economic Association, 21 November 1997 ; ② "What Would Adam Smith Think?", *Journal of Economic Behavior and Organization*, 73, 2010. 또한 '친(親)사회적 환경이 가져다주는 파급효과와 지속적인 습관을 형성하는 데 있어서 제도의 중요성'에 관해서는 다음 논문을 참조하기 바람 : Alexander Peysakhovich and David G. Rand, "Habits of Virtue : Creating Norms of Cooperation and Defection in the Laboratory", *Management Science*, 2015.

11. **[원문]** '실험경제학'(Experimental Economics)과 관련하여 로버트 서그든(Robert Sugden)은 '데이비드 흄도 실험경제학의 창시자 중 한 명으로 간주되어야 한다'고 주장했다. 흄은 자신의 『인간본성론(A Treatise of Human Nature)』(1740년)에서 "인간의 마음(정신)이 어떻게 작용하는지를 면밀하고 정확한 실험(實驗)들과 그로부터 다양한 환경과 상황에서 발생하는 특정 효과들을 관찰(觀察)을 통해 조사해 보아야 한다"라고 주장했기 때문이다 : *A Treatise of Human Nature*, ed. L. A. Selby-Bigge, rev. edn, P. H. Nidditch, Oxford University Press, 1978, pp. xv~xvii(**[역주]** 『인간본성론』은 '실험적 탐구 방법을 정신(精神)상의 여러 문제에 적용하는 시론'이라는 부제가 붙어 있음). 이에 대해서는 Robert Sugden, "Hume's Non-Instrumental and Non-Propositional Decision Theory", *Economics and Philosophy*, 22(3), 2006을 참조하기 바람.

심 가정에 대한 본질적이고 직접적인 도전에 있었다. 즉, 실험주의자들이 제기한 문제는 '비현실적인 모형'이나 '인간의 이기적 행동 가능성'이라기보다는 오히려 합리적 경제인 가정의 바탕에 있는 '이기심(사익 추구)'에 있었다. 이제까지 경제학에서 '이기심'이라는 가정은 유용한 추가 요소가 아니라 '표준적인 경제이론의 가장 핵심'이었다. 그러나 실험주의자들에게 '이기심(사익 추구) 가정'은 결함이 있고 불완전해 보였다. 심지어 '인간의 경제적 행동'(human economic behavior)이라고 부를 수 있는 범주 내에서도 그 결과는 '이기심이 훨씬 더 넓고 다양한 모습(행동)의 일부만을 설명하고 있음'을 보여주었다.

또한 실험주의자들의 결과는 우리에게 또 다른 사실을 분명히 보여준다. 이들의 실험실에서의 실험은 '형식주의적 주류 경제학이 그동안 어떻게 되었는지'를 강조해 주었다. 사실상 '형식주의'에 치우친 주류 경제학은 그동안 다음과 같은 관행에 몰두해 왔다. 즉, 주류 경제학은 ① 경제활동의 복잡한 세부 사항들에서 점점 더 분리되었고, ② 모형들 자체의 속성에 점점 더 몰두하게 되었으며, ③ 또 다른 노벨 경제학상 수상자인 아마르티아 센(Amartya Sen ; 인도 출신의 경제학자(1933~)로 1998년에 노벨 경제학상을 수상함)이 말했듯이 "미리 선택된 가정들 하에서 제기된 잘 정의된 질문들에 대해 정확히 대답하는 데에만" 점점 더 몰두하게 되었다.[12] 반면에 주류 경제학은 ① 사람들이 '실제로' 어떻게 살았는지, ② '실제로' 서로 간에 어떻게 거래하고 대했는지, ③ 사람들의 경제적·사회적·도덕적 삶이 어떻게 상호작용했는지 등의 문제들에 대해서는 제대로 설명하지 못했다.

12. **[원문]** '형식주의(formalism)의 위험들'에 관해서는 아마르티아 센(Amartya Sen)의 논문을 참조하기 바람: Amartya Sen, "Rational Fools", *Philosophy & Public Affairs*, 6(4), Summer 1977.

3. 합리적 경제인

그러나 주류 경제학의 이러한 관행은 또한 다음과 같은 몇 가지 중요한 질문들을 제기한다. 주류 경제학은 『국부론』(1776년)이 다룬 '정치경제학'(political economy)과 어떤 관련이 있는가? 지난 2세기 동안 경제학에 무슨 일이 일어났는가? 애덤 스미스는 '합리적 경제인'의 창시자인가? 이러한 질문들에 답하기 위해 우리는 '경제학의 현재 상태'를 살펴보기 전에 '경제학의 지난 역사'를 간략하게 검토해 볼 필요가 있다. 그러기 위해 우리는 '주류 경제학'뿐만 아니라 '더 큰 그림'(즉, '더 넓은 범위의 경제학')에서 '무엇이 그리고 누가 제외되었는지'를 살펴볼 필요가 있다. 아래에서 살펴보듯이 그러한 검토 결과는 놀랍고 매우 중요(의미심장)하다.

우리의 이야기는 애덤 스미스(Adam Smith ; 1723~1790년)가 서거한 1790년 무렵으로 거슬러 올라간다. 제러미 벤담(Jeremy Bentham ; 영국의 철학자 및 법학자(1748~1832년)로 공리주의의 제창자임)은 1789년에 출판된 자신의 『도덕과 입법의 원리 입문』에서 '어떤 행동이 도덕적으로 선함은 사람들의 의도(intentions)나 미덕(virtue) 또는 의무감(sense of duty)이 아니라 사람들의 행복(happiness)이나 쾌락(pleasure)에 대한 그 결과에 의해서만 정의(定義)되어야 한다'고 제안했다. 즉, 벤담은 사람들의 어떤 행동이 '행복한 결과'를 가져준다면 그것은 '도덕적으로 선하다'고 보았다. 벤담은 이것을 "효용의 원칙"(principle of utility)이라고 불렀다. 또한 벤담은 이러한 목적(즉, 행복이나 쾌락의 결과)을 위해 "쾌락 계산"(hedonic calculus)[13]의 7가지 차원—즉, 강도, 지속 시간, 확실성/불확실성, 근접성/원격성, 풍부성, 순수성, 정도—을 따라 '쾌락(pleasure)과 고통(pain)은 측

13. **[역주]** 공리주의 철학의 개념으로 행위의 정당성을 '기쁨(쾌락)을 주느냐, 안 주느냐'에 따라서 결정함.

정될 수(measurable) 있다'고 주장했다([역주] 쾌락의 강도, 쾌락의 지속 시간, 쾌락의 확실성, 쾌락의 근접성, 쾌락의 풍부함, 쾌락의 순수성, 그리고 쾌락의 정도를 측정할 수 있다. 따라서 쾌락과 고통도 이와 같이 측정할 수 있다). 이 접근법의 매력은 외견상 '객관적'이고 '과학적'인 것처럼 보였다. 즉, 이 접근법은 막연한 도덕적 직관들(moral intuitions)을 이론상으로는 측정할 수 있는 '인간 심리에 대한 객관적 사실들'로 변환시키기 때문이다. 그 결과 "효용"(utility)은 '인간의 욕구나 선호의 만족'을 나타내는 보편적인 개념이 되었고, 이를 바탕으로 어느 한 개인의 '재화 소비'를 자신의 '효용'에 1대 1로 대응(매핑[14])시키는 "효용함수"(utility function)라는 일반적인 생각이 경제학에 처음으로 등장하게 되었다. ([역주] 예를 들면, 효용함수는 $U=f(C_x, C_y)$로 나타낸다. 여기서 C_x와 C_y는 각각 어느 한 개인의 X재 소비량과 Y재 소비량을 나타내고, U는 그 개인이 두 재화의 소비로부터 얻는 효용(만족)을 나타낸다).

애덤 스미스가 서거한 지 10년이 채 지나지 않은 1798년에 토마스 맬서스(Thomas Malthus ; 영국의 경제학자(1766~1834년))는 그의 유명한 『인구론(Essay on the Principle of Population)』을 출간했다. 이 책에서 맬서스는 "세계 인구는 1, 2, 4, 8, 16, …의 급수(級數)와 같이 '기하급수적'[15]으로 증가할 것이지만, 식량 생산은 1, 2, 3, 4, 5, …의 급수와 같이 '산술급수적'으로만 증가할 것"이라고 예측했다(당시 맬서스는 자신의 이러한 예측을 확인하지 않은 채로 주장했다). 그 결과 인구와 식량 생산 간에 커다란 격차를 초래해서 잠재적으로 인류에게 재앙적인 결과를 가져다줄 것이라고 주장했다. 그러나 맬서스의 『인구론』은 우리에게 단순히 '경고 그 이상의 메시지'를 주었다. 왜 그런가? 그의 『인구론』은 알아볼 수 있을 정도로 매우 초보적인 '원시 경제 모형'(proto-economic model)을 '정책 결정'(policy making)과 연결하려는 선구적인 시도였기 때문이다(즉, 맬서스

14. [역주] '매핑'(mapping)은 수학적으로 사상(寫像)을 말함. 즉, 공간상 한 점에 대하여 다른 공간 또는 동일한 공간의 한 점을 일정한 법칙에 따라 대응시키는 일을 말함.

15. [역주] '기하급수적(幾何級數的)'이란 수가 거듭할 때마다 두 배의 비율로 늘어나는 것을 말함.

의 『인구론』은 매우 초보적인 '원시 경제 모형'으로부터 중요한 '정책 결정'을 유도하려 했다). 애덤 스미스의 열렬한 추종자였던 맬서스의 그러한 예측은 ① '인간의 완전함'(human perfectibility)에 대한 급진적이고 유토피아적인 생각이 틀렸음을 입증해 주었으며, 동시에 ② 인구 증가를 '제한'할 수 있는 경제적 요인들과 필요한 정책 조치들을 지적해 주는 데 기여했다. 우선, 인구 증가는 최저 생계 임금, 노동 빈곤층에 대한 압박, 그리고 경제적 변동성 등의 경제적 문제들을 초래할 수 있다. 그러나 무엇보다도 늦은 결혼과 교육에 관한 공공정책들은 인구 증가에 중요한 영향을 미치거나, 심지어 그 효과를 약화시킬 수도 있다.

결정적으로 맬서스는 의도적으로 자신의 분석 범위를 좁혔다. 맬서스는 자신의 이론에서 인간을 단순히 '두 가지 기본 욕구들'을 따르는 것처럼 취급했다. 하나는 '이기심'(self-interest ; 사익 추구)이었지만, 다른 하나는 겉보기에 전혀 경제적이지 않은 '성적 욕망'(sexual passion)이었다. 맬서스의 설명에 따르면 이러한 두 가지 기본 욕구들은 '이성의 명령'(dictates of reason)을 압도함으로써 두 욕구 이외의 다른 인간의 속성들을 자신의 기본 분석과 관련이 '없게' 해주었다. 맬서스의 이러한 분석 범위의 축소 효과는 자신의 기본 분석을 더 단순하고 더 다루기 쉽게 하기 위함이었다. 따라서 맬서스는 ① 인간 본성(human nature)의 깊은 측면들에 대해 매우 기본적인 가정만 하고, ② 부수적인 특성들과 일화(逸話 ; 에피소드)나 개별 사례들을 무시(배제)함으로써 자신의 분석을 좀 더 일반적으로 이론화할 수 있었다. 이와 같이 애덤 스미스가 서거(1790년)한 지 10년도 채 되지 않아서[16] 맬서스는 자신의 『인구론』(1798년)을 통해 우리가 오늘날 '호모 에코

16. **[원문]** '19세기 경제학'에 관해서는 많은 문헌이 있다. 그중에서도 매우 흥미롭지만 특이한 개요(概要)를 보려면 ① Mark Blaug, *Economic Theory in Retrospect*, 5th edition, Cambridge University Press, 1997 ; ② Mark Blaug, "No History of Ideas, Please, We are Economists", *Journal of Economic Perspectives*, 15(1), Winter 2001을 참조하기 바람. 여기서 마크 블라우그(Mark Blaug)가 지적했듯이 "사실상 경제사상의 역사는 표준적인 주류 경제학보다 여러 면에서 더 어렵고, 더 포착하기 힘들고, 주(主) 거푸집(master mold)에서 복제해 내기가 더 어렵다."

노미쿠스'(homo economicus[17] ; 합리적 경제인(經濟人))[18]라고 생각하는 것을 향해 첫걸음을 내디뎠다.

맬서스의 『인구론』 출간 이후 20년이 지난 후 경제학은 데이비드 리카도(David Ricardo ; 영국의 고전학파 경제학자(1772~1823년))에 의해 한 걸음 더 나아가게 되었다. 데이비드 리카도는 오늘날 '비교우위의 원리'(Principle of Comparative Advantage)[19]라는 매우 기발하고 직관에 반(反)하는 아이디어로 가장 잘 알려져 있다. 먼저, 만약 두 국가가 각각 다른 생산 분야에서 더 낮은 비용을 가지고 있다면([역주] 예를 들면, A국(포르투갈)은 B국(영국)보다 포도주 생산 비용이 더 낮고, B국은 A국보다 직물 생산 비용이 더 낮다면) 양국은 서로 간에 무역을 통해 어떻게 이익(즉, '상호 이익')을 얻을 수 있는지를 파악하는 것은 그리 어렵지 않다. 이러한 생각은 바로 '애덤 스미스의 기본적인 통찰력'(Smithian insight)이다([역주] 반면에 애덤 스미스는 "절대우위론"을 주장함). 그러나 리카도는 이러한 아이디어를 더욱더 발전시켰다. 리카도는 1817년에 자신의 『정치경제학의 원리(Principle of Political Economy)』에서 적어도 '이론상'으로는 어느 한 국가가 다른 국가보다 '모든 제품'에서 생산 비용이 더 낮은 경우에도([역주] 예를 들면, A국은 B국보다 포도주 생산 비용과 직물 생산 비용 '모두'가 더 낮은 경우 ; 이 경우 애덤

17. **[역주]** A self-interested actor capable of making judgments in order to attain its own particular goals.

18. **[원문]** '호모 에코노미쿠스의 발전'에 대해서는 다음 문헌을 참조하기 바람. 우선, Mary Morgan, "Economic Man as Model Man : Ideal Types, Idealization and Caricatures", *Journal of the History of Economic Thought*, 28(1), March 2006. 또한 마이클 푸코(Michel Foucault : 프랑스의 철학자 및 구조주의의 대표자, 1926~1984년)는 흥미롭게도 '호모 에코노미쿠스'를 ① '문화적 현상'으로서 (애덤 스미스가 아닌) '데이비드 리카도'와 연관시키고, ② 인간의 한계와 희소성에 대한 '후기 칸트철학'(post-Kantian)의 인식과 연관시켰다. 푸코에 따르면 "호모 에코노미쿠스는 자신의 욕구와 이를 충족시킬 수 있는 대상을 스스로 대변하는 인간이 아니라, 죽음의 임박을 피하기 위해 자신의 삶을 소비하고, 소모하고, 낭비하는 인간이다"라고 말했다 : Michael Foucault, *The Order of Things : An Archaeology of the Human Sciences*, repr. Routledge, 2002.

19. **[원문]** David Ricardo, "On Foreign Trade", *On the Principles of Political Economy, and Taxation*, John Murray, 1817, Ch. 7.

스미스의 통찰력에 따르면 무역이 발생하지 않음) 양국은 '서로 간에 무역'을 통해 '상호 이익'을 얻을 수 있음을 지적하였다. 리카도의 단순한 예에 의하면, ① 포르투갈이 실제로 직물과 포도주 모두를 영국보다 더 낮은 비용으로 생산할 수 있다고 하더라도([역주] 즉, 포르투갈이 두 제품 모두에 절대우위를 가지고 있더라도 ; 이는 1817년 당시에 사실이었음), ② 영국은 포도주보다 '직물'을 생산하는 데 더 효율적이고(싸고), 반면에 포르투갈은 직물보다 '포도주'를 생산하는 데 더 효율적이라면(싸다면), 양국은 서로 무역을 하는 것([역주] 즉, 각국은 싼 제품은 수출하고, 비싼 제품을 수입하는 것)이 합리적일(즉, 이익이 될) 것이다. 왜 그런가? 양국이 서로 무역을 함으로써 자국의 자원을 집중적으로 사용하여 '비교우위가 있는 제품'을 더 많이 생산할 수 있기 때문이다. 이 경우에 영국은 '직물 생산'에 비교우위를 가지고 있고, 포르투갈은 '포도주 생산'에 비교우위를 가지고 있다. 그 결과 양국에서 비교우위가 있는 제품의 생산량이 극대화된다. 사실상 리카도는 애덤 스미스의 '교환이론'(theory of exchange)을 따랐으며, 그것이 '생산에 미치는 영향'을 보다 면밀하고 체계적으로 살펴보았다. 그러나 리카도의 이러한 생각은 다음 두 가지 수준에서 '추상화(抽象化) 과정'을 통해 작동한다.

첫째로, 사업가였던 리카도는 놀랍게도 '구체적인' 사실들이나 개별 사례들에 대해 놀라울 정도로 무관심하였다. 다시 말하면, 리카도는 '일반화'에 지대한 관심을 두었다. 실제로 리카도는 ① '계급(階級) 분석'이라는 개념을 자의식적으로 영국 정치경제학에 도입한 최초의 주요 사상가였던 것으로 보이며, ② 애덤 스미스와 그 이전의 중농주의자들(Physiocrat)의 생각을 다시 '일반화(一般化)' 했다. 사업상 이윤이 부분적으로 임금(賃金)에 의존했기 때문에 ① 한편으로는 계급으로서 소유자들 간에, ② 다른 한편으로는 노동자들 간에 '자연스러운 갈등'(natural conflict)이 존재하였다. 리카도(1772~1823년)의 생각과 폭넓은 분석은 나중에 칼 마르크스(Karl Marx : 1818~1883년)에게 영향을 미쳤다. 둘째, 리카도는 '유연한 일반 규칙'(flexible general rules)의 관점에서보다 '정치경제학의 정언적(定言的 : 또는 범주적[20])[21] 법칙'(categorical laws)의 관점에서 더 많이 생각하였다. 예를 들면, 리카도는 "중력(重力)[22]의 법칙은 더 이상 확실하지 않다"라고 정언(단언)적으로 말했다. 리카도에 따르면 시장 메커니즘은 장소와 상황에 관계없이 '고정적이고 불변하는 경제 법칙'(즉, 고정불변의 경제 법칙)의 작동이다. 이 생각 또한 정언(단정)적이다. 그 결과, 애덤 스미스의 신중하고 경험적이며 독창적인 생각인 "자연적 자유의 체계"(system of natural liberty)가 리카도의 "완전히 자유로운 상업의 체계"(a system of perfectly free commerce)로 바뀌었다. 이러한 리카도의 '급진적인 일반화 능력'은 리카도 사상(思想)이 가진 힘(영향력)의 중요한 원천이었다. 저명 정치가인 헨리 브로엄(Henry Brougham)이 리카도를 '다른 행성에서 지구로 떨어진 사람'으로 생각한 것은 어쩌면 그리 놀랄 일이 아니다.

그러나 1836년이 되어서야 '경제인'(economic man)이라는 말이 처음으로 대중 무대에 그 모습을 드러냈으나, 그것도 그 이름이 아닌 다른 이름으로 등장하였다. '경제인'이라는 말은 존 스튜어트 밀(John Stuart Mill : 영국의 철학자 및 경제학자, 1806~1873년)[23]이 쓴 『정치경제학의 정의(定義)에 관한 에세이(Essay On The Definition of Political Economy)』에서 나왔다. 밀은 나중에 "국부론은 많은 부분에서 진부(陳腐)하고, 모든 면에서 불완전하다"라고 언급했다. 밀은 "정치경제학이 그 자신의 시대에 이르러서야 성숙해졌다"라고 생각했다. 밀 자신도 인간 삶의 복잡성과 다양성을 잘 알고 있었다. 그러나 밀은 '리카도의 정신'을 따라 그러한 세부적인 부분들(즉, 복잡성과 다양성)을 배제하고 정치경제학을 다음과

---

20. [역주] 범주(範疇)란 '사물의 개념을 분류할 때 그 이상 일반화할 수 없는 가장 보편적이고 기본적인 최고의 유개념(類概念)'을 말함.

21. [역주] 정언(定言)이란 '어떤 명제(命題)·주장·판단을 '만일' 또는 '혹은' 따위의 조건을 붙이지 않고 단정하여 말하는 것'을 말하며 '단언(斷言)'이라고도 부름. '정언'의 반대말은 '가설(假說)'임.

22. [역주] 중력(重力)이란 '지구 위의 물체가 지구 중심으로부터 받는 힘'으로서 지구 위의 물체에 작용하는 만유인력과 지구 자전(自轉)에 의한 원심력을 합한 인력을 말함.

23. [역주] 19세기 영국의 철학자이자 경제학자로 '벤담의 양적 공리주의'와 구분되는 '질적 공리주의 사상'을 발전시켰으며, 자유주의와 사회민주주의 정치사상의 발전에도 크게 기여하였음.

같이 정의했다. 밀은 "[정치경제학은] ① 인간의 본성(本性) 전체를 사회적 지위에 의해 수정되는 것으로 취급하지 않을 뿐만 아니라, ② 사회에서 인간의 전체 행위도 다루지 않는다. 정치경제학은 오직 ① 부(富)를 소유하기를 원하는 존재로서의 인간, 그리고 ② 그러한 목적을 달성하기 위한 수단들의 비교(상대적) 효율성을 판단할 수 있는 존재로서의 인간에게만 관심이 있다"라고 정의했다. 그렇다면 인간의 본성은 무엇이었는가? 밀은 '성적 열정'(sexual passion)에 대한 맬서스(Malthus)의 초점을 버리고, 다음과 같이 '더욱 협의적이고 완전히 경제적인 관점'으로 대체했다. 밀은 "인간의 본성은 (다음 두 가지 욕망을 제외한) 인간의 모든 다른 열정이나 동기를 완전히 추상화(배제)한다. 다만 ① 부(富)에 대한 욕망(또는 노동에 대한 혐오)과 ② 사치스러운 향락(享樂)을 현재에 누리려는 욕망에 끊임없이 반대로 작용할 수 있는 열정들은 제외한다"라고 말했다.

경제학자	저서 출간
애덤 스미스(1723~1790년)	1776년에 『국부론』을 출간함.
애덤 스미스 서거	1790년에 서거함.
제러미 벤담(1748~1832년)	1789년에 『도덕과 입법의 원리 입문』을 출간함.
토마스 맬서스(1766~1834년)	1798년에 『인구론』을 출간함.
데이비드 리카도(1772~1823년)	1817년에 『정치경제학의 원리』를 출간함.

주 : 역자가 만든 표임.

4. 수학으로의 전환

존 스튜어트 밀(J. S. Mill)의 '공리주의적 사고'(Utilitarian thought)는 ① 제러미 벤담(Jeremy Bentham : 영국의 철학자·법학자 및 공리주의의 제창자, 1748~1832년)과 마찬가지로 '결과'(outcome and consequence)에 초점을 맞추었고, ② 의무(duty and obligation)에 관계없이 '효용의 극대화'(utility maximization)에 초점을

맞추었으며, ③ 이는 당시 정치경제학자들이 '물리학과 수학'에 점점 더 열중하는 경향을 반영했다. 애덤 스미스는 비록 뉴턴주의(Newtonianism) 신봉자였음에도 불구하고 인간은 '물리적 물체'(physical body)가 아니며, 또 그처럼 행동하지 않는다는 것을 잘 알고 있었다. 그 대신 애덤 스미스는 '인간은 인센티브와 환경에 반응하면서 역동적으로 행동하는 존재'라는 것을 예리하게 인식했다. 『도덕감정론』의 목적은 부분적으로 인간 행동의 이러한 현상에 대한 이해를 잠재적으로 '법칙과 같은 용어'(즉, 이론)로 설명하고자 했다. 그러나 『도덕감정론』은 또한 인간 행동의 '역동적인 성격'(dynamic character)도 설명할 수도 있다. 형식적(수학적) 방법에 대한 이러한 '경고'는 맬서스(Malthus)와 밀(Mill)의 연구에서도 되풀이되었고, 19세기에 정치경제학(political economy)에 '수학적 방법'을 도입하는 것에 대해 반대하는 의견들이 있었다. 그들은 반대 이유로 수학적 방법이 '오해를 불러일으키고, 소외시키고, 읽기 어렵게 만든다'라고 주장하였다. 알프레드 마샬(Alfred Marshall : 영국의 경제학자 및 신고전학파 · 케임브리지학파의 창시자, 1842~1924년)[24]이 1890년대에 자신의 『경제학 원리(Principle of Economics)』를 출판했을 때 세심하게도 일반 독자들을 단념시키지 않기 위해 수학적 설명을 말미(末尾)에 배치하였다.

그러나 정치경제학이 19세기 중반에 공식적으로 확립되면서 정치경제학을 '수학화(數學化)하려는 욕구와 노력'은 더욱 커졌다. 1870년대에 경제학의 역사에서 '한계주의 혁명'(Marginal Revolution : '한계혁명(限界革命)')[25]으로 알려지게 된 일련의 새로운 사상이 등장하였고, 또한 이러한 사상은 '합리적인 경제인'(rational economic man) 개념을 수립하는 데 한 걸음 더 나아가는 계기가 되

---

24. **[역주]** 영국의 경제학자로 가치론에 있어 고전학파의 생산비설과 제번스의 한계효용학설을 종합하였으며, 부분 균형론에 시간 요소를 도입한 '동태론'을 전개하였고, 후생경제학의 길을 열고, 불완전경쟁 이론의 전개에 계기를 마련하였음.
25. **[역주]** 1870년대 초에 등장한 경제분석의 방식으로서 '한계분석'을 도입하여 근대 경제학을 출현시킨 일을 말함.

었다. 한계주의 혁명의 중심에 영국의 윌리엄 스탠리 제번스(William Stanley Jevons : 영국 경제학자 · 논리학자, 1835~1882년),[26] 오스트리아의 칼 멩거(Carl Menger : 오스트리아의 경제학자, 1840~1921년),[27] 스위스의 레옹 발라(Leon Walras : 프랑스의 경제학자, 1834~1910년) 등 세 사람이 있었다. 이들은 서로 독립적으로 연구했지만, '재화의 증분(增分) 가치나 "효용"(utility)은 재화의 양이 증가함에 따라 감소하는 경향이 있다'라는 생각과 이해(理解)로 서로 연결되어 있었다. 이 개념은 오늘날 '한계효용 체감의 원리'(Principle of Diminishing Marginal Utility)로 알려져 있다. 제번스는 이에 관해 다음과 같이 언급했다. 즉, "교환은 … 교환의 각 당사자(참가자)가 얻을 수 있는 모든 이익을 얻을 때까지 계속될 것이며, 만약 어느 한 당사자가 교환에서 더 많은 것을 준다면 효용 손실이 발생할 것이다. 그 결과 교환의 양 당사자는 만족과 균형 상태에 이르게 될 것이며, 이때 각 당사자가 얻는 효용의 정도는 균형점에서 결정될 것이다."[28] 그러나 이 말은 경쟁 시장에서 가격은 임금이나 기타 생산 비용에 의해 결정되는 것이 아니라, 공급량과 수요량이 같아지는 '한계 가격'(marginal price)에 의해 결정된다는 것을 의미했다. 제번스의 말에 따르면, "이러한 균형점이 의미하는 바는 무한히 적은 양의 상품이 동일한 비율로 추가로(즉, 한계적으로) 교환되면 양 당사자에게 효용 이익이나 효용 손실이 초래되지 않을 것이다." 또한 제번스는 그러한 경우에 균형점을 계산하기 위해 '미분학(微分學)'이라는 수학이 어떻게 사용되는지 원리적으로 보여줄 수 있다고 말했다.

제번스의 연구는 ① 당시의 신(新)경제학에서 '수학적 형식화'가 지닌 잠재

26. **[역주]** 영국의 경제학자 겸 논리학자로 근대 경제학의 창시자임. 맨체스터 오언스대학교, 유니버시티 칼리지 교수를 역임하였고, 『정치경제학이론』을 통해 고전학파의 이론을 예리하게 비판하고 '한계효용이론'을 수립했음.

27. **[역주]** 오스트리아의 경제학자로 '한계효용이론'의 제창자 및 근대 경제학의 창시자임. 저서인 『국민경제학 원리』에서 소비재의 가치는 소비재의 최종 단위량이 소비자에 대하여 지니는 중요도에 의하여 결정된다고 하였음.

28. **[원문]** William Stanley Jevons, *The Theory of Political Economy*, Macmillan, 1888, Ch. 4.

적인 힘, ② 수학적 형식화가 '일반 언어'보다 더 정확하다는 점, ③ 수학적 형식화가 복잡한 아이디어를 '간단한 형식'으로 표현할 수 있다는 점 등을 보여주었다. 제번스와 동시대 사람으로 프랑스에서 살았던 레옹 발라(Leon Walras)는 로잔(Lausanne : 스위스 서부의 레만 호반의 도시)에서 독립적으로 연구하면서 제번스보다 한 걸음 더 나아갔다. 발라는 경제학과 균형 개념을 '뉴턴의 용어'로 생각했다. 발라는 정치경제학에서 '수학의 사용'을 개척한 앙투안 오귀스탱 쿠르노(Antoine Augustin Cournot : 프랑스의 경제학자·수학자, 1801~1877년)[29]에게 경제학을 배웠다. 쿠르노가 주장했듯이 '개별 시장은 수요와 공급이 같아지는 점에서 균형을 이룰 수 있다'라는 점은 논란의 여지가 없었다. 그러면 '경제 전체가 모든 시장에서 동시에 균형을 이룰 수 있다'라는 점을 증명할 수 있는가? 발라의 대답은 '그렇다'였다. 발라는 그러한 결론에 대한 증거로 일련의 '추정에 기반한 증분적(增分的) 증명들'(incremental proofs)을 제시했다. 그러한 증명들은 그 이후로 많은 논쟁과 이의(異議)를 불러일으켜 왔다. 그러나 논란의 여지가 없는 사항은 발라가 제시한 '연구 프로그램'(research programme)이었다. 발라의 연구 프로그램은 '다양한 일반균형이론들(general equilibrium theories)을 체계적으로 연구하고 개발하는 것'이었으며, 이는 나중에 매우 영향력이 큰 것으로 입증되었다.

시간이 지나감에 따라 이러한 생각들은 통합되고 확장 및 발전되어, 나중에 '현대 미시경제학의 주류'가 되었다. 그러나 처음부터 '시장이 어떻게 작동하고, 어떻게 균형에 도달하는지'에 대해 상반된 견해들도 있었다. 그들 중 궁극적으로 가장 유익한 견해는 영국의 프랜시스 이시드로 에지워스(Francis Ysidro Edgeworth : 영국의 경제학자·통계학자, 1845~1926년)[30]가 주장한 이론이었다. 에

29. **[역주]** 프랑스의 수학자·철학자·경제학자로 『부(富) 이론의 수학적 원리에 관한 연구』로 유명함. 수요의 법칙이나 독점이론의 기초를 이루는 독점가격('쿠르노의 점')의 원리를 밝혀 근대 수리경제학의 시조로 불리게 되었음.

30. **[역주]** 영국의 경제학자·통계학자로서 최초로 한계효용에 관한 무차별곡선을 발전시켜 가치론의 수학적 분석을 전개하였고, 통계학 분야에서는 '에지워스식 물가지수'를 고안함.

지워스는 '사람들이 서로 간에 거래하는 것이 아니라 "시장"과 거래한다'는 발라의 접근 방식을 '지나치게 형식주의적'이라고 거부했다. 그 대신 에지워스는 시장 참여자들이 합의에 도달하는 '협상 또는 (애덤 스미스의 문구를 차용하여) "흥정"(higgling)[31] 과정'을 정의했다. 사람들의 수가 적을 때 이 과정은 불확정적이며 '비효율적인 협상이나 흥정'을 가져다준다. 그러나 사람들의 수가 많아지면 시장 전체는 '최대로 효율적인 균형'(즉, 효율적인 협상이나 흥정)을 향해 점진적으로 이동할 것이다. '에지워스 접근 방식'의 독창성은 '사람들이 실제로 어떻게 협상(흥정)하는지'에 대한 훨씬 더 현실적인 설명을 '수학적으로 완전경쟁의 이상적인 결과'와 그럴듯하게 결부시켰다는 점이었다. 이러한 의미에서 에지워스의 접근 방식은 레옹 발라보다는 '애덤 스미스의 생각'에 더 가까웠다. 수십 년 동안 무시되었던 에지워스의 생각은 20세기 후반에 존 내쉬(John Nash : 미국의 경제학자(1928~2015년)로 1994년 노벨 경제학상 수상자)[32]와 다른 사람들의 연구로 재발견되고 다시 활력을 되찾게 되었다. 이들은 '협조적(cooperative) 게임이론과 비협조적(non-cooperative) 게임이론' 분야에서 중요한 연구를 촉발하였다.

게임이론은 수학이 경제학에 접목된 또 다른 예였다. 그러나 인간을 '합리적 경제 행위자'(rational economic agent), 즉 '호모 에코노미쿠스'(home economicus ; 합리적 경제인)로 보는 핵심 개념이 게임이론 연구의 중심에 있다. 경제학이 '더 수학적'으로 발전함에 따라 '호모 에코노미쿠스'라는 개념은 점점 더 좁아(즉, 자신의 이익만 추구하는 사람)졌다. 존 스튜어트 밀(John Stuart Mill)과 같은 고전학파 정치경제학자들은 '일반 규칙'(general rules)의 관점에서 생각했으며, 여기에는 '수많은 예외'가 존재할 수 있다고 생각했다. 그들은 실제로 '자유로운 거래'라는

---

31. **[원문]** 이 말은 *The Wealth of Nations*, I.v.4를 참조하기 바람. 또한 발라(L. Walras)에 대한 에지워스의 전반적인 비평은 Francis Y. Edgeworth, "Review of Léon Walras, Éléments d'économie politique pure", *Nature*, 40(1036), September 1925를 참조하기 바람.
32. **[역주]** 미국의 경제학자 겸 수학자로 '게임이론'에서 가장 일반적으로 사용하는 균형 개념인 '내쉬 균형'을 정립하였으며, 1994년 노벨 경제학상을 수상함.

기본 원칙에도 예외가 존재할 수 있다고 생각했다. 고전학파 정치경제학자들에게 '경제인'(經濟人, economic man)—경제인은 항상 '남자'(a man)였음!—은 '이익을 추구하는 사람'(profit-seeker)이었지만, 자신의 '사회적·제도적·문화적 맥락'과 접촉을 끊지 않았다. 정치경제학에서 '합리성'(合理性, rationality)은 '합리적인 인간 행동'(rational human behavior)의 한 유형에 불과했다. '정치경제학' 그 자체는 '정치와 경제 사이의 연결 고리'를 소중히 했으며, 그 연결 고리에 대한 경제적 설명을 찾는 데 '역사적·사회적 요인들'을 고려하기 위한 여지를 남겼다. 또한 모든 종류의 '합목적(合目的)적인(즉, 의지를 가지고 하는 또는 의도적인) 인간 활동'은 윤리(도덕)에 내재된 것으로 간주되었다. 즉, 합목적적인(의도적인) 인간 활동은 단순한 '행동'(behavior)이 아니라 '행위'(行爲, conduct : 사람이 의지를 가지고 하는 행동)로서 윤리(도덕)에 내재되어 있다고 보았다.

그러나 발라가 생존했던 시대에 정치경제학자들은 이러한 생각으로부터 후퇴했다. 발라 생존 당시에 "정치경제학"(Political Economy)이라는 용어는 "경제학"(Economics)이라는 용어로 대체되기 시작했고,[33] 또한 "경제학"은 ① "정치조직체"(polity)[34] 또는 정치 공동체에 대한 언급을 배제했으며, ② 수학, 미학(美學)[35], 윤리학 및 정치학 등과 함께 그 자체로 '지적으로 독립적인 학문 분야'라는 분위기를 풍겼다. 실제로 경제학은 이보다 더 나아갔다. 경제학은 물리학의 모

---

33. **[원문]** '정치경제학이 경제학으로의 명칭 전환'의 경우, 종종 알프레드 마샬(Alfred Marshall)이 그 명칭을 변경했다고 알려져 있다. 그러나 마샬과 메리 페일리 마샬(Mary Paley Marshall)이 이미 11년 전에 그들이 공저한 다음 책에서 '경제학'이라는 이름을 사용했음에 주목할 필요가 있다 ; Alfred Marshall and Mary Paley Marshall, *The 'Economics' of Industry of 1879*.

34. **[역주]** 이를 '정체(政體)'라고도 부름. 즉, ① 국가의 조직 형태(예, 군주제, 귀족제, 민주제, 공화제 등)나 ② 통치권의 운용 형식(예, 입헌 정체, 전제 정체 등)을 말함.

35. **[역주]** 자연이나 인생 및 예술 따위에 담긴 미의 본질과 구조를 해명하는 학문으로 '심미학(審美學)'이라고도 함.

형을 기반으로 '정밀과학'(精密科學, exact science)[36]이 되기를 열망했다.[37] 즉, 경제학은 특정한 상황이나 일련의 환경, 주어진 사회 유형이나 (중요한 사건이 일어났던) 시대를 초월하는 "보편적 법칙들"(universal laws)을 수립함으로써 완전히 '일반적인 이론'(general theory)이 되고자 했다. 경제학은 비전문가들이 이해할 수 없을 정도로 잘 정의되고, 정확하며, 점점 더 수학적이었다. 경제학은 계급이나 집단이 아닌 '개인이나 개인들에 대한 이론'(a theory of individuals)으로 정립되었다. 물리학과 기타 "자연과학"(hard sciences)[38]과 마찬가지로, 경제학은 ① '탈(脫)가치적'(value-free ; 가치판단을 하지 않은 또는 가치중립적인)이며, ② 성격상 규범적(normative)이기보다는 '기술적(descriptive)이고 경험적인(empirical ; 실증적인) 학문'으로 간주되었다. 바로 위에서 언급했듯이 경제학은 상황과 역사를 초월함으로써 '제도'(institution)를 위한 공간이 없었다.[39] 왜 그런가? 이익이 최대가 되려면 ① 한계비용(MC)이 한계수입(MR)과 같아야 하고, ② 비용을 절감할 수 모든 기회와 유리한 교환을 위한 모든 기회를 놓치지 말아야 하며, ③ 모든 기술적 향상이나 진보가 채택되어야 하기 때문입니다. 그 결과로 자원 배분은 효율적일 것이다. 이러한 결과는 순전히 수학의 문제이다.

이러한 이론은 기본적으로 '기업, 가족 또는 기타 제도'의 성격에 대해 전혀 묻지 않는다. 따라서 경제학의 모형들에서 기업, 가족 또는 기타 제도들이 존재하지 않을 뿐만 아니라 문화, 역사 및 전통과 같은 인간이 만든 인공물들도 존재하지 않는다. 실제로 나중에 정치학의 (전부는 아니더라도) 많은 부분을 '경

---

36. **[역주]** 수학, 물리학 등처럼 양적 규정의 논증 체계로 조직할 수 있는 과학을 총칭하는 말임.
37. **[원문]** '수학적 및 물리학적 모형들이 경제학에 미친 영향'을 보려면 Philip Mirowski, *More Heat Than Light*, Cambridge University Press, 1989를 참조하기 바람.
38. **[역주]** 물리학, 화학, 생물학, 천문학 등을 말함.
39. **[원문]** '경제이론의 발달 결과로 제도(制度)가 들어설 자리가 없어졌음'에 대해서는 Peter Boettke, "Hayek's Epistemic Liberalism", *Liberty Fund Review*, September 2017을 참조하기 바람. 또한 Murray Milgate and Shannon C. Stimson, *After Adam Smith : A Century of Transformation in Politics and Political Economy*, Princeton University Press, 2009, Ch. 13을 참조하기 바람.

제학으로 환원할 수 있음'을 보게 될 것이다. 이러한 환원은 현대의 일부 마르크스주의자들이 주장하는 것처럼 '부수적 현상이나 부가물'(epiphenomenon or add-on)[40]이 아니다. 물리학과 마찬가지로 경제학은 '심리학과 사회학'을 경제학 자체의 관심사나 방법과 무관하다고 경멸했다. 또한 물리학과 마찬가지로 경제학은 '기억력이 없다'(memoryless)라고 주장했다. 현재의 결과가 과거의 결과를 대체하는 자연과학에서 기억력이나 역사가 무슨 의미가 있는가?

또한 '호모 에코노미쿠스'의 개념도 바뀌었다. '일반균형 사고'가 주목을 받는 중심적인 위치로 이동함에 따라 개인들은 점점 더 '인간'(human)이 아니라 '단순한 경제 행위자'(mere economic agent)로 여겨지게 되었다. 즉, 개인들은 ① 다른 사람들과 고립된 '원자들'(atoms)로서 ② 완벽히 합리적이며, ③ 완전한 정보를 소유한 마찰이 없는 시장에서 똑같이 행동하는 존재로 간주되었다. 다음으로, 이론(theory)은 어떤가? 이론(理論) 자체는 '매우 추상적'이어서 결코 이상적(utopian)이라고 말할 수 없다. 이상적인 상태는 존재하지도 않았고, 또 어디에도 존재할 수 없다. 이론은 자연에서 직접 추론하기보다는 '완벽한 시장 조건들'을 출발점으로 삼았다. 또한 이론은 성격상 '정태적'(靜態的, static)이었다. 일반균형의 효과는 다음과 같다. 즉, 이론적으로(in theory) 어떤 경제에서 단일 행위자의 어떤 제품에 대한 한계 욕구(marginal desire)가 변화하면 해당 제품의 수요에 영향을 미치고, 잠재적으로 그 경제에서 다른 모든 제품의 가격들에도 영향을 미칠

40. **[원문]** 반면에 '부가물(epiphenomenon)로서의 정치학'에 대해서는 랄프 밀리밴드(Ralph Miliband)의 책을 참조하기 바람. 마르크스 사상에서 정치와 경제 간의 정확한 관계는 여전히 학계의 논쟁거리이다. 밀리밴드에 따르면, "마르크스와 엥겔스는 "결정"(determination)에 대한 경직적이고 기계론적인 개념을 명백히 거부했다. 그러나 우리는 이에 대해 너무 지나치게 이의를 제기해서는 안 된다. 마르크스주의에는 과소평가되어서는 안 되는 "경제적 기반"(economic base)의 "우위"에 대한 주장이 내포되어 있기 때문이다." 이에 대해서는 다음 문헌을 참조하기 바람 : Ralph Miliband, *Marxism and Politics*, Oxford University Press, 1977, p. 8. 또한 코헨(G. A. Cohen)도 이러한 문제들에 관해 자세하고, 매우 정확하고, 또 정교하게 탐구하였다 : G. A. Cohen, *Karl Marx's Theory of History*, Princeton University Press, 1978.

것이다. 왜 그런가? 이는 서로 다른 동치성(同値性, equivalence ; 같은 값을 가짐)이 이러한 일반균형 시스템을 통해 수학적으로 작동(성립)했기 때문이다.

케네스 애로(Kenneth Arrow : 미국 경제학자(1921~2023년)로 1972년 노벨 경제학상 수상자)[41]와 제라르 드브뢰(Gerard Debreu : 프랑스 경제학자(1921~2004년)로 1983년 노벨 경제학상 수상자)[42]가 1954년에 그들의 유명한 '일반균형 증명'(general equilibrium proof)을 세상에 발표했을 때 그들의 증명은 ① 위에서 설명한 신고전학파 전통에 속하는 것이었으며, ② 현대 주류 미시경제학의 중심 부분이라는 신고전학파의 주장을 강화했다. 정치경제학은 이미 오래 전에 '경제학'이 되었고, 경제학은 '호모 에코노미쿠스'라는 개념을 낳았다. 따라서 애덤 스미스의 이름이 '경제학의 아버지'(father of economics)일 뿐만 아니라 '이러한 사상(思想)의 창시자'(아마도 '진정한' 창시자)로도 자주 인용되는 것은 그다지 놀랄 일이 아니다.

그러나 수학과 관련하여 몇 가지 아이러니들이 드러났다. 수학은 원래 하나의 '분석 도구'로 사용하려 했다. 그러나 수학은 ① '중심적인 위치'로 이동하여, ② 제기할 수 있는 질문들을 점점 더 많이 만들어 냈고, ③ 대학 내에서 경제학자들이 '성직자'와 같은 직업적 위계질서에서 자신의 지위를 확립하는 수단으로 확장되었다. 호모 에코노미쿠스는 원래 시간이 지남에 따라 하나의 '편리한 허구'(虛構 : 가공의 이야기)로 발전했으며, 그 목적은 복잡한 문제들을 '수학적 구조의 기본 뼈대'로 축소(즉, 단순화)하는 데 있었다. 즉, 수학에 필요한 단순화를 통해 그 문제를 어느 정도 파악할 수 있도록 하는 데 그 목적이 있었다. 그러나 호모 에코노미쿠스는 ① 공리주의적 사고(utilitarian thinking)와 한계주의적 수학

---

41. **[역주]** 미국의 경제학자로 이론경제학과 후생경제학에 관한 독창적인 연구로 1972년 노벨 경제학상을 수상함. 저서 『사회적 선택과 개인적 평가』에서 민주주의적인 결정에 내재하는 모순을 제시한 '투표의 역설'이라는 문제를 처음 밝혀 주목을 받음.
42. **[역주]** 1983년 가치론으로 노벨 경제학상을 수상한 프랑스 출신의 미국 경제학자로 애덤 스미스가 갈파한 '보이지 않는 손'이 작용할 수 있는 충분조건을 수학적 이론으로 밝혀냄으로써 '일반경쟁 균형 이론'을 이론적으로 정립함.

(marginalist mathematics)에 의해 대체되었고, ② '문화적으로 중요한 밈'(meme : 비유전적 문화 요소, 유전자가 아니라 모방 등에 의해 다음 세대로 전달됨)[43]으로 변모(變貌)되었다. 여기서 '밈'은 경제학 자체의 발전을 실현하고, "신자유주의[44] 경제학"(neoliberal economics)[45]이 정책 결정에 미치는 영향에 대해 우려하는 사람들로부터 광범위한 정치적 반응을 이끌어내는 역할을 하였다. 그리하여 오늘날 우리가 흔히 볼 수 있는 '경제인'(economic man), 즉 '호모 에코노미쿠스'[46]에 대한 대중적인 캐리커처(풍자화)의 윤곽이 탄생하였다. 오늘날 '경제인'(호모 에코노미쿠스)[47]은 부(富)를 극대화하고, 쾌락을 추구하고, 탐욕스럽고, 타산적(打算的)이며, 게다가 게으른 사람으로 묘사된다.

게다가 애로(Arrow)와 드브뢰(Debreu)의 1954년 연구 자체도 이 과정에 휩쓸리게 되었다. 그러나 애로가 명확하게 밝히려고 애썼듯이, 그들 연구의 핵심 부

---

43. **[역주]** 유전자처럼 개체의 기억에 저장되거나 다른 개체의 기억으로 복제될 수 있는 비유전적 문화 요소 또는 문화의 전달단위로 영국의 생물학자 도킨스의 저서 『이기적 유전자(The Selfish Gene)』에서 소개된 용어임. 문화의 전달에도 유전자처럼 복제 역할을 하는 중간 매개물이 필요한데, 이 역할을 하는 정보의 단위·양식·유형·요소가 '밈'이다. 모든 문화 현상들이 밈의 범위 안에 들어가며 한 사람의 선행 혹은 악행이 여러 명에게 전달되어 영향을 미치는 것도 밈의 한 예이다.

44. **[역주]** 신자유주의(新自由主義)란 자유방임적인 19세기 자유주의의 결함을 인정하여, 국가에 의한 사회 정책의 필요를 승인하면서도 자본주의의 자유 기업의 전통을 지키려는 사상을 말함.

45. **[원문]** '신자유주의(neoliberalism)에 대한 비판'을 보려면 ① Naomi Klein, *The Shock Doctrine*, Penguin, 2008 ; ② Paul Mason, *Postcapitalism : A Guide to Our Future*, Penguin, 2015를 참조하기 바람. 또한 '자유주의'(liberal)라는 말에 대한 적극적 옹호와 재(再)정의를 보려면 Madsen Pirie, *The Neoliberal Mind : The Ideology of the Future*, Adam Smith Institute, 2017을 참조하기 바람. 마지막으로, '자본주의에 대한 더 포괄적인 대중의 이해'를 유도하기 위한 계획이나 운동을 보려면 'The Coalition for Inclusive Capitalism'(www.inc-cap.com)의 활동을 참조하기 바람.

46. **[역주]** ① a theoretical human being who rationally calculates the costs and benefits of every action before making a decision, used as the basis for a number of economic theories and models(*Collins English Dictionary*, 10th edition) ; ② a hypothetical person who behaves in exact accordance with their rational self-interest(*Oxford Dictionary of English*) ; ③ '경제인(經濟人)', 즉 타산적(打算的)이고 공리적(功利的)인 인간을 말함.

47. **[역주]** 한글 사전적 의미로 '경제인(經濟人)'은 ① 경제 원칙에 따라 최대 이윤을 꾀하여 합리적으로 행동하는 인간상, 또는 ② 자신의 경제적인 이득만을 위하여 행동하는 사람을 말함.

분은 '일반적인 시장균형'(general market equilibrium)을 달성하는 데 필요한 조건들이 충족시키기에 얼마나 까다로운지를 밝히는 데 있었다. 다시 말하면, 맬서스(Malthus : 영국의 경제학자, 1766~1834년)가 '인간의 완전성'(human perfectibility)에 대한 유토피아적 관념에 반대하는 논쟁을 벌이기 위해 '경제적 사고방식'을 사용한 것처럼, 애로는 1세기 이상이 지난 후(즉, 1954년)에 '시장의 불완전성'(market imperfectibility)을 강조하기 위해 '경제적 사고방식'을 사용했다. 애로가 밝혀낸 조건들은 사실 충족시키기가 매우 까다롭기 때문에 일반시장균형은 결코 존재하거나 발생할 수 없다. 수학(수학적 증명)은 시장이 다음 두 가지 기능을 달성하는 데 실패함을 보여주었다. 즉, 수학적 증명에 따르면 시장만으로는 ① '경제 전반'에 걸쳐 경제적 재화와 후생의 최적 배분을 달성하지 못하거나, ② '재분배 효과'를 최적적으로 조정하지 못함을 보여주었다. 따라서 이론과 실제 모두에서 정치와 정부가 시장에 영향을 미칠 수 있는(즉, 시장에 개입할 수 있는) 여지가 항상 있을 것이며, 그러한 영향(개입)은 좋을 수도 있고 나쁠 수도 있다.

마지막으로, 애덤 스미스 자신은 어떠한가? 애덤 스미스는 '일반균형이론'이나 '협상이론'이나 '비교우위이론'을 발견하지 않았다. 또한 애덤 스미스의 저서들에는 '합리적인 경제인'(rational economic man)이나 '호모 에코노미쿠스'에 대한 언급이 없으며, 여러 면에서 이러한 개념은 그의 사상과 관련이 없다. 더욱이 현대 경제학에 대한 상투적이고 진부한 많은 비판은 애덤 스미스에게 적용되지 않는다. 실제로 이러한 비판 중 많은 부분은 애덤 스미스의 저서에 반영되어 있다. 오히려 '애덤 스미스의 천재성(天才性)'은 다음 4가지로 요약할 수 있다. 첫째, 애덤 스미스는 '시장을 중심으로 하는 정치경제학 분야'(즉, '시장 중심의 정치경제학')를 놀라울 정도로 긴밀히 연결하면서 정연하게 설명했다. 둘째, 애덤 스미스는 '시장 중심의 정치경제학'을 설명하면서 쉽게 수긍할 수 있는 '경제적 사고방식'을 사용했다. 셋째, 애덤 스미스는 '제도와 역사적 인식'을 정치경제학의 중심에 두었다. 마지막으로, 애덤 스미스는 오늘날 놀라울 정도로 '다양한 분야'에서 연구하는 경제학자들에게 끊임없이 영감(靈感)을 주는 예리한 통찰력(insights)으로 '시장 중심의 정치경제학'을 정립(定立)하고 설파(說破)했다.

5. 주류 경제학

그러나 애덤 스미스 업적의 진정한 크기—즉, 그의 업적이 얼마나 위대한가?—를 가늠(측정)하기 전에 무엇보다도 '주류 경제학 자체의 본질(本質)'을 더 깊이 탐구할 필요가 있다. 그러면 "주류 경제학"(mainstream economics)이란 정확히 무엇인가?

언뜻 보기에 간단해 보이는 이 질문은 그동안 다소 '논쟁의 여지가 있음'이 드러났다. "주류"(主流, mainstream)[48]라는 단어는 이념적 또는 직업적 목적으로 '(여기에 속하지 않은) 다른 것들을 비(非)정통적(이단적)이고 편협하거나 관련이 없는 것'으로 규정하고, 이들을 배제하기 위해 사용되거나 오용될 수 있기 때문이다. 경제학의 경우 '주류'는 전통적으로 폴 새뮤얼슨(Paul Samuelson : 미국의 경제학자(1915~2009년)로 1970년 노벨 경제학상 수상자)[49]의 저서와 동일시된다. 새뮤얼슨은 자신의 베스트 셀러인 『경제학』 제3판(1955년)을 통해 수학적으로 엄격하지만, 일반인들도 이해할 수 있는 '이론적 종합'(綜合, synthesis)을 시도했다. 여기서 '이론적 종합'이란 ① 기업과 시장이라는 "미시경제학의 기초들"(foundations of microeconomics)과 ② GDP, 인플레이션, 고용, 실업 등과 같은 '케인즈주의 거시경제학'(Keynesian macroeconomics)이 다루는 "거시경제적

48. **[역주]** '주류'란 ① 강(江)의 주(主)가 되는 큰 흐름과 같이 '사상이나 학술 등의 주된 경향'이나 ② '조직이나 단체 등에서 주도권을 가진 다수파'를 말함.

49. **[역주]** 1970년 노벨 경제학상을 받은 미국의 이론 경제학자로 『경제분석의 기초』를 통해 힉스(J. Hicks)의 안정화 조건의 이론을 발전시켰음. 후생경제학에서는 사회적 후생함수의 필요성을 주장하고, 소비이론에 대해서는 현시선호이론(顯示選好理論)을 제시하였음. 경기순환론에서는 가속도원리와 승수이론(乘數理論)을 종합해 경기순환이 어떻게 해서 일어나는가를 정차 방정식을 써서 밝혔음.

총량 변수들"을 결합한 것을 말한다([역주] 새뮤얼슨은 『경제학』 제3판(1955년)에서 '미시경제적 기초들'과 '거시경제적 총량 변수들'을 결합함으로써 두 이론을 종합하였다. 이를 '신고전학파 종합'(Neoclassical synthesis)[50]이라고 부른다). 새뮤얼슨의 『경제학』은 15판(版) 이상이 출판됨으로써 역사상 가장 많이 팔린 경제학 교과서가 되었다. 그러나 이러한 상투적인 설명은 케인즈 자신의 업적을 크게 '과소평가'하고 있다. 케인즈는 그의 『고용·이자 및 화폐에 관한 일반이론』[51](1936년)을 정확히 '일반이론'(여기서 고전학파 경제학은 하나의 '특수한 경우'로 간주함)으로 보았지만, 일반이론은 균형 이론가들의 이론들과는 근본적으로 다른 종류이다. 이는 사실이다. 케인즈는 어떤 경제에 여러 개의 균형점이 존재할 수 있다고 주장했다. 그러나 이 주장은 정확히 시장, 특히 노동시장이 청소되지(clearing) 않기 때문일 수 있다([역주] 고전학파 경제학은 '모든 시장이 청소된다'라고 주장함). 왜 그런가? 어떤 경제가 장기간 고(高)실업률과 총수요 부족 상태에 빠질 수 있기 때문이다. 이러한 경우들(즉, 고실업률과 총수요 부족)은 표준적인 경제에서는 어디에도 나타나지 않지만, 실물 경제에 영향을 미치는 여러 요인들—예를 들면, 급진적인 불확실성,[52] 사재기, 케인즈가 명명한 것으로 사람들의 자신감과 사기(士氣)에 영향을 미치는 "야성적 충동"(野性的 衝動, animal spirits)[53] 등—때문에 발생할 수 있다.

---

50. **[역주]** 케인즈 이전의 '신고전파경제학'과 '케인즈경제학(케인즈학파)'을 종합한 경제학의 정통적 입장을 나타내는 이론을 말함.

51. **[역주]** 케인즈가 쓴 위대한 저서로 '공급은 그 자신의 수요를 창출한다'에 입각한 고전학파 경제학을 비판하고 '유효수요의 원리'를 수립한 저서임.

52. **[원문]** 민스키(Hyman Minsky)에 따르면 "케인즈(J. M. Keynes)는 '불확실성'(uncertainty)과 '위험'(risk)을 구별하고, 불확실성을 '자연의 급진적인 일부분'(a radical part of nature)으로 간주함으로써 실물 경제에 미치는 영향에 관해 탐구하였다"라고 주장했다: Hyman P. Minsky, *John Maynard Keynes*, McGraw-Hill, [1975] 2008.

53. **[역주]** 경제가 인간의 합리적·이성적 판단에 의해서만 돌아간다고 보지 않고, 인간의 '비경제적인 본성'도 경제를 움직이는 하나의 요인이 될 수 있음을 말함. "Animal spirits" is a term coined by the famous British economist, John Maynard Keynes, to describe how people arrive at financial decisions, including buying and selling securities, in times of economic stress or

케인즈는『고용 · 이자 및 화폐에 관한 일반이론』을 자신이 "고전학파 전통"(classical tradition)이라고 부른 것으로부터의 '단절(斷絕)'이라고 광고했다. 그러나 케인즈는 고전학파 전통의 기원을 애덤 스미스가 아니라 '데이비드 리카도(D. Ricardo : 영국의 경제학자, 1772~1823년)와 프랑스 경제학자 장 바티스트 세(Jean Baptiste Say : 프랑스의 경제학자, 1767~1832년)'[54]로부터 시작하여 정확하게 추적했다. 케인즈에게 있어 '애덤 스미스는 (다음과 같은 이유로) 고전학파 전통 위에 서 있었다'. 케인즈가 자신의『전기(傳記) 에세이(Essays in Biography : 위인전(偉人傳))』에서 썼듯이, "경제학자들은 '4절판(quarto[55] : [역주] 위대한 저서) 인쇄의 영광'을 애덤 스미스에게만 맡겨야 한다. 또한 경제학자들은 현재를 잡고, 팸플릿[56]을 바람에 날리며, 항상 '시간의 측면에서'(sub specie temporis)[57] 글을 써야 하고, 우연히 불멸(不滅)을 이루어야 한다."[58] 또한 케인즈는 "인간을 '인간 동물'(human animal)로 보고, 시장을 '사회적 · 규범적 관계'(social and normative context) 속에 포함시켜야 한다"고 주장했다([역주] 저자는 이를 '케인즈

---

uncertainty. In Keynes's 1936 publication, *The General Theory of Employment, Interest, and Money*, he speaks of animal spirits as the human emotions that affect consumer confidence.

54. **[역주]** 애덤 스미스의 학설을 계승·정비해 프랑스에 도입하여 '3생산요소론', '판로설'을 주창함. 특히 '공급이 스스로 수요를 창출한다'라고 하는 '세의 법칙'(Say's law)을 주장함.

55. **[역주]** '콰르토'(quarto)란 책의 크기를 나타내는 단위 중 하나로 '4절판'이라 부름. 여기서는 당시 인쇄기에 사용된 인쇄용지 1/4 크기(24 × 31cm)의 책을 말하며, 대략 '백과사전' 정도이다.

56. **[역주]** 설명이나 광고, 선전 따위를 위해 얄팍하게 맨 작은 책자.

57. **[역주]** 라틴어인 "sub specie temporis"는 영어로 '시간의 측면에서'(under the aspect of time)라는 의미임. 또한 이 말은 '영원보다는 시간과 관련하여'(in relation to time rather than eternity), 또는 '시간적 관점에서'(from a temporal perspective)를 의미함.

58. **[역주]** "Economists must leave to Adam Smith alone the glory of the Quarto, must pluck the day, fling pamphlets into the wind, write always *sub specie temporis*, and achieve immortality by accident, if at all." 이와 관련하여 추홍희 변호사는 자신의 블로그에서 다음과 같이 논평했다 : "경제학자로서 대저작을 쓰는 영광은 애덤 스미스 한 사람 정도라고 생각하고, 경제학자들은 마치 연을 달리듯 시론을 쓰는 것을 즐겨야 하고, 항상 유한한 시간의 관점에서 글을 써야 한다. (그런 연후에) 불멸의 저작은 우연히 얻어지는 것이다"[출처 : "경제학 실무이론가들의 의무", 추홍희 블로그, 2012년 1월 5일 작성 ; 2023년 7월 15일에 접속함].

경제학'(Keynes's economics)이라고 불렀다). 케인즈의 이러한 주장은 케인즈가 아마도 자신이 인정한 것보다 '더 애덤 스미스주의자'였다는 것을 의미한다. 폴 새뮤얼슨은 나중에 이러한 '케인즈 경제학'(Keynes's economics)을 존 힉스(John Hicks : 영국의 경제학자(1904~1989년)로 1972년 노벨 경제학상 수상자)의 연구에 의존하여 이와 완전히 다른 "케인지안 경제학"(Keynesian economics : '케인즈주의 경제학')으로 바꾸었다. 그러나 여러 면에서 소위 "신고전학파 종합"(Neoclassical synthesis)[59]은 '케인지안 종합'(Keynesian synthesis)으로 묘사되는 게 더 나을 것이다. 또한 이 표현(즉, 케인지안 종합)조차도 다른 사람들이 경제적으로 비합리적이거나 수학적으로 다루기 어려운 것으로 생각했던 인간의 행동을 탐구하려는 케인즈의 창의성과 현실주의 및 의지를 제대로 나타내지 못한다고 할 수 있다.

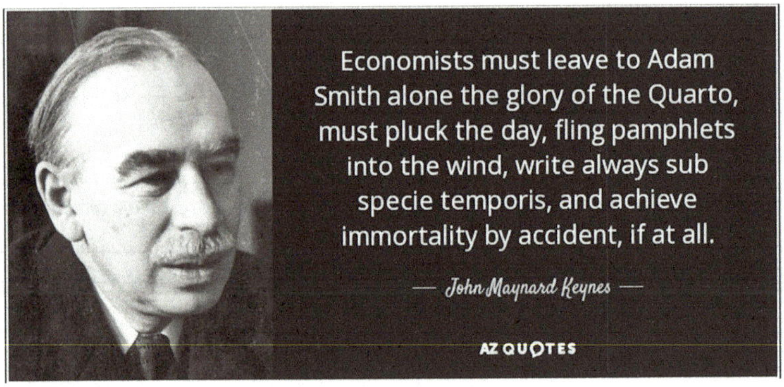

▲ 역자가 인터넷에서 가져온 것임.

59. **[역주]** 대부분의 서방세계, 즉 미국, 영국 및 북유럽 제국과 네덜란드 그리고 부분적으로는 일본 등에서 오늘날 경제학의 주류를 이루고 있는 근대 경제학의 한 이론체계임. '신고전학파 종합'이란 유효수요의 원리를 중심으로 한 '케인즈 이론'과 한계효용 및 시장가격의 수급조정기능을 전제로 한 '신고전학파 이론'의 "종합"을 의미함. 새뮤엘슨(P. A. Samuelson, P. A.)이 자신의 *Economics*(3rd. ed. 1955)에서 이러한 표현을 처음 사용한 이래 널리 사용되고 있음. 신고전학파 종합에 따르면 현대의 혼합경제에서는 한편으로는 재정정책과 금융정책을 적절히 결합하여 운용함으로써 완전고용과 경제성장을 달성할 수 있으며, 다른 한편으로는 시장가격 기구의 작용에 의하여 자원의 효율적인 배분이 이루어질 수 있다는 것임. 이를 현대 경제학의 중심적인 이론체계로 만드는 데 기여한 대표적 학자는 새뮤엘슨, 솔로우(R. M. Solow), 파틴킨(D. Patinkin), 힉스(J. R. Hicks), 토빈(J. Tobin) 등임.

어떻게 표현되든 이 표현은 '다양한 견해들의 종합'(cluster of views ; 신고전학파 종합)으로서 여전히 '경제학의 주류'로 남아 있다. 우리가 잘 알고 있듯이 '주류 경제학'은 최근 수십 년 동안 '정책의 대실패들'을 겪었지만, 그 성과를 경시하는 것은 어리석은 일일 것이다. 왜 그런가? 주류 경제학은 그동안 ① 인간의 행동을 이해하고, ② 경제활동을 분석하고, ③ 개인, 가계, 기업 및 정부의 결정들을 설명하고, 수립하고, 안내하는 데 매우 중요하다고 입증되었기 때문이다. 그러나 주류 경제학은 다음 '세 가지 주요 특징'을 가지고 있음으로써 '대중의 위상(位相)'도 크게 높아졌다(불행히도 이러한 특징들은 주류 경제학의 본질적인 장점들과 덜 밀접하게 관련되어 있다). 첫 번째 특징은 '주류 경제학이 종종 대중의 지혜를 모으고 사회적 선택을 할 때 '자율적인 영역'(autonomous realm : 자율적으로 의사결정을 할 수 있는 영역, 또는 중앙통제적이 아니라 개인의 '자율성'이 보장되는 영역)을 가지고 있다'라는 점이다. 또한 이 특징은 '시장을 옹호하는 강력한 도덕적 정당성'을 제공할 수 있다. 왜 그런가? 시장(市場)은 ① 거래에서 의사를 자유롭게 표현하고 선택할 수 있는 '개인들의 자유'(individuals' freedom)가 사회 내 다수(多數)를 위한 하나의 '집단적 자유'(collective freedom ; 즉, 집단(사회)적 선택)로 합(合)쳐지고, 그로 인해 ② 사회 전체적으로 예상치 못하고 의도하지 않았지만, '사회적으로 유익한 결과'를 가져다주는 장소이기 때문이다.

▲ 콘래드 메츠(Conrad Metz, 1749~1827년)가 그린 애덤 스미스의 어머니 마거릿 더글러스(Margaret Douglas) 여사의 초상화. 애덤 스미스는 "나는 다른 어떤 사람보다 [나의 어머니]를 더 사랑하고 존경했다"라고 말했다.

앨런 램지(Allan Ramsay, 1713~1784년)가 그린 애덤 스미스의 '잊을 수 없는' 스승인 프랜시스 허치슨(Francis Hutcheson)의 모습. ▶

◀ 1766년 앨런 램지가 그린 데이비드 흄(David Hume)의 모습. 애덤 스미스는 "흄이 인간 본성의 연약함이 허용하는 한 '완벽하게 현명하고 고결한 사람'에 매우 가깝다"라고 말했다.

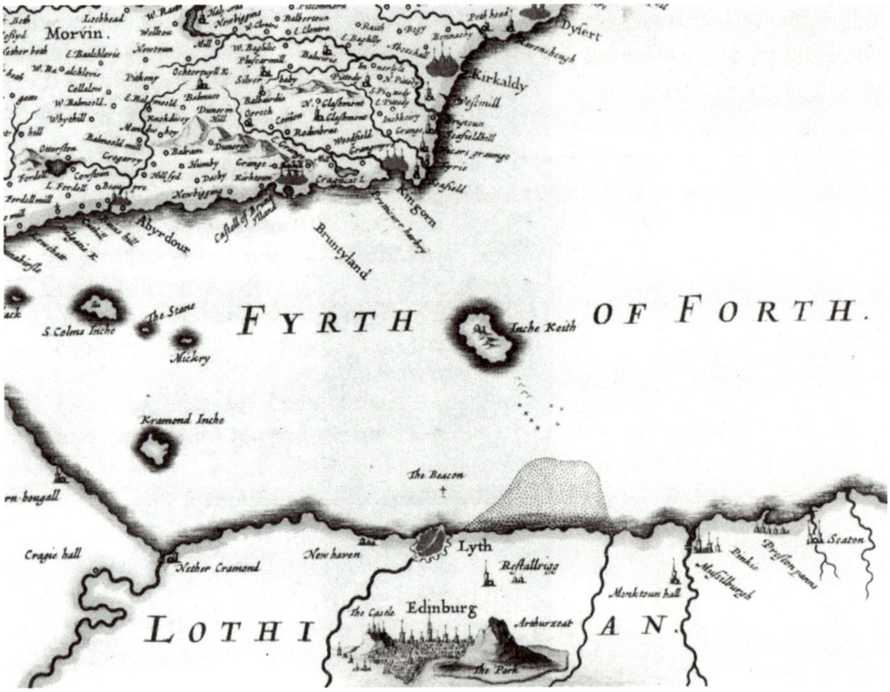

▲ 에든버러(Edinburgh), 리스(Leith), 커콜디(Kirkcaldy) 지역을 보여주는 포스 만(Firth of Forth)의 모습 (출처 : 스코틀랜드의 블레우 아틀라스, 1654년).

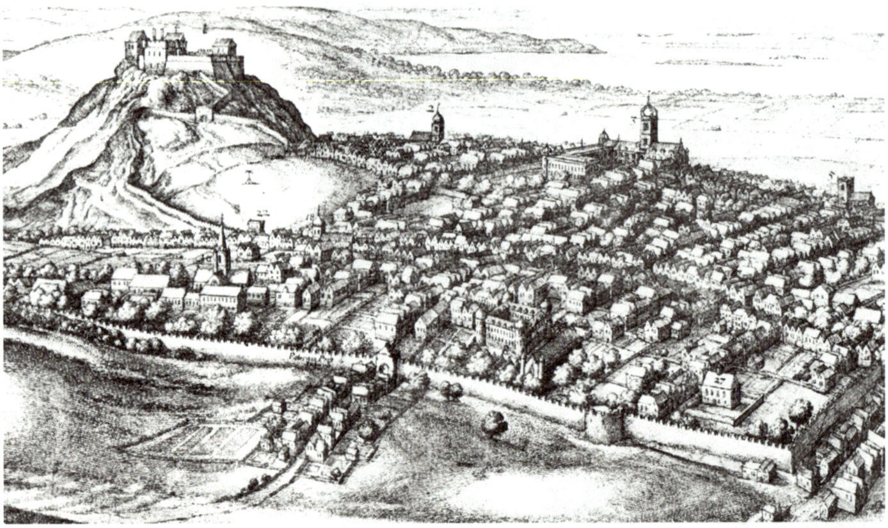

▲ 아서시트(Arthur's Seat)에서 바라본 에든버러 전경(출처 : 웬슬라우스 홀라(Wenceslaus Hollar), 1670년).

"보니 왕자 찰리"(Bonnie Prince Charlie)라고 불리는 찰스 에드워드 스튜어트(Charles Edward Stuart)의 모습. 앨런 램지가 그린 소위 "잃어버린 초상화"임. 이는 1745년 가을 자코바이트(Jacobite)가 영국을 침공하기 직전에 그려진 그림임. ▶

◀ 1770년 토마스 게인즈버러(Thomas Gainsborough)가 그린 애덤 스미스의 제자이자 후원자이자 친구인 헨리 스콧(Henry Scott)의 모습. 헨리 스콧은 제3대 바클루 공작(3rd Duke of Baccleuch)이었음.

◀ 에드먼드 버크(Edmund Burke)의 모습(출처 : 조슈아 레이놀즈(Joshua Reynolds)의 스튜디오, 1769년경). 애덤 스미스는 "의사소통이 없이도 경제 주제들에 대해 자신과 똑같이 생각한 사람은 오직 버크뿐이었다"라고 말한 것으로 전해진다.

1766년 앨런 램지(Allan Ramsay)가 그린 장 자크 루소(Jean Jacques Rousseau)의 모습. 당시 루소는 자신이 가장 좋아하는 '아르메니아 의상'을 입고 있음. 이 그림은 램지가 데이비드 흄(David Hume)에게 선물한 것으로, 나중에 루소는 흄과 사이가 크게 틀어졌다. ▶

▲ 에든버러 로열마일(Royal Mile) 지역의 세인트 자일스 대성당(St. Giles' Cathedral) 앞에 있는 애덤 스미스 동상(銅像). 이 동상은 알렉산더 스토다트(Alexander Stoddart)가 제작함. 이 동상에서 애덤 스미스는 '영웅적인 포즈'를 취하고 있다.

▲ 세인트 자일스 대성당(St. Giles' Cathedral) 맞은편에 있는 데이비드 흄(David Hume) 동상(銅像). 흄의 동상도 알렉산더 스토다트(Alexander Stoddart)가 제작함. 이 동상에서 흄은 '로마 상원의원'의 포즈를 취하고 있다.

▲ 1944년 미국 브레튼우즈(Bretton Woods) 회의에서 헨리 모건소(Henry Morganthau) 미국 재무장관과 함께한 존 메이너드 케인즈(John Maynard Keynes). 케인즈는 "경제학자들은 위대한 저술(Quarto)의 영광을 애덤 스미스에게만 맡기고, 단지 우연히 불멸을 이룩해야 한다"라고 말했다.

▲ 1972년 노벨 경제학상을 수상한 케네스 애로(Kenneth Arrow). 애로의 연구는 케인즈와 하이에크 못지않으며, 애덤 스미스와 긴밀히 연결되어 있다.

1787년 제임스 태시(James Tassi) ▶ 가 메달에 새긴 애덤 스미스의 옆 모습 : 현존하는 유일한 초상화임.

▲ '경제학의 아버지'인 애덤 스미스를 기리는 영국은행(Bank of England)의 20파운드 지폐.

두 번째 특징은 '경제학 자체가 종종 인간 행동에 관한 모든 것을 연구하는 '추정(推定) 이론'(putative theory of everything)으로 간주된다'는 점이다. 우리는 그동안 수십 년에 걸쳐 내린 '경제학에 대한 정의(定義)'의 변화와 발전들[60]에서 이러한 특징을 확인할 수 있다. 예를 들면, 1844년에 존 스튜어트 밀(John Stuart Mill : 영국의 철학자·경제학자, 1806~1873년)[61]은 정치경제학을 "부(富)의 생산, 분배 및 소비를 규제하는 법칙들의 과학"으로 정의했다. 그로부터 약 90년이 지난 1932년에 라이어넬 로빈스(Lionel Robbins)[62]는 훨씬 더 일반적으로 경제학을 "'주어진 목적'과 '대체적(代替的)으로 사용 가능한 희소한 수단' 사이의 관계로서 인간의 행동을 연구하는 과학"으로 정의했다. 최근에 이르러서 베스트 셀러인 『괴짜경제학(Freakonomics)』[63]의 저자들은 경제학을 다음과 같이 오늘날 유행하는 생각으로 정의했다. 즉, 스티븐 레빗(Steven Levitt)과 스티븐 더브너(Stephen Dubner)는 "경제학은 본질적으로 인센티브(incentive)에 대한 연구이다. 특히 다른 사람들이 똑같은 것을 원하거나 필요로 할 때 사람들이 자신이 원하거나 필요로 하는 것을 어떻게 얻는지를 연구하는 학문이다"라고 오늘날 유행하는 견해

---

60. **[원문]** 경제학에 대한 다양한 정의 중 대표적으로 다음 두 가지를 들 수 있다. 첫째, 로빈스(L. Robbins)는 경제학을 "주어진 목적(given ends)과 희소한 수단(scarce means)' 간의 관계로서 인간 행동을 연구하는 학문"(the science which studies human behavior as a relationship between given ends and scarce means)으로 정의했다 : Lionel Robbins, *An Essay on the Nature and Significance of Economic Science*, Macmillan, 1932. 둘째, 최근 스티븐 레빗(S. Levitt)과 스티븐 더브너(S. Dubner)는 경제학을 "인센티브(incentives)를 연구하는 학문"이라고 정의했다 : Steve Levitt and Stephen Dubner, *Freakonomics : A Rogue Economist Explores the Hidden Side of Everything*, HarperCollins, 2005.

61. **[역주]** 19세기 영국의 철학자이자 경제학자로 벤담(J. Bentham: 영국의 철학자, 1748~1832년)의 '양적 공리주의'와 구분되는 '질적 공리주의' 사상을 발전시켰으며, 자유주의와 사회민주주의 정치사상의 발전에도 크게 기여하였음.

62. **[역주]** 영국의 경제학자로 오스트리아학파 및 로잔학파의 이론을 영국에 도입하여 '케임브리지학파'와의 융합을 시도하였음.

63. **[역주]** Levitt, Steven D. and Stephen J. Dubner, *Freakonomics : A Rogue Economist Explores the Hidden Side of Everything*, William Morrow, 2005.

로 정의했다. 경제학에 대한 정의(定義)의 이러한 발전에서 매우 놀라운 점은 우선, 경제학의 정의를 단순히 기존의 '인간의 행동을 통한 부(富)의 창출과 분배'에서 '인센티브(아마도 경제학과 아무런 관련이 없어 보이는 인센티브를 포함하여)에 대한 최대한 일반적인 연구'로 확장되었다는 점이다. 또한 경제학이 점점 더 '주제'(예를 들면, 생산, 소비, 인센티브 등)가 아니라 '방법론'(즉, 일반적인 연구)의 관점에서 정의되고 있다는 점이다. 이러한 정의는 이론 및 정책 분야에서 이례적이고, 아마도 특이한 현상으로 보인다. 역사학자들은 역사를 연구하고, 화학자들은 화학을 연구하고, 법률학자들은 법률을 연구한다. 경제학자들은 '인센티브가 어떻게 작동하는지'(인센티브가 작동하는 방식)를 연구한다. 이는 경제학이 특정 경제적 주제가 아니라 인센티브와 관련된 '매우 일반적인 연구'를 하는 학문 분야라는 것을 의미한다.

마지막으로, 세 번째 특징을 살펴보기로 하자. 경제학이 '인간 행동에 관한 모든 것을 연구하는 하나의 이론'—심지어 '진정한' 이론('the' theory)—이거나 이론이 될 수 있다는 생각은 경제학의 위신을 크게 높였다. 실제로, 경제학은 하나의 '주제'(이론)로서 오늘날 전 세계 많은 정치인과 관료들이 정책 분석과 정책 도구들을 고안할 때 종종 확실한 우위를 차지하고 있다. 이는 세계의 많은 정치인과 관료들이 자국의 정책 분석과 정책 도구들을 고안할 때 다른 학문보다 경제학을 우선적으로 사용하고 있음을 의미한다. 이러한 생각은 세 번째 특징인 '경제학의 까다로운 전문적 요구 사항'에 의해 강화되어 왔다. 그동안 경제학을 '일반 대중의 참여 및 조사와 토론'에 더욱 개방하려는 움직임이 큰 환영을 받아왔지만, 주제 전체(즉, 경제학)는 비전문가들이 접근하기 매우 어려운 분야이다. 이러한 경향은 전문 용어들(jargon), 이론적 핵심 가정들, 특히 주류 경제학의 수학적 형식주의 등에 의해 크게 강화되어 왔다. 전문 용어들, 이론적 핵심 가정들, 수학적 형식주의 등은 일반 대중의 더 폭넓은 이해와 참여에 커다란 장벽들이 될 것이다. 또한 전문 용어들, 이론적 핵심 가정들, 수학적 형식주의 등은 ① 문외한

(門外漢)들의 참여와 조사를 억제하고, ② 학문 전체(즉, 경제학)에 어떤 신비(神秘)스러움을 부여하고, ③ 학문적 논쟁과 지적으로 '억지 쓰기'(logic chopping : 이핑계저핑계 대기) 문화를 조장하는 역할을 해왔다. 특히 억지 쓰기 문화의 경우 외부로부터의 도전, 학제간(學際間 : 여러 학문 분야 간) 연구, 경제학 가정들의 합당성에 대해 좀 더 자의식적으로[64] 인식하기 등을 저해할 수 있다.

이제까지 살펴본 이러한 세 가지 특징의 총 효과는 근본적으로 다른 학문 분야들보다 '경제학을 선호하는' 특정 추정(推定)이나 가설(假說)[65]을 세우는 것이었다. 그로 인해 정치학, 심리학, 사회학, 인류학, 계획, 디자인, 심지어 역사, 문화 및 예술 등과 같은 학문 분야나 주제들은 ① 적어도 부분적으로 경제학에서 '파생'되었거나, 아니면 ② 처음부터 "정말로" 경제학에 관한 분야라는 주장에 직면하게 되었다. 이러한 분야나 주제들에서 개발된 전통과 관행들, 개념들, 사고방식은 아마 순전히 '경제적인 용어'(economic terms)로 재해석될 수 있다. 이제까지 살펴본 세 가지 특징들은 경제학이 '순전히 기술적(記述的)인 과학'(purely descriptive science)으로서 중립적인 정책수단들을 제공한다는 주장과는 거리가 멀다. 그 대신 세 가지 특징들은 경제학 실무자들과 전문가들을 '개인주의적이고 이익을 추구하는 세계관'으로 슬며시 이끌어갈 수 있다. 다시 말하면, 세 가지 특징들로 인해 경제학 실무자들과 전문가들이 '개인주의적이고 이익을 추구하는 세계관'으로 빠져들 수 있다. 이는 경제학 실무자들과 전문가들이 세 가지 특징들에 기반한 경제학의 '이상화된 모형들'이 그 자체로 바람직하며, 또 실제 시장들에서 존재할 수 있다고 생각하기 때문이다.

---

64. **[역주]** '자의식'이란 자신이 처한 위치나 자신의 행동·성격 따위에 대해 깨닫는 일을 말함.

65. **[역주]** 어떤 사실의 원인을 설명하거나 어떤 이론체계를 연역하기 위하여 설정한 가정(假定)을 말함.

6. 주류 경제학을 넘어서

이 문제가 왜 중요한가? 우리는 주류 경제학이 '무엇을 가정하는지'에 대해서 뿐만 아니라 '무엇을 빠뜨리고 있는지'에 대해 질문함으로써 이 질문에 대답할 수 있다.

우선, '주류 경제학'은 주류 이외의 '나머지 경제학'을 배제한다. 경제학 교과서들은 다양한 현대 경제사상 학파들을 분류하는 방법에 대해 의견이 분분하다. 그러나 지나친 단순화의 위험을 무릅쓰고 주류 경제학에 대해 적어도 6가지의 식별 가능하고, 일관성 있고, 다소 실제적인 대안(代案)을 제시할 수 있다. 이들을 대략적인 연대순으로 보면 다음과 같이 구분할 수 있다. 첫째는 '마르크스주의 경제학'(Marxism)이다. 마르크스 경제학은 생산, 계급 투쟁, 자본 축적, 경기순환(business cycle) 및 기술 변화 등에 초점을 맞추고 있다. 둘째는 '오스트리아 경제학'(Austrian economics)이다. 오스트리아 경제학은 인간 합리성(human rationality)의 한계, 규범(norms)의 중요성, 자발적인 질서(spontaneous order), 가격의 신호(signal) 역할, 혁신 및 기업가정신(entrepreneurship) 등을 강조한다. 셋째는 '포스트 케인즈주의 경제학'(post-Keynesian economics)이다. 포스트 케인즈주의 경제학은 불확실성과 "야성적 충동"(animal spirits), 경기침체, 실업 및 정부의 적극적인 재정 개입(정책)의 범위 등을 강조한다. 넷째는 '개발경제학'(Developmental economics)이다. 개발경제학은 생산 능력의 향상을 저해하거나 지원하는 산업 연관성, 보호, 유치산업 육성정책의 역할 등을 분석한다. 다섯째는 '제도경제학'(Institutional economics)[66]이다. 제도경제학은 제도

66. [원문] '경제생활에서 제도(制度)의 중요성'에 관해서는 다음 문헌을 참조하기 바람. 첫째, 코스(R. Coase)는 '기업을 경제적 제도'로 인식하였다: Ronald Coase, "The Nature of Firm", *Economia*, 4(16), 1937. 둘째, 노스(D. North)는 코스보다 제도를 더 폭넓게 연구하였다: Douglas North, "Institutions", *Journal of Economic Perspectives*, 5(1), Winter 1991. 여기서 노스는 '시장 진화(발전)의 단계적 역사에 대한 자신의 개략적 설명과 비(非)진화에 대한 분석'이 포함되어 있다. 마지

가 개인 행동과 집단행동의 실행 및 변화에 미치는 영향, 또한 최근에는 '거래비용'(transactional costs)의 구체적인 역할 등을 탐구한다. 마지막은 '통화주의 경제학'(Monetarism)이다. 통화주의 경제학은 화폐 공급의 중요성, 통화(화폐)적 요인들이 인플레이션, 경제 성과 및 국민 총생산량에 미치는 영향 등을 강조한다. 그러나 우리는 이들 간의 경계를 확연히 구분하기 어렵다. 예를 들면, 오늘날 많은 연구자는 '제도경제학'이나 '행동경제학'(Behavioural economics)이 이제 주류 경제학의 일부로 간주되어도 마땅하다고 주장하기 때문이다.

〈주류 경제학에 대한 6가지 대안〉

경제학파	주요 연구 대상
마르크스주의 경제학	생산, 계급 투쟁, 자본 축적, 경기순환, 기술 변화.
오스트리아 경제학	인간 합리성의 한계, 규범의 중요성, 자발적인 질서, 가격의 신호 역할, 혁신, 기업가정신.
포스트 케인즈주의 경제학	불확실성, '야성적 충동', 경기침체, 실업 및 정부의 적극적인 재정 개입의 범위.
개발경제학	산업 연관성, 보호, 유치산업 육성 정책의 역할.
제도경제학	제도가 개인행동과 집단행동의 실행 및 변화에 미치는 영향, 거래비용의 구체적인 역할.
통화주의 경제학	화폐 공급의 중요성, 통화(화폐)적 요인들이 인플레이션, 경제 성과 및 국민 총생산량에 미치는 영향.

주 : 이 표는 역자가 만든 것임.

따라서 주류 경제학은 '『국부론』에서 정교(精巧)하게 설명된 일련의 획기적인 생각들'을 잘 나타내고 있다. 그러나 애덤 스미스가 주류 경제학의 많은 견해를 지지했을지는 분명하지 않다. 위에서 분류한 6가지 모든 현대 경제학파가 공

막으로, 마글린(S. Marglin)은 '경제적 이념이 제도에 부식적(腐蝕的)인 영향을 미친다'라고 주장하였다: Stephen Marglin, *The Dismal Science : How Thinking Like an Economist Undermines Community*, Harvard University Press, 2008.

평하게 애덤 스미스를 '경제학의 조상'이라고 주장할 수 있는 것은 ① '시장 중심'에 대한 애덤 스미스의 독창적인 통찰력의 힘이며, ② 애덤 스미스의 '폭넓은 견해의 범위'에 있다. 실제로 6가지 현대 경제학파 중 두 학파(즉, 마르크스주의 경제학과 오스트리아 경제학)는 자신들의 주장이 거의 틀림없이 현대 주류 경제학의 주장만큼 훌륭하다고 말한다. 이제 이들 두 학파의 주장을 고찰해 보기로 하자.

첫째로, '마르크스주의 경제학'의 경우를 살펴보기로 보자. 칼 마르크스(Karl Marx : 독일 출생의 경제학자, 1818~1883년)[67]는 애덤 스미스의 열렬한 제자이자 신랄한 비판자였다. 그러나 언뜻 보기에 마르크스주의 경제학이 어떤 식으로든 애덤 스미스로부터 파생되었다는 생각은 터무니없는 것일지도 모른다. 확실히 마르크스주의는 자유시장의 정반대인가? 1848년에 발표된 마르크스의 『공산당 선언』의 교리가 어떻게 애덤 스미스의 『국부론』(1776년) 덕분이라고 할 수 있는가? 이러한 문제들은 여기에서 적절하게 논의하기에는 너무 큰 주제이지만, 몇 가지 유사점과 접점들에 주목할 수 있다. 마르크스가 상상한 미래에서 '역사'는 오직 ① '프롤레타리아(proletariat)[68] 계급'(즉, 무산 계급)의 궁극적인 승리, ② 사유 재산권의 폐지, ③ 생산 및 교환 수단의 공동 소유만을 가져다줄 수 있다. 그 시점에서 모든 종류의 시장은 공동 소유와 재화의 행정적 분배를 위해 더 이상 존재하지 않을 것이다. 그러나 마르크스에 따르면, 그러한 역사적 과정(실제로는 역사 그 자체의 과정)은 궁극적으로 '경제적으로' 결정된다. 마르크스의 이론은 '유물론적'(materialist)[69]이고 더 넓게는 '결정론적'(deterministic)[70] 유형이지만, 매우 광범

---

67. **[역주]** 독일의 경제학자·정치학자로 헤겔의 영향을 받아 무신론적 급진 자유주의자가 되었음. 엥겔스와 경제학 연구를 하며 집필한 저서 『독일 이데올로기』에서 유물사관을 정립하였으며, 『공산당선언』을 발표하여 각국의 혁명에 불을 지폈음. 『경제학비판』, 『자본론』 등의 저서를 남겼음.

68. **[역주]** 자본주의 사회에서 자기 노동력을 자본가에 팔아 생활하는 노동자, 즉 임금 노동자를 말하며, 그 반대는 '부르주아(bourgeoisie) 계급'(즉, 유산 계급)임.

69. **[역주]** 유물론(唯物論)은 우주 만물의 궁극적 실재를 물질로 보고, 정신적·관념적인 것을 모두 이에 환원시키려는 입장을 말함.

70. **[역주]** 결정론(決定論)은 자연적 여러 현상이나 역사적 사건들, 특히 사람의 의지는 여러 가지 원인

위하게는 '애덤 스미스적인(Smithian : 애덤 스미스 사상에 바탕을 둔) 단계(段階) 이론'(staged theory)이다.

마르크스의 경우 '역사의 철칙[71] 논리'(iron logic of history)는 근본적으로 '경제 논리'(economic logic)이며, 따라서 몇 가지 핵심적인 면에서 마르크스주의 경제학도 '애덤 스미스적'(Smithian : 애덤 스미스 사상에 바탕을 둔)이다.[72] 마르크스주의 경제학에 있어서 경제 주체는 개인이 아니라 '계급'(class)이며, 마르크스는 경제행위자를 지주, 노동자, 상인으로 구분한 '애덤 스미스의 개략적인 분류'를 '구체적인 계급 이론'으로 확장하였다. 마르크스는 ① 애덤 스미스가 '노동자들의 권리'에 초점을 맞춘 것을 인식하고, ② 애덤 스미스의 '노동가치설'(labour theory of value : 노동에 기반한 가치이론, 또는 노동이 상품 가치를 결정한다는 이론)[73]을 채택하고 발전시켰다. 마르크스는 시장이 어떻게 작동하는지에 대한 애덤 스미스의 분석을 대부분 수용했으나, 시장은 '균형을 향해 이동하는 경향'이 아니라 '피할 수 없는 불안정과 자멸(自滅)을 향해 이동하는 경향'이 있다고 주장하였다. 또한 마르크스는 ① 전문화와 노동 분업으로 인해 야기되는 '소외'(疏外, alienation)에 대한 애덤 스미스의 생각을 크게 확장하여, ② 19세기 중반에 발생한 '급속한 산업화(産業化)'에 대해 신랄하게 비판하는 데 활용하였다. 당시 마르크스의 해석은 매우 강렬하고 매력적이어서 그의 기본 철학은 당시 사람들에게 많은 영향을 끼쳤고, 그가 제시한 정책 처방은 그 자신과 공저자인 프리드리히 엥겔스(Friedrich Engels : 독일의 사회주의자, 1820~1895년)[74]로부터 나왔다. 그러

에 의하여 전적으로 규정되는 것이며, 선택의 자유에 의한 것이 아니라는 이론을 말함.

71. **[역주]** 철칙(鐵則)은 '변경하거나 어길 수 없는 굳은 규칙'을 말함.

72. **[원문]** '애덤 스미스와 마르크스 간의 관계'에 대해서는, 예를 들면, 다음 논문을 참조하기 바람: Spencer Pack, "Adam Smith and Marx", in Christopher J. Berry, Maria Pia Paganelli and Craig Smith (eds.), *The Oxford Handbook of Adam Smith*, Oxford University Press, 2013, Ch. 25.

73. **[역주]** 노동가치설(勞動價値說)은 상품의 가치는 '노동량', 곧 '투입한 노동시간'에 따라 결정된다는 학설을 말함.

74. **[역주]** 독일의 사회주의자로 마르크스와 공동 집필한 『독일 이데올로기』에서 유물사관을 제시하여

나 마르크스의 경제분석의 많은 부분은 직접 또는 간접적으로 '애덤 스미스 생각에 대한 반성(反省)'에서 비롯된 것이며, 마르크스의 현대 후계자들의 경제분석도 마찬가지이다.

둘째로, '오스트리아 경제학'의 경우를 살펴보자. 접근 방식은 다르지만, 오스트리아 경제학파의 경우도 마찬가지이다. 오스트리아 경제학파의 창시자인 칼 멩거(Carl Menger : 오스트리아의 경제학자, 1840~1921년)[75]는 앞에서 설명했듯이 소위 '한계주의 혁명'(Marginalist Revolution)의 창시자 중 한 명이었다. 그러나 멩거의 초점과 그의 위대한 계승자인 루트비히 폰 미제스(Ludwig von Mises : 오스트리아 태생의 미국 경제학자, 1881~1973년)[76]와 프리드리히 하이에크(Friedrich Hayek : 오스트리아 출신의 경제학자, 1899~1992년)[77]의 초점은 '신고전학파 일반균형 이론가들'의 초점과 매우 달랐다. 신고전학파 균형 이론가들은 우리가 앞에서 보았듯이 완전한 정보와 합리성이라는 이상적인 가정들 하에서 도출된 '경제 상태'에 집중했다. 즉, 신고전학파 균형 이론가들은 수학을 사용하여 특정 시장과 경제 전체에서 공급량과 수요량이 같아지는 조건들을 분석하였다. 오스트리아 경제학파의 경우는 어떤가?

오스트리아 경제학파는 이러한 접근법을 거부했다. 그 대신, 오스트리아 경제학파는 '시장의 역동성'(力動性, dynamics)에 주목하였다. 즉, 오스트리아 경제

마르크스주의의 철학적 기초를 확립하였음. 마르크스의 이론적·실천적 활동을 경제적으로 지원하였으며, 마르크스주의 보급에 노력하였음.

75. **[역주]** 오스트리아의 경제학자로 '한계효용이론'의 제창자이며, 근대 경제학의 창시자임. 저서인 『국민경제학 원리』에서 소비재의 가치는 소비재의 최종단위량이 소비자에 대하여 지니는 중요도에 의하여 결정된다고 하였음.

76. **[역주]** 오스트리아 태생의 미국 경제학자로 화폐 가치를 효용이론에 둔 화폐이론 체계를 완성하고, 화폐적 경기이론의 전개에 공헌했음. 경제계산론 분야에서는 사회주의 제도에는 가격기구에 의한 합리성이 없으므로 사회주의 계획은 불가능하다고 주장함.

77. **[역주]** 오스트리아 태생의 영국 경제학자로 화폐적 경기론과 중립적 화폐론을 전개하였고, 신자유주의의 입장에서 모든 계획경제에 반대하였음. 필생의 대작으로 불리는 『법, 입법, 자유』를 저술하였으며, 1974년 스웨덴의 군나르 뮈르달과 함께 화폐와 경제변동의 연구가 인정되어 노벨 경제학상을 수상함.

학파는 ① 가격이 어떻게 상대적 희소성과 풍부함의 '신호'(signal)로 작동하는지를 살펴보았고, ② (완전한 정보가 아니라) 제한된 정보와 부분적인 합리성을 사용하여 사람들이 어떻게 서로 간에 성공적으로 거래할 수 있는지를 살펴보았고, ③ 사람들이 끊임없이 효용을 극대화하기보다 어떻게 '최적의 결과보다 못한 결과'를 종종 받아들이는지를 살펴보았고, 그리고 ④ 엄격하고 명확한 규칙이 없을 때 경험 법칙[78]과 행동의 금언(金言)이 어떻게 그러한 행동을 유도하는 "휴리스틱"(heuristics ; 발견적 또는 경험적 학습법)[79]—즉, '심리적으로 손쉬운 방법'—으로 작용할 수 있는지를 살펴보았다. 또한 오스트리아 경제학파는 ① 경제적·사회적 결과를 형성하고 도출하는 데 매우 중요한 역할을 하는 것으로 여겨지는 '제도'(制度, institutions)를 살펴보았고, ② '기업가정신'과 '혁신'을 살펴보았고, 그리고 무엇보다도 ③ 미제스가 명명한 '카탈락틱스'(Catallactics[80] ; '교환학',[81] 또는 시장경제에서의 교환 가격 책정 등에 관한 연구를 말함)와 하이에크가 명명한 '카탈락시'(Catallaxy : 시장경제의 자발적 질서, 또는 자율적인 시장경제)를 살펴보았다. 즉, 오스트리아 경제학파는 '교환학'과 '카탈락시'를 통해 '개별 관계(개인들 간의 관계)와 개별 거래(개인들 간의 거래)에서 존재하는 혼란(chaos) 속에서 질서(order)가 어떻게 자발적(spontaneous)으로 나타날 수 있는지'를 고찰하였다. 따라서 오스트리아 경제학파의 이러한 '도덕적·경제적 질서의 자발적인 출현'과 '애덤 스미스 생각' 간의 연관성은 분명하다고 할 수 있다.

거의 틀림없이 『국부론』은 성격상 '신고전학파적'이라기보다는 '오스트리아학파적'이다. 실제로 주류 경제학은 여러 면에서 애덤 스미스를 정확히 '반대 방

78. **[역주]** 과학적 증거보다는 경험으로 체득된 일반 원리나 관습법을 말함. 또는, '경험에 바탕을 둔 방법'으로 과학적인 방법보다 오히려 경험적인 방법에서 도출된 일반적인 수단이나 방침을 의미함.

79. **[역주]** 복잡한 과제를 아주 간단한 판단 작업으로 단순화시켜 의사결정하는 경향, 또는 논리적인 근거가 아닌 '어림짐작'을 통해 답을 도출해 내는 경향을 말함.

80. **[역주]** A form of political economics based on the 'science of exchange'.

81. **[역주]** '교환학(交換學)'은 '시장에서 일어나는 사람들 간의 거래에 관해 연구하는 것'을 말함.

향으로' 이끌고 있다. 마지막으로 '주류 경제학'과 '애덤 스미스의 생각'을 네 가지 면에서 비교해 보기로 하자. 첫째, 주류 경제학은 '개인'(individual)을 자신의 선호를 만족하기 위해 존재하는 '고정되어 있고 고립된 개체'로 간주하였다. 반면에 애덤 스미스는 '개인'을 '모습이 변하고 역동적이고 사회적인 개체'로 인식하였다. 둘째, 주류 경제학은 '개인의 선호'(individual preference)를 '주어진 것'으로 간주하였다. 반면에 애덤 스미스는 '개인의 선호'를 '끊임없이 변화하고, 다른 사람들과 거래하고 교환하려는 성향(본능)에 의해 동태적으로 형성되는 것'으로 인식하였다. 셋째, 주류 경제학은 '경쟁'(competition)을 거래자들 간에 이루어지는 '균형의 최종 상태'(end-state of equilibrium)로 간주하였다. 반면에 애덤 스미스는 '경쟁'을 '이익을 얻기 위해 계속해서 경쟁하는 과정'이라고 생각하였다. 마지막으로, 주류 경제학의 '이론'은 '폐쇄적이고 정태적'이다. 반면에 애덤 스미스의 '이론'은 '개방적이고 진화론적'이다. 이와 같이 주류 경제학(특히 일반균형이론)은 '애덤 스미스 사상과 연구의 정점(頂點)'—이는 케네스 애로(Arrow)와 프랭크 한(Hahn)이 주장한 것임—이라기보다는 좀 더 깊이 들어가면 여러 면에서 실제로 애덤 스미스 생각의 요지(要旨)와 '상충(相衝)'되고 있음을 알 수 있다.

〈주류 경제학과 애덤 스미스 생각의 비교〉

	주류 경제학	애덤 스미스의 생각
개인	자신의 선호를 만족하기 위해 존재하는 '고정되어 있고 고립된 개체'로 인식함.	'모습이 변하고 역동적이고 사회적인 개체'로 인식함.
개인의 선호	'주어진 것'으로 간주함.	'끊임없이 변화하고, 다른 사람들과 거래하고 교환하려는 성향(본능)에 의해 동태적으로 형성되는 것'으로 인식함.
경쟁	거래자들 간에 이루어지는 '균형의 최종 상태'로 간주함.	'이익을 얻기 위해 계속해서 경쟁하는 과정'으로 인식함.
이론	'폐쇄적이고 정태적'임.	'개방적이고 진화론적'임.

주 : 이 표는 역자가 만든 것임.

7. 세상의 절반인 여성을 간과함

그러나 주류 경제학과 그 전통적 역사는 그동안 세상의 절반인 '여성의 역할'이라는 매우 근본적이고 중요한 점을 간과해 왔다. 우선, 본 논의의 요점이 다음 네 가지 연상(聯想)[82]에 있지 않다는 점에 유의하기 바란다. 첫째, 호모 에코노미쿠스(경제인(經濟人), homo economicus)[83]에서 호모(home)가 '남자'(a man)라는 말이 아니다. 왜 그런가? 라틴어 호모(homo), 즉 "인간"(man)은 "인류"(mankind)와 마찬가지로 비록 남성적(男性的)인 단어이기는 하지만 근본적으로 '종'(種, species ; 즉, '인간'이라는 종)을 나타내는 단어이기 때문이다. 둘째, 경제학(經濟學)과 그리스어 오이코노미아(oikonomia), 즉 "가정 관리"(household management) 간의 어원적 연관성이 사라졌다는 것이 아니다. 셋째, 경제학과 '정치(political) 경제학'—어원적으로 '폴리스(polis),[84] 즉 '도시국가'의 경제학'—과의 근원적인 대조가 사라졌다는 것이 아니다. 마지막으로, 경제학과 오이코노미아('가정 관리') 간의 어원적 연관성이 오랜 세월 동안 '여성의 기여'를 감소시켰다는 것도 아니다. 이러한 점들은 사실인가? 아니다! 문제는 이들보다 더 깊다. 그러면 오랜 세월 동안 '여성의 역할'이 왜 간과되어 왔는가? 호모 에코노미쿠스, 주류 경제학, 균형 이론이라는 경제학의 전체 구조가 전통적으로 '여성'과 관련된 생각과 기대를 무시해 왔기 때문이다. 전통적으로 경제학의 전체 구조는 어떤 점들을 무시

82. **[역주]** 어떤 사물을 보거나 듣거나 생각할 때 그와 관련된 다른 사물이 머리에 떠오르는 일을 말하며, '관념 연합'(觀念 聯合 : 한 관념이 다른 관념을 상기시키는 작용)이라고도 함.

83. **[역주]** ① a hypothetical person who behaves in exact accordance with their rational self-interest(*Oxford Dictionary of English*) ; ② A self-interested actor capable of making judgments in order to attain its own particular goals(위키낱말사전) ; ③ a theoretical human being who rationally calculates the costs and benefits of every action before making a decision, used as the basis for a number of economic theories and models(*Collins English Dictionary*, 10th edition).

84. **[역주]** 고대 그리스의 도시국가를 말함.

해 왔는가? 다음 세 가지 점을 들 수 있다. 첫째, 사람들은 서로 간에 단절된 원자(atom)가 아니라, 근본적으로 '사회적인 동물'(social animal)이라는 점을 무시해 왔다. 둘째, 사람들의 행동은 종종 경쟁적이고 이기적이며 공격적이 아니라, 근본적으로 '협력적이고 이타적'이라는 점을 무시해 왔다. 마지막으로, 사람들은 끊임없이 자신의 이익을 계산하는 기계(calculating machines)가 아니라, 종종 '본능적(本能的)이고 공감적(共感的)'이라는 점을 무시해 왔다. 이러한 네 가지 연상은 정확할 수도 있고, 그렇지 않을 수도 있지만, 이들은 '주류 경제학에서 무엇이 빠져있는지'를 알려준다. 이러한 연상들을 강조하는 '여성 경제학'(feminist economics)[85]이라는 분야는 단순히 경제학의 한 지류(支流, branch)가 아닐 뿐만 아니라 기이(奇異)하거나 비밀스러운 주변(周邊) 분야도 아니다. 그저 여성 경제학은 부분적으로 경제학 자체의 기반에 대한 하나의 '비판'일 뿐이다.

또한 그러한 연상들은 사실상 '호모 에코노미쿠스 문화'라고 생각되었던 것과는 거리가 멀다고 할 수 있다. 현대가 등장하기 이전 수세기 동안 '대자연(大自然)'을 묘사하는 주된 표현은 '여성'이었다. 고대 그리스 신화에서 대지(大地)는 게(Gē) 또는 가이아(Gaia : 그리스 신화에 나오는 대지(大地)의 여신)로 표현되었다. 가이아는 '우라노스'(Ouranos : 그리스 신화에 나오는 '하늘의 신'으로 가이아의 남편)[86]를 낳고, 기타 신들(gods)과 타이탄(Titan : 그리스 신화에 나오는 거인족 티탄(Titan)의 영어 이름이며 Uranus(하늘)와 Gaea(땅)와의 아들임)들, 키클롭스(Cyclops : 고대 그리스 신화에 나오는 외눈박이 거인)들을 낳았다. 또한 고대 로마 신화에서 '생산적

---

85. **[원문]** '여성 경제학'에 대해 전반적으로 살펴보려면 Nancy Folbre, *Greed, Lust and Gender : A History of Economic Ideas*, Oxford University Press, 2009를 참조하기 바람.

86. **[역주]** 그리스 신화의 천공신(天空神)으로 세계 최초의 지배자임. 헤시오도스의 『신통기(Theogony)』에 의하면 대지(大地)의 여신(女神)인 가이아의 자식으로서 태어난 그는 가이아와의 사이에 12기둥의 티탄신과 기타 자식을 두었는데, 그들 자식 전부를 대지의 오지 타르타로스에 밀어 넣었기 때문에 가이아로부터 부신(父神)의 비도(非道)에 보복하도록 설득된 최연소의 티탄신 크로노스에 의해 거대한 낫으로 양물(성기)이 잘라져서 천지의 지배자의 지위에서 쫓겨났다고 함.

인 자연'(즉, '농작물을 생산하는 자연')과 관련된 신들은 거의 항상 '여성'이었다. 케레스(Ceres : 농작물 또는 농업의 여신), 페로니아(Feronia : 숲 또는 야생의 여신), 플로라(Flora : 꽃의 여신), 옵스(Ops : 풍요의 여신), 포모나(Pomona : 과수(果樹)의 여신), 테라(Terra: 대지의 여신) 등은 생산적인 자연으로서 모두 여신(女神)이었다. 자연과 여성(女性)은 다산, 자연, 풍요, 번식, 계절과 생애주기 등이라는 관념들을 통해 연결되었다. 우주는 그(또는 그녀) 자신의 마음과 영혼을 가지고 살아 있는 생명체이며, 우주를 해치려는 자들에 맞서 대응할 수 있는 존재로 여겨졌다.

이와 관련하여 과학의 진보와 기술 분야에서 과학의 사용은 자연이 가장 강력하고 포괄적인 존재가 아니라 '종속적'이라는 생각을 가져다주었다. 즉, 과학의 진보와 사용으로 자연은 '관리할 수 있고(또 관리되어야 하며), 실제로 정복되고, 길들여지고, 지배되고, 아마도 이용될 수 있는 것'(즉, 자연은 종속적이다)으로 생각되었다. 그러기 위해서 자연 현상(自然 現象)[87]은 관찰되고 측정되어야 하지만, 객관적이고 과학적인 방법으로 진행되어야 한다. 자연(自然)은 여성적이고 다루기 힘들고 고집스럽고 주관적이었지만, 과학(科學)은 객관적이고 질서 정연하며 차분하고 남성적이었다. 프랜시스 베이컨(Francis Bacon : 영국의 철학자·수필가, 1561~1626년)[88]이 자신의 『템포리스 파르투스 마스큘루스(Temporis Partus Masculus)』(라틴어로 '남성적인 시간의 탄생'이라는 뜻임), 즉 『남성적인 시간의 탄생(The Masculine Birth of Time)』(1602)에서 "나는 진실로 자연과 자연의 모든 자녀를 당신(즉, 시간)에게 인도하여 당신께 봉사하고, 당신의 노예로 만들기 위해 이 땅에 왔습니다"라고 썼다. 이는 과학을 '합리성과 이성 및 남성'과 동일시하고, 암묵적으로 여성을 '감정적이고 비합리적인 존재'로 만들려는 얕은 방법에 불과

87. **[역주]** 자연계의 법칙에 따라 일어나는 현상을 말함.

88. **[역주]** 르네상스 후의 근대 철학, 특히 영국 고전경험론의 창시자임. 인간의 정신 능력 구분에 따라서 학문을 역사·시학·철학으로 구분했고, 철학을 신학과 자연철학으로 나누었음. 베이컨의 최대 관심사와 공헌은 자연철학 분야에 있었고, 과학 방법론과 귀납법 등을 제창함.

했다. 또한 과학은 '탈(脫)가치적'(value-free : 가치판단을 하지 않는, 또는 가치 중립적인)[89]이라고 여겨졌기 때문에, 과학은 적절하게 판단받거나 비판받을 수 있는 대상이나 결과가 아닌 것처럼 여겨졌다. 과학은 그저 '세상의 이치'일 뿐이었다.

역사적으로 볼 때 19세기 말과 20세기 초에 많은 서구 국가들에서 과학이 전문화되고, 대학, 정부 및 군사 기관들과 빠르게 연계되면서, '객관적이고 질서정연하고 남성적'이라는 '과학'의 영향은 대체로 여성을 배제하거나 소외시키는(주변부로 내모는) 결과를 가져다주었다. 이러한 경향은 주류 경제학에도 마찬가지였다. 고전 정치경제학이 주류 경제학으로 변모했을 때에도 '여성을 배제하거나 소외'시켰다. 우리는 고전 정치경제학을 '존 스튜어트 밀(John Stuart Mill)의 초점'(밀은 '부(富)의 생산, 분배 및 소비'에 초점을 맞춤)에서 탈피했다면 아마 '훨씬 더 광범위한 주제들'을 개척할 수 있었을지도 모른다고 예상할 수 있다. 이는 한계주의자(限界主義者 : 한계주의 신봉자)들의 새로운 수학적 도구들이 가지는 힘과 범위를 고려하면 더욱 그러하다. 그러나 사실 고전 정치경제학은 여전히 '실생활(real life)과 훨씬 더 동떨어져' 있었다. 이는 사실이다. 고전 정치경제학은 여전히 전통적이고, 전통적으로 남성적이고, 공개 시장에서 이루어지는 교환, 또한 나중에는 거시경제 등에 초점을 맞추었다. 그러나 고전 정치경제학은 ① 관심사를 생산에서 소비로 이동했고, ② 우리가 앞에서 보았듯이 점점 더 '실제 개인들'(또는 실제 가계들과 실제 기업들)이 '실제 선택'(real choice)을 하는 '실제 경험'(real experience)을 무시했다. 『경제학 원리』에서 알프레드 마샬(Alfred Marshall : 영국의 경제학자 및 신고전학파·케임브리지학파의 창시자, 1842~1924년)[90]

---

89. **[역주]** 경험과학으로서의 사회과학은 실천적 또는 윤리적 가치판단을 배제하지 않으면 안 된다는 베버(M. Weber)의 주장을 말함. 사회과학의 임무는 경험적 사실을 확정하고 그것을 사유에 의해 정서(整序)함으로써 보편타당한 진리를 추구하는 데 있다고 주장함. 또한 베버는 존재(Sein)를 넘어 당위(Sollen)를 논하는 것은 과학의 영역이 아니기에 '사회과학 연구에 있어 가치판단을 배제할 것'을 주장함.

90. **[역주]** 영국의 경제학자로 가치론에 있어 고전학파의 '생산비설'과 제번스의 '한계효용학설'을 종합하

은 경제학을 "'인간'이 '일상적인 삶(일상생활)'에서 살아가고 움직이고 생각하는 것을 연구하는 학문"(the study of men as they live and move and think in the ordinary business of life)이라고 정의했다.[91] 이 문구에는 '두 가지 아이러니'가 숨겨져 있다. 첫 번째 아이러니는 마샬이 경제학 원리를 발표할 당시에도 경제학 자체는 단순히 '인간'(men)에 관한 것이 아니었다는 점이다. 두 번째 아이러니는 『경제학 원리』에서 서술한 그의 미사여구와 그 자신의 진정한 염려에도 불구하고, 마샬의 책은 어떤 구체적인 의미에서 보더라도 '일상적인 삶'(ordinary business of life : 일상생활)에 관한 책이 전혀 아니었다는 점이다.

또한 경제학계 내에서도 여성을 배제하거나 소외시켰다. 2014년에 미국 경제학 교수의 12%만이 여성이었고, 여성 노벨 경제학상 수상자도 고(故) 엘리너 오스트롬(Elinor Ostrom : 미국 정치경제학자(1933~2012년)로 2009년 노벨 경제학상을 공동 수상함)[92] 한 명뿐이었다. 제2차 세계대전이 끝난 후 수십 년이 지나서야 비로소 경제학자들은 대중의 중요한 관심사이지만, 여성에게만 또는 주로 여성과 관련된 것으로 여겨졌던 분야나 주제들을 다루기 시작했다. 그 경우에도 게리 베커(Gary Becker : 미국의 경제학자(1930~2014년)로 1992년 노벨 경제학상 수상자)[93]의 선구적인 연구에서처럼 주류 경제학의 영향력을 활용하고 강화하는 방

였으며, '부분 균형론'에 시간 요소를 도입한 '동태론'을 전개하였음. '후생경제학'의 길을 열고, '불완전 경쟁 이론'의 전개에 계기를 마련하였음.

91. **[원문]** '마샬의 경제학에 대한 정의'를 보려면 Michèle A. Pujol, *Feminism and Anti-Feminism in Early Economic Thought*, Edward Elgar, 1992, Ch. 8을 참조하기 바람.

92. **[역주]** 미국의 정치학자로서 경제적 지배구조에 관한 연구 업적으로 2009년 올리버 윌리엄슨과 함께 노벨 경제학상을 공동 수상했으며, 경제학 부문에서 첫 여성 수상자가 됨. 특히 사회가 공동으로 사용하는 천연자원과 인공자원 시스템 같은 사회공유재산에 대한 경제적 지배구조를 분석하는 데 크게 기여함.

93. **[역주]** 미시경제학의 분석영역을 폭넓은 인간 행동과 상호작용에까지 확대한 공로로 1992년 노벨 경제학상을 수상함. 특히 전통적인 경제학의 영역이 아닌 일반적으로 '사회학'의 영역으로 여겨져 왔던 가족 관계, 인종 차별, 마약 중독, 범죄 등 다양한 분야에 경제학적 원리를 적용하여 경제학의 범위를 넓혔다고 평가받음.

식으로 이루어졌다. 그러한 숨겨진 주제들에는 하나의 제도(制度)로서의 가정(家庭), 가족, 결혼, 일(노동)의 성격과 특히 무급 노동, 돌봄과 복지 관련 직업, 차별, 직장 내 여성의 경험 등과 같이 '경제적·정치적·문화적으로 중심이 되는 문제들'이 포함되었다.

또한 시장에서 양 당사자 간의 '상호적인 시장 교환'에만 초점을 맞춤으로써 주류 경제학은 오랫동안 많은 '일방적인 인간 활동'(one-way human activity)—예를 들면, 개인의 기부행위, 자선 활동, 비정부 기구들(NGO)의 활동 등—을 무시해 왔다는 것을 의미한다. 이러한 주제들은 외관상 "부드러운"(soft)—이는 그러한 활동들을 '효과적으로 나타내주는' 단어임—주제 또는 단순히 "변장된 사회학"(sociology in disguise)으로 간주되었다. 이와 함께 일방적으로 이루어지는 경제를 "경제"로 보는 견해가 등장하였다. 즉, 사회 및 사회의 많은 일반적인 규범들에서 분리된 '별개의 실체'(distinct entity)로서 이루어지는 활동들(예를 들면, 개인의 기부나 자선 활동)도 "경제"로 보는 견해가 나타났다. 왜 그런가? 그러한 경제도 ① 독립적이고 자급자족하며, ② 각종 규칙이 법률에 의해 정해지고, 특히 윤리나 도덕이 개입할 여지가 없는 사업장(事業場)이기 때문이다. 실제로 '최소한의 윤리적 행위'를 제외한 모든 행동이 사업에 절대적으로 부적절하다는 주장이 때때로 제기되었다. 시장은 "비인격적인 시장의 힘"(impersonal market forces)의 지배를 받았고, 아마도 반박할 수 없는 시장 자체의 '철칙(鐵則)[94] 논리'(iron logic)를 따랐을 것이다(이때의 언어는 종종 '결정론적'이고, 거의 '마르크스주의적'이다). 이러한 치열하고 냉혹한 경쟁 환경에서 중요한 것은 '적자생존(適者生存)'이었다. 이러한 경우에 ① 다른 사람들과 자연에 대한 책임감 또는 ② 모두에게 적용되는 엄격한 법적 요건을 넘어서는 '윤리 원칙'(ethical principle)에 대한 책임감은 '불필요한 비용'을 부과함으로써 개인이나 기업의 경쟁력과 효율성을 약화시킬

94. [역주] '변경하거나 어길 수 없는 굳은 규칙'을 말함.

것이다. 그 결과 효율성이 저하되면서 경제성장도 감소할 것이다. 이러한 주장들은 특히 금융업계와 은행업계에서 크게 제기되었다.

이와 대조적으로 경제학자인 줄리 넬슨(Julie Nelson)이 주장했듯이 가정(家庭, household)은 암묵적으로 '과거의 생각'과 유사한 방식으로 인식되었다. 즉, '가정'은 탐욕과 이익 극대화가 아니라 '협력 · 보살핌 · 이타주의의 규범'에 의해 지배되는 ① '무한한 인간 가치의 원천'이자 ② '양육과 사랑의 장소'로 여겨져 왔다. 이와 같이 경제와 가정 간의 대립과 남성과 여성 간의 대립은 때때로 '경제 통계'에 의해 강화된 것으로 보인다. 유명한 예로 GDP를 들 수 있다. 영국과 미국 및 전 세계 많은 국가에서 공식적인 GDP 계산은 정의(定義)상 '지급된 거래'의 수와 규모를 측정하는 데 기반을 두고 있다. 따라서 GDP 계산에 말 그대로 '지불되지 않은 거래'인 가사 노동, 노인 돌봄 활동, 아직도 주로 여성에게 해당되는 기타 무급 노동 등을 반영하지 못한다. 이러한 계산 관행은 성별(性別, gender)에 대한 고정관념을 반영하고 더욱 강화한다. 최근의 연구에 따르면 '인종(人種)과 성별(性別)을 무시한'[95] 경제 주체들에 대한 표준 모형의 가정에는 '심각하고 실제적인 결함'이 내포되어 있음을 보여주고 있다.

일반적인 교과서들에서 내린 '경제학의 정의(定義)' 대신에 넬슨(J. Nelson)은 그녀 자신의 정의(定義)를 다음과 같이 제시했다. 넬슨에 따르면, 경제학은 "사회가 인간의 삶(human life)과 그 번창(부유함)을 뒷받침하기 위해 어떻게 조직되어야 하는지, 또는 사회가 어떻게 그렇게 하지 못하는지"[96]를 연구하는 학문

95. [원문] '인종과 성별이 무시된 경제학(raceless and genderless economics)의 부적절성'에 대해서는 다음 문헌을 참고하기 바람 : ① Margherita Borella, Mariacristina De Nardi and Fang Yang, "The Aggregate Implications of Gender and Marriage", *Journal of the Economics of Ageing*, 2017 ; ② Tomaz Cajner, Tyler Radler, David Ratner and Ivan Vidangos, "Racial Gaps in Labor Market Outcomes in the Last Four Decades and over the Business Cycle", Washington DC, Federal Reserve System, 2017.

96. [원문] Julie A. Nelson, "Poisoning the Well, or How Economic Theory Damages Moral Imagination", in George DeMartino and Deirdre McCloskey (eds.), *The Oxford Handbook on*

이다. 이러한 정의는 경제학의 위치를 사회와 동떨어지게 두는 게 아니라 바로 '사회 내에' 두게 한다. 경제학은 절차적이지 않고 '주제 지향적'이며, 또한 앞에서 언급한 '숨겨진 주제들'도 포괄하여 다룬다. 또한 경제학은 희소성이나 풍부함, 시장이나 비(非)시장에서의 상호작용, 상호 교환이나 일방적 활동, 또는 정부의 역할 등과 같은 문제들에 대해서도 전혀 회피하지 않는다. 이러한 정의와 함께 넬슨은 경제학에서의 '가정'(家政, husbandry : 살림살이 또는 집안을 다스리는 일)이라는 개념[97]을 옹호했다. 이 개념은 "정성스러운 경작과 재배 및 알뜰한 관리"라는 오래된 의미에서 나왔으며, 남성과 여성 모두에게 똑같이 적용된다. "가정(家政)"은 (주류 경제학에서 가정하는) 합리성과 효용 극대화라는 단일 모델에 부합하는 '경제 행위자'(economic agent)가 아니라, 사회에 뿌리를 내리고 주변의 자연력(自然力)을 존중하는 '사람들'(people)을 의미한다. 넬슨이 지적했듯이 "아껴 쓰다"(husband : 절약하다)라는 말의 반의어(反意語)들에는 "헛돈을 쓰다, 허투루 쓰다, 낭비하다, 찔끔찔끔 낭비하다, 아끼지 않다, 잘못 쓰다, 다 써 버리다, 헛되이 쓰다, 탕진하다, 허비하다" 등이 있다. 특히 넬슨은 '좋은 살림꾼'(good husbandman)이라는 개념을 다음과 같이 제시했다 :

Professional Economic Ethics, Oxford University Press, 2016. 또한 최근 주류 경제학자들도 이러한 '더 넓어진 정의(定義)와 생각들'을 활용하기 시작했음을 알 수 있다. 이에 대해서는 두 노벨 경제학상 수상자가 최근 저술한 다음 책을 참조하기 바람 : ① Edmund Phelps, *Mass Flourishing : How Grassroots Innovation Created Jobs, Challenge, and Change*, Princeton University Press, 2013 ; ② Jean Tirole, *Economics for the Common Good*, Princeton University Press, 2017.

97. **[원문]** '가정(家政, husbandry)' 개념에 대해서는 Julie A. Nelson, "Husbandry : A (Feminist) Reclamation of Masculine Responsibility for Care", *Cambridge Journal of Economics*, 40, 2016을 참조하기 바람. 애덤 스미스 시대 이후로 '가치의 반전(反轉)'이 두드러졌다. 18세기 후반에 이르러 사치와 소비의 의미가 내포된 상업(商業)이 중요해졌으며, 가정(家政)은 그 가치가 떨어져서 '남자답지 않고 여성적인 일'로 여겨졌다. 애덤 스미스처럼 '인간 감정이라는 사회적 접착제'에 기반하여 '상업사회를 설명함'으로써 이러한 관점(즉, 남자답지 않고 여성적인 일로 여기는 생각)을 강화하게 되었다. 이에 대해서는 Karen O'Brien, *Women and Enlightenment in Eighteenth-Century Britain*, Oxford University Press, 2009, 특히 Chs. 1-2를 참조하기 바람.

""경제적 인간"(economic man)은 낭비한다. 그러나 "좋은 살림꾼"(good husbandman)[98]은 낭비하지 않는다. … 좋은 살림꾼은 기업의 임원이든 일꾼이든 정성스럽게 재배하고 경작한다. 좋은 살림꾼은 좋은 하루의 보수를 위해 성실하고 책임감 있는 하루의 일을 한다. 따라서 종합적으로 보면, 자신의 '살림을 돌보는 능력'을 소홀히 하는 사람은 덜 완전한 사람이다."

넬슨의 이러한 주장은 도발적이고 매력적인 생각인 것 같다.

8. 애덤 스미스와 여성의 관련성

어떻게 이 모든 것이 애덤 스미스와 관련이 있고, 또 애덤 스미스는 어떻게 여성과 관련이 있는가? 그 대답은 '합리적 경제인', 즉 '호모 에코노미쿠스'라는 개념이 현대 경제학의 토대를 마련했을 뿐만 아니라, 다른 한편으로는 경제학과 애덤 스미스 자신에 대한 대중의 이해에 심대(甚大)하게 '왜곡된 영향'을 미쳤다는 데 있다. 최근 몇 년간 애덤 스미스는 페미니스트 작가들과 경제학자들로부터 강한 비판을 받아왔다. 이들은 애덤 스미스의 연구를 경제학 안팎에서 '여성을 소외시키거나 주변인화(周邊人化)하는 핵심 원인'으로 보았다.

예를 들어, 저널리스트인 카트린 마르살(Katrine Marçal)은 자신의 최근 저서 『누가 애덤 스미스의 저녁을 요리했는가?(Who Cooked Adam Smith's Dinner?)』에서 애덤 스미스가 ① '경제인'(經濟人, economic man)이라는 개념의 창시자이고, ② 실제로 '엄격한 뉴턴주의자'였다고 주장했다. 즉, 마르살은 '애덤 스미스가 개인을 자연의 법칙에 따라 기계적이고 시계처럼 움직이는 '독립적인 입자'(粒子 : 물질을 이루는 매우 작은 낱낱의 알갱이)로 보았다'고 주장했다. 또한 마르살

98. **[역주]** '살림을 알뜰하게 꾸려 가는 사람을' 말함.

에 따르면, '애덤 스미스는 ① 사랑(love)이 희소한 자원이라고 믿었고, ② 자신의 저서들에서 여성(women)을 소외시켰고, ③ 가정(home)과 일(work)이 별개의 영역이라는 믿음을 조장하여 그 이후로 여성의 지위를 약화시켰다'라고 주장했다. 또한 마르살은 애덤 스미스가 거의 평생을 어머니와 재닛 더글러스(Janet Douglas)—즉, 여성—에게 의지하면서 자신의 모든 일을 했다는 점에서 애덤 스미스 역시 위선자였다고 주장했다.

마르살의 경제학 및 기타 학문 분야에서 ① "여성이 하는 일"의 중요성, ② 역사적으로 여성의 지위가 낮았던 몇 가지 이유, ③ 여성의 소외와 주변화 등에 대해 몇 가지 매우 유익한 점들을 지적하고 있다. 그러나 불행하게도 애덤 스미스와 관련하여 마르살의 책은 절망적이고 무모한 이미지나 캐리커처를 제공해 준다. 왜냐하면 이러한 주장 중 어느 것도 사실이 아니기 때문이다. 그 근거는 다음 세 가지이다. 첫째, 애덤 스미스는 여성에 대해 길게 논의하지 않았고, 때때로 오늘날 다소 '건방지게 들릴 수 있는 언어'로 여성에 대해 말했다. 둘째, 애덤 스미스는 때때로 특히 『도덕감정론』에서 '다소 다른 용어'로 여성과 남성을 분석했다. 실제로 경제학이 아닌 도덕심리학과 사회학 분야에서 '남성과 여성의 차이'를 인식하려는 연구를 시도해 볼 수 있을 것이다. 마지막으로, 애덤 스미스는 사람들의 사생활(私生活)이나 집안일에 대해서는 거의 언급하지 않았으며, 그 당시 여성의 투표권과 정치적 권리라는 급진적인 주장이나 대의(大義)에 대해서도 옹호하지 않았다. 그러나 전체적으로 놀라운 점은 애덤 스미스가 '여성에 대한 인습적 견해'(즉, 여성을 바라보는 통념)를 얼마나 따랐는가가 아니라, 그 당시와 이후에 그러한 통념에서 얼마나 벗어났는가에 있다. 또한 자신의 어머니와 재닛 더글러스에 대한 애덤 스미스의 열렬한 사랑과 존경심은 그의 편지들에서 분명하게 알 수 있다. 듀걸드 스튜어트(Dugald Stewart : 스코틀랜드의 윤리학자)[99]에 따르

99. **[역주]** 스코틀랜드의 윤리학자로 에든버러대학교에서 배우고, 1815년 아버지의 뒤를 이어 에든버러대학교 수학 교수가 되었고, 1785년 윤리학을 담당하여 1820년까지 가르쳤음.

면 애덤 스미스는 자신의 어머니에 대해 다음과 같이 말했다. 즉, "나는 60년이라는 긴 세월 동안 어머니의 사랑에 효도로 보답할 수 있는 보기 드문 행운과 만족을 누렸다"라고 말했다. 듀걸드 스튜어트의 이 말은 애덤 스미스가 다른 데서 '여성'에 대해 말했던 것과 일맥상통한다고 할 수 있다.

애덤 스미스는 『법학 강의』에서 '남성의 권력과 여성에 대한 대우' 간에 존재하는 연관성에 대해 다음과 같이 자신의 견해를 분명히 밝혔다. 즉, "대부분의 국가에서 남성이 제정하는 법들은 일반적으로 여성들에게 매우 가혹하며, 또한 여성들은 이러한 억압에 대해 구제책을 가질 수 없다." 실제로, 애덤 스미스는 남녀 간의 이러한 '불평등'에 대해 고민하기보다는 사회 및 경제 발전에 대한 자신의 '단계 이론'(stadial theory)에서 구분한 네 가지 단계들과 '여성의 지위 상승'을 구체적으로 결부시켰다. 즉, 애덤 스미스는 '단계 이론'에서 분류한 "사냥꾼의 시대"에서 양치기 시대, 농업 시대, 그리고 상업 시대에 이르기까지 각 시대에서 '여성의 지위가 어떻게 상승했는지'를 살펴보았다. 따라서 애덤 스미스는 '사회의 개선과 지적 교양의 증가'를 '여성에 대한 존경의 증가'와 직접적으로 관련시켰다. 또한 애덤 스미스는 ① 기독교 이전 시대의 여성에 대한 대우, ② 간통법과 관련된 이중적 잣대, ③ 근본적인 권력 관계의 불공정성 등에 대해 매우 비판적이었다. 간통이나 불륜에 대해 여성들이 남성들보다 더 가혹한 처벌을 받는 이유가 무엇인지를 묻자, 애덤 스미스는 다음과 같이 말했다. 즉, "진짜 이유는 [애덤 스미스가 "서출(庶出) 자식"(spurious offspring)이라고 부르는 것에 대한 두려움이 아니라] … 간통이나 불륜과 관련하여 법률을 만드는 사람이 남성들이기 때문이다. 남성들은 일반적으로 여성들을 최대한 구속(拘束)하고 자신들에게 더 많은 관용(면죄부)을 베풀려 할 것이다."

애덤 스미스는 여성의 부재(不在)나 무시(無視)를 『국부론』에서 가장 두드러지게 언급했다. 그러나 『국부론』에서도 애덤 스미스는 '여성의 임금 획득 가치'와 '여성의 무급 노동의 가치'를 동시에 인식하였다. 애덤 스미스는 여성 방적공

(紡績工 ; 실 잣는 사람)과 편물공(編物工 ; 뜨개질하는 사람)은 종종 공장에서 일(공장일)하고 동시에 집에서도 서비스(가사일)를 제공하지만, 이들의 가사 노동은 "제조업자들의 공식 기록부에 절대로 기입되지 않는다"라고 말했다. 이러한 주장은 오늘날 노동자들의 저임금과 GDP 계산상의 문제점을 이미 오래전에 보여주었음을 알 수 있다. 전체적으로 볼 때 애덤 스미스의 다음 주장은 분명한 것 같다. 즉, "지금까지 적어도 다음 사실은 확실해 보인다. 가족을 부양하기 위해서는 남편(남성)과 아내(여성)가 함께 하는 노동(즉, 부부의 공동 노동)이 가장 낮은 종류의 평범한 노동일지라도 그들의 생계유지에 꼭 필요한 것 이상으로 벌 수 있어야 한다"라는 점이다. 많은 동시대 사람과 후대 사람들의 인식과 달리, 애덤 스미스는 '여성의 지위'를 부정하거나 무시하지 않았다. 그 대신 애덤 스미스는 '여성의 역할'을 '경제적 및 도덕적 행위자'(economic and moral agents)로 명확히 인식하고 있었다.

또한 애덤 스미스는 '여성 교육'에 대한 소위 '부르주아적 견해'로 인해 비난을 받아왔다. 애덤 스미스는 "[여성] 교육의 모든 부분은 분명히 어떤 유용한 목적에 이바지할 것이다. 즉, 여성 교육은 ① 여성 인격의 타고난 매력을 향상시키거나, ② 여성의 마음을 겸손, 절제, 정숙, 순결, 절약하도록 이끌거나, ③ 여성이 한 가정의 여주인이 될 가능성을 높이고, 또 여주인이 되었을 때 위엄있고 올바르게 행동하도록 만드는 데 이바지할 것이다"라고 말했다. 이러한 주장은 현대인의 귀에 다소 거슬리는 말이 될 수도 있을 것이다. 그러나 애덤 스미스의 다소 겸손해 보이지만 특유의 '실용적인(pragmatic) 견해'는 바로 '여성 교육의 유용성'에 있었다. 애덤 스미스는 '여성 교육이 남성 교육보다 열등하지 않고 오히려 우월하다'는 데 그 유용성이 있다고 생각하였다. 이와 관련하여 애덤 스미스는 다음과 같이 양방향에서 다소 거칠게 언급하였다. 즉, "[한편으로] 여성 교육을 위한 '공공' 기관들이 존재하지 않기 때문에 여성 교육을 위한 일반적인 교육과정에 쓸모없고 터무니없고 환상적인 것은 아예 없다. [다른 한편으로] 여성들은 자신의 부모나 보호자들이 여성들이 배울 필요가 있거나 유용하다고 판단한 것을 배우고, 그 이외의 것들은 배우지 않는다"(여기서 [·] 표현은 역자가 추가한 것임). 또한 애덤 스미스가 '공교육(公敎育)'에 대한 국가의 지원을 옹호했을 때 그 대상은 일반적으로 "남성"이 아니라 "평민들"에 대한 이야기였다. 따라서, 공교육에 대한 애덤 스미스의 제안이 여성들을 배제했다고 생각할 이유가 전혀 없다.

실제로 일부 페미니스트 작가들은 '애덤 스미스가 여성을 소외시켰다'라고 주장했지만, 애덤 스미스는 결코 여성을 소외시키지 않았다. 그 대신 애덤 스미스는 아마 틀림없이 반대 방향으로의 '도덕적 방향 전환'(moral reorientation)을 위한 토대를 마련해 주었다. 즉, 애덤 스미스는 '여성 소외 그 자체를 금지하는' 도덕적 방향 전환의 기틀을 마련했다. 애덤 스미스가 주장한 도덕 세계는 '지극히 평등주의적인(egalitarian) 세계'이었으며, 또한 '억압의 가능성'도 예리하게 인식하고 있었다. 특히 영국의 메리 울스턴크래프트(Mary Wollstonecraft : 영국의 여권 운동가이자 여성 해방 사상의 선구자, 1759~1797년)[100]가 자신의 『여성 권리 옹호』(1792년)를 저술할 때 『도덕감정론』에서 영감을 얻었다는 사실은 주목할 만하다.[101] 애덤 스미스의 '평등주의적인 도덕 세계'는 바로 '공감적(동정적) 상호 인정(sympathetic mutual recognition)의 세계'이다. '공감적(동정적) 상호 인정의 세계'란 무엇인가? '공감적(동정적) 상호 인정의 세계'란 ① 철학자와 거리의 짐꾼을 동등하게 취급하고, ② 정의(正義)의 시스템 내에서 마음의 상처나 권리침해와 존엄성 및 자존심의 중요성을 인정하고, ③ 사교성(社交性)과 사랑이라는 온화한 사적 미덕(private virtues)을 강조하는 세계를 말한다.

---

100. **[역주]** 18세기 영국의 작가 겸 여권 신장론자로 여성 자신의 자각을 호소하는 『여성 권리 옹호(Vindication of the Rights of Women)』(1792년)를 저술하여 기존의 사회 관념에 도전하였으며, 여성의 교육적·사회적 평등을 주장하였음.

101. **[원문]** 흥미롭게도 메리 울스턴크래프트는 『여성 권리 옹호』에서 애덤 스미스를 "훌륭한 권위자"라고 언급했고(*Vindication of the Rights of Women*, Ch. 8, 1792), 『도덕감정론』의 주장에 동의하거나 때로는 되풀이했고, 루소(Rousseau)—아마도 맨더빌(Mandeville)—를 비판하기도 했다.

9. 현실로 되돌아가기

따라서 위에서 살펴본 카트린 마르살의 여러 비판은 과녁을 빗나갔다고 할 수 있다. 실제로 애덤 스미스, 사실상 맹아(萌芽)[102] 상태의 "신자유주의"(neoliberal) 경제학자로서의 애덤 스미스에 대한 마르살의 폭넓은 설명과 막대한 영향력을 지닌 현대적 해석은 상당히 잘못되었다. 왜 그런가? 그러한 근거로 다음 세 가지를 제시할 수 있다.

첫째, 앞에서 보았듯이 애덤 스미스는 ① '경제인'(economic man)이라는 개념을 창안하지 않았으며, 또한 ② '인간의 탐욕'(human greed)에 대해서도 신랄하게 비판했다. 실제로, 애덤 스미스는 '이기적인(사익을 추구하는) 경제적 합리성'(self-interested economic rationality)이라는 현대적 패러다임을 채택하지 않았다. 오히려 애덤 스미스는 『국부론』에서 오늘날 '사람들이 경제적으로 합리적인 방식으로 행동하지 않는다'라고 주장하는 현대 '행동경제학'(behavioural economics)[103]에서 접할 수 있는 여러 아이디어를 제시하였다. 행동경제학은 경제학의 전통적 생각과 달리 '사람들이 경제적으로 합리적인 방식으로 행동하지 않는다'라고 주장한다. 우선, 행동경제학의 대표적인 예로 '손실 회피(loss aversion) 성향'을 들 수 있다. 사람들의 손실 회피 성향에 따르면 사람들이 '무언가를 얻었을 때'(획득)보다 '무언가를 잃었을 때'(손실)에 훨씬 더 나쁜 반응을 보인다. 둘째, 사람들은 장기 이익보다 '단기 이익'(short-term gain)을 매우 뚜렷하게 선호한다. 이는 오늘날 '미래 이익에 대한 과장된 할인율'이라고 불린다. 마지막으로, 사람들은 위험한 옵션(risky option)을 평가할 때 '과신(過信)하는 경향'이 있다. 행동

102. [역주] '사물의 시초가 되는 것'을 말함.

103. [원문] '행동경제학'과 관련해서는 Nava Ashraf, Colin F. Camerer and George Loewenstein, "Adam Smith, Behavioural Economist", *Journal of Economic Perspectives*, 19(3), Summer 2005를 참조하기 바람.

경제학의 이러한 성향은 사람들의 관점(觀點)과 판단(判斷)에 '명백한 실수들'이 있는 경우에는 충분히 예상할 수 있다. 이러한 경우에 명백한 실수들을 바로잡는 일은 바로 애덤 스미스 체계 내에서 '공정한 관찰자'(impartial spectator)의 몫이다. 또한 몇몇 사람들이 지적했듯이, 애덤 스미스가 이미 제시한 생각이나 방침(方針)을 따라 오늘날 행동경제학에서 추가적 연구를 할 수 있는 충분한 여지가 있다. 그러한 예들로 ① 후손으로부터 좋은 평가를 받고자 하는 사람들의 욕망, ② 잘못된 판단에 대한 사람들의 부정적인 반응, ③ 기호(嗜好)나 취향(趣向)의 객관성에 대한 사람들의 잘못된 믿음, ④ 부자와 위인(偉人)에 대한 사람들의 호의와 존경심 등을 들 수 있다. 따라서 애덤 스미스는 '경제학 전체의 아버지'일 뿐만 아니라 '행동경제학(behavioural economics)의 아버지'이기도 하다.

둘째, 인간의 동기부여(motivation)에 대한 마르살의 단순한 설명은 '인간 심리학'에 대한 애덤 스미스의 '아주 미묘한 이해'와 정반대된다. 왜 그런가? 애덤 스미스는 사람들을 '개별 원자'(individual atom)로 전혀 생각하지 않았다. 오늘날의 생각과 반대로 '개인이 다른 사람들과 독립적으로 어떻게든 "주어져 있는"(given) 존재이다'라는 생각은 애덤 스미스에게도 매우 낯설 것이다. 사실상 '개인이 독립적으로 주어져 있는 존재'라는 생각은 애덤 스미스의 사고 체계로는 이해할 수 없을 것이다. 사실은 그 정반대이다. 애덤 스미스의 체계 내에서 개인을 '독립적인 존재'라고 정의(定義)할 수 없다. 개인은 독립적으로 존재하지 않으며, 다른 사람들과의 관계를 통해 지속적이고 동태적으로 정의(定義)되고 재정의(再定義)되는 존재로 여겨지기 때문이다.

마지막으로, 애덤 스미스는 방법론에서 순(純) 이론적이지 않고 '경험적'(empirical ; 이론보다는 실제 관찰에 의한)이었다. 애덤 스미스는 ① 대체로 추상론(抽象論)[104]을 싫어했고, ② 특히 경제정책 결정 과정에서 매우 이상화되고 인

104. [역주] '실제에 바탕을 두지 않아 구체성이 없고 내용이 빈곤하고 뜻이 분명치 않은 생각'을 말함.

위적인 가정들을 사용하기를 거부했고, ③ 정치경제학에서 추상적인 이론보다 '실제 경험'(practical experience)이 더 유용하다고 주장했다. 애덤 스미스의 이러한 주장은 다음과 같은 역사적 경험이 잘 말해 주고 있다. 즉, "어떤 국가가 완전한 '자유(自由)'와 완전한 '정의(正義)'를 누리지 않고 번영할 수 없다면, 이 세상에 그렇게 해서(즉, 완전한 자유와 완전한 정의를 누리지 않고서) 번영할 수 있었던 국가는 없다"[105]라고 말했다. 실제 세계에서 어떤 국가가 완전한 자유와 완전한 정의를 갖추지 않고 번영할 수는 없을 것이다. 다시 말하면, 완전한 자유와 완전한 정의를 갖추지 않고 번영할 수 있는 국가는 이 세상에 없을 것이다. 이 주장은 실제 세계에서 어떤 국가가 번영하려면 완전한 자유와 완전한 정의가 필수적이라는 것을 의미하며, 또한 이는 이론이 아니라 '실제 경험'에서 관찰한 통찰력이다. 애덤 스미스의 그러한 주장에서 "정의"(justice) 대신에 "시장"(markets)을 대체한다면[106] 아마 케네스 애로(Kenneth Arrow)가 자랑스러워했을 말이 될 것이다.

'실험경제학'(experimental economics)을 연구하는 버논 스미스(Vernon Smith: 미국의 경제학자(1927년~현재)로 2002년 노벨 경제학상 공동 수상자)와 그의 동료 연구자들은 실험실 조건에서 경제적 합리성(economic rationality)에 대한 주류 경제학의 가정들을 테스트하기 시작했을 때 자신들의 연구가 매우 성공적이었음을 알게 되었다. 이것은 바로 '애덤 스미스식 탐구 노선'에서 비롯된 것이다. 그 결과, 이들은 피험자들의 행동이 효용 극대화라는 단순한 가정으로는 충분히 설명될 수 없다는 것을 발견했다. 오히려 피실험자들의 행동은 ① 상호주의(호혜성)와 공정성이라는 특정한 규범들, ② 습관의 힘, ③ 평판을 유지하려는 욕망 등에 의해 깊은 영향을 받았다. 이는 그들이 연구했던 사람들이 '협력과 신

---

105. [역주] "If a nation could not prosper without the enjoyment of perfect liberty and perfect justice, there is not in the world a nation which could ever have prospered."

106. [역주] 즉, "어떤 국가가 완전한 '자유'와 완전한 "시장"을 갖추지 않고 번영할 수 없다면, 이 세상에 그렇게 해서 번영할 수 있었던 국가는 없다."

회의 규범과 경쟁이 혼합된 현실 세계에 살고 있음'을 의미한다.

실제로 그들은 '규범(規範)'[107]이 경제활동의 부속물이 아니라 경제활동을 어쨌든 가능하게 만드는 것임을 발견했다. 이러한 결과는 애덤 스미스의 견해에 가깝다. 이는 애덤 스미스가 특히 인간의 상호작용에서 공정성과 정의라는 '규범의 역할'을 찾아냈기 때문이다. 이와 관련하여 애덤 스미스는 다음과 같이 언급했다. 즉, "자연은 인간의 가슴(마음)에 규범 위반 시 '응분의 벌'(ill-desert)을 받는다는 의식, 즉 규범을 위반했을 때 따르는 '합당한 처벌의 공포'를 심어주었다. 이러한 의식과 공포는 약자들을 보호하고, 폭력적인 사람들을 억제하고, 죄인들을 처벌하기 위한 인류 연합의 위대한 보호 장치 역할을 한다." 또한 시장 교환의 체계를 유지하게 해주는 것은 오직 '집단적 규범'이나 '정의감(正義感)'뿐이다. 이에 대해 애덤 스미스는 "만약 어떤 사회에서 집단적 규범이나 정의감이 없어진다면 인간 사회의 위대하고 거대한 조직은 … 한순간에 무너져 산산조각이 날 것이다"라고 말했다.

애덤 스미스의 경우 '역사, 사회학 또는 철학적 사유나 반성으로부터 단단히 밀봉된 경제학'이란 존재하지 않는다. 애덤 스미스의 경제학은 '환원주의적(reductive)[108] 경제학'이 아니라 '광범위하고 포괄적인 시각을 가진 정치경제학'이었다. 애덤 스미스의 경제학은 경제학이 설명하고자 하는 모든 영역에 단일한 사고방식을 적용하려고 하지 않으므로, 경제학에 관심있는 독자들은 『국부론』을 충분히 읽을 수 있다. 그러나 동시에 애덤 스미스의 경우 '정치경제학'이라는 바로 그 생각은 경제 이론화가 가지고 있는 '내재적(embedded)이고 가치를 중시하는(value-freighted) 본질'에 대한 자의식적인 인식을 내포하고 있다. 공정성(fairness), 호혜성(reciprocity ; 상호성) 및 정의(justice)라는 규범(norm)은 개인적

107. [역주] 마땅히 따르고 지켜야 할 본보기, 또는 사유(思惟)·의지(意志)·감정 등이 일정한 이상·목적 등을 이루기 위해 마땅히 따라야 할 법칙과 원리를 말함.

108. [역주] '복잡한 현상을 단순하게 환원하려는 것'을 말함.

거래와 비(非)개인적 거래(예를 들면, 집단 간 거래), 상호 교환과 비(非)교환(즉, 일방적 교환) 등을 포함한 '인간의 모든 거래'에 널리 퍼져있다. 이러한 규범들은 시장마다, 직장마다, 가정마다 다를 수 있으며, 또한 개인과 기관, 사회라는 다양한 수준에서 다르게 작동할 수 있지만, 규범들은 어디서나 항상 존재한다. 상업사회에서 규범들은 일반적으로 '정의(正義)의 규범'(norms of justice)에 의해 '법으로 집행되고, 문화적으로 강화'된다. 여기서 '정의의 규범'은 사기를 치는 사람들을 체포하고 처벌하고 정상으로 되돌려 놓는 게 그 목적이다. 또한 사람들은 '상품을 교환'하는 것만큼이나 '정보와 소문을 교환'하기를 좋아한다. 이러한 경우에도 정의의 규범은 사람들의 행위를 제재하고 보상하기 위한 손쉬운 방법으로 음료수 냉각기(water cooler)가[109] 있는 곳에서 트립어드바이저(TripAdvior)에[110] 이르기까지 곳곳에서 살아 움직이고 있다. '정의의 규범'을 통해 신뢰가 널리 퍼지고, 사회가 번영한다. 이러한 과정은 오늘날 '시장경제'를 채택한 세계에서 볼 수 있는 모습이다.

---

109. [역주] 사무실 직원들이 음료수 마시는 곳 근처와 같이 격의 없이 이야기를 나누는 곳을 가리킴. 우리나라에서 커피타임이나 티타임처럼 냉온수가 나오는 정수기 옆에 서서 직원들끼리 가벼운 잡담 등을 하면서 쉬는 시간을 가지는 걸 의미함.

110. [역주] '세계 최대 여행 사이트'로 호텔 등 여행에 관한 가격 비교를 중심으로 하는 웹사이트를 말함.

제8장 애덤 스미스와 시장

1. 마켓 씨와 술 취한 사이코

본격적인 논의에 앞서 먼저, '마켓 씨'(Mr. Market ; '시장 씨' ; '시장'을 의인화해서 표현한 것임)를 만나보기로 하자. 만약 당신이 금융시장에 조금이라도 관계되어 있다면—예를 들어, 당신이 연금이나 담보 대출금(mortgage)을 가지고 있거나 해외에서 휴가를 보내기 위해 외국통화가 필요하다면—당신이 알든 모르든 마켓 씨는 당신의 중요한 '비즈니스 파트너'이다. 또한 마켓 씨는 은행 휴일들을 제외하고 매주 평일에 나타나 당신의 주식, 채권, 통화, 또는 기타 여러 다른 자산들의 가치를 알려 주는 '친절하고 도움을 주는 친구'(obliging fellow)이다. 그뿐만이 아니다. 마켓 씨는 거의 무한적으로 당신의 주식, 채권, 통화 또는 무엇이든 현재 가격으로 사거나, 당신이 이미 가지고 있는 것에 추가하기 위해 그의 주식이나 채권 중 일부를 당신에게 기꺼이 팔려고 한다.

그러나 가엾게도 마켓 씨는 항상 기분이 좋은 것은 아니다. 실제로 마켓 씨는 급격한 기분 변화를 겪는다. 어떤 때에는 마켓 씨는 기분이 매우 활기차서 당신에게 아주 높은 가격이나 아주 낮은 가격을 제시하곤 한다. 마켓 씨는 당신에게 아주 높은 가격을 제시함으로써 당신이 그에게 무언가를 팔거나, 아주 낮은 가격을 제시함으로써 당신이 그에게서 무언가를 사게 한다. 다른 때에는 마켓 씨는 매우 비관적이고 우울해서 당신이 가진 것에 거의 가치를 부여하지 않으며, 그로 인해 그가 제시하는 가격은 사든 팔든 최저 수준이다.

이제까지 언급한 마켓 씨(Mr. Market)는 미국의 위대한 투자자였던 '벤저민 그레이엄'(Benjamin Graham ; 1894~1976년)을 은유적으로 나타내며, 전설적인 그의 제자인 워런 버핏(Warren Buffett ; 1930년~)에 의해 자주 언급된다. 이 은유에는 한 가지 심오하고도 본질적인 사실이 내포되어 있다. 그것은 바로 마켓 씨의 기분이 '합리적'이지 않다는 점이다. 심지어 워런 버핏의 화려한 말에 따르면 "마켓 씨는 일종의 술 취한 사이코(drunken psycho)이다."[1] 마켓 씨가 제시하는 가격들은 때때로 맞거나 실제로 오랜 기간 동안 맞을 수 있지만, 현명한 투자자인 벤저민 그레이엄은 가격들을 매우 조심해서 다룬다. 워런 버핏이 말했듯이 "마켓 씨는 당신을 인도하기(guide) 위해서가 아니라 당신을 섬기기(serve) 위해 존재한다. … 마켓 씨가 어느 날 특히 바보 같은 기분으로 당신 앞에 나타난다면 당신은 그를 무시하거나 최대한 이용할 수 있다." 이러한 경우에 현명한 투자자에게 무엇이 필요한가? '현명한 투자자'(intelligent Investor)—이는 그레이엄이 쓴 유명한 책 제목[2]이기도 함—는 ① 장기적인 가치를 평가하기 위한 뭔가 독립적이고 더 근본적인 방법과 ② 마켓 씨가 사람들에게 기회를 제공할 만큼 어리석을 때까지 기다릴 수 있는 인내심, 그리고 ③ 그러한 기회를 잡을 수 있는 금융적 자금 등을 가지고 있어야만 한다.

2. 효율적 시장 가설[3]

그러나 시장에 대한 또 다른 견해가 있다. 이 견해는 종종 위에서 살펴본 그레이엄(B. Graham)과 버핏(W. Buffet)의 견해(즉, 현명한 투자자의 생각)와 대조되

1. [원문] 이 표현은 워런 버핏(Warren Buffett)에서 인용한 것임(Benzinga.com, 6 January 2015).
2. [원문] Benjamin Graham, *The Intelligent Investor : The Definitive Book on Value Investing*, Harper & Bros, 1949.
3. [역주] '효율적 시장 가설'이란 새로운 정보가 주어졌을 때 그 정보가 주식 가격에 즉각 반영된다는 가설로서 공개된 정보를 이용해 거래를 하는 투자자는 평균 이상의 수익을 얻을 수 없음을 의미한다.

는 것으로 소위 "효율적 시장 가설"(Efficient Market Hypothesis)[4]이라고 불린다. 이 가설은 애덤 스미스에서 비롯된 정치경제학(political economy)의 탄생 시기로 거슬러 올라가지 않는다. 이 가설은 1960년대 후반 시카고대학교의 경제학 교수인 유진 파머(Eugene Fama)[5]에 의해 처음 개발되었다. 이 가설은 강(强) 효율적 시장 가설,[6] 준강(準强) 효율적 시장 가설,[7] 약(弱) 효율적 시장 가설[8] 등 다양한 유형이 있다. 그러나 그러한 유형들 모두의 핵심에는 행동경제학자인 리처드 세일러(Richard Thaler)가 다음과 같이 적절하게 묘사한 두 가지 핵심 아이디어

---

4. [원문] ① '효율적 시장 가설'에 대해서는 Richard Thaler, "Market can be wrong and the price is not always right", *Financial Times*, 4 August 2009를 참조하기 바람. ② '효율적 시장 이론'에 대해서는 Andrei Shleifer, *Inefficient Markets*, Oxford University Press, 2000을 참조하기 바람. ③ '효율적 시장의 역사'에 관한 매우 읽기 쉬운 개요를 보려면 Justin Fox, *The Myth of the Rational Market*, Harriman House, 2009를 참조하기 바람.

5. [역주] 미국의 경제학자로 2013년 '자산가격의 경험적 분석'에 기여한 공로로 라스 피터 핸슨, 로버트 실러와 함께 노벨 경제학상을 수상함.

6. [역주] 미국의 경제학자인 유진 프랜시스 파마(Eugene Francis Fama)가 주장한 '효율적 시장 가설'(Efficient Market Hypothesis)의 한 유형이다. 공표된 것이든 공표되지 않은 것이든 상관없이 모든 정보가 이미 시장가치에 반영되어 있는 시장을 말함. '강(强) 효율적 시장'에서는 모든 정보가 이미 시장가치에 반영되어 있으므로, 어떠한 정보를 이용한다고 하더라도 초과이윤을 획득할 수 없다. 이는 진정한 의미에서의 '효율적 시장'이라 할 수 있으며, 완전경쟁시장에 가장 부합되는 시장이다. 즉, 완전경쟁시장에서는 '정보는 완전하며 모든 정보는 공개되어 있고 정보비용은 없다'라고 가정하고 있기 때문에 어느 누구도 정상이윤 외에 초과이윤을 획득할 수 없다.

7. [역주] 어떤 새로운 정보가 공식적으로 공표되는 즉시 신속하고 정확하게 시장가치에 반영되는 시장을 말한다. 이처럼 공표된 사실을 토대로 시장가치의 변동을 분석하는 것을 '기본적 분석'(fundamental analysis)이라 한다. '준강(準强) 효율적 시장'에서는 기본적 분석을 하여 투자를 한다고 하더라도 정상 이상의 수익(초과이윤)을 획득할 수 없다. 어떠한 사실, 예를 들면 편의시설 건설예정으로 인한 주변의 지가상승 등은 공표되는 즉시 시장가치에 반영되기 때문이다. 준강 효율적 시장은 현재와 과거의 정보가 현재의 시장가치에 반영되는 시장으로서 '약(弱) 효율적 시장'의 성격도 지니고 있다.

8. [역주] 현재의 시장가치가 과거의 추세를 충분히 반영하고 있기 때문에 가치에 대한 과거의 역사적 자료를 분석한다고 하더라도 정상 이상의 수익(초과이윤)을 획득할 수 없는 시장을 말한다. 과거의 자료를 토대로 시장가치의 변동을 분석하는 것을 '기술적 분석'(technical analysis)이라 하는데, '약(弱) 효율적 시장'에서는 기술적 분석에 의해 밝혀진 기술적 지표로 초과이윤을 획득할 수 없다. 이미 시장 참여자들이 기술적 분석을 하고 그에 따라 합리적으로 행동하고 있기 때문이다.

들이 들어 있다. 세일러에 따르면 그러한 유형들은 ① "가격이 옳다"(The Price is Right)와 ② "공짜 점심은 없다"(No Free Lunch)라는 두 가지 핵심 생각들을 내포하고 있다. 먼저, "가격이 옳다"라는 생각은 금융시장들에서 가격들은 시장에서 거래되는 자산들에 대한 이용 가능한 모든 정보를 반영하고 있으며,[9] 그로 인해 금융시장들을 통한 자본 배분들이 경제적으로 '효율적'이라는 것을 의미한다. 다음으로, "공짜 점심은 없다"라는 생각은 시장가격들은 예측할 수 없으며, 그 결과 모든 투자자는 위험을 조정한 후 시장을 이기기 위해 안간힘을 쓸 것이라는 것을 의미한다. 여기에는 무수한 익명의 구매자와 판매자를 포괄해야 한다.

원칙적으로 어떤 시장이 '효율적'이기 위해서는 무수한 익명의 구매자들과 판매자들이 존재해야 하며, 이들 각자는 너무 작아서 시장가격에 영향을 미치지 못한다. 또한 시장에서 거래되는 재화는 주식, 증권, 외환, 상품 등과 같이 동질적이고 상호 교환이 가능해야 한다. 이러한 특성은 주식이나 증권시장들이 효율적 시장 이론의 개발에 중심적인 역할을 해온 한 가지 이유이다. 그러한 시장들은 아마 새로운 정보에 '즉각적으로 반응'할 것이다. 그로 인해 시간이 지남에 따라 발생하는 일련의 과정들(processes)이 존재하지 않으며, 또한 마찰 비용(frictional costs)도 없다. 가격들이 변동하면 그들은 균형(equilibrium)을 향해 움직이므로 가격 변동에 의한 교란들(disturbances)은 자동 교정(self-correcting)된다. 이러한 시장들은 항상 균형 상태에 있거나 균형을 향해 움직이기 때문에 '유순한' 경향이 있다. 또한 '외부 충격들'(external shocks)이 발생할 수 있으며, 이들은 미래의 공급이나 수요에 대한 시장의 기대를 재설정함으로써 가격들에 아마 급격하게 영향을 미칠 것이다. 그러나 이 경우에도 경쟁적인 시장들(competitive markets)은 균형을 회복하기 위해 '변화된 상황'에 즉시 적응한다.

---

9. **[원문]** '정보 인센티브와 효율적 시장'에 대해서는 Sanford J. Grossman and Joseph E. Stiglitz, "On the Impossibility of Informationally Efficient Markets", *American Economic Review*, 70(3), 1980을 참조하기 바람.

물론 이러한 가정들은 '이상화'(理想化, idealized)[10]되어 있다. 그러나 가정들 나름대로 생각해 보면 여러 중요한 질문들이 제기된다. 우선, 효율적 시장 이론이 '논리의 순환성'(循環性, circularity) 없이 서술될 수 있을지조차도 분명하지 않다. 예를 들면, 시장들이 이용 가능한 모든 정보를 반영한다면 이는 곧 합리적이라고 여겨지는 소비자들의 선호와 기대를 반영한다[11](다시 말하면, 어떤 소비자는 이용 가능한 정보를 바탕으로 자신의 효용을 극대화한다). 그러나 이것이 사실이라면 효율적 시장 이론은 증명하고자 하는 주장을 '가정하고' 있는 셈이다. 또한 효율적 시장 이론은 가장 강력한 형태로 '모순'된다. 왜 그런가? 시장들이 '항상 이용 가능한 모든 정보를 가지고 있다면' 아무도 더 많은 정보를 찾아내려는 동기(유인)를 갖지 않을 것이기 때문이다. 마찬가지로, 모든 기술적 통찰력(아이디어)이나 발명이 즉시 다른 사람들에게 제공된다면 어떤 발명가도 혁신하려는 경제적 인센티브를 갖지 못할 것이며, 그 결과 혁신 활동은 빠르게 감소할 것이다. 따라서 시장에서의 완전 정보의 효율성과 시장 균형은 '역설적'으로 경쟁이 전혀 일어나지 못하게 할 것이다.

효율적 시장 가설에 따르면 '금융자산의 가격들은 항상 옳다'. 이로부터 자산가격의 '거품'(bubble)이나 시장에서의 '오버슈트'(overshoot)[12]와 같은 현상은 존재할 수 없다는 결론이 나온다. 자산가격들이 항상 시장의 '펀더멘털 가치'(fundamental value)를 반영하기 때문에 자산가격들의 급격한 상승은 다만 미래 수익에 대한 기대치 증가만을 반영할 뿐이다. 또한 효율적 시장 가설의 경우 시장에서 거품이 존재할 수 없기 때문에 중앙은행들이 나서서 거품을 찔러 터뜨리거나 수축시킬 수 없다. 실제로 밀턴 프리드먼(Milton Friedman)을 포함

---

10. **[역주]** 현실을 그대로 보지 않고 이상에 비추어서 보고 생각하는 일을 말함.
11. **[역주]** 시장들이 이용 가능한 모든 정보를 반영한다면 ⇒ 이는 곧 합리적인 소비자들의 선호와 기대를 반영한다. 이를 '논리의 순환성'이라 함.
12. **[역주]** 경제에 어떤 충격이 가해졌을 때 물가나 환율 따위가 일시적으로 폭등하거나 폭락하였다가 시간이 지나면서 장기 균형수준으로 되돌아가는 현상.

한 일부 경제학자들은 '중앙은행은 완전히 폐지되어야 한다'고 주장했다. 그러나 효율적 시장 가설은 이보다 더 나아간다. 그것은 사실상 '시장은 기억력이 없다'(memoryless[13])는 것을 의미한다. 만약 과거의 사건들이 가격 변동을 예측하는 데 어떤 역할을 한다면([역주] 즉, 시장이 기억력을 가지고 있다면) 매우 노련한 투자자는 원칙적으로 시장을 상대로 게임을 하고 무위험(riskless) 이익을 얻을 수 있다. 그러나 '정보 효율성'(informational efficiency)에 기반한 효율적 시장 이론은 이것을 불가능하게 한다. 예를 들면, 어떤 자산의 가격이 너무 낮으면 이러한 새로운 정보를 바탕으로 투자자들은 그 자산을 구매할 것이다. 반면에 어떤 자산의 가격이 너무 높으면 이 새로운 정보에 따라 투자자들은 그 자산을 판매할 것이다. 따라서 가격들은 통계학자들이 부르는 '랜덤 워크'(random walk)[14]를 따르는 것으로 여겨진다. 랜덤 워크 이론에 따르면 가격들은 '식별할 수 없는 패턴'에 따라 위아래로 변동하며, 어떤 특정 순간에 가격이 오르거나 내릴 가능성이 있고, 그 반대의 경우(즉, 가격이 내리거나 오를 가능성)도 있다. 따라서 효율적 시장에서는 공짜 점심은 존재하지 않고, 무위험 이익을 얻을 수 없으며, 노련하든 순진하든 어떤 투자자도 시간이 지남에 따라 시장보다 더 잘할 수 없다.

효율적 시장 가설은 '현대 금융이론'의 발전에 커다란 영향을 미쳤다. 효율적 시장 가설의 초기 영향을 보여주는 경우로 다음을 들 수 있다. 1978년에 경제학자인 마이클 젠슨(Michael Jensen)[15]은 그동안의 상당한 연구를 바탕으로 "경

---

13. **[역주]** 확률 분포에서 무작위(랜덤) 표본 집합에서 파생된 모든 확률은 고유하고, 이전 표본에 대한 정보(즉, "기억")가 없다는 것을 의미한다.

14. **[역주]** 물체의 움직임이나 변수의 변화가 식별 가능한 패턴이나 추세를 따르지 않는 것을 말함. 예를 들면, 현재의 주가는 과거의 주가나 그 추이에 영향을 받지 않고 매 시점마다 독립적으로 움직인다는 것을 말함. 또는 주가의 미래 움직임은 과거 움직임을 반영하지 않으므로 식별 가능한 패턴을 따르지 않을 것이다.

15. **[역주]** 하버드 경영대학원의 명예 석좌교수로 효율적 시장 가설의 창시자로 알려져 있는 유진 파마(Eugene Fama)의 직계 제자이고, 블랙-숄즈와 함께 자산가격 결정 모델과 옵션가격 이론을 정교화했다. "기업이론 : 경영 행동, 대리인비용 및 소유 구조"(Theory of the Firm : Managerial Behavior,

제학에서 '효율적 시장 가설'보다 더 확고한 실증적 증거가 있는 다른 명제(命題)는 없다"[16]라고 노골적으로 말했을 정도였다. 실제로 분석가들은 먼저, 효율적 시장 가설을 바탕으로 미래 가격 변동의 가능성(확률)에 대한 인식 가능한 '수학적 분포'(mathematical distributions)를 구축할 수 있다. 그런 다음, 이러한 확률 분포들은 은행들의 대차대조표, 투자자들의 포트폴리오,[17] 기업 및 채권 신용 등급, 규제 기관들의 규칙과 개입 등의 기초가 되는 '위험 배분(risk allocation) 모델들'을 수립하는 데 사용될 수 있다. 마지막으로, 이러한 금융 분석으로부터 '금융공학'(financial engineering)이 나오게 되었다. 즉, 파생 상품, 자산담보부 증권(모기지 또는 기타 자산들을 담보로 한 증권), 신용 부도 스왑(대출 손실 보험의 일종) 등과 같은 색다른 현대 금융상품들에 대한 가격 책정(pricing)이 이루어지게 되었다. 전 세계의 수천 개의 은행들과 기관 투자자들은 매일 그들이 알든 모르든 효율적 시장 가설의 작용에 의존하는 모델들을 사용한다. 또한 규제 기관들도 마찬가지이다. 규제 기관들은 자신의 업무를 수행하기 위해 은행들과 투자자들에게 그러한 모델들을 요구하기 때문이다. 또한 전 세계 수억, 아마도 수십억 명의 사람들—금융시장들이나 은행들에서 일하는 사람들뿐만 아니라 연금을 보유한 사람들, 모기지(주택담보대출)나 뮤추얼 펀드 또는 투자금을 가진 사람들 등—의 생계가 효율적 시장 가설에 직·간접적으로 달려 있다.

종합적으로 생각해 볼 때, 금융시장들이 정보를 수집 및 배포하고, 자본을 효율적으로 배분하는 능력 면에서 타의 추종을 불허한다는 사실은 분명하다. 금

Agency Costs and Ownership Structure, 1976)라는 기념비적 논문을 통해 '주주자본주의'를 출발시켰다.

16. **[원문]** 이에 대해서는 Michael Jensen, "Some Anomalous Evidence Regarding Market Efficiency", *Journal of Financial Economics*, 6(2-3), 1978을 참조하기 바람. 그러나 젠슨(M. Jensen)의 견해는 나중에 상당한 수정을 거치게 되었다(이에 대해서는 Fox, *The Myth of the Rational Market*, Ch. 15ff를 참조하기 바람).

17. **[역주]** 개개의 금융 기관이나 개인이 가지고 있는 갖가지 금융자산의 명세표를 말함.

융시장들은 정부들, 기업들 또는 개인들이 이용할 수 있는 모든 것을 능가하는 '집단 지혜'(collective wisdom)를 가지고 있다. 집단 지혜를 통해 금융시장들을 가능한 한 마찰이 없도록 만들고, 현금 흐름을 분할하여 끊임없이 확장되는 금융 상품들로 전환할 수 있다. 이렇게 함으로써 은행들은 기업들의 자본 비용을 낮추고, 금융시스템은 더 부유해질 뿐만 아니라 더 건전해지고, 마침내 경제는 더 튼튼해진다. 시장에서의 '펀더멘털 분석'(fundamental analysis)의 가치를 강조한 벤저민 그레이엄(Benjamin Graham)과는 달리, 효율적 시장 가설은 그러한 분석이 아무런 가치가 없다는 것을 시사해 준다.

그렇다면 이제까지 살펴본 시장에 대한 두 가지 견해 중 어느 것이 옳은가? 즉, '마켓 씨의 술 취한 비틀거림'이 옳은가, 아니면 '효율적 시장 가설의 부드러운 안정성'이 옳은가? 사실 여기에는 위에서 리처드 세일러(R. Thaler)가 구분한 두 가지 핵심 아이디어들—즉, "가격이 옳다"와 "공짜 점심은 없다"—로부터 다음 두 가지 질문을 제기할 수 있다. 첫째, 시장은 항상 가격들을 올바르게(right) 책정하는가? 즉, 시장은 경제적으로 효율적(efficient)인가? 둘째, 시장에 '공짜 점심'(free lunch)이 존재하는가? 즉, 시장에서 '무위험 이익'(riskless profits)을 얻을 수 있는가? 이 질문들에 대해 그동안 많은 학문적 연구들이 이루어져 왔으며, 완전한 대답은 이 책의 범위를 벗어날 것이다. 그러나 이를 해결하는 한 가지 방법은 '애덤 스미스의 생각들'이 그 질문들을 해명하는 데 유익한지를 물어보는 것이다. 그 결과 애덤 스미스의 생각들이 유익한 것으로 밝혀졌다.

그러나 애덤 스미스에게 다가가기 전에 한 가지 더 주목해야 할 점이 있다. 그것은 '효율적 시장 가설'이 놀라울 정도로 대중의 '경제학 자체에 대한 이해'의 중심이 되었다는 점이다. 다시 말하면, 놀랍게도 대중은 '효율적 시장 가설'을 금융경제학의 한 이론이 아닌 '경제학 자체'라고 이해하게 되었다. 대중은 '금융시장들'이라고 말하면 흔히 '일반 시장'이라고 생각한다. 금융경제학(Financial Economics)의 중요성이 커짐에 따라 '금융시장들'(특히 거대하고 매우 유동적인 글로벌 외환시장)을 '시장 메커니즘 자체'의 완벽한 본보기로 보는 경향이 커졌다. 그로 인해 ① "호모 에코노미쿠스"(homo economicus ; 경제인)라는 개념과 함께 ② '금융시장들에 대한 특정 논제'는 사실상 '현대 경제학의 대중적 특징'을 정의(定義)하는 것으로 여겨져 왔다. 그러한 과정에서 '애덤 스미스의 생각들'이 그 중심을 차지하고 있을 것이다. 현대 경제학의 이러한 두 가지 특징(즉, 금융시장들에 대한 특정 논제와 호모 에코노미쿠스) 모두 2008년 금융위기에 따른 수많은 대중의 분노와 적대적인 논평, 그리고 전문가 진단의 주요 표적이 되었다. 그 과정에서 '경제학 자체'가 대중의 마음속에 '금융적 문제'(financialized)로 인식되었다(즉, 대중은 금융시장을 '경제학 자체'로 인식하게 되었다).

3. 노예제의 경우

다음으로, 애덤 스미스가 '시장을 어떻게 이해하고 있었는지?'에 대해 살펴보기로 하자. 우리는 이 질문에 대해 다음 세 부분으로 나누어 대답할 수 있다. 즉, 우리는 ① 애덤 스미스의 '종합(전체)적인 접근 방식'(overall approach)을 살펴보거나, ② 그 당시의 한 가지 극단적인 사례인 '노예제(slavery)에 대해 애덤 스미스가 말한 내용'을 자세히 분석하거나, ③ 애덤 스미스의 생각(ideas)이 '오늘날의 훨씬 더 세분화되고 발전된 글로벌 시장경제에서 어떻게 작동하는지'를 살펴봄으로써 이 질문(즉, 애덤 스미스의 시장 인식론)에 대답할 수 있다.

프랑수아 케네(François Quesnay : 프랑스의 경제학자 겸 의사, 1694~1774년)[18]

18. **[역주]** 프랑스의 경제학자 겸 의사로 '중농주의'의 창시자임. 처음에 파리에서 의학을 배우고, 퐁파두르 후작 부인의 시의(侍醫)로서 베르사유 왕궁 내에 입궁하여(1749년), 뒤에 루이 15세의 시의도 되었다. 1753년경부터 경제학을 연구하여 중농주의자로서 『백과 전서』에 『소작인론(Fermirs)』(1756년)과 『곡물론(Gtsomd)』(1757년)을 기고(寄稿)함. 궁정의 사치와 낭비로 농민의 조세 공과(租稅公課) 부담이 과중하게 되어 있음과 중상주의의 강행으로 농산물 가격의 하락을 초래하는 등의 조치에 매우 반대하였고, 프랑스 농업 재건을 위하여 세제(稅制)의 개혁과 곡물의 수출 자유를 주장하여 미라

와 중농주의자들(Physiocrats)에 대한 비판에서 보았듯이, 애덤 스미스는 정치경제학에서 '고도로 이상적(理想的 ; 추상적)이고 인위적인 가정들'을 사용하는 것을 거부했다. 그 대신 『국부론』에서 애덤 스미스의 초점은 '더 구체적이고, 더 역사적이고, 자료를 바탕으로 더 자세한 정보를 제공하고, 더 정책 지향적'이었다. 또한 애덤 스미스는 국제무역에서 친숙한 '실체 없는 시장'(disembodied market)이라는 더 넓은 개념을 잘 알고 있었지만, 시장을 무엇보다도 '구체적인 거래 장소'(specific places of business)로 인식하였다. 셋째로, 애덤 스미스의 '시장 교환(market exchange)에 대한 분석'은 지적으로 중심을 차지하고 있지만, 그 분석은 이상적(理想的)이지 않을(즉, 실제적일) 뿐만 아니라 자신의 더 광범위한 목적에 종속되어 이루어졌다. 마지막으로, 제5편(Book I~V)으로 구성된 『국부론』을 요약한 "국부론의 소개 및 계획"(Introduction and Plan of the Work) 어디에서도 애덤 스미스가 '시장이나 가격을 언급하지 않았다'는 사실은 다소 놀라운 일이다.

우리가 앞에서 보았듯이 애덤 스미스의 저서들에는 "보이지 않는 손"(invisible hand)에 대한 일반적인 설명이 없다. 또한 애덤 스미스는 ① 시장 메커니즘(market mechanism)을 우상화하거나, ② 시장 교환(market exchange)을 경제적 병폐들에 대한 만병통치약으로 보지 않았다. 마지막으로, 애덤 스미스는 '많은 경제활동이 시장을 통해 잘 또는 전혀 작동하지 않는다'는 사실을 잘 알고 있었다. 애덤 스미스는 경제성장의 주요 동인(動因)들이 무엇인지 개략적으로 설명한 후, 자본과 토지, 양모와 청어 등에 이르기까지 '수많은 다양한 시장들'을 자세히 또는 대략적으로 살펴보았다. 이러한 과정에서 애덤 스미스는 지저분하고 복잡

보를 비롯하여 뒤 퐁드느므르, 메르시에 드라리 비에르 등에게 큰 영향을 주었다. 그는 혈액이 인간의 체내를 돌듯이, 일국의 부(富)가 어떻게 생산되고 국내(國內)에 돌아가는가를 하나의 표에 의하여 설명한 『경제표(Tableau économique)』를 저술하여(1758년), 경제의 모습을 처음 학문적으로 분명하게 보여 불후의 명성을 얻었다. 그의 경제학은 뒤에 애덤 스미스와 칼 마르크스 등에 의해 계승되었다. 슘페터는 그를 '경제학설 사상'의 3대 천재 중 한 사람으로 꼽았다.

한 세부 사항들에 대해 결코 무관심하지 않았으며, 때때로 자신과 독자들을 '면밀한 분석과 사실에 입각한 설명'이 담긴 특유의 긴 문단들로 끌어들이기를 매우 즐거워했다.

구체적인 시장들(specific markets)을 검토할 때 애덤 스미스의 주요 관심사는 '시장들이 어떻게 작동하고, 얼마나 잘 작동하는지'에 있었다. 그 당시 대부분의 시장들에서 시장 작동과 함께 어느 정도의 외부 개입, 시장 조작 또는 정부 규제가 수반되었다. 특히 그 당시 길드들, 도시 조합기업들, 생산자 카르텔들, 교회 또는 정부 등에 의해 때때로 외부 개입, 시장 조작 또는 정부 규제의 정도가 높았다. 다음 장에서 자세히 살펴보게 되겠지만, 애덤 스미스는 독점과 카르텔을 지지하는 경향이 있는 이러한 '시장 제한적인 관행들'(즉, 외부 개입, 시장 조작 또는 정부 규제)을 비난하기 위해 몇 가지 통렬한 독설들을 퍼부었다. 그러나 애덤 스미스는 또한 다음 두 가지 점을 잘 인식하고 있었다. 즉, ① '시장들이 실제로 항상 균형에 도달하는 것은 아니며, ② 시장들이 균형에 도달하더라도 그 균형이 사회적으로 유익하지 않고 오히려 해로울 수 있다'라는 점을 인식하고 있었다.

또한 애덤 스미스는 '실제로 시장들이 저조한 성과를 낼 수 있는' 여러 경우가 있음을 명확히 이해하고 있었다. 즉, '저조한 성과를 낼 수 있는 시장들이 있다'라는 사실에 대해서 분명히 이해하고 있었다. 예를 들면, ① 작은(소규모) 시장들은 대개 큰(대규모) 시장들보다 더 잘 작동하지 못할 것이다. 이는 작은 시장들이 큰 시장들에 비해 덜 생산적이고, 덜 전문화되어 투자가 적어지기 때문이다. 또한 ② 도시들은 시골 지역들보다 더 전문화되고 더 생산적이며, ③ 부유한 도시들은 가난한 도시들보다 더 전문화되고 더 생산적이다. 시장들은 구매자들과 판매자들 간의 의사소통과 종종 상품의 물리적 운송에 의존하기 때문에, 일반적으로 ④ 항구에 있는 시장들은 내륙 시장들보다 더 잘 작동한다. 마지막으로, 애덤 스미스는 ① 생산자들이 소비자들에게 불리한 카르텔을 결성할 가능성을 예리하게 인식하였을 뿐만 아니라, ② 노동시장의 구조적 결함, 특히 노동자들의 협상 지위를 약화시키고 고용주들이 임금을 인하하는 데 도움을 주는 '힘과 정보의 비대칭성'을 잘 알고 있었다.

우리가 앞에서 보았듯이 애덤 스미스에게 사람들은 '경제적 거래'를 한다고 해서 그들이 '사회적 존재'(social beings)가 되지 못하는 것은 아니다([역주] 즉, 사람들이 '경제적 거래'를 하지만 그들은 '경제적 존재'일 뿐만 아니라 '사회적 존재'이기도 하다). 따라서 애덤 스미스에게 있어서 순전히 '경제적인' 개인의 행동이나 시장 기능에 대한 분석은 사회적 측면을 반영하지 못하기 때문에 기껏해야 '부분적'일 뿐이다. 마찬가지로 시장들은 '인간 사회'와 독립적으로 작동(기능)하지 않는다. 시장들은 '인간 사회에 내재(內在)되어' 있기 때문이다. 시장들은 수학적 추상물이 아니라 '특정한 역사와 특정한 규범 및 가치를 지닌 인간의 인공물'이다. 애덤 스미스가 『도덕감정론』에서 분명히 밝혔듯이, 그러한 규범과 가치는 '상황'에 따라—즉, 시대와 장소에 따라—변할 수 있으며, 또 실제로 변한다. 따라서 인간 사회 자체가 발전하고 진화하듯이 규범과 가치도 발전하고 진화한다.

이제, 우리는 '노예제'(slavery)와 '노예무역'(slave trade)이라는 특정 문제와 관련하여 애덤 스미스의 생각에 초점을 맞춤으로써 그의 '실제 생각'을 엿볼 수 있다. 애덤 스미스가 ① 노예제를 냉소적으로 용인했다거나,[19] ② 노예제가 애덤 스미스의 "자연적 자유 체계"(natural system of liberty)의 불가피한 결과라는 주장이 때때로 제기되곤 한다. 또한 때때로 완전히 자유로운 시장에서 사람들이 자신을 '노예'로 파는 데 원칙적으로 장애물이 있을 수 없다고 주장된다. 이는 마치 때때로 완전히 자유로운 시장에서 사람들이 자신의 신체 부위를 파는 데 원칙적으로 장애물이 있을 수 없다고 주장되는 것과 같다. 결국, ① 그러한 시장들

19. **[원문]** '애덤 스미스가 노예제에 대해 품었다는 냉소주의'에 관해서는 다음 두 문헌을 참조하기 바람: ① Johann Hari, "What if the anti-slavery campaigners had listened to the carping cynics?", *Independent*, 6 July 2005 ; ② Blake Smith, "Slavery as Free Trade", *Aeon Essays*, 29 June 2016. (https://aeon.co/essays/why-the-original-laissez-faire-economists-loved-slavery)

(즉, 신체 부위 판매나 노예 판매 시장)은 아마 '사유 재산권'[20]에 의해 보호를 받을 것이며, 또한 ② 사람들이 사유 재산권을 소유하고 있다면, 여기에는 그들의 신체에 대한 권리와 그들의 미래 노동이 생산해 내는 생산물에 대한 권리도 마땅히 포함해야만 할 것이다. 그러나 애덤 스미스에 대한 이러한 주장들은 진실과 정반대된다. 왜냐하면 애덤 스미스는 ① 노예제와 노예무역을 경멸했으며, ② 노예제와 노예무역은 '자연적 자유'(natural liberty)에서 비롯된 것이 아니라, 바로 '중상주의와 독점'에 의해 사주(使嗾)되었음을 강력히 주장했기 때문이다.

▲ **[역주]** 역자가 구글에서 구한 '흑인 노예무역'에 관한 사진임.

영국은 1807년 의회법에 따라 대영제국 전역에서 노예무역을 금지했고, 1833년에는 노예제 자체를 폐지했다.[21] 그러나 이보다 훨씬 이전인 1776년

20. **[역주]** 사유재산제도(私有財産制度)는 재산을 개인이 소유할 수 있도록 법률로 보호하며, 소유자의 자유로운 관리·운영에 맡기는 제도를 말함.

21. **[원문]** '스코틀랜드의 노예무역'은 다음과 같다. 스코틀랜드가 노예무역과 거의 관련이 없다는 오래된

에 『국부론』이 출간되었을 때 이미 노예제와 노예무역은 '매우 감정적이고 논쟁적인 문제'가 되고 있었다. 노예제와 노예무역에 대한 영국의 관여는 이보다 적어도 200년 전인 1560년대로 거슬러 올라간다. 당시 존 호킨스 경(Sir John Hawkins : 영국의 노예 상인 및 제독(提督), 1532~1595년)[22]은 영국-서아프리카-카리브해 간에 설탕, 상품, '노예'에 있어서 악명 높은 '삼각 무역'(三角貿易, triangle trade)에 종사하고 있었다. 1672년까지 삼각 무역은 매우 잘 확립되어 있었으며, 그 결과 특허를 받은 영국의 '왕립 아프리카 회사'(Royal African Company)[23]는 왕실로부터 사하라(Sahara) 사막에서 희망봉(Cape of Good Hope)에 이르는 서아프리카 해안 2,500마일에 걸쳐 노예 독점권을 부여받았다. 또한 1713년에 스페인은 '아시엔토'(Asiento)[24]라는 스페인어 이름으로 알려진 악명 높은 조약에 따

견해는 오늘날 깨어지게 되었다. 당시 글래스고는 '삼각 무역'(triangle trade)의 중심지는 아니었지만, 제임스 와트(James Watt)의 아버지인 존 와트(John Watt) 등에 의해 일부 노예들이 글래스고로 수입되었다. 초기 스코틀랜드의 산업화는 노예 경제의 수입(收入)으로 뒷받침되었으며, 스코틀랜드 사람들은 무역의 관리 및 자금 조달에 있어 중요한 역할을 하였다. 또한 스코틀랜드는 영국보다 '부재자(不在者) 노예 소유주'의 비율이 현저히 높았으며, 이에 따라 노예제가 마침내 폐지되었을 때 불균형적으로 높은 수준의 보상을 받았다. 톰 디바인(Tom Devine)의 말에 따르면, "스코틀랜드 항구들에서의 직접 거래는 미미하였지만, 노예무역의 모든 단계에서 스코틀랜드의 매우 적극적인 참여와 개입이 있었다." 이에 대해서는 ① Tom Devine, *To the Ends of the Earth : Scotland's Global Diaspora 1750-2010*, Allen Lane, 2011 ; ② Essays, in Devine (ed.), *Recovering Scotland's Slavery Past : The Caribbean Connection*, Edinburgh University Press, 2015 ; ③ The Scottish Centre for Diaspora Studies at the University of Edinburgh의 연구도 참조하기 바람.

22. **[역주]** 영국의 사략 선장(私掠船長) 및 제독으로 노예무역에 종사하였으며, 해군에 들어가 에스파냐의 무적함대를 격멸하는 데도 참가하였음.

23. **[역주]** '왕립 아프리카 회사'(Royal African Company)는 1660년에 스튜어트가와 시티오브런던 상인들이 서아프리카 해안을 따라 교역하기 위해 구축한 잉글랜드의 무역회사임. 영국의 노예무역을 독점했음.

24. **[역주]** 1713년의 위트레흐트조약에서 영국이 스페인에 요구하여 얻어낸 노예무역의 독점권을 말한다. 영국에서 노예무역 시초는 1562년 호킨스였다. 그는 아프리카에서 아메리카로 노예를 운송하는 밀무역으로 돈을 벌었다. 호킨스는 엘리자베스 여왕의 후원을 받고 있었다. 1672년 이후 영국은 '왕립 아프리카 회사'를 만들어 노예무역을 국가가 독점하였다. 명칭에서 보듯이 왕립 아프리카 회사는 국왕의 후원을 받는 국영회사였다. 그러다가 명예혁명을 거치면서 개인의 자유무역 원칙이 정립되었고, 17세기 말 국가는 독점권을 상실하였다. 그렇다 하더라도 영국은 1783년까지 시종일관 노예무

라 스페인 식민지들에 상품과 '노예'를 공급하는 30년 계약을 영국에 부여했다. 1778년 스코틀랜드의 최고 민사 법원인 'Court of Session'(스코틀랜드의 최고 민사 법원)은 1772년 영국의 서머셋(Somersett) 소송에서 내린 유사한 판결에 따라 조세프 나이트(Joseph Knight)라는 이름의 노예를 해방시켰으며, 스코틀랜드 법에서 노예제를 인정하지 않는다는 판결을 내렸다. 특히 제임스 보스웰(James Boswell : 영국의 전기 작가 겸 법률가, 1740~1795년)[25]의 아버지인 오친렉 경(Lord

역을 국가정책으로 장려하였다.

당시는 식민지 무역을 두고 영국, 네덜란드, 프랑스 등이 치열한 경쟁을 펼치던 때였다. 영국은 국가의 흥망성쇠가 걸린 노예무역에 사활을 걸었다. 영국 입장에서 노예제도를 기반으로 한 삼각 무역은 매우 중요한 문제였다. 이는 스페인령 아메리카에 노예를 독점적으로 공급하면 커다란 경제적 효과를 누릴 수 있기 때문이었다.

삼각 무역의 순환 과정은 이렇다. 영국에서 생산된 상품을 싣고 아프리카에 도착하여 상품을 팔고 노예를 산다. 노예를 아메리카에 팔고 현지의 사탕수수, 목화, 당밀과 같은 천연자원을 매입한다. 다시 이것을 싣고 영국으로 돌아가 천연자원을 판매한다. 이 과정에서 3중의 이익을 남길 뿐 아니라 수입된 자원을 이용한 새로운 산업을 발달시킬 수 있었다. 18세기에 발달했던 영국의 도시들은 어떤 식으로든 삼각 무역에 관련이 있었고, 대중에게도 이익이 돌아가는 경제적 효과를 창출했다. 실제로 1783년 이전까지 왕실, 정부, 교회, 일반 여론에 이르기까지 노예무역을 적극 지지하였다.

그런데 영국은 어떻게 경쟁국 네덜란드나 프랑스를 물리치고 노예무역을 독점할 수 있었을까? 초기 아메리카로 공급되던 노예무역은 아프리카 서안에 노예 집적지를 확보하였던 포르투갈이 거의 전담하였다. 노예공급 거점을 확보하기 어려웠던 스페인은 16세기 '아시엔토'(Asiento)라는 것을 만들었다. 아시엔토란 국가나 개인이 스페인 왕실과 계약을 통해 연간 일정 수의 노예를 아메리카 항구로 공급할 수 있는 독점권을 말한다. 이에 따라 18세기까지 포르투갈, 프랑스, 영국뿐만 아니라 개인 자격의 스페인 사람들도 이러한 계약에 참여하였다. 그런 와중에 1701년 스페인 왕위계승 전쟁이 발발하였다. 여기서 영국 등이 승리하면서 스페인으로부터 아시엔토 대부분을 얻어냈다. 이를 계기로 영국은 경쟁국인 네덜란드나 프랑스를 밀어내고 노예무역의 최강자로 우뚝 섰다.

명실상부한 노예무역의 본거지였던 리버풀항은 노예 수송선이 쉼 없이 오갔다. 이곳에서 노예의 가격이 결정되고 노예 사냥의 노하우가 전수되었다. 이곳은 노예의 집산지였으며 노예 거래가 이루어지는 최대 시장이었다. 1680~1786년 사이에만 영국이 실어나른 흑인 노예는 2백만 명이 넘었을 것으로 추산된다. (출처 : 고명석, "알고 보면 신기하고 재미있는 바다 이야기 스물 여섯 번째", 바끄로뉴스. 2020년 2월 28일자)

25. [역주] 영국 전기 작가로 타고난 기록벽(記錄癖)과 세심한 관찰력을 바탕으로 쓴 『사무엘 존슨의 생애(Life of Samuel Johnson)』(1791년)는 전기 문학의 걸작이며, 또한 여행기록인 『헤브리디스 여행 일기』가 있다. 근년에 다량의 미출간 원고가 발견되어 편집·출판되었는데, 특히 『런던 일기』에는 그의 성격과 언행이 잘 나타나 있어 많은 관심을 끌었다.

Auchinleck)이 내린 유명한 판결에서 그는 다음과 같이 물었다. "어떤 남자가 흑인이기 때문에 노예입니까?" 아니요, 그는 우리의 형제입니다. 그는 비록 우리와 같은 피부색은 아니지만, 자신의 아내와 아이와 함께 자유의 땅에 있는 사람입니다. 그를 그곳에 머물게 하십시오." 그러나 이보다 불과 9년 전에 에든버러 이브닝 쿠랑지(紙)(Edinburgh Evening Courant)에 다음과 같은 광고가 실렸다. "판매 예정 : 약 16세의 건강하고 튼튼하며 체격이 좋은 흑인 소년을 판매하고자 합니다. 이 소년은 홍역과 천연두를 앓은 적이 있으며, 면도하고 옷을 조금 입을 수 있습니다. … 자세한 내용은 거래에 전권을 가진 스코틀랜드 의회 골목에 있는 고든(Gordon) 씨 서점에 문의하십시오."

노예무역과 이와 관련된 설탕 및 담배 무역은 당시 관련 상인들에게 매우 수지맞는 사업이었다. 퀘이커 교도들(Quakers : 17세기 영국에서 일어난 기독교의 한 파로 세례·찬송 등의 의식을 배격함)과 다른 반대자들의 오랫동안 이어온 격렬한 반대에도 불구하고 노예무역은 영국 의회에서 강력한 지지를 얻게 되었다. 당시 상당수의 영국 의원들이 노예무역을 통해 직·간접적으로 많은 돈을 벌었기 때문이다. 또한 영국에서 노예제는 지식층으로부터도 어느 정도 지원을 받았다. 17세기의 자연법[26] 이론가들은 '일부 사람들은 천성적으로 노예'라는 아리스토텔레스의 견해를 거부했다. 그러나 그들은 아리스토텔레스의 견해를 거부했음에도 불구하고 '노예제가 자연스러운 현상'이라고 주장했고, 그래서 그들은 다음과 같은 이유로 '노예제를 방어할 수 있다'라고 생각했다. 첫째, '비자발적 노예'(involuntary servitude)는 전시(戰時)에 패잔병들을 처형하지 않고 '포로'로 잡음으로써 정당화될 수 있다. 둘째, '자발적 노예'(voluntary servitude)는 '자기 보존(自己保存)'의 한 형태로서 합의에 의해 정당화될 수 있다. 오늘날 '개인의 권리'를 옹호한 철학자로 칭송받는 존 로크(John Locke : 영국의 철학자, 1632~1704년)[27]

26. **[역주]** '자연법(自然法)'은 인간의 본성에 바탕을 두고 때와 장소에 상관없이 보편타당한 법률을 말함.
27. **[역주]** 영국의 철학자이자 정치사상가로서 계몽철학 및 경험론 철학의 원조로 일컬어진다. 자연과학

와 같은 인물도 영국 왕립 아프리카 회사(Royal African Company : 과거에 영국의 노예무역을 독점했던 회사임)의 투자자였다. 또한 존 로크는 주인들이 정당한 전쟁에서 포로로 잡은 노예들에 대해 "절대적인 지배권과 독단적인 권한", 심지어 "생사(生死)를 좌우하는 입법권"까지 행사할 수 있다고 믿었다.

노예제의 수용은 해외 노예들에게만 국한된 것이 아니었다. 로크와 동시대에 살았던 스코틀랜드 살톤(Saltoun) 지역 출신의 저명한 공화주의자인 앤드류 플레처(Andrew Fletcher : 스코틀랜드 작가 겸 정치가, 1655~1716년)는 "자신의 생계를 유지할 수 없는 모든 사람"을 노예로 만들어야 한다고 주장했다. 심지어 애덤 스미스의 스승인 프랜시스 허치슨(Francis Hutcheson : 영국의 사상가, 1694~1746년)[28]도 다음과 같이 주장했다. 즉, "아마도 일반 산업을 촉진하고, 열악한 조건들에서 나태함과 게으름을 억제하기 위하여 (쓸모있는 노동으로 자신과 가족을 부양할 수 없는) 게으른 부랑자들에 대한 일반적인 처벌로 '영구 노예제'를 만드는 것보다 더 효과적인 법은 없을 것이다"라고 주장했다. 그러나 애덤 스미스는 일찍부터 '노예제 반대' 견해를 가지고 있었고, 또 이를 고수했으며, 이는 매우 이례적이었다.[29] 애덤 스미스는 주로 『법학 강의』에서 '권리와 법'에 초점을 맞춰

에 관심을 가졌고 반(反)스콜라적이었으며, 『인간오성론』 등의 유명한 저서를 남겼다. 교육에도 많은 관심을 보여 소질을 본성에 따라 발전시켜야 한다고 주장하였다.

28. [역주] 18세기 영국의 '도덕감각학파'로 인간의 심성에는 '이기적 경향'과는 독립된 '이타적 경향'이 있다고 주장함. 또한 미적 감각과 마찬가지로 옳고 그름을 판단하는 '자연스럽고 보편적인 도덕 감각'이 있다고 설파했음.

29. [원문] '노예제에 대한 계몽주의 사상가들'을 보려면 다음 문헌을 참조하기 바람. ① Domenico Losurdo, *Liberalism : A Counter-History*, Verso 2011 ; ② John Locke, *Two Treatises of Government*, ed. Peter Laslett, Cambridge University Press, [1689] 1967, 11.7.85-6 ; ③ Fletcher of Saltoun, "Speech of 1698 to the Scottish Parliament", in Karl Marx, *Capital : Critique of Political Economy*, Penguin [1867-83] 2004, I.8.27 ; ④ Francis Hutcheson, *A System of Moral Philosophy*, 2 Vols., A. Millar and T. Longman, 1755, Vol. II, p. 202. 존 케언스(John Cairns)는 1760년대에 애덤 스미스와 존 밀라(J. Millar)에 대한 반대를 "본질적으로 광야에서 외치는 고독한 목소리"로 묘사했다 : John Cairns, "Slavery in Scotland", in podcast *How Glasgow Flourished Exhibition*, 2014. 그러나 1770년대에 이르러, 특히 에드워드 롱(Edward

노예제를 논의하였고, 『국부론』에서도 '중상주의와 식민지화'와 관련하여 노예제를 논의하였다. 만약 애덤 스미스가 ① '거래의 절대적인 자유'라는 조건에 몰두했거나 ② '재산권에 대한 존중만'을 시장 교환의 전제 조건으로 여겼다면, 아마 그는 노예무역에 대해 어느 정도 찬성했을 것으로 예상할 수 있다. 또한 애덤 스미스가 '자연법 전통'을 따랐다는 점을 고려하면 더욱 그렇게 예상할 수 있을 것이다. 그러나 이러한 예상은 틀린 것이다. 사실 애덤 스미스는 '절대로 노예를 거래하지 않을 것'임이 너무나도 분명하기 때문이다([역주] 좀 더 정확히 말하면, 애덤 스미스는 '시장에서 노예를 거래하는 데' 절대로 찬성하지 않을 것이다.).

마지막으로, 다음 세 가지 점에 주목해 보자. 첫 번째 점은 ① 노예제에 대한 애덤 스미스의 '지식의 범위'와 ② 다른 시대와 장소에서 노예제를 조사하기 위해 자신이 만들어 사용한 '특징적인 비교 방법'에 주목해 보자. 애덤 스미스는 이에 대해 다음과 같이 언급했다. "우리는 현재 노예제가 완전히 폐지되었다고 생각하기 쉽다. 그러나 러시아 전역, 유럽의 동부 지역 전체, 보헤미아(체코 서부 지역)에서 인도양에 이르는 아시아 전체, 아프리카 전역, 그리고 미국 대부분 지역에서 노예제가 여전히 시행되고 있다는 사실을 망각하고 있다."[30] 따라서 영국과 몇몇 다른 유럽 국가들에서 노예제가 없다는 사실은 예외적인 경우이다. 애덤 스미스는 노예제에 대한 논의 과정에서 고대 로마에서 봉건 영국, 아프리카와 독일에서 카리브해 식민지 정착지들에 이르는 다양한 사례를 통해 '노예제가 사회와 경제에 미치는 기형적 영향'에 대해 자세히 논평하였다. 예를 들어, 애덤 스미스는 '영국인은 식민지 개척자로서 스페인인과 포르투갈인들보다 덜 "반(反)자유적이고 억압적"(illiberal and oppressive)이었지만, 영국 노예 소유주들은 프랑스

Long)이 1774년에 『자메이카의 역사(History of Jamaica)』를 출간한 이후에 친(親)노예제 옹호자들이 '불리한 법적 판결'에 대해 크게 반발하였다. 이 책에서 롱은 '미국 흑인들의 근본적인 열등함'을 주장했다. 그러나 스코틀랜드의 '노예제 반대 청원'은 1780년대 후반에야 시작되었다.

30. **[원문]** *Lectures on Jurisprudence(A)*, 15 February 1763.

노예 소유주들보다 더 가혹했다'라고 평가하였다.

둘째, 노예제와 관련하여 애덤 스미스는 '분노와 도덕적 평등주의'를 표명(表明)했으며, 이는 문명사회에서 "야만 국가"(savage nations)의 용감함에 대한 그의 놀랄 만한 감탄([역주] 이는 비유적 표현임)과 일치하였다. 예를 들면, 애덤 스미스는『도덕감정론』에서 다음과 같이 언급하였다:

> "아프리카 해안에서 온 흑인은 [죽음과 고문을 경멸하면서] 약간의 관대함조차 받지 못하고 있다. [더구나] 그의 탐욕스러운 주인의 영혼은 종종 관대함을 품을 능력이 전혀 없다. 운명(運命)이 인류에 대해 자신(운명)의 지배를 이보다 더 잔인하게 행사한 적이 없다. 즉, 운명이 그 영웅들의 국가들을 ① 유럽 감옥의 인간쓰레기들에 굴복시키고, ② 흑인들의 출신 국가나 도착하는 국가의 미덕을 소유하지 못한 비참한 사람들에게 굴복시켰을 때보다 더 잔인하게 행사한 적이 없다."[31]

애덤 스미스의 이러한 언급은 그의 생각을 매우 강하게 표현한 것이며, 당분간 매우 논란의 여지가 많을 것이다.

그러나 세 번째로 애덤 스미스는 '도덕성'이 아니라 '노예제와 노예무역의 경제적 측면'에 초점을 맞추어 노예제를 조심스럽게 비판하였다. 애덤 스미스는 경제적 측면에서의 노예제 비판이 다른 비판들에 비해 가장 '실제적'이라고 생각했다. 애덤 스미스는 이를 입증하기 위해 다음과 같이 경제적 측면에서 일련의 논의를 전개했다. 우선, 노예제는 ① 겉보기와 달리 노예 소유주들에게 '임금 노동'(waged labor)보다 경제적으로 '더 많은 비용'이 들었을 뿐만 아니라 ② 사회적으로도 비용을 부과했다. 다음으로, 고대 로마 사회에서처럼 가난한 사람들이

---

31. **[원문]** *The Theory of Moral Sentiments*, V.ii.9.

생계를 유지하는 것이 불가능한 사회들에서 '자발적 노예'가 존재했다. 고대 로마 사회에서는 부유층의 노예들이 수공업 부문을 지배하였다. 셋째로 노예들은 재산을 소유할 수 없었기 때문에 생계에 필요한 소득 이상을 생산할 유인이 없었다. 그럼에도 불구하고 노예제는 어떻게 지속 가능하였는가? 애덤 스미스는 '노예제 자체는 오로지 식민지화와 중상주의 체제 덕분에 지속 가능할 수 있었다'고 주장했다. 또한 애덤 스미스는 '노예 소유주들과 상인들은 '노예제의 비효율성'을 감당할 수 있었다'라고 주장했다. 이는 노예 소유주들과 상인들이 독점과 카르텔에 의해 터무니없이 높은 가격으로 설탕과 담배를 거래했기 때문이다.

애덤 스미스의 생각으로는 노예무역은 '경제적 이기심'으로 행해지는 것이 아니었다. 그러나 경제적 이기심이 아니라면 노예무역은 과연 무엇에 의해 행해지는가? 애덤 스미스는 그 이유를 분명히 말했다. 노예무역은 경제적 이기심이 아니라 폭정, (상품이 아니라) 인간에 대한 열애, "지배와 권위에 대한 사랑"(love of domination and authority ; 즉, 지배욕과 권위욕)에 의해 행해진다고 주장했다. 이러한 요인 모두는 '약한 정부'(weak government)에 의해 오랫동안 방조(幇助)되어 왔다. 약한 정부는 노예제의 출현을 막지 못했거나, 노예제를 적극적으로 악용했다. 더욱이 애덤 스미스는 다음과 같은 이유로 '어떤 종류의 정부도 노예제를 완전히 없애지 못할 것'이라고 믿었다. 즉, "노예제를 폐지하는 것은 … 곧 노예들보다 훨씬 더 많은 신민(臣民)[32]들과 특히 귀족들에게서 그들의 재산 중 가장 중요하고 귀중한 부분(즉, 노예)을 빼앗는 것이기 때문이다. 그들은 결코 노예제 폐지에 굴복하지 않을 것이며, 그로 인해 그들로부터 총체적인 반란이 일어날 것이다."[33] 애덤 스미스에 따르면 군주제와 성직자들의 대항력(對抗力)만이 영국과 몇몇 다른 유럽 국가들에서 노예제를 소멸시킬 수 있었다. 그러나 이러한 경우는 예외였다. 애덤 스미스는 "따라서 노예제는 사회 초창기에는 보편적으로

32. **[역주]** 군주국에서 관리와 백성을 아울러 이르는 말임.

33. **[원문]** *Lectures on Jurisprudence*(A), 16 February 1763.

존재했고, '타인들에 대한 지배와 권위에 대한 사랑'(즉, 지배욕과 권위욕)은 아마도 노예제를 영속화(永續化)시킬 것이다"라고 말했다.

애덤 스미스의 이러한 암울한 예측은 사라지지 않고 여전히 큰 힘을 발휘하고 있다. 이는 '다양한 형태의 노예제'가 오늘날 전 세계적으로 매우 심각한 문제로 상존하고 있기 때문이다. 그러나 노예제에 대한 애덤 스미스의 견해는 다음과 같이 명백하다. 첫째, 애덤 스미스는 노예제를 냉소적으로 묵인하기는커녕 노예제를 단호히 거부했다. 둘째, 노예제에 대한 애덤 스미스의 반대는 진심에서 우러나왔고, 신중하게 생각했으며, 도덕성뿐만 아니라 정치경제학에 근거를 두고 있다. 셋째, 실제로 애덤 스미스는 '노예제의 경제적 측면'(economics of slavery)을 자세히 탐구한 최초의 연구자 중 한 사람이다. 더욱이 애덤 스미스의 노예제에 대한 거부는 적어도 '1750년대 후반'부터 시작되었다. 1750년대 후반은 애덤 스미스가 『도덕감정론』(1759년)를 저술 및 출간하고, 『법학 강의』를 구상한 때였다. 또한 1750년대 후반은 많은 미국 흑인들이 영국 편에서서 싸웠던 미국 독립전쟁(1775~1783년)에 힘입어 영국 여론이 바뀌기 시작한 지 20여 년 전이었다. 마지막으로, 1750년대 후반은 1786년 토마스 클락슨(Thomas Clarkson : 영국의 노예제 폐지론자, 1760~1846년)[34]이 노예제에 반대하는

34. **[역주]** 영국에서 노예무역과 식민지의 노예제에 반대하는 운동을 효과적으로 홍보한 최초의 인물 가운데 한 사람이었다. 클락슨은 성직에 들어가 부제(副祭)로 서품을 받았지만, 1785년부터 노예제 폐지에 인생을 바쳤다. 1786년 『노예제와 인간 무역에 관한 시론(An Essay on the Slavery and Commerce of the Human Species)』을 출간했는데, 이를 계기로 그랜빌 샤프와 윌리엄 윌버포스를 비롯한 노예제 반대론자들과 사귀게 되었다. 1787년에 그는 이들과 함께 노예무역 폐지를 위한 단체를 결성했다. 또한 그의 논설은 에드먼드 버크와 찰스 제임스 폭스 및 윌리엄 소(小)피트의 공감을 얻었다. 클라크슨은 『노예무역과 그 폐지가 가져올 수 있는 결과에 관한 소견(A Summary View of the Slave Trade and of the Probable Consequences of Its Abolition)』(1787년)이라는 소책자를 쓰기 위해 영국 항구들을 방문해 자료를 수집했다. 그가 수집한 자료는 윌버포스가 이끄는 의회 내 노예제 반대 운동에 활용되었다.

이 운동은 프랑스와 전쟁을 시작한 초기에는 거의 진전을 보지 못했는데, 많은 의원이 노예무역이 국부를 가져다주고 해군의 훈련에 도움이 된다고 믿었기 때문이었다. 1807년에 마침내 노예무역 폐

위대한 에세이[35]를 발표하고, 1787년에 '노예무역 폐지위원회'(Committee for the Abolition of the Slave Trade)가 설립되기 약 30년 전이었다. 이와 같이 애덤 스미스의 노예제 반대는 매우 일찍(1750년대 후반) 표명되었고, 독창적이고, 단호하고, 옳았다고 평가할 수 있다.[36]

4. 시장은 어떻게 작동하는가?

위에서 살펴보았듯이 애덤 스미스의 '노예제(slavery) 고찰'은 그 자체로 중요할 뿐만 아니라 '시장'에 관한 애덤 스미스의 많은 특징적인 주제들과 생각들을 생생하게 보여준다. 그러한 주제들과 생각들 중 일부는 이미 우리에게 잘 알려져 있다. 그러한 예로 애덤 스미스의 ① 시장을 '사회에 내재된'(embedded) 것으로 보는 견해, ② 식민지 탄압에 대한 비판, ③ 독점의 일반적 악영향(역효과)에 대한 분석 등을 들 수 있다. 이뿐만이 아니다. 애덤 스미스의 '노예제 고찰'은 다음 내용도 내포하고 있다. 즉, 애덤 스미스의 ④ 일반이론과 구체적 사례들[37]에

지 법안이 통과되었고, 이듬해 클라크슨이 쓴 2권의 『노예무역사』가 출판되었다. 캐슬레이 자작이 1815년에 노예무역에 대한 강대국들의 비난을 얻어낸 것은 클라크슨의 지속적인 노력에서 나온 결과이기도 했다. 그 후 아헨 열국 회의(1818년)에서는 노예제를 국제적으로 폐지하는 강제 시행 조치가 논의되었지만, 이 논의는 아무 성과를 낳지 못했다. 아헨 회의가 끝난 뒤 클락슨은 직접 러시아의 알렉산드르 1세에게 정신적 지원을 요청했다. 노예제 폐지 협회가 결성되었을 때(1823년) 클락슨이 부회장으로 선출되었다.

35. **[역주]** Clarkson, Thomas, *An Essay on the Slavery and Commerce of the Human Species*(『노예제와 인간 무역에 관한 시론』), 1786.

36. **[역주]** '애덤 스미스의 노예제 경제학에 대한 분석'은 애덤 스미스가 1763년 4월 이전에 쓴 것으로 여겨지는 『국부론의 초기 원고(An Early Draft of Part of The Wealth of Nations)』에 자신의 견해를 간결하게 요약한 내용이 있다. 이에 관해서는 다음 문헌을 참고하기 바람 : ① John Salter, "Adam Smith on Slavery", *History of Economic Ideas*, 4(1-2), 1996, pp. 225-5 ; ② Barry Weingast, "Adam Smith's Theory of the Persistence of Slavery and Its Abolition in Western Europe", Stanford University, 2015. 또한 특히 미국 남부 지역에서 더 광범위한 '노예제 경제학'을 둘러싸고 여전히 논쟁의 여지가 많은 편이다.

37. **[원문]** '일반이론과 구체적 사례 간의 균형 문제'에 관해서는 토마스 셸링(Thomas Schelling)의 주장

대한 상세한 분석과의 균형, ⑤ 약한 정부(weak government)가 초래할 위험들에 대한 인식, ⑥ 인위적으로 높은 이윤이 경제적 및 도덕적 위험 모두를 수반한다는 믿음, 그리고 ⑦ 시장이 탐욕(greed)과 폭정(tyranny)에 의해 지배될 수 있고, 그로 인해 시장과 공익(public interest)이 분리될 수(때로는 시장이 공익에 직접 반(反)할 수) 있다는 인식 등을 더욱 미묘하게 내포하고 있다.

그러나 애덤 스미스의 경우 시장(market)과 도덕적 행동(moral behavior)이 일반적으로 '상호 가능하기'(mutually enabling ; [역주] 상생(相生)하기, 상호 배타적이지 않기) 때문에 시장과 노예제 간의 '갈등'이 두드러지게 나타난다. 우선, ① 상업은 부(富)를 창출하기 때문에 '도덕적 가치'(moral value)가 있다. 왜 그런가? 상업을 통해 사람들은 점점 더 많이 생존하고 번창할 수 있으며, 다른 장소와 시대에서는 상상할 수도 없는 생활 수준을 누릴 수 있기 때문이다. 이에 관해 애덤 스미스는 『국부론(The Wealth of Nations)』의 서두에서 다음과 같이 말했다.

> "어느 한 유럽 왕자나 군주의 거처(居處)가 '근면하고 검소한 농부'의 거처보다 항상 더 낫지 않지만, 그러한 농부의 거처는 (만 명의 벌거벗은 야만인들의 삶과 자유의 절대적 지배자인) 많은 아프리카 왕들의 거처보다는 더 낫다."[38]

을 참조하기 바람. 셸링에 의하면 "제 생각에는 '일반이론과 구체적 사례'는 결코 분리된 적이 없습니다. '더 순수한 이론'을 찾으려는 동기는 거의 전적으로 "응용"(applied) 문제들에 대한 집착(천착)이나 매료에서 비롯되었으며, 또한 '이론적 생각'의 설명은 '실제 사례'의 식별이나 발견에 절대적으로 의존했습니다"라고 말했다(이에 대해서는 Thomas Schelling, *The Strategy of Conflict*, Harvard University Press, 1980, p. vi를 참조하기 바람).

38. **[원문]** *The Wealth of Nations*, I.i.11. "The accommodation of an European prince does not always so much exceed that of an industrious and frugal peasant, as the accommodation of the latter exceeds that of many an African king, the absolute master of the lives and liberties of ten thousand naked savages."

[역주] 이는 상업이 농부의 부(富)를 증가시키기 때문이다. 그 결과 부유한 농부의 거처는 부유한 유럽 왕자나 군주의 거처만큼 좋아질 수 있고, 가난한 아프리카 왕들의 거처보다는 더 좋을 것이다.

또한 ② 상업은 자유를 창출하고, 사람들을 의존과 전쟁의 부담들에서 벗어나게 해주기 때문에 '도덕적으로 가치'가 있다. 이에 관해 애덤 스미스는 『국부론』에서 "상업과 제조업은 점진적으로 질서(order)와 좋은 정부(good government)를 도입했으며, 이들을 통해 주민(사람)들에게 개인의 자유(freedom)와 안전(security)을 가져다주었다. 상업을 통해 질서와 좋은 정부가 도입되기 전에 사람들은 자신의 이웃 국가들과 거의 끊임없이 전쟁 상태에서 살았고, 자신의 지배자들에게 노예적 종속 상태로 살았다. 이러한 점은 쉽게 관찰되지 않았지만, 상업과 제조업이 가져다주는 모든 효과 중에서 단연코 가장 중요하다"[39]고 말했다. 그러한 자유는 또한 '도덕성'(morality)을 향상시킨다.[40] 이는 자유를 통해 사람들이 강요받지 않은(즉, 자유로운) '도덕적 판단'(moral judgement)을 할 수 있기 때문이다. 우리의 정의(正義)의 규범은 그러한 도덕적 판단에 기초하고 있으며, 따라서 정의와 법은 시장과 상업을 하나로 묶는 것이다.

그렇다고 해서 '상업사회(commercial society)가 어떤 면에서 완벽하거나 어떤 은총 상태에 있다'는 것을 말하는 것은 아니다. 사실상 상업사회는 그것과는 거리가 멀다. 상업사회 역시 여러 약점과 불만을 가지고 있으며, 그들 중 일부는 매우 심각하다. 이에 대해서는 나중에 살펴볼 예정이다. 애덤 스미스는 지나치

---

39. **[원문]** *The Wealth of Nations*, Ⅱ.iv.4.

40. **[원문]** '도덕성과 시장'에 관해서는 Maria Pia Paganelli, "Commercial Relations: From Adam Smith to Field Experiments", in Christopher J. Berry, Maria Pia Paganelli and Craig Smith (eds.), *The Oxford Handbook of Adam Smith*, Oxford University Press, 2013, Ch. 16을 참조하기 바람. 여기서 마리아 파가넬리(M. P. Paganelli)는 ① 시장 거래가 다른 사람들을 신뢰하려는 인간의 의지를 증가시키거나 감소시키는지를 검증하는 몇몇 최근 문헌들을 살펴보고, ② 신뢰가 경제성장을 촉진하는(또는 그 반대로 경제성장이 신뢰를 촉진하는) 방법을 탐구하고, ③ 이러한 두 가지 측면에서 애덤 스미스의 견해를 '지지하는' 근거를 찾았다.

게 현실주의자여서 다른 생각을 하지 못했다. 애덤 스미스의 요점은 역사와 발전에 관한 것이었다. '상업사회'는 어떤 면에서 중세 영국의 '봉건제'(feudalism)보다 경제적으로뿐만 아니라, 도덕적으로도 우월하다. 또한 상업사회는 그 당시 전 세계에 걸쳐 유럽 국가들(사실상 영국)에서 여전히 실행되고 있었던 '중상주의'(Mercantilism)보다 경제적으로나 도덕적으로 우월했다.

그렇다면 우리가 현대 세계를 보고 있으며, 여기서 '애덤 스미스의 눈'(Smithian eyes)을 통해 정상적이고 합법적인 시장 행위를 분석하기를 원한다고 상상해 보자. 우리는 현대 세계에서 무엇을 관찰할 수 있는가? 첫째로, 명백하지만 종종 인식되지 않는 무언가가 있으며, 그것에 대해 약간의 역설(逆說)이 존재함을 볼 수 있다. 어제 당신의 하루를 생각해 보라. 당신은 아침에 일어나서 옷을 입었을 것이다. 그런 다음 아침을 먹고, 나중에 한두 끼 더 식사를 하거나, 가족들과 인사를 나누거나, 직장에 일하러 갔거나, 대중교통을 이용하거나, 차를 운전하거나, 오프라인이나 온라인으로 쇼핑을 하거나, 아이들이나 나이든 친척들을 돌보거나, 운동을 하거나, 저녁에 친구들과 술집에 갔었을 것이다. 당신은 거의 확실히 휴대폰이나 다른 전자 매체를 많이 사용했었을 것이다. 어떤 연구에 따르면 2015년에 18세 이상의 미국인들이 모든 유형의 전자 매체를 하루 평균 11시간 이상 사용한 것으로 나타났다. 물론 당신이 한 일은 어떤 종류의 거래에 관여했을 수도 있다. 또한 때때로 당신은 확실히 생존을 영위하기 위해 한 직장에서 다른 직장으로 옮겨가면서 노동시장에 참여할 것이다. 그러나 당신이 가진 전체 시간 중 '시장 기반 활동'(market-based activity)에 얼마나 많은 시간을 썼는가? 많아야 1~2시간 정도일 것이다. 그러나 당신이 하고, 보고, 듣고, 냄새 맡고, 맛보고, 만지는 거의 모든 일이 '시장의 작동'에 의해 이루어졌거나 그 직접적인 결과였을 것이다. 여기에 '역설'이 존재한다. 사람들이 시장 기반 활동에 쓴 시간은 매우 적지만, 그들이 일상생활에서 하는 거의 모든 일이나 행위가 '시장의 작동'에 기반을 두고 있기 때문이다. 또한 당신의 집, 당신의 재산, 당신이 사는 읍이나 도시나 시골, 당신이 사용하는 자전거, 버스, 기차나 차 등 뿐만 아니라, 당신의 직장이나 놀이 장소, 당신이 듣는 음악, 당신의 친구가 사용하는 애프터쉐이브(면도 후 바르는 로션)나 향수, 스킨 로션 또는 치약 등 거의 모든 것이 시장의 작동에 의해 이루어지거나 그 결과들이다.

이러한 논의의 요점은 ① 시장(market)이 '사람들의 삶'에서 중요한 역할을 할 뿐만 아니라 ② '비시장'(non-market)도 사람들의 삶에서 중요하다는 점이다. 이는 무엇을 말하는가? 사람들은 자신의 시간을 '시장 상황(활동)'보다 '비시장(non-market) 상황(활동)'(즉, 시장이 아닌 곳)에서 서로 간에 상호작용(교류)하는 데 훨씬 더 많이 사용한다. 예를 들면, 사람들은 스포츠, 취미 또는 오락, 여행, 대화, 전화, 메시지 또는 소셜 미디어 사용 등과 같은 비시장 상황(활동)에서 더 많은 시간을 쓴다. 어떤 소매업자와의 거래에서도 알 수 있듯이 심지어 쇼핑에도 상당한 '사회적 요소'가 내포되어 있다. 그뿐만 아니다. 시장 교환(market exchange)은 사람들의 전체 경제활동의 일부일 뿐이며, 경제활동의 많은 부분은 팀이나 소규모 또는 대규모 집단 내에서 '협력 작업'(cooperative work)으로 이루어진다. 그러한 활동들은 회사들에서뿐만 아니라, 각종 제도 내에서 또는 제도를 통해, 그리고 특히 가족 내에서 일어난다. 여기서 제도는 경제적이기보다 '사회적'으로 작동되며, 가족은 역사상 대부분의 사람들에게 단연코 가장 중요한 위험 분담 기구가 되어 왔다.

이제까지 살펴본 바와 같이 사람들의 삶을 순전히 '시장'의 관점에서 보거나 심지어 '경제학'의 관점에서 더 광범위하게 바라본다면, 사람들의 삶을 의미있게 만드는 '또 다른 중요하고 더 큰 부분'—[역주] 즉, 비시장에서의 활동들—을 놓치게 된다는 점을 잊지 말아야 한다. 후자의 경우로 ① '덜 시장 지향적인 일'(less market-oriented work)이나 ② '시장에서 충분한 가치가 부여되지 않는 일'(예를 들면, '다른 사람을 돌보는 일'), ③ '비시장 활동들'(non-market activities ; 예를 들면, 사교 및 자원봉사 활동, 놀이와 기부활동 등)이 포함될 수 있다. 이러한 활동들은 경제적으로 충분히 가치가 있을 수 있다. 또한 이러한 활동들은 시장 규범(market norms)을 포함한 각종 규범들(norms)에 의해서 이루어지며, 동시에 새로운 규범들(예를 들면, 우정(友情) 규범, 호혜 규범, 신뢰 규범 등)을 만들어 낸다. 이러한 의미에서 애덤 스미스의 『도덕감정론』은 『국부론』보다 설명의 폭과 범위가 훨씬 더 넓다. 따라서 우리는 현대 세계의 사람들의 삶에서 '시장 활동'과 '비시장 활동'을 함께 볼 수 있다!

둘째, '완전한 자유시장'은 존재하는가? 전문가들이 자유시장(free market)에 대해 거창하게 이야기할 때, 그들은 때때로 '현대 세계에서 완전한 자유시장이 거의 없다'는 사실을 망각하곤 한다. 다시 말하면, 우리는 현대 세계에서 완전한 자유시장이 거의 없다는 사실을 인식해야 한다. 여기서 '완전한 자유시장'이란 '어떠한 외부 규칙들과 규제들에 전혀 의존하지 않는 시장'이라는 의미이다. 그러나 애덤 스미스는 그러지 않았다. 또한 가장 독실한 자유시장 이론가들조차도 '재산권은 ① 명확하고 공개적이며 실행 가능해야 하며, ② 이는 일반적으로 법, 경찰, 법원 및 기타 국가 기관들을 의미한다'고 인식하고 있다. 실제로 일부 사람들은 지식 재산권을 보호하는 특허, 저작권 및 기타 법률을 적극적으로 주장하거나 옹호할 것이다. 그러나 이러한 법률들은 사실상 시장 자유에 대한 중대한 '침해'이다.

그러나 이러한 목록은 단지 겉만 긁을 뿐이다. 실제로 세상에는 이보다 더 많은 목록이 있다. ① 일반적으로 합법적으로 '사고팔 수 없는' 많은 것들이 있다. 이러한 예로 사람, 신체 부위들, 중독성 마약, 투표, 법원 판결, 공적 자격, 스포츠 경기의 결과 등이 있다. ② 많은 국가에서 '허가를 받아야만' 판매될 수 있는 품목들이 있다. 예를 들면, 총기, 알코올, 많은 의약품 등이 이에 속한다. ③ 누가 일할 수 있는지(근로 자격)에 대한 규제들이 있다. 예를 들면, 아동 노동, 이민, 전문 직업 및 그 자격 등에 대한 규제들이 있다. ④ 조직의 형태에 대한 규제들도 있다. 예를 들면, 회사, 협회, 파트너십, 각종 뮤추얼, 협동조합, 직원 소유 회사, 자선 단체 등에 대한 규제들이 있다. ⑤ 일부 산업에 대한 진입 요건들이 있다. 예를 들면, 은행업에서 소유권, 자본 및 실적에 대한 각종 테스트가 있다. ⑥ 각종 규칙이 있다. 예를 들면, 제품 안전에 대한 규칙, 중량 및 치수에 대한 규칙, 거래 조건(예를 들면, 환불 권리)에 대한 규칙 등이 있다. 마지막으로, ⑦ 글로벌 외환 시장들은 종종 완전한 자유시장에 가장 가까운 것으로 여겨진다. 사실상 글로벌 외환 시장들은 놀라울 정도로 크고 놀라울 정도로 유동적이다. 국제결제은행(BIS)의 가장 최근 추정치에 따르면 2016년 4월 하루 평균 거래액이 무려 5조 1천억 달러였다.[41] 그러나 글로벌 외환 시장들 또한 각종 규칙과 규제들에 매우 얽매여 있다.

심지어 사유 재산권(현대적 의미에서 '분산 소유권에 대한 자유롭고 명확한 법적 권리') 자체도 우리가 흔히 인식하는 것보다 '훨씬 더 최근'에 만들어진 것이다. 영국에서 1066년의 '노르만(Norman) 침공'[42]의 영향은 영국의 모든 부동산을 탈취하여 토지 대장(Domesday Book)[43]에 수록된 대로 윌리엄 왕(King William)의 소유로 하는 것이었다. 봉건제도 하에서 이 토지는 ① 개인 소유가 아니었고, ② 세금 납부나 상급자에 대한 군 복무 또는 기타 현물 노동 약속 등을 조건으로 국왕과의 소작(小作) 관계에 따라 소유되었을 뿐이었다. 이 제도는 시간이 지나면서 무너졌지만, '재산 소유권에 대한 공식 기록', 즉 소유권 주장이 충돌하는 경우 이를 판단하는 데 사용할 수 있는 기록을 보관해야 한다는 원칙은 깨어지지 않았다. 또한 무엇이 '재산'으로 간주될 수 있는지, 그리고 그것을 어떻게 사용하고 사고팔 수 있는지는 더 넓은 사회적 규범과 법률이 변경됨에 따라 관련 법도 끊임없이 변화해 왔다. 영국에서는 19세기까지만 해도 아내들은 법적으로 자신의

41. **[원문]** '글로벌 외환시장의 규모'에 관해서는 *Triennial Central Bank Survey : Foreign Exchange Turnover in April 2016*, Bank for International Settlements를 참조하기 바람.
42. **[역주]** 1066년에 노르만인(人)이 영국을 정복한 사건을 말함.
43. **[역주]** 중세 영국의 토지 대장을 말함. 영국 왕 윌리엄 1세(William I)가 1086년에 만들게 한 것임.

'남편 재산'으로 취급되었다. 그러나 최근에는 음반이나 컴팩트 디스크 형태로 물리적으로 소유되었던 음악 녹음물들도 '재산'으로서 정교한 법적 계약에 따라 온라인 사용이 허가되었다. 예를 들면, 인터넷 도메인 이름, 착륙 슬롯,[44] 무선(전파) 스펙트럼 등도 모두 현대적인 형태의 '재산'이다. 마지막으로, 어떤 시장들(예를 들면, 오염배출 시장)은 시장 참여자들이 (예를 들어) 오염처럼 비용을 다른 사람들에게 떠넘기는 것을 방지하기 위해 고안된 특정 국가 개입(예를 들면, 오염세나 오염량 규제) 없이는 전혀 작동할 수 없다. 따라서 현대 세계에서 '완전한 자유시장'은 거의 존재하지 않는다!

셋째, 모든 시장은 같은가? 우리가 모든 시장이 '단일 균형 메커니즘'(single equilibrating mechanism ; 즉, 시장에서 하나의 균형만 존재하는 메커니즘)에 따라 작동하는 것으로 보고자 한다면, 그로 인해 '모든 시장이 다르다'는 점을 놓치게 될 것이다. 애덤 스미스는 이 점에 대해 잘 알고 있었다. 특히 애덤 스미스는 옥수수시장, 노동시장 또는 환어음시장 등과 같은 특정 시장들에 대한 고찰을 통해 '모든 시장이 같지 않다'는 점을 보여주었다. 오늘날의 경우는 어떤가? 오늘날 부분적으로 '규제상의 이유'로 각종 시장은 일반적으로 생각되는 것보다 서로 간에 훨씬 더 다르다. 예를 들면, 식품시장은 자산시장과 매우 다르다. 금융시장은 노동시장[45]과 근본적으로 다르다. 1차 재화(예, 농산품)시장은 2차 재화(예, 공산품)시장 또는 2차 재화의 재판매시장과 다르다. 위험자산시장은 부동산시장과 다르다. 물, 가스 및 전기와 같은 규제 부문의 시장들도 서로 간에 다르다. 몇 가지 예를 더 들어보기로 하자. 제품시장에서 구매자들은 돈을 지불하고 자신이 무엇을 획득하는지 미리 꽤 정확하게 알지만, 노동시장에서는 채용 컨설턴트들의 최선의 노력에도 불구하고 구매자들이 무엇을 얻을지 사전에 잘 알지 못한다. 금

44. **[역주]** 특정 시간 동안 착륙 또는 출발할 수 있는 공항 소유주가 항공기에게 주는 권리를 말함.

45. **[원문]** '노동시장에 대한 애덤 스미스의 생각'을 보려면 *The Wealth of Nations*, I.viii.51를 참조하기 바람.

융시장에서 참가자들의 이점은 일반적으로 실물 경제에서의 자신의 욕구나 필요를 충족시키는 데 있는 것이 아니라, 자신의 경쟁자들이 무엇을 하고 있는지를 파악하고 그들의 행동을 추측하는 데 있다. 다음으로, 주택시장에서 집값 상승의 경우를 살펴보자. 영국 주택시장에서 집값 인플레이션은 '대리 저축 수단'의 한 형태로 발전했다. 영국에서 부동산 가치 상승을 열망하는 주택 소유주들은 집값 인플레이션을 경멸하기는커녕 적극적으로 환영한다. 그러나 집값 인플레이션은 새로운 구매자들에게 손해를 입힌다. 기존 소유자들의 모기지 금융(mortgage finance ; 주택담보 대출)에 대한 의존은 그들을 금리 변화에 비정상적으로 민감하게 만들고, 그로 인해 국내 정치와 중앙은행의 통화정책 모두가 조정된다. 반면에 독일 주택시장은 임대료 및 임대 부동산에 의해 지배되며, 그로 인해 집값 인플레이션에 대한 정치적 관용과 경제적 노출을 감소시킨다. 이 외에도 많은 사례가 있다. 이와 같이 모든 시장은 서로 간에나 국가 간에도 '다른 양상'을 띠고 있다.

넷째, 시장은 불변인가? 위에서 살펴본 재산권과 마찬가지로, 또한 비슷한 이유로 시장은 끊임없이 변화하고 진화(발전)한다. 오늘날 시장 변화는 대체로 '기술 변화'에 의해 주도되는 것으로 여겨진다. 기술 변화는 아마 18세기에는 오늘날과 달리 그다지 뚜렷하게 나타나지 않았으며, 그 결과 애덤 스미스는 확실히 기술 변화를 잘 인식하지 못했을 것이다. 예를 들어, 서면으로 의사소통하는 능력의 경우를 살펴보기로 하자. 수천 년 전에 인류는 손이나 막대기로 모래 위에 그림을 그리거나, 돌에 긁힌 자국을 남길 수 있었다. 그 후 파피루스에 철필과 잉크를 사용하였고, 깃촉펜, 연필, 만년필, 볼펜, 타자기, 탁상용 프린터, 키보드, 키패드, 예측(자동 완성) 텍스트 및 자동 음성 인식 등이 등장했다. 이와 같이 인류가 사용한 필기도구는 자급자족 방식을 거쳐 시장, 경쟁, 전문화, 막대한 비용 하락, 급속한 제품수명주기의 가속화 및 거의 보편적인 이용 가능성 등으로 발전하게 되었다. 따라서 시장은 끊임없이 변화하고 발전함을 알 수 있다. 그러나 애덤 스미스의 시대에도 변화의 속도가 오늘날보다 훨씬 더 느렸지만, 시장은 변화하고 진화했다. 애덤 스미스의 시대에도 시장들은 특히 광범위한 경제 상황, 계절적 요인, 정부 개입, 소비자 또는 생산자 압력, 경쟁, 취향, 패션(유행) 및 사회규범들 등에 대응하여 변화하고 진화했다. 다시 말하면, 애덤 스미스의 관점에서 이러한 요인들은 '시장이 고정되어 있거나 정태적'(static)이라고 말하기 어렵게 만든다. 시장들은 항상 '생겨나고' 있기 때문이다. 따라서 현대 세계에서 시장들은 항상 변하고 진화한다!

다섯째, 시장에서는 무엇이 필요한가? 시장에는 '인프라'(infrastructure ; 사회간접자본 또는 사회기반시설)[46]가 필요하다. 고대 그리스에서도 시장은 지정된 공공장소인 '아고라'(agora)[47]로 발전했다. 고대 로마의 '광장'(forum)[48]도 시민적·법적·종교적 기능을 발전시킨 하나의 시장이었다. 또한 고기, 생선, 야채, 포도주 등을 사고팔기 위해 도시 전역에 다른 광장들이 생겨났다. 중세 시대에 유럽 전역의 도시들에서 그 중심지에 시장들이 생겨났다. 예를 들면, 폴란드 크라쿠프(Krakow ; 폴란드 남부의 공업 도시)의 웅장한 광장인 리넥 글로니(Rynek Glowny)[49]에 생긴 시장을 들 수 있다. 폴란드의 리넥 글로니 시장은 1241년 몽골의 침략 이후 1257년에 재건되어, 직물무역의 중심지로 사용되었다. 고대 로마에서와 마찬가지로 시장들은 에든버러의 '그래스마켓'(Grassmarket)처럼 '전문적인 용도'로 사용될 수 있었다. 스코틀랜드 에든버러에 있는 그래스마켓은 성(城) 바로 아래에 위치해 있으며 15세기부터 '가축 판매'에 사용되었다. 런던 사람들은 여전히 런던의 여러 지역을 '원래의 시장'(original market) 이름으로 떠올린다. 예를 들면, 과일과 채소하면 코번트 가든(Covent Garden : 런던 중심 지구로 청과·화초

46. [역주] 생산이나 생활의 기반이 되는 중요한 시설로 도로, 항만, 철도, 통신, 학교, 병원, 상·하수 처리 시설 등을 말함.
47. [역주] 고대 그리스의 시장이나 대중 집회 장소를 말함.
48. [역주] 고대 로마의 공회(公會)용 광장을 말함.
49. [역주] 유럽에서 가장 큰 중세 도시 광장 중 하나임.

도매 시장으로 유명함)을 떠올리고, 육류(肉類)하면 스미스필드(Smithfield : 런던의 한 지구로 육류 시장으로 유명함)를, 생선(生鮮)하면 빌링즈게이트(Billingsgate : 런던의 어(魚)시장으로 유명함)를 떠올리곤 한다. 또한 13세기와 14세기에 이르러 '정기적인 시장'(fair : 정기적으로 열리는 시장)도 급격히 증가했다. 그 당시 정기적인 시장은 사람들이 거래하고, 마상(馬上) 창시합(槍試合)이나 기타 마상 시합에서 경쟁하기 위한 정기적인 공개 행사였다. 그러나 시장은 성장, 전문화 및 혁신 등을 이루기 위해서는 '장치'(scale)가 필요하다. 애덤 스미스는 이점에 대해『국부론』제1편에서 언급하였다. 현대 시대에 그러한 장치는 '인프라'(infrastructure), 특히 에너지, 통신 및 운송에 대한 필요를 의미한다. 이러한 사업들(projects) 중 일부는 애덤 스미스가 권장했듯이 '사용자 요금'(user charge)으로 그 자금을 조달할 수 있다. 다른 사업들은 규모, 복잡성 또는 위험이 너무 커서 '협력 자금'이나 '국가 지원 자금'의 형태로 건설될 수 있다. 그러나 어느 쪽이든 오늘날의 시장은 일반적으로 사업들이 성공하는 데 필요한 권리, 접근성 및 상호 연결성을 확보하기 위해 '국가의 적극적인 협력'(또는 최소한 국가의 존재와 수동적 지원)이 필요하다. 따라서 현대 세계에서 시장은 다양한 인프라(사회간접자본)를 필요로 한다!

마지막으로, 시장이 어떻게 작동하는지(시장의 작동 방식)는 참가자들의 '정신 상태'(state of mind ; 심리 상태)와 무관하지 않다. 시장은 단순히 물질적 요인인 우리의 집과 소유물, 우리가 듣는 음악만으로 구성된 게 아니다. 시장은 우리의 '정신 상태'인 다른 사람들에 대한 우리의 기대, 우리의 매너, 우리의 신뢰 능력 등으로 구성되어 있다. 또한 동시에 이러한 정신 상태들은 시장을 구성한다. 시장은 단순히 전문가 연구를 위한 '인간미가 없는 대상'(antiseptic object)이나 공공정책을 위한 '중립적 도구'가 아니다. 또한 시장에서 거래하는 사람들은 순전히 금융적 유인에 따라 작동하는 '경제적 자동기계'(economic automaton)가 아니다. 이와 반대로, 시장은 "야성적 충동"(animal spirits)[50]의 지배를 받는다. 즉, 시장은 미지의 세계나 불확실성에 직면해서 자신감이나 비관과 같은 '인간적 열정'(human passion)뿐만 아니라, 사람들의 진정성 있는 이야기에 감동하고 불공정이나 부패에 분노하는 '인간의 본능'(human instinct)의 지배를 받는다. 애덤 스미스는 이러한 현상을 예리하게 인식하고 있었다. 특히 애덤 스미스는 노예 소유주들의 지배욕, 새로운 광산[51]에 투자하려는 대중의 아우성, 기업가 지망자의 야망 또는 공적 신용에 대한 신뢰심[52] 등의 형태로 이러한 현상을 예리하게 인식하였다.

결국, 이러한 점들은 무엇을 말하는가? 그 대답은 간단하다. 애덤 퍼거슨(Adam Ferguson)[53]의 말에 따르면 "시장은 인간 행동(human behavior)의 결과일지 모르지만, 인간 설계(human design)의 실행은 아니다." 그러나 시장은 순전히 '자연적'(natural)인 것은 아니다(이때 '자연적'이란 단순히 신(神)이나 자연으로부터 생겨난다는 의미임). 애덤 스미스가 '자연적 자유'(natural liberty)라는 단순하고 명백한 시스템(system)에 대해 언급했을 때 그는 '자유시장'(free markets)을 '자연적으로 미리 정해진 시스템'이 아니라 '자유를 위한 인간의 본능을 존중하고, 이를 발휘할 수 있는 시스템'으로 묘사하였다. 즉, 애덤 스미스는 시장 그 자체를 부분적으로 '사회적 구조물'(social construct)로 보았다. 시장은 항상 '규칙과 법'에 의해

---

50. [역주] '야성적 충동'(animal spirit, 野性的 衝動)이란 경제에 영향을 미치는 '인간의 비이성적 심리'를 말함. 경제가 합리적이고 이성적인 판단에 의해서만 운용되는 것이 아니라 '인간의 비이성적인 본성'에 의해서도 영향을 받는다는 것으로 케인즈가 언급한 개념임. 즉, 케인즈는 경제가 인간의 합리적·이성적 판단에 의해서만 돌아간다고 보지 않고, '인간의 비경제적인 본성'도 경제를 움직이는 하나의 요인이 될 수 있다고 주장함.

51. [원문] *The Wealth of Nations*, IV.vii.18.

52. [원문] *The Wealth of Nations*, V.iii.7.

53. [역주] 영국의 도덕철학자이자 사회학자 및 역사학자(1723~1816년)임. 사회의 본질과 기원의 탐구를 철학의 중심 과제로 생각했음. 『시민사회역사론』, 『도덕학과 정치과학의 제원리』 등의 저서가 있음.

억제되기는커녕 '개인의 자유와 번영이 시장에 의해 어떻게 확대될 수 있는지'를 생생하게 보여준다. 시장의 '경제적 가치'(economic value)는 위에서 애덤 스미스가 언급한 이유들로 인해 '사회적 · 도덕적 가치'(social and moral value)를 부양하고 향상시킨다.

따라서 요약하면 시장은 순전히 '자연적인 질서'(natural order)가 아니라 '창조되고 만들어진 질서'(created and constructed order)—실제로 시장 그 자신의 참여자들로 이루어진 질서—로 이루어져 있다. 시장이 존재하는 이유는 ① 시장에 참여하는 사람들에게 '경제적 가치'를 가져다줄 뿐만 아니라, ② 거의 항상 더 광범위한 '파급 이익'(spillover benefits)을 제공해 주기 때문이다. 현명한 국가들과 현명한 관리들은 수년에 걸쳐 이를 잘 인식해 왔으며, 그러한 이유로 그들은 시장을 활성화하고 지원하려고 노력해 왔다. 본질적으로 반대되기는커녕, 국가와 시장은 서로 의존하고 상호 이익을 얻는다. 실제로 국가와 시장은 오늘날 점점 더 서로에게 의존하고 있다. 왜 그런가? ① 경쟁이 공공 자원들에 대한 압력을 증가시키고, ② 사유 재산권은 더 경쟁적이 되고, ③ 세계화는 실행 가능한 국제 표준들을 필요로 하고, ④ 인프라 요구가 더욱 복잡해지기 때문이다. 이러한 이유들로 오늘날 국가와 시장은 더욱 '상호 의존적'이다. 일부 시장은 공공 목적을 달성하기 위해 만들어진다. 다른 많은 시장(아마 대부분의 시장)은 물물교환과 교환을 위한 '인간의 본능'에서 생겨났을 것이다. 그러나 만약 시장이 합법적이라면 일반적으로 시장은 '사적 가치'(private value)뿐만 아니라 '공적 가치'(public value)도 가지고 있다. 또한 현대 시대에 국가는 사적 가치와 공적 가치를 창출하고 유지하는 데 거의 항상 간접적인(아주 종종 직접적인) 역할을 수행한다. 따라서 "민간부문은 돈을 벌고, 공공부문은 돈을 쓴다"는 옛날의 상투적 문구는 더 심오하고 훨씬 더 흥미로운 진실을 놓치고 있다.

마지막으로, 시장이 '만들어진 질서'(constructed order)라는 사실은 또 다른 함의(含意)를 제공해 준다. '실제 시장'(actual markets)을 이론화하는 데 있어서 경제학은 결코 '정밀과학'(exact science)[54]이 가지는 객관성을 달성할 수 없다. 그렇다고 해서 경제학이 전혀 재미없거나 결실이 없는 것은 아니다. 경제학에서 다양한 모델들을 만들고 검증하는 일은 항상 가치가 있을 것이다. 그러나 시장에 대한 이론적 자연 상태는 없으며, 또한 역사적 상태도 결코 없었다. 시장에는 자연적 경계나 과학적으로 결정할 수 있는 경계(境界)가 없다. 시장은 '인간의 구조물'(human construct ; 인간의 고안물)이기 때문이다. 시장의 경계는 우리가 궁극적으로 소비자이자 시민으로서 말하는 것이다. 또한 상관 관계적 측면에서 '실제 시장'과 관련하여 '역사와 인간의 가치와 무관한' 시장 시스템이나 그 이론 같은 것은 존재하지 않는다.[55] 오직 '정치경제학'(political economy)만 있을 뿐이다. 정치경제학은 그 주제와 방법들이 가져다주는 '제한된 관점'을 추구하는 학문이다. 정치경제학은 다음과 같은 특징이 있다. ① 정치경제학은 '암묵적인 규범적 가정들'을 내포한다. ② 정치경제학은 시장을 도구적, 즉 '사회적 가치를 창출하고 사회적 악(惡)을 해결하는 수단'으로 생각한다. ③ 정치경제학은 시장을 단순히 '하나의 추상적인 모델'이 아니라 '실제로 존재하는 그 자체'로 이해하려고 한다. ④ 정치경제학은 '시장이 역사, 문화, 정치에 의해 좌우되고, 사회적 · 도덕적 규범을 통해 형성된다'는 점을 인정한다.

5. 시장의 한계

이제까지 살펴보았듯이 '시장에 대한 보다 원숙한 애덤 스미스의 관점'은 '시장이 항상 가장 잘 알고 있거나 항상 유익하다'(markets always know best or are

---

54. **[역주]** 수학, 물리학 등과 같이 양적 관계(量的 關係)를 엄밀하게 측정하여 얻어지는 인식으로부터 성립하는 과학을 말함.

55. **[원문]** '시장 구조와 역사'에 대해서는 Alex Marshall, *The Surprising Design of Market Economies*, University of Texas Press, 2012를 참조하기 바람.

always beneficial)는 생각과 뚜렷하면서도 좋은 '대조'를 이룬다. 또한 애덤 스미스의 세련된 관점은 금융시장에서의 경우처럼 '시장이 획일적인 템플릿(one-size-fits-all template ; 무엇에나 들어맞는 형판(形板)[56])에 잘 들어맞는다'는 생각과도 뚜렷한 '대조'를 이룬다. 특히, 애덤 스미스의 관점은 앞에서 살펴본 효율적 시장 가설의 두 가지 측면(즉, ① '가격이 옳다'와 ② '공짜 점심은 없다')에 대해 '다른 반응'을 제시해 준다. 즉, 시장에 '공짜 점심이 있다'라는 생각의 사실 여부와 상관없이 시장에서(심지어 금융시장에서도) 때때로 '가격이 옳지 않을 수 있다'라는 반응이다.

사실상 그동안 주류 경제학 안팎에서 많은 경제학자들은 효율적 시장 가설을 지지하기는커녕, '시장이 항상 가장 잘 안다'(markets always know best)는 생각을 거부해 왔다. 실제로, 경제학자들은 지난 반세기의 상당 부분을 ① '시장이 실제로 작동하는 매우 다른 방식들'과 ② '시장이 어떻게 잘못되는지'를 명확히 밝히는 데 노력해 왔다. 그들의 분석은 '완전한 정보, 완전한 합리성 및 완전한 유동성'이라는 가정들에 바탕을 둔 이론적 함의(含意)를 주장하는 것이 아니라, 주로 이러한 매우 강력한 가정들을 다른 방식으로 '완화'함으로써 어떤 함의(含意)들이 초래되는지를 탐구했다. 이를 위해 그들은 '불완전하거나 비대칭적인 정보(imperfect or asymmetric information), 제한된 합리성(bounded rationality) 및 거래 비용(transaction costs)의 영향'에 초점을 맞춘 새로운 모델들을 사용했다. 다시 말하면, 그들은 '불완전하거나 비대칭적인 정보, 제한된 합리성 및 거래 비용의 영향'이라는 새로운 가정들에 초점을 맞춘 새로운 모델들을 바탕으로 기존의 강력한 가정들을 다른 방식으로 완화함으로써 어떤 함의들이 나타나는지를 탐구했다. 이러한 연구 결과로 많은 경제학자가 노벨 경제학상을 받게 되었다.

케네스 애로(Kenneth Arrow ; 1921~2017년, 1972년 노벨 경제학상 수상자)의 연구 경력이 또 하나의 좋은 예이다. 우선, 애로는 ① 미국 의료보험시장에서 '비

56. **[역주]** '형판(形板, template)이란 석공 등이 어떤 모양을 만들 때 쓰는 일정한 모형을 새긴 널빤지를 말함.

대칭적 정보'(asymmetric information)의 부정적인 영향과 ② 의료보험시장이 더 잘 작동하기 위해 어떻게 만들어질 수 있는지를 탐구하고 설명하기 위해 많은 연구를 수행했다. 그러나 1953년에 애로는 금융시장을 포함하기 위해 '어떤 조건들 하에서 일반균형의 개념이 확장될 수 있는지'를 탐구하려 했으나 자신의 기대와 달리 사실상 '금융에 대한 불가능성 정리'(impossibility theorem)[57]를 발표하기에 이르렀다. 이를 위해 애로는 나중에 "애로 증권"(Arrow securities)[58]으로 알려지게 된 '경쟁적 창조 상품'을 가정했다. 여기서 '애로 증권'[59]은 모든 시장에서 모든 특정 가능한 미래 시간과 세계 상태에서 일어나는 모든 우발적 미래 위험을 커버하는 '가상적' 금융상품으로서 엄청나게 큰 총액을 말한다. 이러한 이론

---

57. **[역주]** 애로는 '사회적 선택(social choice)과 관련한 불가능성 정리'로 유명하다.

58. **[원문]** '애로 증권'에 대해서는 K. J. Arrow, "The Role of Securities in the Optimal Allocation of Risk-Bearing", *Review of Economic Studies*, 31(2), 1964(최초 논문은 1953년에 프랑스어로 작성함). 또한 그린왈드(B. Greenwald)와 스티글리츠(J. Stiglitz)는 그들의 논문에서 전반적으로 이와 동일한 논리를 심도 있게 확장했다 : Bruce Greenwald and Joseph Stiglitz, "Externalities in Economies with Imperfect Information and Incomplete Markets", *Quarterly Journal of Economics*, 101(2), 1986. 이들의 논문은 불완전한 정보가 균형 모델과 효율성 가정 간에 존재하는 연관성을 끊어 버리는 효과가 있음을 보여주었다([역주] 이는 '불완전한 정보'가 '균형에서 비효율적인 결과'를 초래한다는 것을 의미한다. 비효율적인 결과는 곧 '시장실패'를 말한다). 따라서 불완전한 정보, 불완전한 시장 및 수많은 다른 마찰 요인들이 존재하거나 작용하는 '실제 세계'에서 시장실패의 형식적 조건들은 거의 불가피하게 존재한다. 그러한 경우(즉, 거의 모든 경우)에 원칙적으로 후생증진을 가져다주는 정부의 '정책 개입'이 정당화될 수 있다. 그러나 시장실패는 고질적인 문제이며, 정책 개입의 유일한 정당화 근거가 될 수 없다. 그러므로 경제이론을 통해서는 정치경제학의 필요성에서 벗어날 수 없을 것이다. 이러한 점을 일깨워준 베슬리(T. Besley) 교수께 감사를 드린다(Tim Besley, "The New Political Economy", *Economic Journal*, 117(524), 2007). 이에 관해 다음 논문도 참조하기 바람 : Roman Frydman and Michael D. Goldberg, *Imperfect Knowledge Economics*, Princeton University Press, 2007.

59. **[역주]** '애로 증권'은 지정된 상태에서 한 단위의 고정 지급금이 있고, 다른 상태들에서는 지급금이 없는 상품이다. 애로의 시장구조 모델에서 사용되는 일종의 가상 자산이다. 애로-드브뢰(Arrow-Debreu) 시장구조 모델과 달리 애로의 시장은 개별 행위자들이 모든 기간에서 자산 거래에 참여하는 시장이다. 반면에 '애로-드브뢰 모델'에서 거래는 시작 시점에 한 번만 발생한다. 애로 증권은 완전한 시장을 포함하는 애로의 시장구조 모델에서 거래되는 자산이다. 애로 증권은 '상태 우발적 청구권'(state contingent claim)이라고도 불린다.

의 효과는 일반균형이 원칙적으로 '금융시장'에서도 똑같이 잘 유지(성립)될 수 있음을 보여주는 것이었다. 그러나 금융시장에서 일반균형은 '불가능할 정도로 엄격한 조건들' 하에서만 유지될 수 있었다. 효율적 시장 가설은 부분적으로 학계 자체 내에서 나온 다음과 같은 하나의 경쟁적인 반응이었다. 즉, 효율적 시장 가설은 끊임없이 거래되는 금융시장에서 '가격이 모든 이용 가능한 현재의 정보를 반영한다'고 주장함으로써 애로의 주장을 '반박하려는 시도'였다. 그러나 효율적 시장 가설은 가상적인 애로 증권의 필요한 범위가 실제로 존재한다는 증거를 보여주지 못했다.

그러나 아이러니한 일들이 명백히 드러났다. 2008년 글로벌 금융붕괴(financial crash) 이후 대중의 관심은 ① 은행들과 그들 직원의 어리석음(탐욕), 나쁜 유인들이나 잘못된 행동뿐만 아니라, ② 글로벌 금융시스템의 경제학에도 당연히 집중되었다. '금융경제학'은 대학의 경제학과가 아닌 경영대학원에서 뿌리를 내리게 되었고, 지난 20년 동안의 호황기에 크게 성장하여 오늘날 주목(注目)을 받기에 이르렀다. 특히 은행들과 중개인들이 '효율적 시장 가설'에 과도하게 의존한 것은 규제 기관들의 요구에 의한 것이나 마찬가지였다. 왜 그런가? 은행들과 중개인들에게 효율적 시장 가설은 편리했고, 그들의 직업적인 존재 이유와 전문성에 필수적이었고, 또한 수익성도 매우 높았다. 그러나 효율적 시장 가설은 다음과 같은 결점들을 가지고 있다. 첫째, 효율적 시장 가설은 ① 경제학계 내에서 주류 경제학(mainstream economics)의 핵심 부분으로 거의 간주되지 않았을 뿐만 아니라, ② 심지어 2008년 금융붕괴 이전에도 많은 시장이 실제로 작동했던 방식들에 대한 하나의 설명으로도 거의 간주되지 않았다. 둘째, 효율적 시장 가설은 한 세기 이상 전에 생겨나서 경제학 내에서 훨씬 더 광범위하게 적용되었던 '합리적 경제인'(rational economic man)이라는 개념을 성문화하지도 않았다. 셋째, 효율적 시장 가설은 같은 기간 동안 '무역의 세계화'(globalization)를 주도한 다양한 요인들과 단지 간접적으로만 관련되어 있었다. 그러한 요인들로 통신, 기술, 경제개발, 그리고 특히 자유시장을 강조하는 "워싱턴 컨센서스"(Washington Consensus) 하에서 인도와 중국 및 기타 새로운 시장들의 개방을 들 수 있다. 넷째, "신자유주의"(neoliberalism)에 대한 비판은 곳곳에서 실질적인 힘을 발휘했지만, 효율적 시장 가설은 전면적이고 비난적인 서사(敍事, narrative)를 하기 위한 의욕으로 실제로 일어나고 있는 일의 많은 부분을 잘못 이해했다. 그 결과 효율적 시장 가설은 기존의 캐리커처나 나쁜 이미지들을 없애기보다는 오히려 강화했다. 마지막으로, 효율적 시장 가설은 국가를 시장에서 완전히 멀어지게 하는 '포퓰리즘 정치'(populist politics)를 선동 및 조장함으로써 잠재적으로 사태를 더욱 악화시킬 가능성을 가지고 있었다. 그러한 가능성은 재앙적인 결과를 초래할 것이다.

다음으로, 애덤 스미스는 어떤가? 아마 독자들은 지금쯤이면 '효율적 시장 가설'과 소위 "신자유주의자"(neoliberal)라고 생각되는 애덤 스미스에 대한 그간의 비판들 모두 '애덤 스미스가 실제로 생각하고 쓴 것'과는 크게 동떨어져 있다는 사실을 분명하게 인식했을 것이다. 그러나 그것만으로는 불충분하다. 우리는 이보다 더 나아갈 수 있다. '애덤 스미스의 관점'은 우리에게 '2008년의 경제 위기에서 무엇이 잘못되었는지'에 대한 '색다르고 더 깊은 이해'를 제공해 줄 수 있다. 또한 다음과 같이 주장할 수 있다. 즉, 정책 결정의 주역들이 '애덤 스미스가 실제로 믿었던 것'을 알고 받아들였었다면, 적어도 위기의 일부는 피할 수 있었거나 그 영향을 완화시킬 수 있었을 것이다. 2008년의 경제 위기가 발생한 한 가지 중요한 이유는 '자산시장(특히 신용시장과 주택시장)이 거의 모든 경제학자들과 규제기관들이 예상했던 대로 작동하지 않았기' 때문이다. 경제학자들과 규제기관들은 하나의 경제 이데올로기인 '왜곡된 직업관'(déformation professionnelle[60])에 사로잡혀 있었다. '왜곡된 직업관'이란 그들이 '실제로 일어

60. **[역주]** '데포레이션 프로페셔널'(déformation professionnelle)은 프랑스에서 '왜곡된 직업관'이라고 부른다. '왜곡된 직업관'은 직업병 또는 훈련의 결과로 왜곡된 렌즈를 통해 현실을 관찰하는 경향을

나고 있는 일'에 주의를 기울이거나 이해하지 못한다는 것을 의미한다.

우리가 위에서 이미 언급한 바와 같이 시장들이 같거나 정확히 같은 방식으로 작동하는 경우는 거의 없다. 그러나 적어도 주요 시장 유형들(예를 들면, 일반 소비재 시장)에 대한 애덤 스미스의 기본 분석은 놀라울 정도로 성공적이다. 미국 민간 지출(국내총생산(GDP)에서 정부 지출을 뺀 금액)의 약 75%가 일반 소비재들, 즉 비(非)내구재 및 서비스에 사용된다. 이들은 종종 "이발 및 햄버거" 시장이라고 불린다. 이러한 물건들은 제조, 판매 및 사용되지만 재판매되지는 않는다. 또한 새로운 물건들이 제조, 판매 및 사용된다. 이러한 과정이 끝없이 반복된다. 이러한 제품들은 사람들이 일단 구매하여 사용하면 시장에서 사라진다. 구매자들은 일반적으로 그러한 재화들과 서비스의 최종 용도(end-use)가 고정되어 있거나 자연적으로 정해져 있으므로, 일반적으로 가격에 따라 판매자가 되기 위해 역할을 바꾸지 않는다. 예를 들면, 구매자들이 최종 사용자로서 여행을 가거나, 식사를 하거나, 휴가를 떠나는 경우, 이들은 그러한 제품의 판매자가 되지 못한다. 판매 메커니즘은 일반적으로 슈퍼마켓들에서처럼 '단일 가격'으로 판매되며, 공항의 외환 키오스크에서 볼 수 있는 매수-매도 스프레드(즉, 여러 개의 가격 존재)는 아니다. 대체로 이러한 시장들은 애덤 스미스가 말한 소위 "보이지 않는 손"(invisible hand)에 의해 작동하며, 그로 인해 수요와 공급이 경쟁적 균형에 도달하는 경향이 있다. 따라서 이러한 시장들은 매우 잘 작동한다.

이러한 시장들에 대한 또 다른 사고방식은 그 시장들이 소위 "군중의 지혜"(wisdom of crowds)[61, 62]와 유사한 특성을 보여준다는 점이다. 그러한 시장들

말한다. 따라서 데포레이션 프로페셔널은 자신의 직업이나 전문 지식의 맥락에서 사물을 보는 경향이 있다.

61. **[원문]** James Surowiecki, *The Wisdom of Crowds*, Doubleday Books, 2004.

62. **[역주]** Francis Galton이라는 영국의 인류학자가 100년 전에 표방한 아이디어 중에 "군중의 지혜"(Wisdom of Crowds)라는 이론이 있다. 이 아이디어는 다음과 같다. Galton이 한 시골 마을에서 열린 박람회를 갔는데, 거기서는 소 한 마리를 진열해 놓고 그 소의 몸무게를 맞추는 사람에게 상을

은 '군중의 지혜'에서처럼 다음 네 가지 조건을 충족시키기 때문에 두 경우는 유사하다고 할 수 있다. 첫째, 관련된 사람들은 정보에 대한 접근과 의견에 있어서 다양하다. 둘째, 사람들은 독립적이며, 각 사람은 자신의 견해를 밝히고 다른 사람들에게 복종하지 않는다. 셋째, 사람들은 분산(decentralized)되어 있으며, 그 결과 분산된 지식을 전문화하거나 이용할 수 있다. 마지막으로, 사람들의 개인적 판단이나 선택을 합하거나 모아서 하나의 집단적 결정(collective decision)으로 만드는 수단(시장의 경우에는 '시장 메커니즘'을 말함)이 존재한다. 시장들이 작동하는 방식도 이러한 군중의 지혜와 유사하다. 다음으로, 그러한 시장들은 과연 효율적인가? 실제로 이러한 시장들이 ① 자원들을 효과적으로 배분하는 데 매우 효율적이고, ② 경제적 부와 복지(후생)를 창출하는 데 매우 효과적이라는 사실을 제시해 주는 많은 증거가 있다. 더욱 놀라운 점은 심지어 주류 경제학이 부과하는 '까다로운(엄격한) 이론적 조건들'이 완화될 때에도 그러한 시장들은 잘 작동하는 것으로 여겨진다. 즉, ① 시장에 참가하는 사람이 비교적 적거나, ② 시장이 제한된 정보 하에서 작동하고, 제한된 인간의 합리성을 사용할 때에도 그러한 시장들은 잘 작동하는 것 같다. 이제까지 살펴보았듯이 애덤 스미스는 다음과 같이 말하면서 이 점에 주목했다:

주는 게임이 진행 중이었다. 여러 사람이 소의 무게를 써냈는데, 그중에 아무도 정확하게 맞춘 사람은 없었지만, 여러 예상치의 평균은 그 소의 무게와 거의 일치했다. 이 일화는 집단적 지혜가 소수의 전문가보다 더 우수한 결과를 나타낸다는 것이다. 이 논리에 의하면 자산시장에서 보여주는 '터무니없는' 가격들도 집단적 지혜에 의해서 결정되었기 때문에 그대로 받아들여야 한다는 것이다. 집단적 지혜가 작동하려면 몇 가지 조건이 있다. ① 집단에 소속된 개인들이 스스로 의견을 내어야 하고, ② 주위의 영향 없이 독립적으로 의견을 내어야 하며, ③ 집단이 충분히 분산되어야 하고, ④ 여러 의견을 정확하게 종합해 줄 수 있는 메커니즘이 있어야 하며, ⑤ 종합된 의견에 대한 신뢰가 있어야 한다. 즉, ① 의견의 다양성(diversity) : 사람들은 설령 왜곡된 해석일지라도 자기만 아는 정보를 갖고 있다. ② 독립성(independence) : 다른 사람 의견에 의존하지 않고 자신의 생각을 갖고 있어야 한다. ③ 분산화 또는 분권화(decentralization) : 전문화되고 개별적 지식에 의존하여 판단할 수 있어야 한다. ④ 종합·통합의 과정: 개인적 판단을 집단적 결정으로 전환시키는 메카니즘의 존재이다. 이러한 조건이 충족되면 그 집단이 내린 판단은 옳을 가능성이 크다.

"만약 한 국가가 완전한 자유(perfect liberty)와 완전한 정의(perfect justice)를 누리지 않고서는 번영할 수 없다면 이 세상에서 한 번이라도 번영할 수 있었던 국가는 존재하지 않는다"[63](*The Wealth of Nations*, Book IV, Chapter IX).

▶ 김수행 번역본, p. 832, 하단 8~7행 :
"만약 국민이 완전한 자유와 완전한 정의를 누리지 않고서는 번영할 수 없다면, 일찍이 이 세상에서 번영할 수 있었던 국민은 아무도 없었을 것이다."

▶ **[역주]** "만약 한 국가가 '완전한 자유'(perfect liberty)와 '완전한 정의'(perfect justice) 하에서만 번영할 수 있다면 이 세상에 그런 국가는 결코 존재하지 않을 것이다."

이러한 시장들(즉, 소비재 시장들)이 가지는 특성의 일부는 정확히 '시장들이 오히려 "불완전"(즉, 정보, 합리성 및 참여자들이 부족)할 수 있고, 그럼에도 매우 잘 작동한다'는 점이다.

우리가 지난 장에서 살펴보았듯이 애덤 스미스는 어떤 면에서 '태아(胎兒) 상태에 있는 신고전학파'(neoclassical in embryo)가 아니라 '원시(原始) 오스트리아 경제학자'(proto-Austrian economist)로 간주하는 편이 더 낫다. 왜 그런가? 애덤 스미스는 ① '시장의 역동성'(dynamics of markets ; 시장의 활력)에 관심이 있었고, ② 모든 시장이 같은 방식으로 작동하지 않는다고 생각했고, ③ 시장의 차이를 꼼꼼히 설명하려 했기 때문이다. 특히 애덤 스미스는 '부자와 권력자를 존경하려는 인간 성향'이 가지고 있는 모순된 영향을 지적했다. 우선, 애덤 스미스는 그러한 인간 성향을 '경쟁적 행동'(즉, 사람들이 성공하려는 욕망)의 핵심 동인으

63. **[역주]** "If a nation could not prosper without the enjoyment of perfect liberty and perfect justice, there is not in the world a nation which could ever have prospered."

로 인식하였다. 그러나 애덤 스미스는 또한 부와 위대함을 '기만적인 것'으로 보았다. 즉, 부와 위대함을 결코 진정으로 '인간의 행복'을 가져다줄 수 없는 덫이자 기만(delusion)으로 보았다. 애덤 스미스는 "하찮은 효용의 장신구"(trinkets of frivolous utility)[64]를 추구함으로써 인생에서 중요한 것을 놓치는 사람이 있다는 사례를 제시함으로써 시장이 '인간의 계산'(human calculation)뿐만 아니라, '인간의 열정'(human passion)에 의해 주도될 수 있다는 자신의 인식을 보여주었다. 오늘날 우리는 "베블런재(財)"(Veblen goods)[65, 66]와 같은 몇 가지 재화를 언급할 수 있다. 노르웨이계 미국인으로 위대한 경제학자였던 소스타인 베블런(Thorstein Veblen : 1857~1929년, 미국의 정치경제학자 및 사회학자)의 이름을 따서 명명된 '베블런재'는 "과시적 소비"(conspicuous consumption)를 위한 재화로서 표준 이론이 예측하는 것처럼 가격이 상승해도 수요가 줄어들지 않는다. 어떤 재화의 가격이 상승할 때 오히려 그 재화의 수요가 증가한다. 왜 그런가? 소비자

64. **[역주]** 애덤 스미스는 『국부론』에서 "얼마나 많은 이들이 '천박한 효용'이라는 장신구 위에 돈을 진열해 놓음으로써 그들 스스로를 망가뜨리고 있는가?"(How many people ruin themselves by laying out money on trinkets of frivolous utility?)라고 말했다.

65. **[원문]** Thorstein Veblen, *The Theory of the Leisure Class : An Economic Study in the Evolution of Institutions*, Macmillan, 1899. 또한 애덤 스미스도 '모방 예술'(imitative arts)에 관한 에세이(『철학적 주제에 관한 에세이(Essays on Philosophical Subjects)』에 들어 있음)에서 오늘날 '베블런의 용어'로 당시의 '장식적 전정법(剪定法)'[topiary : [역주] 자연 그대로의 식물이나 나무를 여러 가지 새나 동물 모양으로 자르고 다듬어 보기 좋게 만드는 기술] 현상(즉, '정원장식 방법')을 다음과 같이 인상 깊게 분석하였다 : "몇 년 전에만 해도 주목(朱木)과 호랑가시나무를 피라미드, 기둥, 꽃병, 오벨리스크와 같은 인공적인 모양으로 잘라서 정원을 장식하는 것이 유행이었다. 지금은 이런 양식이 부자연스럽다고 비웃는 것이 유행이다. 오늘날 우리는 때때로 어떤 수지(獸脂 ; 짐승의 기름)양초 제조업자(즉, 보통 사람)의 양배추 정원에서도 베르사유 궁전에 있는 호화스러운 대리석과 반암(斑岩 ; 얼룩무늬 구조를 가지는 화성암)처럼 정원에 많은 기둥과 꽃병들, 그리고 주목(朱木)에 걸린 다른 장식품들을 볼 수 있다. 이러한 저속함과 천박함이 그들(즉, 부자들과 위인들, 교만한 사람들과 허영심 많은 사람들)을 불명예(수치)스럽게 만든다. 그리하여 부자들과 위인들, 교만한 사람들과 허영심 많은 사람들은 가장 비천한 사람들도 자신들처럼 가질 수 있는 장식품을 자신들의 정원에 들여오지 않을 것이다."

66. **[역주]** '가격 상승과 함께 수요가 오히려 증가하는 상품'을 말하며, 재산이나 신분 따위를 자랑하기 위한 소비임.

들은 어떤 재화(예, 보석)의 가격 상승을 상대적 희소성(relative scarcity)이나 지위(status)의 신호로 인식하고, 그 재화의 소비를 더욱 바람직하게 여기기 때문에 그 재화에 대한 수요가 증가한다. 보석과 고급 자동차들의 일상적인 시장들에서 볼 수 있듯이 종종 그 결과는 질서정연하다. 그러나 거품, 광란 및 폭락의 역사[67]가 증명하듯이 때로는 무질서하다. 때때로 이러한 시장들은 변덕스럽게 오르내릴 수 있다.

베블런재 유형의 특징은 어떤 시장에 존재하는가? 우리는 자산시장들(asset markets)에서 종종 이러한(또는 유사한) '베블런재 유형'의 특징을 찾을 수 있다. 물론 모든 자산시장이 같지는 않지만, 공통적인 특징을 가지고 있다. 자산시장들은 "이발 및 햄버거"와 같은 '비내구재 시장들'과는 매우 다르다. 부동산시장, 신용시장, 파생상품시장, 기타 소위 증권시장 등과 같은 자산시장들에서 상품은 내구성이 있으며, 거래 및 재거래된다. 특히 증권시장의 경우 일반적으로 매수인(買受人)과 매도인(賣渡人)이 고정되어 있지 않고, 가격에 따라 그 역할이 바뀐다. 시장 메커니즘은 일반적으로 (수락하거나 거절해야 하는) 단일 판매 가격이 아닌 '입찰 제안 가격들'(bid-offer prices : 즉, 여러 개의 가격)에 의해 결정된다. 따라서 자산시장은 상품시장과 매우 다르게 작동한다. 케인즈(J. M. Keynes)가 한때 '전문적인 투자'를 '미인 선발 대회'(beauty competition)[68]에 비유하면서 예리하게 언급했듯이 (자산시장에서 상품에 대한) '펀더멘털(기본) 가치'(fundamental value) 탐구는 (상품시장과 달리) '다른 참가자들의 생각을 추측해야 하는' 훨씬

---

67. [원문] 다양한 거품이나 광란에 대한 올바른 설명에 대해서는 상당한 논란이 있지만, 일반적으로 다음 문헌을 참조하기 바람 : ① Charles P. Kindleberger, *Manias, Panics, and Crashes*, 4th edition, John Wiley, 2000 ; ② Robert Shiller, *Irrational Exuberance*, Princeton University Press, 2000 ; ③ Peter Garber, *Famous First Bubbles : The Fundamentals of Early Manias*, MIT Press, 2000 ; ④ (금융의 경우) Carmen Reinhart and Kenneth Rogoff, *This Time is Different*, Princeton University Press, 2011.

68. [원문] J. M. Keynes, *The General Theory of Employment, Interest and Money*, Macmillan, 1936.

더 복잡한 과정이 뒤따른다.

이러한 특징이 알려주듯이 뮤추얼펀드,[69] 헤지펀드 및 연금펀드(기금)의 투자 관리자들(이들은 압도적으로 우세한 금융증권의 '사실상의 소유자들'임)은 일반적으로 "현명한 군중"(wise crowd)이 아니다. 왜 그런가? 첫째, 투자 관리자들이 이용할 수 있는 잠재적인 정보 원천들이 무한정 많지만, 실제로 그들은 '동일하거나 유사한 정보 원천'에 따라 행동하는 경향이 있으며, 그로 인해 그들의 다양성이 감소하기 때문이다. 둘째, 투자 관리자들의 행동이 상호 독립적으로 이루어지지 않기 때문이다(즉, 투자 관리자들의 행동이 상호 의존적으로 이루어지기 때문이다). 반대로, 투자 관리자들은 상호 인식(mutual-awareness)과 자기 인식(self-awareness)을 통해 서로 경쟁하면서 뭉친다. 또한 투자 관리자들의 공적 유인(public incentive)은 일반적으로 '비대칭적'이다. 이는 평균 이상의 이익을 얻으면 약간의 영광(즉, 공적 유인)이 있지만, 평균 이상의 손실을 본다면 공적 유인은 금방 사라질 수 있기 때문이다. 그 결과, 금융증권시장에서 소수의 비(非)동조자(maverick ; 독자적으로 행동하는 사람)가 있지만, 대체로 투자 관리자들은 남들과 다르거나 별난 사람으로 보이기를 거의 원하지 않는다. 이것이 자산시장에서 투자 관리자들이 일반적으로 '현명한 군중'이 아닌 이유이다.

이러한 시장들에서 행동은 종종 '"모멘텀"(momentum) 투자자들'에 의해 지배(주도)된다. 여기서 '모멘텀 투자자들'[70]란 '펀더멘털(기본) 가치나 내재적 가치'에 대한 추정치가 아니라 당해 '자산가격의 상승률 또는 하락률'에 따라 거래하는 투자자를 말한다. 앞에서 언급한 베블런재(財)(Veblen goods)와 마찬가지로 투자자들은 높은 주가(株價)를 기본 가치에 대한 하나의 표시로 간주한다. 급격

69. [역주] 유가증권 투자를 목적으로 설립된 법인회사로 주식발행을 통해 투자자를 모집하고, 모집된 투자자산을 전문적인 운용회사에 맡겨 그 운용 수익을 투자자에게 배당금의 형태로 되돌려 주는 투자회사를 말함.

70. [역주] 예를 들면, 바다가재의 가격이 한 마리에 10달러에서 18달러로 오르면, 모멘텀 투자자들은 추세 이론에 따라 일주일 후에는 23달러로 오를 것이라는 생각으로 더 산다.

하거나 장기적인 '가격(주가) 상승'은 공급 부족의 신호로 인식되어, 수요를 자극하고 투자자들을 몰려들게 한다. 반대로 '가격(주가) 하락'은 공급 과잉의 신호로 인식되어, 투자자들이 대량으로 주식을 매도하게 한다. 그러나 이러한 가격(주가) 상승과 하락은 명백히 자율적인 방식으로 발생할 수도 있다. 이는 투자자들이 어떤 좀 더 근본적인 이유가 아니라 단순히 자신의 행동을 서로에게 알려주기 때문이다.

이러한 요인들이 결합되는 경우 자산시장들[71]에서 '호황(boom)과 불황(bust)이 반복되는 경향'이 제품시장들에서보다 훨씬 더 뚜렷하게 나타난다. 자산시장들의 경우 균형을 향해 이동하기는커녕 종종 특정 경로를 통해 작동하는 '불안정하게 만드는 힘'(destabilizing forces)의 영향을 받는다. 은행 시스템에서 이러한 경우의 가장 기본적인 형태는 '뱅크런'(bank run : 예금인출사태)[72]이다. 평상시 은행들은 일반적으로 언제든지 마음대로 인출할 수 있는 예금자들의 예금을 받아서, 한 번에 몇 주 또는 몇 달, 때로는 몇 년 동안 그 돈을 대출해 주는 방식으로 운영된다. 그러나 예금자들이 모두 한꺼번에 자신의 예금을 찾는다면 은행은 보유 현금 수요를 충족시킬 수 없게 된다. 만약 은행이 대규모가 아니거나, 부족분을 충당하기 위하여 금융시장에서 적시에 충분한 금액을 차입할 수 없다면, 그 은행은 곧 파산하게 될 것이다. 이러한 경우는 2008년 영국의 노던 록(Northern Rock : 영국의 모기지 대출 기관)과 미국의 워싱턴 뮤추얼(Washington Mutual)의 붕괴에서 일어났다. 이와 거의 똑같은 과정이 머니마켓펀드(money market fund, MMF : 투자신탁회사가 고객의 돈을 모아 단기금융상품에 투자하여 수익을 얻는 초단기 금융상품),[73] 은행의 기업 담보 대출 또는 증권 마진 거래 등의 실패에서도 찾아

---

71. **[원문]** '자산시장과 신용 창출'에 관해서는 George Cooper, *The Origin of Financial Crises*, 2nd edition, Harriman House, 2010을 참조하기 바람.
72. **[역주]** 경제 상황의 악화로 금융시장에 위기감이 조성되면서 은행의 예금 지급 불능 상태를 우려한 고객들이 대규모로 예금을 인출하는 사태를 말함.
73. **[역주]** 단기 금융상품에 집중적으로 투자해 단기금리의 등락이 펀드 수익률에 신속히 반영될 수 있

볼 수 있다. 이러한 과정은 은행의 기업 담보 대출 또는 증권 마진 거래의 실패에서도 나타난다. 또한 초기의 비교적 작은 시장 움직임이 금융시장에서 순식간에 커다란 실패로 이어질 수 있다. 이러한 경우는 미국의 투자은행인 베어스턴스(Bear Stearns)와 리만브라더스(Lehman Brothers)의 파산에서 일어났다.

이러한 자산시장을 '불안정화시키는 경로들'(destabilization channels)에 대한 우리의 이해는 부분적으로 하이먼 민스키(Hyman Minsky : 미국 경제학자, 1919~1996년)[74]의 선구적인 연구[75]로 인해 최근 몇 년 동안 크게 향상되었다. 무엇보다도, 인간 행동에 대해 특별한 가정을 할 필요는 없다. 또한 각 경로 내에는 투자자들이 자신이 하고 싶은 대로 행동하도록 하는 특정한 '내부 인센티브'(internal incentive)가 존재한다. 그렇다면 자산시장 전체는 어떠한가? 자산시장 전체는 주류 경제학이 종종 주장하는 것처럼 '더 넓은 경제'(즉, 경제 전체)와 독립적으로 작동하지 않는다. 이와 반대로 양측(즉, 자산시장과 경제 전체)은 '인과적(因果的)으로 상호 연결된 여러 방식'으로 상호 작용한다. 예를 들면, 자산가격이 오르면 은행의 대차대조표상에 '추가적인 증서(證書) 가치'가 창출되는 효과가 발생한다. 여기서 '추가적인 증서 가치'란 은행 시스템 내에서 추가 자산을 구매하고자 할 때 신규 대출용 담보로 사용될 수 있다. 외부에서 보기에 자산가격이 계속 오르는 한 그러한 대출은 그 담보에 의해 잘 보호되며, 심지어 레버리지 비율[76]이 떨어질 수도 있다. 따라서 안전한 대출을 제공하고 은행 전체의 포트폴

도록 한 '초단기 공사채형 금융상품'을 말함.

74. [역주] '민스키 모우먼트'(Minsky moment)란 투기 등의 효과로 지속되던 경제 호황기가 종료되면서 과도한 부채 등의 잠재되어 있던 위험요소들이 급격하게 현실화되고, 자산폭락 등으로 경제 위기가 발생하는 시점을 말함.

75. [원문] Hyman Minsky, *Stabilizing an Unstable Economy*, Yale University Press, 1986. 특히, 급진적 불확실성, 현대 경제에서 금융부문의 중심성, 시장 역학(dynamics)의 경기순환적(procyclical) 특성에 대한 민스키(H. Minsky)의 주장은 주목할 만하다.

76. [역주] 기업의 '소유자가 투자한 자본'에 대하여 '채권자가 투자한 자본'이 얼마나 되는지를 측정하는 지표를 말하며, 이것으로 타인 자본에 대한 기업의 의존도를 측정함.

리오에 대한 신용도를 유지하는 책임을 담당하고 있는 은행의 신용위원회(bank credit committee)는 이러한 결과에 기뻐할 것이다. 만약 대출금이 모기지(주택) 담보부 증권(mortgage-backed security)과 같은 자산 담보부 채권(asset-backed bond)으로 모아지면 신용평가기관들[77]은 이를 긍정적으로 볼 것이다. 또한 은행들은 종종 대출 기관일 뿐만 아니라 금융상품의 판매자이기 때문에 투자자들이 더 많은 상품을 구매하도록 유도할 '특별한 인센티브'를 가지고 있다. 이를 위해 은행들은 투자자들에게 여러 '암묵적 레버리지'(implicit leverage)를 제공한다. 이러한 레버리지는 은행의 신용도를 저하시키거나 이해상충을 초래할 위험성을 내포하고 있다. 그러나 어떤 시점에서 시장 심리(market sentiment : 시장 분위기)가 변하고 투자자들이 미래에 대해 덜 낙관적인 견해를 갖게 되면(투자자들은 때때로 불가피하게 이러한 견해를 가짐) 동일한 과정이 다른 방향으로 빠르게 전개될 수 있다. 즉, 투자자들의 수익 기대치가 하락하면 → 자산 가치가 하락하고 → 수요가 감소하고 → 궁극적으로 성장이 감소함으로써 소위 '자기실현적 주기'(self-fulfilling cycle) 현상이 나타난다. 이러한 과정의 결과는 곧 재앙으로 이어질 수 있다.

이와 같이 자산시장에서는 '특정 경로'(specific channel)와 '일반 경로'(general channel)가 모두 존재한다. 이들 두 경로는 자산시장에서 일어나는 자산가격 인플레이션, 신용 상승 및 수익성 등을 연결해 준다. 두 경로는 이들을 어떻게 연결해 주는가? ① 두 경로는 자산시장을 본질적으로 '불안정'하게 만들고, ② 이러한 불안정성은 위험스럽게도 호황(boom)과 불황(bust)이 반복되는 '자기강화적 주기'(self-reinforcing cycle)를 초래할 수 있으며, ③ 이는 결국 더 넓은 경제(경제 전체)에 끔찍한 피해를 입힐 수 있다. 이러한 과정은 바로 2008년 금융위기에서 일어났다. 2008년 금융위기는 '"대차대조표"상의 경기침체'(balance-sheet

77. **[역주]** 기업·채권 등의 신용 등급 평가 회사로 미국의 Moody's와 Standard & Poor's 등이 유명함.

recession)였다. 이는 '경기순환(business cycle)[78] 전반에 걸친 수익성 하락'으로 인해 발생하는 더 빈번하고 익숙한 종류의 경기침체가 아니라, '주택시장의 붕괴로 촉발된 자산 가치의 근본적인 변동'에 의해 발생한 경기침체였다. 이러한 경기침체는 미국과 영국에서 발생하여 곧 세계로 확산되어 대부분의 세계 경제에 영향을 미쳤다.

2008년 금융위기가 발생하기 전에 이미 징후들이 있었다. 미국에서는 1929년 대폭락[79] 때와 마찬가지로 2008년 이전에 자산시장, 특히 '주택시장'이 급속히 성장했다.[80] 부동산 가치는 1997년 이후에 급격히 상승하여, 2001년에 이르러 이전 최고치인 1989년 수준을 능가했고, 이후 계속 상승했다. 또한 2001년 이후의 상승은 가속도로 진행되었고, 어마어마한 시장 폭리(market ramp)에 모멘텀 투자자들이 존재함을 알려주었다. 이러한 상승은 대출 조건 완화에 의한 모기지 신용(주택담보대출)의 엄청난 증가로 촉진되었다. 마침내 미국에서 2005년에 '최초 주택 구입자들'의 약 45%가 계약금을 전혀 지불하지 못했다. 이러한 부동산 가치의 상승 효과는 다음과 같다. 미국 부동산의 경우 1997~2006년까지 인플레이션이 조정된 총자산(즉, 사람들이 주택의 형태로 소유한 자산이며, 이는 일반적으로 그들이 가진 부(富)의 주요 원천임) 가치는 13조 달러로 두 배 이상 증가하였다. 그러나 2011년 말에 이르러 미국 부동산의 총자산 가치는 (1983년 이후 가장 낮은 수준인) 5조 6,000억 달러로 약 58%나 감소했다. 이는 2011년 말에

---

78. **[역주]** 총체적 경제활동이 경제의 장기 성장추세를 중심으로 상승과 하강을 반복하며 성장하는 현상을 의미함. 경기순환의 국면을 구분하는 방법에는 여러 가지가 있으나 ① 경기저점에서 정점까지 경제활동이 활발한 확장국면과 ② 경기정점에서 저점까지 경제활동이 위축된 수축국면으로 나누는 '이분법'이 주로 이용됨.

79. **[역주]** 1929년 뉴욕 증권시장의 대폭락을 말함. 1930년대 대공황의 시발점이 된 1929년 10월 29일의 주가 대폭락을 의미함.

80. **[원문]** '미국 주택시장과 2008년 위기'에 관해서는 다음 책을 참조하기 바람 : Steven D. Gjerstad and Vernon Smith, *Rethinking Housing Bubbles : The Role of Household and Bank Balance Sheets in Modeling Economic Crises*, Cambridge University Press, 2014.

부동산의 총자산 가치가 7조 4,000억 달러 이상 사라졌음을 의미하고, 수백만 명의 주택 소유자들을 '마이너스 자산'(negative equity)[81] 상태에 빠뜨렸다. 미국에서 주택시장이 재앙의 원인이자 선행 지표(leading indicator)이었던 것으로 보인다. 이는 2008년 금융위기 발생 전인 2006~2008년에 주식 및 기타 금융자산시장이 계속 상승했음에도 신규 주택 착공 건수(housing starts)[82] 및 주택 지출이 현저히 감소했기 때문이다.

6. 애덤 스미스 망각의 경제적 결과

시장에서 일어나는 매우 복잡한 일련의 사건들에 대해 이제까지 살펴본 '간략하고 개략적인 설명'은 우리의 다음 4가지 핵심 주제들을 잘 보여준다.

첫째, 이러한 설명은 '제품시장과 자산시장 간에 존재하는 커다란 차이'를 명확히 보여준다. 우선, 많은 제품시장은 '균형으로 향하는 경향'과 소위 "보이지 않는 손"(invisible hand)에 의해 쉽게 이해할 수 있다. 다음으로, 자산시장의 경우 가격 메커니즘이 다르고, 내적 논리가 다르며, 호황과 불황이 내재적(embedded)으로 일어나는 경향이 있다. 2008년의 경기침체는 이러한 두 시장 간의 대조를 극명하게 보여주었다. 예를 들어, 2008년 경기침체 때 미국에서 비내구재 및 서비스 부문(즉, 제품시장)의 소비는 최대 1.7% 감소했으나, 주택부문(즉, 자산시장)의 소비는 약 60%나 감소했다. 이는 실로 놀라운 차이이다. 따라서 시장들 간에 큰 차이가 존재함을 알 수 있다.

둘째, 이러한 설명은 우리가 처음에 제기한 질문인 '효율적 시장 가설(Efficient Market Hypothesis)이 적절한가?'에 대해 답할 수 있게 해준다. 효율적

81. **[역주]** 이를 '역자산'이라고도 부르며, 담보를 잡힌 주택의 가격이 갚아야 할 대출금 액수보다 낮은 상황을 의미함.

82. **[역주]** 일정 기간 내의 주택 착공 건수를 말하며, 미국에서는 '경제 지표'로도 사용함.

시장 가설의 두 가지 핵심 주장 중 "공짜 점심은 없다"(There is No Free Lunch)—즉, '시장가격을 예측할 수 없다'—라는 생각은 훨씬 더 자세한 조사를 통해 검증되었다. 다음으로, "가격이 옳다"(The Price is Right)—즉, '금융시장의 가격은 이용 가능한 모든 정보를 반영한다'—라는 생각은 다른 문제이다. 이 생각은 사실상 검증하기가 매우 어렵다. 예를 들면, 어떤 가격과 비교할 것인가? 그러나 이 생각은 지지할 수 없을 것 같다. 세계적 펀드 매니저이자 유명 작가인 조지 쿠퍼(George Cooper)에 따르면 "나스닥 종합지수(NCI)가 1996년 3월에 1,140으로 '올바르게' 가격이 매겨졌고, 2000년 3월에 5,048로 올랐을 때도 가격이 '올바르게' 매겨졌으며, 2002년 10월에 1,140으로 떨어졌을 때도 가격이 '올바르게' 매겨졌다고 믿는 분석가들이 있었다"고[83] 지적했다. 사실상, 효율적 시장 가설은 '너무 적은 것으로 너무 많은 것'을 설명하려고 한다. 따라서 효율적 시장 가설은 비(非)전문가들에게도 설명하기 쉽고, 일반적인 의미로 보면 실질적인 설명력을 지닐 수 있다. 그러나 이러한 단순성과 일반성으로 인해 효율적 시장 가설은 복잡한 시장들 간의 중요한 차이를 흐리게 하고, 그로 인해 입법자들, 정책 입안자들 및 규제기관들이 '획일적인'(one-size-fits all) 관점을 갖게 한다. 그 결과, 미국과 영국에서 입법자들, 정책 입안자들 및 규제기관들은 자국의 과도한 신용 창출과 주택 자산 인플레이션의 영향을 '무시'하게 되었다. 그 대신 2008년 이전 10년 동안 그들은 '잠재적으로 파멸적인 비대칭'에 빠져들기를 선호했다. 즉, 그들은 경제적 불황기뿐만 아니라 호황기에도 억제 조치들을 피해야만 한다고 믿었기 때문이다. 이러한 조치는 잠재적으로 파멸적인 결과를 초래할 것이다. 마지막으로, 한 가지 중요한 점이 있다. 즉, ① 가격이 올바르지 않고, ② 시장이 실제로 이용 가능한 모든 정보를 반영하지 않는다면(즉, 효율적 시장 가설이 성립하지 않는다면), 세계 금융시스템의 중심에 있는 자본 배분 및 효율성의 핵심 이론

---

83. [원문] '나스닥 종합지수(Nasdaq Composite Index)의 가격'에 대해서는 George Cooper, *The Origin of Financial Crises*, 2nd edition, Harriman House, 2010을 참조하기 바람.

(즉, 효율적 시장 가설)에 매우 심각한 결함이 있다는 것을 의미한다. 이 생각이 가져다주는 함의는 끔찍할 것이다.

셋째, '자산시장이 불안정(instability)해지는 경향'에 비합리적인(irrational) 것은 없다. 이러한 호황과 불황(boom and bust)은 우리가 때때로 "'팻 테일"(fat tail)[84] 또는 "검은 백조"(black swan)[85] 사건'이라고 부르는 현상과는 거리가 멀다(이러한 사건들은 수학적으로 거의 불가능할 정도로 정상 확률에서 벗어난 사건을 말한다). 반대로, 그러한 호황과 불황은 특정 시장 채널을 통해 작동하는 '포지티브 피드백 루프'(positive feedback loop)의 결과이며, 그 효과는 불안정성을 확대하고 심화시킨다. 이것이 바로 호황과 불황(그리고 그들의 사촌격인 시장에서의 급속한 '오버슈트(overshoot)와 언드슈트'(undershoot))이 통계적으로 불가능하다고 여겨지는 사건이 규칙적으로 일어나는 이유이다. 이것은 ① 1971년에 브레튼우즈협정(Bretton Woods Agreement)[86]이 붕괴된 후 금융 흐름이 자유화된 이후로 "호황과 불황"이 세계 경제의 규칙(주기)적인 특징이 된 이유이며, 또한 ② "호황과 불황" 경향이 가까운 장래에도 여전히 일어날 것이라는 이유이기도 하다. 또한 이것은 본 장의 서두에서 벤저민 그레이엄(Benjamin Graham)이 말한 '친절하지만 정신 나간 마켓 씨'(Mr. Market)라는 인상적인 비유 뒤에 숨어 있는 중심적인 통찰이다.

마지막으로, 우리는 다음과 같이 생각할 충분한 이유가 있다. 즉, '2008년 이전에 공직이나 공권력의 지위에 있었던 사람들이 '정치경제학'(political

---

84. [역주] 통계학의 정규분포에서 나온 말로 정규분포의 꼬리 부분이 두꺼운 모양세를 가져 평균에 집중될 확률이 낮아지고, 이를 통해 예측하면 잘 맞지 않는다는 것을 의미함.

85. [역주] 극단적으로 예외적이어서 발생 가능성이 없어 보이지만, 일단 발생하면 엄청난 충격과 파급효과를 가져오는 사건을 말함.

86. [역주] 제2차 세계대전 중인 1944년 7월 미국 뉴햄프셔주 브레튼우즈(Bretton Woods)에서 맺은 협정을 말하며, 이에 의거해서 IMF와 IBRD가 창설되어 전후의 국제통화제도와 경제체제 및 무역 확대의 기초가 됨.

economy)에 대한 애덤 스미스의 생각들을 진정으로 읽고 수용했었다면, 그들은 그러한 문제들을 완화할 수 있었을 것이다'라고 생각할 수 있다. 우선, 밀턴 프리드먼(Milton Friedman : 1912~2006년, 미국의 경제학자로 1976년에 노벨 경제학상을 수상함)은 1953년에 쓴 매우 영향력 있는 에세이인 "실증경제학의 방법론"(The Methodology of Positive Economics)[87]에서 '과학으로서의 경제학'을 비판하는 사람들에게 다음과 같이 도전장을 내밀었다:

> "어떤 한 이론(a theory)의 '가정들'(assumptions)에 대해 제기할 수 있는 적절한 질문은 가정들이 기술적(記述的)으로 '현실적인지'(realistic)의 여부가 아니라(이는 가정들이 결코 현실적이지 않기 때문임) 가정들이 당면한 목적에 대한 '매우 좋은 근사치'(good approximation)인지의 여부이다. 그리고 이 질문은 '그 이론이 작동하는지', 즉, '그 이론이 정확한 예측(accurate predictions)을 제시해 주는지'의 여부를 확인함으로써만 대답할 수 있다."

프리드먼의 이러한 도전은 경제학에 대한 자신의 원대한 기대를 나타냈으나, 많은 경제학자가 최근 쓰라린 경험을 통해 경제학의 '예측 한계'(predictive limitation)를 다시 한번 발견했다. 그러나 프리드먼의 도전(즉, 이론의 정확한 예측력)은 시장의 세부 사항을 조사할 필요성으로부터 주의를 돌리는 효과가 있지만, 경제학자들과 정책 입안자들이 2008년 이전에 집단적으로 실패한 테스트이기도 하다.

이와 대조적으로 애덤 스미스는 시장들에 대해 '하나 이상의 이론'을 가지고 있었다. 애덤 스미스는 『국부론』 제2권에서 화폐와 자본에 대해 논의하면서

87. **[원문]** Milton Friedman, "The Methodology of Positive Economics", *Essays in Positive Economics*, University of Chicago Press, 1953.

(앞에서 언급했듯이) 1772년 에어은행(Ayr Bank)[88]의 붕괴 원인에 대해 자세히 분석했다. 여기서 애덤 스미스는 다음 사항들에 주목하였다. 즉, ① 위험한 대출에 대비하여 준비금을 신중하게 보유해야 할 필요성, ② 고객의 신용도를 판단할 수 있도록 자신의 고객을 잘 아는 것의 중요성, ③ 시장에서의 과장(誇張 ; [역주] 예를 들면, 버블이나 광기 등)이 사람들의 감정에 미치는 영향, ④ 1770년대 초 시장 과장(誇張)으로 인한 환어음의 계산과 발행의 급속한 가속화, ⑤ 이러한 호황 시장과 실제적이고 생산적인 투자의 분리, ⑥ 환어음의 발행을 억제하기 위한 시도들에 맞선 대출자들과 '발기인들'의 저항과 공개 로비, ⑦ 에어은행의 이러한 거래들이 국가의 기본 경제에 미치는 비참한 영향, ⑧ 호황에 뒤이어 나타나는 불황을 확대시키는 효과 등에 주목하였다. 흥미롭게도 이들 각각은 '2008년 금융붕괴'에 대한 본서의 분석과 직접적인 대응 관계가 있다.

그러한 논의 과정에서 애덤 스미스는 그가 선호하는 "자연적 자유 체계"(natural system of liberty)가 '모두에게 자유(free-for-all)를 허용하지 않는다'는 점을 분명히 했다. 애덤 스미스는 그렇게 명시함으로써 자신의 저서들에서 정교하게 만들어 낸 '보이지 않는 손(invisible hand) 이론'의 한계를 보여주었다. 특히 애덤 스미스는 다음과 같이 '자유방임주의(laissez-faire)를 옹호하는 듯한 주장'을 품고 있었던 것처럼 보인다 :

> "① 민간인들이 어느 한 은행가가 발행한 약속어음(그 금액이 크든 작든 간에)을 받을 의사가 있을 때 그 수령을 '제한'하거나, ② 어느 한 은행가가 그의 모든 이웃이 약속어음을 기꺼이 받을 의사가 있을 때 그러한 약속어음을 발행하는 것을 '제한'하는 것은 '자연적 자유'에 대한 명백한 위반이다. 자연적 자유를 침해하는 것이 아니라 그것을 '지원'하는 것이 법의 고유한 업무이

88. **[역주]** 본사(本社)가 스코틀랜드 에어(Ayr) 지역에 있었던 은행을 말함. 1769년 11월에 문을 열었으나 1772년에 문을 닫았다.

기 때문이다."

그러나 애덤 스미스는 그러한 주장을 거부하였으며, 그의 거부 조건은 다음과 같이 단호하고 선견지명을 내포하고 있었다:

"이러한 '규제(제한)들'은 틀림없이 어떤 면에서는 '자연적 자유'의 침해로 간주될 수 있다. 그러나 사회 전체의 안전을 위태롭게 할 수 있는 '소수의 개인을 위한 자연적 자유'의 행사는 가장 자유롭고 가장 전제적인 정부를 포함하여 모든 정부의 법에 의해 제한되어야 하고, 마땅히 그래야만 한다. 이웃으로 화재의 번짐을 막기 위해 경계벽(party walls)[89]을 건설해야 하는 의무는 자연적 자유를 침해하는 것이다. 그러한 의무는 (여기서 제안된) 은행 거래의 규제들과 정확히 같은 종류이기 때문이다."

다만 우리는 2008년에 그러한 '경계벽'이 존재하지 않았다는 사실을 아쉽게 생각한다.

89. [역주] '경계벽'이란 서로 접하는 다른 소유권과 점유권을 갖는 두 개의 건축물 사이의 벽을 말함.

제3부 애덤 스미스의 영향

제9장 자본주의와 그 불만들 / **제10장** 상업사회의 도덕적 기초

제9장 자본주의와 그 불만들

본격적인 서술에 앞서 현대 미국의 네 가지 스냅샷[1]을 묘사해 보기로 하자.

첫째, 2004년에 미국 기업들이 치열한 로비활동을 벌인 후 미 의회는 기업들이 '역외 소득'(offshore income)을 통상적인 35%의 세율이 아닌 5.25%의 아주 낮은 세율로 본국(미국)으로 송금할 수 있도록 허용하는 법률안을 통과시켰다. 이 법률안은 '고용 및 투자 증대'를 촉진하기 위해 고안된 것으로 여겨지며, 특히 자사주 매입(share buyback)[2]이나 경영진 보상을 위해 자금을 사용하는 것을 법으로 명백히 금지하였다. 실제로 미국경제연구소(National Bureau of Economic Research : 미국의 대표적인 민간 경제연구기관으로 'NBER'이라는 약칭으로 불림)의 연구 결과[3]에 따르면 이러한 법률안은 미국의 고용 및 투자 또는 연구개발(R&D)에 실질적인 영향을 미치지 못했던 것으로 나타났다. 그러나 실제로 그 법률안이 한 일은 843개의 미국 기업들이 약 3,620억 달러를 본국으로 송금할 수 있도록 해주었다. 이 금액은 통상적인 세금 비용(tax cost)의 1/6 미만 수준이었다. 송금된 1달러의 62~90%가 주주들에게 지급되었다. 어떤 추정치에 따르면 이 법률안 통과를 위한 로비활동에 투입된 비용으로부터 얻은 수익률이 무려 22,000%에 달했으며, 이는 로비에 지출된 1달러당 얻은 이익이 220달러였음을

1. **[역주]** '스냅샷'(snapshot)이란 '시사적인 인물이나 사건을 순간적으로 찍은 장면'을 말함.
2. **[역주]** '자사주 매입'(Buyback)이란 회사가 자기 회사의 주식을 주식시장에서 사들이는 것을 말함.
3. **[원문]** '2004년 자사주 매입'에 대한 NBER 연구 결과는 다음 문헌을 참조하기 바람 : Dhammika Dharmapala, C. Fritz Foley and Kristin J. Forbes, "Watch What I Do, Not What I Say : The Unintended Consequences of the Homeland Investment Act", MIT Sloan Research Paper No. 4741-09(이 논문은 SSRN에서 볼 수 있음 : https://ssrn.com/abstract=1337206).

의미한다.

둘째, 1980년에 미국인의 상위 1%[4]는 미국 연간 총소득(즉, GDP)의 10%를 차지하였다. 2014년에는 그 비율이 20%에 이르렀다.

셋째, 2015년에 이례적으로 광범위한 전국 표본 조사[5]에서 미국인의 79%가 미국 정부가 "자신들의 이익만을 생각하는 소수의 거대 이익집단들([역주] 즉, 부유한 사람들과 대기업들)에 의해 운영된다"라고 믿고 있는 것으로 나타났다. 그러나 1964년에는 그 비율이 29%에 불과하였다. 거의 2대 1의 비율로 미국인들은 "부자들과 대기업들이 선거 과정에 미치는 영향력 때문에 자신의 투표가 중요하지 않다"라고 믿었다. 또한 미국의 민주당원들과 공화당원들의 대다수는 "미국의 경제시스템이 ① 부당하게 부자들에게 유리하며, ② 부자들과 대기업의 이익에 '아주 잘' 또는 '다소 잘' 부합한다"라고 주장했다.

마지막으로, 2016년 '맥커천(McCutcheon) 대 미국 연방선거관리위원회[6] 소송'[7]에서 미국 대법원은 의회에서 통과된 어떤 법률(선거자금법)을 5 대 4의 다수결로 위헌(違憲)이라고 판결했다. 이 법률은 하나의 선거 기간 동안 한 사람이 모든 연방 후보자와 정당위원회에 기부할 수 있는 총금액을 제한했기 때문이다.

---

4. **[원문]** 이에 관해서는 공신력 있는 World Wealth and Income Database(www.wid.world)를 참조하기 바람.
5. **[원문]** 'National Attitudes Survey'에 관해서는 다음 문헌을 참조하기 바람 : Robert P. Jones, Daniel Cox, Betsy Cooper and Rachel Lienesch, "Anxiety, Nostalgia and Mistrust : Findings from the 2015 American Values Survey", Public Religion Research Institute, 2015 : http://www.prri.org/wp-content/uploads/2015/11/PRRI-AVS-2015-1.pdf.
6. **[원문]** *McCutcheon v. Federal Election Commission*, US Supreme Court (12-536), 2 April 2014.
7. **[역주]** 이 사건은 선거 자금 조달에 관한 미국 대법원의 기념비적인 판결이다. 미국 연방대법원은 앨라배마주의 사업가 션 맥커천과 공화당 전국위원회가 연방선거관리위원회(FEC)를 상대로 제기한 소송에서 슈퍼팩(Superpac)의 기부총액 제한을 폐지했다. 당시 대법원은 한 개인이 후보나 정당, 슈퍼팩에 낼 수 있는 정치 후원금 총액을 2년간 12만 3,200달러(약 1억 4,000만 원)로 제한한 연방 선거법 조항에 대해 5대 4로 폐지 결정을 내렸다.

당시 로버츠(Roberts) 대법원장은 자신의 주요 의견을 마무리하면서 에드먼드 버크(Edmund Burke : 영국의 정치가·사상가·휘그당의 영수(1729~1797년)) 못지않은 권위를 뽐내며 버크의 유명한 말을 다음과 같이 인용했다. 즉, 버크는 오래전에 대표자(의원)는 “자신의 유권자들과 가장 친밀하게 연합하고, 가장 긴밀하게 서신 왕래하고, 가장 거리낌 없이 소통해야 한다”[8]라고 말했다. 그러나 아쉽게도 로버츠 대법원장은 다음 두 가지 사항을 언급하지 않았다. 첫째, 버크는 “선거 기부자들”과 “유권자들”을 동일시하는 것을 결코 받아들이지 않았을 것이며, 실제로 버크 자신은 삶의 대부분을 심각한 부채 상태에서 살았다. 이는 부분적으로 버크가 금전적 유인들을 받아들이려 하지 않았기 때문이다. 둘째, 맥커천 소송은 정확히 어떤 대표자(의원)의 지역구 외부에서 온 기부금과 관련된 것이었으며, 그 결과 자신의 지역구 유권자들과는 아무런 상관이 없었다. 이 소송에 대해 브라이어(Breyer) 대법관은 반대 의견을 주도하면서 다음과 같이 자신의 결정을 말했다: “오늘의 위헌 결정은 한 개인이 어떤 정당이나 후보자의 선거운동에 수백만 달러를 기부할 수 있도록 하게 만드는 심각한 허점을 초래할 것이다. ‘시민연합(Citizens United) 대 연방선거관리위원회[9] 소송’과 함께 … 오늘의 결정은 미국에서 선거자금법을 폐지하고, 그 법이 해결하고자 했던 민주적 합법성과 관련된 중대한 문제들을 다룰 수 없게 하는 역사적 유물을 남길 것이다.”

---

8. **[역주]** “Certainly, it ought to be the happiness and glory of a representative to live in the strictest union, the closest correspondence, and the most unreserved communication with his constituents” : Edmund Burke, *Speech to the Electors of Bristol*, 3 November 1774.

9. **[원문]** *Citizens United v. Federal Election Commission*, US Supreme Court (08-205), 24 March 2009.

1. 규제, 지대 뽑아내기(추출) 및 주기적인 위기

현대 사회에서 정치적 로비, 반경쟁적 규제, 과도한 임원 급여, 불평등 심화 및 대중의 신뢰 상실 등이 만연해 있음을 알 수 있다. 많은 사람은 이러한 유독성(有毒性) 요인들의 결합을 '시장 시스템의 자연스러운 결과'라고 생각할 것이다. 또한 이러한 견해에 따르면 자유무역(free trade)은 '보편적 이익'(general benefit)을 가져다주기는커녕 경제적 불평등을 악화시키는 역할을 할 뿐이며, 자본주의 자체는 부패와 탐욕을 조장하는 경향이 있다. 이러한 경향은 점점 더 '글로벌화된 세계'에서 더욱더 커질 것이다. 여기서 '글로벌화된 세계'(globalized world)란 ① 자본이 유동적이며, ② 기업들은 다국적(多國籍)이며 조세 납부처(納付處)를 효과적으로 선택할 수 있고, ③ 노동력은 노동자의 권리나 노동조합의 보호가 거의 없는 저비용 지역이나 국가들에서 조달하며([역주] 이를 '옵쇼어링'(offshoring)[10]이라고 함. 즉, 기업의 생산 기지 해외 이전), ④ 부자들은 자유로이 이동할 수 있고, 또 자신들이 적합하다고 생각되는 지역으로 이주할 수 있는 세계를 말한다. 또한 글로벌화된 세계는 '새로운 글로벌 가치 시스템'(emergent global value system)을 가져다준다. 새로운 글로벌 가치 시스템은 물질적 성공을 찬양하고, 국가의 문화와 지역적 가치 및 제도를 암묵적으로 멸시한다. 최근 토마 피케티(Thomas Piketty)는 자신의 저서인 『21세기 자본(Capital in the Twenty-First Century)』에서 지난 30년 동안 '자본과 노동에서 발생하는 경제적 수익률(economic returns) 간의 불균형'이 두드러졌다고 주장했다. 그러나 이 책의 엄청난 성공은 우리가 느끼는 훨씬 더 깊고 더 넓은 불안감(不安感)의 한 가지 징표에 불과하다. 그러나 경제학과 금융시장에서와 마찬가지로 일부 사람들은 더 나아가 '자본주의의 이러한 실패들에 대한 궁극적인 책임'을 애덤 스미스

---

10. **[역주]** '옵쇼어링'은 아웃소싱의 한 형태로서 기업들이 경비를 절감하기 위해 생산·용역, 그리고 일자리를 해외로 내보내는 현상을 말함.

에게 돌리려 한다. 그렇다면 애덤 스미스(1723~1790년)와 그의 사상이 (그의 사후 200년 이상이 지난) '21세기 초'에 등장한 글로벌 포퓰리즘과 엘리트들에 대한 반항이 일어난 원인의 중심이란 말인가?

마땅히 '은행 시스템의 과도한 이익 추구'에 특별한 관심이 집중되어 왔다. 영국의 저명 금융 평론가인 마틴 울프(Martin Wolf)[11]의 말에 따르면 "은행업(banking)은 비(非)효율적이고, 고(高)비용적이고, 이해 상충으로 가득 차 있고, 비윤리적인 행동을 하기 쉽고, 특히 거대한 위기들을 초래할 수 있다."[12] 국제 은행업의 세계는 '반(半)카르텔'(semi-cartel)로 운영된다. 왜 그런가? 불법 행위와 남용을 방지하기 위해 고안된 각종 규제(規制)가 ① 경쟁을 제한하고, ② 기존 은행들을 지원하고, ③ 신규 진입자들을 저지하는 데 사용되기 때문이다. 이와 같이 은행업은 분명히 엄청난 양의 새롭고 점점 더 복잡해지는 규칙들(또는 규제들)을 바탕으로 번창한다. 이러한 규칙들은 내부자들이 악용(惡用)할 수 있는 힘과 정보의 비대칭성을 초래한다. 은행들은 ① 새로운 규제에 반대하는 로비를 펼쳤을 뿐만 아니라, 다른 한편으로는 ② 그 규제를 자신의 이익을 위해 악용하는 데 능숙하다는 점도 보여주었다. 반면에 관료들과 정치인들은 '주기적인 위기들'에 쉽게 노출되는 것으로 알려진 은행 산업의 '규제를 완화'하는 데 (좋게 말해서) 놀라울 정도로 '순진'하였다.

이러한 경향은 오히려 2008년 금융위기 이후에 크게 악화되었다. 몇 가지 예를 살펴보기로 하자. 우선, 1988년에 발행된 '바젤 I(Basel I) 규정집'[13]은 그 분

---

11. **[역주]** 마틴 울프(Martin Wolf)는 영국의 세계적인 금융 경제지인 '파이낸셜 타임스'를 대표하는 간판 수석 칼럼니스트로서 국제 금융시장과 각국의 금융정책에 영향을 미칠 정도로 권위를 인정받고 있다.

12. **[원문]** '영국 은행업의 비효율성과 이해 상충'에 대해서는 다음 문헌을 참조하기 : ① Martin Wolf, "Good news—fintech could disrupt finance", *Financial Times*, 8 March 2016 ; ② Andy Haldane, "Finance Version 2.0?", Bank of England/London Business School, 2016.

13. **[역주]** 'BIS 자기자본비율'은 금융기관이 다양한 위험(risk)에 대응하기 위해 충분히 자본을 보유하고 있는지 판단하기 위한 지표임. 이는 현재 금융기관이 보유한 위험가중자산에 대한 자기자본의 비율

량이 30페이지에 불과하였다(바젤 규정집은 국제 은행 자본 요건인 'BIS 자기자본비율'을 관리한다). 2004년에 발행된 '바젤 Ⅱ(Basel Ⅱ) 규정집'은 347페이지로 늘어났다. 2010년에 발행된 '바젤 Ⅲ(Basel Ⅲ) 규정집'은 무려 616페이지에 이르렀다. 다음으로, 미국에서 대공황 이후에 마련된 법안의 핵심 부분인 1933년에 제정된 '글래스-스티걸법'(Glass-Steagall Act : '미국의 1933년 은행법')[14]은 37페이지에 불과하였다. 2010년에 제정된 '도드-프랭크법'(Dodd-Frank Act)[15]은 그 분량이 848페이지 이상이었다. 그러나 이것은 400개 이상의 추가 관련 규정들

로 표시된다. 지금의 BIS 비율 산출 기준을 '바젤 1', 앞으로 새로 도입되는 기준을 '바젤 2'라 부른다. 기존 협약(바젤 1)을 보완해 경영 건전성 유지를 위해 필요한 자기자본 규모 산출에 있어서 통일된 국제 기준을 제시하는 것을 목적으로 한다. 2006년 전 세계적으로 시행될 예정인 '신바젤협약'은 특히 그동안 무시되어온 은행 내부 전산시스템의 오류, 직원들의 부정행위, 예상하지 못한 외부 사고 등으로 인한 금융손실을 반영하는 운영 리스크에 대한 자본금을 적립하도록 요구하고 있다.

14. **[역주]** '글래스-스티걸법'(Glass-Steagall Act)은 미국 의회가 제정한 법으로 공식 명칭은 「1933년 은행법(Banking Act of 1933)」이다. 민주당 상원의원 카터 글래스(Carter Glass)와 민주당 하원의원 헨리 B. 스티걸(Henry B. Steagall)이 공동으로 제안하였기 때문에 통상 '글래스-스티걸법'(Glass-Steagall Act)이라 불린다. 은행들의 고객 자산을 이용한 방만한 투자행위가 1929년의 주가폭락과 그에 이은 금융위기 및 대공황의 원인 중 하나로 지목됨에 따라 '은행개혁'과 '투기규제'를 목적으로 이 법이 제정되었다. 이 법의 핵심 내용은 기존 은행을 상업은행과 투자은행으로 구분하고 이들의 업무를 엄격하게 분리하려는 것이다. 이에 따라 상업은행은 증권의 발행 및 인수가 금지되고 증권 관련 자회사 보유도 금지되었으며, 투자은행은 일반인으로부터 예금을 받을 수 없고, 상업은행과 투자은행 간에 임직원의 겸직이 금지되었다. 또한 이 법을 통해 연방예금보험공사(FDIC, Federal Deposit Insurance Corporation)를 설립하여 연방예금보험제도를 도입하고 금융에 대한 연방준비제도의 통제를 강화하였으며 연방공개시장위원회(FOMC)를 설치하였다.

이 법 시행 이후 미국에서는 상업은행과 투자은행의 영역이 엄격히 분리되어 골드만삭스, 모건스탠리, 메릴린치 등은 투자은행으로 성장했고, JP모건, 뱅크오브아메리카, 시티뱅크 등은 대형 상업은행으로 성장하였다. 이 법에 대해서는 경쟁을 제한하여 금융산업의 비효율성을 초래하였다는 부정적 평가와 수십 년에 걸친 미국 금융시스템의 안정에 기여하였다는 긍정적 평가가 공존하고 있다. 1999년 11월 금융산업 경쟁력 강화를 명분으로 내세운 클린턴 행정부의 정책 기조와 월스트리트 상업은행들의 로비력이 맞물리면서 '상업은행의 증권 관련 자회사 보유' 및 '상업은행과 투자은행의 임직원 겸직'을 허용하는 것을 주요 내용으로 하는 '그램-리치-블라일리법'(Gramm-Leach-Bliley Act)이 제정됨으로써 글래스-스티걸법의 핵심 조항은 폐지되었다. [출처 : 다음 백과 및 한국은행의 경제금융용어 700선]

15. **[역주]** '도드-프랭크법'은 2008년에 발생한 글로벌 금융위기의 재발을 막기 위해 2010년 7월 오바마 정부가 발표한 금융개혁법안을 말한다.

의 제정을 제외한 분량이다. 따라서 추가 규정들을 포함하면 도드-프랭크법은 총 30,000페이지에 달하는 방대한 분량의 규제가 될 것이다. 또한 규제는 이를 관리할 '규제자들'(regulators : '감독자들')을 낳는다. 예를 들면, 영국의 경우 은행 규제자들(감독자들)의 수는 1970년대 후반 이후 무려 40배나 증가했다. 영국은행(Bank of England : 영국의 중앙은행)의 수석 경제학자인 앤디 홀데인(Andy Haldane, 2012)이 지적한 바에 따르면 "1980년에 영국 금융부문에서 일하는 약 11,000명 중 1명이 규제자(감독자)였으나, 2011년에는 금융부문에 종사하는 300명당 1명이 규제자(감독자)였다."[16]

이러한 추세의 영향은 주로 '경쟁을 감소시키고, 비용을 증가시키며, 은행 시스템을 공공의 이익과 더욱 단절시켜' 왔다. 따라서 홀데인(2012)의 연구가 보여주듯이 미국 금융 중개업(즉, 은행업)에 드는 단위 비용은 그동안 기술의 놀라운 발전과 다른 서비스 산업들에서의 막대한 비용 절감에도 불구하고 지난 100년 동안 감소하지 않았다. 영국의 경우 상업은행들[17]은 사업 성장을 지원하는 것과는 거리가 멀며, 은행 대출의 약 10%만이 (상업용 부동산을 제외하고) 기업이나 기업 투자로 간다. 또한 미국의 약 1,000만 가구들과 영국의 150만 성인들은 아직도 은행 계좌가 없는 실정이다. 이러한 상황에서 은행에 대한 대중의 신뢰가 매우 낮은 것은 그리 놀라운 일이 아니다.

은행들과 마찬가지로 대부분의 더 광범위한 금융부문도 마찬가지이다. 더욱이 국제통화기금(IMF)과 기타 기관들에 따르면 '일부 국가들에서 금융부문이 자국의 경제 규모에 비해 "너무 커서" 실제로 경제성장에 해로울 수 있다'라고 시

16. **[원문]** '은행 규제와 규제자들의 증가'에 대해서는 다음 문헌을 참조하기 바람 : Andy Haldane, "The Dog and the Frisbee", Federal Reserve Bank of Kansas City 366th Economic Policy Symposium, Jackson Hole, Wyoming, 31 August 2012.

17. **[역주]** 상업은행(商業銀行)은 상업 및 그 밖의 일반 산업금융을 행하는 은행으로서 주된 업무는 대부 및 할인이다.

사하는 연구가 늘어나고 있다.[18] 이러한 결과에 대해 2012년에 발행된 IMF 보고서는 다음 두 가지 주요 잠재적 원인을 밝혀냈다. 첫 번째 원인은 '대규모 금융붕괴'의 가능성이 증가하는 데 있다. 두 번째 원인은 금융이 지배하는 경제로 인해 '자본이 잘못 배분'(misallocation)되는 데 있다. 왜 그런가? 금융이 지배하는 경제에서 자본이 기업들에 대한 상업적 위험과 보상을 평가하는 데 배분되기보다 '금융시장에서 정보의 차이를 이용하는 데' 더 많이 배분되기 때문이다. 그러나 우리는 이러한 두 가지 요인에 한 가지 더 중요한 관련 요인을 추가할 수 있다. 추가 요인은 바로 더 광범위한 경제에서 은행들이 추구하는 "지대추출"(rent extraction ; 지대 뽑아내기)이다. 즉, 더 광범위한 경제에서 은행들이 각종 규제로부터 추출하는(뽑아내는) '지대'[19]를 말한다. 여기서 '지대'(rent)란 경쟁 시장에서 창출된(얻을 수 있는) 수익을 초과하여 얻는 불로소득(不勞所得)을 말한다. 이러한 은행들의 지대추출은 최근 수십 년 동안 ① 금융부문 전체의 성장과 ② "너무 중요해서 파산할 수 없다"(Too important To Fail)[20]라고 여겨지는 대규모 은행들의 등장으로 인해 가속화되어 왔다. 이러한 은행들은 경제적으로 너무 중요해서 파산하도록 놔둘 수 없기 때문에 납세자들(즉, 공적 자금)로부터 조달된 암묵적인 '구제금융 보조금'(bailout subsidy) 혜택을 받았으며, 그러한 보조금은 실로 막

---

18. **[원문]** '대규모 금융부문이 미치는 효과'에 대해서는 다음 문헌을 참조하기 바람 : Jean-Louis Arcand, Enrico Berkes and Ugo Panizza, "Too Much Finance?", IMF Working Paper, 2012.

19. **[역주]** '지대'(rent, 地代)란 공급이 제한된 토지 및 기타 생산요소의 소유로부터 발생하는 소득을 말함. 토지는 공급이 한정되어 있어 사실상 공급가가 없는 셈이기 때문에 토지에서 발생하는 모든 수익은 지대가 된다. 공급량이 한정된 토지나 기타 천연자연을 소유하는 사람이 얻게 되는 수익을 '지대'라 하는데 좁은 의미로는 토지의 사용료로 사용되지만, 오늘날에는 단기적으로 공급이 고정된 모든 생산요소에서 발생하는 소득을 가리키는 '준지대' 개념으로 확대되었다. 새로운 기계와 설비는 시간이 경과함에 따라 증가시킬 수 있다. 그러나 단기적으로 공급이 고정되어 있기 때문에 일정 기간 동안 준지대를 발생시키게 된다. 특히 독점에 의해 공급이 인위적으로 제한되는 경우라면 준지대는 무한히 지속될 수 있기 때문에 모든 독점이윤은 준지대로 정의된다. [출처 : 다음 백과]

20. **[역주]** 이는 "망(파산)하도록 내버려 두기에는 너무 중요한 기능을 한다"(Too Important To Fail)라고도 표현할 수 있다.

대한 규모에 이르렀다. IMF에 따르면 2013년 미국 주요 은행들이 벌어들인 사실상 모든 수익(약 800억 달러에 달함)은 생산적 활동보다는 '보조금'에 기인한 것일 수 있다. 영국의 경우 납세자들이 은행들에 지급한 '암묵적 보조금' 추정치에 따르면 2009년에는 무려 1,500억 파운드였으며, 2013년에도 여전히 100억 파운드에 이르렀다.[21] 이러한 보조금 수치들은 은행업 부문이 '순 실질적 경제가치'를 거의 또는 전혀 창출하지 못할 수 있음을 시사한다. 또한 은행권의 로비활동은 2008년 금융위기 동안 완화된 신용 기준, 높은 수준의 증권화, 빠르게 성장하는 주택 담보 대출 포트폴리오, 악화된 수익 등과 '상관관계가 있는 것'으로 밝혀졌다. 즉, 신용 기준이 완화될수록, 증권화가 빠르게 진행될수록, 주택 담보 대출 포트폴리오가 급속도로 성장할수록, 수익이 악화될수록 은행권의 로비활동이 증가한 것으로 나타났다. 또한 은행권의 '활발한 로비활동'은 대출 기관들(은행들)로 하여금 (로비활동이 없을 때보다) '더 많은 위험'을 감수하도록 부추길 것이다.[22] 왜 그런가? 대출 기관들은 그들이 파산할 경우 구제금융을 받을 것이라는 믿음 하에 더 큰 사적 이익(즉, 직원 및 기타 내부자들의 이익)을 얻기 위해 '더 많은 위험'을 감수하려 할 것이기 때문이다. 그러나 그러한 로비는 공공복지에 막대한 희생을 가져다줄 것이다.

그러나 '은행들'의 지대추출 능력이 대단하다면 '은행 직원들'의 지대추출 능력도 대단할 것이다. 은행 직원들이 급여와 상여금의 형태로 은행들로부터 지대를 추출할 수 있기 때문이다. 2009년에 발표된 NBER 연구에[23] 따르면 1990

---

21. [원문] '은행들에 대한 암묵적 보조금'에 대해서는 다음 문헌을 참조하기 바람 : ① IMF, *Global Financial Stability Report*, April 2014 ; ② Andy Haldane, 'Who Owns a Company?", Speech at Bank of England, 2015.
22. [원문] '로비활동과 도덕적 해이'에 대해서는 다음 문헌을 참조하기 바람 : Deniz Igan, Prachi Mishra and Thierry Tressel, "A Fistful of Dollars : Lobbying and the Financial Crisis", IMF Working Paper, 2009.
23. [원문] '은행 직원들의 지대와 임금 불평등에 미치는 효과'에 대해서는 다음 문헌을 참조하기 바람 : ① Thomas Philippon and Ariell Reshef, "Wages and Human Capital in the U.S. Financial

년대 후반 이후 미국 금융부문에서 발생한 예상치 못한 높은 임금의 절반 정도가 '지대'(즉, 경쟁 시장에서 받는 금액을 초과하는 소득)로 설명될 수 있다. 이러한 결과는 실업 위험, 임금의 변동성, 교육 등과 같은 요인을 통제하더라도 마찬가지이다. 이러한 불균등한 급여 수준은 소득 범위(분위)의 최상위에서의 임금 불평등에 영향을 미쳤을 것이다. 예를 들면, 미국의 경우 1979~2007년에 임금 근로자의 상위 10분위(十分位, decile)가 총소득에서 차지하는 비중이 28.4%에서 42.6%로 증가하였다. 또한 상위 백분위(百分位, percentile)는 총소득의 2/3(즉, 66% 정도)를 차지하였다. 또한 상위 백분위의 소득의 약 60%가 '금융 서비스 부문에서 일하는 사람들'에게 돌아갔다. 이러한 결과에 따르면, '지대로 인해 증가한 금융부문 전반의 급여와 상여금'을 '유사한 기술을 가지고 다른 산업들에 종사하는 사람들이 받는 급여와 상여금 수준'으로 전반적으로 삭감한다면 아마 은행의 수익성과 주주들에 대한 이익도 변화(감소)할 것이다.

2. 정실[24] 자본주의[25]와 "상업이익"

이제까지 살펴보았듯이 '로비활동 → 지대추출 → 매우 높은 급여 → 불평등 심화'는 그 전개 패턴이나 연관 관계가 분명한 것 같다(즉, 로비활동으로 지대를 추출하여 높은 급여를 받고, 그로 인해 소득 불평등이 심화되기 때문이다). 그러나 이러한 패턴이 은행업 부문에서 특히 분명하게 나타나지만, 우리는 이보다 '더 넓

Industry : 1909~2006", *NBER Working Paper* 14644, 2009 ; ② Brian Bell and John Van Reenen, "Bankers' Pay and Extreme Wage Inequality in the UK", CEPR, 2010.

24. **[역주]** '정실(情實)'이란 '사사로운 정이나 관계에 끌리는 일'을 말함.

25. **[역주]** '정실(족벌) 자본주의'란 한국의 재벌, 일본의 계열(Keiretsu) 등과 같이 족벌 경영과 정경 유착의 경제체제를 말함. 또는 실력이나 입찰이 아닌 족벌에 의한 경영이 이루어지는 자본주의 경제를 말함. 또는 기업의 리더와 정부 관료 사이의 긴밀하고 상호 이익이 되는 관계를 특징으로 하는 경제체제를 말함(an economic system characterized by close, mutually advantageous relationships between business leaders and government officials).

은 그림'을 고려해 보아야만 한다. 그러한 패턴은 소위 '정실 자본주의'(crony capitalism)라는 훨씬 더 일반적인 현상의 극단적인 한 예에 불과하기 때문이다.

그러면 '정실 자본주의'란 무엇인가? 정실 자본주의는 하나의 확정된 정의가 없다. 그러나 우리는 현재의 목적상 '정실 자본주의'를 다음과 같은 두 가지 주요 특징을 지닌 개념으로 편리하게 생각할 수 있다. 첫째는 '기업 활동이 더 광범위한 공익(公益)과의 관계를 상실하거나 종종 공익과 상충(相衝)된다'라는 특징을 가지고 있다. 둘째는 '기업 가치(merit)가 기업 보상(reward)과 분리된다'라는 특징을 가지고 있다. 또한 이러한 특징은 다음과 같이 '문화'에도 영향을 미친다.[26] 즉, 정실 자본주의는 ① 품위, 겸허 및 존중의 가치가 무시되고, ② 단기주의(short-termism)[27]와 빠른 수익이 오랫동안 확립된 규범들—예를 들면, 상호 의무, 공정한 거래 및 정당한 보상 등—을 지배하게 되는 '문화'에 영향을 미친다. 이처럼 '기업들이 보조금을 획득하거나 규제를 유리하게 변경할 목적으로 정부에 로비하기 위해 비교적 적은 금액을 지출함으로써 엄청난 보상을 얻을 수 있음'을 분명히 알 수 있다. 적어도 이론적으로는 일부 로비활동—즉, '영향력 행사'(peddling of influence)와 반대되는 "정보 획득"을 위한 로비활동—은 ① 민주적 과정이나 절차의 중요한 부분이 될 수 있고, 또는 ② 공공정책의 영향을 받을 가능성이 있는 집단들—예를 들면, 기업들, 노동조합들, 자선단체들 등—로부터 반응을 들을 수 있는 직접적인 수단으로서도 그 경제적 가치가 있을 수 있다. 종종 로비활동에 관련된 사람들은 ① 그들 자신의 로비활동이 합법적으로 허용될

---

26. [원문] '은행 문화와 정직성'과 관련하여 어떤 연구에 따르면, 은행 직원들은 평균적으로 다른 부문의 직원들보다 '덜 정직하다'라고 나타나지 않았다. 그러나 은행 직원들의 직업적 역할을 상기해 볼 때 그들은 대조군(비교대상군)의 동료들보다 평균적으로 '훨씬 덜 정직'했다. 그러나 이러한 현상은 다른 산업들에서는 재현되지 않았다. 또한 이와 관련하여 다음 문헌도 참조하기 바람 : Alain Cohn, Ernst Fehr and Michael André Maréchal, "Business Culture and Dishonesty in the Banking Industry", *Nature*, 19 November 2014.

27. [역주] 단기적인 이익만 생각하는 주의를 말함.

뿐만 아니라, ② 다른 로비활동에 대한 '균형추'로서도 적극적으로 필요하다고 주장한다. 일부 사람들은 이보다 더 나아가 ③ '기업 경영진이 주주들의 이익을 위해 이윤을 극대화할 의무가 있다'는 이유로 기업이 합법적 보조금과 정치적 특혜(political favors)를 추구하는(즉, 로비활동을 하는) 것은 도덕적으로 옳다고까지 주장한다.[28]

정실 자본주의는 다음과 같이 '다양한 종류'가 있다.[29] 첫째, "독점 자본주의"(Monopoly Capitalism)다. 독점 자본주의는 19세기 말 미국에서 번창했다. 그 당시 코넬리어스 밴더빌트(Cornelius Vanderbilt : 1794~1877년, 미국의 실업가)와 존 D. 록펠러(John D. Rockefeller : 1839~1937년, 미국의 실업가)와 같은 사람들은 철도와 석유와 같은 신(新)산업들을 "트러스트"(Trust)[30] 형태로 통합하여 막대한 부(富)를 축적할 수 있었다. 트러스트는 여러 시장 내에서 독점 또는 과점 시장 지배력을 행사했다. 그러나 테오도어 루즈벨트(Theodore Roosevelt : 1858~1919년, 미국의 제26대 대통령) 대통령은 '셔먼법'(Sherman Act ; 정확히는 '셔먼 트러스트 금지법')[31]을 사용하여 트러스트를 규제하거나 해체하였다. 둘째, "라이선스 자본주의"(Licence Capitalism)다. 라이선스 자본주의는 1947년 이후 소

---

28. **[원문]** '로비활동으로 얻는 수익'에 대해서는 다음 문헌을 참조하기 바람 : ① "Lobbyists, Government and Public Trust : Promoting Integrity by Self-Regulation", OECD, 2009 ; ② "Money and Politics", *The Economist*, 1 October 2011.

29. **[원문]** '정실 자본주의의 다양성'에 관해서는 Jesse Norman, "The Case for Real Capitalism", Working Paper, 2011(www.jessenorman.com)을 참조하기 바람. 또한 '정실 자본주의의 역작(力作)'을 보려면 Luigi Zingales, *A Capitalism for the People : Recapturing the Lost Genius of American Prosperity*, Basic Book, 2012를 참조하기 바람.

30. **[역주]** '트러스트'(Trust)란 같은 종류를 생산하는 기업이 자유 경쟁을 피하고, 시장 및 이윤의 독점을 꾀할 목적으로 자본을 통해 합동하는 일을 말함. 이는 카르텔보다 결합의 정도가 높으며 가입한 기업체의 독립성은 거의 없으며, '독점적 기업 합동'이라고도 한다.

31. **[역주]** 셔먼법은 '셔먼 트러스트 금지법'(Sherman Antitrust Act)을 말함. 미국에서 국제 또는 주간(州間) 거래를 방해하는 계약·담합·기업 합동을 금지한 미국의 법률로 1890년에 제정되었고, 1937년에 일부 수정되었다.

위 '라이선스 라지'(License Raj)[32]라는 이름 아래 인도에서 번창했다. 인도에서 네루(Nehru : 1947~1964년에 인도 수상을 역임함) 정부와 그 계승자들은 '계획경제'(planned economy)를 수립하려고 시도했지만, 결국 방대한 인허가, 규제 및 관료적 형식주의 등을 통해 경제성장을 억제하고 부패를 조장했다. 인도의 계획경제 체제는 거의 50년이 지난 후에야 마침내 해체되었다.[33] 셋째, "프랜차이즈[34] 자본주의"(Franchise Capitalism)다. 프랜차이즈 자본주의는 1990년대에 러시아에서 번창했다. 소위 '과두 정치가들'(oligarchs)[35]의 세대가 등장하여 국가의 공식 기구와 함께 일하거나 이를 통해 일했다. 이들이 획득한 부(富)의 대부분은 석유와 가스 부문에서 국가가 만들고 국가가 주도하는 수익성 높은 '천연자원 프랜차이즈들'에서 비롯되었다. 넷째, "카키색[36] 자본주의"(Khaki Capitalism)다. 카키색 자본주의는 이집트와 파키스탄과 같은 국가들에 뿌리를 내리고 있다. 이집트와 파키스탄의 경우 군대가 그 자체로 커다란 경제 주체였다. 예를 들어, 이집트에서는 군대가 이집트 경제의 약 10%를 차지한다. 다섯째, "마약 자본주의"(Narco-Capitalism)다.[37] 마약 자본주의는 최근 수십 년 동안 멕시코와 콜롬비아와 같은 국가들에서 목격되었다. 이들 국가에서 마약 거래는 엄청난 불법 이익을 창출했다. 마약 거래가 이들 국가의 지방 또는 지역 경제의 상당 부분을 차지함에 따라 마약 거래는 부패와 돈세탁[38]을 통해 더욱 고착화되었다. 그 결과

32. [역주] '라지'(raj)란 인도어로서 '지배, 통치'를 뜻함. '라이선스 라지'(License Raj)는 영국이 인도를 지배한 기간을 지칭하는 '브리티시 라지'(British Raj)에서 나온 말로 '규제 왕국'으로 해석할 수 있다. '라이선스 라지'(License Raj)의 예로 외환을 저축하고 정부가 허가한 수입에 사용하기 위한 외환을 배정받기 위해서는 허가증이나 라이선스가 필요했다. 이에 대한 논리는 외환을 저축한다는 것이었으나 실제로는 부패를 심화시키는 길이었다.
33. [역주] '라이선스 라지'는 인도에서 1991년에 해체되었다.
34. [역주] '프랜차이즈'란 정부에서 주는 '독점 사업권'을 말한다.
35. [역주] '과두정치(寡頭政治)'란 적은 수의 사람들이 국가의 지배권을 장악한 정치를 말함.
36. [역주] '카키색'(khaki色)이란 누른빛에 엷은 갈색이 섞인 빛깔로 '군복'에 많이 씀.
37. [역주] '마약 자본주의'란 불법 마약 산업에 상당 부분 의존하는 경제체제를 말한다.
38. [역주] '돈세탁(洗濯)'이란 비자금·탈세·뇌물·범죄 따위와 관련된 부정한 돈을 정당한 돈처럼 탈바

이들 국가에서 마약 거래가 더욱 복잡해져서 이를 억압하려는 정부의 노력을 약화시키거나 무력화시켰다.

정실 자본주의의 이러한 유형은 결코 완전하다고 말할 수 없으며, 또한 이러한 유형은 특정 국가나 사회에서 공존(共存)할 수 있다. 마약 자본주의와 같은 일부 정실 자본주의는 불법(不法)이다. 다른 정실 자본주의는 부패할 수 있지만, 실제로 불법은 아니다. 그러나 이러한 정실 자본주의 유형 모두 공통적으로 법이나 법 집행, 시장 메커니즘 또는 문화의 '부재(不在)'를 이용한다. 법이나 법 집행, 시장 메커니즘 또는 문화는 다른 시대와 장소에서 개인의 '자기 부유(富裕)'(self-enrichment : 자신이 잘 살겠다는 욕심) 추구를 제약하는 역할을 하기 때문이다. 따라서 법이나 법 집행, 시장 메커니즘 또는 문화가 '없을 때' 정실 자본주의가 발생한다. 시간이 지남에 따라 승자는 당연히 중요한(영향력 있는, 유력한) 이익집단들이 되고, 이들은 유리한 규제, 보조금 및 느슨한 감독이라는 지대들을 '추출'하기 위해 정부에 영향력을 행사하려고 한다. 다시 한번, 위에서 언급한 동일한 패턴, 즉 '로비활동 → 지대추출 → 내부자들에 대한 매우 높은 급여와 보상 → 종종 경제성장 감소 → 불평등 심화'라는 패턴이 나타난다. 이러한 패턴은 국가마다 그 정도와 효과가 다르다. 일부 국가는 이러한 패턴에 상당히 저항력이 있는 것으로 입증되었고, 다른 국가들은 매우 취약한 것으로 나타났다.

그러나 이러한 패턴을 ① 부문적으로는 은행들과 금융시장에 국한되거나, ② 지리적으로 개발도상국들에 국한된 것으로 간주하는 것은 중대한 실수일 것이다. OECD 연구에 따르면 미국 기업의 로비활동에 대한 지출은 2008년에만 32억 달러로 추산되었다. 또한 이 연구는 어떤 로비집단의 경우 1년에 단 1,100만 달러의 수수료(로비 비용)를 지출하고, 12억 달러의 정부 계약과 고객 지원금을 획득한 것으로 보고하였다. 이는 당해 로비집단이 지출한 1달러당 100달러

꿈하여 자금 출처의 추적을 어렵게 하는 일을 말한다.

이상[39]의 수익을 획득했음을 의미한다.[40] 또한 미국 기업들의 '로비활동의 강도(强度)를 기반으로 한 투자 지수'가 2016년에 18년 '연속 S&P 500 기준'을[41] 능가했으며, 해당 기간 대부분 동안 상당한 수익률을 기록한 것으로 보고되었다. 특히 영국의 경제주간지인 이코노미스트(The Economist)에 따르면 이들의 수익률은 "가장 공격적인 헤지펀드[42]의 수익률과 버금갈 정도이다."

전반적으로 이러한 주장은 분명히 '정실 자본주의의 폐단을 입증하는 증거'이지만, 이는 본서의 범위를 훨씬 넘어서는 문제를 제기한다. 그러한 증거가 애덤 스미스와 관련이 있는가? 애덤 스미스가 우리의 현재 불만의 원인(주범)인가? 애덤 스미스가 '정실 자본주의의 부상(浮上)'에 얼마나 연루되어 있다고 보아야 하는가?

첫 번째로 주목해야 점은 200년 이상에 걸쳐 매우 다른 상황에서 어떤 '의미 있고 가치 있는 판단'을 내리는 것이 어렵다는 점이다. 애덤 스미스는 서구 세계가 '오랫동안 서로 다투는 왕국(王國)들과 공국(公國)[43]들'에서 '세계적으로 경쟁하는 상업국가들이 두드러지게 등장한 근대'로[44] 전환(轉換)되는 시기에 책을

39. **[역주]** 정확히는 1,200,000,000달러/11,000,000달러 = 109달러이다.

40. **[원문]** 이에 대해서는 Trevor Potter, Speech to the Chatauqua Institution (http://www.campaignlegalcenter.org/sites/default/files/Chatauqua%202016%20Final.pdf)를 참조하기 바람.

41. **[역주]** 'S&P 500 기준'은 미국의 스탠더드 앤드 푸어(Standard & Poor)가 작성해 발표하는 주가지수로 '스탠더드 앤드 푸어스 500종 평균 주가지수'를 말함. 미국의 신용평가 회사인 '스탠더드 앤 푸어(Standard & Poor)에서 만든 지수로 500개의 대표 종목을 뽑아 KOSPI지수와 같은 방식인 시가총액법으로 산정한 지수임. 1957년부터 사용되기 시작했으며 다우지수와 함께 미국의 대표적인 주가지수이다.

42. **[역주]** '헤지펀드'(hedge fund)란 국제 증권시장이나 외환시장에 투자해 단기 이익을 올리는 민간 투자 자금을 말하며, 위험성은 높으나 많은 이익을 기대할 수 있는 금융상품으로 운영하는 것이 특징이다.

43. **[역주]** '공국(公國)'이란 유럽에서 '공(公)'의 칭호를 받은 군주가 다스리던 작은 나라를 말하며, 모나코 공국이나 리히텐슈타인 공국을 들 수 있다.

44. **[역주]** 예를 들어, '근대국가(近代國家)'란 중세 말기의 전제(專制) 국가가 붕괴한 후 근대에 성립한 중앙집권국가를 말한다.

셨다. 그 당시에는 다음 두 가지 점이 전혀 분명하지 않았다. 첫째, 애덤 스미스 당시에 '무역'이 '국가 간 상호작용의 주요 방식'으로서 점차 '전쟁'(war)을 대체할 것이라는 점(또는 그 이유)이 분명하지 않았다. 둘째, 경제문제가 점점 더 커져서 ① 이를 이론화하는 기본 용어를 '왕실 정치'(royal statecraft)에서 '정치경제학'(political economy)으로 바꾸는 문제뿐만 아니라, ② 정치경제학을 다시 20세기에 등장한 '정치학'(politics)과 '경제학'(economics)이라는 별도의 분야로 바꾸는 문제도 전혀 분명하지 않았다. 이러한 현상들(즉, 두 가지 분명하지 않은 점)이 바로 애덤 스미스가 그 당시에 이해하고 설명하려 했던 점이다.

게다가 만약 우리가 '자본주의'를 '개방된 시장들'(open markets)과 (독립적인 기관으로 기능하고 자율적인 자본 풀(capital pool : '자본 합동'[45])을 관리하는) '산업 기업들'(industrial corporations)의 결합(結合)으로 생각한다면, 그러한 자본주의는 19세기 후반, 즉 『국부론』이 출간(1776년)된 지 80년 정도가 지난 후에야 생겨났다.[46] "자본주의"(capitalism)라는 용어는 애덤 스미스의 저서들 어디에도 등장하지 않는다. 실제로 애덤 스미스가 '산업화'(industrialization)를 하나의 '경제 현상'(즉, 자본주의)으로 예견하지 못했다는 점은 놀라운 사실이다. 특히 애덤 스미스는 자신의 주변에서 산업화에 대한 몇 가지 초기 조짐이나 실제로 현대 기업의 전신인 '주식회사'(joint-stock company[47])[48]의 등장에도 불구하고 '산업화'를 하나의 경제 현상으로 예견하지 못했다. 그러나 어쨌든 애덤 스미스의 관심은

---

45. **[역주]** 예를 들면, 앞의 역주에서 정의했듯이 '자본에 의하여 합동'하는 기업을 '트러스트'(Trust)라 부름.

46. **[원문]** '현대 자본주의 이전의 무역과 사업'에 대해서는 다음 문헌을 참조하기 바람 : ① Fernand Braudel, *Capitalism and Material Life, 1400~1800*, Weidenfeld & Nicholson, 1973 ; ② Martha C. Howell, *Commerce before Capitalism in Europe 1300~1600*, Cambridge University Press, 2009. 특히 앵거스 매디슨(Angus Maddison)은 "자본주의의 신기원(新紀元)"을 1820년 이후로 추정하였다.

47. **[역주]** 'joint-stock company'는 '합자회사(合資會社)'라고도 불림. 합자회사는 두 사람 이상이 '자본'을 대어 만든 회사를 말한다.

48. **[역주]** '주식회사(株式會社)'는 주식을 발행하여 자본을 조달하는 회사를 말한다.

자본주의를 넘어 '상업사회의 본질과 원인'에까지 미치고 있다.

따라서 우리는 애덤 스미스의 '선견지명'(foresight)이나 우리 자신의 '뒤늦은 깨달음'(hindsight)에 너무 많은 공(功)을 돌리지 말아야 한다. '시장경제'(market economies)와 '시장경제학'(market economics)이 애덤 스미스의 서거 이후 겪은 '모든 우여곡절'에 대해 그를 비난하거나 그의 공이라고 말하는 것은 터무니없는 일일 것이다. 그럼에도 불구하고 이러한 견해들은 세상에 매우 널리 퍼져있고, 노골적으로 표현되고 있으므로 '신중한 성찰과 검토'가 필요하다. 특히 오늘날 간편하고 자극적인 '사운드 바이트'(soundbite)[49]를 믿는 경향이 있는 세상에서는 더욱 그러하다. 모든 성공적인 현대 경제는 정도의 차이는 있지만 '시장경제'이다. 따라서 '시장 시스템이 불평등, 부패 및 비윤리적 행동을 초래하는지'의 여부에 대한 질문은 곧 '현대 상업사회 자체가 합법적인지'라는 핵심 질문을 대변한다. 왜 그런가? 오늘날 '극단적 또는 고착화된 불평등(extreme or entrenched inequality)이 ① 도덕적으로 변명의 여지가 없을 뿐만 아니라, ② 교육 및 직업을 얻을 기회들을 해치고, ③ 경제성장을 감소시키며, ④ 사회적 신뢰를 약화시킨다'라는 증거들이[50] 점점 늘어나고 있기 때문에 더욱 그러하다. 따라서 이러한 핵심 질문을 다룸으로써 우리는 '애덤 스미스'에 대해서 뿐만 아니라, '근본적인 문

49. **[역주]** '사운드 바이트'(sound bite)는 텔레비전 뉴스에서 정치인이나 전문가, 일반 시민 등의 발언을 짧게 따서 내보내는 것을 말함. 정보화 사회로 접어들면서 받아들이는 정보의 양이 많아짐에 따라짧고 간결한 발화를 통해 대중의 마음을 사로잡는 시도가 늘고 있다. 이것을 '사운드 바이트'라 부름. 즉, 정치인이나 미디어가 말하고자 하는 바를 핵심적으로 뽑아낸 짧고 간결한 문장을 말함. 뉴스 프로그램에서 사건을 단적으로 전하는 영상 또는 정치가 등의 발언·소견 따위를 방송용으로 발췌한 간단하고 명료한 말이다. 1980년대부터 방송사들이 뉴스의 흥미성과 속도감을 높이려고 도입했다. 시간과 장소에 관계없이 원하는 사람들과 언제든지 의사소통을 할 수 있는 환경에서 성장한 세대를 일컬어 '사운드 바이트 세대'라고도 한다.

50. **[원문]** '불평등의 부정적 사회 및 경제적 효과'에 관해서는 다음 문헌을 참조하기 바람 : Era Dabla Norris, Kalpana Kochhar, Nujin Suphaphiphat, Frantisek Ricka and Evridiki Tsounta, "Causes and Consequences of Income Inequality : A Global Perspective", IMF Staff Discussion Note, June 2015.

제들 자체'에 대해 더 잘 이해할 수 있고, 또 이들을 어떻게 해결할 수 있는지를 찾을 수 있을 것이다.

이제 도깨비[51]나 캐리커처[52]로서의 "애덤 스미스"가 아니라 '실제 모습'으로서의 애덤 스미스로 시작해 보자. 이제까지 살펴보았듯이 '실제' 애덤 스미스는 ① '이기심(self-interest ; 사익 추구)의 옹호자'가 아니었고, ② '합리적인 행동'(rational behavior)이 오로지 이익 추구에 의해서만 발생한다고 믿지 않았고, ③ '자유방임주의(laissez-faire)[53]의 신봉자'도 아니었고, ④ '친(親)[54] 부자(pro-rich)주의자'도 아니었다. 또한 '실제' 애덤 스미스는 ⑤ 정부의 한계들과 잠재적 남용의 범위 등에 대해 깊이 이해하고 있었지만, '반(反)정부(anti-government)주의자'는 아니었다. 또한 '실제' 애덤 스미스는 ⑥ 모든 시장이 같은 방식으로 움직인다고 생각하지 않았다. 특히 오늘날 일부 금융시장처럼 매우 변동적으로 움직인다고 생각하지 않았다. 또한 '실제' 애덤 스미스는 ⑦ 시장이 국가의 필요성을 없애줄 수 있는 일종의 '자동 조절 시스템'(self-regulating system : 자동 제어 시스템)을 갖추고 있다고 생각하지 않았다. 또한 ⑧ '실제' 애덤 스미스는 자본 축적의 역할과 중요성을 인식했지만, '자본주의 이론가'는 아니다. '실제로' 애덤 스미스는 자본주의의 몇 가지 핵심 특징을 파악하지 못하고 있었다. 예를 들면, 애덤 스미스는 '소비'(또는 소비행위) 그 자체를 칭찬하기는커녕 오히려 그의 저서들과 삶에서 소비(또는 소비행위)를 강하게 비난하였다. 또한 애덤 스미스는 '물질적 성공'을 찬양하기는커녕 사람들이 물질적 성공을 추구함

51. **[역주]** '도깨비'란 동물이나 사람의 형상을 하고서 비상한 힘과 괴상한 재주를 가져 사람을 호리기도 하고 짓궂은 장난이나 험상궂은 짓을 많이 한다는 잡된 귀신을 말함.

52. **[역주]** '캐리커처'란 어떤 사람의 특징을 과장하여 우스꽝스럽게 묘사한 그림이나 사진을 말함.

53. **[역주]** '자유방임주의'란 국가가 국민의 경제활동에 간섭하지 않고 자유 경쟁에 맡겨야 한다는 '경제적 자유주의'를 말함.

54. **[역주]** '친(親)'이란 어떤 명사 앞에 붙어서 '그것에 찬성하는' 또는 '그것을 돕는'의 뜻을 나타내는 말임.

으로써 필연적으로 경제 발전 과정에 얽매이게(종속되게) 하며, 물질적 성공이 인간에게 더 큰 복지(행복)와 자유를 가져다주는 경우에서만 가치가 있다고 보았다. 왜 그런가? 이는 애덤 스미스의 다음 두 가지 믿음 때문이다. 첫째, 애덤 스미스는 '상업사회가 "자연적 자유"(natural liberty, '천부의 자유권')의 발달을 반영하고 도울 수 있다'라고 믿었다. 둘째, 애덤 스미스는 '상업사회가 ① 인간의 복지(행복)와 자유를 번창하게 할 수 있으며, 특히 ② 다른 형태의 정치·경제적 '자주적 조직 결성'(self-organization)[55]의 경우보다 인간의 복지(행복)와 자유를 더 잘 번창하게 할 수 있다'라고 믿었다. 왜 인간의 복지(행복)와 자유인가? '인간의 복지(행복)와 자유'는 애덤 스미스가 상업사회에서 중시한 덕목이기 때문이다.

그러나 애덤 스미스는 또한 ① 상업사회의 강점들과 약점들에 대해서 잘 알고 있었을 뿐만 아니라, ② 상업사회가 "중상주의"(mercantile system)와 "배타적(독점적) 기업 정신"(exclusive corporation spirit)에 취약하다([역주] 즉, 상업사회가 '중상주의'와 '배타적(독점적) 기업 정신'을 초래한다)는 사실도 예리하게 간파하고 있었다. 앞에서 언급한 바와 같이, 애덤 스미스는 독점, 보조금, 관세 및 기타 무역 제한 조치들이 초래하는 부정적인 경제적 효과들에 대해 신랄하게 비판했다. 그러나 애덤 스미스는 또한 '상업이익(商益, mercantile interest)이 보다 일반적으로 더 넓은 공익(公益, public interest)과 충돌할(상충될) 수 있다'라는 점에 대해서도 잘 알고 있었다. 이에 대해 애덤 스미스는 "[그러나] 무역이나 제조업의 특정 부문에 종사하는 '상인들의 이익'은 항상 어떤 면에서 '공공의 이익'과 다르거나 심지어 반(反)하기도 한다"[56]라고 말했다. 상인들은 누구인가? 애덤 스미스에 따르면 상인들은 "자신의 이익이 결코 공공의 이익과 정확히 일치하지 않는 계층

55. [역주] '자주적 조직 결성'의 예로 노동조합 결성을 들 수 있다.

56. [역주] "The interest of the dealers, however, in any particular branch of trade or manufactures, is always in some respects different from, and even opposite to, that of the public."

의 사람들이다. 상인들은 일반적으로 대중을 속이고 심지어 억압함으로써 이익을 얻고, 따라서 많은 경우에 대중을 속이고 억압한다"라고[57] 말했다. 일단 회사들이 설립되면 그들의 이익은 바로 '자신의 생존'을 보장하는 것이므로, 이에 방해가 되는 경쟁과 새로운 회사들의 시장 진입을 필사적으로 억제하거나 저지하려 한다. 회사들의 이러한 행위는 자유로운 경쟁과 진입을 보장하려는 '공익(公益)'에 정면으로 반(反)하는 것이다. 따라서 '자유시장'(free market)은 '기업 자본주의'(corporate capitalism)의 모범이 아니라 정반대가 될 수 있다. 애덤 스미스는 '자유시장'과 '기업 자본주의'가 충돌하는 경우 '시장' 편을 들었다.

더욱이 상인들은 막대한 '정치적 영향력'을 가지고 있으며, 그들은 자신의 이익을 지키고 경쟁을 억압하기 위해 정치적 영향력을 적극적으로 행사한다. 이를 설명하기 위해 애덤 스미스는 '군대의 경우'에 비유하였다. 즉, "군대의 장교들이 똑같은 열의와 만장일치로 (즉, 자신의 정치적 영향력을 사용하여) 병력(兵力) 감축에 반대한다고 가정해 보자. 또한 주요 제조업자들이 (자신의 정치적 영향력을 사용하여) 국내 시장에서 경쟁업자들의 수를 늘릴 가능성이 있는 모든 법률에 반대한다고 가정해 보자. 이 경우 '군대를 줄이려는(병력 감축) 시도'는 어떤 면에서 제조업자들이 우리(소비자들)를 상대로 획득해 놓은 '독점을 줄이려는 시도'만큼이나 위험할 것이다."[58]([역주] 정부가 병력(兵力)을 감축하려 한다면 군대의 장교들은 그들의 정치적 영향력을 사용하여 모두 열렬히 이에 반대할 것이다. 마찬가지로

57. **[역주]** "an order of men, whose interest is never exactly the same with that of the public, who have generally an interest to deceive and even to oppress the public, and who accordingly have, upon many occasions, both deceived and oppressed it." [*The Wealth of Nations* (1776), Book I, Chapter XI, Part Ⅲ, Conclusion of the Chapter, p. 292.]

58. **[역주]** "Were the officers of the army were to oppose with the same zeal and unanimity any reduction in the number of forces, with which master manufacturers set themselves against every law that is likely to increase the number of their rivals in the home market …, to attempt to reduce the army would be as dangerous as it has now become to attempt to diminish in any respect the monopoly which our manufacturers have obtained against us."

정부가 특정 독점을 폐지하거나 감소시키려 한다면 관련 제조업자들은 그들의 정치적 영향력을 사용하여 이에 격렬히 반대할 것이다.) 애덤 스미스는 이러한 '군대에서의 비유'를 사용하여 상인들의 영향력이 '정부 자체를 위협한다'고 주장했다. 즉, "이러한 독점(상인들의 독점)은 일부 특정 상인 집단의 수를 너무 많이 증가시킴으로써 그들은 과도하게 커진 상비군처럼 정부가 감당할 수 없을 정도로 막강해지고, 많은 경우 의회조차 위협한다"라고[59] 주장했다. 이러한 이유로 정치인들과 관료들은 상인들을 '극도의 의심'(extreme suspicion)을 품고 대해야 한다. 이에 대해 애덤 스미스는 "이러한 계층의 사람들(즉, 상인들)이 상업에 관한 새로운 법률이나 규제를 제안하는 경우 정치인들과 관료들은 ① 그 제안을 항상 매우 조심스럽고 주의 깊게 들어야만 하며, ② 오랫동안 가장 꼼꼼하고 가장 의심스러운 주의를 기울여 신중하게 검토한 후에 그 제안을 채택해야만 한다."[60]

애덤 스미스는 특히 "낭비자들(prodigals)과 계획자들"(projectors)[61]을 비난

59. **[역주]** "This monopoly has so much increased the number of some particular tribes of them, that, like an overgrown standing army, they have become of formidable to the government, and upon many occasions intimidate the legislature."

60. **[역주]** "The proposal of any new law or regulation of commerce which comes from this order, ought always to be listened to with great precaution, and ought never to be adopted till after having been long and carefully examined, not only with the most scrupulous, but with the most suspicious attention."

61. **[원문]** 제레미 벤담(Jeremy Bentham)은 1787년 3월 러시아 여행에서 보낸 자신의 『고리대금업 옹호(Defence of Usury)』의 일환으로 쓴 긴 편지에서 애덤 스미스가 "낭비자들(prodigals)과 계획자들"(projectors)에 대해 무시하는 발언을 한 것에 대해 비난했다. 벤담은 이 편지에서 애덤 스미스가 말한 "계획자들"이 (좋은 의미로) 실제로는 혁신(革新)과 개선(改善)을 위한 "모험적인 사람들"(adventurous spirits)이라고 주장했다. 애덤 스미스는 벤담의 편지에 감탄했다고 전해지지만, 에어뱅크(Ayr Bank) 사태를 통해 많은 "계획자"가 그러하지 않았다는 것을 잘 알고 있었을 것이다. 애덤 스미스가 나중에 (계획자의 의미에 관해) 마음을 바꿨다는 직접적인 증거는 없다. 이에 대해서는 『애덤 스미스의 서신(Correspondence of Adam Smith)』, 부록 C를 참조하기 바람. 애덤 스미스의 낭비와 검약(儉約) 간의 대조에 대해서는 다음 문헌을 참조하기 바람 : Craig Smith. "Adam Smith, the Scottish Enlightenment, and "Realistic" Philosophy", INET Edinburgh Conference, October 2017 (www.ineteconomics.org).

하였다. 애덤 스미스는 '계획자들'을 '자신의 허황된 계략으로 가치 있는 투자를 신용에 접근하지 못하게(즉, 신용 대출받지 못하게) 함으로써 공익을 해치는 사람들'이라고 말했다. 그러나 애덤 스미스의 가장 강력한 비판은 물론 '중상주의(mercantile system)의 나쁜 영향들'에 대해 가해졌다. 중상주의는 ① 상품과 자본에 대한 국내 시장들을 왜곡시키고, ② 착취적이고 비효율적인 '식민지 무역'(colonial trade)을 촉진하기 때문이다. 당시 식민지 무역은 특히 '동인도회사'(East India Company)[62, 63]와 그 경쟁사들에 의해 활발하게 이루어졌다. 최악의 경우 중상주의의 교묘한 조작들(즉, 시장 왜곡이나 식민지 무역 촉진)은 재앙이나 다름없었다. 애덤 스미스에 따르면 "몇 년 전[1770년에 있었던] 벵골의 가뭄[64]은 아마

---

62. [원문] '동인도회사와 애덤 스미스의 세계화에 대한 광범위한 양면성'에 관해서는 다음 문헌을 참조하기 바람 : Sankar Muthu, "Adam Smith's Critique of International Trading Companies : Theorizing "Globalization" in the Age of Enlightenment", *Political Theory*, 236(2), 2008.

63. [역주] '동인도회사'는 17~19세기에 동인도(East Indies)와의 무역을 위해 영국·네덜란드·프랑스 등이 설립한 회사를 말함. 17세기 초 영국·프랑스·네덜란드 등이 동양에 대한 독점 무역권을 부여받아 동인도에 설립한 여러 회사이다. 각국의 동인도회사는 동인도의 특산품인 후추·커피·사탕·면직물 등의 무역 독점권을 둘러싸고 경쟁하였다. 이것은 중상주의를 내세운 유럽 여러 나라의 상업 전쟁의 일환을 이루고 있었다. 1602년 설립된 네덜란드 동인도회사는 동인도의 여러 섬을 정복하고 직접 지배 또는 그 지역의 지배 세력을 통한 간접 지배를 했다. 이를 통해 특산품을 강제로 재배하게 해서 사들여 이 땅의 향신료 무역을 독점하였다.

그러나 1652년부터 오랜 기간 영국-네덜란드 전쟁이 계속되었고, 여기에서 심한 타격을 입은 네덜란드가 영국과의 상업 전쟁에서도 지게 되었다. 또 18세기 이후 향신료 무역이 부진하게 되자 네덜란드 동인도회사는 식민지 경영을 주로 하게 되었으며, 1799년에는 영토를 본국 정부에 이양하고 해산하였다. 면직물을 중심으로 한 인도 무역에 주력을 쏟아온 '영국 동인도회사'는 1600년 설립되었으며, 18세기 유럽에서의 영국과 프랑스의 항쟁에 규제되면서 인도에서 '프랑스 동인도회사'(1604년에 설립하여 1664년에 재건함)와 격렬하게 다투게 되었다. 결국, 플라시 전투를 계기로 하여 영국 동인도회사는 인도 무역을 거의 독점함과 동시에 인도의 식민지화를 추진하기 시작하였다. 그 후 사적 독점 상업 회사인 동인도회사에 대해 영국 국내에서 비판이 일어나고, 또 경영난에 빠진 회사가 영국 정부의 원조를 요청하게 되었으므로 1773년 노스 규제법에 따라 본국 정부의 감독 하에 놓이게 되었다. 1833년에는 무역 독점권이 폐지되고, 1858년 세포이의 항쟁이 일어난 뒤에는 인도가 영국 국왕의 직접 통치 하에 들어가게 되어, 동인도회사는 기능이 정지되었다.

64. [원문] *The Wealth of Nations*, IV.5, "Digression Concerning the Corn Trade and Corn Laws", para 6. 또한 기근과 민주주의 간의 관계에 대해서는 다음 문헌을 참조하기 바람 : ① Amartya

도 엄청난 식량부족을 야기시켰을 것이다. [그러나] 동인도회사의 고용인들이 쌀 무역에 부과한 일부 부적절한 규제와 부당한 제한들이 아마도 그 대규모 식량부족을 기근(飢饉)으로 만드는 데 일조했을 것이다"[65]라고 말했다. 여기서 애덤 스미스는 '민주주의 국가에서는 기근이 발생하지 않는다'라는 오늘날 유력한 주장[66]을 이미 오래전에 예견하였다. 왜 그런가? 민주주의 국가에서 정부는 언론의 자유, 대중의 비판, 정치인의 재선(再選) 부담 등의 제약을 받기 때문이다.

그러나 애덤 스미스는 또한 '몽테스키외(Montesquieu, 1689~1755년, 프랑스의 사상가 및 정치 철학자)의 정신'(즉, '법의 정신')에 입각해서 '어떤 국가에서 다양한 경제적 제도들(예를 들면, 상업사회)이 사람들의 '지갑'뿐만 아니라 사람들의 '가치와 도덕성'에도 영향을 미칠 수 있다'라고 주장하였다. 따라서 애덤 스미스는 영국에서 '상업사회'의 출현이 지금까지 몸에 밴 영국인들의 '종속과 복종의 습관'을 억제하는 역할을 했다고 주장했다. 상업사회의 출현이 영국에서 종속과 복종의 습관을 어떻게 억제했는가? 상업사회는 ① 시장 상황(환경)에서 '사회적 관계'를 재정립하였고, ② "끊임없는 전쟁"과 "노예적 종속" 대신에 "자유와 안전"(liberty and security)을 창출해 냈기 때문이다.

애덤 스미스의 경우가 자주 그러하듯이 진실은 여러 면에서 대중적인 캐리커처에 대한 논쟁이라기보다는 캐리커처가 가지고 있는 '명백한 모순'에 있다. 왜 그런가? 자본주의 제도가 본격적으로 출현하기 훨씬 이전인 애덤 스미스 시대에는 일종의 '정실 자본주의'(crony capitalism)가 존재했다. 정실 자본주의는

Sen, *Poverty and Famines*, Oxford University Press, 1981 ; ② Cormac Ó Gráda, *Famine : A Short History*, Princeton University Press, 2009.

65. **[역주]** "The drought in Bengal, a few years ago [in 1770], might probably have occasioned a very great dearth. Some improper regulations, some injudicious restraints imposed by the servants of the East India Company upon the rice trade, contributed, perhaps, to turn that dearth into a famine."

66. **[역주]** 이러한 주장을 하는 대표적인 학자로 아마르티아 센(Amartya Sen)을 들 수 있다.

오늘날과 마찬가지로 정치적 로비, 반(反)경쟁적 규제, 과도한 금융적 수익, 불평등 심화, 대중의 신뢰 상실 등과 관련되어 있었다. 애덤 스미스는 이러한 정실 자본주의를 "중상주의"(mercantile system)라고 불렀고, 동인도회사가 그 대표적 예였다. 애덤 스미스는 중상주의를 수용하기는커녕 가장 격렬하게 비난했다. 글래스고(Glasgow)의 대(大)상인들과의 특별한 우정과 친밀관계를 고려해 볼 때, 애덤 스미스가 그렇게 말하는 데는 어느 정도의 개인적 용기가 필요했을 것이다.

실제로 애덤 스미스는 '정실 자본주의가 무엇인지, 그리고 왜 그것이 기업과 정부 모두에게 피해를 주는지'에 대한 종합적인 분석을 제시한 '최초의 인물'일지도 모른다. 그러한 분석을 통해 애덤 스미스는 세 가지 탁월한 아이디어를 제시한 후, 이를 더욱 다듬고 발전시켜 오늘날까지 지속적인 중요성을 지닌 분석 도구가 되게 했다. 첫 번째는 '지대추구'(rent-seeking)[67]라는 아이디어이다. 여기서 "지대"(rent) 또는 "경제적 지대"(economic rent)는 일반적으로 알려진 '토지나 재산에서 획득하는 지대'—즉, 토지 지대나 재산 지대—와 약간은 관련되어 있지만, 사실상 '완전히 다른 개념'이다. 앞에서 '지대'를 '경쟁 시장에서 얻을 수 있는 수익을 초과해 얻는 불로소득'이라고 정의했다. 그러나 우리는 이러한 정의를 다음과 같이 달리 표현할 수 있다. 이제 지대를 '시장가격(market price : 어떤 상품에 대해 판매자가 시장에서 받을 수 있는 가격)과 판매자가 받아들이려는 최저 가격(lowest price : 어떤 물건에 대해 판매자가 받기를 원하는 최소 가격) 간의 차이'로 정의하기로 하자. 경제이론에 따르면 완전경쟁 시장에서는 ① '대중적으로 확립된 명성'을 가진 브랜드(상표)들이나 제품들이 존재하지 않으며(실제로 그러한 브랜드들은 전혀 존

---

67. **[원문]** 특히 '지대추구'라는 아이디어는 고든 털럭(Gordon Tullock)에 의해 최초로 개발되었다 : Gordon Tullock, "The Welfare Costs of Tariffs, Monopolies and Theft", *Western Economic Journal*, 5(3), 1967. 이 아이디어는 더욱 발전되었고, "지대추구"라는 용어는 1974년에 앤 크루거가 만들었다 : ① Anne Krueger, "The Political Economy of the Rent-Seeking Society", *American Economic Review*, 64(3), 1974 ; ② Roger D. Congleton and Arye L. Hillman (eds), *Companion to the Political Economy of Rent-Seeking*, Edward Elgar, 2015.

재하지 않음), ② 가격 결정에 영향을 미칠 만큼 커다란 시장 영향력을 가진 참여자도 존재하지 않는다. 따라서 경제이론상 완전경쟁 시장에서는 지대는 결코 발생하지 않는다. 사실상 지대는 그 추구자들 간의 치열한 경쟁을 통해 사라진다. 그러나 '현실 세계'에서 성공적인 기업들은 자신의 브랜드 또는 제품의 품질이나 서비스 때문에 시장에서 다른 기업들보다 (지속 가능한 방식으로) '더 높은 가격'(higher price)을 부과할 수 있다. 이를 경제적으로 말하면 그러한 기업들은 '더 많은 지대'(more rent)를 창출했다고 볼 수 있다. 때로는 후버(Hoover : 세계적으로 유명한 진공청소기 상표명)나 제록스(Xerox : 세계적으로 유명한 복사기 상표명)처럼 그 '브랜드(상표)'가 너무 잘 알려져 있어서 이들 브랜드는 심지어 '제품'과 동의어(즉, 후버 = 진공청소기 제품, 제록스 = 복사기 제품)로 기재(記載)되거나 인식된다.

문제는 '기업들이 ① 시장에서의 성과 개선, ② 혁신이나 새로운 브랜드 구축, ③ 제품의 품질이나 서비스 향상 등을 통해서가 아니라 '비경쟁적 수단들'을 통해 자신의 수익을 높이려 할 때' 발생한다. 기업들이 사용하는 비경쟁적 수단들로 어떤 것이 있는가? 비경쟁적 수단들은 ① 기업들 간에 서로 '담합(談合)' 또는 '결탁(結託)'하거나, ② 기업의 특정 목적을 위해 '정치적 영향력'(political influence)을 사용하는 것을 말한다. 후자의 경우 기업들은 ① 부당한 보조금이나 지원금 또는 각종 면제나 공제 혜택을 얻거나, ② 독점력을 구축하거나, ③ 다른 경쟁자들에게 비용을 부과하고 시장 진입 장벽을 설치하기 위해 정치적 영향력을 사용한다. 그러나 애덤 스미스는 그 당시 이와 같은 '경제적 지대 이론'을 알지 못했다. 경제적 지대 이론을 향한 첫 발걸음은 『국부론』(1776년)이 출판된 지 1년 후인 1777년에 애덤 스미스와 동시대 비평가인 제임스 앤더슨(James Anderson : 1739~1808년)이 저술한 한 저서에서[68] 비롯되었다. 그 결과, 애덤 스

68. **[원문]** James Anderson, *An Enquiry into the Nature of the Corn Laws*, 1977. 이 참고문헌을 알려준 존 케이(John Kay) 교수에게 감사를 드린다. 또한 홀랜더(J. H. Hollander)는 다음 논문에서 두 사람(애덤 스미스와 제임스 앤더슨) 간의 관계에 대해 이미 알려진 내용을 요약했다 : J. H.

미스는 기업들이 완전히 합법적인 수단들로 "좋은" 지대들(good rents)을 창출하고, 그로 인해 '지속 가능한 경쟁 우위'를 구축할 수 있는 가능성을 과소평가한 것으로 보인다. 그러나 우리가 앞에서 본 바와 같이 애덤 스미스는 놀랍게도 그 당시의 특별이익집단들뿐만 아니라 지대추구, 담합행위, 로비활동 및 이들의 영향 등과 같은 상호 관련된 문제들을 예리하게 인식하고, 그 특성을 밝혀냈다. 게다가 애덤 스미스가 주장한 '중상주의(mercantilism)와 식민지화(colonization)' 간의 더 넓은 연관성은 대담하면서도 분명하다.

정실 자본주의를 분석하는 데 있어서 두 번째로 중요한 아이디어는 '어떤 시장에서 참여자들 간에 정보와 힘의 비대칭성이 존재할 수 있다'라는 것이다.[69] 우리가 본 것처럼 상인들은 정치인들을 쉽게 속일 수 있다. 애덤 스미스는 '상업 세계에서 보이지 않는 손(invisible hand)이 반드시 모든 시장에서 참여자들이 동등한 경쟁을 하기 위한 조건들을 만들어 내는 역할을 한다'라고 믿지 않았다. 그 대신 애덤 스미스는 '일부 시장 참여자들이 다른 참여자들보다 '불공정한 이점'(예를 들면, 정보 우위)을 이용하거나 획득하려 할 가능성'에 대해 잘 알고 있었다. 또한 애덤 스미스는 ① 상인들의 모임(회합)이 "일반 대중에 대한 음모(陰謀)나 가격을 인상하기 위한 모의(謀議)"[70]로 끝나는 경향이 있음을[71] 강조했을 뿐만 아니

Hollander, "Adam Smith and James Anderson", *The Annals of the American Academy of Political and Social Science*, Vol. 7, May 1896, pp. 85~88. 특히, 애덤 스미스는 앤더슨(J. Anderson)의 비판을 분명히 알고 있었지만, 『국부론』의 나중 판(版)들에서 이를 전혀 언급하지 않았다.

69. **[원문]** '정보와 힘의 비대칭성'에 관해서는 다음 문헌을 참조하기 바람 : Deborah Boucoyannis, "The Equalizing Hand : Why Adam Smith Thought the Market Should Produce Wealth without Steep Inequality", *Perspectives on Politics*, 11(4), December 2013.

70. **[역주]** "the conversation ends in a conspiracy against the public, or in some contrivance to raise prices."

71. **[역주]** "동업자들은 서로 만나는 일이 거의 없지만, 만난다고 하더라도 그들의 대화는 일반 대중에 대한 음모로 끝난다"(People of the same trade seldom meet together, but the conversation ends in a conspiracy against the public).

라, ② 거래 및 상업 '규제들'을 강하게 비난하였다. 거래 및 상업 규제들은 '상인들의 모임(회합)을 용이하게 하는' 실제적인 효과를 가지고 있으며, 그로 인해 시장이 자유롭다면 꾸미기 어려운 "음모들"(conspiracies)을 조장하기 때문이다.

애덤 스미스는 또한 고용주들이나 "주인들"(masters)이 "노동자들의 임금을 현재 수준 이상으로 올리는 대신에 견고하고 균일한 연합(聯合)"[72]을 결성하여 자신의 노동자들과 '불공정한 교섭'(unfair bargain)을 벌일 가능성에 대해서도 잘 알고 있었다. 고용주들은 '밀집되어 있는 집단'(compact group)이지만, 그들이 고용한 노동자들은 '분산되어'(dispersed : 흩어져) 있다. 따라서 "고용주(주인)들은 그 수가 적기 때문에 훨씬 더 쉽게 뭉치거나 연합할 수 있다."[73] 고용주들의 '밀집성'은 고용주들로 하여금 독자적으로 더 많은 임금을 지불하기를 원하는 '변절(배신) 고용주들'을 처벌할 수 있게 해준다. 즉, "고용주들의 밀집된 연합을 위반하는 것은 ① 어디에서나 매우 인기 없는 행동이며, 또한 ② 동료 고용주(주인)들로부터의 비난의 대상이 된다."[74] 마지막으로, 고용주(주인)들은 또한 단기간의 노사분규에서 더 오래 버틸 수 있기 때문에 노동자들에 비해 '더 큰 힘'을 가지고 있다. 즉, "지주, 농부, 지배적인 제조업자나 상인 등은 단 한 명의 노동자도 고용하지 않더라도 대개 이미 취득한 자신의 주식으로 1년이나 2년을 살 수 있다. 그러나 많은 노동자는 고용 없이 일주일을 살 수 없고, 일자리 없이 한 달을 버틸 수 있는 노동자도 거의 없고, 또한 [노동자들은] 고용 없이 거의 1년도 버틸 수 없다."[75] 애덤 스미스는 "장기적으로 ① 노동자의 주인(고용주)이 노동자에게 필

---

72. **[역주]** "a constant and uniform combination, not to raise the wages of labour above their actual rate."
73. **[역주]** "The masters, being fewer in number, can combine much more easily."
74. **[역주]** "To violate this combination is everywhere a most unpopular action, and a sort of reproach to a master among his neighbors and equals."
75. **[역주]** "A landlord, a farmer, a master manufacturer, or merchant, though they did not employ a single workman, could generally live a year or two upon the stocks which they have already acquired. Many workmen could not subsist a week, few could subsist a

요하듯이 ② 노동자도 자신의 주인(고용주)에게 필요할 수 있다. 그러나 [두 경우에 있어서] 그 필요성은 그리 즉각적이지 않다"라고[76] 지적했다. '노동자들이 장기적으로 고용주들에게 필요할 것이다'라는 사실로부터 금전적 가치를 얻을 수 있는가? 노동자들이 장기적으로 고용주들에게 중요하지만, 노동시장의 구조(즉, 노동시장에서 고용주와 노동자 간의 힘의 비대칭성)로 인해 노동자들은 아무런 금전적 가치를 얻지 못한다.

정실 자본주의와 관련하여 세 번째 중요한 아이디어는 오늘날 널리 알려진 '주인-대리인 문제'(principal-agent problem)[77]이다. 경제학에서 주인-대리인 문제는 ① 임무를 수행하는 데 책임을 진 누군가(즉, 대리인)가 이해 상충(conflict of interest ; 이해관계의 충돌)에 직면할 때, 또는 ② 누군가(대리인)가 수행해야 할 임무가 주인이 아닌 바로 자신(대리인)의 판단이나 성과에 의해 영향을 받을 때 발생한다. 애덤 스미스는 동인도회사(East India Company)와 같은 "주식"(joint stock)회사들[78] 간의 차이점을 논함으로써 이 문제에 이르게 되었다. 주

---

month, and scarce any a year without employment."

76. [역주] "in the long run the workman may be as necessary to his master as his master is to him ; but the necessity is not so immediate."

77. [역주] 한 개인 또는 집단이 자신의 이해에 직결되는 일련의 의사 결정 과정을 타인에게 위임할 때 '주인-대리인 관계'가 성립된다. 대리인 관계에 있어 경제 행위를 위임하는 자를 '주인'이라 보고, 위임받는 자를 '대리인'이라고 간주하여 '주인-대리인 관계'라고 칭한다(예, 전문 경영인과 주주 관계). 주인-대리인 관계가 성공적으로 유지되기 위해서는 대리인이 주인과의 계약을 성실히 이행하여야 한다. 또한 대리인이 최선을 다하도록 하기 위해서는 대리인에게 적절한 보상이 지급되어야 하고, 이를 위해서는 대리인의 노력으로 인한 경제적 결과를 정확히 평가할 수 있어야 한다. 그러나 대부분의 대리인 관계는 미래의 불확실한 상황을 대상으로 하여 이루어질 뿐만 아니라, 대리인의 행위 일체를 관찰한다는 것도 현실적으로 거의 불가능하다고 볼 수 있다. 주인의 입장에서 볼 때 대리인이 어느 정도의 불확실한 상황에서 어느 정도의 노력을 기울이고 있는가에 대한 정보는 지극히 한정될 수밖에 없기 때문이다.

78. [역주] ① 주식회사(株式會社)는 주식을 발행하여 자금을 조달하며, 주주는 소유 주식에 따르는 권리와 의무만 가질 뿐, 회사의 채권자에 대해서는 책임지지 않는 회사를 말함. ② 합명회사(合名會社)는 연대 무한(連帶無限)의 책임을 지는 사원만으로 구성되는 회사로 회사의 채무에 대해서 연대 무한책임을 지며, 원칙적으로 사원 모두가 회사의 업무를 집행·대표함. ③ 합자회사(合資會社)는 두 사

식회사는 주식을 거래할 수 있고, 종종 수많은 소극적인 외부 주주들과 파트너십(partnership) 또는 "합명회사들"(copartnery)로 구성되어 있다. 여기서 합명회사의 구성원 또는 주주들은 무한 책임을 지므로 자신의 재산과 훨씬 더 긴밀하게 관련된 특정 회사에 더 큰 이해관계를 가지고 있다. 적어도 이론적으로 주식회사의 이사들은 지금과 마찬가지로 주주들의 '신뢰할 수 있는 대리인들'(trusted agents)이었다. 그러나 주식회사의 이사들은 "자신의 돈이 아니라 다른 사람들(주주들)의 돈을 관리하는 사람들이기 때문에 이사들이 개인 합명회사의 동업자들이 자주 자신의 돈을 감시할 때와 같은 극도의 경계심을 가지고 주주들의 돈을 감시할 것이라고 기대해서는 안 될 것이다." 그 결과 부실한 감시와 저조한 성과가 초래된다. 애덤 스미스는 이에 대해 "주식회사의 이사들은 어느 한 부자의 집사들처럼 '사소한 일들에 신경 쓰는 것'을 주인(주주)의 명예가 아닌 일로 여기는 경향이 있고, 게다가 아주 쉽게 주인(주주)의 명예를 위하는 일에서 벗어나려 한다. 따라서 주식회사의 업무를 관리하는 데 있어서 어느 정도 태만과 낭비가 불가피하게 발생할 것이다"라고 말했다. 또한 애덤 스미스가 『도덕감정론(Theory of Moral Sentiments)』에서 인식했듯이 '회사 내에서의 주인-대리인 문제'와 유사한 현상이 '정부 내'에서도 존재한다. 애덤 스미스는 『도덕감정론』에서 "① 때때로 … [국민(주인)이 아니라 대리인인] 정부의 이익, ② 때로는 [국민(주인)이 아니라] 특정 집단의 이익"이라고 언급하였다. 여기서 특정 집단은 "정부를 압제(壓制)하고, 자국의 실정법(positive law)[79]을 자연적 정의(natural justice : 또는 자연법[80])가 규정하는 것에서 벗어나게 하는 집단"을 가리킨다. 이익집단(interest group)에 대한 현대적 이론과 제임스 뷰캐넌(James Buchanan)과 고든 털럭(Gordon Tullock)

람 이상이 자본을 대어 만든 회사로 무한 책임 사원과 유한 책임 사원으로 조직됨.

79. [역주] 실정법(實定法)은 경험적·역사적 사실에 의해서 성립되고, 현실적인 제도로 시행되고 있는 법을 말함.

80. [역주] 자연법(自然法)은 인간의 본성에 바탕을 두고 때와 장소에 관계 없이 보편타당한 법률을 말함.

이 창시한 "공공선택학"(Public Choice) 이론도 바로 여기에서 비롯되었다. 공공선택학 이론은 정부 자체를 사실상 하나의 '이익집단'으로 여긴다.[81]

그러나 애덤 스미스는 오늘날 우리가 '정실 자본주의'(crony capitalism)라고 간주하는 것을 지지하지 않았다. 오히려 애덤 스미스는 정실 자본주의를 비난하거나 공격하였다. 사실상 애덤 스미스는 정실 자본주의를 공격하는 데에만 그치지 않았다. 더욱이 애덤 스미스는 정실 자본주의를 '상업사회의 병리학'[82]으로서 신랄하게 비판하고, 정실 자본주의에 대한 현대적 접근의 지적 토대를 마련해 주었다. 특히, 오늘날 정치적·경제적 분석의 표준적인 도구가 된 지대추구행위, 비대칭적 시장정보와 힘, 대리인 문제 등에 대한 핵심 아이디어들을 제시해 주었다.

그러나 이보다 훨씬 더 흥미로운 다른 문제(주제)들이 있다. 어떤 문제들이 있는가? 앞에서 우리는 '애덤 스미스가 어떻게 불평등이나 빈곤의 지지자가 아니었는지'를 살펴보았다. 애덤 스미스는 ① 자신의 기억에 남을 만한 문구인 "보편적 풍요"(universal opulence)에서 "풍요"(opulence)보다 "보편적"(universal)을 더 강조했으며, ② 경제학적 이유뿐만 아니라 형평성(equity)의 이유로 '한 나라의 세속적 성공'을 당시의 정설(定說)과 반대로 (낮은 임금이 아닌) '높은 임금'과 결부시켰기 때문이다. 그러나 애덤 스미스의 정설을 타파하는 '혁신적인 생각'은 이보다 훨씬 더 나아가는 것 같다. 애덤 스미스의 혁신적인 생각은 단순히 그가 주창하는 "'자연적 자유의 체계"(system of natural liberty)가 커다란 불평등과 양립할 수 없다'라는 것이 아니라, 오히려 '부(富)의 커다란 불평등이 아예 발생하기 어렵다'라는 데 있다.

---

81. **[원문]** '이익집단으로서 정부'에 관해서는 다음 문헌을 참조하기 바람 : James Buchanan and Gordon Tullock, *The Calculus of Consent*, University of Michigan Press, 1962.

82. **[역주]** 병리학(病理學)은 병의 원인을 탐구하기 위해 병체(病體)의 조직·기관(器官)의 형태 및 기능의 변화를 규명하는 학문을 말함.

우선, 애덤 스미스는 '가장 선진경제들에서 이익을 창출하는 능력은 (사회적 번영이나 쇠퇴가 아니라) '경쟁'에 의해 크게 제약을 받는다'라고 생각하였다. 앞에서 이미 언급했듯이 애덤 스미스에 따르면 "이익율은 지대(토지의 가격)와 임금(노동의 가격)처럼 사회의 번영과 함께 상승하거나 사회의 쇠퇴와 함께 하락하는 것이 아니다. 반면에 이익율은 자연히 부유한 국가들에서 낮고 가난한 국가들에서 높으며, 가장 빨리 쇠퇴하는 국가들에서 항상 가장 높다"[83]라고 언급했다. 이러한 주장은 사실인가? 당시 유럽에서 가장 선진적인 상업경제로 널리 알려진 네덜란드의 경우 "일반적인 순(純) 이익율은 매우 낮을 것이고, 그로부터 얻을 수 있는 일반적인 시장 이자율도 매우 낮아서 가장 부유한 사람들 외에 어느 누구도 자신이 가진 돈으로부터 얻는 이자에 의존하여 살 수 없을 것이다."[84] 따라서 이러한 경제에서 자본의 대규모 집중이 발생하기 어려울 것이다. 특히 '경쟁이 덜하고, 더 정실주의적인 경제'(예를 들면, 18세기 프랑스 경제의 경우)에 비해 이러한 경제에서 자본의 대규모 집중이 덜 발생할 것이다. 더욱이 이러한 문제와 관련하여 애덤 스미스가 선호하는 주장은 '조세제도'를 통해 가난한 사람들에게 유리하고 부유한 사람들에게 불리하게 공공 수입(收入)을 재조정하는 것이었다. 이러한 주장은 경제적 생산성과 공평성(형평성)이라는 경제학 특유의 이유에 바탕을 두고 있다. 특히, 애덤 스미스는 "집세(house rent)에 대한 세금은 … 일반적으로 부자들에게 가장 무겁게 부과되어야 한다"[85]라고 주장했다. 그러나 이 사실은 부자들에게 불리하게 작용하지 않는다. 오히려 그 반대이다. 애덤 스미스는

---

83. [역주] "The rate of profit does not, like rent and wage, rise with the prosperity, and fall with the declension of the society. On the contrary, it is naturally low in rich, and high in poor countries, and it is always highest in the countries which are going fastest to ruin."

84. [역주] "The ordinary rate of clear profit would be very small, so the usual market rate of interest which could be afforded out of it, would be so low as to render it impossible for any but the very wealthiest people to live upon the interest of their money."

85. [역주] "A tax upon house-rents … would in general fall heaviest upon the rich."

"부자들이 그들의 수입(收入)에 비례해서 뿐만 아니라, 그 비율 이상으로 공공 경비에 기여해야 한다는 점은 그다지 불합리하지 않다"라고 말했다.[86] 마찬가지로 애덤 스미스는 "부자들보다 가난한 사람들에게 훨씬 더 무겁게 부과되는" 세금들을 비난하였으며, 또한 가난한 사람들이 그들의 제한된 소득으로 구매해야만 하는 '필수품들'에 대한 세금에는 반대했다.

그러면 '기존의' 자본이나 부(富)의 집중은 어떠한가? 애덤 스미스의 견해는 '현실주의적 측면'과 '원리적 측면'을 동시에 가지고 있다. 왜 그런가? 애덤 스미스의 경우 약간의 불평등은 ① '잉여 농산물의 출현'(현실주의적 측면)과 ② 상업사회를 지탱하는 '사유 재산권 발달'(원리적 측면)의 불가피한 결과라고 생각했다. 그러나 애덤 스미스는 불평등의 지지자가 아니었다. 애덤 스미스는 모든 시대의 부자들이 허영심(vanity)과 자기애(self-love)를 통해 그들의 재산을 낭비하는 경향이 있다고 보았다. 그러나 우리가 앞에서 보았듯이 애덤 스미스는 또한 '장자상속(primogeniture)과 한사(限嗣)상속'(entails)[87]을 비난하였다. 영국에서 이들 두 상속제도는 시간이 지남에 따라 부(富)를 보존하고 집중시키는 효과가 있기 때문이었다. 애덤 스미스에 따르면 이들 제도는 토지의 생산적인 사용을 저해하는 봉건체제의 바람직하지 못한 잔재들이었다. 마찬가지로 애덤 스미스는 '상속세'(inheritance tax)의 가치를 잘 인식하였다. 상속세는 더 광범위하고, 더 공정하고 더 생산적인 소유권을 장려하기 때문이다. 따라서 애덤 스미스의 이러한 견

---

86. [역주] "It is not very unreasonable that the rich should contribute to the public expense, not only in proportion to their revenue, but something more than in that proportion.

87. [역주] 각각 가문의 재산이 흩어지고 처분되는 것을 막기 위해 장남에게 상속하고, 부동산을 처분하지 못하도록 제한된 상속제도를 말함. 부동산을 1명의 상속인에게만 양도하는 것에 관해서는 '장자상속'(長子相續, primogeniture)의 관행이 영국 역사의 대부분의 기간 동안 상속법을 지배했다. 이 제도는 보통 귀족이 가문의 재산을 온전히 유지하는 수단으로 이용한 것이었기 때문에, 상속인이 부동산을 배분하거나 달리 처분하는 것을 금지하는 '한사상속'(限嗣相續, entails) 제도가 확립됨에 따라 토지는 가문에 존속되었다. 그러나 이 관행은 그 경직성과 경제적 비효율성으로 인해 근대에 와서 완전히 붕괴되었다.

해들은 영국 사회의 계급 구조에 대한 신랄한 비판에 해당한다.

그러므로 애덤 스미스가 막연히 '정실 자본주의의 창시자'라고 주장한다면 이는 크게 잘못된 것이다. 사실상 애덤 스미스는 "자유의 자연적 진보"(natural progress of liberty)를 바탕으로 경제를 인식하였는바, 이는 '이상주의적 비전'(idealistic vision)이다. 애덤 스미스의 이러한 이상주의적 비전은 "오세아나(Oceana)[88]나 유토피아(Utopia)가 영국에서 건설될 것이라고 기대하는 것만큼이나 터무니없다."[89] 또한 애덤 스미스의 이상주의적 경제 비전은 특히 사람들이 부(富)를 대규모로 축적하지 못하게 한다. 왜 그런가? ① 이익은 경쟁을 통해 사라지고(competed away), ② 임금이 높고, ③ 토지가 널리 분배되고, ④ 상속재산은 공유되고, ⑤ 세금은 공평하게 부과되더라도 원칙적으로 부담이 될 수 있기 때문이다. 한편, 정부는 교육을 지원하고, 공공사업들을 개선하며, 시장 조작과 지대착취를 방지하는 등의 기능을 수행한다. 이러한 정부 활동들은 다양한 유형

---

88. [역주] '오세아나'는 제임스 해링턴(James Harrington : 1611~1677년)이 1656년에 출판한 *The Commonwealth of Oceana*(오세아나 공화국)에 나오는 이름임. 해링턴은 『오세아나 공화국』에서 다수 인민이 공평한 토지 소유로 인해 진정한 주권자가 되는 공화국은 재산의 균형 위에 수립됨으로써 안전하고 완전한 공화국이 될 것이며, 이와 함께 직접 민주적인 아이디어 즉, 공직의 순환적 교체의 중요성을 강조했다. 『오세아나 공화국』(1656년)은 체제의 안정과 혁명에 대한 아리스토텔레스의 이론을 다시 기술한 책이다. 『오세아나 공화국』은 해링턴의 이상적 국가관(제한되고 균형 잡힌 권력을 가진 귀족정치)을 제시하고 있다. 해링턴은 강력한 중산계층이 존재할 때 민주주의가 가장 안정될 수 있으며, 경제력과 정치 권력이 분리되면 혁명이 일어난다고 믿었다. 이런 믿음은 특히 미국 대통령 토마스 제퍼슨의 민주적 토지 균분론과 시어도어 루스벨트, 우드로 윌슨 대통령의 트러스트 규제 정책에 영향을 주었다. 그의 사상은 성문헌법, 양원제, 대통령 간접선거제 같은 미국의 정치제도에 부분적으로 영향을 미쳤다. 해링턴은 공화주의에 동조했지만, 찰스 1세의 헌신적인 친구였고, 영국 내란이 진행 중이던 1649년 찰스 1세가 처형당하기 직전에 잠시 감옥에 갇히기도 했다. 해링턴은 왕정복고 후 왕위에 오른 찰스 2세에 대한 반역 음모를 꾸몄다는 혐의로 1660년대 초에 투옥되어 육체와 정신의 건강이 회복될 수 없을 만큼 악화된 후에야 석방되었다.

89. [역주] "사실상 거래의 자유가 영국에서 완전히 회복되리라고 기대하는 것은 오세아나나 유토피아가 영국에서 절대 건설되지 않을 것이라고 기대하는 것만큼이나 터무니없다"("To expect, indeed, that the freedom of trade should ever be entirely restored in Great Britain, is as absurd as to expect that an Oceana or Utopia should never be established in it").

의 정실 자본주의가 아니라, 오히려 정실 자본주의의 '해독제'이다.

3. 자본주의와 평등

애덤 스미스와 그의 사상에 대해 더 잘 이해하려면 단순히 '애덤 스미스에 관한 일부 터무니없는 주장들'을 반박하는 것만으로는 결코 도움이 되지 않는다. 애덤 스미스와 그의 사상에 대한 이해는 다음 세 가지 측면에서 매우 중요하다. 우리는 애덤 스미스와 그 사상에 대한 더 나은 이해를 통해 ① 현대 시장경제의 성과들을 재검토하고, ② 애덤 스미스 사후에 전개된 자유무역에 대한 논쟁들을 조사하고, ③ 오늘날 정실 자본주의를 몰아내는 데 유용한 새로운 요인들을 찾을 수 있기 때문이다.

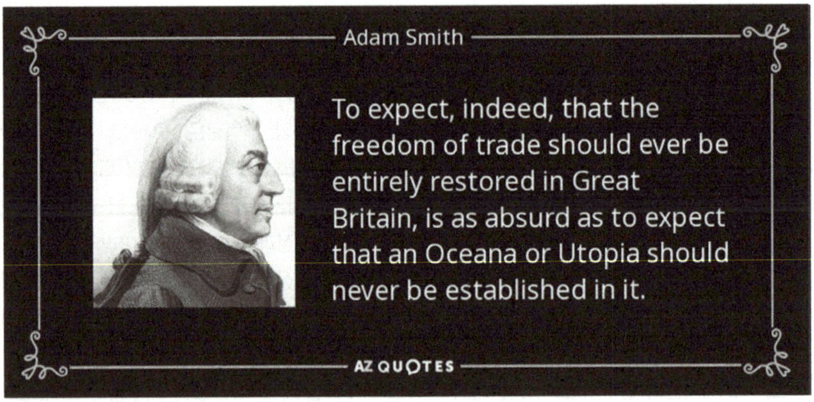

▲ 역자가 인터넷에서 구한 것임.

첫 번째 요점은 매우 기본적인 것으로 여기서 다시 한번 언급하기로 한다. 즉, '시장은 지구상에서 지금까지 이루어져 온 '경제 발전, 부(富)의 창출 및 사회 진보'를 설명하는 데 가장 중요한 도구'라는 점이다. 왜 그런가? 시장은 지적·금융적 또는 인적 자본의 소유자들이 자신의 '재산권 행사'를 통해 그러한 자본을 사용한 대가(보상)로 이익을 얻을 수 있도록 해주기 때문이다. 시장은 자본주의의 절반이다. 나머지 절반은 '기업의 출현'으로 가능해진 '자본, 위험 및 지식의 결합'에 있다. 자본주의의 이 두 가지 요소가 합쳐져서 부(富)를 창출한다. 역사적으로, 자본주의의 두 가지 요소는 경제학자인 디어드레 맥클로스키(Deirdre McCloskey)가 "대(大)풍요"(Great Enrichment)[90]라고 부른 18세기 후반 이후 '더 광범위해진 자유화'의 핵심 부분이었다.[91] 대풍요는 북서(北西) 유럽에서 시작되어 북미와 극동지역의 국가들로 퍼져나갔으며, 대풍요 기간 동안 1인당 실질 소득은 놀랍게도 30배, 즉 3,000%나 증가했다. 보다 최근에 우리는 1945년 이후 서구 민주주의 국가들의 발전과 공산주의 국가들의 발전을 비교할 수 있다. 예를 들어, 1990년에 자본주의 서독의 1인당 GDP는 공산주의 동독의 1인당 GDP보다 60% 이상 높은 것으로 나타났다.[92] 그러나 이 추정치는 거의 확실히 실제 상황을 과소평가하고 있다.

개발도상국들도 마찬가지이다. 먼저, 1950~1953년의 전쟁 결과로 한국은 남북한 두 개의 국가로 분단되었다. 한국전쟁 30년 후 자본주의 남한의 1인당 GDP는 공산주의 북한의 1인당 GDP보다 5배나 높았다. 또한 2009년에 남한의 1인당 GDP 격차는 북한보다 16배나 더 컸다. 다음으로, 중국의 경제성장은 1980년대에 이르러서야 가속화되기 시작했다. 이때 중국은 경제특구(經濟特區,

---

90. **[역주]** '대풍요'(The Great Enrichment)는 18세기 산업혁명 이후에 인류의 평균 소득이 3,000% 증가한 경우를 말함.

91. **[원문]** '대풍요'와 관련해서는 다음 두 문헌을 참조하기 바람 : ① Deirdre N. McCloskey, *Bourgeois Equality : How Ideas, Not Capital or Institutions, Enriched the World*, University of Chicago Press, 2016 ; ② Angus Maddison, *Contours of the World Economy 1-2030 AD*, Oxford University Press, 2007. 이 문제의 모든 측면에 대해 매우 활발한 논쟁이 벌어지고 있다. 또한 진보와 불평등, 그리고 이들 간의 역동적인 변화를 보려면 다음 책을 참조하기 바람 ; Angus Deaton, *The Great Escape : Health, Wealth, and the Origins of Inequality*, Princeton University Press, 2013.

92. **[원문]** '서독과 동독의 GDP 격차'에 대해서는 *CIA World Factbook*, 1990을 참조하기 바람.

special economic zones)[93]을 개방하고 시장 지향적인 개혁조치들을 시행하기 시작했다. 또한 인도의 성장도 1991년 개혁 이후에 가속화되기 시작했다. 마지막으로, 아프리카 국가들의 경우 '원조'(aid)보다 '기술 기반 무역'(technology-enabled trade)이 수십 년간의 침체 이후 아프리카 전역의 국가들을 빈곤에서 벗어나게 해주고 있다.

두 번째 요점도 또한 근본적이다. 즉, '전반적으로 글로벌 불평등(global inequality)은 증가하는 것이 아니라 '감소'하고 있다'라는 점이다. 실제로 글로벌 불평등은 ① 놀라운 속도로 감소하고 있으며, ② 개방적이고 자유로운 거래 시장들의 성장으로 인해 감소하고 있다. 1988~2008년간 20년 동안 세계 인구의 60% 이상의 실질 소득의 누적적 증가율은 40~75%였다. 이들을 소위 '글로벌 신흥 중산층'이라고 부른다. 글로벌 신흥 중산층은 주로 인도, 태국, 베트남, 인도네시아, 특히 중국과 같은 아시아 국가들 출신의 인구가 차지하고 있다. 하위 10분위(decile)에 해당하는 인구도 더 느린 속도였지만, 실질 소득의 증가를 기록하였다. 하위 8분위와 9분위의 인구(이들은 주로 유럽과 미국의 중산층들임)는 실질 소득의 증가가 거의 또는 전혀 없었으며, 이로 인해 이들 국가(즉, 유럽과 미국)에서 잠재적으로 심각한 생계비 문제를 야기하였다.

그러나 많은 국가의 상위 10분위에서 글로벌 불평등은 완전히 다른 이야기다. 상위 10분위에서 글로벌 불평등은 '불평등에 대한 분노'를 더 일반적으로 부채질하는 역할을 하였다. 그러한 국가들에서 우리는 소득 스펙트럼의 최상단에 있는 상위 1%(또는 상위 0.1%, 또는 상위 0.01%)와 나머지 사람들 사이에 불평등이 급속히 증가하는 것을 볼 수 있다. 이러한 현상은 부분적으로 '정실 자본주의

---

93. **[역주]** 국가가 설립한 특정 경제구역에 특수한 경제정책과 경제관리체제를 수립하고, 이를 외국 자본에 공개하여 이용하도록 하였다. 1979년 7월 중국 공산당 중앙위원회와 국무원은 광동성의 심천(深圳), 주해(珠海), 산두(汕頭) 3개 시와 복건성의 하문(廈門)시를 '수출특구'로 지정하였고, 현재는 해남성(海南省)까지 모두 5개의 경제특구가 있다.

의 결과'이다. 그러나 전체적인 그림(관점)에서 볼 때 글로벌 불평등(특히 국가 간의 불평등)은 감소하고 있음을 보여주고 있으며, 이는 '시장의 확산'에 따른 결과이다. 이러한 결과는 앞에서 언급한 요점을 다시금 확인시켜 준다. 즉, 정실 자본주의가 자본주의 그 자체라기보다 자본주의 특유의 병리 현상인 '자본주의의 병'(disease of capitalism)이라는 점이다.

'인간의 번영'(human prosperity)을 창출하는 능력은 '인간의 미덕'(human good ; 이기심)이며, 그러므로 자본주의 옹호론은 ① 단지 '부(富)의 창출'(wealth creation)에 관한 것만은 아니다. 애덤 스미스가 우리에게 알려주듯이 자본주의 옹호론은 또한 ② '사회의 가치'(value of society)에 관한 것이다. 사회의 가치는 자유와 인간의 잠재적 능력 배양(培養)을 위한 토대를 제공해 주기 때문이다. 자본주의 옹호론은 이뿐만이 아니다. 제대로 작동하는 자본주의 체제는 ③ 개인의 자유, 근면, 창의성, 모험심(진취적 정신) 및 절약을 기반으로 번성한다. 또한 자본주의 체제는 ④ 사회적 및 경제적 교환을 위한 제도들과 지적·금융적·인적 자본을 공유하고, 가장 효과적으로 배분하는 전통과 관행들을 장려한다. 또한 자본주의 체제는 ⑤ 세대(世代)에 걸쳐 위험을 공유하기 위해 가족에 의존하고, 재산권을 보호하기 위해 법치(法治, rule of law)에 의존한다. 그러나 자본주의 체제는 ⑥ 사람들이 사회적으로 생산적 또는 비생산적인 방식으로 행동하도록 부추길 수 있다.[94] 예를 들면, 사람들이 집을 짓거나 새로운 세금 탈루망(脫漏網)을 찾는 데 에너지를 쓰거나, 생명을 구하는 약물을 개발하거나 역외 노동력 착취 공장들(sweatshops)[95]을 운영하는 데 에너지를 쓸 수 있다. 또한 자본주의 체제는 ⑦ 생산적이거나 유익한 투자를 촉진하거나, 고객들이 모르도록 바가지를 씌

94. **[원문]** '사기와 착취를 조장하는 자본주의 내부의 인센티브'에 대해서는 다음 문헌을 참고하기 바람 : George A. Akerlof and Robert J. Shiller, *Phishing for Phools : The Economics of Manipulation and Deception*, Princeton University Press, 2015.

95. **[역주]** 노동자들이 열악한 환경에서 저임금을 받으며 일하는 공장을 말함.

울 방법을 찾도록 조장할 수 있다. 또한 자본주의 체제는 ⑧ 사람들이 과학, 기술 및 공학 분야에서 놀라운 업적을 달성하도록 이끌거나, 이미 알고 있는 인간의 약점들을 고의로 제공하거나 악용할 수 있다. 또한 자본주의가 잘 작동하면 자본주의 체제는 ⑨ '신뢰, 협력 및 혁신'을 낳는다. 그러나 자본주의 체제의 이러한 장점들이 사라진다면 이는 '자본주의 체제 자체'에 더 심각한 무언가가 잘못되고 있다는 신호이다.

4. 무역의 유용성

그러나 보편적인 통념(通念)과 달리, 서구 세계에서조차도 '합리적인 자유시장 정책들'은 애덤 스미스 사후 200년 이상 동안 대체로 (반드시 따라야 하는) 법칙(rule)이 아니라 '예외'(exception)였다. 애덤 스미스가 지적한 바에 따르면, 당시 유럽 대륙에서 선도적인 자유무역 국가들은 네덜란드와 스위스였다. 우선, 미국의 경우 미국 기업사(企業史)의 일인자인 알프레드 챈들러(Alfred Chandler : 1918~2007년)[96]의 말에 따르면 1865년 남북전쟁(1861~1865년)이 끝난 후 100년 동안은 "경쟁 10년과 과점 90년"의 역사였다. 또한 미국은 그 이전에도 자유무역 국가가 아니었다. 미국의 건국 초기는 "제퍼슨주의자들"(Jeffersonians)과 "해밀턴주의자들"(Hamiltonians)[97]로 크게 나누어지게 되었다. 즉, 건국 초기의 미

96. [역주] 알프레드 챈들러(Alfred D. Chandler, 1918~2007년)는 경영학 교수이자 경영 사상가임. 19세기 소유경영과 가족경영의 소기업 형태에서 20세기 근대적 대기업 형태로 기업의 모습이 변하는 과정을 설명한 것으로 유명하다. 대표작으로는 '보이는 손'(Visible Hand)이 있으며 근대적인 의미로 경영사(經營史) 분야를 개척하고 정립시키는 데 지대한 공헌을 한 것으로 평가받고 있음. '보이는 손'은 과점이나 독점 상태인(또는 독점이나 과점을 지향하는 기업들이 존재하는) 현실에서 흔히 볼 수 있는 경쟁의 세계에서 기업들이 펼치는 '전략의 역사'를 서술한 책이다.

97. [역주] 해밀턴(Alexander Hamilton)이 주장한 정치상의 주의 및 학설로 특히 강력한 중앙집권 및 보호관세의 중요성을 강조함.

국은 ① '농업 이익 중시자들'(제퍼슨주의자들)과 '원시산업[98] 이익 중시자들'(해밀턴주의자들) 간으로 나누어지거나, ② 면화에 대한 '자유시장'을 추구한 남부 농업 노예주(州) 출신의 토마스 제퍼슨(Thomas Jefferson)[99] 추종자들('제퍼슨주의자들')과 경쟁 수입품에 '관세 부과'를 원하는 북부 제조업주(州) 출신의 알렉산더 해밀턴(Alexander Hamilton : 미국의 정치가, 1757~1804년) 추종자들('해밀턴주의자들') 간으로 나누어졌다. 건국 당시 미국 재무장관이었던 해밀턴(A. Hamilton)은 1971년에 쓴 「제조업에 관한 보고서」[100]에서 미국 제조업이 외국과의 전면적인 경쟁에서 견딜 수 있을 만큼 강해질 때까지 지원하기 위해 관세가 필요하다고 주장했다. 이 주제는 '1812년 전쟁'[101] 이후 미국의 유력 휘그당(Whig : 공화당의 전신) 정치가였던 헨리 클레이(Henry Clay ; 1777~1852년)[102]와 나중에 공화당 탄생 당시 그의 위대한 숭배자였던 에이브러햄 링컨(Abraham Lincoln : 1809~1865년)에 의해 다시 다루어졌다. 이러한 이유로 미국에서 관세 부과를 위한 로비는 점점 더 증가해 왔으며, 마침내 1930년에 악명 높은 '스무트-홀리 관세법'(Smoot-Hawley Tariff Act)[103]이 통과되었고, 그로 인해 1930년대 대공황 기간 동안 관세 부과에 대한 평판이 크게 나빠지게 되었다.

미국에서 제2차 세계대전(1939~1945년) 이후 미국이 '글로벌 상업 리더이자

98. [역주] 산업화의 전조로 여겨지는 국내 제조나 상업 활동으로서 주로 '가내 수공업'을 말함.

99. [역주] 미국의 정치가·교육자·철학자로 제3대 대통령(1743~1826년)을 역임함. 자유와 평등으로 건국의 이상이 되었던 1776년 7월 4일 독립선언문의 기초위원이었고, 1800년 제3대 대통령에 당선되었으며 1804년 재선되었다. 철학·자연과학·건축학·농학·언어학 등으로 많은 사람에게 영향을 주어 '몬티첼로의 성인'으로 불리었다.

100. [역주] Hamilton, A. (1791), *Report on the Subject of Manufactures*.

101. [역주] 1812년에서 1815년까지 있었던 영국과 미국 간의 전쟁을 말함. 즉, 프랑스혁명 뒤 영국-프랑스 항쟁에 휘말린 미국과 영국 간의 전쟁을 말한다.

102. [역주] 헨리 클레이(Henry Clay)는 미국 정치가로서 19세기 민주당 대 휘그당(공화당의 전신), 남부 대 북부의 대결 구도에서 휘그당을 이끌며 남북전쟁 이전의 미국사에서 정치인 중 가장 중대한 영향을 끼친 정치인 중 한 명이었음.

103. [역주] 현행 미국 관세법의 기초가 된 것으로 1930년에 제정한 미국의 높은 관세를 말함.

규칙 제정자'(rule setter)로서의 역할을 달성한 후에야 무역 장벽을 낮추기 위한 노력과 조치가 실제로 시작되었다. 그러나 그러한 노력은 냉전과 기타 미국의 외교정책 이익에 크게 제약을 받았다. 심지어 오늘날에도 미국이 '자유시장의 보루(堡壘)'라는 생각은 어떤 면에서 분명히 '기이'하다. 미국의 노동법, 이민법, 농업, 잔존하는 많은 제조품에 대한 관세들, 외국인 투자 및 소유권에 관한 법률 등을 처리해 본 경험이 있는 사람들이라면 누구나 '미국이 자유시장의 보루가 아니다'라는 사실을 쉽게 알 수 있을 것이다. 예를 들면, 2016년에 미국은 헤리티지 재단의 '경제자유지수'(Index of Economic Freedom)[104]에 포함된 177개국 중 36위를 차지하였고, 세계경제포럼(WEF)의 '무역가능지수'(Enabling Trade Index)에 포함된 136개국 중 22위를 기록하였다.

다음으로 영국은 다소 다른 경로를 택했지만, 근본적인 근거는 미국과 비슷하다. 자유무역을 추진하기 위한 노력은 1840년대까지 실제로 진행되지 않았으나 빅토리아 시대(Voctorian : 빅토리아 여왕 시대로 1837~1901년 기간을 말함)[105] 한창기에 이르러 비로소 그 절정에 달했다. 국내적으로 자유무역 추진은 ① 1846년 로버트 필(Robert Peel : 1788~1850년)[106] 정부가 곡물법[107]을 폐지하고, ② 급진적

104. [역주] 한 국가 내에서 개인과 기업이 얼마나 자유롭게 경제활동을 할 수 있는 여건이 마련되어 있는가를 나타내는 지표임. 지수가 낮을수록 기업이 경제적으로 자유로움을 나타냄. 미국의 헤리티지 재단과 월스트리트 저널에서 1994년부터 매해 161개 국가의 금융시장, 자본이동, 외국인 투자, 정부의 재정 상태, 정부의 시장개입, 무역정책, 임금 및 물가, 통화정책, 재산권 보호 정도, 각종 규제, 암시장 등 50여 개의 항목을 1~5점의 점수를 매긴 뒤 평균하여 발표함.

105. [역주] 1837년부터 1901년까지 영국의 빅토리아 여왕이 다스리던 시대를 말함. 영국 역사상 가장 번영을 구가하던 시대로 강력한 경제력과 군사력으로 세계를 지배하였음.

106. [역주] 영국의 정치가로 8년간 내무장관으로 재직하며 사형을 감형하고 근대적 경찰제도의 기초를 확립하였음. 그 후 두 차례에 걸쳐 총리로 재임하면서 재정을 개혁하고 '곡물법을 폐지하고 자유무역을 촉진'하였음. 이렇게 정치적·사회적 개혁에 대해 찬성하는 유연성을 보이며 토리당을 보수당이라는 근대 정당으로 탈바꿈시키는 데 크게 공헌하였음.

107. [역주] 영국의 곡물 조례로 곡물 수입에 중과세한 법률이며, 1846년에 폐지됨.

자유주의자(Liberal)[108]인 리처드 코브던(Richard Cobden : 1804~1865년)[109]과 존 브라이트(John Bright : 1811~1889년)[110]에 의해 강력하게 주장되었으며,[111] ③ 그 뒤를 이어 1853년에 윌리엄 글래드스턴(William Gladstone : 영국 자유당의 정치가 겸 수상을 지냄, 1809~1898년)[112]은 실로 '선구적인 예산안'(pioneering Budget)을 발표하여 123가지의 관세를 폐지하고 추가적으로 133가지의 관세를 인하했다. 영국에서 자유무역을 향한 이러한 움직임은 애덤 스미스에게 일종의 '신성화된' 공식적 지위를 부여했다. 그러나 항상 그랬던 것은 아니었다. 실제로 자유무역을 지지하는 주간지인 영국 이코노미스트지(紙)(The Economist)의 전설적인 편집자인 월터 배젓(Walter Bagehot : 영국의 경제학자 및 정치 평론가로 *The Economist*의 편집자를 역임함, 1826~1877년)은 1876년 『국부론』(1776년) 출간 100주년 기념식에서 "현대 영국인은 "자유무역"을 일반적으로 따분한 정설(定說)에 속하는 하나의 격언(格言)으로 받아들여지지만,[113] '100년 전에는 자유무역이 이단(異端)[114]이자

108. **[역주]** 1830년경에 결성된 영국의 자유주의 정당을 말함.

109. **[역주]** 코브던(R. Cobden)은 영국의 정치가이며 자유무역과 평화를 추구하는 평화주의자로서 하원의원이 되어 곡물법 폐지를 주장하였으며 자유무역을 제창하였다. 군비축소·국제중재재판을 주장하였으며, 크림전쟁과 애로호전쟁에 반대하였다. 코브던은 '자유무역의 사도'(apostle of Free Trade)라고 불림. 또한 '코브던주의'(Cobdenism)는 코브던이 제창한 '자유무역·평화주의·불간섭주의'를 말함.

110. **[역주]** 영국의 정치가로 자유무역을 주창하여 코브던(R. Cobden)과 함께 '반곡물법 동맹'을 이끌었음.

111. **[역주]** 코브던과 브라이트는 '반(反)곡물법 동맹'(Anti-Corn Law League)을 결성함. 1839년 영국 맨체스터(Manchester)에서 곡물 수입의 자유화를 바라며 조직한 동맹임. 이 운동은 성공하여 1846년 곡물법은 폐지됨.

112. **[역주]** 영국 정치가로 자유당 당수를 지냈고, 수상직(職)을 네 차례나 역임하였음. 윈스턴 처칠과 함께 가장 위대한 영국 수상으로 여겨짐.

113. **[원문]** ""Free Trade" is an accepted maxim of tedious orthodoxy." Walter Bagehot, "Adam Smith and our Modern Economy", reprinted in *Economic Studies*, ed. R. H. Hutton, Longman, Green, 1895.

114. **[역주]** 이단(異端)이란 전통이나 권위에 반항하는 주장이나 이론을 말함.

역설(逆說)[115]이었다'는 사실을 기억하기 매우 어려울 것이다"라고 말했다.

해외에서 영국의 정책은 식민지를 거느린 영국의 성격상 자유무역보다 훨씬 더 '제국주의적'[116]이었다. 1860년에 영국과 프랑스 사이에 체결된 '코브던-슈발리에(Cobden-Chevalier) 조약'[117]은 1780년대 피트(William Pitt The Younger : 영국의 정치가 겸 수상을 지냄, 1759~1806년)[118] 수상의 선구적인 노력을 다시 시작하게 해주었고, 영국산 제품과 프랑스산 포도주 및 양주에 대한 관세를 인하했다. 따라서 코브던-슈발리에 조약은 최초의 '진정한 자유무역협정(FTA)'이라고 주장할 수 있다. 그러나 대영제국이 팽창함에 따라 군사력이 점점 더 외교와 협상을 능가하였다. 악명 높게도 영국은 ① 무역을 위해 중국의 주요 5개 항구를 영국에만 유리하게 개방하도록 강요했으며, ② 1842년에 '제1차 아편 전쟁'(Opium War ; 1839~1842년)[119]을 종식시킨 '난징(남경) 조약'(Nanking Treaty)[120]을 통해 홍

---

115. **[역주]** 역설(逆說)이란 겉으로는 모순되고 불합리하여 진리에 반대하고 있는 듯하나, 실질적인 내용은 진리인 말을 의미함.

116. **[역주]** 제국주의(帝國主義)란 우월한 군사력과 경제력으로 다른 나라나 민족을 정복하여 대국가를 건설하려는 침략주의적 경향을 말함.

117. **[역주]** 1860년에 영국의 리처드 코브던(Richard Cobden : 영국의 경제학자 겸 정치가로 자유무역 주창자, 1804~1865년)과 프랑스의 미셸 슈발리에(Michel Chevalier : 프랑스의 엔지니어, 정치가 겸 경제학자로 자유시장 자유주의자였음, 1806~1879년) 사이에 체결된 조약을 말함. 영국과 프랑스가 '코브던-슈발리에 조약'(Cobden-Chevalier Treaty)이라 불리는 자유무역 협정을 체결했다. 이때가 1860년이었으며, 이를 기점으로 유럽 각지에서 자유무역 풍조가 확산되었다. 코브던-슈발리에 조약은 1860년 1월 23일 영국과 프랑스 간에 체결된 '영국-프랑스 자유무역협정'임. 영국이 1846년에 자유무역 정책을 시작한 후에도 프랑스와의 관세는 남아 있었다. 1860년 조약은 무역의 주요 품목인 프랑스의 와인, 브랜디, 비단 제품과 영국의 석탄, 철, 공산품에 대한 관세를 종식시켰다.

118. **[역주]** 'William Pitt The Younger'는 영국의 정치가로 '소(小)피트'로 불림. 24세의 나이로 수상직에 올라 정권을 공고히 하였음. 재정의 건전화, 의회제도의 개혁과 노예제도의 폐지 등 신토리주의에 의한 토리당으로부터의 탈피에 노력하였음. 프랑스 혁명의 파급의 방지를 위해 대불(對佛) 대동맹(大同盟)을 지도하며 국내에서의 혁명적 태동을 억제하였음.

119. **[역주]** '아편 전쟁(阿片戰爭)'은 1839년 청나라의 아편 수입 금지로 영국과 청나라 사이에 일어난 전쟁을 말함.

120. **[역주]** '난징(남경) 조약'은 1842년에 아편 전쟁의 결과로 영국과 중국 청나라가 맺은 조약임. 청나

콩 지배권을 장악했다. 또한 영국에서 '동인도회사'(East India Company)는 영국 의회 내 수십 명의 전직 동인도회사 임원(관리)들과 주주들의 지원을 받아 크게 성장했으며, 동인도회사의 성장은 중앙아시아와 남아시아 전역에서 강대국 간의 갈등으로 이어졌다. 그러나 동인도회사는 1857년에 일어난 '인도 반란'(Indian Mutiny : 1857~1859년)[121] 이후 영국의 인도 직접 지배로 붕괴되었다. 뒤이어 영국은 아프리카로 눈을 돌려 무역 기회를 개척하고 광물 자원을 획득하기 위해 잇따라 아프리카 내륙을 공격하였다. 또한 영국은 1882년에 이집트를 합병하여 수에즈(Suez) 운하[122](1869년에 완성됨)를 장악함으로써 인도양과 극동(極東)[123] 지역으로 향하는 직접적인 무역통로를 완전히 통제하게 되었다. 이와 같이 영국에서 ① 무역은 중요하고 실로 중요했지만, 그저 제국(帝國)의[124] 지배체계와 요

라가 영국에 대하여 광저우(廣州), 상하이(上海) 등 다섯 개의 항구를 개항하고, 배상금 지급을 수락한다는 불평등조약임.

121. **[역주]** 이는 인도의 농민·병사에 의한 반영국(反英國) 봉기로 '세포이 항쟁'(Sepoy Mutiny : 1857~1859년)이라고도 불림. 세포이 항쟁은 인도인 용병들을 중심으로 일어난 반영(反英) 항쟁이다. 영국은 동인도회사를 통해 인도를 간접적으로 통치하고 있었고 동인도회사는 군대를 보유하고 있었는데, 세포이는 페르시아어로 '용병'을 뜻하며 영국 동인도회사에서 고용한 인도인 용병을 가리키는 말이었다. 이 항쟁 이후 인도는 영국 여왕이 직접 다스리게 되었고, 이 항쟁은 인도 독립운동의 시작이라는 평가를 받기도 한다. 인도는 90년 후인 1947년에 영국으로부터 독립하였다.

122. **[역주]** 지중해와 홍해, 인도양을 연결하는 수에즈 운하는 유라시아의 해상 실크로드를 연결하고 거리를 단축하는 데 있어 매우 중요한 의미를 갖음. 아시아와 아프리카 두 대륙의 경계인 이집트의 시나이반도 서쪽에 건설된 것으로 지중해와 홍해를 연결하는 수평식 운하이며 세계 최대의 운하로 아시아와 유럽을 연결하는 최단 항로임. 1869년 개통되었으며, 영국의 지배 하에 있다가 1956년에 이집트가 국유화하였음. 길이는 163.5킬로미터임.

123. **[역주]** 유럽에서 보아 아시아의 동쪽에 위치한 지역으로 한국·중국·일본·타이완·홍콩·필리핀 등을 말함.

124. **[역주]** 영국은 16세기에 처음으로 해외 식민지 건설을 위해 노력하였다. 프랑스와의 경쟁과 상업적인 야심에서 추진된 해상팽창은 17세기에 가속화되었다. 프랑스-인디언 전쟁을 매듭지은 1763년 파리조약은 북아메리카와 인도에서 영국의 우위를 가져다주었다. 19세기는 대영제국의 최전성기였다. 대영제국은 방대한 영토로 이루어졌으므로 모국인 영국과 의존관계를 유지하면서 자치정부를 인정하는 정책이 긍정적으로 검토되었고, 20세기에 영국의 상징적인 종주권을 인정하는 자치 속령지들을 포괄한 '영연방'의 개념으로 발전했다. 모국인 영국과 사실상 주권을 보유한 자치령으로 구성된 영연방은 1931년 제정된 웨스트민스터법에 의해 승인되었다. 오늘날 영연방은 과거 대영제국

구 사항에서 필수적인 한 부분이었다. 사람들은 대영제국의 다양한 측면에 대해 찬성하거나 반대할 수 있을 것이다(이 주제는 오늘날에도 치열한 논쟁거리로 남아 있다). 이보다 더 어려운 논쟁거리는 미국과 마찬가지로 ② '영국이 산업화, 기술 또는 제국의 성장을 통해 진출한 시장들에서 헤게모니(패권)를 쟁취한 후에 그곳에서 실제로 자유무역을 장려했는지'의 문제([역주] 즉, 선(先) 패권 쟁취, 후(後) 자유무역 장려 대(對) 선(先) 자유무역 장려, 후(後) 패권 쟁취)이다. 또한 ③ 영국에서 자유무역은 경제적 목적만큼이나 '정치적 목적'을 수행하기 위해 고안되었다.

이제까지 살펴보았듯이 애덤 스미스는 ① 독점과 식민지 착취 경향, ② 무역 제한, 특혜 및 관세의 반(反)경쟁적 효과, ③ 이익을 얻기 위한 대규모 상업적 로비(이는 애덤 스미스가 오늘날 국내 및 국제 정실 자본주의의 선구자임을 의미함)로 인한 국내 정치의 왜곡 등에 대해서 개탄했다. 또한 오늘날 우리는 애덤 스미스가 이러한 자신의 사후에 생겨난 여러 병리적인 문제들에 대해 비난했을 것이라는 점에 대해 의심의 여지가 거의 없을 것이다. 애덤 스미스는 ① 시장에서 자발적인 파트너(partner)들[125] 간에 '무역을 자유화하는(즉, 자유무역의) 지혜'를 굳게 믿었으나, ② 식민지 착취의 폐해나 악영향을 예리하게 인식하였고, ③ 무역을 개방하기 위해 강압을 사용하는 데에 강력히 반대하였다.

해밀턴이 주장한 '유치산업(幼稚産業, infant industry)[126]을 위한 일시적인 보

의 구성국들을 주권 국가들의 자유연합체 형태로 포함하고 있다.

125. [역주] 상거래·사업 따위를 같이 하는 사람을 말함.

126. [역주] 전 세계가 자발적으로 자유무역에 참여하면 무역의 이익을 얻을 수 있다. 그러나 현실적으로 각국 정부는 무역을 규제하는 보호무역을 시행하기도 한다. 보호무역정책을 실시하는 근거 중 하나는 '유치산업 보호'이다. '유치산업'이란 성장잠재력은 있으나 발달의 초기 단계에 있는 산업으로 생산비가 많이 들어 외국 기업과 경쟁할 수 없는 상태의 산업이다. 보호무역을 주장하는 사람들은 유치산업의 경우 외국 기업과의 경쟁이 가능할 수 있는 시점까지는 그 산업의 무역을 규제하거나 보조금 등을 지급하여 정부가 관련 산업 또는 기업을 육성해야 한다고 주장한다. 우리나라는 과거 자동차 산업을 유치산업으로 지정하고 수입 자동차에 대한 관세를 매김으로써 국내 자동차 산업을 보호하고 결과적으로 자동차 산업이 발전할 수 있었다. 유치산업에 대한 지정과 보호는 매우 신중하게 이루어져야 한다. 한 나라의 산업 중 장차 성장잠재력은 있지만, 최초의 실험단계에서 벗어나

호'는 어떠한가? 유치산업 보호 주장은 1840년대에 독일의 프리드리히 리스트(Friedrich List : 독일 태생의 미국 경제학자, 1789~1846년)[127]와 영국의 존 스튜어트 밀(John Stuart Mill : 영국의 철학자 겸 경제학자, 1806~1873년)[128]에 의해 주장되고 발전되었다.[129] 또한 이 주장은 최근 몇 년 동안에 다시금 살아났다. 일부 경제학자들이 '무역에 대한 자유주의적 견해'에 대한 일반적인 비판의 일환으로 (위에서 언급한) "해밀턴식"(Hamiltonian) 정책 조치를 지지한다고 주장했기 때문이다. 이들의 주장에 따르면 18세기 영국의 경제적 성공의 대부분은 사실상 선택적 관세(selective tariffs) 제도와 기타 무역제한 조치들에 기반을 두고 있다. 이러한 관세와 조치는 특히 1720년대에 로버트 월폴 경(Sir Robert Walpole : 영국의 정치가, 1676~1745년)이[130] 고안하고 '항해조례'(Navigation Acts : 1651~1849년)에[131] 의해 뒷받침되었다. 현대에 이르러 유치산업 보호는 한국, 인도네시아, 중국 및 기타

지 못해 국제경쟁력을 갖추지 못했거나 금융적인 곤란을 겪고 있는 미발달의 산업을 의미한다. 따라서 관세정책으로 그 산업에 대한 보호 기간을 부여함으로써 이 유예기간 동안 그 산업은 규모의 경제와 기술적 효율을 이룩할 수 있어, 생산 비용이 저하되고, 그 결과 외국의 산업 및 상품과의 경쟁력을 배양할 수 있다. 또한 유치산업의 보호가 성공되기 위해서는 다음 두 가지 조건이 충족되어야 한다. 첫째, 보호 기간이 시한부적이며 점진적으로 관세율을 낮춘다. 둘째, 유치산업의 업종선택이 매우 중요하여 장차 국제적 비교우위가 있을 업종을 택해야 한다

127. **[역주]** 독일 태생의 미국 경제학자로 미국으로 망명하여 탄광경영에 성공하였고, 미국 경제의 발전에 대해 C. J. 잉거솔의 보호무역론에 동조하여 『미국 경제학 개요』를 저술하였다.

128. **[역주]** 19세기 영국의 철학자이자 경제학자로 '벤담의 양적 공리주의'와 구분되는 '질적 공리주의' 사상을 발전시켰으며, 자유주의와 사회민주주의 정치사상의 발전에도 크게 기여하였음.

129. **[원문]** '해밀턴의 관리무역 옹호론'에 관해서는 다음 문헌을 참조하기 바람 : ① John Stuart Mill, *Principles of Political Economy*, John W. Parker, 1848 ; ② Friedrich List, *The National System of Political Economy*, J. B. Lippincott, 1856. 좀 더 최근 문헌으로 다음을 참조하기 바람 : Ha Joon Chang, *Kicking Away the Ladder : Development Strategy in Historical Perspective*, Anthem Press, 2002. 이 문제에 관한 현대적 학술 문헌을 보려면 다음 논문을 참조하기 바람 : Marc J. Melitz, "When and How Should Infant Industries be Protected?", *Journal of International Economics*, 66(1), 2005.

130. **[역주]** 영국의 정치가로 해군장관 등을 역임하며 휘그당원으로 활약하였고, 총리 겸 재무장관이 되어 20년간 안정된 정권을 유지하였으며 최초로 책임내각제를 확립하였음.

131. **[역주]** 1651년 영국 공화제 정부에 의하여 제정된 해운 및 무역 보호 입법을 말함.

매우 성공적인 개발도상국들의 핵심 정책수단(policy lever)이 되었다.

위에서 살펴보았듯이 무역에 대한 애덤 스미스의 견해는 현대의 많은 자유주의자의 견해와 '전혀 다름'을 알 수 있다. 애덤 스미스는 『국부론』 제4권(Book IV)에 기술한 '수입 제한'(import restraints)에 대한 논의에서 "보복 관세(retaliatory tariffs)의 목표가 다른 국가가 자국의 관세를 인하하도록 유도하는 것이라면 보복 관세가 일시적으로 필요할 수 있다"라고 인정했다. 그러나 유치산업 보호는 다른 문제이다. 『국부론』 제2권에서 애덤 스미스는 '자본 증가가 제한된 국가들이 자국이 가진 자본을 어떻게 가장 잘 사용해야 하는지'를 고찰했다. 여기서 애덤 스미스는 '이들 국가는 자국의 제한된 자본을 여러 곳에 골고루 사용하기(spread their capital too thinly)보다는 제조업보다 농업에, 무역보다 제조업에 우선적으로 사용해야 한다'라고 주장했다. 왜 그런가? 이러한 방법이 ① "그러한 국가 내에서 사용되는 생산적 노동(productive labour)의 양"을[132] 증대시키고, ② "자본의 사용이 그 사회(국가)의 토지와 노동의 연간 생산물에 부가하는 가치"[133]를 가장 잘 증대시킬 것이라고 생각했기 때문이다.

애덤 스미스는 '농업에 대한 특혜'—명확히 말하자면 이는 '보호무역주의의 한 형태'임—가 지금까지 미국의 경제적 성공의 원천이었다는 점을 명백히 밝히고, 계속해서 다음과 같이 특유의 명쾌하고 설득력 있는 구절(句節)을 통해 식민지들에 대한 일반적인 교훈을 도출하였다 :

> "미국인들이 ① 단체 행동에 의해서든 다른 종류의 격렬한 저항에 의해서든 유럽 제품의 수입을 중단하고, ② 그 결과 동종 제품을 생산할 수 있는 국내 생산자들에게 독점을 부여함으로써 그들 자본의 상당 부분을 이곳으로 전

132. [역주] "the quantity of productive labour which it puts into motion within the country."

133. [역주] "the value which its employment adds to the annual produce of the land and labour of the society."

용(轉用)한다면, 미국인들은 ① 그들의 연간 생산물의 추가적 가치 증가를 촉진시키지 못하고 오히려 '지체'시킬 것이고, 또한 ② 진정한 부(富)와 위대함으로 나아가려는 그들의 진보를 촉진시키지 못하고 오히려 '방해'할 것이다."

이러한 사실은 '애덤 스미스가 모든 상황에서 유치산업 보호를 배제했다'라는 것을 의미하는가? 실제로 애덤 스미스가 그렇게 했는지는 분명하지 않다. 장기적으로 볼 때 애덤 스미스가 '농업이 가치 면에서 제조업을 능가할 수 있다'라고 생각한 것은 명백히 잘못되었다. 그러나 애덤 스미스가 주장하는 논리는 ① 어떤 개발도상국에서 경제의 어느 한 부문(예, 농업)을 다른 부문(예, 제조업)보다 편애하는(즉, 어느 한 부문에 특혜를 주는) 것이 허용될 수 있으며, ② 자본이 제한된 국가들은 자국의 자본을 부가가치가 가장 큰 부문을 육성하는 데 사용해야 한다는 점이다. 이러한 논리는 어떻게 적용될 수 있는가? 그 당시 미국 식민지들(즉, 식민지 주(州)들)의 경우 '특혜를 받아야 하는 부문'은 바로 농업을 의미했다. 그러나 애덤 스미스는 더 광범위하게 '특혜를 받아야 하는 부문'으로 (제조업과 무역업에서 사용되는) "생산적 노동"(productive labour)과 아마 오늘날 '지식 자본'(intellectual capital)이라고 불리는 생산요소를 사용하는 부문들을 고려했을 것이다.

따라서 애덤 스미스는 해밀턴과 마찬가지로 당시에 미국이나 다른 국가에서 '산업화가 가져다주는 놀라운 생산 잠재력'을 완전히 이해하지 못했던 것으로 여겨진다.[134] 그러나 만일 애덤 스미스가 그러한 잠재력을 이해했다면, 그는 틀림없이 자본이 제한된 개발도상국에서 기존의 농업보다 '초기 시장 상태에 있는 새로운 제조업'을 위해 희소한 자본을 사용하는 데 지지했을 것이다. 왜 그런가? 새

134. **[원문]** '애덤 스미스가 산업화의 영향을 인식하지 못한 데서 비롯된 더 넓은 의미'를 보려면 Hiram Caton, "The Preindustrial Economics of Adam Smith", *Journal of Economic History*, 45(4). 1985를 참조하기 바람.

로운 제조업이 농업보다 부가가치가 더 크기 때문이다. 물론 애덤 스미스는 기존 시장에 대한 간섭을 분명히 싫어했다.

5. 정실 자본주의 : 넥스트 프론티어

애덤 스미스의 관점에서 볼 때 '자유무역 시장들'에 대한 옹호론은 가히 압도적이다. 그러나 현대 세계가 지난 2세기 동안 영국, 유럽 대륙 또는 미국에서 '자유무역(free trade)의 찬란한 역사'를 누려왔다는 생각은 대체로 하나의 근거 없는 믿음(myth)과 같다. 또한 서구는 '상업사회'(commercial society)가 가져다준 여러 혜택을 누렸다. 그러나 서구는 다른 국가들에서 가치를 착취하기 위해 '중상주의'(mercantilism)나 '정실 자본주의'(crony capitalism)라는 무기들을 계속해서 사용했다. 이러한 사실은 '글로벌 자본주의(global capitalism) 병폐의 원조'로 여겨지는 애덤 스미스에 대한 급진적 비판과 매우 상충된다.

그러나 애덤 스미스의 관점은 또한 우리가 정실 자본주의의 '새로운 형태들'과 그들을 어떻게 다룰 수 있는지를 전망(展望)할 수 있게 해준다. 먼저, 정실 자본주의의 지속적인 성장을 '우려해야 할' 몇 가지 충분한 이유가 있다. 첫째, 로비활동의 경제성(經濟性)[135]은 특히 로비활동을 주도하는 글로벌 대기업들에게 지속적으로 막대한 이익을 가져다주고 있기 때문이다. 둘째, 최근 수십 년 동안 인수와 합병을 통한 많은 산업의 정리(整理) 및 통합(統合)으로 반도체, 제약(製藥) 및 양조(釀造) 등의 부문들에서 일련의 국제적 과점(寡占)들이 생겨났기 때문이다. 이러한 결과는 ① 대기업 간의 경쟁 압력을 감소시켰고, ② 과점 대기업들의 국내 로비력을 더욱 증가시켰고, ③ 공급망 구조상 아래에 있는 기업들에 추가적인 압력을 가하게 되었다. 2016년 9월 영국의 이코노미스트지(The

135. [역주] 경제성은 재물·자원·노력·시간 따위가 적게 들면서도 이득이 되는 성질이나 정도를 말함.

Economist)에 따르면 '포춘지(Fortune) 선정 100대(大) 미국 기업'이 창출한 미국의 명목 GDP 비중이 불과 20년 만에 33%에서 46%로 증가(즉, 1/3 이상 증가)했다고 보고했다.[136] 또한 중위(中位) 상장 주식회사(즉, 주식 공개기업)의 수익은 같은 기간 동안 3배나 증가했으며, 이윤 마진(폭)도 마찬가지였다.

동시에 미국 대통령 경제자문위원회(Council of Economic Advisers)의 최근 보고서와 기타 전문가 연구들에 따르면 ① 기업들의 시장 지배력(market power)이 크게 증가한 것으로 나타났다.[137] 1980년에 평균적인 미국 기업은 (완전경쟁시장에서 부과되는 '가격(P) = 한계비용(MC)'이 아니라) 한계비용보다 18% 더 높은 가격(즉, $P > MC$)을 부과(즉, 한계비용을 18%나 초과하는 가격을 부과)했으나, 2014년에는 한계비용보다 무려 67% 더 높은 가격(즉, $P > MC$)을 부과(즉, 한계비용을 67%나 초과하는 가격을 부과)하였다. 또한 ② 주요 산업들에서 상위 50개 기업이 차지하는 시장 지배력의 집중이 증가하고, ③ 기업의 수익성도 크게 증가했으며, ④ 매년 신규 기업들의 수가 감소하고 있다는 증거가 있다. 이러한 현상들은 최근에 등장한 여러 다른 '성가신 현상이나 문제들'을 설명하는 데 유용할 수 있다. 예를 들면, ① 낮은 이자율에도 불구하고 상대적으로 낮은 산업 투자율(산업부문에서의 투자율 저조), ② 생산성 증가의 둔화, 그리고 ③ 소득 불평등의 심화 등을 설명하는 데 유용하다. 따라서 우리는 오늘날 많은 선진국 경제에서

---

136. **[원문]** '미국에서 대기업들이 창출한 명목 GDP 비율의 증가'를 보려면 Adrian Wooldridge, "The Rise of the Superstars", *The Economist*, 17 September 2016을 참조하기 바람.

137. **[원문]** '시장 지배력의 최근 증가'에 관해서는 Martin Sandbu, "America's Threadbare Capitalism", *Financial Times*, 21 April 2016을 참조하기 바람. 시장 지배력에 대한 미국 오바마 행정부의 비판을 보려면 다음 문헌을 참조하기 바람 : ① "Benefits of Competition and Indicators of Market Powers", *US Council of Economic Advisers Issue Brief*, May 2016 ; ② Jan de Loecker and Jan Eeckhout, "The Rise of Market Power and the Macroeconomic Implications", *NBER Working Paper* 23687, August 2017. 또한 '실질임금의 감퇴와 기업 내 신뢰 상실'을 보려면 Robert Solow, "The Future of Work : Why Wages Aren't Keeping Up", *Pacific Standard*, 11 August 2015를 참조하기 바람.

나타나는 다음 두 가지 상실(喪失) 현상에 대해 충분히 우려할 만하다. 즉, ① '효과적인 경쟁의 상실'과 ② 소비자들과 공익(公益)에 대한 '경제적 가치의 상실'은 우려할 만한 수준에 이르렀다. 특히 후자는 주가(株價)에 반영되지 않는 가치의 상실을 의미한다. 이러한 상실들로 인해 우리는 점점 더 경제성과의 향상으로부터 얻는 이익을 누리지 못하게 되었다. 일찍이 로버트 솔로우(Robert Solow : 미국의 경제학자로 1987년 노벨 경제학상 수상자)는 '역사적으로 볼 때 기업들 내에서 노동과 자본 간에 가치가 배분된다'[138]라고 주장했다. 이제 우리의 이러한 암묵적인 이해가 특히 '기업 지배력에 의한 가치 탈취'로 인해 위협을 받을 수 있다. 만약 이것이 사실이라면 오늘날 근본적으로 '자본주의 자체'가 그러한 위협으로 버둥거리기 시작한 것처럼 보인다.

그러나 지금까지 가장 중요한 발전은 '기술의 영향이 증가해 왔다'라는 사실이다. 더 많은 기술이 등장하여 소비자들의 선택이 급증함에 따라 '시장의 복잡성'이 급격히 증가해 왔다. 또한 이러한 기술 뒤에는 좋든 나쁘든 '빅 데이터(big data)[139]의 놀라운 잠재력'이 있다. 여기서 '빅 데이터의 잠재력'이란 종종 기술 사용자들보다 빅 데이터를 보유한 사람들에게 더 큰 힘을 가져다주는 것을 의미한다. 물론 빅 데이터 사용 과정에서 '무료' 서비스들(free services)은 사실상 무료가 아니다. 빅 데이터가 제공하는 서비스들도 일반 상품처럼 시장에서 거래되기 때문이다. 이는 사용자들의 시간과 관심이 시장에서 광고나 판매와 교환되는 것을 말한다. 이러한 서비스들을 제공하는 기업들(예를 들면, 구글(Google), 애플(Apple), 페이스북(Facebook) 등)은 과거 석유 및 철도 신탁회사들(Trusts)이 했던 것처럼 자신들의 시장을 완전히 지배하는 현대의 거대 기업들(Titans)이다. 구글

138. [역주] Robert Solow, "The Future of Work: Why Wages Aren't Keeping Up", *Pacific Standard*, 11 August 2015.

139. [역주] '빅 데이터'(big data)란 기존의 데이터베이스 관리 도구가 처리할 수 있는 역량을 넘어서는 정형·반정형·비정형 데이터 세트(data set)의 집적물을 말하며, 이로부터 경제적으로 필요한 가치를 추출 및 분석할 수 있는 기술을 가리킴.

은 검색 서비스(search services) 분야에서 70%의 시장점유율을 보유하고 있다. 구글과 애플은 함께 스마트폰 분야에서 90%의 운영 체제(OS)[140]를 제공한다. 페이스북은 매달 20억 명의 액티브(유효) 사용자들을 보유하고 있다. 이러한 기업들은 사적이고 독점적인 '기술 플랫폼'(technology platform)[141]을 운영 및 관리하며, 그들의 내부 활동들은 일반 대중이 알기가 불투명하다. 이들 기업은 확장성이 뛰어나고, 소위 "네트워크 효과"(network effects)[142]로부터 이익을 얻는다. 즉, '네트워크 효과'를 통해 신규 회원들은 모두에 대한 '연결성의 가치'(connective value)를 높일 수 있으며, 데이터의 증가는 곧 '경제적 가치'(economic value)의 엄청난 증가(super-growth)를 가져온다. 이들 기업은 최근 몇 년간 구매자와 판매자가 서로를 평가할 수 있는 '피드백[143] 방법들'(feedback methods)을 도입하였다. '피드백 방법'은 정보 격차(information gap)를 줄이고, 성과를 내기 위해 양측의 인센티브를 개선하려는 데 그 목표가 있다. 그러나 이러한 피드백 방법의 도입은 기술 플랫폼들의 엄청난 시장 지배력만 증가시키는 결과를 가져다주었다. 피드백 방법들은 '잠재적 경쟁자들'을 발견하여 제거하거나 매수하는 데 매우 효과적인 것으로 밝혀졌다. 온라인 투자자이자 혁신적 기업가인 피터 틸(Peter

---

140. **[역주]** '운영 체제'(運營體制, operating system)란 컴퓨터의 하드웨어 시스템을 효율적으로 운영하기 위한 소프트웨어, 컴퓨터를 작동하고 데이터의 관리와 작업 따위를 조정하는 프로그램 등으로 구성되어 있음.

141. **[원문]** '기술 플랫폼의 확장성'은 다음을 의미한다. 이는 현재 미국과 영국에서 유형 자산(tangible assets)에 대한 투자를 능가하는 '무형 자산(intangible assets)에 대한 투자의 경제적 효과'의 한 측면에 불과하다. 이에 대한 선구적인 분석을 보려면 다음 논문을 참조하기 바람 : Jonathan Haskel and Stian Westlake, *Capitalism without Capital : The Rise of the Intangible Economy*, Princeton University Press, 2017.

142. **[역주]** '네트워크 효과'(network effect)란 특정 상품에 대한 어떤 사람의 수요가 다른 사람들의 수요에 의해 영향을 받는 효과를 말함.

143. **[역주]** '피드백'(feedback)이란 어떤 행위나 동작 등에 대한 결과나 반응을 보고 조정을 가하는 일을 말함.

Thiel : PayPal의 공동 창업자임)은 "경쟁은 패자를 위한 것이다"[144]라고 말했다.[145]

이러한 기업들은 기술 및 비즈니스 프로세스의 '눈부신 혁신들'을 통해 성장해 왔다. 당해 기업들은 그러한 혁신들을 통해 개인 소비자들과 기업 소비자들에게 막대한 가치를 지닌 새로운 서비스들을 제공했다. 그러한 혁신들은 여러 분야에서 미래에 엄청난 사회적 이익을 가져다줄 것이다. 그러한 분야는 인공지능, 스마트 제조, 기계와 인간 생물학(human biology)의 심층적인 통합 등에 이르기까지 광범위하다. 그러나 혁신을 남용할 가능성도 아마 틀림없이 클 것이다.

대중의 관심은 지금까지 주로 기업들이 조세 납부를 최소한으로 줄이기 위해 '기업 내 이전가격'(transfer pricing)[146]과 기타 장치들을 과도하게 사용하는 데 집중되었다. 그러나 궁극적으로 '더 큰 영향력'을 미칠 수 있는 또 다른 문제가 있다. 이러한 기업들은 개인 소비자에 비해 거대하고 점점 커지는 '힘과 정보의 비대칭성'을 누리고 있다는 점이다. 이러한 비대칭성으로 인해 기업들은 종종 특정 부문(또는 집단)에서뿐만 아니라 개별적으로 공정 거래와 정의(正義)라는 '확립된 규범'에 반(反)하는 방식으로 자신의 '소비자들을 착취'할 수 있다. 그러나 그러한 기업들이 '폐쇄형 시스템'으로 운영되기 때문에 사실상 정부나 규제 당국들이 그들의 소비자 착취를 면밀히 조사하기 어렵다. 그러나 동시에 '네트워크'(network)로서의 그들의 지위는 시장 독점이나 과점을 막기 위한 기존의 '일반적인 규제 도구들'로는 그들을 규제하는 데 훨씬 덜 효과적이라는 것을 의미한다. 다음 두 가지 경우를 비교해 보자. 먼저, 미국의 스탠더드 석유 회사(Standard Oil Company)는 분할될 수도 있었고, 실제로 1911년 이후 셔먼법(Sherman Act)에 따라 규모는 더 작아졌으나, 여전히 거대한 다수의 석유 및 가

---

144. **[역주]** 페이팔 창업자이자 페이스북에 초기 투자를 했던 전설의 투자자 피터 틸(Peter Thiel)이 한 말임.

145. **[원문]** Peter Thiel, "Competition is for losers", *Wall Street Journal*, 12 September 2014.

146. **[역주]** '이전(移轉)가격'(transfer pricing)은 특수관계에 있는 둘 이상의 기업 간 거래에서 설정되는 가격을 조작함으로써 기업 그룹 전체로서의 조세 부담을 감소시키려 하는 행위를 말함.

스 회사들로 분할되었다. 사실상 스탠더드 석유 회사는 엑손(Exxon), 아모코(Amoco), 쉐브론(Chevron), 코노코(Conoco), 모빌(Mobil) 및 소히오(Sohio : 나중에 BP에 인수됨) 등으로 분할되었다. 그러나 오늘날 (예를 들어) 구글이 ① 여러 지역이나 사업 단위로 효과적으로 분할되거나, ② 분할됨으로써 경제적 가치를 창출할 것이라고 진지하게 믿는 사람은 거의 없다.

이러한 '거대 기술 기업들'(technology titans)과 함께 광대역(broadband) 통신, 에너지 및 보험 등과 같은 분야들에서 '좀 더 전통적인 기업들'(more traditional company)이 존재한다. 이러한 기업들(더 전통적인 기업 계층)에서 기술 변화는 갈수록 내부자들(즉, 기업과 직원들 및 주주들)에게 유리하고, 고객들에게는 불리하도록 힘이 '기울어지게(휘게)' 하는 요인이 되었다. 이들 기업의 제품은 공짜가 아니지만(결코 공짜가 아니다!), 제품의 수와 복잡성으로 인해 일반 고객들이 효과적인 선택을 하기가 거의 불가능할 수 있다. 일반적으로 이러한 "기울어진(휘어진) 시장"(bent markets)에는 네 가지 특징이 있다. 첫째, 고객들은 이들 기업이 판매하는 제품들에 많은 비용을 지불한다. 둘째, 기업들은 "정보에 정통한"(savvy) 고객과 "정보에 정통하지 않은"(non-savvy) 고객을 구별할 수 있다. 셋째, 정보에 정통하지 않은 고객들이 많이 있다. 넷째, 기업들의 나쁜 행동이 자신의 브랜드나 평판(명성)에 미치는 부정적인 영향만으로는 그들의 나쁜 행동을 막을 수 없다. 즉, 기업들의 나쁜 행동이 자신의 브랜드나 평판에 부정적인 영향을 미친다고 해서 기업들이 나쁜 행동을 하지 못하게 막을 수 없다. '정보 과부하'(information overload ; 정보의 홍수)는 오늘날 인간 사회에서 잘 알려지고 널리 퍼진 현상이다. 이로 인해 사람들, 특히 부유하지 않은 사람들은 몇 가지 이상의 옵션(선택지)에 직면했을 때 선택하는 데 애를 먹는다. 특히 한계 상태에 다다르면 '일반 고객들'(이들은 실수하기 쉽고 시간에 쫓기며 종종 가난한 고객들임)은 최상의 제품을 찾는 데 수반되는 어려움과 비용이 너무 커서 그들은 선택하지 못하게 된다.[147] 따라서 이러한 경우에 기업들이 쓸 수 있는 기본 비법은 다음과 같이 간단할 수 있다. 첫째, 서로 비교하기 어려운 다양한 제품을 많이 만들어라. 둘째, 최상의 거래를 찾을 수 있는 고객들과 이를 찾을 수 없는 (훨씬 더 많은) 고객들을 분리하라. 셋째, 후자의 고객들에 대해서는 가격을 올려라. 넷째, 공공서비스(공익사업)와 관련된 전통이나 정신(ethos : 봉공(奉公) 정신)을 무시하라. 다섯째, 대중의 피할 수 없는 비난과 소비자 불만들을 무시하라. 여섯째, 규제기관들과 언론이 '소비자들이 적극적으로 활동하지 않는다'라고 비난하도록 부추기라. 그런 다음 이들 기업은 큰 이익을 얻게 된다. 영국의 소매 전력시장[148]이 이러한 비법이 잘 작동한 하나의 적절한 사례이다.

위에서 살펴본 '거대 기술 기업'과 '좀 더 전통적인 기업 계층'에 이어 세 번째 계층은 '디지털 기술들'(digital technologies)이 소비자들에게 더 이해하기 어렵게 하여 잠재적으로 그들에게 더 해로울 수 있는 '좀 더 전통적인 제품과 서비스'(more traditional products and services)이다. 예를 들어, 폭스바겐(Volkswagen : 독일의 대중용 소형 자동차)은 그 이름에서 알 수 있듯이 '대중용 자동차 대량 생산업체'로 이름을 날렸다. 2015년에 폭스바겐은 소위 "배기가스 임의조작 장치"(defeat device)[149]라는 것을 만들어 자신의 디젤 자동차들에 대한 배기가스 규제를 고의로 회피한 것으로 밝혀졌다.[150] 이 장치는 테스트 중에만(주

---

147. [원문] '정보와 선택 과부하의 효과'—특히 가난한 고객들에게 미치는 효과—에 대해서는 다음 문헌을 참조하기 바람 : Sendhil Mullainathan and Eldar Shafir, *Scarcity : The True Cost of Not Having Enough*, Allen Lane, 2013.

148. [원문] '영국의 소매 전력시장에서 소비자 피해'를 보려면 다음 문헌을 참조하기 바람 : UK Competition and Markets Authority, *Energy Market Investigation : Final Report*, 24 June 2016.

149. [역주] '배기가스 임의조작 장치'는 차량이 배기가스 배출 테스트 기준을 통과한 후 '실제 주행'에서는 배기가스 제어를 방해하거나 비(非)활성화하는 장치임.

150. [원문] '폭스바겐 추문'에 관해서는 다음 문헌을 참조하기 바람 : ① Frank Dohmen and Dieter Hawranek, "Collusion between Germany's Biggest Carmakers", *Der Spiegel*, 27 July 2017 ; ② Jack Ewing, *Faster, Higher, Farther : The Inside Story of the Volkswagen Scandal*, Bantam

행 중에는 제외) 배기가스를 억제하도록 특별히 설계된 소프트웨어를 말한다. 다시 말하면, 그 당시 폭스바겐은 법을 위반하는 것처럼 보이지 않으면서도 명백히 '부정직한 방법'으로 기술을 사용하고 있었다. 더욱이 폭스바겐은 그러한 장치의 결과로 대기 질이 저하되고, 공중 보건이 손상될 것임을 알고 있었다. 2016년 6월에 폭스바겐은 미국 역사상 최대 규모의 소비자 집단 소송에서 마침내 153억 달러를 지불하는 데 합의했다. 또한 폭스바겐의 행동에 대해 국제적인 항의와 비난이 빗발쳤다. 그들은 '이것이 독일 공학의 우수성이란 말인가?'라고 비난했다. 그러나 놀랍게도 미국 자동차 산업이 적어도 40년 동안 배기가스 임의조작 장치를 사용했다는 사실은 그다지 주목을 받지 못했다. 기술이 발전함에 따라 부정행위의 규모와 정교함도 발전하였으며, 그에 따라 소비자들이 그것을 탐지하기 더욱 어려워졌다.

이제 우리는 이러한 "블랙박스"(black box) 경우들(예를 들면, 배기가스 임의조작 장치)과 '정상적으로 잘 작동하는 시장들'(예를 들면, 식품시장) 간의 분명한 차이를 발견할 수 있다. 식품시장의 경우 ① 기업 간의 경쟁이 일반적으로 가격을 낮추고 품질을 향상시키며, 또한 ② 소비자들은 선택의 폭이 매우 넓고, 제품들을 즉시 이용할 수 있으며, 선택행위를 할 때 계산 부담이 거의 또는 전혀 없다. 그러나 기술이 보급됨에 따라 새로운 '기술 기반 정실 자본주의'(tech-enabled crony capitalism)의 확산 위험이 증가하고 있다. 정실 자본주의 하에서 '자기강화 사이클'(self-reinforcing cycle)[151]이 발생한다. 즉, 내부자 힘의 증가가 '기울어진(휘어진) 시장들'(bent markets)의 발달을 촉진시키고 → 이는 다시 더 많은 정부 규제를 위한 대중의 요구를 초래하고 → 로비활동을 위한 더 많은 복잡성과

Press, 2017.

151. **[역주]** 예를 들면, 인플레이션이 높아지면 기업들이 '더 높은 임금 요구'에 기꺼이 동의하게 되고, 이는 다시 '더 높은 인플레이션'을 초래한다. 이러한 과정이 반복되는 경우를 '자기강화 사이클'이라 한다.

기회들을 만들고 → 이로 인해 내부자들의 힘을 더욱 강화시키는 등의 과정(사이클)이 반복된다. 이러한 결과로 거의 확실하게 정보와 시장 지배력의 불평등(비대칭)이 증가하고, 자유롭고 개방된 시장들에 대한 대중의 신뢰가 더욱 손상될 것이다. 이는 참으로 '암울한' 전망이다.

이러한 경우에 우리는 무엇을 할 수 있는가? 경쟁을 향상시키고 독점을 감소시키기 위한 '구식의 법률과 규제 조치들'은 그러한 경우에 심각한 어려움에 부딪치게 된다. 왜 그런가? 이는 부분적으로 위에서 언급된 이유 때문이고, 부분적으로는 경쟁정책을 오로지 '소비자들의 경제적 손해'의 측면에서만 해석하려는 현대의 체계적인 경향 때문이다.[152] 그뿐만이 아니다. 가격 비교 웹사이트들의 경우를 들어보자. 이들은 종종 소비자들이 비용을 절감하고 공급업체 간에 전환할 수 있는 하나의 수단으로서 크게 환영받는다. 그러나 이들은 영국의 규제 당국이 발견한 것처럼 자체 수수료를 추가하고 경쟁을 제한하는 바람직스럽지 못한 경향을 지니고 있다. 또한 이들 기업의 이사회에서 투명성을 높이고, 공적 책임과 효과성을 향상시킬 수 있는 여지가 매우 넓다. 그러나 또 다른 종류의 접근법은 더 큰 성공 가능성을 가져다줄 것이며, 이는 바로 '애덤 스미스의 생각'에서 비롯된다. 앞에서 살펴보았듯이 애덤 스미스는 ① 고용주들과 노동자들 간의 '힘과 정보의 비대칭성'을 밝혀내고, ② 노동자들의 교섭력을 높이는 조치들을 지지하였다. 이와 마찬가지로, ① 빅 데이터를 휴대할 수 있고, ② 오늘날의 거대 기술 기업들을 상대로 소비자들의 힘을 증대시킬 수 있는 여지도 매우 넓다. 이 경우에 소비자들의 힘을 어떻게 증대시킬 수 있는가? 소비자들에게 더 많은 컴퓨팅 성능을 제공함으로써 그들의 힘을 증대시킬 수 있다. 오늘날 '인간 소비

152. **[원문]** '경쟁정책의 한계'와 관련하여 최근의 논쟁들과 미국과 EU의 상반된 견해를 보려면 다음 논문을 참조하기 바람 : John Vickers, "Competition Policy and Property Rights", *Economic Journal*, 120(544), 2010.

자들'(human consumers)은 "알고리즘 소비자들"(algorithmic consumers)[153]의 지원을 받을 수 있다. 여기서 '알고리즘 소비자'[154]란 '디지털 시장에서 다양한 오퍼(offer)를 비교 및 대조할 수 있고, 인간 소비자를 대신하여 선택할 수 있는 소프트웨어'를 의미한다. 그러한 세상에서 최상의 주택 보험을 선택하려고 한다고 상상해 보라! 또한 소비자들은 수십 개의 사이트와 수백 개의 제품에 대해 몇 시간 동안 열심히 검색하거나, 잠재적으로 비용이 많이 드는 가격 비교 사이트들을[155] 사용하는 대신에 '개인 온라인 비서'(personal online assistant)가 자신의 시간과 네트워크화된 계산 능력을 사용하여 자신들을 위해 그 일을 하도록 할 수 있다.

기업가정신(entrepreneurship)은 대부분 '숨겨진 비용(hidden cost)의 발견'이라는 말은 옳다고 할 수 있지만, 이러한 비용 중 많은 부분은 거의 숨겨진 것이 아니다. 시간이 지남에 따라 그러한 '온라인 비서들'(online assistants)은 사회에서 흔해질 것이다. 데이터가 단순히 기업들에 의해 축적된 것이 아니라 개인들이 만든 것으로, 이것이 하나의 '공공재'(public good)로 간주된다면 온라인 비서들은 더욱 흔해질 것이다. 이러한 '디지털 대리인들'(digital agents)은 원칙적으로 다음 기능을 수행할 수 있다. 즉, 디지털 대리인들은 ① 소비자 각자의 개

---

153. **[역주]** 개인화 맞춤을 인공지능에 의해서 파악하는 "알고리즘 소비자" 시대가 열리고 있다. 따라서 제조산업 정책도 알고리즘 소비자를 대응하고 반응하는 "인공지능 기반 스마트 팩토리"를 구축해야 한다. 마케팅 관점에서 구매 관련 의사결정을 알고리즘에 맡기는 '알고리즘 소비자들'(Algorithmic Consumers) 시대가 열리고 있다. 다른 한편, 기업과 소비자뿐만 아니라, 정부 및 공공 영역에서도 알고리즘이 활발하게 도입되는 추세다. 스마트 시티를 구축하여 "알고리즘 시민 서비스" 시대가 전개되고 있다.

154. **[원문]** '알고리즘 소비자' 관련 문헌이 현재 빠르게 증가하고 있다. 예를 들면, Michal Gal and Niva Elkin-Koren, "Algorithmic Consumers", *Harvard Journal of Law and Technology*, Vol. 30, No. 2, Spring 2017을 참조하기 바람. 특히, 담합의 가능성과 투명성 확보의 어려움에 대한 논의를 포함하여 '알고리즘 소비자 관련 개요(槪要)'를 보려면 다음 문헌을 참조하기 바람 : "When Algorithms Set Prices : Winners and Losers", OXERA Discussion Paper, June 2017 (www.oxera.com).

155. **[원문]** '가격 비교 사이트들의 숨겨진 비용'을 보려면 "Costly Comparison", *The Economist*, 9 July 2015를 참조하기 바람.

별 지침(guideline)에 따라 자동 구매를 할 수 있고, ② 거래를 협상할 수 있고, ③ 심지어 더 싼 가격을 지불하거나 신제품들을 얻기 위해 다른 '디지털 소비자들'(digital consumers)과 자동으로 연합을 구축할 수도 있다. 실제로 이러한 '공정한 경쟁의 장'(level the playing field : 경기장을 평평하게 하기)이 마련되면 일련의 새로운 사업들이 생겨나지 않을 이유가 없다. 그러나 여기에는 다음 세 가지 목적을 달성하기 위해 '신중한 규제 조치들'이 필요하다. 즉, ① 소비자들이 쇼핑하는 것을 막는 온라인 계약 조건을 무효화하거나, ② 판매자에게 '디지털 대리인들'이 이용할 수 있는 가격 및 제품 정보에 중립적인 접근(neutral access : 차별없는 접근)을 허용하도록 요구하거나, ③ 소비자들이 자신에게 제공되는 광고에 대해 더 많은 통제권을 행사할 수 있도록 하려면 신중한 규제 조치들이 필요하다. 또한 이러한 종류의 규제 조치들은 디지털 대리인들이 페이스북이나 다른 플랫폼 및 환경에서 사용될 수 있도록 더욱 조정되어야만 할 것이다. 그러나 이러한 조치들이 도입하기 불가능하다고 여길 이유가 없다. 이러한 규제 조치들은 잠재적으로 디지털 미래(digital future)의 새로운 거래 및 트러스트 반대 소송(trust-busting)의 표준이 될 수 있다.

여기서 다시 한 번 우리는 '애덤 스미스 생각의 불멸의 중요성'을 엿볼 수 있습니다. 애덤 스미스 생각은 다음 같은 7가지 점들을 우리에게 상기시켜준다. 첫째, 두 시장이 결코 같지 않다(즉, 동일한 시장은 없다). 둘째, 시장은 신성한 권리를 가지고 있지는 않지만, 사적 기능뿐만 아니라 공적 기능도 수행한다. 셋째, 시장의 효과적이고 경쟁적인 작동을 보장하기 위해 규제가 필요할 수 있지만, 규제 자체는 잠재적인 비용을 수반한다. 넷째, 기업 이익을 추구하기 위한 로비력은 효율적인 시장뿐만 아니라 합법적인 정부 모두에 중대한 위험이 된다. 다섯째, 정실 자본주의는 시장이 경쟁적이지 않은 곳에서 번창한다. 여섯째, 정실 자본주의는 경제적 지대추구, 힘과 정보의 비대칭성, 대리인 비용이라는 세 가지 핵심 생각으로 이해될 수 있다. 마지막으로, 적극적인 조치들을 취하지 않으면 정실 자본주의는 확대될 심각한 위험이 존재한다.

그러나 애덤 스미스의 이러한 생각은 또한 현대 세계를 이해하는 데 적어도 '세 가지 더 광범위한 시사점'을 제시해 준다. 첫째, 애덤 스미스의 '경제적 평등주의'(economic egalitarianism)는 이미 오래전에 최근의 연구 결과를 예감하였다. 최근의 연구에 따르면 '불평등 증대는 경제성장을 촉진하는 유인(인센티브)을 창출하는 것이 아니라, 오히려 경제성장을 적극적으로 저해할 수 있다'라고 주장한다. 이는 애덤 스미스의 주장과 일맥상통한다. 둘째, 애덤 스미스는 '현대 중상주의'(modern mercantilism)의 다양한 형태가 사람들에게 어떻게 반영되는지를 강조하였다. 현대 중상주의는 ① 각국의 무역 흑자, 관세 및 비관세 장벽의 전략적 사용, ② 개발도상국의 가장 이동하기 쉬운 유능한 인재들이 선진국 경제로 유출됨에 따라 개발도상국의 노동시장이 공동화(空洞化, hollowing out)되는 현상, ③ 각국의 환경비용 공동 부담에서 경쟁적으로 탈퇴하기 등에 이르는 다양한 형태를 띠고 있다. 따라서 이러한 현대 중상주의의 다양한 형태는 ① 단순히 오늘날 '글로벌화되는 세계에서 각국이 져야 할 여러 책임으로부터의 회피하려는 경향'을 반영할 뿐만 아니라, ② '경제적 민족주의(economic nationalism)[156]의 한 형태―흄(Hume)은 이를 현대적 "무역의 질투"(jealousy of trade)[157]라고 표현함―로

156. **[역주]** 민족주의(民族主義)란 민족의 통일과 독립, 발전을 최고의 이념적 가치로 여기고 중시하는 주의를 말함.

157. **[역주]** "무역의 질투"는 18세기에 등장한 개념으로 국제무역의 성공이 국가의 군사적·정치적 생존 문제가 되었을 때 나타나는 '정치와 경제 간의 특별한 결합'을 의미한다. 오늘날 이 개념은 "경제적 민족주의"라고 불린다. 흄은 "무역의 질투에 관하여"(Of the Jealousy of Trade)(1760)라는 논문을 통해 중상주의 정책을 다음과 같이 비판하였다. 즉, "나는 이 협소하고 악의적인 의견(중상주의)에 반대한다. 만약 주변국들이 무지와 게으름과 야만적인 생활에 파묻혀 있다면, 우리(영국) 혼자 교역을 수행하고 국부를 늘릴 수 있을까? 나는 한 국가의 상업과 부(富)가 커지려면 이웃 국가의 상업과 부(富)도 함께 커져야 한다고 단언하고 싶다." 흄은 우리에게 현대 경제학의 게임이론이 강조하는 '포지티브섬(positive sum) 게임', 즉 참가자 모두에게 이익이 되는 게임의 중요성을 말하고 있다([출처] 신상준, "마크롱의 분노와 오래된 지혜 '포지티브섬 게임'", 『이코노미조선』, 제475호, 2023. 1. 9.자).

서 순전히 구식 정치권력 추구'를 반영한다.

마지막으로, 애덤 스미스는 세계화(globalization)에 대한 많은 논쟁에서 '누락된 측면'을 강조하였다. 그것은 바로 '도덕적 측면'이다. 세계화의 승자들이 단순히 패자들에게 보상해 주려고 하는 것만으로는 충분하지 않다는 사실이 점점 더 분명해지고 있다. 여기서 중요한 것은 단순히 돈이 아니라 '삶의 의미'이다. '삶의 의미'란 무엇을 말하는가? 이는 세계화로 영향을 받는 사람들이 보람 있는 일을 하고, 존엄성과 타인의 존경을 받으며, 자신의 재능을 최대한 발휘하면서 '가치 있고 의미 있는 삶'을 살아갈 수 있는 능력을 말한다. 더욱이 오늘날 힘과 지위 및 정보의 불평등이 증가하고, 시장 지배력의 행사가 점점 더 '기술적 베일'(technological veil) 뒤에 교묘하게 감춰지고 있다. 이들을 개선하기 위해서는 ① 효과적인 공적 제도들과 규범의 중요성뿐만 아니라, ② 기업과 국가 모두에서 '공공심이 투철한(public spirited) 개인 리더십'의 중요성이 그 어느 때보다 커지고 있다. 연구자들 사이에서 일반적으로 이루어지고 있는 '잘 작동하지 못하는 시장들과 세계화 및 자본주의 자체'에 대한 '순수한 경제적인 분석'은 병이나 문제의 진단과 치료(해결) 모두를 그르치게 할 것이다. 다음 장에서 설명할 예정이듯이 궁극적으로 중요한 것은 '문화와 정체성 그리고 의미'이다. 이들 요인은 시장의 오작동이나 자본주의로 뒤처진 사람들을 위한 구제와 회복을 목표로 하는 모든 정책 조치의 밑바탕이다.

제10장 상업사회의 도덕적 기초

1761년 장 칼라스(Jean Calas)[1]는 63세의 부유한 위그노(Huguenot ; 16~17세기 프랑스 신교도)[2] 상인이었고, 어느 한 여인의 남편이자 여섯 자녀의 아버지였으며, 프랑스 툴루즈(Toulouse ; 프랑스 남서부의 도시) 지역에서 옥양목과 날염한 옷을 전문으로 판매하는 상점의 주인이었다. 1761년 10월 13일 밤에 칼라스의 장남인 마르크 앙투안(Marc-Antoine)이 가족의 집에서 숨진 채 발견되었다. 장 칼라스는 그의 아들이 어떤 침입자에 의해 살해되었다고 선언했지만, 의료 조사 결과 앙투안이 "살아 있는 동안 스스로 또는 다른 사람들에 의해 목이 졸려 죽었다"라고 판명되었다.[3] 그러자 그의 가족들이 그가 가톨릭교(천주교)로 개종(改宗)

---

1. **[원문]** '칼라스(Jean Calas) 소송사건'에 대해서는 다음 문헌을 참조하기 바람 : ① Nixon, *Voltaire and the Calas Case* ; ② Maugham, *The Case of Jean Calas* ; ③ "Final words", *The Theory of Moral Sentiments*, Ⅲ.ii.11. 또한 더 광범위한 사회적·종교적 맥락에 대해서 보려면 David D. Bien, "The Background of the Calas Affair", *History*, 43(149), 1958을 참조하기 바람.
2. **[역주]** '위그노'는 '프랑스의 프로테스탄트'를 가리킬 때 쓰는 말임. 16세기에 극심한 박해에 시달렸음에도 계속 확산되었으며 귀족들 가운데서도 지지자가 생겨났다. 1562년 프랑스에서 종교전쟁이 시작되었으며 1598년까지 간헐적으로 계속되어 위그노의 주요 인물이 거의 목숨을 잃었으며 수천 명이 학살당했다. 1598년 앙리 4세는 '낭트 칙령'을 선포하여 위그노의 종교적·정치적 자유가 인정되었다. 그러나 지속적인 탄압으로 25만 명 이상의 위그노들이 영국, 프로이센, 네덜란드, 아메리카 등으로 피난길에 올랐다. 1787년 칙령을 통해 위그노의 공민권이 부분적으로 회복되었으며, 1789년 프랑스 대혁명 기간 중 국민의회는 종교의 자유를 명확히 인정했으며, 프로테스탄트에게 모든 관직과 직업에 종사할 수 있도록 허용했다.
3. **[역주]** '칼라스 사건'은 1762년에 일어난 한 개신교인 청년의 자살과 가톨릭교도들의 부당한 모함으로 장 칼라스(Jean Calas)의 온 가족이 풍비박살난 사건을 말한다. 칼라스의 아들이 가톨릭으로 개종하는 것을 막기 위해 칼라스를 비롯한 그의 가족들이 그를 살해했다는 가톨릭교도들의 모함을 받게 되었고, 결국 가족 모두 재판에 회부된 후, 칼라스가 수레바퀴형(거열형)으로 처형된 사건이다. 계몽주의 철학자 볼테르가 이 사건을 적극 변호하여 세상에 널리 알려졌다.

하는 것을 막기 위해 그를 죽였다는 소문이 갑자기 도시 전체에 퍼졌고, 그로 인해 아버지인 장 칼라스가 체포되었다. 장 칼라스는 감옥에서 자신의 이야기를 번복하였다. 칼라스에 따르면 그의 가족은 마르크 앙투안이 목이 졸려 죽은 것을 발견했지만, 진실이 밝혀지면 무슨 일이 일어날지 두려웠다고 말했다. 당시 프랑스 법률에 따르면 '자살자'의 시신은 발가벗겨져 나체 상태로 거리로 끌려다닐 수 있기 때문이었다.

당시 툴루즈 지역에서의 재판은 조롱의 대상이었다. 당시 재판에서는 100명이 넘는 사람들의 상반된 증언과 전문(傳聞)[4]이 있었지만, 목격자들이 없었고 확실한 증거도 거의 없었기 때문이다. 개종자로 추정되는 그 사람을 위한 가톨릭 고해 신부를 찾을 수 없었지만, 그럼에도 그 죽은 사람은 수천 명의 사람이 참석한 가운데 완전한 가톨릭 장례식을 치렀다. 장 칼라스는 교회의 공식적인 지원을 받아 신속하게 살인죄로 유죄 판결을 받았으며, 평결(評決)은 당시 항소법원 역할도 했던 지역 입법 기관인 툴루즈 의회(parlement)에 회부(回附)되어, 마침내 1762년 3월 9일에 그 평결이 확정되었다.

그 당시 장 칼라스는 공개적으로 심문을 받고 고문(拷問)을 당했다. 이른바 '일반 고문'(Question Ordinaire)에 따라 장 칼라스는 고문대(rack)[5]에 올려졌고 그의 팔다리는 천천히 잡아 당겨졌다. 장 칼라스로부터 자백이 없었기 때문에 치안판사는 '특별 고문'(Question Extraordinaire)으로 넘어갔다. 장 칼라스의 입을 강제로 벌리고 천으로 덮고 입 안에 깔때기를 넣고 코를 잡고 물 주전자를 그의 목구멍으로 쏟아부었다. 이러한 고문도 소용이 없었다. 그러자 장 칼라스는 중

4. **[역주]** '전문(傳聞)'이란 다른 사람을 통해 전하여 듣는 것을 말함. 이를 '전문증거'(傳聞證據, hearsay evidence)라 함. 전문증거는 사람의 진술을 증거로 하는 진술증거로서 타인으로부터 전해 들은 사실을 진술하는 것을 말함. 반드시 정확하지는 않으나, 이른바 '전해 들은 증거'로 이해해도 무방함. 이러한 증거는 그 내용이 진실한가 아닌가를 반대심문에 의하여 평가할 수 없으므로 그 판단을 그르칠 위험성이 있다. 그래서 법은 그 증거능력을 원칙적으로 부정하고 있다.

5. **[역주]** 중세에 팔다리를 잡아 늘이는 고문대를 말함.

앙 광장으로 옮겨져 십자가에 못 박히게 되었다. 칼라스의 두 다리와 두 팔은 부러졌고, 그의 복부는 계속되는 쇠막대기의 타격으로 파열되었다. 이 고문이 끝나자 칼라스는 자신의 팔다리가 형거(刑車 : 사람을 찢어 죽이는 데 쓰는 수레를 말함)에 묶인 채 태양을 향해 얼굴을 위로 든 채 여전히 자신의 결백을 주장하다가, 마침내 사지가 찢어져 죽고 그의 시신은 불태워졌다.[6]

[역주] '칼라스 사건' 해설

〈해설 1〉 1761년 10월 어느 날 툴루즈의 필라체 거리에 사는 개신교인 칼라스의 청년 아들이 스카프로 목을 맨 채 '자살'을 하였다. 사법부의 다비드 드 보드링이 이 사건을 조사하고 사건을 발표했다. 이 청년은 가톨릭으로 개종할 것을 선언하고, 개종하기로 했는데 개신교인이었던 아버지 장 칼라스가 이것을 견딜 수 없어서 아들을 '살해'했다는 결론을 내렸다. 이후 장 칼라스의 가족은 체포되어 모진 고문을 받고, 아버지는 거열형에 처해져 처형되고 가족들은 추방당한다.

당시 툴루즈는 친가톨릭적 성향이 특히 강했는데, 그 예로 당시보다 200여 년 전 약 4,000여 명의 개신교인들이 이단으로 몰려 가톨릭교도들에게 학살되었는데, 이날이 돌아오면 툴루즈인들은 성대한 축제를 벌일 정도였다. 사건 당일 칼라스의 아들은 자신이 프로테스탄트라는 이유로 취업에 제한을 받는 등 삶을 비탄하여 목을 매어 자살했는데 그 광경을 본 몇몇 가톨릭교도들이 칼라스와 그 가족이 아들의 개종을 막으려 죽였다고 소문을 퍼뜨렸다. 사건이 벌어진 1762년은 개신교인 학살사건 200주년 되는 해로 가톨릭 교인들은 시내에 교수대를 세우고 칼라스 가족들을 교수대에 세워야 한다고 외쳐댔다. 이에 고무된 시(市)의 관료들이 칼라스와 가족들을 투옥시키고 가장(家長)인 칼라스에게 사형을 선고했고 얼마 지나지 않아 사형을 집행했다.

칼라스의 처형에 찬성한 판사들은 이 허약한 노인은 '수레바퀴형'의 고통을 이길 수

6. [역주] 이를 '거열형(車裂刑)'이라 부름. 즉, 사람의 손과 발을 소나 말에 묶어서 사지를 찢는 형벌을 말함. 거열형은 고대 가혹한 형벌로 '오마분시(五馬分尸)'라고도 함. 형을 받는 사람의 머리와 사지를 다섯 수레에 나누어 묶은 다음, 말을 채찍질해 다섯 방향으로 달리게 해 죄인의 사지를 찢어 참혹하게 죽이는 형벌을 말함.

없을 것이고, 그래서 형틀에 묶이면 자신의 죄와 공모자들의 죄를 자백할 것이라며 나머지 판사들을 설득했다. 그러나 판사들은 칼라스의 형을 집행하면서 당황할 수밖에 없었다. 이 노인은 바퀴에 묶여 죽어가면서도 하나님을 불러 자신의 결백함의 증인으로 삼았으며, 또한 잘못을 저지른 판사들을 용서해달라고 기원했다. 볼테르는 이 처형을 보며 이런 명언을 남겼다 : "네가 타인에게 당하고 싶지 않은 일을 너 역시 타인에게 행하지 말라."

그 후 이 사건은 칼라스의 부인을 만난 파리의 변호사들과 지식인들을 비롯한 여론에 의해 부당함이 성토되었고, 볼테르는 수많은 팸플릿을 써서 칼라스의 가족을 변호하며 양식 있는 사람들의 정의감을 일깨웠다. 파리 고등법원의 변호사인 보몽이 가장 먼저 칼라스 부인을 옹호하고 나섰다. 볼테르의 노력으로 칼라스 사건의 부당성을 지적하고 재심을 요구하는 여론이 조성되었다. 마침내 대법원은 여론에 밀려 마침내 재심 판결이 내려지고 칼라스의 아들은 자살한 것으로 판정이 번복됐다. 1765년 3월 9일 칼라스가 처형된 지 3년째 되던 날 칼라스의 무죄와 복권이 선고됐다.

이 사건 과정에서 볼테르는 칼라스의 가족들을 변호하고 종교적 불관용의 문제를 철학적 관점에서 고찰했고, 그 결과 유명한 『관용론』이 탄생하게 되었다. 칼라스 사건에 대한 볼테르의 개입은 프랑스 지식인의 현실참여 운동인 "앙가주망"의 시초로 평가된다. 볼테르는 칼라스 사건에서 여론을 형성하는 과정에서 자신과 동료 철학자들이 사실상 혁명을 만들어 가고 있다는 사실을 깨달았다. [출처 : 위키백과]

〈해설 2〉 1761년 10월 13일 장 칼라스의 맏아들 마르크 앙투안이 툴루즈에 있는 그의 직물 가게에서 목을 매어 죽은 시체로 발견되었다. 그러자 현지의 로마 가톨릭교도들은 위그노에 대한 반감으로 격분했고, 장 칼라스는 체포되어 아들이 가톨릭으로 개종하는 것을 방해하거나 처벌하기 위해 아들을 죽인 혐의로 기소되었다. 처음에 그는 미지의 침입자가 아들을 죽였다고 했지만, 나중에는 아들이 자살했다고 주장했다.

지방법원에서 유죄 판결을 받은 그는 1762년 3월 9일 툴루즈 고등법원(항소법원)에서 사형을 선고받고 이튿날 공개적으로 형거(刑車)에 묶여 거열형을 당하고 목이 졸린 다음 불태워졌다. 그의 아들은 가톨릭 신앙을 지킨 순교자로 매장되었다. 제네바에 있는 유력한 친구들을 통해 이 사건에 관심을 갖게 된 철학자 볼테르가 활기찬 언론 운동을 벌여 유럽의 대다수 여론은 재판관들의 선입견(위그노에 대한 반감)이 판결에 영향을 미쳤다고 확신하게 되었다. 그 결과 사건을 재검토하기 위해 50명의 재판관이 임명되었다. 이들은 1765년 3월 9일 칼라스의 유죄 판결을 파기했고, 정부는 가족에게 배상금을 지불했다.

칼라스 사건은 프랑스에서 형법 개정과 종교적 관용을 위한 운동을 크게 강화했지만, 실제로 형법이 개정된 것은 1780년대에 이르러서였다. [출처 : 다음 백과]

1. 깨지기 쉬운 세상

애덤 스미스가 툴루즈에 도착한 지 2년도 채 되지 않았을 때 볼테르(Voltaire ; 프랑스의 문학자·철학자, 1694~1778년)의 개입은 이미 '칼라스 사건'을 하나의 국가적 스캔들로 만들었을 뿐만 아니라 행정 및 사법적 불공정(不公正)의 대명사로 만들었다. 애덤 스미스와 볼테르는 똑같이 테오도르 트론친(Théodore Tronchin ; 저명한 칼빈주의 신학자, 1709~1781년) 박사를 좋은 친구로 사귀고 있었고, 그들이 이듬해 프랑스 페르니(Ferney)에 있는 볼테르의 별장에서 만났을 때(존 레이(John Rae)에 따르면 그들은 5~6번 정도 만났다고 함) 칼라스 사건에 대해 논의하지 않았다는 것은 상상할 수 없는 일이다. 애덤 스미스는 위대한 철학자인 볼테르를 열렬히 숭배했으며, 특히 "볼테르는 소수의 사람만이 읽는 책들을 저술한 근엄한(현학적인) 철학자들보다 인류를 위해 훨씬 더 많은 일을 했다. 볼테르의 책들은 모두를 위해 썼고, 모두가 그 책들을 읽는다"[7]라고 말한 것으로 알려져 있다. 볼테르와 마찬가지로 애덤 스미스에게도 칼라스 사건은 상당한 반향(反響)을 불러일으켰던 것으로 보이며, 애덤 스미스는 분명히 칼라스를 '도덕적 인격(moral character)의 모범'으로 존경했다. 애덤 스미스는 『도덕감정론』에 칼라스

---

7. **[원문]** Barthélemy Faujas Saint-Fond, *Travels in England, Scotland and the Hebrides*, 2 Vols., J. Ridgway, London, 1799, Vol. II.

가 자신의 고백을 듣기 위해 파견된 어떤 수도사에게 한 인상적인 마지막 말을 덧붙여 놓았기 때문이다: "신부님, … 내가 유죄라는 것을 스스로 믿을 수 있나요?"

칼라스 사건은 '사회 그 자체'의 본질에 중대한 영향을 미쳤다. 칼라스의 처벌은 가혹했지만, 그것은 당시 영국 해협[8]의 양쪽(즉, 프랑스와 영국)에서 거의 드문 일이 아니었다. 예를 들면, 영국에서는 1746년에 제2차 자코바이트 반란(Jacobite Rebellion)[9] 이후 국왕의 이름으로 반역죄로 교수형, 장기 적출 및 능지처참 등의 형벌이 50개 이상이나 있었다. 특히 칼라스 사건은 프랑스의 법률 체계와 영국 및 스코틀랜드 사법부의 법적 독립과 정당한 절차 사이의 선명한 대조를 보여주었다. 영국의 경우에 적어도 1세기 이상 동안 '법적 고문'은 볼 수 없었다. 영국에서 법적 고문은 1600년 이후에 사용되지 않았으며, 마침내 1640년에 폐지되었다. 실제로 볼테르 자신은 그의 저서 『영국 국민에 관한 편지(Letters Concerning the English Nation)』에서 '영국 특유의 관용, 자유, 법률 및 무역'의 혼합을 오히려 당당히 찬양했다. 이 책은 1733년에 영국에서 처음 출판되었고, 다음 해에 프랑스에서 출판되었다. 그러나 프랑스에서 이 책은 예상대로 신속하게 판매가 금지되었다.

그러나 칼라스의 사례는 외관상 세련된 도시의 표면에서도 폭력(暴力)이 얼마나 가까이 있을 수(즉, 쉽게 일어날 수) 있는지를 상기시켜 주었다. 폭력은 1745년 제2차 자코바이트 반란 시 일어난 폭력[10]과 비슷한 속도로 에든버러의 고상한 직업 계급에도 닥쳐왔다. 애덤 스미스가 말했듯이 "4,000명 또는 5,000명의

---

8. **[역주]** '영국(또는 영불) 해협'(the English Channel)은 영국과 프랑스를 분리하는 것으로 길이 565km, 폭 30~60km이며 'the Channel'이라고도 불림.
9. **[역주]** 1745년에 제2차 자코바이트 반란이 일어남. 퇴위한 제임스 2세(James II)를 옹립한 제임스 2세파의 사람들을 말함.
10. **[원문]** '1745년의 폭력'에 대한 애덤 스미스의 견해를 보려면 *Lectures on Jurisprudence*(B), pp. 331~332를 참조하기 바람.

맨몸으로 무장하지 않은 스코틀랜드 북부의 고지인(高地人)들(Highlanders)이 호전적이지 않은 주민들의 반대 없이 영국의 발달된 지역(즉, 에든버러)을 차지했다." 그러나 이때의 폭력은 '외부에서' 온 것이었다. 반면에 툴루즈에서는 무거운 세금으로 촉발되고, 종교적 공포에 의해 가중된 대중의 분노가 '내부로부터' 얼마나 빨리 유혈 사태로 끓어오를 수 있는지를 보여주었다.

마지막으로, 칼라스의 유죄, 고문, 죽음의 주요 원인이 그 당시 칼라스가 '위그노 교도'(16~17세기경의 프랑스 신교도)라는 외부인의 지위에 대한 가톨릭의 두려움에서 비롯된 '도덕적 공포'(moral panic)라는 것이 분명했다. 이 공포는 프랑스 툴루즈의 법률 기관들이 법치 하에서 억제하지 못했을 뿐만 아니라 적극적으로 방조된 것이었다. 애덤 스미스는 1789년 『도덕감정론』에 마지막으로 추가하면서 "인간의 도덕 감정을 타락시킨 모든 것 중에서 파벌(faction)과 광신주의(fanaticism)가 항상 단연 최고였다"[11]라고 썼다. 칼라스 사건은 그러한 파벌과 광신주의가 행동으로 표면화된 완벽한 사례 연구였다. 또한 칼라스 사건은 애덤 스미스가 자신의 『법학 강의』에서 '인간 행위의 형성 요인'(shaper of human conduct)으로서 '공공 기관, 관행 및 규범의 중요성'에 대해 이미 강조했던 것을 더욱 강화시킬 수 있었다.

이러한 관점에서 보았을 때 '상업사회'(commercial society)는 고찰과 설명이 필요한 '놀라운 현상'이었다. 그러나 칼라스 사건은 또한 그것이 다름 아닌 '인간의 업적', 즉 '구체적이고 복잡하며 잠재적으로 연약한 인간의 업적'이었음을 보여주었다. 다만 영국과 프랑스 간에 그 요인이 달랐을 뿐이었다. 특히 양국 간의 정치적 · 금융적 · 경제적 대비(對比)가 『국부론』의 핵심 주제였다. 우선, 프랑스의 경우에 애덤 스미스는 ① 중앙 정부에 대한 프랑스 지방 의회들의 저항과 ② 베르사유(Versailles ; 파리 서부의 궁전 소재지)의 '독재적 개입'에 대해 분명히 잘 알고

11. **[원문]** *The Theory of Moral Sentiments*, III.iii.43.

있었다. 그 당시 베르사유의 독재적 개입은 프랑스의 상업 발전을 저해하였으며, 더욱이 1789년에 일어난 폭력 사태의 단초를 제공해 주었다. 이와 대조적으로 영국에서는 1688년 이후 '군주제에 대한 헌법상의 견제'가 있었다. 이러한 견제는 국왕의 신뢰와 독립적인 상업 계급의 성장을 크게 촉진시켰다.

오늘날 '지적(知的) 권위'의 진정한 원천을 갈망하는 세상에서 애덤 스미스는 자주 그의 '광범위하면서도 다른 경제적·정치적 또는 사회적 관점들'로 인해 선택되거나 폄하되어 왔다. 그러나 세상 사람들은 애덤 스미스의 책들을 거의 읽지 않고 있으며, 읽는다 해도 『국부론』에만 치중하는 경향이 있다. 우리가 이제까지 보았듯이 그 결과, 애덤 스미스는 '다양한 모습을 지닌 캐리커처'(caricature)[12]로 묘사되었다. 즉, 애덤 스미스는 '경제적 자유주의자'(economic libertarian)로, 또는 '호모 에코노미쿠스(homo economicus)의 옹호자'로, 또는 '자본주의(capitalism)의 주창자'로 희화화되었다. 그러한 희화화의 기저에는 종종 "정말" 중요한 것은 '경제학'이라는 생각이 깔려 있다(이러한 생각은 자유주의자들에서 마르크스주의자들에 이르기까지 정치적 스펙트럼 전반에 걸쳐 많은 사람이 공유하고 있다). 즉, ① 문화(culture)는 중요하지 않고, ② 사회 내에서 생산과 소비의 물질적 경제력이 항상 중요하며, ③ 경제적 성공에 필요한 모든 것은 물질적 경제력을 자유롭게 하는 것이다. 이와 함께 정치학, 사회학, 심리학, 인류학 등의 많은 부분이 궁극적으로 '경제학'에서 파생되고, 경제학으로 환원될 수 있다는 생각이 자리 잡고 있다.

그러나 사실상 경제학 내에서도 지난 30년 또는 그 이상 동안 가장 훌륭한 분석의 대부분이 이러한 가정들에 의문을 제기했으며, 또한 경제학 모형들에서 '문화의 중요성'을 주장하고 탐구하기 시작했다. 특히 우리의 삶을 구성하는 사회의 암묵적 규칙인 '도덕적 및 사회적 규범들'(moral and social norms)—넓게는

12. **[역주]** '캐리커처'란 어떤 사람이나 사물의 특징을 과장하여 우스꽝스럽게 풍자한 글이나 그림을 말함.

'문화'—이 점점 더 주목을 받고 있다. 아이러니하게도 그 결과는 '경제학의 시작점'인 애덤 스미스에게로 되돌아가서 탐구하는 것이다. 왜 그런가? 애덤 스미스의 초기 몇몇 에세이들과 『도덕감정론』, 『법학 강의』, 『국부론』에 이르는 저서들에서 오늘날 우리가 "문화"(culture)라고 부르는 것이 몇 가지 다른 측면에서 '절대적으로 중요한 관심사'이기 때문이다. 이는 사실인가? 그렇다! 애덤 스미스의 대부분의 생각은 ① '자유'(liberty)가 어떻게 상업(commerce)을 가능하게 하는가와 ② 그의 "자연적 자유 체계"(natural system of liberty)에서 얻을 수 있는 경제적 이익들에 집중하였다. 그러나 애덤 스미스는 또한 반대 현상인 '상업이 어떻게 자유와 자유의 가치를 유지하는지'에도 몰두했다. 상업사회의 본질은 무엇인가? 상업사회는 인간의 규범과 인간의 성격(인격)을 어떻게 형성하는가? 아래에서 이들에 관해 살펴보기로 하자.

2. 문명화 과정

일찍이 몽테스키외(Montesquieu ; 프랑스의 사상가 · 정치 철학자, 1689~1755년)는 "달콤한 상업"(doux commerce : [역주] '부드러운 상업' 또는 '온화한 상업'으로도 번역됨)이라는 유명한 개념을 제시했다.[13] 이 개념은 '상업이 가져다주는 부드러운

13. **[역주]** 플라톤과 아리스토텔레스가 주장하는 고대 공화국에서는 '덕성(미덕)과 부'(virtue and wealth)는 양립할 수 없는 것으로 나타난다. 고대 공화국이 유지되기 위해서는 상업이나 교역은 제한되어야 하고, 부의 집중은 피해야 한다. 그러나 몽테스키외가 말하는 근대 공화국에서는 덕성과 부, 덕성과 상업이 양립할 수 있다. 왜냐하면 몽테스키외가 새롭게 규정한 공화정의 덕성은 개인으로 하여금 자신의 이익을 추구하게끔 하는 가운데 공공 이익의 우선성을 받아들이면서 형성되기 때문이다. 플라톤과는 달리 몽테스키외는 상업의 발달이 덕성을 순화하며 인간성을 발전시켜준다고 하는 독창적인 견해를 다음과 같이 피력하였다 :

    "분명히, 민주주의가 상업에 기반하고 있을 때 개인들은 거대한 부(富)를 지닐 수 있을 것이지만 그들의 습성은 타락하지 않을 것이다. 왜냐하면 '상업의 정신'(the spirit of commerce)은 검약, 경제, 절제, 노동, 지혜, 안정, 질서, 규칙성의 정신을 초래하기 때문이다. 이러한 정신이 확산되고 있는 한

(softening ; 연화(軟化)) 효과들'을 의미하며, 18세기 작가들과 지식인들 사이에서 '상업사회의 본질'에 대한 격렬한 논쟁을 불러일으키는 데 촉매제가 되었다. 특히 몽테스키외는 자신의 저서 『법의 정신(The Spirit of Laws)』[14]에서 "상업의 정신은 자연스럽게 검소함, 절약, 절제, 노동, 신중함, 고요함, 질서 및 규칙 등의 정신을 수반한다"라고 말했다. 이러한 생각은 다음을 의미한다. 즉, 상업과 시장은 ① 엄밀히 '경제적인 이익을 넘어서는' 여러 이익을 가지고 있을 뿐만 아니라(특히 몽테스키외는 상업과 시장이 '군주제 권력을 제한하는' 이점을 가지고 있다고 보았다), ② 이전의 야만적인 태도(풍습)(barbaric manners)를 버리거나 고쳐서 '사회와 개인을 문명화시키는 대리인'임을 의미한다. 반면에 다른 사람들은 상업이 귀족의 미덕이나 시민의 질서 의식 또는 종교적 구원의 추구를 훼손하는 역할을 한다고 우려했다. 그러나 몽테스키외는 상업을 '사회 개선(social improvement)을 위한 직접적인 힘'이라고 생각했다. 몽테스키외가 말한 바에 따르면, "상업은 가장 파괴적인 편견들에 대한 치료제이다. 이는 ① 우리가 '상냥한 태도(풍습)'(agreeable manners)를 발견하는 곳이면 어디에서나 상업이 번성하며, 또한 ② 상업이 있는 곳이면 어디든지 우리는 '상냥한 태도(풍습)'를 만난다는 것은 거의 일반적인 규칙이기 때문이다."

데이비드 흄(David Hume : 영국의 철학자 · 역사가, 1711~1776년) 또한 자신의 탁월한 에세이인 "사치에 대하여"(Of Luxury)(나중에 "예술의 우아함에 대하여"(Of

---

이 정신이 형성한 부는 어떠한 나쁜 효과도 갖지 않는다."(*The Spirit of the Laws*, 5권 6장)

"상업은 파괴적인 편견을 치유한다. 그리고 부드러운 습속이 존재하는 모든 곳에는 상업이 존재하고, 상업이 존재하는 모든 곳에는 부드러운 습속이 존재한다는 것은 거의 일반적인 법칙이다. … '상업의 법칙'(the laws of commerce)은 습속을 파괴할 수 있고, 또한 같은 이유로 습속을 완전하게 만들 수 있다. 한편으로 상업은 순수한 습속을 타락시키는데, 이것은 플라톤이 상업을 비난한 중요한 주제다. 다른 한편으로 우리가 매일 보아서 알듯이, 상업은 야만적인 습속을 세련되게 만들고 순화시키고 있다."(*The Spirit of the Laws*, 20권 1장) [출처 : 김용민, "삼권 분립과 법치주의의 완성자 몽테스키외"(https://100.daum.net/encyclopedia/view/171XX56300008)]

14. **[원문]** Montesquieu, *The Spirit of Laws*, 2 Vols., J. Nourse & P. Vaillant, 1750, Bk V.vi.

Refinement in the Arts)라는 제목으로 개칭함)에서 ① 상업사회에서 파생된 근면성, 지식 및 인간성으로부터 얻는 이점, ② 상업이 어떻게 사람들을 하나로 묶었는지, 그리고 ③ 이러한 이점들이 사회 내에서 다른 사람들의 복지를 향상시키는 데 미치는 파급효과 등에 관해 기술하였다. 이를 통해 흄은 많은 공화주의 이론과 달리 사치(奢侈 ; [역주] 공화주의 이론에서는 사치를 '상업의 나쁜 점'으로 인식함)가 자동적으로 도덕적 타락이나 정치적 쇠약을 초래하지 않았음을 발견하였다. 그러나 애덤 스미스는 흄보다 더 멀리 나아갔다. 애덤 스미스는 자신의 '개발에 대한 일반적인 4단계 분석'—즉, 사냥에서 양치기, 농업, 그리고 마침내 상업에 이르는 개발 단계—을 통해 태도(풍습), 재산, 법률, 정치 및 정부를 '하나의 포괄적인 동적 이론'(a single, overarching dynamic theory)으로 묶었다. 제3장에서 보았듯이 애덤 스미스에 따르면 첫째, 가장 원시적인 '사냥 사회'에서 사람들은 자신이 죽인 것만 가질 수 있다. 사실상 사유 재산이 없기 때문에 힘과 기술이라는 개인적 속성을 넘어서는 특별한 권위의 원천이 존재하지 않는다. 둘째로, 사유재산은 자신의 필요 이상으로 양떼를 소유할 가능성이 있는 두 번째 단계, 즉 '양치기 단계'에서 나타난다. 셋째로, '농업 단계'에서 재산권은 잉여 농산물과 토지의 소유권으로 확장된다. 마지막으로, '상업 단계'에서 재산권은 시장과 상업이 빠르게 급증함에 따라 지속적으로 확장된다. 사실상 각 단계에서 ① 노동의 분업과 '물물교환 및 교환 본능'이 더욱 발달할 뿐만 아니라, ② 점점 더 복잡하고 분화된 사회로의 이행 현상이 나타난다. 동시에, 개인의 야망과 책임의 범위는 몇몇 생활필수품의 단순한 소유에서 동물, 곡물창고, 토지 및 궁극적으로 돈과 신용과 같은 추상적인 것의 소유로 점진적으로 확대된다. 특히 돈과 신용은 사람들 사이에서 널리 공유된 공공 신뢰를 통해서만 발생할 수 있다. 따라서 이러한 이론은 물질적이거나 경제적일 뿐만 아니라, 사회적이고 문화적이기도 하다.

재산권이 발달함에 따라 재산 소유자들과 그 주변 사람들의 재산도 늘어나며, 또한 불평등도 늘어난다. 애덤 스미스의 말에 따르면 "부자들의 탐욕과 야망, 가난한 사람들의 노동에 대한 증오, 현재의 안락함과 즐거움에 대한 사랑"[15] 등도 늘어난다. 또한 재산권이 발달함에 따라 사회질서를 유지하는 데 필요한 '권력의 형태'(forms of authority)도 변화한다. 그 결과 부(富)와 귀족이 농업 단계에서 정치 권력(political authority)의 기반이 된다. 애덤 스미스는 영국에서 이것이 '봉건제'(feudalism)[16]를 낳았다고 주장한다. 왜 그런가? 귀족의 잉여 소득의 주된 용도가 그의 가신들과 민병대에게 급료를 지급하고, 거처를 제공하는 것이었기 때문이다. 그러나 상업사회의 도래와 함께 이러한 형태의 개인적 예속은 '상호의존'이라는 '경제적 관계'로 대체되었다. 이에 대해 애덤 스미스는 "그러므로 모든 사람은 교환하며 살아가거나 어느 정도 상인(商人)이 된다"[17]라고 말했다. 상업사회에서 사람들은 '자율적으로 서로 간에 상호 의무'를 이행하기 때문이다. 또한 상업사회에서는 도시, 상업, 제조 및 상업 계약 등은 이들에게 자금을 대는 데 필요한 은행 및 대출 네트워크와 함께 전면에 등장한다. 재산권에 대한 판결을 내리고, 재산권 및 일반 권리에 대한 청구를 보호하기 위해 법률 기관들이 등장한다. 상업사회에서 형사 사법의 성격도 변한다. 즉, 형사 사법이 개인 또는 가족에 대한 직접적인 구제나 배상에서 벗어나 ① 범죄가 '사회'에 미치는 영향에 초점을 맞추거나, ② 국가의 판결 및 집행 독점이 증가하게 된다. 상업사회에서 '사회질서'에 대한 집단적 요구가 매우 중요해진다. 마지막으로, 사회적 욕구(needs)가 강해짐에 따라 국가에 대한 사회적 요구도 커진다.

그러나 상업사회에서 인간의 매너,[18] 도덕 및 성품도 변하고 더 복잡해진다. 상업은 '부와 경제적 자유'를 창출하지만, 또한 '모든 종류의 자발적이고 상호 유익한 교환'을 통해 사람들을 한데 모으기도 한다. 상업사회는 물질적 이익만큼

---

15. **[원문]** *The Wealth of Nations*, V.ii.2.

16. **[역주]** 중세 유럽에서 영주와 귀족 및 신하 간의 관계가 봉토의 급여와 군무의 봉사를 통하여 사적·인격적·계층적으로 결합된 제도를 말함.

17. **[역주]** "Every man thus lives by exchanging, or becomes, in some measure, a merchant."

18. **[역주]** 행동 방식이나 자세, 태도, 버릇 등을 의미함.

이나 설득, 협상, 교환, 거래 및 흥정 등이 일어나는 사회이다. 상업사회의 잉여금은 세금을 통해 법원들과 판사들에게 지급된다. 애덤 스미스에 따르면, 저개발된(후진) 사회들에서 "야만인"은 사법제도가 존재하지 않는 상황에서 "영웅적이고 정복할 수 없는 강인함"만을 가지고 있다. 그러한 강인함은 야만인이 나약하다고 생각되는 고통에 대해 '부드러운 감정'(soft emotions)을 품지 못하게 한다. 그러나 개발된(선진) 사회들에서 "인도적이고 세련된 사람들은 다른 사람들의 열정에 더 민감하다. 이들은 ① 활기차고 열정적인 행동을 더 쉽게 할 수 있고, ② 약간의 과도한 행위를 더 쉽게 용서할 수 있다."[19] '더 부드럽고 세련된' 상업사회들에서는 민병대를 유지하기 위한 물질적 미덕과 경제적 유인 모두가 필요치 않을 수 있다. 그러나 그러한 사회들은 상비군(常備軍)을 감당할 재정적 여유를 가지고 있다. 특히 영국의 경우 상비군이 압제를 행사하지 못하게 하는 데 필요한 정치 및 법률 제도들을 갖추고 있었다. 마지막으로, 상업사회가 가져다주는 '부드러운 효과'(softening effect ; 연화(軟化)[20] 효과)는 영국 국내에만 있는 것이 아니다. 시간이 지남에 따라 영국의 지배 하에 있는 유럽 국가들이 전장(戰場)이 아니라 '시장(市場)'에서 경쟁하려는 성향이 커지고 있었기 때문이다.

애덤 스미스는 지난 장에서 설명했듯이 상업사회에 대해 전혀 비판적이지 않았다. 또한 애덤 스미스는 실제 역사의 과정이 이 단순화된 설명 내에서 다를 수 있음을 인정하고, 또 실제로 그렇게 주장하였다. 애덤 스미스의 '일반이론'은 '상업의 확대가 경제적 자유를 증대시키고, 혁신과 전문화를 촉진한다'라는 생각에 바탕을 두고 있다. 그러나 이러한 생각 자체는 '진화하는 법적 및 헌법적 질서'(an evolving legal and constitutional order)를 필요로 한다. 그러한 질서는 재산권을 보호하고, 폭력을 억제하며, 국가가 약탈적 개입을 하지 못하도록 한다.

만약 사람들이 스스로 변하거나 상업사회에 의해 변한다면 '제도들'(insti-

19. **[원문]** *The Theory of Moral Sentiments*, V.ii.10.
20. **[역주]** '연화(軟化)'란 단단한 것이 부드럽고 무르게 됨을 말함.

tutions)도 마찬가지이다. 상업사회에서 정부 자체 내에서의 '권력분립'(power separation)은 일종의 '분업'으로서 기능(작동)하며, 공공 기관들 내에서 전문화를 촉진시키며, 다른 한편으로 '지대추출'(rent extraction : 지대 뽑아내기)을 제한한다. 또한 권력분립은 성장의 선순환과 확대를 통해 추가적인 상업 확대를 지속시킨다. 정부의 합법성은 자연법, 신의 계시 또는 사회계약에 근거한 것이 아니라, '효용성과 진화된 권력'에 바탕을 두고 있다.

따라서 애덤 스미스는 시간이 지남에 따라 자력으로 생성·발전하는 '사회적·경제적·정치적 질서'에 관해 예리하게 묘사하고 있다. 이러한 '사회적·경제적·정치적 질서'는 개인의 생각(마음)이나 최초에 형성되어 굳어진 행위의 산물이 아니라, '끝없이 반복되는 사회적 상호작용의 의도하지 않은 결과'로 진화(進化)하는 특성을 가지고 있다. 진화의 결과는 우리에게 '정치적·경제적 발전에 관한 역동적 이론'(dynamic theory)을 가져다주었다. 이 이론은 다수의 저명한 현대 저자들에게 깊은 영감을 주었고, 그들의 연구 '명사'(名辭,[21] terms : 주제)가 되는 계기를 마련해 주었다. 예를 들면, 노르베르트 엘리아스(Norbert Elias : 독일 출신의 사회학자, 1897~1990년)[22]와 스티븐 핑커(Steven Pinker : 미국의 대학교수 겸

---

21. **[역주]** '명사(名辭)'란 논리학에서 개념 또는 정의를 언어로 나타낸 것으로 명제(命題)를 구성하는 데에 요소가 되는 말 또는 단어를 지칭함. 즉, 하나의 개념을 언어로 나타낸 것으로 명제의 구성요소임.
22. **[역주]** 엘리아스는 서구 문명의 발전을 복합적인 진화의 결과로 규정했으며, 대표 저서로는 『문명화 과정에 대하여(Über den Prozess der Zivilisation)』(1939년)가 있다. 의학·철학·사회학을 공부했으며, 하이델베르크대학교(1924~1929년)과 프랑크푸르트대학교(1930~1933년) 등에서 교수를 지냈다. 그러나 나치즘이 부상하면서 프랑스로 망명한 뒤, 1935년에 다시 영국으로 건너가 1975년까지 그곳에서 살았다. 『문명화 과정에 대하여』는 풍습 및 사회적 행동의 점진적인 발전 속에서 지배자가 폭력의 합법적인 사용을 통해 권력을 집중시키는 과정에 대해 자세히 연구한 책이다. 이 책은 스위스에서 처음 출간되었던 당시에는 큰 반응을 얻지 못했으나 1969년 재출간되어 좋은 반응을 얻었다. (출처 : 다음 백과, https://100.daum.net/encyclopedia/view/b15a2666a). 엘리아스는 문화를 감정과 연결하여 설명한 최초의 사람으로 여겨진다. 특히 엘리아스는 '문명화 과정'(Zivilisations-prozeß)이란 '감정의 온순화 과정'이라고 주장했다.

작가, 1954년~현재)[23]는 '폭력의 감소'에 관해 연구했고, 데어드레이 맥클로스키(Deirdre McCloskey)[24]는 '부르주아적 미덕'[25]에 관해 분석했다. 또한 대런 애시모글루(Daron Acemoglu)와 제임스 로빈슨(James Robinson)[26]은 국가의 경제 실패와 성공의 원인이 각각 "착취적"(extractive) 제도와 "포괄적"(inclusive) 제도에 있음을 분석하였다.

3. 규범[27] 이론

그러나 만약 상업사회가 제도, 법률 및 태도(매너)의 '공진화(共進化) 시스템'(co-evolved system)으로 출현한다면, 이는 결국 그 시스템의 기초가 되는 '도덕적 가치와 행동'의 근원에 대해 다음과 같은 몇 가지 질문을 제기한다. '무엇이' 궁극적으로 그러한 사회를 하나로 묶는가? 이를 좀 더 깊이 질문해 보기로 하자. 우선, 상업사회에서 서로 다른 사람들 사이에서 널리 공유되는 도덕적 세계(moral world)를 어떻게 억제할 수 있는가? 다음으로, 사람들은 상업사회에서 그들이 공유하는 가정(假定)들과 도덕적 가치를 어떻게 형성하고 가질 수 있는가?

이들 질문에 대한 토마스 홉스(Thomas Hobbes : 영국의 철학자·법학자, 1588~1679년)의 대답은 개인의 도덕성(individual morality)을 '주권'(主權,

---

23. **[역주]** Pinker, Steven, *The Better Angels of Our Nature : The Decline of Violence and Its Causes*, Allen Lane, 2011.

24. **[역주]** McCloskey, Deirdre, *Bourgeois Virtues : Ethics for an Age of Commerce*, University of Chicago Press, 2006.

25. **[역주]** '부르주아'란 중세 유럽 도시에서 중산계급의 시민으로 주로 '상인계급'을 말함. 근대 사회에서는 '자본가계급'에 속하는 사람을 의미함. McCloskey, Deirdre N., *Bourgeois Equality : How Ideas, Not Capital or Institutions, Enriched the World*, University of Chicago Press, 2016.

26. **[역주]** Acemoglu, Daron and James A. Robinson, *Why Nations Fail*, Profile Books, 2012.

27. **[역주]** '규범(規範)'이란 사유(思惟)·의지(意志)·감정 등이 일정한 이상·목적 등을 이루기 위해 마땅히 따라야 할 법칙과 원리로서 논리의 진(眞), 도덕의 선(善), 예술의 미(美) 등을 말함.

sovereign authority)[28]에 종속시키는 것이었다. 홉스는 자신의 걸작인 『리바이어던(Leviathan)』에서 제시한 이론에 따르면, 시민사회는 개인들이 정부(국가)를 위해 자신의 주권적 자유의 일부를 포기하는 '사회계약'(social contract)에서 파생되었다고 주장했다(그 결과 시민사회 내에서 사익(self-interest)을 초월한 도덕적 행동의 가능성과 안전에 대한 인간의 기본적인 욕구가 정당화되었다). 홉스의 이러한 생각은 엄청난 영향을 미쳤다. 그러나 홉스의 주장은 다른 반론(反論) 중에서 특히 데이비드 흄(David Hume)의 예리한 주장에는 취약했다. 흄의 주장은 다음과 같다. 즉, ① 만약 사람들이 '약속은 반드시 지켜져야 한다'는 어떤 규범(norm)을 이미 받아들이지 않았다면 어떻게 인간 사회가 '사회계약'에 포함된 그 약속(즉, 규범)으로부터 파생될 수 있는가? 또한 ② 만약 사람들이 '이미' 약속(즉, 규범)의 타당성을 받아들였다면 어떻게 '사회계약'이 사회의 기초가 될 수 있는가?' 마지막으로, ③ 왜 '사회계약'을 상정할 필요가 있었는가? 흄의 이러한 주장은 홉스에 대한 통렬한 공격이다.

흄의 주장은 또한 '아주 다른 접근 방식'으로 가는 길을 가리키는 비판이기도 하다. 그 방식은 (홉스처럼) 높은 곳에서 '주권(主權)'이 아니라 아래에서 '규범 그 자체'로 시작하는 것을 말한다. 이 방식은 애덤 스미스가 『도덕감정론』에서 "공정한 관찰자"(impartial spectator)라는 개념을 통해 시도한 것이다. 우리가 앞에서 보았듯이 애덤 스미스의 『도덕감정론』은 우선 첫째로 "선(善)" 또는 "옳음(또는 도의(道義))"과 같은 도덕적 가치들에 대한 '실체적 이론'(substantive theory)이 아닐 뿐만 아니라 그렇게 되도록 설계되지도 않았다. 그러나 도덕적 판단과 미덕에 대한 관념이 『도덕감정론』으로부터 파생될 수 있다. 『도덕감정론』은 규범적이지 않고 '자연주의적이고 서술적'이다. 이는 그 자체로 거의 '도덕적 · 사회

28. [역주] '주권(主權)'이란 국가 구성의 요소로서 국가의 의사를 최종적으로 결정하는 최고·독립·절대의 권력을 말함.

적 인과관계'에 관한 이론이다. 『도덕감정론』은 '우리는 최대 다수의 최대 행복[29]을 극대화하기 위해 행동해야 한다'는 '공리주의 규칙'(utilitarian rule)과 같은 도덕적 행동의 특정 기준이나 규칙을 제시해 주지 않는다. 또한 『도덕감정론』은 모든 이성적 존재가 따라야 하는 칸트(Kant) 풍[30]의 '보편적 도덕 원칙'에서 분리하여 고상하게 설명하려 하지도 않았다. 실제로, 그러한 기대에 길들여진 사람들에게 애덤 스미스의 '도덕적 공동체'(moral community ; 도덕 사회) 주장에서 비롯되는 관련성(상대성)은 심각한 약점이다. 그러나 그 관련성(상대성)은 또한 『도덕감정론』의 장점이기도 하다. 왜냐하면 『도덕감정론』은 아마도 '도덕 규범'(moral norms)의 형성에 대한 가장 초기의 상세한 이론을 제시해 주기 때문이다.

우리가 보았듯이 애덤 스미스의 견해에 따르면, '도덕적 자기 인식'(moral self-awareness ; 도덕적 자각)은 '아래에서 위로'(bottom up), 그리고 '밖에서 안으로'(outside in) 발생한다. 우리는 어떤 행동의 '도덕적 가치'(moral value)를 다음과 같이 평가한다. 즉, 우리는 어떤 행동의 도덕적 가치를 ① 종교 서적이나 "도덕 감각"(moral sense ; 도덕 관념이나 도의심) 또는 우리 자신의 이성 능력을 참조함으로써 평가하는 게 아니라, ② 상상적으로 우리 자신을 다른 사람들의 위치에 놓고, 그들이 "우리 행동의 전모가 알려지면"이라는 맥락에서 그 행동을 어떻게 볼 것인지를 물음으로써 평가한다. 구체적으로 어떻게 하는가? 그렇게 하려

29. **[역주]** 벤담(Bentham)의 '공리주의의 원칙'을 말함.

30. **[원문]** 애덤 스미스의 생각과 칸트(Kant)의 생각 간의 관계는 불분명하고 매우 흥미롭다. 두 사람의 철학적 연구과제는 다르지만, 칸트가 『국부론』뿐만 아니라 『도덕감정론』을 알고 있었고, 『도덕감정론』의 일부 생각, 특히 독일어로 '공정한 관중'(unparteiische Zuschauer)으로 표현되는 '공정한 관찰자'(impartial spectator)라는 생각을 활용했다는 사실은 오늘날 매우 분명해졌다. 이와 관련해서는 Samuel Fleischaker, "Philosophy in Moral Practice : Kant and Adam Smith", *Kant-Studien*, 82(3), 1991을 참조하기 바람. 이 논문은 일반적으로 칸트의 전집(全集)에 흩어져 있는 증거를 잘 요약하고 있다. 애덤 스미스의 '공감(동정심)에 기반한 심리학'은 흄(Hume)의 '인상'(impressions)과 '관념'(ideas)에 대한 더 소극적인 이론보다 칸트(Kant)의 '직관 형식'(forms of intuition)이라는 개념에 다소 더 가깝게 보인다.

면 우리 자신을 ① '상호(호혜)주의, 상호 인정과 의무, 잠재적 승인 또는 비난의 세계'에 두거나, ② 자신의 지위를 '조사의 대상'이자 '다른 사람들의 잠재적 관찰자'(potential spectator)로 인식하는 것이다. 평가 과정에 일어날 수 있는 인간의 오류 가능성과 경우마다 다른 특정 상황을 고려한다면 ① 평가 시 이용할 수 있는 객관적인 기준이나 완전히 독립적인 관점은 존재하지 않으며, 또한 ② 우리의 행동과 동기를 다른 사람들에게 잘 이해시키는 데 성공하지 못할 수도 있다. 그렇다고 하더라도 우리는 그들이 "사랑스럽다"(즉, 인정할 만한 가치가 있다)라고 여기는 것이 무엇인지 물어볼 수 있다. "인간은 본성적으로 사랑받기를(be loved) 원할 뿐만 아니라 사랑스러워지기(lovely)를 원하며,[31] 사랑의 본성적 및 고유의 대상이 되기를 원하기" 때문에 이로부터 행동 규범(norm of conduct)으로서 기능(작동)할 수 있는 '일반 규칙'을 만들어 낼 수 있다. 게다가 주어진 시간에 적용되는 다수의 일반 규칙을 만들 수 있다. 예를 들면, 거짓말은 항상 잘못된 것이다. 또는 이빨요정(tooth fairy)[32]이나 적에게 거짓말을 하거나 친구를 보호하기 위해 거짓말을 하는 것은 용납될 수 있다. 이 이외에도 다른 많은 거짓말이 용납될 수 있다. 이처럼 특정 상황에서는 위반할 수 있더라도 어떤 주어진 상황에서 가장 널리 받아들여질 수 있다고 여겨지는 '규범들'을 지지하는 사회적 압력이 생겨날 수 있을 것이다. 따라서 '도덕 규범'은 '인간 설계(human design)의 결과'가 아니라, 암묵적이든 명시적이든 '인간 행동(human action)의 결과'로 나타난다.

데이비드 흄(David Hume)은 자신의 저서인 『인간본성론(A Treatise of Human Nature)』에서 '사회적 합의는 사회계약을 요구하지 않는다'고 지적했다. 즉, 사회적 합의는 특별한 결정이나 설계 없이 가장 작은 규모로나 가장 큰 규모로 자연스럽게 발생할 수 있다. 이에 대해 다음과 같이 서술하였다. "어떤 배의 노를 젓는 두 사람은 비록 그들이 서로 약속을 한 적은 없지만, 합의나 관습에 따

31. [역주] "Man naturally desires, not only to be loved, but to be lovely."

32. [역주] 어린이가 뺀 이빨을 베개 밑에 두면 밤에 와서 돈과 바꿔 간다는 요정을 말함.

라 노 젓는 일을 한다. 또한 소유물의 안전에 관한 규칙도 인간의 관습에서 파생된 것으로 서서히 발생하여, 천천히 진행하면서 효력을 얻는다. … 마찬가지로 언어도 아무런 약속도 없이 인간의 관습에 의해 서서히 확립된다. 금과 은도 서서히 교환의 공통 척도가 된다."[33] 흄의 이러한 주장은 어떤 규칙 —예를 들면, 도로의 어느 쪽에서 운전해야 하는지—을 채택함으로써 모든 사람이 즉시 이익을 얻는 관습에도 적합하다. 그러나 사회적 및 도덕적 규범과 관련된 문제들은 덜 명확하다. 예를 들면, 쓰레기를 버리는 것이 허용되는지, 또는 은혜를 갚는 것이 옳은지와 같은 문제들은 덜 분명하다. 이 문제들에서는 종종 순종하지 않는 것이 개인의 이익이 될 수 있기 때문이다. '애덤 스미스 이론의 탁월함'은 ① 그러한 규범들이 어떻게 자연적으로 발생할 수 있는지와 ② 규범들이 일단 확립되면 어떻게 도덕적 힘을 가질 수 있는지에 대해 설명해 주는 데 있다. 또한 애덤 스미스는 사실상 흄의 암시뿐만 아니라 언어의 문법(the grammar of language)에서 "사회의 문법"(the grammar of society)[34]으로의 언어 교환에 대한 흄 자신의 연구를 일반화하였다.

이러한 전반적인 접근 방식은 잠재적인 정치적 함의(含意)를 내포하고 있지

33. [원문] David Hume, *A Treatise of Human Nature*, "Of Justice and Injustice", ed. L. A. Selby-Bigge, rev. edition, P. H. Nidditch, Oxford University Press, 1978, Bk Ⅲ.2. 페이튼 영(Peyton Young)이 지적했듯이 흄의 이 단락(즉, "Of Justice and Injustice")은 '규범'(norms)에 대한 세 가지 핵심 생각을 다음 세 가지로 잘 나타내준다 : Peyton Young, "The Evolution of Social Norms", Oxford Department of Economics Discussion Paper 726, October 2014. 첫째, 규범은 반복 게임에서 균형이 될 수 있다. 둘째, 규범은 동태적 학습 과정을 통해 진화할 수 있다. 셋째, 규범은 많은 광범위한 형태의 사회적·경제적 질서를 뒷받침한다. 또한 '관습'의 정확한 본질과 적절한 철학적 특성에 대한 현대적 논쟁은 주로 데이비드 루이스(David Lewis)의 연구에서 찾아볼 수 있다 : David Lewis, *Convention*, Harvard University Press, 1969.

34. [원문] '사회의 문법으로서 규범'에 대해서는 Christina Bicchieri, *The Grammar of Society : The Nature and Dynamics of Social Norms*, Cambridge University Press, 2006을 참조하기 바람. 또한 '이기심과 관련된 규범들'에 대한 광범위하고 도발적인 논문을 보려면 다음 논문을 참조하기 바람 : Jon Elster, "Social Norms and Economic Theory", *Journal of Economic Perspectives*, 3(4), 1989.

만, 애덤 스미스는 이에 관해 탐구하지 않았다. 어떤 정치적 함의들이 있는가? 첫째로, 다른 사람들 못지않게 정치인들도 유권자들의 눈에 "사랑스러운" 사람이 되려고(또는 사랑받으려고) 노력할 것이다. 또한 정치인들은 여론에 직접적으로 영향을 미치기 위해 서로 경쟁할 뿐만 아니라, 자신과 경쟁자들에게 적용되는 '규범들'과 관련하여서도 여론에 영향력을 미치기 위해 서로 경쟁할 수 있다. 둘째로, '규범 형성 과정 자체'는 '초기 조건들'과 특히 관련자들 간의 '권력 배분'(power allocation)에 매우 민감할 수 있다. 애덤 스미스는 인과 요인들(causal factors)이 '특정 규범들'(specific norms) — 예를 들면, 오늘날 대통령령, 의회 법령, 지역 규제, 대중 운동, 종교 운동, 기타 개인적 운동 등 — 을 확립하는 데 어떤 역할을 할 수 있는 여지를 남겨 두었다. 그러나 애덤 스미스의 이론은 원칙적으로 모든 수준에서 적용될 수 있다. 즉, ① 사회 내에서 동등한 대우와 비차별에 관한 거시적 규범들에서부터 ② 특정 상황에서 기대의 작은 변화들에 이르기까지 모든 수준에 적용될 수 있다. 또한 애덤 스미스의 이론은 그 자체로 반드시 윤리적 규범들(ethical norms) — 즉, 선과 악, 정의 등에 관한 규범들 — 일 필요는 없지만, 좀 더 느슨한 의미에서 사람들이 무엇을 가치 있게 여기고, 또 어떻게 행동하는지에 영향을 미치는 '도덕적 또는 사회적 규범들'(moral or social norms)에도 적용될 수 있다. 마지막으로, 규범들은 '지속적으로 진화(변화)하는(evolving) 상호 합의의 산물'이다. 따라서 경제학 내에서 규범들을 더 이상 '정적(static ; 변하지 않는)이고 개별화된(individualized ; 합의되지 않은) 선호 집합'의 일부로 취급해서는 안 된다.

우리가 곧 보게 되겠지만 '애덤 스미스의 규범 이론'은 '광범위한 인간 행동'을 포괄할 정도로 널리 적용될 수 있다. 애덤 스미스의 규범 이론은 방대하고, 풍부하며, 아직 정착되지 않은 연구 분야이다. 그러므로 나는 여기서 애덤 스미스의 전반적인 사고방식에 대해서만 개략적으로 말하고자 한다. 현재로서 그 이상을 말하기가 어렵기 때문이다. 그럼에도 불구하고 최근 몇 년 동안 많은 과학 및 사회과학적 연구들이 이러한 주제들에 집중하기 시작했는지를 알면 놀랄 것이다. 예를 들면, 프란스 드 발(Frans de Waal)[35]과 다른 연구자들은 '영장류의 상호주의 규범'에 관해 연구했고, 조지프 헨릭(Joseph Henrich)[36]과 다른 연구자들은 다른 인구 집단에서 '사회적 규범의 진화적 선택'에 관해 연구했다. 또한 자코모 리촐라티(Giacomo Rizzolatti)와 다른 연구자들은 "거울 뉴런"(mirror neurons)[37]의 활동에 관해 연구했다.[38] 여기서 '거울 뉴런'이란 ① 어떤 원숭이나 인간이 자신의 행동을 수행할 때와 ② 그들이 다른 원숭이나 인간이 유사한 행동을 하는 것을 볼 때 활성화되는 뉴런을 말한다. 마지막으로, 몇몇 연구자들은 신경과학(neuroscience) 분야에서 애덤 스미스의 "공감"(sympathy : 동정심)이라는 생각에 대한 잠재적 근거를 발견하기도 했다.

---

35. **[역주]** Frans de Waal, *Our Inner Ape : The Best and Worst of Human Nature*, Granta Books, 2006.

36. **[역주]** Henrich, Joseph, *The Secret of Our Success*, Princeton University Press, 2016.

37. **[역주]** '뉴런'(neuron)은 신경계를 구성하는 단위로 신경 세포와 신경 돌기로 구성되어 있으며, 자극을 수용하고 전달하는 기능을 함. '거울 뉴런'(mirror neurons)이란 다른 행위자가 행한 행동을 관찰하기만 해도 자신이 그 행위를 직접 할 때와 똑같은 활성을 내는 우리의 뇌 속에 위치한 신경 세포를 말함. 리촐라티(G. Rizzolatti)는 자신의 연구진과 함께 원숭이에게 다양한 동작을 시키면서 그 동작에 따라 뇌의 신경세포들이 어떻게 활동하는지 관찰한 결과, 한 원숭이가 다른 원숭이나 주위에 있는 사람의 행동을 보기만 해도 자신이 움직일 때와 똑같이 반응하는 것을 발견했으며, 이와 관련된 뉴런들을 찾아냈다. [출처 : 시선뉴스, 타인을 공감하고 모방하는 인간의 신경세포 '거울뉴런'이란? (http://www.sisunnews.co.kr/news/articleView.html?idxno=90699)].

38. **[원문]** '상호주의, 사회적 규범, 거울 뉴런'에 대한 과학적 견해를 보려면 다음 문헌들을 참조하기 바람 : ① Frans de Waal, *Our Inner Ape : The Best and Worst of Human Nature*, Granta Books, 2006 ; ② Jean Ensminger and Joseph Henrich (eds.), *Experimenting with Social Norms : Fairness and Punishment in Cross-Cultural Perspective*, New York, Russell Sage Press, 2014 ; ③ Giacomo Rizzolatti and Laila Craighero, "The Mirror-Neuron System", *Annual Review of Neuroscience*, 27, 2004. 또한 '상반되는 견해'(사실 제목이 의미하는 것보다 덜 상반됨)에 대해서는 다음 논문을 참조하기 바람 : Gregory Hickok, *The Myth of Mirror Neurons*, W. W. Norton, 2014. 마지막으로, '진화 과정 내에서 문화의 과급(過給 : 지나치게 차지함) 효과'에 대해서는 다음 논문을 참조하기 바람 : Joseph Henrich, *The Secret of Our Success*, Princeton University Press, 2016.

아마도 가장 놀라운 일은 '게임이론'(game theory)이 흄(D. Hume)과 애덤 스미스(A. Smith)가 주장한 생각들을 설명하고 발전시켰다는 사실이다. 게임이론의 관점에서 '규범'은 '사람들이 사회 문제들에 대한 조정된 해결책'을 찾는 데 필요한 중심 메커니즘이다. 이러한 해결책은 종종 공식적으로 "내쉬 균형"(Nash equilibrium)이라는 이름으로 모형화될 수 있다. 여기서 '내쉬 균형'이란 게임에서 ① 각 참가자는 다른 참가자들의 전략(strategy)을 알고 있으며, ② 게임의 결과로 얻어진 보수(payoff)에서 각 참가자는 자신이 선택한 전략을 변경(이탈)함으로써 자신의 보수를 증대시킬 수 없는 안정적인 상태(즉, '균형')를 의미한다. 또한 규범은 ① '진화[39] 과정(evolutionary process)의 산물'로 취급되거나, ② 단순히 '수많은 반복적 상호작용(repeated interaction)의 산물'로 취급될 수 있으며, 이러한 두 접근 방식 모두 '애덤 스미스의 생각'과 잘 부합한다. 그러나 애덤 스미스의 생각을 설명하는 데에는 반복이 필요치 않다. 애덤 스미스는 '공정성'(fairness)의 핵심 규범을 심리적으로 그럴듯하게 설명한다. 여기서 '공정성'은 "타인의 입장이 되어"(putting oneself in another's shoes) 그들의 관점에서 사물을 보는 것(seeing things from their perspective)을 말한다. 이는 예를 들어 철학자 존 롤스(John Rawls : 미국의 철학자, 1921~2002년)[40]가 개발한 유명한 '정의론'(theory of justice)의 기초가 되는 종류의 규범을 말한다. 전반적으로 볼 때 게

---

39. **[역주]** '진화(進化)'란 생물이 외계의 영향과 내부의 발전에 따라 간단한 것에서 복잡한 것으로, 하등에서 고등한 것으로 발전하는 일을 말함.

40. **[원문]** John Rawls, *A Theory of Justice*, Harvard University Press, 1974. 특히 게임이론가이자 경제학자인 켄 빈모어(Ken Binmore)는 다음 책에서 흄(Hume)의 사회적 관습과 롤스(Rawls)의 "원초적 입장"(original position) 간의 관계를 매우 흥미롭게 탐구했다 : Ken Binmore, *Natural Justice*, Oxford University Press, 2005. 또한 아마르티아 센(Amartya Sen)은 "애덤 스미스의 '공정한 관찰자'(impartial spectator)에 대한 분석이 ① '공정성'(impartiality)을 해석하고, ② '공정성에 대한 요구'를 공식화하는 도전적 과업(enterprise)에서 선구적인 아이디어가 되었으며, 이는 유럽 계몽주의 세계를 사로잡았다"라고 주장했다 : Amartya Sen, "Adam Smith and the Contemporary World", *Erasmus Journal for Philosophy and Economics*, 3(1), Spring 2010.

임이론의 사용은 '규범'이라는 관념을 경제학자들이 좋아하는 '균형 모형들'에 통합할 수 있게 해준다. 그러나 이러한 유용성에는 약점이 내포되어 있다. 게임이론 내에서 규범은 순전히 '형식적인(formal) 취급'으로서 어떤 단일 순간(시점)이나 반복되는 연속적인 순간(시점)에서 작용하기 때문이다. 따라서 게임이론은 애덤 스미스가 주장하는 '지속적이고 활기차고 끊임없이 변화하는 인간 상호작용'의 특성을 간과하고 있다.

게임이론이 우리에게 알려 주듯이 규범은 경제학과 상업 활동과 무관하거나 종속적이지 않고, 이들에게 직접적으로 영향을 미친다. 예를 들어, 경제적 생산성을 높이는 방법에 대한 문제를 고려해 보자. 이 문제는 최근 수십 년 동안, 특히 2008년 경제붕괴 이후에 서구 경제를 괴롭혀 왔다. 한 가지 주목할 만한 특징은 광범위한 산업들 내에서 상위 10% 기업들과 하위 10% 기업들 간의 '생산성 차이'[41]가 엄청나게 크다는 점이다. 미국의 경우 상위 기업들은 하위 기업들과 동일한 측정 투입물로 비교해 볼 때 평균적으로 2배의 생산성을 가지고 있다. 또한 인도와 중국의 경우 상위 기업들은 하위 기업들에 비해 생산성이 5배나 더 높다. 같은 국가 내에서 기업들 간에 왜 생산성의 차이가 발생하는가? 이는 각 국가 내에서 순전히 경제적 요인들과 함께 '사회적 및 문화적 요인들'이 중요한 역할을 할 가능성이 있음을 시사해 준다.

다른 많은 연구가 이러한 시사점을 지지하고 있다. 예를 들어, 유사한 소비자들을 위해 거의 동일한 제품을 생산하는 어떤 미국 상업 식품회사의 41개 운영 부서를 상대로 한 연구 결과에 따르면 "지역 노동시장의 특성, 지역시장의 규모, 노동조합 가입, 자본 빈티지(즉, 자본 스톡의 평균 연수), 제품 품질, 지역 독점력 등과 같은 요인들을 통제한 후에도 상위 부서는 여전히 하위 부서보다 두 배

41. **[원문]** '생산성 차이'에 대해서는 다음 논문을 참조하기 바람 : Robert Gibbons and Rebecca Henderson, "What Do Managers Do? : Exploring Persistent Performance Differences among Seemingly Similar Enterprises", Working Paper, Harvard Business School, August 2012.

더 생산적이었다." 어떻게 이러한 결과가 나올 수 있는가? 그 대답은 '최고의 회사들은 다르게 운영되고 있다'라는 데 있다. 최고의 회사들은 경영진과 종업원들 사이에 특정한 계약상의 요구 사항들을 훨씬 뛰어넘는 '일련의 확립된 묵약들'(tacit understandings : 암묵적 협약들)에 따라 운영되고 있기 때문이다. 이러한 묵약들은 '공평한 대우, 타인의 관점에 대한 존중, 혁신에 대한 보상 등을 강조하는 규범들'에 의해 더욱 강화되었다. 그 결과 회사 내에서 경영진과 종업원들 상호 간에 신뢰가 높아지고, 생산성도 향상되었다. 노동조합 대표나 간부들은 이러한 점을 오랫동안 알고 있었다. 단순히 "규칙에 따라 일하는 것"(working to rule)—즉, 계약서에 따라 일하는 것—은 상업적 재앙의 비결일 뿐이다. 중요한 것은 정식 계약과 더불어 '불문(不文) 협정과 협약, 규범과 신뢰'이다. 따라서 회사들 내에서 '문화와 규범에 대한 더 나은 이해'가 필요하며, 이는 경제학과 무관하지 않으며, 오히려 경제학의 핵심으로 보인다. 문화와 규범에 대한 더 나은 이해는 실제로 '경제적 생산성 향상'을 가져다주는 중요한 전제 조건이다.

4. 정체성, 평판(명성)과 재산 및 언어

애덤 스미스의 '도덕 이론(moral theory)의 핵심에 있는 사상들'은 훨씬 더 진전될 수 있다. 어떤 사람이 '옳은 일이 무엇인지'를 이해하게 되면 그들은 일반적으로 '자신이 해야 할 일'에 대한 믿음도 얻게 된다. 그러나 사람들은 또한 ① 자신의 정체성, ② 자신이 어떤 사람인지, ③ 어떻게 그런 사람이 되었는지 등에 대한 더 많은 믿음을 얻거나 얻기 위해 한 걸음을 더 나아갈 수 있다. 실제로 '정체성'(identity)[42]이라는 개념[43]은 근본적으로 '어떤 개인을 다른 사람들이나 그들

42. **[역주]** '정체성(正體性)'이란 변하지 않는 존재의 본질을 깨닫는 성질, 또는 그런 성질을 가진 독립적 존재를 의미함.

43. **[원문]** '정체성과 경제학'에 대한 연구는 다음과 같이 진행되었다. 첫째, 전반적으로 '동기부여의 비

의 과거나 미래의 자신과 연결하는 공유 개념 또는 집단 개념'이다. 또한 정체성은 애덤 스미스의 '공정한 관찰자'(impartial spectator : '공명정대한 관찰자')[44]라는 바로 그 생각에 내포되어 있다. 애덤 스미스는 '공정한 관찰자' 개념에서 항상 '자신의 행동'이 '관찰자가 승인한 행동'과 어떻게 비교하는지, 또는 비교할 것인지를 물었기 때문이다. 일반적으로 애덤 스미스에 따르면 ① 사람들이 '원하는 정체성'(desired identity)은 "사랑스러운"(lovely) 사람, 즉 "사랑의 자연스럽고 적절한 대상"(the natural and proper object of love)이 되는 것이며, ② 무엇이 사랑스러운지에 대한 공정한 관찰자의 판단은 항상 '다른 사람들의 눈'(in the eyes of others)에 있을 것이다.

그러나 그러한 사람(즉, 사랑스러운 사람이 되려는 누군가)이 '자신의 정체성과 상충되는 행동'(즉, '다른 사람들의 눈에 사랑스럽지 않은 행동')을 하면 어떻게 될 것인가? 미국의 위대한 사회심리학자인 레온 페스팅거(Leon Festinger : 1919~1989

(非)금전적 원천으로서의 정체성'에 대해서는 다음 논문을 참조하기 바람 : ① George A. Akerlof and Rachel E. Kranton, "Identity and the Economics of Organizations", *Journal of Economic Perspectives*, 19(1), 2005 ; ② George A. Akerlof and Rachel E. Kranton, *Identity Economics*, Princeton University Press, 2010. 둘째, '비영리단체들, 교육기관들, 공공부문 관료 조직 등에서 '미션(mission)의 중요성'과 '대리인 이론들에 대한 함의'를 보려면 다음 논문을 참조하기 바람 : Timothy Besley and Maitreesh Ghatak, "Competition and Incentives with Motivated Agents", *American Economic Review*, 95(3), 2005. 마지막으로, '정체성, 내러티브(narrative) 및 규범을 경제분석에 통합하는 일반적인 분석 틀'을 보려면 다음 논문을 참조하기 바람 : Paul Collier, "The Cultural Foundations of Economic Failure : A Conceptual Toolkit", *Journal of Economic Behavior & Organization*, 126, November 2015.

44. **[역주]** 애덤 스미스는 인간 본성을 분석한 『도덕감정론』에서 어떤 사람이 표출하는 감정과 언행에 대한 타인의 동감 여부는 감정 또는 언행을 유발한 상황이나 대상이 적절했는지에 달려있다고 보았다. 그는 이를 '공정한 관찰자'(impartial spectator)의 관점이라고 했다. [출처 : 정운찬, "정직만이 살 길이다", 중앙일보, 2022년 10월 19일자]

년)[45, 46]는 그 결과를 '인지(認知) 부조화'(cognitive dissonance)[47]라고 주장했다. 즉, '자신의 정체성과 상충되는 행동을 하는 개인이 자신의 행동이 줄곧 옳았다고 합리화하도록 부추기는 불편한 감정'을 말한다. 애덤 스미스에게 인지 부조화 문제는 고대 그리스의 '유아 살해'에 대한 '변명(辨明)'에서 볼 수 있다. 유아 살해를 하는 사람들의 변명에 따르면 "유아 살해는 일반적으로 행해지고 있으며, 그들(유아 살해를 하는 사람들)은 이것(즉, 일반적으로 행해지고 있다는 점)이 그 자체로 가장 부당하고 불합리한 행동에 대한 '충분한 사과(謝過)'라고 생각하는 것 같다." 페스팅거는 '부조화가 클수록 자기 합리화의 필요성(self-justification)은 더 극단적'이라고 예측했으며, 그의 이러한 발견들은 널리 인용되었다. 이러한 예들은 개인의 행동뿐만 아니라 공공정책에서도 많이 찾아볼 수 있다. 최근의 예를 들어보기로 하자. 2003년에 이라크에는 대량살상무기가 존재하지 않는다는 사실이 드러났고, 따라서 미국 주도의 이라크 침공에 대한 명시된 근거(정당성)가 근거 없는 것으로 밝혀졌을 때, 침공의 지지자들은 일반적으로 이를 받아들이지 않았다. 그 대신 전쟁 지지자들은 '전쟁이 어쨌든 성공했고, 다른 이유로 정당화되었으며, 평화를 가져왔고, 국제 안보를 강화했다'라고 주장했다.

페스팅거의 '인지 부조화'에 대한 연구와 '사회적 비교'에 대한 그의 초기 연

---

45. **[역주]** 미국의 사회심리학자로 실험적 기법에 의해 사회현상의 기초 과정을 분석하였다. 특히 『인지적 부조화 이론(A Theory of Cognitive Dissonance)』(1957)이 유명하고, 인지와 인지 간의 부조화가 태도 변용의 요인임을 입증하였으며, 『예언이 빗나갈 때(When Prophecy Fails)』(1956)도 유명한 저서이다.

46. **[원문]** ① Leon Festinger, Henry W. Riecken and Stanley Schachter, *When Prophecy Fails*, University of Minnesota Press, 1956 ; ② Leon Festinger, *A Theory of Cognitive Dissonance*, Stanford University Press, 1957. 좀 더 일반적인 문헌은 다음과 같다 : ① Carol Tavris and Elliot Aronson, *Mistakes Were Made (But Not by Me)*, Mariner Books, 2015 ; ② Dan Ariely, *The (Honest) Truth about Dishonesty : How We Lie to Everyone—Especially Ourselves*, HarperCollins, 2012.

47. **[역주]** '인지 부조화(認知 不調和)'란 두 가지 모순되는 신념이나 태도를 동시에 취함으로써 가지게 되는 심리적 갈등을 말함.

구[48]는 많은 현대 사회심리학의 중심에 있다. 또한 그러한 연구들은 애덤 스미스가 주장한 생각들을 다시 논의하였다. 그러나 애덤 스미스의 연구는 이러한 현상에 대한 '더 깊은 설명'을 암시해 준다. 애덤 스미스의 경우 '누군가의 평판(reputation : 명성)이나 공적 인격(public character)은 그들의 개인 재산(personal property)의 일부'라고 생각했다. 애덤 스미스는 평판(명성)이나 공적 인격을 "정직한 평가를 받을 권리"(jus sincerae aestimationis), 또는 '손상되지 않은 평판(명성)을 얻을 권리'(the right to an unspoiled reputation)라고 불렀다. 실제로 애덤 스미스의 경우 가장 큰 행복은 '좋은 평판'에 있으며, 이는 '오랜 기간에 걸친 상당한 투자의 결과'이며, 옛사람들처럼 '개인적인 만족과 사후 명성'의 원천이 될 수 있다. 그러나 물론 그 반대도 일어날 수 있다. 어떤 사람의 명성은 사후에 다른 사람들에 의해 파괴될 수 있기 때문이다. 흄이 서거한 후 윌리엄 스트라핸(William Strahan)[49]은 흄의 편지들을 출판하기를 원했지만, 애덤 스미스는 다음과 같이 말하면서 그 생각에 반대했다. "파렴치한 사람들이 흄으로부터 종이 한 조각이라도 받은 적이 있는 사람들의 캐비닛을 즉시 뒤지기 시작할 것이다. 그로 인해 그와의 추억을 잘 간직하기 바라는 모든 사람에게 알려지기에 부적합한 큰 굴욕감을 줄 만한 많은 내용이 공개될 것이다." 만약 우리가 애덤 스미스가 자신의 미완성 연구 노트를 파기하고, 흄의 『자연종교에 관한 대화(Dialogues Concerning Natural Religion)』(1776년)[50]의 출판을 거부함으로써 애덤 스미스가 보여준 지나친 조심성에 대한 설명을 찾고자 한다면, 그 답은 확실히 애덤 스미

48. [역주] Festinger, Leon, Henry W. Riecken and Stanley Schachter, *When Prophecy Fails*, University of Minnesota University Press, 1956.

49. [역주] 윌리엄 스트라핸(1715~1785년)은 스코틀랜드의 인쇄업자 겸 출판인이자 정치인이었음.

50. [역주] 『자연종교에 관한 대화』는 데이비드 흄(1711~1776년)이 거의 일생을 두고 집필했으며 임종 직전까지 수정했으나, 결국 사후에 출간된 유작이다. 이런 이유로 이 책은 흄의 저작 중 가장 논리적으로 정교하고 깊이 있는 작품이라고 평가된다. 흄은 우리나라 철학계에서는 칸트의 길을 예비한 회의론자 정도로 알려져 있으며, 그가 언급되는 것도 주로 인식론 분야나 윤리학 분야이다. 그러나 흄이 가장 관심을 가지고 주력했던 연구 분야는 종교였다.

스의 개인적 겸손함뿐만 아니라, 그의 이러한 생각에 있을 것이다.

그러나 마찬가지로 누군가의 정체성은 상당한 희생을 치르고 획득한 '자산'(asset)이기도 하다. 애덤 스미스에게 '인간의 자아'(human self)에 대한 생각은 곧 사회적인 것이었다. 인간의 자아는 '인간의 상호작용'을 통해[51] 합리적인 과정을 통해서뿐만 아니라, '사전 합리적'(pre-rational ; 예를 들면, 마법적으로)으로 형성되기 때문이다. 애덤 스미스는 "마스티프(털이 짧고 덩치가 큰 맹견)가 그레이하운드(몸이 길고 날쌘 사냥개)에서 태어나듯이 철학자도 천성적으로 천재적이지 않고, 그의 기질이 거리의 짐꾼과 조금도 다르지 않다"[52]라고 말했다. 도덕적인 측면에서 '인간의 자아'는 공정한 관찰자의 관점과 비교하여 '개인적 판단들의 축적'을 반영할 수 있다. 그러나 개인적 판단들은 당해 개인의 가장 깊은 필요(needs)와 욕구(desire)에 반(反)하기 때문에 심리적으로 비용이 많이 들 수 있다. 물론, 인간의 자아는 또한 어떤 개인이 '자신이 되고 싶은 사람'에 대한 특정한 의식적 판단을 반영할 수도 있다. 따라서 이러한 두 가지 경우 각각에 그 결과는 사람들이 자신이 보호하고 방어해야 할 '외적 명성'(external reputation)뿐만 아니라, '내적 명성'(internal reputation)도 가질 수 있다는 점이다. 이러한 '사적인 내적 명성'은 어떤 사람이 ① 세상에서 자신의 가치, ② 일을 해내려는 자신의 의지, 그리고 ③ 역경에 직면했을 때 자신의 회복력 등에 대한 자신의 믿음을 뒷받침하는 데 매우 유용한 자산이 될 수 있다. 그러나 사적인 내적 명성은

---

51. **[원문]** '인간의 상호작용에 의해 형성되는 인간의 자아'에 대해서는 Kenneth Boulding, "Economics as a Moral Science", *American Economic Review*, 59(1), 1969를 참조하기 바람. 볼딩(K. Boulding)에 의하면 "베블런(Veblen)은 어떠한 동태적 이론에서도 인간의 기호(선호)가 "주어진다"(given)라고 가정할 수 없다고 지적했다. 그러한 지적은 '형식적 경제이론'에 대한 베블런의 중요하지만, 아직도 인정받지 못한 기여이다." 볼딩이 지적했듯이, 자신이 케임브리지대학교 학생이었을 때 '경제학에 대한 이러한 이해'는 당시에도 여전히 (지금은 없어진) '도덕과학 우등 졸업시험'(Moral Sciences Tripos)의 일부로서 반영되었다.

52. **[역주]** "By nature a philosopher is not in genius and disposition half so different from a street porter, as a mastiff is from a greyhound" (*The Wealth of Nations*, Book IV, 1776).

또한 페스팅거(L. Festinger)가 설명한 '방어적인 자기 합리화(정당화)'(defensive self-justification)의 패턴으로 직접 이어진다.

애덤 스미스적인 방식으로 사람들의 핵심 신념과 도덕적 정체성을 '재산'[53](또는 자산)으로 취급(즉, '도덕 정체성 재산')하면 어떤 이점(효과)이 있는가?(물론 사람들의 핵심 신념과 도덕적 정체성을 '재산'으로 취급하기가 매우 어려울 것이다). 그러나 그렇게 취급하는 데 성공한다면 '인지적으로 부조화적인 행동'에 직면해서 사람들이 핵심 신념과 도덕적 정체성을 포기하지 않으려는 이유를 더 쉽게 이해할 수 있을 것이다(이는 사람들이 핵심 신념과 도덕적 정체성을 '재산'으로 취급하기 때문이다). 그러나 애덤 스미스의 도덕적 정체성에 대한 이러한 접근 방식은 다른 많은 종류의 행동들을 설명하는 데에도 유용할 수 있다. 도덕적 정체성이라는 재산(자산)이 '풍부하다'(rich)라고 생각하는 사람들은 사유 재산권처럼 도덕적 정체성에 대해서도 더욱 '권리가 부여된'(entitled) 것처럼(즉, '도덕 정체성 재산권'을 소유한 것처럼) 행동하려 할 것이다. 또한 도덕적 정체성이라는 재산이 풍부하면 사람들은 나중에 필요할 때 이를 "사용하려"(coast) 할 것이다. 즉, 도덕적 정체성이라는 재산이 풍부하면 사람들은 나중에 '잘못된 행동을 했을 때' 이를 쓰려고 할 것이다. 반면에 도덕적 정체성이라는 재산이 '고갈되었다'(deplete)라고 생각하는 사람들은 '훌륭하거나 가치 있는 일'을 다시 시작함으로써 도덕적 정체성을 회복하려고(renew) 노력한다. 즉, 이들은 ① 자신의 '정체성 자본'(identity capital)을 회복하기 위해 개인적으로 노력하거나, ② 다른 사람들과의 자신의 평판(명성)을 회복하기 위해 공적으로 노력할 수 있다. 이 과정에서 "러닝머신(트레드밀) 효과"(treadmill effect)가 발생한다. 이 효과는 '종종 자신이 가치 있다(value)고 생각하는 일을 통해 특정한 정체성에 많이 투자한 사람들은

53. **[원문]** '재산으로서의 신념'에 대해서는 다음 문헌을 참조하기 바람 : Roland Bénabou and Jean Tirole, "Identity, Morals, and Taboos : Beliefs as Assets", *Quarterly Journal of Economics*, 126(2), 2011.

그 자본(도덕적 정체성)을 유지하기 위해 (자신의 가족들과 동료들 및 심지어 자신에게 손해를 끼치면서) 높은(아마도 병적인) 비율로 투자하는(invest) 것'을 말한다. 대개 사람들에게 다음 세 가지 경향이 나타난다. 먼저, 사람들은 자신의 삶에서 많은 것이 걸려있는 핵심 정체성을 위협할 만한 정보가 있다면 그러한 정보를 걸러내려는(배제하려는) 경향이 있다. 예를 들면, 새로운 이민자들은 출신국의 지식과 문화라는 '정체성 부여 자산'(identity-conferring assets)을 충분히 가지고 있지 못하다고 느낄 수 있지만, 동시에 귀화한 국가로부터도 그 자산을 충분히 획득하거나 축적하지(accumulate) 못할 것이다. 이들은 아마도 '극단주의(extremism) 정체성'을 포함하여 기존의 정체성을 훼손시키는 '새로운 정체성'에 특별한 취약성을 보일 것이다. 다음으로, 다른 사람들의 선행(善行)으로 인해 자신의 정체성이 가려지거나 상대적으로 평가절하되었다(depreciate)고 느낄 수 있는 사람들은 어떤 식으로든 그들을 처벌하려고 하는 경향이 있다. 이러한 경우는 종종 내부고발자들에게서 나타난다. 마지막으로, 좀 더 일반적으로, 일부 젊은 사람들은 '다른 정체성'을 가진 사람으로 옮겨가려는 경향이 있다. 예를 들면, 이들은 돈을 절약하기 위해 자신에게 알맞은 집을 찾는 투자자(즉, 투자자로서의 정체성)가 되려 한다.

도덕적 정체성을 어떻게 '재산'(또는 자산)으로 취급할 수 있는가? 이제까지 도덕적 정체성을 재산의 관점에서 설명하기 위해 '사용된' 언어가 하나의 단서가 될 수 있다. 위에서 언급했듯이 사람들이 도덕적 정체성에 대해 '풍부하다'(rich), '권리를 부여하다'(entitle), '고갈되다'(deplete), '회복하다'(renew), '투자하다'(invest), '축적하다'(accumulate), '가치가 있다'(value), '평가절하되다'(depreciate) 등과 같은 단어들은 '재산'이라는 개념이 '은유적 표현' 그 이상의 의미를 지니고 있음을 암시해 준다. 위에서 개괄적으로 설명한 사고방식은 ① 이것이 '애덤 스미스식(Smithian) 방식'에 의해 어떻게 그렇게 될 수 있는지와 ② 더 넓은 규범이론 내에서 많은 현대적 사고를 이 분야에 어떻게 적용하는지를 보여준다. 그러나 그러한 '맥락적 접근법'(contextual approach)에는 한계가 있다. 예를 들어, 맥락적 접근법은 인간의 평가와 계산을 덜 받는 신성한 의식을 불러일으키는 '금기(taboo)의 기능'(즉, 어떤 일이 있어도 해서는 안 되는 무조건적 반응을 말함)을 설명하려 애쓰기 때문이다. 그러나 놀랍게도 맥락적 접근법은 우리에게 '일상적인 인간의 정체성'에 대한 더욱 '역동적인 이해'[54]를 하도록 이끌어준다. 인간 정체성의 핵심 자산으로 기능하는 '신념'이 고정적이지 않고 역동적으로 변할 수 있다. 즉, 인간 정체성의 핵심 자산인 '신념'이 ① 더 변하기 쉽고, 더 바꾸기 쉬워지며, ② 다른 사람들의 행동에 직면하여 지속적으로 시험을 받아 채택되거나 포기할 수 있기 때문이다. 이제 정체성은 관념이 아니라 현실 세계에서 '역동적으로 존재하는 것'이다. 심지어 오래되고 굳건히 확립된 정체성의 경우에서도 역동성이 존재한다. 따라서 정체성은 사람에 따라 다를 뿐만 아니라, '새로이 생겨나고, 변하기 쉽고, 전향적(前向的)인 역동적 성격'을 지닌다는 점을 인식해야 한다.

5. 관심의 경제학[55]

다음으로 애덤 스미스는 우리에게 가장 친숙하면서도 특별한 주제인 '상업사회'(commercial society)에 대한 풍부한 분석을 제시해 주었다. 특히 애덤 스미스는 '경제학뿐만 아니라 법학, 사회학 및 더욱이 도덕 철학'의 측면에서 상업사회를 분석하였다. 시장은 '이익이나 손실의 인센티브'뿐만 아니라 '법, 제도, 규범 및 정체성'에 의해 유지된다. 따라서 우리는 '법, 제도, 규범 및 정체성' 없이는 시

---

54. **[역주]** '역동성(力動性)'이란 힘 있고 활발하게 움직이는 성질이나 특성을 말함.
55. **[원문]** '관심의 경제학'과 관련해서는 다음 문헌을 참조하기 바람 : ① Avner Offer, *The Challenge of Affluence : Self-Control and Well-Being in the United States and Britain since 1950*, Oxford University Press, 2006, Ch. 6 ; ② Avner Offer, "Self-Interest, Sympathy and the Invisible Hand : From Adam Smith to Market Liberalism", *Economic Thought*, 1(2), 2012.

장을 제대로 이해할 수 없다. 이와 관련하여 우리는 '애덤 스미스 계획'이 내포하고 있는 놀라운 대(大)야망을 상기할 필요가 있다. 오늘날 우리가 생각하는 '다양한 학문 분야들'이 애덤 스미스의 계획에 기여할 수 있을 뿐만 아니라 깊은 통찰력을 제공해 줄 수 있다. 그러나 각 학문 분야는 각자가 제공해 주는 관점 면에서 필연적으로 '부분적'(partial)이다. 따라서 하나의 '통일된 그림'(unified picture)을 제공하기 위해 다양한 학문 분야들이 결합(結合)되어야 한다. 그러나 세상에는 궁극적으로 단 하나의 세계인 '인간의 세계'(human world)가 있을 뿐이다.

그렇다면 현대 시장경제는 엄밀히 경제적인 활동(영역)을 넘어 '인간 활동'에 어떻게 영향을 미치는가? 현대 시장경제는 다음 세 가지 방법(차원)으로 인간 활동에 영향을 미칠 수 있다. 첫 번째 차원은 민간부문과 공공부문, 즉 '시장의 활동과 현대 국가의 활동'을 대조할 것이다. 이러한 대조는 때때로 과도하게 이루어진다. 경제적 측면에서 두 유형의 활동들로 ① 재화 및 서비스 구매, ② 인프라[56]의 위탁, 건설 및 관리, ③ 공공서비스의 운영과 이익 분배 등을 들 수 있다. 이러한 활동들은 인간 활동에 영향을 미친다. 국가는 작게는 특정 활동의 구매, 조달 및 위탁(예를 들면, 국방과 같은 일부 활동의 경우 국가는 독점력을 가질 수 있음) 등에서 시장으로부터 압력을 받을 뿐만 아니라, 세계적으로는 채권 및 통화시장을 통해 시장으로부터 압력을 받는다. 국가는 다른 사람들에게 막대한 경제적 영향을 미치며, 이러한 의미에서 국가도 '경제 행위자'(economic actor)이다. 그러나 국가는 또한 많은 다른 방법으로 인간의 행동과 사회를 형성하고 그들에 영향을 미친다. 즉, 국가는 ① 법률 제도와 그 집행, ② 행정적 우선권, ③ 입법, ④ 광범위한 정치적 과정, ⑤ "공직의 권위"(bully pulpit)[57], ⑥ (종종 상충되는)

---

56. **[역주]** 인프라(infrastructure)란 생산이나 생활의 기반이 되는 중요한 시설로서 도로, 항만, 철도, 통신, 학교, 병원, 상수, 하수 처리 시설 등을 말함.

57. **[역주]** 'bully pulpit'은 정치에서 개인의 생각을 선전하기 위한 '공직(公職)의 권위' 또는 지위를 이용한 '자기선전 기회'를 말한다. 이 말은 '연단(演壇)의 정치'라고도 불림. 즉, 과거 탁월한 연설로 국민을 설득시킨 시어도어 루스벨트 대통령과 프랭클린 루스벨트 대통령의 통치 스타일을 일컫는 말이

정부의 암묵적 및 명시적 우선권 등을 통해 인간의 행동과 사회를 형성하고 영향을 미친다.

두 번째 차원은 '현재의 경제활동'과 (가격을 책정하기 어려운) "먼 미래"(즉, 향후 50년 또는 그 이상)와 대조할 것이다. 이러한 예로 기후 변화 또는 인구 증가 및 감소에 따른 장기적인 경제적 영향을 들 수 있다. 그러한 요인들은 (모두는 아니지만) 대부분의 공공 및 민간 투자자들이 사용하는 '정상적인 시계'(time horizon)[58]를 벗어난다. 그러나 이러한 사실이 문제를 발생시킨다. 일반적으로 미래의 소득과 지출은 현재 가치에 비해 '할인'된다. 이는 장기적으로 미래보다 현재에 가까운 것을 선호하는 인간의 성향을 반영하기 위해서다. 이것은 소위 '돈의 시간가치'이며 경제 분석의 기초 중의 하나이다. 그러나 정상적인 할인율로 장기간에 걸친 할인의 효과는 먼 미래 지급액의 현재 가치를 0에 가깝게 떨어뜨리게 된다. 그러나 댐들과 기타 사회기반시설과 같은 장기 사업들은 분명히 지속적인 가치를 가질 것이며, 그들의 운영 수명은 100년 이상 지속될 수 있다. 예를 들면, 오늘날까지 지속되는 런던 하수시스템의 대부분은 빅토리아 시대에 건설된 파이프, 우물 및 배수관을 기반으로 하고 있다. 그뿐만 아니라 인류가 직면한 가장 중요한 몇몇 문제들(예를 들면, 인구 증가나 기후 변화)은 바로 이러한 '장기적인 특성'을 내포하고 있다. 따라서 경제 분석에서 장기적 특성을 제외하면

다. 시어도어 루즈벨트 대통령이 말한 'bully pulpit'은 '대중을 설득하는 연설 무대'라는 뜻인 동시에 '최고결정권자가 국민에게 쟁점을 알릴 수 있는 권한'이라는 뜻도 있다. 'bully pulpit'은 미국 정치를 이해하는 데 중요한 단어이다. 국민의 알 권리를 중시하는 미국에서는 대통령이 연설을 통해 직접 설명하고 이해를 구하는 것을 당연하다고 생각한다. 대중 연설력이 뛰어난 대통령을 'bully pulpit president'라고 부른다. 연설력을 지수화해서 대통령 순위를 매기는 'bully pulpit index'도 널리 활용된다. [출처 : 정미경, "여론을 뒤집은 대통령의 이 한 마디", 동아일보, 2022년 10월 8일 자]

58. **[역주]** '시계'(time horizon)란 증권 및 투자 계획의 가치를 결정하는 데 있어서 중요한 기준이 되는 것을 말함. 투자자산의 가치는 항상 시간 개념이 포함되어야 한다. 현재 가치와 미래 가치의 측정에 있어서 각 시점의 할인율 및 시간의 간격을 관념적인 수직선의 시간축 상에 놓고 투자자산의 가치를 현재 및 미래가격으로 환산하게 된다.

잠재적으로 파국적일 수 있는 '단기주의'(short termism)를 자초하게 될 것이다. 사실이 그렇다고 하더라도 공공정책 내에서 이러한 고려 사항들에 '가중치'를 부여하는 것은 정치경제학의 중요한 과제이다.

세 번째 차원은 아마 틀림없이 매우 흥미로울 것이며 현재 논의와 직접 관련이 있다. 이는 애브너 오퍼(Avner Offer : 영국 옥스퍼드대학 경제사 석좌교수)가 "관심(존중)의 경제"(economy of regard)[59]라고 부르는 것이다. 재화와 서비스 시장, 특히 소비자 비내구재인 '이발과 햄버거' 시장에서의 많은 활동은 방금 언급한 '자존감'(self-regard ; 자존심)의 가정으로 설명할 수 있다. 또한 이러한 시장들의 기적은 시장들이 ① 자율적이고, 계획되지 않고, 자동 교정되거나, ② 지속적인 혁신의 흐름을 만들어 낼 뿐만 아니라, ③ 참가자들의 도덕성에 상관없이 '사회적으로 가치 있는 결과'를 가져다준다는 것이다.

그러나 이들과 함께 시장에는 ① 개인적 · 대면적 또는 소집단적 상호작용의 경제가 있을 뿐만 아니라, ② 선물 제공, 호혜주의 및 자원봉사의 경제도 있다. 이들은 곧 '관심(존중)의 경제'를 의미한다. 애브너 오퍼가 말했듯이 "존중(관심)(regard)은 관심, 배려, 수용, 존경, 명성, 지위, 권력, 친밀감, 사랑, 우정, 친족 관계, 사교성 등과 같이 다양한 형태를 띠고 있다." 그러나 마찬가지로 누군가에게 관심(존중)을 기울이지 않는 것은 그들을 멀리하는 것이고, 관심을 철회하는 것은 처벌하거나 거부하는 것이다. 우선, 관심의 경제는 가족과 친족집단 및 친목단체를 중심으로 하며, 이것만으로도 그 규모가 방대하다. 관심의 경제 가운데서 '가계 경제'(household economy)는 표준 국민계정에 포함되지 않지만, 미국, 영국, 호주와 같은 국가들에서 가계 경제는 국민총생산(GNP)의 약 25~35%를

59. **[역주]** '관심(존중)의 경제'와 관련해서는 다음 문헌을 참조하기 바람 : ① Offer, Avner, "Between the gift and the market : The economy of regard", *Economic History Review*, Vol 50, No. 3, 1997, pp. 450~476 ; ② Offer, Avener, *The Challenge of Affluence : Self-Control and Well-Being in the United States and Britain Since 1950*, 2006, Oxford University Press.

창출한다. 이뿐만 아니라 노년층에서 청년층으로의 유증(遺贈)과 노인층을 위한 무료 돌봄 등과 같은 세대 간 가치 교환은 비록 측정하기 어렵지만, 확실히 그 규모가 엄청날 것이다. 예를 들면, 영국의 모든 성인의 절반 미만이 한 달에 한 번 이상 이런저런 종류의 공식 또는 비공식 자원봉사 활동에 참여한다. 따라서 애브너 오퍼의 이론은 이러한 중요한 활동들(제7장에서 언급한 바와 같이 이러한 활동 중 많은 활동은 전통적으로 성격상 좀 더 "여성적인" 일로 간주됨)을 포함함으로써 '정치경제학 내에서 경제학의 방향 전환(reorientation ; 새로운 방향 모색)이 훨씬 더 광범위해질 것'이라고 시사해 준다.

존중(regard)을 화폐화하는(monetize) 것은 곧 존중을 파괴하는 것이다. 그러나 '시장경제'(market economy)와 '존중 경제'(economy of regard)는 두 개의 분리된 섬(분야)이 아니며, 각각은 그 자체로 완전하다. 그에 반해 시장경제는 또한 '존중'으로 포화 상태에 있다. 일반적인 상거래는 '설득의 수사'(rhetoric of persuasion)와 '예의'(courtesy)에 의존한다. 어떤 사람의 서비스 제공은 종종 팁으로 보상받으며, 팁의 가치는 금전적 가치(즉, 시장경제)뿐만 아니라, 존중의 표시(즉, 존중 경제)이기도 하다. 회사에서 팀 구성, 개별 접촉, 사업상 점심 대접 및 '관계 판매'(relationship-selling)[60] 등은 모두 선물이나 '존중의 교환'과 관련되어 있다. 존중 경제는 미국에서 기업의 '고객 우대'(corporate hospitality : 기업의 우량 고객 우대), 영국의 "환대에 대한 답례"(bread and butter letter) 편지, 중국의 선물 제공과 호혜에 바탕을 둔 '콴시'(quanxi, 관계(關係)) 관행 등에 이르기까지 전 세계적으로 유사하다.

오늘날 '존중(관심) 경제'는 한계 선상에서 각종 기관으로부터 다양한 압력들을 받고 있다. 한편으로, 존중 경제는 공공기관들로부터 ① 선물 및 기타 비공식 거래들을 과세 대상으로 삼으려는 압력과 ② 선물 및 기타 비공식 거래들을 '기

60. **[역주]** '관계 판매'란 오랜 기간 동안의 정규적인 커뮤니케이션을 통한 고객과의 상호 혜택이 되는 장기적 관계의 구축을 말함.

록된 경제'(recorded economy)의 공식 부문으로 만들려는 압력에 직면해 있다. 이러한 압력들은 점점 커지고 있다. 다른 한편으로, 존중 경제는 민간단체와 공공단체 모두로부터 '존중을 그들 자신의 목적을 위해 사용하려는' 압력에 직면해 있다. 꽃집 표어로 사용되는 "꽃으로 말하세요"(say it with flowers : '속마음을 꽃으로 전하세요', '꽃으로 마음을 전하세요', '그대 품은 마음을 꽃으로 전하세요')가 그 한 예이고, '흡연을 건강에 해롭다고 비난하는 일'도 또 다른 예이다. 그러나 전반적으로 ① 선진국과 개발도상국 모두에서 서비스 부문의 급속한 확대, ② 개인화의 증가 추세, ③ 무엇보다도 소셜 미디어를 통한 인터넷 상거래 및 친목 또는 접촉 네트워크의 폭발적인 성장 등은 모두 '존중(관심) 경제'의 중요성이 점증하고 있음을 보여준다. 오늘날 우리는 다음 일들이 일어나는 시대에 살고 있다. 즉, ① 즉각적인 피드백[61]과 의견 표명의 시대, ③ "좋아요"와 "팔로우"의 시대, ② 새로운 레스토랑에 대한 트립어드바이저(TripAdvisor : 세계 최대의 여행 사이트)의 의견이 신문의 논평보다 더 중요한 시대, ④ 어떤 슈퍼마켓의 구매팀이 칠레산 특정 블루베리가 재배된 칠레의 농장을 찾아 해당 농부에게 감사와 인정을 담은 개인적인 메시지를 보낼 수 있는 시대 등에 살고 있다.

존중 경제는 현대에 있어서 인간 경제활동의 중심을 차지하고 있다. 그러나 하나의 아이디어로서 '존중 경제'는 『도덕감정론』의 여러 페이지에서 곧바로 찾을 수 있다. 다시 한번 우리는 정치경제학의 여명기(黎明期)로 돌아가 250여 년 전에 애덤 스미스가 제시한 귀중한 통찰력들을 다시금 발견하고 있다. 무엇보다도 "존중(관심)"이라는 단어 자체는 다음 두 가지 이유로 잘 선택된 것 같다. 첫째, '존중'은 애덤 스미스의 '공정한 관찰자'(impartial spectator)가 가진 두 가지 측면을 모두 내포하고 있기 때문이다. 즉, 존중(관심)은 '누군가의 행동을 보는(관찰하는) 측면'과 '그 행동을 평가하는 측면'을 모두 내포하고 있다. 둘째, '존

61. **[역주]** '피드백'(feedback)이란 어떤 행위나 동작 등에 대한 결과나 반응을 보고, 조정을 가하는 일을 말함.

중'은 애덤 스미스의 위대한 두 저서의 근간이 되는 '자기 존중'(self-regard : 자애, 이기심)이라는 핵심 아이디어를 잘 표현하고 있기 때문이다. 애덤 스미스가 인식한 것처럼 다음 두 가지 유형의 시장 거래가 있다. 첫째, 우리가 신뢰하는 사람들과 행하는 '개인적인(personal) 시장 거래들'이 있다. 둘째, 서로 알지 못하는(그러나 보통은 알 수 있는) 당사자들 간에 이루어지는 전혀 '개인적이지 않은(impersonal : 비(非)개인적인) 시장 거래들'이 있다. 이러한 거래는 어떻게 유지되는가? '비(非)개인적인 시장 거래'는 ① '시장 규범'(market norms)에 대한 사람들의 일반화된 신뢰와 ② 인간의 내재적인 '이기심'(self-love : 자기애)에 대한 신뢰에 의해 유지된다. 그러나 거래에는 '비(非)시장적 존중 거래들'(non-market regard transactions)도 있다. 이러한 거래는 다른 사람들을 사랑하고 그들에게 사랑스럽게 보이려는 '인간의 욕망'에 의해 유지된다. 이러한 두 가지 특성(즉, 두 가지 인간 욕망)을 결합한 인적 교환은 무수히 많다.

6. 반사회적 도덕 : 반(反)존중 경제

그러나 이제까지 언급한 '존중 경제'에 대한 설명은 우리가 하고자 하는 이야기(논의)의 절반에 불과하다. 왜 그런가? '존중'(regard)이 있는 곳에는 '무시'(disregard)도 있을 수 있고, '존경'(respect)이 있는 곳에 '무례'(disrespect)도 있을 수 있고, '명성'(reputation)이 있는 곳에 '악명'(notoriety)과 '불명예'(infamy)도 있을 수 있기 때문이다. 존중, 존경 또는 명성 등은 '도덕 사회'(moral community : 도덕 공동체)를 튼튼하게 하는 역할을 하지만, 무시, 무례, 악명, 불명예 등과 같은 요인들은 반대로 도덕 사회를 약화시키고 파괴하는 역할을 할 수 있다.

지금까지 우리는 애덤 스미스의 이론을 그것이 주로 제시해 주는 '정신'(spirit) 속에서 이해하고 받아들였다. 즉, 우리는 애덤 스미스의 이론을 현대 용어로 ① '사회(society)를 하나로 묶는 긍정적인 도덕 규범과 가치'를 설명하는 이론으로 받아들임과 동시에 ② 이러한 사회적 도덕 규범과 가치를 바탕으로 사회 내 어느 한 개인(individual)의 '도덕적 발달'(moral development)을 설명하는 이론으로 받아들였다. 그러나 동일한 메커니즘이 '다른 방향으로 작동'하는 경우, 이것이 어떻게 '반(反)사회적 규범들'(anti-social norms)을 만들어 낼 수 있는지를 보는 것은 그리 어렵지 않다. 예를 들어, 쓰레기 투기(投棄)를 생각해 보자. 순전히 비용-편익의 측면에서 쓰레기 투기의 경우 개인과 집단(사회)의 후생이 일치하지 않는다. 먼저, 청량음료 캔을 거리에 버리는 어떤 개인은 자신이 캔을 적절히 처리하는 비용을 절약할 수 있을 뿐만 아니라, 적발되어 처벌받을 가능성이 비교적 낮을 것이다. 그러나 사회의 경우는 다르다. 환경과 국고(공공 자금)에 미치는 쓰레기 투기 비용은 사회적으로 막대하다. 이와 마찬가지로 쓰레기 투기를 금지하는 '효과적인 규범'(effective norm)의 가치 또한 막대하다. 효과적인 규범이란 무엇을 말하는가? '효과적인 규범'은 다음과 같은 두 가지 인식을 의미한다. 첫째, 사람들에게 '쓰레기 투기의 사회적 비용'을 인식하게 하는 것을 말한다. 이는 사람들이 쓰레기 투기를 하지 못하도록 제한하는 기능을 할 것이다. 둘째, 사람들이 쓰레기를 버리면 '다른 사람들의 관찰과 판단의 대상(그 결과 그들은 쓰레기 투기를 찬성하지 않을 것임)이 된다'는 점을 인식하게 하는 것을 말한다. 쓰레기 투기는 '다른 사람들의 눈에 사랑스러워(lovely) 보이려는 인간의 욕망'에 모순되는 행위이기 때문이다. 시간이 지남에 따라 이러한 규범은 각 개인에게 '하나의 가치'로 내면화(內面化)된다. 그 결과 쓰레기 투기의 사회적 비용이 최소화되며, 법률이나 심지어 많은 부수적 집행들이 불필요할 수도 있다. 종합적으로 볼 때 '효과적인 규범'은 안정적이고, 경제적으로 효율적이며, 사회적으로 유익한 상황(결과)을 가져다줄 수 있다.

지금까지의 설명은 애덤 스미스의 생각에 기반을 두었다. 그러나 그 반대의 경우도 발생할 수 있다. 사람들은 여러 가지 이유로 계속해서 쓰레기를 버릴 수 있다. 첫째, 효과적 규범은 사람들이 쓰레기를 버리려는 인센티브에 비해 강력하게 작동하지 않을 수 있다. 게임이론의 전문 용어로 쓰레기를 버리는 사람은 "배반"(defect)을 선택할 수 있다. 둘째, '규범 형성(form-formation) 메커니즘'이 작동하지 않을 수 있다. 쓰레기를 버리는 사람이 사실상 다른 사람들에게 사랑스럽게 보이려 하지 않거나 쓰레기 투기에 대해 다른 사람들의 승인(찬성)을 전혀 구하지 않을 수 있기 때문이다. 즉, 그들은 어떤 면에서 '반사회적'(asocial)일 수 있다. 셋째, 규범 형성 메커니즘이 작동할 수 있지만, 그 반대로 작동한다. 즉, 쓰레기를 버리는 사람이 적극적으로 '불찬성'(불승인)—이는 규범 형성 메커니즘이 반대로 작동하는 경우임—을 얻으려 할 수 있다. 예를 들면, 그 사람이 아마 나쁜 짓을 일삼는 어떤 갱단의 일원이라면 그는 적극적으로 '불찬성'(불승인)을 얻으려 할 것이다(갱단은 쓰레기 투기 행위를 찬성(승인)하기 때문이다). 넷째, 효과적 규범은 단순히 다른 규범이나 더 지배적인 규범(dominant norm)으로 대체될 수 있다. 물론 이러한 요인(이유) 중 하나 이상이 동시에 작용할 수 있다. 한 예로 공공장소에서의 낙서(graffiti)[62]를 들 수 있다. 낙서는 ① 예술적 욕구의 결과, ② 다른 사람들의 신념이나 이익을 고려하지 않는 부주의한 행동, ③ 다른 사람들을 짜증나게 하거나 자극하려는 고의적인 시도, ④ 특정 공공장소가 어떤 식으로든 경쟁해야 한다는 그럴싸한 믿음 등을 반영할 수 있다. 낙서의 결과는 '안정적이지만, 비효율적이고, 반사회적인 균형'일 수 있다([역주] 반면에 (위에서 언급했듯이) '효과적인 규범'은 안정적이고, 경제적으로 효율적이며, 사회적으로 유익한 결과를 가져다준다). 그러나 널리 알려진 "깨진 창문"(broken windows) 이론[63]은 흥미로운 통찰

62. [역주] 공공 도로나 건축물, 공중변소 벽 등에서의 낙서를 말함.

63. [역주] 시카고대학교의 범죄학 교수인 켈리(G. Kelly)가 제시한 이론으로 '깨진 창문을 방치하면 그 지역의 치안유지가 제대로 이루어지지 않고 흉악범죄가 더 많이 발생한다'는 이론을 말함. 또한 미국의 범죄학자인 제임스 윌슨과 조지 켈링이 소개한 사회 무질서에 관한 이론이다. 깨진 유리창 하나를 방치해 두면, 그 지점을 중심으로 범죄가 확산되기 시작한다는 이론으로, 사소한 무질서를 방치하면 큰 문제로 이어질 가능성이 높다는 의미를 담고 있다. 깨진 창문 이론은 범죄 행위에 대한 '불관용 원칙'의 근거를 제공해 주었다. 이는 아무리 사소한 위법 행위라도 엄격하게 처벌한다는 사법원칙을 말한다. 뉴욕시에서 불관용 정책이 범죄 약화 효과를 보이면서 미국의 대도시에 도입되었다.

력을 보여준다. 이 이론에 따르면 '사소한 무질서가 해결되지 않으면 확대되는 경향'이 있으며, 따라서 (사소한 무질서가 해결된다면) '심각한 범죄를 예방할 수 있다'(이는 논란의 여지가 크다고 할 수 있음)라고 주장한다.

상이한 하위문화들[64]은 그들이 따르는 규범에 있어서 큰 차이가 있음을 보여준다. 미국에서 2002년 10월 클린턴-슈머 수정안(Clinton-Schumer Amendment)은 뉴욕시(市)가 ① 불법 주차된 외교 차량을 견인하고, ② 외교관들의 유엔 주차 허가를 취소하고, ③ 출신 국가에 제공된 미국 원조액에서 납부해야 할 벌금 총액의 110%를 공제하도록 허용했다. 그러나 1997년 11월부터 2002년 말까지 전 세계 146개국에서 온 뉴욕시 주재 외교관들은 150,000장 이상의 주차 위반 딱지와 1,800만 달러 이상의 미납 벌금액을 가지고 있었으나, 납부 요구에 대한 수령인의 외교관 면책 특권으로 인해 어떤 벌금도 납부되지 않았다. 레이먼드 피스먼(Raymond Fisman)과 에드워드 미겔(Edward Miguel)[65]이 2006년에 쓴 잘 알려진 논문에서 지적했듯이 이러한 경우는 사실상 '부패와 관

루돌프 줄리아니 시장은 1994년과 2001년 재임 기간 동안 불관용 정책을 이끌었다. 뉴욕 경찰은 지하철에서 질서 회복을 위한 공격적인 캠페인을 시작하면서 구걸 행위, 노숙자, 노점상 등에 대한 제약을 강화하였다. 그 결과 노상강도와 절도와 같은 표준적인 범죄율이 극적으로 줄어들었을 뿐만 아니라, 살인율도 20세기 최저 수준으로 떨어졌다. 하지만, 깨진 창문 이론의 중요한 흠집은 경찰에게 경찰이 원하는 방식으로 사회 무질서를 찾아내게 했다는 것이다. 무질서에 대한 체계적인 정의가 없이 경찰이 거의 모든 것을 무질서의 표시로 보고 모든 사람을 위협으로 보도록 권한을 부여받았다. 실제로 1990년대 뉴욕에서 범죄율이 낮아지면서 경찰권 남용에 대한 고소가 늘었다.

64. **[역주]** '하위문화(下位文化)'란 사회의 지배적 문화에 대하여 어떤 특정한 집단만이 가지는 문화적 가치나 행동 양식을 말하며, 그 예로 대중문화, 여성문화 등을 들 수 있음.

65. **[원문]** '뉴욕시 주차 위반 딱지'와 관련해서는 다음 문헌을 참조하기 바람 : ① Raymond Fisman and Edward Miguel, "Cultures of Corruption : Evidence from Diplomatic Parking Tickets", *NBER Working Paper* No. 12312, 2006 ; ② Raymond Fisman and Edward Miguel, "Corruption, Norms, and Legal Enforcement : Evidence from Diplomatic Parking Ticket", *Journal of Political Economy*, Vol. 115, No. 6, 2007, pp. 1020~1048. 또한 '세계 23개국에 걸친 내재적 정직성, 규칙 위반 및 제도적 힘 간의 광범위한 관계'에 관해서는 다음 논문을 참조하기 바람 : Simon Gächter and Jonathan F. Schulz, "Intrinsic Honesty and the Prevalence of Rule Violations across Societies", *Nature*, 531, 2016.

련된 다양한 규범의 영향'(즉, '규범이 부패에 미치는 영향')을 시험하는 독특한 자연실험(natural experiment)이었다. 여기서 그들은 부패를 18세기 방식으로 "사적 이익을 위해 자신에게 위임된 권력(즉, 외교관의 지위)을 남용하는 것"으로 정의했다. 뉴욕 주재 외교관들은 모두 "다른 국가들에서 온 공무원들로서 모두 같은 도시(뉴욕)에서 거주하고 일하고 있었으며, 모두 자신의 차를 (불법적으로) 주차하는 것에 대해 처벌받지 않고 활동할 수 있었다."

이로부터 피스먼과 미겔은 무엇을 발견했는가? 첫째, 그들은 적어도 이 경우에는 '범죄에 대한 표준적인 경제이론'이 적용되지 않았다는 점을 발견했다. 표준적인 경제이론에 따르면 법 집행이 없었다면 전반적으로 미납부된 주차 위반들이 만연했을 것이다. 그러나 피스먼과 미겔은 각국 외교관들 사이에서 상당한 행동의 차이가 있음을 발견했다. 모든 외교관이 주차 위반하더라도 벌 받지 않고 활동할 수 있었음에도 일부 국가의 외교관들은 3년 동안 집단적으로 미납부된 주차 요금이 전혀 없었던 반면, 다른 국가의 외교관들은 평균적으로 각각 100건 이상의 미납부된 주차 위반을 했던 것으로 나타났다. 더욱이 통계적 이상치(異狀値)와 몇 가지 의외의 경우를 감안하더라도, 주차 위반을 가장 많이 한 국가들과 표준적인 국제 부패 척도에서 높은 점수를 받은 국가들(즉, 부패 수준이 높은 국가들) 사이에 강한 상관관계가 있음을 발견하였다. 피스먼과 미겔의 말에 따르면 "최악의 주차 위반국들은 모두 국가 간 부패 순위에서 높은 순위를 기록했다. 특히 쿠웨이트, 이집트, 차드, 수단, 불가리아, 모잠비크, 알바니아, 앙골라, 세네갈, 파키스탄이 최악의 10대 주차 위반국이었다."

이와 대조적으로 일본, 영국, 캐나다와 같은 국가들은 주차비 납부와 부패 순위에서 모두 낮은 순위를 차지했다. 피스먼과 미겔은 '부패와 관련된 일부 문화적 또는 사회적 규범들은 지속적으로 유지되며 바꾸기 어렵다'라고 결론지었다. 특히 그들은 "외교관들이 수천 마일 떨어진 곳에 주재(駐在)하고 있을지라도 흡사 본국의 공무원들을 연상케 하게끔 행동한다. 부패와 관련된 규범들은 분명히 깊이 뿌리 박혀 있으며, 법 집행 이외의 요인들이 부패 행위의 중요한 결정 요인들이다"라고 결론지었다. 이러한 결론을 다른 말로 표현해 보기로 하자. 즉, 일부 외교관들은 '사회적으로 유익한 현지 규범들'(socially beneficial local norms)—즉, 법을 준수하고, 주차 위반 딱지에 대한 벌금을 납부(納付)하고, 다른 사람에게 비용을 부과하지 않는 규범들—을 존중했지만, 다른 외교관들은 그러한 규범들을 준수하지 않았다. 후자의 경우는 '이미 내면화된 반사회적인 출신국의 규범과 문화(anti-social national norms and cultures)가 사회적으로 유익한 현지국의 규범을 눌렀다'라는 것을 의미한다. 위에서 언급했듯이 이러한 '반(反)사회적 규범과 문화'는 '안정적인 장기 균형'을 형성할 수 있다.

우리는 피스먼과 미겔의 이러한 결과가 '규범 형성에 대한 애덤 스미스의 설명'과 얼마나 잘 부합하는지 분명히 알 수 있다. 또한 다음과 같이 증거가 분명한 '또 다른 현상'의 경우도 마찬가지이다. 즉, '부패한 규범들은 일단 뿌리를 내리면 스스로 복제(複製)하고, 다른 부패한 규범들에 영향을 미치는 경향'이 있는 경우이다. 이에 대해서도 분명한 증거가 있다. 네덜란드의 몇몇 연구들에서 주어진 상황에 '낙서(graffiti)를 도입'하는 것만으로도 대조군(즉, 낙서를 도입하지 않는 경우)[66]에 비해 쓰레기를 버리고 소액을 훔치는 사람들의 수가 두 배 이상 증가했음을 보여주었다.[67] 왜 그런가? 사실상, '낙서 도입'은 사람들에게 낙서하도록 허가를 해주거나 아마도 낙서할 구실을 제공해 준 것으로 여겨진다. 전 세계 23개국에서 수집한 증거를 기반으로 한 또 다른 연구에서 사이먼 게히터(Simon Gächter)와 조너선 슐츠(Jonathan Schulz)는 '간단한 주사위 굴리기(die rolling) 놀이에서 부정행위(속임수)를 해서 이익을 얻으려는 피험자들의 의지'와 '정치적

---

66. **[역주]** '대조군(對照群)'이란 실험 결과가 제대로 도출되었는지의 여부를 판단하기 위해 어떤 조작이나 조건도 가하지 않은 집단을 말함.

67. **[원문]** '네덜란드의 쓰레기 투기 규범'과 관련해서는 다음 문헌을 참조하기 바람 : Kees Keizer, Siegwart Lindenberg and Linda Steg, "The Spreading of Disorder", *Science*, 322, 2008.

사기 사건, 탈세 및 부패에 관한 독립적인 연구들에서 수집한 세계 각국의 광범위한 지수' 간에 체계적인 관계가 있음을 발견했다.[68] 페스팅거(L. Festinger)의 연구에서처럼 사람들은 부정행위의 양을 제한하는 '긍정적인 자아 이미지'(positive self-image : 긍정적인 자아상)를 유지하려는 강한 근본적인 욕구를 가지고 있는 것으로 밝혀졌다. 사람들은 다른 사람들이 부패하게 행동하는 것을 볼 때(특히 그 사람들이 권위 있는 위치에 있을 때) 그들 자신도 부패한 행동을 할 가능성이 더 클 것이다. 그러나 사람들은 사회적 규범이나 잘 확립된 기준을 명백히 깨뜨리기보다는 자신의 정체성이 허용하는 범위 내에서 규칙을 악용하고 진실을 왜곡하려는 경향이 있다. 애덤 스미스가 주장하듯이 '사람들은 다른 사람들과 비교하여 자신을 벤치마킹(모방)[69]하려 한다'. 이는 사람들이 다른 사람들을 사랑하고(love), 다른 사람들의 눈에 사랑스러워(be lovely) 보이기를 원하기 때문이다. 다시 말하면, '부패한 규범'(corrupt norm)에 대한 균형들이 존재하며,[70] 아마 각각의 경우에 여러 개의 균형이 존재할 수 있다. 그러한 균형들은 '더 긍정적인 대안들'을 선택하기 위한 압력에 저항할 수 있을 정도로 강한 균형이 될 수 있다. 이러한 경우들에 있어서 앞으로 나아갈 수 있는 유일한 방법은 정치적 개입이나 사회적 행동일 것이다.

---

68. **[원문]** '공공 사기와 부패가 개인들에 미치는 영향'에 관해서는 다음 논문을 참조하기 바람 : Simon Gächter and Jonathan F. Schulz, "Intrinsic Honesty and the Prevalence of Rule Violations across Societies", *Nature*, 531, 2016.

69. **[역주]** '벤치마킹'(benchmarking)이란 '다른 기업으로부터의 학습'을 의미하는 용어로 남의 아이디어를 빌려오거나 성공한 기업의 경영 활동을 모방하는 것을 말함. 측정의 기준이 되는 대상을 설정하고, 그 대상과 비교 분석을 통해 장점을 따라 배우는 행위를 말함. 벤치마킹은 원래 토목 분야에서 강물 등의 높낮이를 측정하기 위해 기준점인 벤치마크(benchmark)를 표시하는 행위를 말함. 기업 경영 분야에서 '벤치마킹 기법'은 1979년에 미국의 제록스(Xerox)가 경쟁기업들의 경영 노하우를 알아내기 위해 직접 일본에 건너가 조사 활동을 벌이고, 그 결과를 경영 전략에 활용하여 다시 기업 경쟁력을 회복한 것에서 비롯되었음.

70. **[원문]** '국지적 부패 균형'에 관해서는 다음 문헌을 참조하기 바람 : Robert Klitgaard, "On Culture and Corruption", unpublished paper, June 2017.

이제, 이러한 설명을 바탕으로 우리는 다음과 같은 가장 어려운 질문들에 답해야 한다. 우선, 상업사회 자체는 어떠한가? 다음으로, 상업적 가치 자체가 사회를 부패시킨다면 어떻게 될 것인가?

7. 상업화 사회

2009년 에어 뉴질랜드(뉴질랜드 항공 ; 뉴질랜드의 국영 항공 회사)는 30명을 고용하여 "두개골 광고판"(cranial billboards) 역할을 하도록 했다. 그들은 자신의 머리를 박박 밀고 거기에 "변화가 필요하십니까? 그러면 뉴질랜드로 오십시오" 라는 문구로 임시 문신을 새겼다. 이들은 2주간의 두개골 광고의 대가로 1,200 달러 상당의 뉴질랜드 왕복 항공권 또는 현금 777달러를 받았다.

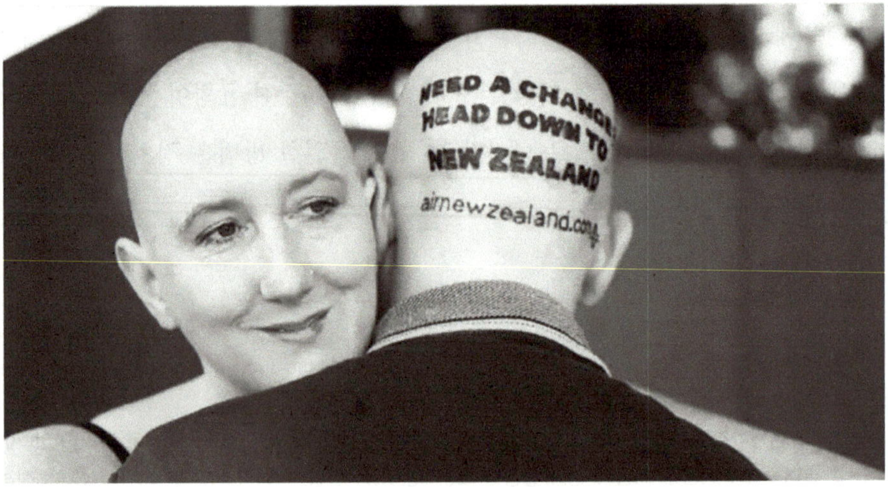

▲ 역주 : 사람의 두개골에 "변화를 원하세요? 뉴질랜드로 오세요. 뉴질랜드항공닷컴"(Need A Change? Head Down to New Zealand. www.airnewzealand.com)이란 문구가 새겨져 있다(역자가 인터넷에서 구한 사진임).

우리는 이러한 사례에 대해 어떻게 생각해야 하는가? 이 사례는 완벽하게 공정한 시장 거래인가? 아니면 무엇이 잘못되었는가? 두개골 광고판이 괜찮다면

'교도소 감방 업그레이드(개선)'는 어떠한가? 예를 들면, 2012년 캘리포니아 소재 산타아나교도소에서 '비폭력(온순한) 범죄자들'은 일반(돈을 지불하지 않는) 수감자들과 격리되어 '깨끗하고 조용한 감방'에 머무르는 대가로 가격을 지불할 수 있는 것으로 보도되었다. 가격은 얼마인가? 하룻밤 머무르는 데 82달러에 불과하다. 또는 누군가에게 미 의회 청문회에 들어가기 위해 줄을 서는 대가로 가격(60달러)을 지불하거나, 뉴욕시 소재 센트럴 파크에서 셰익스피어 연극을 관람할 수 있는 무료입장권을 구하기 위해 줄을 서는 대가로 가격(최대 125달러)을 지불하는 것은 어떤가? 또는, 학생들에게 시험을 잘 보라고 돈을 주거나, HIV 감염 어머니들에게 장기 피임을 하는 대가로 돈을 주는 것은 어떤가? 또는, 이라크와 아프가니스탄 침공 이후 미군의 수를 능가하게 된 '민간 보안 계약자들'(private security contractors)을 통해 돈을 받고 대리로 외국 전쟁에 참여하는 것은 어떤가?

이러한 예들은 모두 미국의 저명 철학자 마이클 샌델(Michael Sandal : 미국 정치 철학자, 1953년~현재)[71]에게서 나온 것이다. 샌델은 오늘날 미국에서 '인간의 삶과 죽음'의 다양한 측면이 ① 기업 가치와 시장 가치에 좌우될 뿐만 아니라, ② 특히 가격이 매겨지고, 사고 팔리는 대상이 되는 무수한 방법들을 주의 깊게 지적하고 강조했다. 또한 샌델은 오늘날 공공장소들, 공공기관들(학교, 도서관, 대학 등), 공권력의 도구들(경찰, 소방서 등)이 점점 더 기업 광고, 제품 배치(product placement : 간접 광고)[72] 및 후원 등으로 채워지고 있다고 지적했다.

공공장소들이나 공공기관들에서의 이러한 기업 침입들이 초래하는 즉각적

---

71. **[역주]** Sandal, Michael, *What Money Can't Buy : The Moral Limits of Markets*, Penguin, 2012.

72. **[역주]** 'product placement'란 영화나 드라마에 특정 제품을 소도구로 삽입하는 형태로 이루어지는 광고를 말하며, 보통 'PPL 광고'라고 부름. 구체적으로 영화나 드라마 등에서 특정 제품을 노출시켜 광고 효과를 노리는 간접 광고를 말함. 원래는 영화나 드라마를 제작할 때 소품 담당자가 영화에 사용할 소품들을 배치하는 업무를 뜻하는 말이었으나, 최근 광고 효과가 두드러지게 나타남에 따라 광고를 노리고 영화에 제품을 노출한다는 의미로 쓰고 있음.

인 영향은 무해(無害)할 수도 있고, 그렇지 않을 수도 있다. 예를 들면, 기업이 후원하는 교육 자료들이 종종 후원자의 이익이나 견해에 크게 치우쳐 있다는 점을 보여주는 많은 증거가 있다. 그러나 샌델이 강조했듯이 이것은 요점이 아니다. 요점은 완전한 의미에서의 교육이 '더 나은 소비자'가 되는 법을 배우는 것이 아니라, 바로 '자각하고 비판적으로 성찰하는 인간'이 되는 법을 배우는 것이다. 공공장소들이나 공공기관들(이들은 사실상 '인간의 정체성'을 의미함)이 기업에 의해 이런 식으로 식민지화(지배)되어야 하는가? 그 여부는 ① 그러한 거래들을 통해 개별적 및 집단적으로 무엇을 얻고, 또 무엇을 잃는지와 ② 누가 그러한 거래들을 해야 하느냐에 달려있다. 이러한 문제들은 바로 '좋은 교육'(good education)을 받는 사람들이 제기해야 하는 질문임을 알아야 한다. '좋은 교육'의 목적은 그 수혜자들이 그러한 질문들을 제기하고, 숙고하도록 가르치는 데 있기 때문이다.

샌델에 의하면 이러한 '상업화'(commercialization)의 더 광범위한 결과는 '단순히 기존의 문화적 규범과 기대를 뒤집는 것이 아니다'라고 주장했다. 샌델이 보기에 '상업화의 결과는 심각한 문제들에 대해 지적인 공개 대화(intelligent public conversation)를 나누는 데 점점 더 어려움을 겪고 있다'라는 점이었다. 샌델은 다음과 같이 말했다:

> "정치적 논쟁이 주로 케이블 텔레비전에서의 격렬한 말싸움, 라디오 전화 토론에서의 당파적 독설, 미 의회 회의장에서의 이념적 식품 논쟁 등으로 이루어져 있는 오늘날의 상황에서 출산, 아동, 교육, 건강, 환경, 시민권 및 기타 재화 등에 대해 가치를 매기는 올바른 방법과 같은 '도덕적 질문들'에 대해 '합리적인 공개 토론'을 한다는 것은 상상하기 어렵다. … 오늘날 미국 정치의 문제는 도덕적 논쟁이 너무 많다는 것이 아니라 '너무 적다'라는 것이다. 또한 우리의 정치는 과열되어 있다. 이는 정치에 대부분 도덕적 · 영적 내용이 비어 있거나 아예 없기 때문이다. 게다가 우리의 정치는 사람들이 관심을

갖는 중대한 질문들을 해결하는 데 효과적으로 관여하지 못하고 있다."

샌델에 의하면 오늘날 '기업 가치(corporate value)와 시장 가치'(market value)는 다음 세 가지 경향을 띠고 있다. 즉, '기업 가치와 시장 가치는 ① 다른 가치들, 특히 '도덕적 가치'(moral value)를 압도하고, ② 사람들이 관심을 가질 수 있고, 또 반드시 관심을 가져야 하는 문제들에 대한 '공개 토론'을 약화시키고, ③ 다른 사람들과 자연 세계에 대한 순전히 '도구적인 견해만'을 갖도록 조장하는 경향이 있다'라고 주장했다. 그 결과, 제기하는 질문들은 ① "이 일을 하는 것이 옳은가?"가 아니라 "이 일을 하는 데 얼마의 비용이 드는가?"가 되며, ② "이 사람은 누구인가?, 그 또는 그들은 무엇에 관심을 가지고 있는가? 우리는 그것을 어떻게 존중할 수 있는가?"가 아니라 "그들이 나를 위해 무엇을 할 수 있는가?"가 되며, ③ "현재와 미래 세대에 우리 모두를 먹여 살리고, 활동하고, 지탱하기 위하여 어떤 즐거움, 어떤 풍경(환경), 어떤 천연자원, 어떤 사회가 필요한가?"가 아니라 "상업적 이익을 얻기 위한 기회는 무엇인가?"가 된다. 이러한 질문들은 마치 경찰서의 '사건 기록부'(charge sheet)와 같다.

이러한 질문들에 대한 직설적이고 자주 표현되는 반응은 "글쎄, 그래서 그게 어쨌다는 건가요?." 우리는 자유로운 국가와 현대 세계에 살고 있다. 사람들은 법을 준수한다면 자신이 원하는 대로 자유롭게 행동할 수 있다. 다음 두 가지 경우를 생각해 볼 수 있다. 먼저, 사람들이 자신의 머리에 문신을 하거나, 누군가에게 돈을 주고 대신 줄을 서게 하는 것은 그들의 일이다. 이와 유사하게 학교 이사회가 기업이 후원하는 교과서를 채택한다면 그것은 그들이 의무를 합법적이고 종종 민주적으로 행사하는 한 그들에게 달려있다. 이러한 두 경우 모두 그들이 획득한 돈을 다른 용도로 사용할 수 있으므로 이러한 활동들은 경제적으로도 효율적일 수 있다. 이러한 경우에 좋아하지 않을 이유가 무엇인가?

여기서 '서로 다른 가치 세계들' 간에 충돌이 발생한다. 즉, ① 무엇이 중요한지에 대한 서로 다른 인식들 간에 충돌과 ② 문화 심리학자인 리처드 슈웨더(Richard Shweder)[73]가 부른 '자율성, 공동체 및 신성의 윤리'와 '신성한 감각' 간에 충돌이 발생한다.[74] 이러한 충돌들이 어느 정도 조정 가능한지의 여부와 상관없이 충돌 자체는 인간의 모든 상호작용이 '규범을 통해 조정될 수 있음'을 암시해 준다. 여기서 우리는 다음 질문을 제기할 수 있다. 이러한 상업 활동들과 가치들이 일종의 '부패'인가? 반동주의자들, 마르크스주의자들, 무정부주의자들에 이르는 모든 연령층과 모든 계층의 사람들과 모든 정치적 견해를 가진 사람들은 그러한 상업 활동들과 가치들을 '부패'라고 생각해 왔다. 그러나 그들의 비판은 기업 행동과 시장 행동을 구분한다고 해서 쉽게 완화될 수 없는 성질의 것이다. 이는 두 행동이 매우 종종 협력적으로 이루어지기 때문이다. 이러한 사실은 거부될 수 없을 뿐만 아니라 거의 논쟁의 여지가 없다. 전 세계의 선진국들과 개발도상국들에서 최근까지 기업들과 시장들에서 유리(遊離)된 '인간 생활의 많은 영역' 조차도 '기업과 시장과 관련된 가치, 가정, 개념 및 언어'로 가득 차 있을 뿐만 아니라, 거의 틀림없이 압도당해 왔다. 더욱이 현재 몇몇 특정 국가들, 특히 영국과 미국에서 '현대 사회의 상업화와 물질주의'가 "애플루엔저"(affluenza)[75], 사회적 불안, 불안정 및 질병 등을 가져다줄 수 있음을 시사하는 광범위한 증거가 있

---

73. **[역주]** Richard Shweder, *Why Do Men Barbecue? Recipes for Cultural Psychology*, Harvard University Press, 2003.

74. **[원문]** '도덕 공동체의 유형'에 관해서는 다음 문헌을 참조하기 바람 : Richard Shweder, Nancy Much, Manmohan Mahapatra and Lawrence Park, "The "Big Three" of Morality (Autonomy, Community, Divinity) and the "Big Three" Explanations of Suffering", 1997, reprinted in Richard Shweder, *Why Do Men Barbecue? Recipes for Cultural Psychology*, Harvard University Press, 2003.

75. **[역주]** '애플루엔저'(affluenza = affluence + influenza)란 소비자가 물건을 더 많이 사기 위해 과도하게 일을 하고 부채를 늘리는 극도의 물질주의를 말함. 즉, 풍요로워지면 풍요로워질수록 더 많은 것을 추구하는 현대인의 소비심리 또는 소비지상주의로 인해 나타나는 갖가지 증상을 일컫는 말임. 또한 이 말은 '부자병', 즉 막대한 상속을 받은 여자가 무력감, 권태감, 자책감 따위를 갖는 병적 증상으로도 번역됨.

다. 여기서 핵심 질문은 '이것이 일어나고 있는지'가 아니라 '그것이 무엇을 의미하는지'와 '그것에 대해 할 수 있거나 반드시 해야 할 일이 있다면 그 일은 무엇인가'이다.

사회 내에서 시장 규범들과 기업 규범들의 이러한 매우 빠른 증대는[76] 비교적 현대적인 현상이다. 그러나 '상업사회의 부패 효과'에 대한 우려들은 상업사회 그 자체만큼이나 오래되었다. 루소(Jean Jacques Rousseau : 1712~1778년, 프랑스 사상가 · 문학가), 퍼거슨(Adam Ferguson : 1723~1816년, 영국의 철학자 · 사회학자), 제퍼슨(Thomas Jefferson : 1743~1826년, 미국 제3대 대통령(1801~1809년))은 ① 제조업과 상업의 폐해나 그 잠재 가능성과 ② 공익(公益)을 전복시킬 수 있는 사적 이익의 능력에 대해 각자 서로 다른 방식으로 신랄한 비판을 가한 사람들 가운데 대표적인 인물이었다. 이들은 또한 공화주의적 미덕을 다룬 이론적 모형들이나 악덕과 방탕에 관한 사례 연구들을 통해 고전적 생각을 되돌아본 주요 인물들이기도 했다. 특히 18세기에는 ① 불평등, ② "사치"가 탐욕과 시기심 증대에 미치는 영향, ③ 재산이 더 이상 고정되어 있지 않고 거래 가능한 세계에서 불법 행위와 폭정의 발생 가능성 등에 대한 우려들이 있었다. 또한 몽테스키외(Charles Montesquieu : 1689~1755년, 프랑스의 사상가 · 정치 철학자)도 '상업적 가치와 교환'에 의한 전통적 가치의 탈취(奪取)를 지적하고, 다음과 같이 말했다. 즉, "우리는 사람들이 '상업 정신'(spirit of commerce)에 의해서만 움직이는 국가들에서 그들이 모든 인도적 · 도덕적 미덕을 거래하는 것을 본다. 이는 인류가 요구하는 '가장 천박한 일'로서 오직 돈을 위해서만 일어나거나 행해진다."

이러한 의견 불일치의 이면에는 '자유의 본질'에 대한 더 심오한 질문이 도

---

76. **[원문]** '시장 규범과 기업 규범의 증가'에 관해서는 Michael Sandel, *What Money Can't Buy : The Moral Limits of Markets*, Penguin, 2012를 참조하기 바람. 또한 '비(非)시장 규범의 구축(驅逐)'에 관해서는 Michael Sandel, "Market Reasoning as Moral Reasoning : Why Economists Should Re-Engage with Political Philosophy", *Journal of Economic Perspectives*, 27(4), 2013을 참조하기 바람.

사리고 있다. 자유는 시민의 '특권'인가, 아니면 개인의 '권리'인가? 이는 구체적으로 다음 두 질문으로 나눌 수 있다. 우선, ① 자유는 시민공화주의[77]의 전통이 주장하듯이 '성취되는 것'인가? 즉, 자유는 도덕적·정치적 공동체에 속한 '시민'(citizen)으로서 사람들에게 지위와 책임을 부여하고, 이를 유지하기 위해 제도와 공공 미덕에 대한 지속적인 관심을 요하는 것인가? 아니면 ② 자유는 사람들이 순전히 '개인'(individual)으로서 법과 자신이 세운 도의(道義)에 따라 그들이 원하는 대로 행동할 수 있는 '공간'인가? 즉, 자유는 인간의 인격과 감정에 광대한 범위를 제공해 주지만, 이를 상업적 및 사회적으로 유지하기 위해 자신의 신중함과 자기애를 발휘하는 것 외에는 아무것도 필요하지 않은 공간인가?

이제까지 우리가 본 것처럼 애덤 스미스는 그 시대에 출현한 '상업사회'의 위대한 옹호자 중 한 사람이었다. 애덤 스미스에게 당시 존재했던 상업사회는 그가 선호한 "자연적 자유 체계"(system of natural liberty)에 다소 못 미쳤지만, 그럼에도 그는 당시의 상업사회를 찬양했다. 왜 애덤 스미스는 상업사회를 찬양했는가? 상업사회는 '봉건제의 노예근성과 개인 종속에 대한 해독제'로서 ① 종종 도덕(morals)과 매너(manners : 예절)를 개선하고, ② 무엇보다도 "보편적인 풍요"(universal opulence)—즉, '일반적인 부와 번영'—를 창출할 수 있기 때문이다. 또한 애덤 스미스는 '시민공화주의'(civic Republicanism)[78]와 관련하여 상업사회를 찬양하였다. 그의 '상업사회 찬양'은 곧 ① 노예제 거부와 ② 도덕적 시민이 노예제를 대체할 수 있다는 고전적 관념을 나타낸다. 시장은 부패를 유발하지 않고, 오히려 종종 부패를 감소시켰다. 또한 시장은 힘을 증대시키지 않고, 오

---

77. **[역주]** '공화제(共和制)'란 국가의 주권이 국민에게 있고, 국민이 선출한 대표자들이 국법에 따라 행하는 정치제도를 말함.

78. **[원문]** '시민공화주의, 그 고전적 선례들, 특히 인본주의적 요소'를 둘러싸고 역사가들 사이에 벌어진 최근 논쟁은 복잡하고 매우 미묘하다. '애덤 스미스의 시민공화주의'와 관련해서는 다음 논문을 참조하기 바람 : Istvan Hont and Michael Ignatieff (eds.), *Wealth and Virtue : The Shaping of Political Economy in the Scottish Enlightenment*, Cambridge University Press, 1986.

히려 종종 힘을 분산시키거나 억제했다. 『국부론』에 의하면 "각 상인이나 기능공은 한 사람이 아니라 수백 또는 수천 명의 다른 고객들에게 고용되어 자신의 생계를 유지한다. 각 상인이나 기능공은 어느 정도 그들(다양한 고객들) 모두에게 (그들의 욕구를 충족시켜 주어야 할) 의무가 있지만, 그들 중 어느 누구에게도 절대적으로 의존하지 않는다."[79] 이러한 수사적 전략은 명확하고 매우 효과적이다. 왜 그런가? 이러한 수사적 전략은 먼저, '부패에 대한 공화주의'의 중심적인 관심사들을 다룬 후, (이들을 직접적으로 다루는 대신) 사람들에게 '악(惡, evil)으로 인식된 것이 실제로는 유익하다'라고 주장하기 때문이다. 따라서 위에서 언급한 "그래서 그게 어쨌다는 건가요?"(So what?)라는 주장은 동일한 접근법(즉, 애덤 스미스의 수사적 전략)의 '현대적인 변형'이다.

그러나 애덤 스미스는 '사익(私益) 추구가 공공의 미덕에 반(反)한다'는 '고전적 공화주의'(Classical Republican) 의미에서 '상업사회가 부패될 수 있고, 또한 그 방법들'에 대해 잘 이해하고 있었다. 우선, 애덤 스미스는 상인들의 "비열한 탐욕"(mean rapacity)과 "독점하려는 정신"(monopolising spirit)을 맹렬히 비난했다. 그러나 애덤 스미스는 또한 자신의 미출간한 『법학 강의』의 한 절(節)을 '부패(腐敗)'를 훨씬 더 폭넓게 이해하는 데 할애하였다. 여기서 애덤 스미스는 부패를 '인간의 마음이나 정신을 썩게 하거나 훼손하는 것'[80]으로 이해했다. 애덤 스미스는 "(부패를 포함하여) 이러한 것들은 상업 정신(commercial spirit)의 단점들이다. (이러한 단점들로 인해) 인간의 마음은 위축되어 고양(高揚)할 수 없게 되고, 교육은 멸시되거나 적어도 무시되며, 영웅적 정신은 거의 완전히 소멸된다"라고 결론지었다. 마지막으로, 애덤 스미스는 특히 '상업이 교육에 미칠 수 있는 억압

79. **[역주]** "Each tradesman or artificer derives his subsistence from the employment, not of one, but of a hundred or a thousand different customers. Though in some measure obliged to them all, therefore, he is not absolutely dependent upon any one of them."

80. **[역주]** '부패'란 정신, 정치, 사상, 의식 등이 타락하는 것을 말함.

적[81] 효과'를 강조하였다. 예를 들어, 그 당시에 영국 버밍엄과 같은 상업 중심지에 사는 6~7세의 소년이 하루에 6펜스[82]를 벌 수 있다는 사실은 그의 부모가 그 소년에게 공부를 시키지 않고 일을 시켰다는 것을 의미한다. 이에 대해 애덤 스미스는 "따라서 [그 소년의] 교육은 무시되거나 소홀하게 된다. 하층민들의 자녀가 받는 교육은 실제로 아주 낮은 수준이다. 그러나 교육은 자녀들에게 나중에 엄청난 도움이나 이익을 주며, 교육의 부족이나 결핍은 확실히 그들의 가장 큰 불행 중 하나이다"라고 말했다.

애덤 스미스는 『국부론』에서도 '상업사회에서 나타나는 사람들의 마음'에 대한 몇 가지 위협들을 다루고 있다. 첫째, 애덤 스미스는 노동 분업 내에서 '끝없이 반복되는 제조 작업(manufacturing tasks)을 수행하는 사람들'의 '정신적 손상'을 우려하였다. 왜 그런가? 단순 반복작업은 해당 노동자가 "일어나기 불가능한 어려움에 직면해서 그것을 제거할 수 있는 방편들을 찾는 데 자신이 가진 지식을 사용하거나 발명의 재능을 발휘하는 것"을 허용하지 않기 때문이다. 둘째, 애덤 스미스는 '사기(士氣)[83](즉, 도전정신)의 상실'을 염려하였다. 마지막으로, 애덤 스미스는 "부자와 권력자를 존경하거나 거의 숭배하는 기질(氣質)"과 이에 반대되는 "가난하고 비천한 사람들을 경멸하거나 적어도 무시하는 본능(本能)"을 비난하였다. 애덤 스미스가 종교적 광신(religious fanaticism)을 혐오했음에도 불구하고 때때로 '온건한 종교적 준수'(moderate religious observance)를 칭찬했다는 점은 주목할 만하다. 이는 온건한 종교적 준수가 사람들의 마음을 자극하기 때문이다. 특히 애덤 스미스는 "가난한 가정의 아이들은 종교가 주는 혜택을 받아야만 한다. 종교는 ① 아이들의 삶에서 '경건함'[84]을 가져다줄 뿐만 아니라, ② 아이

81. **[역주]** '억압(抑壓)'이란 자기의 뜻대로 행동하지 못하게 억지로 억누름을 말함.

82. **[역주]** '6펜스'란 6펜스짜리 은화로서 1971년까지 사용된 영국 동전을 말함.

83. **[역주]** '사기(士氣)'란 의욕이나 자신감 따위로 가득 차서 굽힐 줄 모르는 기세를 말함.

84. **[역주]** 그 예로 '경건주의(敬虔主義)'를 들 수 있다. 경건주의는 17세기 말 독일의 신교(新敎)가 교의(敎義)와 형식에 치우치는 데 반대하고, 성서(聖書)를 중심으로 한 체험과 실천을 중시하여 경건한

들에게 '생각과 사색(思索)의 대상'을 제공해 준다는 면에서 커다란 혜택이다"라고 말했다.

그렇다면 '상업사회의 폐해'는 무엇인가? 애덤 스미스의 생각에 따르면 상업사회는 ① 일반 대중의 교육, 정신적 에너지 및 이해력을 억압할 수 있고, ② 일부 사람들을 부자와 권력자의 생활 방식과 소유물을 맹목적으로 추종하도록 유도할 수 있다. 왜 이러한 폐해들이 애덤 스미스에게 중요한가? 그러한 폐해들이 초래하는 즉각적인 악영향 때문만이 아니라, ① 전자는 '도덕적 상상'(moral imagination)[85]을 파괴하고, ② 후자는 도덕적 상상을 왜곡하기 때문이다. '도덕적 상상'은 왜 중요한가? 우선, 도덕적 상상 없이는 사람들이 진심으로 다른 사람의 입장이 되어, 그들을 설득하거나 그들과 공감하는 것이 불가능해진다. 둘째, 도덕적 상상이 없는 세계에서는 교환도, 존중(regard)도, 공적 토론이나 심의도, 정체성 공유도, 동의나 합의도, 정부 존재의 진정한 기반 등도 있을 수 없다. 셋째, 도덕적 상상이 없는 세계에서는 ① 인간의 에너지와 감정을 불러일으킬 수 있는 이야기나 서사(내러티브)가 존재할 여지가 없을 뿐만 아니라, ② 집단적 사회 변화를 추구하려는 역량도 존재할 여지가 없다. 마지막으로, 도덕적 상상이 없는 세계에서는 무엇보다도 '공정한 관찰자'(impartial spectator) 역할이 작동할 여지가 없다. 공정한 관찰자가 없으면 인류 존재의 기반인 '도덕 공동체'(moral community : 도덕 사회)가 위협을 받는다.

애덤 스미스는 아마도 모든 시대를 통틀어 '상업사회의 가장 강력하고 설득력 있는 옹호자'였다. 그럼에도 불구하고 애덤 스미스가 상업사회가 초래할 '잠재적 부패 효과'에 대한 현대적 우려들에 동조(同調)할 것이라고 여길 만한 충분한 이유가 있다. 또한 애덤 스미스의 생각이 복잡하고 불완전하지만, 다행히도 애덤 스미스가 제시한 '응답의 개요'를 그의 '규범 이론'을 통해 찾아볼 수 있다.

생활을 하자는 주의를 말함.

85. **[역주]** '상상(想像)'이란 현실의 지각에 없는 사물의 심상(心象)을 마음에 생각하여 그리는 것을 말함.

결국, 규범 이론은 정확히 '사람들이 무의식적이지만 어떻게 집단적으로 (다음과 같은) "공동의 가치"(shared value)를 지닌 공간을 만드는지[86]에 관한 이론'이다. 그러면 공동의 가치는 어디에 존재하는가? 공동의 가치를 지닌 공간은 '개인의 자유'와 '국가의 법과 강제력' 사이에 존재한다. 이 공간은 법에 어긋나지 않더라도 '해서는 안 될 일을 규정하는 공간'—즉, '예의와 신뢰의 공간'—이다.

이제까지 살펴보았듯이 애덤 스미스는 '사회 내에서 인간의 "조화"(harmony) 또는 상호의존(interdependence)이 절대적이고 근본적으로 중요하다'라고 인식했다. 사실상 애덤 스미스의 사상 체계(system of thought)는 이러한 인식에 기초하고 있다. 또한 이러한 인식은 다음 네 가지 강조에 기초를 두고 있다. 즉, 애덤 스미스는 ① 초기 『수사학 강의』에서 '명쾌한 언어'를 강조했고, ② 『법학 강의』에서 '분개(憤慨)'를 강조했고, ③ 『도덕감정론』에서 "공감"(sympathy ; 동정심)과 '공정한 관찰자의 역할'을 강조했고, ④ 『국부론』에서 '거래, 물물교환 및 교환하려는 인간의 본능'을 강조했다. 이러한 인식이 바로 애덤 스미스의 '평등주의'(egalitarianism)뿐만 아니라, '정치적 리더십'(political leadership) 개념의 근간이다. 애덤 스미스의 정치적 리더십 개념에 따르면, 현명하고 고결한(도덕적인) 사람은 "겸손함과 공정한 정의감"(humble modesty and equitable justice)을 지닌

---

86. **[역주]** '규범(規範)'이란 '사회 구성원이 공유하는 행동의 기준이나 규칙'을 말함. 총체적으로 형성되어 있는 문화는 여러 개별 요소로 구성되어 있는데, 이를 '문화 요소'라고 한다. 문화 요소에는 기술, 언어, 상징, 예술, 가치, 규범 등이 있다. 규범은 사회 구성원들의 생활 속에서 체계화된 행동 기준이나 규칙을 가리킨다. 규범에는 '에티켓, 관습, 종교, 도덕, 법' 등이 포함된다. 형태나 내용은 다르지만, 규범은 모두 사회 구성원의 행동을 구속하는 특징을 가진다. 가치가 행동의 일반적인 방향을 설정한다면, 규범은 행동의 구체적인 지침을 제공한다. 우리가 어떤 규범을 어긴다면, 우리에게 그에 대한 일정한 제재가 가해질 것이다. 즉, 상황에 따라 심리적 부담, 양심의 가책, 사회적 비난, 신체적 처벌, 법적 규제 등을 감당해야 한다. 반대로 규범을 잘 지키면 보상이 따른다. 규범은 이러한 보상과 제재를 통해 사회의 질서와 안정을 유지하는 데 이바지한다. 한 사회에서 문화 변동이 일어날 때 기존의 전통적인 규범이 무너지는 경우가 있다. 이때 붕괴된 규범의 빈자리를 채워줄 새로운 규범이 아직 정리되지 못하면 그 사회는 무규범 상태가 되어 혼란에 빠지는 '아노미 현상'이 발생할 수 있다. [출처 : 학습용어사전, 천재교육 편집부]

사람이며, 그는 "항상 자신의 특정 질서와 사회의 공익(公益)을 위해 기꺼이 자신의 사익(私益)을 희생할 용의"[87]가 있다. 따라서 (이러한 사람에 의한) 정치 권력은 필요하지만, '스스로 제한되어야'(self-limiting) 한다.

'개인의 도덕성'(personal morality) 측면에서 애덤 스미스의 견해에 따르면 '사람들이 다른 사람들과 동일시(공감)하는 실질적인 능력은 시간, 장소 및 상황에 따라 제한된다'라고 주장한다. 사람들이 신체적 상해(傷害)를 인식할 수 있는 능력과 그 상해가 유발하는 반응들은 거의 '보편적'일 수 있지만, 애덤 스미스는 그의 글들에서 볼 때 '보편적 도덕 공동체'(universal moral community)의 가치나 필연성을 믿는 세계주의(cosmopolitanism)[88] 신봉자가 아님을 알 수 있다. 애덤 스미스는 결코 그러한 신봉자가 아니다. 왜 그런가? 도덕 공동체들은 '인간의 상호작용과 교환'을 통해 아래로부터 구축되며, 공동체들에 상업적·사회적 및 도덕적 가치를 부여하는 것은 '자유로운 교환'이기 때문이다. 그러나 최종 분석에서 애덤 스미스는 결코 자신의 '도덕적 세계관'을 '섭리(providence)의 작용'에서 완전히 단절시키지 않았다. 애덤 스미스는 자신의 '규범 이론'이나 '정의 이론'에 전적으로 '자연주의적 기초'(naturalistic basis)를 제공하려고 애썼으며, 우리는 애덤 스미스에게서 '환멸(幻滅)의 세계(disenchanted world)에서 흄이 보여준 놀라운 평정심(平靜心)'[89]을 느끼지 못한다.

그러나 애덤 스미스의 '진화론적 설명'이 궁극적으로 '광범위한 기독교적 도덕 기풍(윤리)'에서 벗어날 수 없다면 적어도 '도덕적 영감'(moral inspiration)을

87. **[역주]** "at all times willing that his own private interest should be sacrificed to the public interest of his own particular order and society."

88. **[원문]** '애덤 스미스와 세계주의'(cosmopolitanism)에 관해서는 다음 문헌을 참조하기 바람 : Fonna Forman-Barzilai, *Adam Smith and the Circles of Sympathy*, Cambridge University Press, 2010.

89. **[역주]** 흄은 '오늘까지 매일 아침 태양이 동쪽에서 떠올랐다는 사실은 "내일도 태양이 동쪽에서 뜬다"는 것의 충분한 근거가 될 수 없다'라고 말했다.

얻을 수 있는 다른 잠재적 원천이 있을 것이다. 이러한 맥락에서 애덤 스미스의 '평등주의 관점'(egalitarian outlook)에 따르면 ① 원칙적으로 '모든 목소리를 들을 수 있어야 하며', ② 의사소통이 확대됨에 따라 '애덤 스미스식 공감 능력도 확대되어야 한다'고 요구한다. 또한 규범들은 '제한된 사회적 환경'에서 번성하고 가치를 가질 수 있다. 그러나 규범들은 '더 광범위하고, 더 평등하고, 더 자유로운(broader, more equal or more free) 환경'에서 공정한 관찰자를 통해 항상 잠재적으로 '비평'의 대상이 될 수 있다. 인간 사회와 그 사회를 구성하는 제도들은 마땅히 존중받아야 한다. 그러나 특정 사회에서 광범위하게 비난받고 있거나, 비난받을지도 모르는 관례나 규범들이 있다면 공정한 관찰자를 통해 그들에 대해 '비평'을 가할 수 있다. 따라서 규범에 대한 상호 인정의 정도는 결코 '도덕적으로 자유로운 것'(moral free-for-all)이 아니다.

애덤 스미스의 경우 '자발적이고 진화하는 질서'(spontaneous and evolving order)가 가져다주는 혜택들—즉, 언어적 · 법률적 · 도덕적 · 경제적 혜택 등—은 사회 내에서 허용되는 '개인의 자유들'(individual freedoms)에 달려 있다. 그래서 애덤 스미스는 ① 인간의 능력을 향상시키고, ② 인간의 상호작용, 의사소통 및 상호 인식(mutual recognition) 능력을 향상시키는 '조치들'(즉, 사적 자유)을 지지했고, 오늘날에도 틀림없이 그러한 조치들을 지지할 것이다. 그러한 조치들로 '더 나은 교육, 자유롭고 독립적인 제도들, 법의 지배'뿐만 아니라, 애덤 스미스가 예로 든 '개인적인 예의'와 '관용과 상호 존중이라는 온건한 미덕들'도 있다. 결국, 이들 조치는 ① '사적인 자유들'(private freedoms)뿐만 아니라 ② 예의 바르고 정직하며 독립적인 사람들의 대화로 충만한 '자유롭고 교양있는 공공영역'(a free and educated public realm)이다. 이 장의 서두에서 언급한 장 칼라스(Jean Calas)는 이러한 세상에서 살 자격이 있었지만, 불행히도 그렇지 못했다.

[역주] 〈읽기 참고〉 "몸에 광고카피 새기고 돈 벌어요"

문신 광고전략 인기 … 뒤통수, 눈꺼풀 '어디든 새겨요'.

캘리포니아에서 법무사를 하고 있는 중년 여성 테리 가드너(50)는 얼마 전 머리를 박박 밀었다. 스킨 헤드 헤어패션을 위한 것이 아니다. '까까머리'에 광고 문구를 그려넣기 위해서다. 가드너의 뒤통수에는 "변화를 원하세요? 뉴질랜드로 오세요. 뉴질랜드항공 닷컴"(Need A Change? Head Down to New Zealand. www.airnewzealand.com)이란 문구가 새겨져 있다. 자신의 몸통을 전광판으로 '세를 내준' 셈이다. 덕분에 '정신 이상자'로 오인받는 해프닝을 겪었다. 퇴근하고 집에 돌아오자 경찰관 두 명이 문앞에서 기다리고 있었던 것이다. 경찰은 "당신의 남동생이 '누나가 정신이상인 것 같다'라며 신고했다"라고 말했다. 가드너가 "사실 뉴질랜드항공 광고 때문에 머리를 밀었다"라고 설명하자 경찰관들은 겨우 돌아갔다.

로스앤젤레스에서 광고 모델로 일하고 있는 리타 토마스(35)는 수년 동안 허리까지 길러 온 붉은 머리카락을 싹둑 잘라버렸다. 치료 때문에 머리를 삭발한 어린이들을 위한 '가발 만들기 행사'에 동참하기 위해서다. 밀어버린 자리에는 대신 행사 주최 측인 뉴질랜드항공의 광고 문구를 새겨 넣었다. 이 때문에 리타는 석달 간 교제해 온 남자친구와 헤어졌다. 리타는 "남자친구는 '너에게서 조금도 매력을 느낄 수 없다'고 말하면서 나를 찼다"고 말했다.

최근 몸에 광고 문구를 반영구적 문신으로 새기는 광고전략이 주목받고 있다. 뉴욕타임스(NYT)에 따르면 2월 17일(현지 시간) 성인 남녀 30명을 선발, 삭발한 뒤 광고 카피 문신을 뒤통수에 새겨 넣도록 했다. 지원자들은 광고 모델료로 1인당 1,200달러 상당의 뉴질랜드 왕복 항공권이나 현금 777달러 중 선택할 수 있다. 777달러는 뉴질랜드항공 기종인 보잉 777 모델을 상징한 것이다. 뉴질랜드항공의 조디 윌리엄스 마케팅부장은 "참가자의 절반이 항공권을 선택했다"며 광고 효과가 생각보다 뛰어나다고 말했다. 참가자들 하나하나가 '홍보대사'다. 직장동료나 길을 가다 만난 낯선 사람들이 '머리에 그게 뭐냐'고 물어오면 뉴질랜드에 대해 적극적으로 설명하도록 교육받았다.

지난달 영국에선 '필유니크닷컴'(FeelUnique.com)이라는 온라인 미용품 쇼핑몰이 10명의 문신 모델을 고용했다. 이 회사는 모델들이 눈꺼풀에 회사 웹사이트 주소를 그려 넣고 낯선 사람들 앞에서 눈을 깜박이도록 주문했다. 반응은 뜨거웠다. 참가자 10명을 선발하는 행사에 무려 6,000명 이상이 지원했다. 1,000번 윙크하면 100파운드(약 149달러)를 받는다. 윙크 한 번에 10펜스를 버는 셈이다. 이 광고전략은 미스치프 홍보(PR) 대행사가 만든 캠페인이다. 미스치프의 댄 글로버는 "이 콘셉트를 전 세계 미디어가 보도했다"며 "다른 사이트에 수백개 링크가 걸려 트래픽을 높이는 데 성공했다"고 말했다.

문신 광고가 나온 것은 지난 2001년부터다. 온라인 도박사이트인 '골든팰리스'(Golden Palace)는 중량급 권투선수인 버나드 홉킨스가 텔레비전에 생중계되는 경기에 나설 때 골든팰리스 웹주소를 몸에 새기도록 했다.

[출처 : 머니투데이, 홍혜영 기자, 입력 2009. 2. 19.]

결언 : 애덤 스미스가 왜 중요한가?

최근 엘리시움(Elysium)에서 사신(Death, 死神)과 헤르메스(Hermes)는
저마다 '지구가 가장 소중히 여기는 것'을 거기로 가져왔다고 자랑했다[1] :
헤르메스는 애덤 스미스의 책꽂이에서 그의 『국부론』을 훔쳐왔다 ;
사신(死神)은 애덤 스미스를 직접 데려옴으로써 자신의 명분을 얻었다.

— **아그리콜라**(Agricola ; 지금은 로버트 번스(Robert Burns)[2]로 생각됨),
"애덤 스미스 박사의 최근 서거(逝去)에 대해",[3] 1790년.[4, 5]

칼 폴라니(Karl Polanyi ; 1886~1964년)[6]는 자신의 불후의 저서인 『거대한 전환(The Great Transformation)』(1944년)에서 19세기 동안 '시장에 기반한

1. **[역주]** 여기서 ① 엘리시움(Elysium)은 영웅이나 선인(善人) 등이 사후(死後)에 가는 낙원이며, ② 사신(Death, 死神)은 '죽음의 신'으로 낫을 든 해골로 상징되며, ③ 헤르메스(Hermes)는 그리스 신화에 나오는 '신들의 사자(使者)'를 말하며 과학·웅변·상업·발명·흉계·도둑질 등의 신(神)이다(헤르메스는 로마 신화의 머큐리신(Mercury)에 해당함).
2. **[역주]** 로버트 번스(1759~1796년)는 영국의 시인으로 스코틀랜드에서 출생하여 농부로서 일생을 마쳤다.
3. **[원문]** Robert Burns, "On the late Death of Dr. Adam Smith", *Gentleman's Magazine*, 60, September 1790. 이 시를 번스(R. Burns)가 쓴 것으로 여겨지는 근거는 다음 문헌에 의함 : Andrew Noble and Patrick Scott Hogg (eds.), *The Canongate Burns*, Canongate Books, 2001.
4. **[역주]** 이 시는 1790년 9월 *Gentleman's Magazine*, p. 843에 실렸음. 애덤 스미스는 1790년 7월 17일에 서거했음.
5. **[역주]** Death and Hermes of late in Elysium made boast,
   That each would bring thither, what earth valued most :
   Smith's Wealth of Nations Hermes stole from his shelf ;
   Death just won his cause—he took off Smith himself.
   Agricola(now thought to be Robert Burns),
   "On the late Death of Dr. Adam Smith", 1790.
6. **[원문]** Karl Polanyi, *The Great Transformation*, Farrar & Rinehart, 1944.

(market-based) 믿음과 관행'이 어떻게 확산되었는 지를 예리하게 고찰했다. 폴라니는 호혜주의와 부분적 재분배에 기반한 '전통적인 패턴'이 '인간미 없는 시장 교환'(impersonal market exchange)에 의해 추월되었고, 그로 인해 시장경제(market economy)와 국민 국가(nation state)가 "시장사회"(market society)로 융합되게 만들었다고 주장했다. 또한 폴라니는 '자유방임주의(laissez-faire) 체제'가 지배하게 되었고, "자동조정적 시장(self-regulating market)은 사회를 경제적 영역과 정치적 영역으로 '제도적으로 분리'(institutional separation)하는 것 이외에는 아무것도 요구하지 않는다"고 주장했다. 그 결과, 정치의 중요성이 줄어들고, 통제할 수 없는 경제력(經濟力)을 분출시켰다. 이는 세계적으로 1914 ~1939년에 걸쳐 제1차 세계대전(1914~1918년), 대공황(1929년) 및 제2차 세계대전 발발(1939년) 등의 연속적인 위기들을 초래하였다.

폴라니의 이러한 논쟁적 주제는 19세기 자본주의에 반대하는 주장을 과장되게 만들고, 제국주의의 과도한 팽창, 민족주의, 나약한 정치적 지도력, 부패한 정책 및 순전한 불운 등의 중요성을 과소평가하게 만든다. 그러나 폴라니가 제기하는 여러 근본적인 질문들은 옳은 것이다. 자본주의는 '부의 창출(wealth creation)과 개인의 자유(personal freedom)를 위한 엔진'으로서의 그 정당성을 잃어가고 있다. 경제성장이 느리고, 생산성이 정체되며, 미래가 불확실하고 불안정하기 때문이다. 오늘날 우리는 '새로운 대호황 시대'(Gilded Age ; 미국에서 경제 확장과 금권 정치가 횡행하던 1870~1898년의 시대로 '도금 시대'[7]라고도 함)에 살고 있

---

7. **[역주]** '도금시대(鍍金時代)'는 산업화와 공업화의 영향으로 엄청난 양의 부를 축적하는 동시에 갖가지 부정이 잇따라 발생했던 미국의 1865~1890년경으로 미국 소설가인 마크 트웨인(Mark Twain)의 동명 소설에서 유래한 명칭임. 소설가 마크 트웨인이 만든 용어로서 1870년대에서 1900년까지의 시기에 해당된다. 이 시기는 미국에서 본격적으로 산업혁명이 진행되면서, 비(非)도덕적 수단으로 부를 획득한 졸부들이 많이 만들어졌다. 이들이 자신의 부를 사용하고 과시하는 천박한 방식이 마치 '겉은 금(金)인데, 벗겨내면 금이 아닌 금박(金箔)을 입힌 도금(鍍金) 같다'고 하여 붙여진 용어이다. 이 시기는 대규모 합병과 거대 기업이 형성되고 약육강식이 정당화되는 '사회진화론'(social Darwinism)이 용납되던 '황금만능주의 시대'로 볼 수 있다.

다. 이는 ① '엄청난 부(富)'와 '부(富)와 명성(名聲)에 대한 존중'과 ② 정치 및 경제체제의 안정성(stability)과 공정성(fairness)에 대해 고조되는 '대중의 우려'가 공존하는 시대를 말한다. 다시 말하면, '엄청난 부'와 '부와 명성에 대한 존중'이 존재할 뿐만 아니라, 우리의 정치 및 경제 체제의 안정성과 공정성에 대한 '대중의 우려'가 고조되는 시대를 말한다.

다행히 우리에게 장기적인 미래에 대해 '낙관할' 만한 좋은 이유들이 있다. 전 세계적으로 더 많은 사람이 그 어느 때보다 '더 오래, 더 부유하고, 그리고 더 건강한 삶'[8]을 살고 있기 때문이다. 그러나 자본주의를 찬양하기는커녕 자본주의 자체에 대한 '대중의 환멸'이 이보다 더 큰 경우는 거의 없었다. 우선, 현대 기업은 점점 더 소위 "외부화 기계"(externalizing machine)[9]임이 입증되고 있다. 현대 기업은 가격을 올리고, 경쟁을 제한하고, 임금을 억제하고, 다른 사람들이 시장에 진입하지 못하도록 장벽을 세우는 동시에 다른 사람들에게 비용을 부담시키는 데 능숙하기 때문이다. 둘째, 개방적이고 자유롭게 거래되는 시장들은 다음과 같이 '불가피'(inevitable)하고 '불가능한'(impossible) 것처럼 보인다. 왜 그런가? 우선, '상품을 효율적으로 배분하고, 부를 창출하기 위한 대규모 수단'으로서 아주 그럴듯한(적절한) 대안(alternative)이 존재하지 않기 때문에 시장은 '불가피'하다(시장의 불가피성). 다음으로, 시장은 종종 시장 활동의 결과로서 불평등을 심화시키고, 도덕적 규범과 가치를 조잡하게 만드는 것처럼 보이기 때문에 시장은 '불가능'하다(시장의 불가능성). 이러한 딜레마는 다음 경우에는 더욱 나빠진

8. [원문] '글로벌 수명, 부, 건강의 증가'에 대한 추세 설명과 분석을 보려면 Stephen Pinker, *Enlightenment Now*, Allen Lane, 2018을 참조하기 바람.

9. [원문] '외부화 기계로서의 기업'(corporation as an externalizing machine)이라는 멋진 문구와 심도 있는 비평을 보려면 다음 문헌을 참고하기 바람 : ① Robert A. G. Monks and Nell Minow, *Power and Accountability*, HarperCollins, 1991 ; ② Robert A. G. Monks, *Corpocracy : How CEOs and the Business Roundtable Hijacked the World's Greatest Wealth Machine—and How to Get It back*, John Wiley, 2007.

다. 즉, (앞에서 논의한 바와 같이) 단지 ① 기술로부터 얻는 장기적인 경제적·사회적 이익률이 하락하고,[10] ② 안정적이고 양질의 일자리 창출률이 하락하는 경우에는 그 딜레마가 더욱 악화된다. 셋째, 세계화(globalization)의 이익은 분산되고 점진적으로 나타나지만, 그 비용은 종종 집중되고 뚜렷하고 예상치 못하게 나타난다. 이러한 결과들로 시장경제의 결과에 대한 깊은 사회적 분노와 좌절이 초래되었으며, 그로 인해 시장경제의 위상과 정당성에 의문을 제기하게 되었다. 놀랍게도, 그러한 분노와 좌절은 '경제성장과 시장 호황의 시기'에 도래하였다. 만약 분노와 좌절이 '심각한 경기 침체나 불황기'에 도래한다면 어떻게 될지 생각해 보라!

설상가상으로 1989년에 베를린 장벽(Berlin Wall : 구 동·서독 간에 설치된 장벽으로 1989년에 붕괴됨)이 무너진 후, 특히 영국과 미국에서 '자본주의의 위상'에 대해 정치적 스펙트럼 전반에 걸쳐 놀랄 만한 안도감[11]이 지배했다. 베를린 장벽의 붕괴로 '역사는 끝났다'[12]고 했다. 그러나 그 이후로 중도 우파(center-right)는

10. [원문] '기술로부터 얻는 이익률 하락'에 대해서는 Robert J. Gordon, *The Rise and Fall of American Growth*, Princeton University Pres, 2016.

11. [원문] 즉, '자본주의에 대한 비판'이 부재(不在)하였다. 그러나 '자본주의의 본질'에 대한 논쟁은 토마 피케티(Thomas Piketty)가 쓴 『21세기 자본주의(Capitalism in the Twenty-First Century)』(Allen Lane, 2014)에 의해 다시금 크게 활기를 띠게 되었다. 여러 면에서 이 책은 옳았다. 왜냐하면 ① 부(富)와 소득 관련 자료에 대한 매우 중요한 분석적 창(窓)을 제공하고, ② 장기적인 발전에 관한 단순하지만, 포괄적인 이론을 제시하고, ③ 관련된 주요 추세의 분배적 결과에 지나치게 초점을 맞추고 있기 때문이다. 또한 이 책은 경제학 자체의 한계를 의식하고, 규범과 제도의 중요성에 대한 인식이 주입된 '정치경제학 연구서'이다. 그러나 잠재적으로 비판의 여지 또한 많다. 이에 대해서는 다음 문헌을 참조하기 바람 : ① Heather Boushey, J. Bradford DeLong and Marshall Steinbaum (eds.), *After Piketty : The Agenda for Economics and Inequality*, Harvard University Press, 2017 ; ② Deirdre McCloskey, "Review Essay", *Erasmus Journal for Philosophy and Economics*, 7(2), Autumn 2014. 후자의 에세이는 공급측 반응과 인적 자본 형성의 중요성을 강조했다. 특히, 현재의 관점에서 볼 때 놀라운 점은 『21세기 자본주의』가 '자본주의의 핵심 모순'을 마르크스주의 방식으로 진단하였기보다 '총체적이고 역사적으로 분석했다'라는 점이다.

12. [역주] 이를 '역사의 종언'(The End of History)이라고 부른다. 공산주의 멸망을 확정하고 자유민주주의가 최후의 이데올로기라고 말하는 것으로 미국의 후쿠야마 교수의 주장임. 후쿠야마는 사회주의와

① '정실(情實) 자본주의'(crony capitalism)[13]의 확산에 맞서 싸울 수 있는 '자본주의의 강점과 약점에 대한 체계적인 설명'을 개발하지 못했을 뿐만 아니라, ② 시장경제를 진지한 방식으로 주장할 필요성도 찾지 못했다. 반면에 최근까지 중도좌파(center-left)는 ① 세계화(globalization)의 부정적인 영향에 대비하거나 대처하는 것은 고사하고, ② 자본주의에 대한 진지한 비판도 제시하지 못했다. 그렇다면 더 급진적인 논쟁들과 운동들에 길이 열려 있음은 놀랄 일이 아니다. 또한 국유화, 몰수 및 국가 통제라는 극단적인 계획들이 대중의 인기를 얻고 있음도 놀랄 일이 아니다. 그러나 모든 정치적 아이디어와 마찬가지로 '개방된 시장'(open markets)이라는 생각도 그 정당성을 유지하려면 도전받고 수정되고 갱신되어야 한다. 이 과정에서 개방된 시장을 믿는 사람들이 도전하지 않으면 그것을 파괴하려는 사람들이 도전할 것이다.

2007~2008년 금융붕괴는 막대한 금액의 경제적 가치를 소멸시켰을 뿐만 아니라, 경제학 자체에 대한 대중의 신뢰를 크게 무너뜨렸다. 특히 그 붕괴는 경제학에 대한 대중의 이해를 일반적으로 "신자유주의"(neoliberalism)나 "시장 근본주의"(market fundamentalism)라는 이름으로 비판하도록 만들었다. 신자유주의와 시장 근본주의라는 융합은 여러 면에서 편리했다. 왜 그런가? 그러한 융합은 ① 정책 입안자들이 이해하기 쉽고, ② 훨씬 더 복잡한 근원적 현실로부터 '단순한 대중적 서사(敍事)'를 만들고, ③ 은행들, 금융시장, 규제기관들, 무엇보다도 정치인들과 자본주의 자체 등에 대한 자주 정당화된 비판을 할 수 있는 즉각적인 여지를 제공해 주기 때문이다. 그러나 다음과 같은 생각이 '2008년 금융위기의 중요한 지적(知的) 배경'이 되었다. 즉, ① 은행 부문에 효과적인 경쟁이 있었고,

---

권위주의에 대항해 자본주의와 민주주의가 승리해 자유민주주의에 대항하는 이데올로기가 소멸하였으므로 냉전 이후 인류의 역사는 새로운 관점에서 바라보아야 하기 때문에 지금까지의 역사는 종언된 것이라고 주장하였음.

13. [역주] 실력이나 입찰이 아닌 족벌에 의한 경영이 이루어지는 자본주의 경제를 말함.

② 효과적 경쟁이 규제 완화를 가능하게 했으며, ③ 그러한 규제 완화가 경제적으로나 사회적으로 가치가 있을 수 있다는 '생각'이 2008년 금융위기[14]의 중요한 '지적 배경'이 되었다. 돌이켜보면, 2008년 금융위기에 대해 매우 놀라운 점은 그 이전 10년 동안 누렸던 엄청난 '자기 풍요'(self-enrichment)라는 환상이나 관련된 정책, 법 및 집행 등의 구체적인 실패가 아니라, '자유시장'(free markets)이라는 언어가 거의 모든 관련 당사자들에게 지적으로 지배했다는 점이다. 또한 놀랍게도 적어도 영국에서 '2008년 금융붕괴에 대한 포괄적이고 독립적인 검토나 조사'가 이루어지지 않았으며,[15] 또한 실제로 일어난 일에 대해 진정으로 책임을 지는 사람이 아무도 없었다. 따라서 이러한 '놀라운 사실'과 '지적(知的) 지배력'은 서로 연결되어 있다고 볼 수 있다.

그러나 여기에는 정책 결정을 방해하고 공개 토론을 저해하는 심각한 '지적 오류'(intellectual error)가 숨겨져 있다. 앞에서 보았듯이, 우선 시장들은 종종 서로 간에 크게 다르다. 예를 들면, 토지, 노동 및 자본에 대한 시장처럼 시장들 간에 아주 다르다. 또한 경제는 단지 시장에 관한 것만이 아니며, 자유방임(laissez-faire)은 시장 경쟁과 같지 않다. 전 세계의 많은 최고의 경제학자들은 지난 수십 년 동안 ① 시장의 한계들(즉, 불완전한 정보와 합리성, 거래 비용, 선호, 연계 등)을 생각하고, ② 상이한 시장들(예를 들면, 주택이나 의료 시장 등)이 실

14. **[원문]** '2008년 금융위기'와 관련하여 "앨런 그린스펀(Alan Greenspan)이 마치 '애로 증권'(Arrow Securities)의 완전한 세트가 실제로 존재하는 것처럼 인식하고 연방준비제도이사회(Federal Reserve)의 정책을 수립했다"라는 주장이 제기되곤 했다. ***[역주]** '애로 증권' 또는 '애로-드브뢰(Arrow-Debreu) 증권'이란 미래의 특정 시점에 발생하는 특정 상태에 대해서만 확실하게 단위 이득이 지급되는 증권을 말함.

15. **[원문]** 영국에서는 '2008년 금융붕괴'에 대한 독립적인 검토가 없었다. 반면에 미국 의회(하원)는 '금융위기조사위원회'를 설립하여, 수백만 페이지에 달하는 방대한 문서를 검토하고, 700명 이상의 증인을 인터뷰하고, 전국적으로 19번의 청문회를 개최한 후, 마침내 2011년 1월에 보고서를 발표했다. 또한 미국 상원에서도 '상임 조사소(小)위원회'를 설치하여, 완전히 별개이지만 유사하게 면밀한 조사를 수행한 후, 2011년 4월에 보고서를 발표했다.

제로 어떻게 작동하는지를 이해하려고 노력해 왔다. 이념으로서 신자유주의(neoliberalism)는 죽었다. 그러나 우리가 해야 할 여러 중요한 논쟁들은 길가에 버려져 왔다. 예를 들면, ① 시장이 무엇이고, 또 무엇을 위한 것인지, ② "시장 실패"(market failure)라는 개념의 한계[16]와 효과적인 경쟁을 보장할 필요성, ③ 규범과 문화, 그리고 국가의 역할 등에 대한 논쟁들은 아직도 길가에 버려져 있다.

경제학 자체는 '그 한계'를 인정해야 한다. 경제학이 고상한 책무를 조금 줄이고, 책임감과 경쟁을 조금 더 높인다면 큰 이익을 얻을 수 있을 것이다. 오늘날 '과학적 지위'(scientific status)에 대한 경제학의 주장들은 혼란에 빠져있다. 주요 경제학자들은 예측(豫測)을 정확히 하는 것은 고사하고, 예측에 과연 경제학을 사용할 수 있는지 또는 반드시 경제학을 사용해야 하는지의 여부에 대해서도 의견 일치를 보지 못하고 있기 때문이다. 이를 '밀턴 프리드먼식'으로 말하면, 경제학은 오랫동안 모델들이 표현해야 하는 '현실 세계(real world)의 현상'보다 '모델 자체'에 지나치게 몰두해 왔다. 경제학은 심지어 인간의 선호들(preferences)을 어떻게 모형화하거나 집계(集計)해야 하는지와 같은 기본적인 이론적 문제들을 해결하기 위해 여전히 애쓰고 있다. 또한 경제학은 정치인들이 다음과 같이 책임을 회피하는 '기술관료주의적 환상'을 고집하도록 부추긴다. 즉, 정치인들이 '경제학이 정치를 압도하고, 정의, 공정 및 사회후생의 문제들을 스스로 해결할 수 있다'라는 환상을 고집하도록 부추긴다. 마지막으로, 북한(北韓) 경제도 원칙적으로 '파레토 최적(Pareto optimal) 상태'(즉, '다른 사람의 상태를 악화시키지 않고서는 어느 한 사람의 상태를 개선할 수 없는 상태'를 말함[17])에 있을 수 있지만, 북한 경제를 모방할 가치가 있다고 여기는 사람은 거의 없을 것이다.

---

16. **[원문]** '시장실패에 대한 설명의 불완전성'과 관련하여 존 케이(John Kay)가 쓴 탁월하고 권위 있는 다음 에세이를 참조하기 바람 : John Kay, "The Failure of Market Failure", *Prospect*, 1 August 2007. 또한 앞에서 설명한 '애로 증권'에 대한 각주를 참조하기 바람.

17. **[역주]** 다시 말하면, '어느 한 사람의 상태를 개선하려면 반드시 다른 사람의 상태를 악화시켜야만 한다'.

이제 우리는 무엇을 해야 하는가? 시장이 가져다주는 이익이나 혜택을 어떻게 보호하고 확대하며, 시장의 부작용이나 폐해를 어떻게 억제할 수 있는가? 시장과 시장 시스템에 대한 대중의 신뢰를 어떻게 회복할 수 있는가? 우리는 이러한 결함이 있지만, 여전히 '귀중한 유산'을 어떻게 보호할 수 있는가?

우리는 우리 시대에 맞는 '새로운 마스터 내러티브'(new master narrative ; '거대 서사'[18])[19]가 필요하다. 우리는 대중의 이해를 위한 더 나은 틀(frameworks)과 더 나은 설명(explanations), 그리고 더 나은 공유된 정체성(shared identities)이 필요하다. 이들을 통해 우리는 방금 언급한 그러한 문제들을 해결할 수 있을 것이다. 그러나 이들(즉, 더 나은 틀과 더 나은 설명, 그리고 더 나은 공유된 정체성)을 창조하기 위해서는 무엇보다도 우리의 '경제적 근대화'(economic modernity)가 시작된 애덤 스미스에게로 돌아가야만 한다. 그러나 우리는 번갈아 가며 자신의 지지자들로부터는 열렬한 찬사를 받지만, 자신의 비판자들로부터 맹렬히 비난을 받는 '단조로운 자유주의자'로서의 애덤 스미스가 아니라, 윤리학(ethics)에서 법학(jurisprudence), 정치경제학(Political Economy)에 이르는 자신의 모든 저서에서

18. [역주] '거대 서사(巨大 敍事)'란 프랑스의 포스트모던 사회학자 장 프랑수아 리오타르(Jean François Lyotard)가 사용한 용어임. 진보를 지향하는 모더니즘의 역사관이나 마르크스주의의 유물사관처럼 모든 역사적 사건들에 궁극적인 의미를 부여하는 거대한 '서사의 틀'을 의미한다. 리오타르는 포스트모던 시대의 도래를 알리는 '거대 서사의 종언'을 주장하였다. 거대 서사의 예를 들면 '거대 서사'를 다시 채워라!, "우리에게는 '거대 서사'(모든 역사적 사건들에 궁극적인 의미를 부여하는 거대한 '서사의 틀')가 절실하다" 등이다. 에마뉘엘 마크롱 프랑스 대통령은 2021년 10월 26일, 개신교 주요 경제인 모임인 샤를 지드 서클(Cercle Charles Gide) 연례 만찬에서 좀 더 길고 세련되긴 했지만 같은 발언을 되풀이했다. "포스트모던 민주주의 사회는 세속화된 사회가 아니다. 종교적인 거대 서사에서 유래한 사회다. 20세기에는 해방과 전체주의라는 거대 서사 이후에도 다른 거대 서사가 많이 존재했다. 우리는 전체주의 종말과 더불어 거대 서사도 사라졌다고 생각했다. (…) 나는 더 이상 거대 서사가 없는 우리가 매우 불행하다는 점을 인정하지 않을 수 없다. 프랑스인들은 보잘 것 없는 작은 서사들에 직면했기 때문이다." 마크롱이 단순히 반복을 즐긴 것만은 아니라 '트렌드'를 따랐다. 발레리 페크레스 공화당 대선후보는 "국가적 거대 서사"를 만들겠다고 선언했다. 스토리텔링의 인기를 주도한 크리스티앙 살몽은 유럽생태녹색당의 상드린 루소가 "포괄적이고 통합적인 거대 서사를 이끌어내고 … 처음으로 좌파에게 거대 서사의 신뢰성을 입증한" 공로를 인정받아 마땅하다고 평가했다.

19. [역주] 서사(敍事)란 '사실을 있는 그대로 적는 일'을 말한다.

'애덤 스미스가 실제로 생각했던 것'으로 돌아가야만 한다. 경제학자들 사이에서도 『국부론』을 읽었다 해도 제1편(Book I)과 제2편(Book II) 이상[20]을 읽는 사람은 거의 없다. 그러나 많은 면에서 애덤 스미스가 생각한 문제들은 곧 우리의 문제들이며, 그의 저서들은 우리가 깨닫지 못한 통찰력과 지혜로 가득 찬 보고(寶庫)이다. 애덤 스미스는 진짜 본모습은 무엇인가? '진짜 애덤 스미스'는 『도덕감정론』에서의 '이타주의'(altruism)에서 『국부론』에서의 '이기주의'(egoism)로 전환한 '지적 변절자'(intellectual turncoat)가 아니었다. 또한 애덤 스미스는 '시장근본주의자'(market fundamentalist)도, '경제 자유주의자'(economic libertarian)도, 심지어 '자유방임주의 경제학자'(laissez-faire economist)도 아니었다. 게다가 애덤 스미스는 '이기주의(selfishness) 옹호자'도, '친(親)부자(pro-rich)주의자'도, '여성 혐오주의자'(misogynist)도, '호모 에코노미쿠스(homo economicus)의 창시자'도, '약탈적 자본주의(predatory capitalism)의 창시자'도 아니었다. 그리고 애덤 스미스는 확실히 노예무역(slave trade)을 용인하지도 않았다. 그러나 애덤 스미스는 '놀라운 깊이와 힘을 가진 사상가'였으며, 지금도 그렇고, 또 앞으로도 항상 그럴 것이다. 또한 애덤 스미스는 '경제학의 아버지'(father of economics)라고 불리는 것이 마땅하다. 왜 그런가? 애덤 스미스는 개념적으로 '시장'을 경제사상의 중심에 정면으로 두었던 최초의 사람이었기 때문이며, 또한 실질적으로는 마르크스와 케인즈를 포함하여 애덤 스미스 이후로 그에게 '지적인 빚'(intellectual debt)을 지고 있지 않은 경제학자들이 거의 없기 때문이다. 그러나 애덤 스미스의 '정치경제학'(Political Economy)은 경제학(Economics)보다 훨씬 광범위하며, 또한 애덤 스미스는 마땅히 '사회학(Sociology)의 창시자' 중 한 명으로 간주될 수 있다. 게다가 애덤 스미스의 '뉴턴적 과학철학'(Newtonian philosophy of science)의 함의(含意)는 아직까지 완전히 이해되지 않고 있다. 애덤 스미스의 뉴턴적 과

20. [역주] 『국부론』은 총 5편(Book V)으로 이루어져 있다.

학철학은 특히 미국 철학자 찰스 샌더스 퍼스(Charles Sanders Peirce ; 미국의 철학자 및 논리학자로 실용주의의 선구자, 1839~1914년)[21]의 연구[22]에서 다른 많은 주제와 함께 현대적으로 가장 커다란 주목을 받았다.

많은 사람에게 애덤 스미스의 '정치경제학'(Political Economy)은 항상 무대의 중심을 차지할 것이다. 즉, 애덤 스미스의 정치경제학은 ① '경제분석의 모델'(model)이자, ② 인간 행동, 시장, 무역, 전문화 및 노동 분업, 조세, 보조금·장려금·보호조치의 부정적인 효과 등에 대한 그의 '구체적인 통찰력' 모두에서 항상 관심의 중심을 차지할 것이다. 또한 다른 사람들은 ① 애덤 스미스의 '도덕적 평등주의'(moral egalitarianism), ② 약자에 대한 그의 동정심, ③ 사람들의 지위와 자아의식에 대한 존엄성과 존중의 중요성에 대한 그의 믿음, ④ "자연적 자유 체계"(natural system of liberty) 내에서 불평등을 최소화하는 그의 방식, ⑤ '정실 자본주의'(crony capitalism)에 대한 그의 신랄한 공격, ⑥ 인간 발달에 대한 애

---

21. **[역주]** 미국의 철학자 겸 논리학자로 '실용주의(pragmatism)의 창시자'임. 그에 의하면 '개념'이란 그 개념으로부터 나오는 실제적인 결과에 지나지 않는다. 이것이 곧 '실용주의의 기본적 문제'로서 W. 제임스와 J. 듀이 등에게 계승되었다.

22. **[원문]** Charles Sanders Peirce, *Reasoning and the Logic of Things*, ed. Kenneth Laine Ketner, Harvard University Press, 1992. '퍼스(Peirce) 철학'에 대한 최고의 간단한 소개를 보려면 다음 문헌을 참조하기 바람 : ① Josiah Lee Auspitz, "The Greatest Living American Philosopher", *Commentary*, December 1983 ; ② Josiah Lee Auspitz, "The Wasp Leaves the Bottle", *American Scholar*, 63(4), 1994. 애덤 스미스와 퍼스 간에 존재하는 '생각의 중복'은 매우 흥미롭고 중요하다. 첫째, 애덤 스미스의 '미묘한 뉴턴주의(Newtonianism)와 과학적 진보에 대한 자유로운 관점'은 오늘날 퍼스의 다음과 같은 생각을 크게 앞질렀다. 퍼스는 '① 신념의 고착화, ② 귀추적(abductive) 이론화 및 ③ 탐구의 한계로서의 진리'를 강조하였다([역주] '귀추법(歸推法)'이란 '최선의 설명으로의 추론'으로 불리기도 하는데, 이는 어떤 현상에 대한 관찰을 통해 가장 간단하고 설득적인 설명을 추론해 나가는 논리적 추론의 형식 중 하나임). 둘째, 애덤 스미스는 '공감(동정심), 의사소통적 교환 및 공정한 관찰자'를 강조하였으며, 이는 퍼스의 '① 급진적인 반(反)데카르트주의, ② 공적(公的) 정신 이론 및 ③ 삼원적 기호학 이론'에서도 되풀이되고 있다. 또한 '인간 이성의 무의식적 일치 심리'에 대해서는 다음 문헌을 참조하기 바람 : Hugo Mercier and Daniel Sperber, *The Enigma of Reason : A New Theory of Human Understanding*, Harvard University Press, 2017.

덤 스미스의 '단계론'(stadial theory),[23] ⑦ 상업에 의한 봉건제 대체에 대한 그의 역사적 분석, ⑧ '상업사회'(commercial society)에 대한 그의 매우 절묘한 탐구와 옹호(칼 폴라니가 나중에 한 "시장사회"(market society)에 대한 분석보다 훨씬 더 절묘한 탐구임) 등에 감탄할 것이다. 또 다른 사람들은 ⑨ 애덤 스미스의 '도덕 및 사회규범 이론'과 '법학'(jurisprudence)의 근본적인 중요성을 인식할 것이다.

그러나 우리가 애덤 스미스를 바로 앞에서처럼 부분적으로 본다면 필연적으로 '전체가 가지고 있는 힘과 일관성'을 놓치게 될 것이다. 애덤 스미스는 "'재산의 상태'는 항상 '정부의 형태'에 따라 달라져야 한다"[24]라고 생각했다. 재산(경제를 의미함)과 정부(정치를 의미함)는 모두 진화하면서 '사회적 동의(social consent)의 규범과 패턴'에 의존하기 때문에 양자 모두 인간의 '도덕적 감정'(moral sentiments)에 기반을 두고 있다. 그러므로 정치와 경제를 서로 분리하거나, 둘 중 어느 것도 도덕적 평가에서 분리하는 것은 궁극적으로 불가능하다. 따라서 '가치가 배제된(또는 가치 중립적인) 경제학'(value-free economics)이란 있을 수 없다. 우리는 경제적·정치적 또는 도덕적 용어로 인간 행동을 이론화할 수 있지만, 그러한 이론화는 인간 본성의 깊은 분할이 아니라, 그저 '지적 편의'를 위한 우리의 욕구를 반영할 뿐이다.

따라서 우리에게 필요한 '새로운 내러티브(서사)'(new narrative)는 정치와 경제를 통합하는 '새로운 정치경제학'(new political economy)에서 시작되어야 한다. 그러한 과업은 많은 사람의 노력이 필요한 일이기 때문에 이 책에서는 다루지 않을 것이다. 그러나 우리는 애덤 스미스의 사상(思想)에서 다음과 같은 '여섯 가지 교훈'을 도출해 냄으로써 그 내용의 일부를 예상할 수 있다.

---

23. **[역주]** 계몽주의 사상가들은 사회가 '발전의 단계'를 거쳐 발전했다고 종종 추측하고, 논리와 질서 및 인류 역사의 과정을 결정한 일련의 과학적 진리를 찾았다.

24. **[원문]** Adam Smith, "Of Justice", Part 1, *Lectures on Jurisprudence (B)*. 이는 '애덤 스미스 단계론'(stadial theory)의 핵심 교훈 중 하나이다.

첫 번째 교훈은 '자본주의(capitalism)와 상업사회(commercial society)를 구별해야 한다'는 것이다. 앞에서 보았듯이 애덤 스미스에게 있어서 '상업사회'의 출현은 "모든 사람은 서로 교환하며 살아가거나 어느 정도 상인이 되는"[25] 순간이다. 상업사회의 출현은 봉건제에서 우리가 지금 '경제적 근대성'(economic modernity)이라고 생각하는 것으로의 역사적 전환을 나타낸다. '경제적 근대성'은 ① 씨족이나 부족이 아닌 '사회'로서, ② 법에 따라 서로 자유롭게 거래하는 사람들로 구성되며, ③ 적어도 원칙적으로 모든 사람을 포괄하고, 모든 사람에게 부와 기회를 골고루 제공하며, ④ 취약자들을 보호하는 데 사용할 수 있는 잉여금을 만들어 내고, ⑤ 인간의 본능과 본성을 바탕으로 일하며, 그리고 ⑥ 강제나 계급, 또는 계급에 의한 위계질서가 아니라 상호 도덕적·사회적 의무에 의해 결속되는 사회를 의미한다.

이처럼 상업사회는 '특별한 가치를 지닌 인류의 성취'이며, 이를 보호하고 향상(발전)시키는 것이 우리의 의무이다. 상업사회는 '엄청난 회복력'을 가지고 있다. 왜 그런가? 상업사회는 ① 시민들의 충성을 명령하고, ② 시민들의 번영과 자유를 증대시킴으로써 그 정당성을 유지할 수 있는 '독특한 능력'을 가지고 있기 때문이다. 애덤 스미스의 놀랍도록 포괄적이고 명료한 설명에서 상업사회에 대한 '시민들의 충성'은 다음과 같이 다양한 방식에서 비롯된다. 즉, '시민들의 충성'은 ① 역사에서, ② 공유된 정체성과 내러티브(서사) 및 이들의 기반이 되는 규범들에서, ③ 공적 제도들에서, 그리고 ④ 경쟁과 경제적 이익 등에서 비롯된다. 또한 이들 모두는 근본적으로 ① 사랑하고 사랑받고자 하는 인간의 욕망과 ② 거래하고, 물물교환하고 교환하려는 인간의 본능에서 파생된다. 그러나 최근의 사건들이 보여주듯이 상업사회도 취약하며, 제품을 적시(just-in-time)[26]에 생산하는 상

---

25. **[역주]** "Every man thus lives by exchanging, or becomes in some measure a merchant." 이 문장은 *1001 ideas that changed the way we think*라는 책에도 소개되어 있음.

26. **[역주]** 제작 단계에서 재료·부품·제품을 필요 직전에 납입해서 재고비용의 최소화를 꾀하는 동시에

호 의존적인 세계에서 금융위기, 테러 및 자연재해와 같은 위협들에 특히 취약하다. 마지막으로, '상업사회가 취약하다'고 해서 다음과 같은 대안들을 고려해서는 안 될 것이다. '상업사회의 대안'으로서 ① 무역이 아니라 '전쟁', ② 민주주의가 아니라 '종교적 독재나 권위주의적 공산주의 또는 민족주의', 또는 ③ "달콤한 상업"(doux commerce ; '온화한' 또는 '부드러운' 상업으로도 번역됨)의 이익이 아니라 '공허한 경제적 물질주의'를 고려해서는 안 된다. 또한 효과적이고 잘 작동하는 시장들과 국제무역의 질서로부터 도피하거나 외면한다면 '인간다운 미래'는 결코 존재할 수 없을 것이다. 따라서 '상업사회'를 유지하고 보존하기 위해 '자본주의를 개혁'해야 한다면 우리는 그러한 개혁을 실행해야만 한다.

그러나 두 번째 교훈으로 '상업사회'에는 '탄력적이고(resilient), 절제적이고(modest), 전략적이고(strategic), 강력한(strong) 국가'가 필요하다는 점이다. 시장은 현명하고 잘 시행되는 법들에 의존하며, 도덕적 사회는 '법적으로 자유로울' 뿐만 아니라 '자신의 능력을 최대한(충분히) 발휘하는 데 있어서 자유로운' 사람들에게 의존한다. 애덤 스미스는 국가가 만드는 '하찮은' 규제와 보조금이 상업과 거래에 해로운 영향을 미친다는 점을 우려했다. 이로 인해 우리는 애덤 스미스의 사상에 내재되어 있는 '국가의 핵심적인 중요성'을 망각하기 쉽다. 애덤 스미스는 ① 국가 수호자, ② 재판관 및 사법 집행자, ③ 조약 서명자, ④ 항해조례 지원 및 무역 보증인, ⑤ 공공사업과 사회기반시설 및 지역 학교 제공자, 그리고 ⑥ 시장 규제자 등으로서의 국가의 역할을 강조했다. 이러한 역할뿐만 아니라 ① 위험 보험 제공, ② 세대에 걸친 소득 재분배 및 세대 간 소득 재분배, ③ 거시경제 안정화 등과 같은 현대 국가의 '합법적(enabling) 기능'도 국가의 역할로 추가할 수 있다. 또한 국가는 우주 및 사이버 공간에서 새로운 시장을 창출하는 역할도 한다. 우주와 사이버 공간에서의 경우 정부의 규제만으로도 재산권을 명

품질관리 의식을 높이는 생산시스템을 말함.

확하게 정의하고, 상업적 위험과 보상을 효과적으로 배분할 수 있다. 국가에 대한 요구(필요성)는 시장, 사업, 사회적 요구 및 국제 관계 등의 복잡성이 커짐에 따라 더욱 복잡해졌으며, 이는 심각한 정치적 도전을 초래할 것이다. 그러나 "민간부문은 돈을 벌고 공공부문은 돈을 쓴다"[27]는 생각은 요점을 놓치고 있다. 양 부문이 효과적으로 기능하려면 서로가 필요하기 때문이다.

세 번째 교훈으로 '성공적인' 상업사회들은 '강한 국가'(strong states)를 가지고 있다는 점이다. 상업사회들이 성공하려면 강한 국가가 필요하기 때문이다. 성공적인 상업사회들에서 강한 국가가 왜 필요한가? 성공적인 상업사회들은 강한 국가로 인한 '국가 지배'의 등장 가능성에 저항하기 위해 독립적인 기관들과 다원주의(多元主義, pluralism)도 필요하다. 또한 성공적인 상업사회들에서는 합법성(legitimacy, 정당성), 합의(consent), 문화(culture), 신뢰(trust) 등이 필요하다. 특히 시장과 정부 모두를 포함하는 국가의 전체 시스템이 신뢰에 의존하고 있다. 우선, '합법성(정당성)'이 중요하다. 합법성(정당성)은 '사회적 신뢰'(social trust)를 반영하고, 이를 가능케(실현) 하기 때문이다. 사회적 신뢰(즉, 합법성)가 없다면 사회가 함께 유지될 수 없기 때문이다. 실제적인 면에서 사회적 신뢰는 조세 부과를 가능케 한다. 영국은 18세기 내내 비교적 높은 수준의 조세를 부과했다. 그 이유는 부분적으로 정부가 자신의 모든 불완전성에도 불구하고 조세를 부과하기에 '충분한 사회적 신뢰와 합법성(정당성)'을 가지고 있었기 때문이다. 또한 2007~2008년 금융위기가 닥쳤을 때 즉각적인 해결책은 국제기관들이나 다자간(多者間) 기구들이 아니라, 사회적 신뢰와 합법성에 근거한 '국가의 잘 확립된 조세 및 지출 권한'에 있었다. 이러한 권한은 영국, 미국 및 기타 국가들이 파산한 은행들을 신속하게 인수하고 구제할 수 있도록 해주었다. 금융위기 자체는 그 경제적 결과 면에서 파멸적이었을 뿐만 아니라, 사회적 자본, 즉 신뢰(信

---

27. [역주] "The private sector earns the money and the public sector spends it."

賴)의 파괴 면에서도 파멸을 초래하였다. 글로벌 금융부문은 다음과 같은 이유로 신뢰를 손상시킬 수 있는 독특한 능력을 가지고 있다. 글로벌 금융부문은 ① 거대한 규모 때문에, ② 화폐와 신용의 보편적 중요성 때문에, ③ 아마도 다른 어떤 부문보다 신뢰와 신용 관계를 기반으로 하기 때문에 신뢰를 손상시킬 수 있다. 애덤 스미스가 인식했듯이 금융부문은 2007~2008년에 있었던 것처럼 주기적 위기들이 '일반적 재앙'이 되는 것을 방지하기 위해 "경계벽"(party wall)이 필요하다.

그러나 네 번째 교훈으로, 상업사회는 특정 취약성뿐만 아니라 '고유의 약점들'도 가지고 있다는 점이다. 시장들은 모두 서로 다르기 때문에 그들 자신의 '병리들'(pathologies)을 가지고 있다. 시장의 목적은 ① 상업과 거래를 촉진하고, ② 재화, 서비스 및 자본을 효율적으로 배분하고, ③ 혁신을 활발하게 하고, 그로 인해 ④ 공공의 최대 이익을 위해 봉사하는 데 있다. 우선, 애덤 스미스가 명료하게 보여주듯이, '잘 작동하는 시장들'에서는 이러한 상이한 이익들이 일반적으로 잘 조정된다. 그러나 애덤 스미스가 또한 보여주듯이 이러한 이익들은 다음과 같은 이유로 '시장들이 잘 작동하지 않을 때'(즉, 시장실패 시)에는 실현되지 않을 수 있다. 시장들은 ① 독과점 경향, ② 부실한 규제, ③ '야성적 충동'(animal spirits)의 상실, 그리고 ④ 더 광범위하게는 지대추구, 정보와 권력의 비대칭, 소유자와 관리자 간의 이익 상충 등에 의해 야기된 '정실 자본주의'(crony capitalism)를 통해 잘 작동하지 않을 수 있다. 특히 정실 자본주의는 ① 경제를 해치고, ② 정치를 부패시키며, ③ 불평등을 증가시키고, 그리고 ④ 시장과 상업사회 자체를 무효화하고 비(非)합법화하기 때문에 '일반적인 병폐'이다. 정실 자본주의는 주로 ① 기업과 시장이 공공의 이익과 관계되지 않거나, ② 사업의 보상이 본질적인 사업의 가치와 무관하게 이루어지는 곳에서 번창한다. 이러한 요인들은 '시장 교환의 핵심 근거'를 약화시킨다. 시장 교환의 핵심 근거는 애덤 스미스가 자신의 '자연적 자유의 체계'(system of natural liberty)에서 언급한

"보편적 풍요"(universal opulence), 즉 소수의 풍요가 아닌 '일반적 번영'(general prosperity)의 원천이어야 한다.

그러나 다섯 번째 교훈으로 '정실 자본주의'가 현대 상업사회가 직면한 유일한 도전이 아니라는 점이다. 다른 여러 위협이 존재한다. 가장 심각한 위협들은 '인간의 가치'에 직접적인 영향을 미치는 위협들이다. 그러한 위협들의 하나는 '공공영역의 지속적인 상업화'이다. 또 다른 위협은 '새로운 기술들의 영향'(예를 들면, 소셜 미디어의 발달)이다. 최근의 새로운 기술들은 경쟁의 장(playing field)을 시민들과 소비자들에게서 멀어지게 하고, '내부자들(insiders)에게 유리하도록' 더욱 기울어지게 함으로써 정실 자본주의를 악화시킬 수 있기 때문이다. 또한 소셜 미디어(social media)의 확산은 공적 책임과 합법성에 대해 심오한 질문들을 제기한다. 그러한 예로 ① 소셜 미디어가 취약 계층 및 기타 청소년들에 미치는 영향,[28] ② 소셜 미디어가 여론을 조작하는 전염력을 통해 민주주의 자체의 작동에 미치는 영향 등과 같은 문제들을 들 수 있다. 특히 후자의 경우는 2010년에 있었던 미국 의회(하원) 선거 기간 동안 페이스북(Facebook)이 시도한 소위 "사회적 영향력과 정치적 동원(動員)[29]에 대한 6,100만 명의 실험"[30]을 통해 얻은

28. **[원문]** "유출된 문서에 따르면 페이스북(Facebook)은 정서적으로 취약하고 불안정한 청소년을 대상으로 연구를 수행했다"라고 보도하였다 : 이에 대해서는 *The Australian*, 1 May 2017을 참조하기 바람. 이에 대한 페이스북의 반응은 다음 사이트를 참조하기 바람 : https://newsroom.fb.com/news/h/comments-on-research-and-ad-targeting. 또한 70만 명을 대상으로 또 다른 연구에 따르면, Facebook 뉴스피드(newsfeed : 투고된 기사의 패킷을 다음 뉴스서버에게 송출하는 것)가 '감정적 전염'(emotional contagion)을 통해 이용자들의 기분에 영향을 미치도록 어떻게 조작될 수 있는지를 보여주었다. 이에 대해서는 다음 논문을 참조하기 바람 : Adam D. I. Kramer, Jamie E. Guillory and Jeffrey T. Hancock, "Experimental Evidence of Massive-Scale Emotional Contagion through Social Networks", *Proceedings of the National Academy of Sciences USA*, 24, June 2014. 흥미롭게도 이 저널에는 해당 연구가 '페이스북 내부'에서 수행되었기 때문에 이러한 종류의 연구에 대한 일반적인 동의 및 개인 정보 보호 규정을 완전히 준수하지 않았다는 '우려 표현'이 포함되어 있다.
29. **[역주]** 어떤 목적을 달성키 위해 사람이나 물건을 한데 모으는 것을 말함.
30. **[원문]** Robert M. Bond, Christopher J. Fariss, Jason J. Jones, Adam D. I. Kramer, Cameron

생생한 교훈이다. 또한 소셜 미디어가 가지는 정치적 힘에 대한 좀 더 최근의 폭로에 따르면 그 정치적 힘이 지대(rent)를 끌어내고(extract ; 추출하고), 경쟁자들을 배제하는 능력 이상이었음을 보여주었다.

애덤 스미스는 '인간의 상호작용을 통해 가치(價値)가 형성되는 세상'에서 '우리가 어떻게 살고 있는지'에 대해 설득력 있게 설명하였다. 그러한 가치는 수직적 또는 수평적 상호작용을 통해 형성된다. 먼저, '인간의 가치'는 수직적으로 ① '부자와 권력자를 존경하는 성향'과 ② '가난한 사람들에 대한 동정심'(sympathy)을 통해 형성된다. 또한 수평적으로는 ① '우리 자신을 다른 사람들과 비교하려는 경향'과 ② "사랑받고 싶을 뿐만 아니라 사랑스러워지고 싶은 욕망"을 통해 형성된다. 애덤 스미스는 ① 사회적 비교에 대한 현(現)시대의 '만족할 줄 모르는 욕망'과 ② 그 욕망이 만들어 내는 '지위 불안'(status anxiety)[31]을 예리하게 진단했다. 그러한 욕망과 불안은 소셜 미디어(social media)의 중심에 있으며, 특히 정신 질환을 앓고 있는 젊은이들에게 매우 취약하다.[32] 또한 그러한 욕망과 불안

Marlow, Jaime E. Settle and James H. Fowler, *Nature*, Vol. 489, No. 7415, September 2012. **[역주]** Robert Bond 외 6명(2012)이 진행한 "A 61-million-person experiment in social influence and political mobilization"에 따르면 지난 2010년 미국 의회 중간선거 당시 약 34만 명의 페이스북 이용자들이 자신들의 페이스북 친구가 투표했다는 사실을 포스팅으로 알게 된 후, 추가로 투표에 참여했다고 함. [출처] 스토리오브서울(http://www.storyofseoul.com.)

31. **[원문]** '애덤 스미스와 지위 불안'에 관해서는 다음 논문을 참조하기 바람 : Ryan Patrick Hanley, *Adam Smith and the Character of Virtue*, Cambridge University Press, 2009, Ch. 1. 또한 '현대적 지위 불안과 그 원인'에 관해서는 Alain de Botton, *Status Anxiety*, Hamish Hamilton, 2004를 참조하기 바람.

32. **[원문]** '소셜 미디어가 어린이들의 복지에 미치는 영향'에 대해서는 다음 문헌을 참조하기 바람 : Emily McDool, Philip Powell, Jennifer Roberts and Karl Taylor, "Social Media Use and Children's Wellbeing", *IZA Institute for Labor Economics Discussion Paper* 10412, December 2016. 오래전에 노벨 경제학상 수상자인 허버트 사이먼(Herbert Simon)이 선견지명 있게 언급했듯이 "정보가 소비하는 것은 … 정보 수신자들의 관심이다. 따라서 '정보의 풍부'는 '관심의 빈곤'을 초래한다"(즉, 정보가 풍부하면 관심이 부족하다) : Herbert Simon, "Designing Organizations for an Information-Rich World", in Martin Greenberger (ed.), *Computers, Communication, and the Public Interest*, Johns Hopkins Press, 1971.

을 '이용하는 것'이 소셜 미디어의 이론적 근거와 비즈니스 모델의 핵심 부분이다. 애덤 스미스적 관점에서 볼 때 핵심 질문은 단순히 소셜 미디어의 공적 책임과 정당한 권력 행사에 관한 것이 아니라, '우리가 우리 자신을 누구라고 생각하는가'에 관한 것이다. 또 다른 핵심 질문은 우리의 가치가 어떻게 형성되는지의 여부이다. 즉, 우리의 가치 자체가 ① 분산된 사회적 상호작용(교류)이나 지도자들을 민주적으로 선출하는 선거를 통해 형성되고 있는지가 아니라, ② '어둠 속에서 활동하며 진정한 책임을 거의 지지 않는 극소수의 사람들에 의해 형성되고 있는지'의 여부를 질문하는 것이다.

마지막 교훈으로 '상업사회는 끊임없이 진화하고 끊임없이 새로운 도전 과제들을 제기한다'라는 점이다. 오늘날 '상업사회의 본질'은 아마도 그 어느 때보다도 빠르게 변화하고 있다. 예를 들어, 인공지능, 로봇 공학 및 자동화는 작업의 세계를 획기적으로 변화시키고 있다. '세계화'(globalization)는 전 세계에서 가장 생산적인 노동자들을 이미 '상업사회의 혜택'을 누리고 있는 부유한 국가들로 끌어들이고 있으며,[33] 그로 인해 뒤처진(즉, 생산성이 뒤떨어진) 노동자들을 빈곤하게 만들려는 조짐을 보이고 있다. 심지어 산업화된 선진국들 내에서도 사회 내 다른 지역들과 다른 집단들 간에 사망률과 건강의 차이[34]가 뚜렷할 뿐만 아니라 증가하고 있다. 또한 '소득의 양극화'(polarization)는 ① 매우 부유한 사람들이 그들 자신을 정신적·육체적·금융적으로 '사설 관문 공동체들'(private gated communities)[35, 36]—실제와 가상 세계 모두에서—로 들어가게 하는 유인을 만들

---

33. **[원문]** '숙련 노동자들의 이동'에 관해서는 Dani Rodrik, "Premature Deindustrialization", *NBER Working Paper* 20935, 2015를 참조하기 바람.
34. **[원문]** '현대에서 사망률과 건강의 차이'에 대해서는 다음 문헌을 참조하기 바람 : Anne Case and Angus Deaton, "Mortality and Morbidity in the 21st Century", *Brookings Papers on Economic Activity*, Spring 2017.
35. **[역주]** 울타리나 담을 설치한 '외부인 출입 제한 주택지' 또는 경비원이 문에서 출입을 감시하는 '고급 주택지'를 말함.
36. **[원문]** 이에 관해서는 다음 문헌을 참조하기 바람 : Branko Milanovic, "The Welfare State in the

어 내며, 그로 인해 ② 잠재적으로 현대 복지 국가의 중심에 놓여 있는 세금을 납부하고 위험을 공동부담하려는 유인을 약화시키게 된다. 막대한 양의 유동성과 위험이 '그림자 금융 네트워크'(shadow banking network)[37]를 통해 규제되지 않은 방식으로 매일 거래되고 있다. 제2차 세계대전 이후에 설립된 '규칙에 기반한 무역 체제'(rule-based trade system ; 예를 들면, GATT나 WTO)는 세계 각 지역에서 무역 블록들(trade blocs)이 증가함에 따라 점점 더 비효율적이 되고 있다. 지난 200년 간 지속된 '아시아 경제의 상대적 약세'라는 역사적 변칙이 마침내 끝났다. 점점 더 많은 수의 가장 크고, 가장 기술적으로 발달한 기업들이 자신의 이익을 위해 도시들과 아마도 국가들, 그리고 머지않아 사람들까지도 위협[38]할 수 있을 것이다. 자본주의와 민주주의가 결합된 전형적인 서구 사회에서 상업사회 자체는 오늘날 중국이 주도하는 '국가 우선 자본주의 모델'(state-first capitalism model)로부터 점점 더 '이념적 위협'을 받고 있다. 따라서 이제까지 언급한 요인들은 상업사회가 직면하는 새로운 도전 과제들이다.

따라서 '새로운 애덤 스미스적 내러티브(서사)'(new Smithian narrative)는 '고통스럽고 분열적인 변화의 힘' 속에서 형성되어야만 한다. 이러한 놀라운 진전(進展)은 우리에게 가장 활발한 '지적 · 실용적 쇄신'을 요구한다. 또한 정치, 정치적 숙고 및 정치적 이해 등이 그 기능을 회복하고 다시금 활성화되어야 한다. 현

Age of Globalization." (http://glineq.blogspot.co.uk/2017/03/the-welfare-state-in-age-of.html.)

37. **[역주]** 투자은행, 헤지펀드, 사모펀드, 구조화 투자회사(SIV) 등 은행과 비슷한 기능을 수행하지만, 중앙은행의 엄격한 규제와 감독은 받지 않는 금융기관들에 의해 주도되는 금융 유형을 통칭하는 말임. 규제와 통제를 덜 받으면서도 은행과 유사한 일을 한다는 차원에서 '그림자 금융'(Shadow Banking)이라 부른다.

38. **[원문]** '도시나 국가를 위협하는 기업의 능력'에 관해서는 다음 문헌을 참조하기 바람 : ① Olivia Solon, "How Uber conquers a city in seven steps", *Guardian*, 12 April 2017 ; ② Deborah Haynes and Marcus Leroux, "Boeing has power to turn off planes say British military chiefs", *The Times*, 28 September 2017.

대 상업사회는 합의(合意)에 의존하고 있다. 현대 상업사회에서 합의는 자신들을 잘 살게 해줄 것이라고 믿는 사람들에 의해 자유롭게 이루어진 것이다. 그러나 이러한 합의가 무너지기 시작하고 있다. 불행히도 오늘날 소위 선진국들은 '세계화'에 대한 명확한 해답을 갖고 있지 않은 것으로 여겨진다. 그것은 소위 선진국들이 '이념과 사익(私益) 추구의 경계'를 넘어서는 그다지 생각을 많이 하지 않았기 때문이다. 우리는 오늘날 '역사의 종말'(end of history)이 아니라 '사상의 종말'(end of ideas)에 처해 있다. 그러면 우리는 무엇을 생각해 보아야 하는가? 우리는 '이념과 사익 추구' 대신 '우리가 무엇이고, 또 무엇이 될 수 있는지'를 자문해 보기 위해 '사회, 문화, 경제'에 대해 훨씬 더 깊고, 구체적으로 숙고해 보아야 한다.

이를 위해 '세 가지 종류의 쇄신'을 생각해 볼 수 있다. 쇄신(刷新)은 아이디어와 함께 지식인들로부터 시작되어야 한다. 첫째, '경제적 쇄신'(economic renewal)이 있어야만 한다. 이는 경제학자들에게 무엇을 의미하는가? 경제학자들에게 이것은 ① 경제학 자체의 본질과 한계[39]에 대한 더 큰 자각, ② 경제학 종사자들 사이의 더 큰 겸손, ③ 과학적 객관성에 대한 거창한 주장의 종식 등을 의미한다. 특히 경제학을 '가치판단이 배제된 과학'(value-free science)으로 만들고자 하는 합리주의자들의 꿈은 헛된 것이며,[40] 경제학을 정치학, 사회학, 윤리학으로부터 '분리'하려는 계획은 원칙적으로뿐만 아니라 실제적으로도 결코 성

---

39. **[원문]** 최근 영국에서 '경제학의 한계를 해결하기 위한 두 가지 별개의 프로젝트'가 진행되었다 : ① Rebuilding Macroeconomics Network at the National Institute of Economic and Social Research, UK ; ② CORE Economics Education Programme by Wendy Carlin (http://www.core-econ.org). 또한 현재 지배적인 '동태확률적 일반균형(DSGE) 거시경제 모형들'에 대한 비판을 포함하여 다양한 관점에서 행해진 풍부한 분석을 보려면 다음 논문을 참조하기 바람 : "Rebuilding Macroeconomic Theory Project", *Oxford Review of Economic Policy*, 34(1-2), 2018.

40. **[원문]** '탈(脫)가치적 경제학(또는 가치판단이 배제된 경제학)의 불가능성'에 관해서는 다음 문헌을 참조하기 바람 : ① Kenneth Boulding, "Economics as a Moral Science", *American Economic Review*, 59(1), 1969 ; ② Hilary Putnam and Vivian Walsh (eds.), *The End of Value-Free Economics*, Routledge, 2011.

공할 수 없다. '경제 이론화'(economic theorizing)는 매우 중요하지만, '효과적으로 작동하는 경제학'(effectively working economics)도 매우 중요하다. '효과적으로 작동하는 경제학'이란 과시 또는 더 나쁘게는 정확성과 책임성에 대한 환상을 보여주는 모델이 아니라, 좋은 시기나 나쁜 시기에도 '통찰력, 교육, 의사소통 및 실용적인 정책 결정을 제시해 주는 모델들'을 사용하는 경제학을 말한다. 애덤 스미스 시대에는 주로 내부자 이익(insider interest)을 보호하기 위해 규제들이 존재했으며, 따라서 자유화(또는 규제 철폐)는 더 많은 사람에게 이익이 되는 경향이 있었다. 그러나 오늘날 경제문제들은 애덤 스미스 당시와 종종 더 미묘한 차이를 보여주고 있다. 어쨌든 우리가 '자유시장의 이점들'에 대해 알고 있다고 생각하는 것의 대부분은 불완전한 정보, 제한된 인간의 합리성, 선호 형성 및 거래비용 등의 '현실들'이 "인정"되면 불행히도 자유시장의 핵심이 되는 경제적 논리를 잃게 된다. 그러면 그러한 현실들은 '정치경제학'(political economy)이라는 더 넓은 개념 안에서 설명되어야 한다.[41] 정치경제학은 ① 정실 자본주의가 존재하는 현실, ② 순수한 "시장실패"에 대한 설명 부족, ③ 인간 삶에서 불확실성과 역동적 상호작용이 중심이라는 사실, ④ 다른 학문 분야들과의 관련성, ⑤ 규범, 가치, 정체성 및 신뢰의 중요성 등을 더 잘 파악하는 데 유용하기 때문이다. 또한 '시장 옹호론'은 계속해서 주장되어야 하지만, 상황(context)에 맞게 고유의 방식으로 이루어져야 한다.

둘째, 진짜 애덤 스미스적인 정신으로 '사회적 쇄신'(social renewal)이 이루어져야 한다. 우선, 사회적 쇄신은 ① 권력을 행사하는 사람들 사이에서 어느 정도의 자제와 겸손함이 있어야 하며, ② 성공이 종종 당신이 어디에서 시작하느

41. **[원문]** '경제학에서 합리주의 실패'와 관련하여 마크 블라우그(Mark Blaug)는 이보다 훨씬 더 나아갔다. 블라우그는 다음 논문에서 "경제학, 물리학, 화학, 생물학, 철학, 심지어 수학의 어떤 생각이나 이론도 어떤 역사의 한 부분에서 비롯된 최종 결과, 즉 이전의 어떤 지적 발달의 결과 없이는 완전히 이해될 수 없다"라고 말했다 : Mark Blaug, "No History of Ideas, Please, We're Economists", *Journal of Economic Perspectives*, 15(1), Winter 2001.

냐(즉, 가족, 문화 및 능력)와 도중에 어떤 행운을 잡느냐에 따른 '결과'라는 사실을 더 폭넓게 수용해야 함을 의미한다. 다음으로, 사회적 쇄신은 단지 적자(適者)만이 살아남는 어떤 치열한(dog-eat-dog) 투쟁에서의 승리가 아니라, 거의 모든 종류의 성취가 '다른 사람들의 노력과 사회의 힘'에 달려 있다는 인식을 의미한다. 또한 사회적 혁신은 ① 인간의 존엄성과 인간의 능력[42]을 중시하고, ② 잘 작동하는 사회가 어떻게 사회의 모든 구성원이 자신의 삶에서 번창하도록 도와줄 수 있는지에 초점을 맞춘 '애덤 스미스의 생각'을 의미한다. 그러나 사회적 쇄신은 또한 모든 사회에 다음과 같은 '특정 영역'이 존재한다는 공통된 인식을 내포하고 있다. 즉, 특정 영역은 측정 가능하지 않거나 주로 법률의 지배를 받는 않는 곳을 말한다. 그러한 영역으로 '문화적 가치 영역, 기존 관행과 습관 영역, 합리적인 사회적 기대 영역, 행동 규범 영역, "행해진 것"과 "행하지 않은 것"의 영역' 등을 들 수 있다. 이러한 영역이 항상 긍정적인 것은 아니다. 어떤 사회에서 "행해진 것"과 "행하지 않은 것"이 억압과 차별의 여지를 제공할 수 있기 때문이다. 그러한 영역이 오늘날 특히 상업적 가치 때문에 위협을 받고 있다. 예를 들면, 감옥을 개량하는 데 비용을 지불하는 것이 무슨 문제인가? 또는 공공 행사를 위해 누군가가 줄을 서게 하는 데 비용을 지불하는 것이 무슨 문제인가? 그러나 '좋은 사회'는 그러한 규범 영역을 방어할 방법들을 찾을 것이다. 사회 내에서 그

42. **[원문]** '인간의 존엄성과 능력'에 대한 연구는 아마르티아 센(Amartya Sen)과 마사 누스바움(Martha Nussbaum)에 의해 촉진되었다. 오늘날 '인간의 능력에 초점을 맞추는 것'이 ① 어떻게 후생경제학에 대한 비(非)효용주의적 접근 방식의 중심이 될 수 있는지와 ② 그러한 관점이 어떤 정책적 시사점을 가져다줄 수 있는지를 탐구하는 많은 문헌이 있다. 이에 대해서는 다음 문헌을 참고하기 바람 : ① Amartya Sen, *Development as Freedom*, Oxford University Press, 2001 ; ② Martha Nussbaum, *Creating Capabilities : The Human Development Approach*, Harvard University Press, 2011. 또한 '평등에 대한 전통적인 접근 방식'에 관한 더 급진적인 철학적 비판을 보려면 다음 문헌을 참조하기 바람 : Elizabeth Anderson, "What's the Point of Equality?", *Ethics*, 109(2), 1999 ; 애덤 스미스와 관련해서는 Elizabeth Anderson, "Adam Smith on Equality", in Ryan Patrick Hanley (ed.), *Adam Smith : His Life, Thought, and Legacy*, Princeton University Press, 2016을 참고하기 바람.

러한 영역들이 존재하지 않으면 오직 법률과 시장의 역동성만이 중요할 것이며, 이들만으로는 사회를 유지하는 데 결코 충분할 수 없다. 따라서 어떤 사회는 그러한 영역들과 함께 ① 사회적 신뢰를 높일 수 있거나, ② 정실 자본주의를 억제하는 제도와 공적 기준들을 강화할 수 있을 것이다.

마지막으로, '정치적 쇄신'(political renewal)이 이루어져야 한다. 사실상 애덤 스미스의 생각은 좌파와 우파 모두의 '외부 측면'에 도전을 제기한다. 즉, 애덤 스미스는 '양파가 극단적인 열망을 포기하고 "정치적 중도"(즉, 공동선에 대해 함께 의식함)를 재창조해야 한다'고 생각했다. 특히 좌파와 우파 모두는 '자본주의를 개혁하고 상업사회의 이익을 옹호하고 발전시키는' 실제적이고, 복잡한(또는 성가신) 문제들에 적극적으로 참여해야 한다고 생각했다.

애덤 스미스 자신은 어떤 정당에도 속하지 않았다. 그러므로 애덤 스미스는 어느 한 이념이나 정치 운동의 소유물이 아니다. 애덤 스미스의 정치적 견해 중 많은 부분은 여전히 모호하다. 18세기 용어로 애덤 스미스는 '스코틀랜드 계몽주의 신념'(Scottish Enlightenment belief)과 '휘그당의 헌신'(Whiggish commitment)을 결합했다. 즉, 개인의 개선(personal improvement) 가능성에 대한 '스코틀랜드 계몽주의 신념'과 사회 진보(social progress)라는 생각에 대한 '휘그당의 헌신'을 결합했다. 그러나 애덤 스미스는 급진적이지 않았다. 애덤 스미스는 ① 보편적인 남성 선거권이나 연례 의회와 같은 당시의 핵심적인 급진 정책들을 받아들이지 않았고, ② 민병대, 미국 식민지 및 공공 부채와 같은 문제들에 대한 급진적 입장을 회피했기 때문이다. 또한 애덤 스미스는 심지어 어떤 가상의 자연 상태에서도 '유토피아적'(utopian) 사고와 설명들을 거부했다. 애덤 스미스는 ① 세계보다 지역을 선호했고, ② 정치와 종교 모두에서 "파벌과 광신주의"(faction and fanaticism)를 경멸했고, ③ 사람들을 통제하고 인간의 개성과 자유를 억압하려는 "체제의 신봉자"(the man of system)를 맹렬히 비난했다. 애덤 스미스는 "느리고 점진적인 변화"의 중요성과 혁명보다 '개혁'의 중요성을 반복해서 강조했다. 애덤 스미스는 기본 원칙들(또는 근본 가설들)보다 '사례들'에서 더 많이 추론했다. 또한 애덤 스미스는 국가의 중요성과 그 약점들에 대해 '현실적'이었다. 애덤 스미스는 "어떤 정부도 아주 완벽하지는 않지만, 어떤 불편함에 반대하려고 시도하는 것보다 약간의 불편함을 감수하는 것이 더 낫다"[43]라고 썼다. 현대적 관점에서 애덤 스미스는 자유주의자(libertarian ; 자유지상주의자)도 사회주의자(socialist)도 사회민주주의자(social democrat)도 아니지만, 모든 것을 감안해 볼 때 아마도 '온건한 보수주의자'(moderate small-c conservative[44])[45]일 것이다. 실제로 애덤 스미스와 에드먼드 버크(Edmund Burke ; 영국의 정치가 및 정치사상가, 1729~1797년)는 서로 다르지만 겹치는 부분이 있는 '인간적이고 온건한 보수주의'(humane and moderate conservatism)[46]에 필요한 조건들을 제시했다고 볼 수 있다.

물론, 정치와 정치경제학의 중요성을 다시 주장한다고 해서 우리의 문제를 일단의 '구소련식 인민 위원들'(Soviet-style Commissars : 공산당의 통제 위원들)에

---

43. **[원문]** "No government is quite perfect, but it is better to submit to some inconveniences than make attempts against it", *Lectures on Jurisprudence (B)*, p. 453.

44. **[역주]** 여기서 'small-c conservative'란 영국에서 보수적인 견해를 가지고 있지만, '보수당'(대문자 C를 쓰는 Conservative Party)에 속하지 않는 사람을 말함. 또는 영어로 소문자 c를 쓰는 conservative(보수주의자)는 영국에서 보수주의 철학을 믿지만, 공식 '보수당'에 가입하지 않는 사람을 의미함.

45. **[원문]** 애덤 스미스는 '감정(感情)의 역할과 시장의 의도하지 않은 이익' 등을 강조했다. 애덤 스미스의 이러한 강조는 ① 인간 이성(理性)의 한계와 ② 이성이 자신의 주장을 면밀히 조사하고 정리해야 할 필요성을 깊이 인식하고 있었음을 보여준다. 이러한 인식은 '애덤 스미스가 흄의 사상에 바탕을 두고 있고, 현실적이며, 다소 온건한 보수주의자'라는 것을 의미한다. 이에 관해서는 Sheldon S. Wolin, "Hume and Conservatism", *American Political Science Review*, 48(4), 1954를 참조하기 바람. 이 논문에서 쉘든 울린(S. Wolin)은 흄의 보수주의를 인간의 본성과 무관한 자연법과 자연과학의 주장을 '이성(理性)으로' 해체하려는 욕구에서 비롯된 '신비 없는 보수주의'(conservatism without benefit of mystery)라고 묘사했다.

46. **[원문]** 나는 이 주제를 내가 쓴 *The Big Society*, University of Buckingham Press, 2010에서 피력하고자 했던 작은 야망이었다. 또한 나는 이 주제에 대해 '애덤 스미스 방식'으로 *Compassionate Economics*, Policy Exchange, 2008에서도 피력하였다(이에 대해서는 www.jessenorman.com을 참조하기 바람).

게 넘겨주려 한다는 것은 결코 아니다. 어떤 경제를 조직하는 데 여러 다소 효율적인 방법들이 있다. 경제를 조직하는 데 필요한 질문은 '① 당신이 무엇을 가치 있게 여기는지, ② 어떻게 거기에 도달하려 하는지, ③ 누가 이끌어야 하는지'일 것이다. 이러한 질문들은 '정치적인 질문'이다. 옛날이 있었던 확실성은 이미 끝났고, 이제 모든 유형의 '정치인들이 해야 할 일'은 다음과 같다. 즉, 정치인들은 ① 이러한 문제들이 가지고 있는 복잡성을 인정하고, ② 가능한 한 명확하고, 간단하고, 공개적으로 그 문제들을 다루고, 설명하고, 주도해 나가야 한다. 그러나 현대 국가들은 ① 시장의 기능을 파괴할 수 있을 뿐만 아니라, ② 경우에 따라서는 '신중한 개입'을 통해 시장의 기능을 개선할 수 있는 능력도 가지고 있다. 시장 자체는 거의 항상 엄격하게 경제적인 범위를 '넘어서는' 효과와 영향을 가지고 있다. 따라서 시장은 결코 재화와 서비스의 배분을 위한 정치적으로나 도덕적으로 '완전히 중립적인 수단'이 될 수 없다. 동시에 시장의 복잡성이 증가함에 따라 종종 내부자들은 '외부자들을 갈취'할 수 있는 더 많은 기회를 얻을 수 있다. 마지막으로, 우리 주변은 모두 상업사회이다. 상업사회는 ① 다음 세기의 '놀라운 도전들'에 슬기롭게 대처해야 할 뿐만 아니라, ② 현재 상업사회가 기반을 두고 있는 '자유주의와 개인주의의 다양한 형태들'도 잘 다루어야만 한다. 또한 상업사회는 ③ 품위 있고 상호 존중하는 토론과 인적 교류가 활발하게 일어날 수 있는 공공의 장(場)이나 영역을 잘 보존해야 한다. 우리는 이러한 도전들에 잘 대처해야 하며, 그렇지 않으면 우리의 열린 사회는 저절로 사라질 것이다.

애덤 스미스는 때때로 정치인들에게 거친 말을 했으며, 무역 보복과 기타 단기 방편이나 편법들을 "정치가(statesman) 또는 정치꾼(politician)이라고 속되게 불리는 저 음흉하고 교활한 동물"[47] 탓으로 돌렸고, "그들의 의회는 일시적인 정세 변동에 따라 좌우된다"라고 말했다. 그러나 애덤 스미스의 "인간

47. **[원문]** "That insidious and crafty animal, vulgarly called a statesman or politician", *The Wealth of Nations*, IV.ii.39.

과학"(science of man)은 또한 '정치가나 입법자 과학'(science of statesman or legislator)의 일부이며, 그러므로 "그들의 심의는 항상 동일한 일반 원칙에 따라 이루어져야 한다"고 말했다. 그러한 입법자는 시민적 목적의식을 가지며, 사적 이익보다 공공서비스에 헌신하고자 할 것이다. 시민적 목적의식과 헌신을 통해 입법자들은 개인적 비용으로 실패에 대한 책임을 지게 될 것이다. 입법자는 ① 법률, 제도, 정책을 소중히 여기고, ② 개인의 자유를 존중하며, ③ 무엇보다 정의(正義)를 집행할 것이다. 특히 후자의 경우, 정의가 적절하게 결정되고, 관리되고, 집행되면 이는 '상업사회의 합법적 기반'이 되기 때문이다. 궁극적으로 중요한 것은 ① 보상이나 지위가 아니라 '정의, 청렴, 호혜성 및 공정성'이라는 규범 자체이며, ② 규범의 내면화(內面化)가 생성해 내는 도덕적 품성과 미덕,[48] 그리고 ③ 규범을 바탕으로 한 공공제도와 '공공서비스 습성'(habits of pubic service)이다. 애덤 스미스의 경우 에드먼드 버크와 마찬가지로 정치인은 "실제로 철학자"(philosopher in practice)여야 한다.

에드먼드 버크와 마찬가지로 애덤 스미스도 본질적으로 '철학자'였지만, 버크보다 더 이론적인 사람이었다. 애덤 스미스는 섭리(providence), 조화(harmony), 질서(order)의 작용을 믿었다. 그러나 애덤 스미스에게 있어서 '인간사회'는 신의 계시나 이성적 직관 또는 개인의 의지가 아니라 우리의 '도덕적 삶(moral life)의 궁극적인 원천'이다. 애덤 스미스의 주된 관심은 ① 의사소통과 공동체, ② 자유로운 사람들이 그들 사이에 공통적으로 가지고 있는 특성에 있었다. 애덤 스미스의 '위대한 계획'은 '흄(Hume)에 바탕을 둔 인간 과학'(Humean science of man)인 '상호 인정'(mutual recognition)이었다. 상호 인정은 ① '동정

48. [원문] '보상과 지위가 아니라 궁극적으로 규범과 도덕적 품성, 미덕이 중요하다'라는 점과 관련하여 ① '공적인 미덕과 사적인 미덕', ② '아름다운 이름의 "이력서"(résumé)와 "추도의"(eulogy) 미덕'에 대해 다소 애덤 스미스식으로 살펴보려면 데이비드 브룩스(David Brooks)가 쓴 다음 저서를 참조하기 바람 : David Brooks, *The Road to Character*, Allen Lane, 2015.

심'(sympathy ; 공감)을 통해 작동하고, '공정한 관찰자'(impartial spectator)에 의해 강화되며, ② 여러 '사회적 및 도덕적 규범들'을 만들어 낸다. 그러한 규범들은 끊임없이 진화하고 증가하며, 소멸하고, 대체되거나 생존한다. 애덤 스미스는 이러한 방식으로 드디어 '다양성을 지닌 광범위한 인간 활동'에 대한 잠재적으로 '통일된 이해'(unified understanding)를 위한 문을 열었다. 상업사회에서 자유 교환을 전제로 한 이러한 규범들은 우리가 어디에 있든, 누구이든 간에 우리 모두에게 적용되는 '동일하고 기본적인 요소들'—즉, 타인에 대한 인식, 예의, 열린 마음, 배려, 관용 및 존중 등—을 요구한다. 애덤 스미스는 일생 동안 이러한 핵심적인 생각들을 계속해서 적용하고, 자신의 저서들을 통해 그러한 요소들을 더욱 다듬었다. 애덤 스미스는 수사학에 대한 초기 에세이와 저서, 『도덕감정론(The Theory of Moral Sentiments)』(1759년), 미출간해서 거의 알려지지 않았지만 중요한 저서인 『법학 강의(Lectures on Jurisprudence)』(1763년), 그리고 『국부론(The Wealth of Nations)』(1776년) 등을 통해 자신의 핵심 생각들을 적용하고 다듬었다. 다시 말하면, 애덤 스미스는 '의사소통 방법(수사학)을 기초로 해서 도덕 심리학의 기초, 과학적 탐구의 추구, 시장 교환에 대한 법의 집행' 등을 통해 자신의 핵심 생각들을 적용하고 발전시켰다. 만약 애덤 스미스에게 더 많은 시간이 허용되었다면 그는 예술 창작(artistic creation)과 정치학(politics)도 연구했을 것이다. 무엇보다도 애덤 스미스 연구의 모든 것에는 '인간의 가능성(human possibility)에 대한 역동적이고, 미래 지향적이며, 끊임없이 펼쳐지는 관념'(sense ; 인식)이 내재되어 있다.

애덤 스미스의 연구는 역사상 '엄청난 업적'으로서 아직까지 그 영향력의 정도를 제대로 평가받지 못하고 있다. 오늘날, 불확실성과 극단주의 및 오해가 만연하는 세상에서 우리에게 그 어느 때보다도 지금 애덤 스미스의 '위대한 생각과 그 함의(含意)를 제대로 이해하고, 따르려는 지혜'가 절실히 필요하다.

| 참고문헌 |

■ 약어

CAS : ***Correspondence of Adam Smith***, ed. Ernest Campbell Mossner and Ian Simpson Ross, Liberty Fund, 1987.

ED: ***An Early Draft of Part of the Wealth of Nations***, in ***LJ***.

EPS: ***Essays on Philosophical Subjects***, ed. W. P. D. Wightman and J. C. Bryce, Liberty Fund, [1795] 1980.

LAS: ***Life of Adam Smith***, [by various authors].

LJ : ***Lectures on Jurisprudence***, ed. R. L. Meek, D. D. Raphael and P. G. Stein, Liberty Fund, [1762-64] 1982(강연 시리즈인 ***LJ(A)***와 ***LJ(B)***를 모두 포함하고 있음).

LRBL : ***Lectures on Rhetoric and Belles Lettres***, ed. J. C. Bryce, Liberty Fund, [1762-63] 1985.

Strahan : ***Letter from Adam Smith, LL.D. to William Strahan, Esq.***, in David Hume, *Essays, Moral, Political, and Literary*, ed. Eugene F. Miller, Liberty Fund, [1777] 1987.

TMS : ***The Theory of Moral Sentiments***, ed. D. D. Raphael and A. L. Macfie, Liberty Fund, [1759-90] 1982.

WN : ***An Inquiry into the Nature and Causes of the Wealth of Nations***, ed. R. H. Campbell, A. S. Skinner, and W. B. Todd, 2 Vols., Liberty Fund, [1776] 1981.

▪ 애덤 스미스 저서

Correspondence of Adam Smith, ed. Ernest Campbell Mossner and Ian Simpson Ross, Liberty Fund, 1987.

An Early Draft of Part of the Wealth of Nations, in ***LJ***.

Essays on Philosophical Subjects, ed. W. P. D. Wightman and J. C. Bryce, Liberty Fund, [1795] 1980.

An Inquiry into the Nature and Causes of the Wealth of Nations, ed. R. H. Campbell, A. S. Skinner, and W. B. Todd, 2 Vols., Liberty Fund, [1776] 1981.

Lectures on Jurisprudence, ed. R. L. Meek, D. D. Raphael and P. G. Stein, Liberty Fund, [1762-64] 1982.

Lectures on Rhetoric and Belles Lettres, ed. J. C. Bryce, Liberty Fund, [1762-63] 1985.

Letter from Adam Smith, LL.D. to William Strahan, Esq., in David Hume, *Essays, Moral, Political, and Literary*, ed. Eugene F. Miller, Liberty Fund, [1777] 1987.

The Theory of Moral Sentiments, ed. D. D. Raphael and A. L. Macfie, Liberty Fund, [1759-90] 1982.

▪ 애덤 스미스 전기

Buchan, James, *Adam Smith and the Pursuit of Perfect Liberty*, Profile Books, 2006.

Campbell, R. H. and A. S. Skinner, *Adam Smith*, Croom Helm, 1982.

Otteson, James, *Adam Smith*, Bloomsbury, 2011.

Phillipson, Nicholas, *Adam Smith: An Enlightened Life*, Penguin, 2010.

Rae, John, *Life of Adam Smith*, Macmillan, 1895.

Raphael, D. D., *Adam Smith*, Oxford University Press, 1985.

Simpson, Ross, Ian, *The Life of Adam Smith*, 2nd edn., Oxford University Press, 2010.

Stewart, Dugald, *Account of the Life and Writings of Adam Smith*, LL.D., n.p., 1794.

▪ 애덤 스미스 관련 에세이 문헌

Berry, Christopher J., Maria Pia Paganelli and Craig Smith (eds.), *The Oxford Handbook of Adam Smith*, Oxford University Press, 2013.

Haakonssen, Knud (ed.), *The Cambridge Companion to Adam Smith*, Cambridge University Press, 2006.

Hanley, Ryan Patrick (ed.), *Adam Smith: His Life, Thought, and Legacy*, Princeton University Press, 2016.

Hardwick, David F. and Leslie Marsh (eds.), *Propriety and Prosperity: New Studies on the Philosophy of Adam Smith*, Palgrave Macmillan, 2014.

Oslington, Paul (ed.), *Adam Smith as Theologian*, Routledge, 2011.

Wilson, Thomas and Andrew S. Skinner (eds.), *The Market and the State: Essays in Honour of Adam Smith*, Oxford University Press, 1976.

Wood, John C. (ed.), *Adam Smith: Critical Assessments*, 7 Vols., Routledge, 1983-94.

Young, Jeffrey T. (ed.), *The Elgar Companion to Adam Smith*, Edward Elgar, 2009.

▪ 기타 참고문헌

Acemoglu, Daron and James A, Robinson, *Why Nations Fail*, Profile Books, 2012.

Akerlof, George A. and Rachel E. Kranton, *Identity Economics*, Princeton University Press, 2010.

Akerlof, George A. and Robert J. Shiller, *Animal Spirits*, Princeton University Press, 2009.

Akerlof, George A. and Robert J. Shiller, *Phishing for Phools: The Economics of Manipulation and Deception*, Princeton University Press, 2015.

Allen, Robert, *The British Industrial Revolution in Global Perspective*, Cambridge University Press, 2009.

Anderson, James, *An Enquiry into the Nature of the Corn Laws*, Mrs Mundell, 1777.

Ariely, Dan, *The (Honest) Truth about Dishonesty: How We Lie to Everyone—Especially Ourselves*, HarperCollins, 2012.

Arrow, Kenneth, *Social Choice and Individual Values*, John Wiley, 1951.

Arrow, Kenneth and Frank Hahn, *General Competitive Analysis*, Holden-Day, 1971.

Bagehot, Walter, *Economic Studies*, ed. R. H. Hutton, Longman, Green, 1895.

Banfield, Edward C., *The Moral Basis of a Backward Society*, Free Press. 1958.

Berkeley, George, *Siris: A Chain of Philosophical Reflexions and Inquiries Concerning the Virtues of Tar Water*, W. Innys, C. Hitch and C. Davis, 1744.

Berry, Christopher J., *The Idea of Commercial Society in the Scottish Enlightenment*, Edinburgh University Press, 2013.

Besley, Timothy, *Principled Agents?: The Political Economy of Good Government*, Oxford University Press, 2006.

Bicchieri, Cristina, *The Grammar of Society: The Nature and Dynamics of Social Norms*, Cambridge University Press, 2006.

Binmore, Ken, *Natural Justice*, Oxford University Press, 2005.

Bisset, Robert, *Life of Edmund Burke*, 2nd edn., 2 Vols., George Cawthorn, 1798.

Blaug, Mark, *Economic Theory in Retrospect*, 5th edn., Cambridge University Press, 1997.

Boettke, Peter J., Stefanie Haeffele Balch and Virgil Henry Storr, *Mainline Economics: Six Nobel Lectures in the Tradition of Adam Smith*, Mercatus Center, George Mason University, 2016.

Boswell, James, *Boswell's Edinburgh Journals 1767–1786*, ed. Hugh Milne, Mercat Press 2001, rev. edn., 2013.

Boswell, James, *Correspondence of James Boswell and John Johnston of Grange*, ed. R. S. Walker, William Heinemann, 1966.

Boswell, James, *Dr Johnson's Table Talk*, J. Mawman, 1807.

Boswell, James, *The Life of Samuel Johnson*, Henry Baldwin, for Charles Dilly, London, 1791 and 1793.

Boswell, James, *London Journal 1762–3*, William Heinemann, 1950.

Boswell, James, *Boswell: The Ominous Years 1774–1776*, ed. Charles Ryskamp and Frederick A. Pottle, McGraw-Hill, 1963.

de Botton, Alain, *Status Anxiety*, Hamish Hamilton, 2004.

Bourke, Richard, *Empire and Revolution: The Political Life of Edmund Burke*, Princeton University Press, 2015.

Boushey, Heather, J. Bradford DeLong and Marshall Steinbaum (eds.), *After Piketty: The Agenda for Economics and Inequality*, Harvard University Press, 2017.

Braudel, Fernand, *Capitalism and Material Life 1400–1800*, Weidenfeld & Nicolson, 1973.

Brewer, John, *The Sinews of Power: War, Money and the English State 1688–1783*, Harvard University Press, 1988.

Broadie, Alexander (ed.), *The Cambridge Companion to the Scottish Enlightenment*, Cambridge University Press, 2003.

Brooks, David, *The Road to Character*, Allen Lane, 2015.

Brougham, Henry, *Lives of Men of Letters and Science, Who Flourished in the Time of George III*, Richard Griffin, London and Glasgow, 1855.

Brown, Gordon, "Can Both the Left and Right Claim Adam Smith?", Enlightenment Lecture, University of Edinburgh, 25 April 2002.

Brown, Gordon, Hugo Young Memorial Lecture, Chatham House, 13 December 2005.

Buchanan, James and Gordon Tullock, *The Calculus of Consent*, University of Michigan Press, 1962.

Burns, Robert, *The Canongate Burns*, ed. Andrew Noble and Patrick Scott Hogg, Canongate Books, 2001.

Butler, Eamonn, *Adam Smith: A Primer*, Institute of Economic Affairs, 2007.

Butler, Eamonn, *The Condensed Wealth of Nations*, Adam Smith Institute, 2011.

Cairns, John W., *Enlightenment, Legal Education, and Critique*, Edinburgh University Press, 2015.

Campbell, Mungo, *Allan Ramsay: Portraits of the Enlightenment*, Prestel, 2013.

Chang, Ha-Joon, *Economics: The User's Guide*, Pelican Books, 2014.

Chang, Ha-Joon, *Kicking Away the Ladder: Development Strategy in Historical Perspective*, Anthem Press, 2002.

Chang, Ha-Joon, *23 Things They Don't Tell You about Capitalism*, Allen Lane, 2010.

Coase, Ronald H., *Essays on Economics and Economists*, University of Chicago Press, 1994.

Cohen, G. A., *Karl Marx's Theory of History*, Princeton University Press, 1978.

Collier, Paul, *The Bottom Billion*, Oxford University Press, 2014.

Congleton, Roger D. and Arye L. Hillman (eds.), *Companion to the Political Economy of Rent-Seeking*, Edward Elgar, 2015.

Cooper, George, *Fixing Economics*, Harriman House, 2016.

Cooper, George, *The Origins of Financial Crises*, 2nd edn, Harriman House, 2010.

Coyle, Diane, *GDP: A Brief but Affectionate History*, Princeton University Press, 2014.

Crawford, R. (ed.), *The Scottish Invention of English Literature*, Cambridge

University Press, 1998.

Cropsey, Joseph, *Polity and Economy*, St Augustine's Press, 2001.

Deaton, Angus, *The Great Escape: Health, Wealth, and the Origins of Inequality*, Princeton University Press, 2013.

Defoe, Daniel, *A Tour Thro' the Whole Island of Great Britain*, G. Strahan, 1724-6.

DeMartino, George and Deirdre McCloskey (eds.), *The Oxford Handbook on Professional Economic Ethics*, Oxford University Press, 2016.

Devine, T. M. (ed.), *Recovering Scotland's Slavery Past: The Caribbean Connection*, Edinburgh University Press, 2015.

Devine, T. M., *Scotland's Empire: The Origins of the Global Diaspora*, Allen Lane, 2003.

Devine, T. M., *The Scottish Nation 1700-2000*, Allen Lane, 1999.

Devine, T. M., *To the Ends of the Earth: Scotland's Global Diaspora 1750-2010*, Allen Lane, 2011.

Emerson, Roger L., *An Enlightened Duke: The Life of Archibald Campbell, 3rd Duke of Argyll*, Humming Earth, 2013.

Ensminger, Jean and Joseph Henrich (eds.), *Experimenting with Social Norms: Fairness and Punishment in Cross-Cultural Perspective*, New York, Russell Sage Press, 2014.

Evensky, Jerry, *Adam Smith's Moral Philosophy*, Cambridge University Press, 2005.

Ewing, Jack, *Faster, Higher, Farther: The Inside Story of the Volkswagen Scandal*, Bantam Press, 2017.

Faujas Saint-Fond, Barthélemy, *Travels in England, Scotland and the Hebrides*, 2 Vols., J. Ridgway, London, 1799.

Fay, C. R., *Adam Smith and the Scotland of his Day*, Cambridge University Press, 1956.

Ferguson, Adam, *An Essay on the History of Civil Society*, n.p. 1767.

Ferguson, Adam, *Reflections Previous to the Establishment of a Militia*, R. & J. Dodsley, 1756.

Festinger, Leon, *A Theory of Cognitive Dissonance*, Stanford University Press, 1957.

Festinger, Leon, Henry W. Riecken and Stanley Schachter, *When Prophecy Fails*, University of Minnesota Press, 1956.

Fleischaker, Samuel, *On Adam Smith's Wealth of Nations*, Princeton University Press, 2004.

Folbre, Nancy, *Greed, Lust and Gender: A History of Economic Ideas*, Oxford University Press, 2009.

Force, Pierre, *Self-Interest before Adam Smith: A Genealogy of Economic Science*, Cambridge University Press, 2003.

Forman-Barzilai, Fonna, *Adam Smith and the Circles of Sympathy*, Cambridge University Press, 2010.

Foucault, Michel, *The Order of Things: An Archaeology of the Human Sciences*, repr. Routledge, 2002.

Fox, Justin, *The Myth of the Rational Market*, Harriman House, 2009.

Friedman, Milton, *Essays in Positive Economics*, University of Chicago Press, 1953.

Frydman, Roman and Michael D. Goldberg, *Imperfect Knowledge Economics*, Princeton University Press, 2007.

Galbraith, J. K., *A History of Economics: The Past as the Present*, Penguin, 1989.

Garber, Peter, *Famous First Bubbles: The Fundamentals of Early Manias*, MIT Press, 2000.

Gibbon, Edward, *Memoirs of my Life*, A. Strahan, T. Cadell Jun and W. Davies, 1795-1815.

Gintis, Herbert, Samuel Bowles, Robert Boyd and Ernst Fehr, *Moral Sentiments and Material Interests: The Foundations of Cooperation in Economic Life*, MIT Press, 2005.

Gjerstad, Steven D. and Vernon L. Smith, *Rethinking Housing Bubbles: The Role of Household and Bank Balance Sheets in Modeling Economic Crises*, Cambridge University Press, 2014.

Gordon, Robert J., *The Rise and Fall of American Growth*, Princeton University Press, 2016.

Graham, Benjamin, *The Intelligent Investor*, Harper & Bros., 1949.

Greenberger, Martin (ed.), *Computers, Communication, and the Public Interest*, Johns Hopkins Press, 1971.

Griswold, Charles, *Adam Smith and the Virtues of Enlightenment*, Cambridge University Press, 1999.

Haakonssen, Knud (ed.), *The Cambridge Companion to Adam Smith*, Cambridge University Press, 2006.

Haakonssen, Knud, *The Science of a Legislator: The Natural Jurisprudence of David Hume and Adam Smith*, Cambridge University Press, 1981.

Hacker, Jacob S. and Paul Pierson, *Winner-Take-All Politics: How Washington Made the Rich Richer—and Turned its Back on the Middle Class*, Simon & Schuster, 2010.

Hanley, Ryan Patrick, *Adam Smith and the Character of Virtue*, Cambridge University Press, 2009.

Harris, James, *Hume: An Intellectual Biography*, Cambridge University Press, 2015.

Haskel, Jonathan and Stian Westlake, *Capitalism without Capital: The Rise of the Intangible Economy*, Princeton University Press, 2017.

Hayek, Friedrich, *The Fatal Conceit*, University of Chicago Press, 1988.

Henrich, Joseph, *The Secret of our Success*, Princeton University Press, 2016.

Hickok, Gregory, *The Myth of Mirror Neurons*, W. W. Norton, 2014.

Hirschman, Albert, *The Passions and the Interests: Political Arguments for Capitalism before its Triumph*, Princeton University Press, 1977.

Hirschman, Albert, *Rival Views of Market Society and Other Recent Essays*,

Cambridge University Press, 1992.

Hont, Istvan, *Jealousy of Trade: International Competition and the Nation-State in Historical Perspective*, Harvard University Press, 2005.

Hont, Istvan, *Politics in Commercial Society*, Harvard University Press, 2015.

Hont, Istvan and Michael Ignatieff (eds.), *Wealth and Virtue: The Shaping of Political Economy in the Scottish Enlightenment*, Cambridge University Press, 1986.

Hoppit, Julian, *Britain's Political Economies: Parliament and Economic Life 1660–1800*, Cambridge University Press, 2017.

Horne, George, *A Letter to Adam Smith LL.D. on the Life, Death, and Philosophy of His Friend David Hume Esq. by One of the People Called Christians*, Clarendon Press, 1777.

Howell, Martha C., *Commerce before Capitalism in Europe 1300–1600*, Cambridge University Press, 2009.

Hume, David, *Essays, Moral, Political and Literary*, ed. Eugene F. Miller, Liberty Fund, [1752] 1985.

Hume, David, *Letters of David Hume*, ed. J. Y. T. Greig, 2 Vols., Oxford University Press, 1932.

Hume, David, *The Life of David Hume, Esq. Written by Himself*, W. Strahan and T. Cadell, 1777, included in the edition of *Essays, Moral, Political and Literary* above.

Hume, David, *New Letters of David Hume*, ed. Raymond Klibansky, rev. edn., Oxford University Press, 2011.

Hume, David, *A Treatise of Human Nature*, ed. L. A. Selby-Bigge, rev. edn P. H. Nidditch, Oxford University Press, 1978.

Hutcheson, Francis, *An Inquiry into the Original of our Ideas of Beauty and Virtue*, J. Darby, London, 1725.

Hutcheson, Francis, *A System of Moral Philosophy*, 2 Vols., A. Millar and T. Longman, 1755.

Hutchison, Terence W., *Before Adam Smith: The Emergence of Political Economy 1662–1776*, Basil Blackwell, 1988.

Hutton, Will, *The State We're In*, Jonathan Cape, 1995.

James, Oliver, *Selfish Capitalism*, Random House, 2008.

Jevons, W. S., *The Theory of Political Economy*, Macmillan, 1888.

Kaletsky, Anatole, *Capitalism 4.0: The Birth of a New Economy*, Bloomsbury, 2010.

Kay, John, *Other People's Money: Masters of the Universe or Servants of the People?*, Profile Books, 2015.

Kay, John, *The Truth about Markets: Why Some Nations are Rich but Most Remain Poor*, Allen Lane, 2003.

Kennedy, Gavin, *Adam Smith: A Moral Philosopher and his Political Economy*, Palgrave Macmillan, 2008.

Kerr, Robert, *Memoirs of the Life, Writing and Correspondence of William Smellie*, John Anderson, 1811.

Keynes, John Maynard, *Essays in Biography*, W. W. Norton, 1963.

Keynes, John Maynard, *The General Theory of Employment, Interest and Money*, Macmillan, 1936.

Kidd, Colin, *Union and Unionisms*, Cambridge University Press, 2008.

Kindleberger, Charles P., *Manias, Panics, and Crashes*, 4th edn., John Wiley, 2000.

King, Mervyn, *The End of Alchemy*, Abacus, 2017.

Klein, Naomi, *The Shock Doctrine*, Penguin, 2008.

Letwin, William, *The Origins of Scientific Economics*, Methuen, 1963.

Levitt, Steve and Stephen Dubner, *Freakonomics: A Rogue Economist Explores the Hidden Side of Everything*, HarperCollins, 2005.

Lewis, David, *Convention*, Harvard University Press, 1969.

List, Friedrich, *The National System of Political Economy*, J. B. Lippincott, 1856.

Lo, Andrew, *Adaptive Economics: Financial Evolution at the Speed of Thought*,

Princeton University Press, 2017.

Locke, John, *Two Treatises of Government*, ed. Peter Laslett, Cambridge University Press, [1689] 1967.

Losurdo, Domenico, *Liberalism: A Counter-History*, Verso, 2011.

McCloskey, Deirdre N., *Bourgeois Dignity*, University of Chicago Press, 2010.

McCloskey, Deirdre N., *Bourgeois Equality: How Ideas, Not Capital or Institutions, Enriched the World*, University of Chicago Press, 2016.

MacGilvray, Eric, *The Invention of Market Freedom*, Cambridge University Press, 2011.

McLean, Iain, *Adam Smith, Radical and Egalitarian*, Edinburgh University Press, 2006.

Maddison, Angus, *Contours of the World Economy 1–2030 AD*, Oxford University Press, 2007.

Mallaby, Sebastian, *The Man Who Knew: The Life and Times of Alan Greenspan*, Bloomsbury, 2016.

Marçal, Katrin, *Who Cooked Adam Smith's Dinner?*, Pegasus Books, 2016.

Marglin, Stephen, *The Dismal Science: How Thinking Like an Economist Undermines Community*, Harvard University Press, 2008.

Marshall, Alex, *The Surprising Design of Market Economies*, University of Texas Press, 2012.

Martin, Felix, *Money*, Bodley Head, 2013.

Marx, Karl, *Capital: Critique of Political Economy*, Penguin [1867–83] 2004.

Marx, Karl, *A Contribution to the Critique of Political Economy*, ed. Maurice Dobb, Lawrence & Wishart, [1859] 1971.

Mason, Paul, *Postcapitalism: A Guide to our Future*, Penguin Books, 2015.

Maugham, Frederic, *The Case of Jean Calas*, William Heinemann, 1928.

Mayer, Colin, *Firm Commitment: Why the Corporation is Failing Us and How to Restore Trust in It*, Oxford University Press, 2013.

Meek, Ronald L., *Social Science and the Ignoble Savage*, Cambridge University

Press, 1976.

Meek, Ronald L., *Studies in the Labour Theory of Value*, Lawrence & Wishart, 1956.

Mercier, Hugo and Daniel Sperber, *The Enigma of Reason: A New Theory of Human Understanding*, Harvard University Press, 2017.

Milanovic, Branko, *Global Inequality: A New Approach for the Age of Globalisation*, Harvard University Press, 2016.

Milgate, Murray and Shannon C. Stimson, *After Adam Smith: A Century of Transformation in Politics and Political Economy*, Princeton University Press, 2009.

Miliband, Ralph, *Marxism and Politics*, Oxford University Press, 1977.

Mill, J. S., *Principles of Political Economy*, John W. Parker, 1848.

Minsky, Hyman P., *John Maynard Keynes*, McGraw-Hill, [1975] 2008.

Minsky, Hyman P., *Stabilizing an Unstable Economy*, Yale University Press, 1986.

Mirowski, Philip, *More Heat than Light*, Cambridge University Press, 1989.

Mitchell, B. R., *British Historical Statistics*, rev. edn, Cambridge University Press, 2011.

Mokyr, Joel, *The Enlightened Economy: Britain and the Industrial Revolution 1700–1850*, Yale University Press, 2009.

Monks, Robert A. G., *Corpocracy: How CEOs and the Business Roundtable Hijacked the World's Greatest Wealth Machine—and How to Get It Back*, John Wiley, 2007.

Monks, Robert A. G. and Nell Minow, *Power and Accountability*, HarperCollins, 1991.

Montes, Leonidas, *Adam Smith in Context: A Critical Reassessment of Some Central Components of His Thought*, Palgrave Macmillan, 2004.

Montes, Leonidas and Eric Schliesser (eds), *New Voices on Adam Smith*, Routledge, 2006.

Montesquieu, Baron de (Charles-Louis de Secondat), *The Spirit of Laws*, 2 Vols., J. Nourse & P. Vaillant, 1750.

Morris, Nicholas and David Vines, *Capital Failure: Rebuilding Trust in Financial Services*, Oxford University Press, 2014.

Mossner, Ernest Campbell, *The Life of David Hume*, 2nd edn, Oxford University Press, 1980.

Mullainathan, Sendhil and Eldar Shafir, *Scarcity: The True Cost of Not Having Enough*, Allen Lane, 2013.

Nelson, Julie, *Economics of Humans*, University of Chicago Press, 2006.

Nixon, Edna, *Voltaire and the Calas Case*, Victor Gollancz, 1961.

Norman, Jesse, *The Big Society*, University of Buckingham Press, 2010.

Norman, Jesse, *Compassionate Economics*, Policy Exchange, 2008.

Norman, Jesse, *Edmund Burke: Philosopher, Politician and Prophet*, William Collins, 2013.

Nussbaum, Martha, *Creating Capabilities: The Human Development Approach*, Harvard University Press, 2011.

Nussbaum, Martha, *The Fragility of Goodness*, Cambridge University Press, 1986.

Ó Gráda, Cormac, *Famine: A Short History*, Princeton University Press, 2009.

Oakeshott, Michael, *Rationalism in Politics*, Methuen, 1963.

O'Brien, Karen, *Women and Enlightenment in Eighteenth-Century Britain*, Oxford University Press, 2009.

Offer, Avner, *The Challenge of Affluence: Self-Control and Well-Being in the United States and Britain since 1950*, Oxford University Press, 2006.

Offer, Avner and Gabriel Söderberg, *The Nobel Factor*, Princeton University Press, 2016.

Otteson, James R., *Adam Smith's Marketplace of Life*, Cambridge University Press, 2002.

Peirce, Charles Sanders, *Reasoning and the Logic of Things*, ed. Kenneth Laine

Ketner, Harvard University Press, 1992.

Phelps, Edmund, *Mass Flourishing: How Grassroots Innovation Created Jobs, Challenge, and Change*, Princeton University Press, 2013.

Phillipson, Nicholas, *David Hume: The Philosopher as Historian*, rev. edn. Penguin Books, 2011.

Piketty, Thomas, *Capital in the Twenty-First Century*, Allen Lane, 2014.

Pinker, Steven, *The Better Angels of our Nature: The Decline of Violence and Its Causes*, Allen Lane, 2011.

Pinker, Steven, *Enlightenment Now*, Allen Lane, 2018.

Pirie, Madsen, *The Neoliberal Mind: The Ideology of the Future*, Adam Smith Institute, 2017.

Pocock, J. G. A., *Virtue, Commerce and History: Essays on Political Thought and History, Chiefly in the Eighteenth Century*, Cambridge University Press, 1985.

Polanyi, Karl, *The Great Transformation*, Farrar & Rinehart, 1944.

Pujol, Michèle A., *Feminism and Anti-Feminism in Early Economic Thought*, Edward Elgar, 1992.

Putnam, Hilary and Vivian Walsh (eds.), *The End of Value-Free Economics*, Routledge, 2011.

Raphael, D. D., *The Impartial Spectator: Adam Smith's Moral Philosophy*, Oxford University Press, 2007.

Rasmussen, Dennis, *The Infidel and the Professor: David Hume, Adam Smith, and the Friendship that Shaped Modern Thought*, Princeton University Press, 2017.

Rawls, John, *A Theory of Justice*, Harvard University Press, 1974.

Reinhart, Carmen and Kenneth Rogoff, *This Time is Different*, Princeton University Press, 2011.

Ricardo, David, *On the Principles of Political Economy, and Taxation*, John Murray, 1817.

Ridley, Matt, *The Rational Optimist*, Fourth Estate, 2010.

Robbins, Lionel, *An Essay on the Nature and Significance of Economic Science*, Macmillan, 1932.

Roberts, Russ, *How Adam Smith Can Change your Life*, Penguin, 2014.

Rodrik, Dani, *Economics Rules*, Oxford University Press, 2015.

Rodrik, Dani, *The Globalisation Paradox*, Oxford University Press, 2011.

Rosling, Hans, Ola Rosling and Anna Rosling Rönnlund, *Factfulness: Ten Reasons We're Wrong About the World—And Why Things Are Better Than You Think*, Sceptre, 2018.

Rothbard, Murray, *Economic Thought before Adam Smith: An Austrian Perspective*, Edward Elgar, 1995.

Rothschild, Emma, *Economic Sentiments: Adam Smith, Condorcet, and the Enlightenment*, Harvard University Press, 2001.

Samuelson, Paul, *Economics*, 19th edn., rev. W. D. Nordhaus, McGraw-Hill, 2009.

Sandel, Michael, *What Money Can't Buy: The Moral Limits of Markets*, Penguin, 2012.

Savage, Ruth (ed.), *Philosophy and Religion in Enlightenment Britain*, Oxford University Press, 2012.

Scott, W. R., *Adam Smith as Student and Professor*, Jackson, 1937.

Schelling, Thomas, *The Strategy of Conflict*, Harvard University Press, 1980.

Schumpeter, Joseph, *Capitalism, Socialism and Democracy*, rev. edn., Routledge, 2015.

Schumpeter, Joseph, *History of Economic Analysis*, Routledge, [1954] 1987.

Seabright, Paul, *The Comfort of Strangers: A Natural History of Economic Life*, Princeton University Press, 2004.

Sen, Amartya, *Collective Choice and Social Welfare*, 2nd edn., Penguin Books, 2017.

Sen, Amartya, *Development as Freedom*, Oxford University Press, 2001.

Sen, Amartya, *The Idea of Justice*, Allen Lane, 2009.

Sen, Amartya, *Poverty and Famines*, Oxford University Press, 1981.

Shiller, Robert, *Irrational Exuberance*, Princeton University Press, 2000.

Shleifer, Andrei, *Inefficient Markets*, Oxford University Press, 2000.

Shweder, Richard, *Why Do Men Barbecue? Recipes for Cultural Psychology*, Harvard University Press, 2003.

Skidelsky, Robert, *John Maynard Keynes 1883–1946: Economist, Philosopher, Statesman*, Macmillan, 2003.

Skinner, Andrew, *A System of Social Science: Papers Relating to Adam Smith*, Clarendon Press, 1979.

Skinner, Quentin, *The Foundations of Modern Political Thought*, 2 Vols., Cambridge University Press, 1978–97.

Slacker, Paul, *The Invention of Improvement: Information and Material Progress in Seventeenth–Century England*, Oxford University Press, 2015.

Smellie, William, *Literary and Characteristical Lives of J. Gregory, M.D., Henry Home, Lord Kames, David Hume, Esq., and Adam Smith*, LL.D., n.p., 1800.

Smith, Craig, *Adam Smith's Political Philosophy*, Routledge, 2013.

Smith, Vernon, *Rationality in Economics: Constructivist and Ecological Forms*, Cambridge University Press, 2008.

Smout, T. C., *A History of the Scottish People 1560–1830*, William Collins, 1999.

Steuart, Sir James, *An Inquiry into the Principles of Political Economy*, ed. Andrew Skinner, Oliver & Boyd, 1966.

Stiglitz, Joseph E., *Globalisation and Its Discontents Revisited*, Penguin Books, 2017.

Stiglitz, Joseph E., *The Price of Inequality*, Penguin Books, 2012.

Surowiecki, James, *The Wisdom of Crowds*, Doubleday Books, 2004.

Szechi, Daniel, *The Jacobites: Britain and Europe 1688–1788*, Manchester University Press, 1994.

Taleb, Nassim Nicholas, *The Black Swan*, Random House, 2007.

Tavris, Carol and Elliot Aronson, *Mistakes Were Made (But Not by Me)*, Mariner Books, 2015.

Thompson, Harold, *A Scottish Man of Feeling: Some Account of Henry Mackenzie and of the Golden Age of Burns and Scott*, Oxford University Press, 1931.

Tirole, Jean, *Economics for the Common Good*, Princeton University Press, 2017.

Tytler, Alexander Fraser, Lord Woodhouselee, *Memoirs of the Life and Writings of the Honourable Henry Home of Kames*, T. Cadell & W. Davies, 1814.

Varoufakis, Yanis, *Talking to My Daughter about the Economy*, Bodley Head, 2017.

Veblen, Thorstein, *The Theory of the Leisure Class: An Economic Study in the Evolution of Institutions*, Macmillan, 1899.

Voltaire (François-Marie Arouet), *A Treatise on Religious Toleration*, T. Becket and P. A. de Hondt, 1764.

de Waal, Frans, *Our Inner Ape: The Best and Worst of Human Nature*, Granta Books, 2006.

Walpole, Horace, Earl of Orford, *Memoirs of the Age of King George III*, Richard Bentley, 1845.

Whatley, Christopher, *The Scots and the Union: Then and Now*, rev. edn., Edinburgh University Press, 2014.

Whyte, Ian D., *Scotland before the Industrial Revolution: An Economic and Social History c. 1050–c. 1750*, Routledge, 2014.

Winch, Donald, "Adam Smith", *The Oxford Dictionary of National Biography*, Oxford University Press, 2004.

Winch, Donald, *Adam Smith's Politics: An Essay in Historiographic Revision*, Cambridge University Press, 1978.

Winch, Donald, *Riches and Poverty: An Intellectual History of Political Economy in Britain 1750–1834*, Cambridge University Press, 1996.

Wootton, David, *The Invention of Science*, Penguin Books, 2015.

Zingales, Luigi, *A Capitalism for the People: Recapturing the Lost Genius of American Prosperity*, Basic Books, 2012.

찾아보기

ㄴ

ㄷ

ㄹ

ㅂ

ㅅ

ㅇ

ㅈ

ㅊ

ㅋ

ㅎ